KB140221

경제위기와
치유의 법학

근현대 문명 세계와 최근 한국의 경제 변화들을 꿰뚫는 법학자의 시선

경제위기와 치유의 법학

김 철(金 徹) 지음

Law in Economic Crisis &
"Integrare" Jurisprudence

by Chull Kim

한국학술정보

■ 머리글

이 책은 인류가 경험한 근현대 문명세계의 경제위기를 통해서, 한국의 최근상황을 진단하고 치유책을 발견하려는 의도에서 출발한 것이다. 주된 방법론은 이미 나온『법과 경제 질서』3부작과 같다.

1장 법과 경제 질서는 필자가 2009. 3.~2010. 12. 동안 출간한『법과 경제 질서』3부작의 동기와 개략을 설명하기 위한 글이다. 따라서 거시 역사의 프레임워크를 사용한다.

즉, 1987년경부터 시작된 한국의 자유화와, 1989년 동유럽 러시아 혁명부터 세계적 맥락에서의 주제어가 된 자유화, 민주화, 시장화, 세계화의 경위를 2008년 세계금융위기 내지 재정위기의 경험을 겪고 나서 반성하는 것이다. 에이미 추아(Amy Chua, 2003, 2004: 1-17)는 비서구지역에서 2003년까지 진행된 민주화와 시장화가 기존의 시장 지배 소수 인종 또는 소수 집단에게 어떤 영향을 주었는가? 라고 묻는다. 시장은 시장지배 소수 집단에게 부를 집중시키고, 동시에 같은 사회에서 진행되고 있던 민주화는 다수 빈곤 국민의 정치 권력을 증가시켰다고 대답한다.

필자는 3권의 책에서 전개한 바를 요약하여 에이미 추아의 물음에 응답하고 더 진행시킨다. 즉, 동아시아 외환위기 때를 기준으로 문민정부의 자유화·자율화가 시장화와 동일어로 쓰인 점, 자유화가 동일성의 위기를 가져온 점, 1997년 외환위기 당시 IMF, World Bank, Washington Consensus의 입장을 검토한다. 스티글리츠는 레이거노믹스가 국제기구나 미국 재무성을 오도했다고 한다. 즉, 1997년 IMF외환위기는 레이거노믹스와 동행한 네오리버럴리즘의 영향이 크다는 입장이다.

필자는 2008년 글로벌 금융위기 이후 2년 6개월 만에, 즉 2011년 4월에, 세계금융 및 재정 위기의 파도가 한국의 중상류층 도시에 도착했다는 견해를 소개한다. 즉, 집값 하락이 시작된 것이다. 한국 법학은 경제현상의 보편성과 금융의 세계적 보편성에 둔감하였다는 예를 최근의 저축은행 사태에서 든다. 즉, 금융위기 이전에 만연하였던 탈규제의 자유지상주의와 시장지상주의에 한국이 감염된 것을 파악하지 못했다고 한다.

필자는 한국인이 정치만능주의와 유사 이념적 갈등 때문에 2008년 이후 세계경제의 심각한 흐름이나 지식 패러다임의 전환을 절실하게 받아들이지 못했다고 본다. 즉, 금융위기 이후 미 정부의 금융 패러다임의 전환을 강 건너 불로 지나쳤으며, 국제경제법의 영역에서 패러다임의 대전환을 이데올로기로 채색된 안경을 통해 보았다. 즉, "리버럴을 진보로 오해"하였다. 자유지상주의의 역사적으로 증명된 폐해를 간과한 것이다.

특히 1997년 11월 이후의 외환위기 때 네오리버럴리즘 방식을 적용한 결과 고용문제를 야기시켰다는 견해를 소개한다. 필자는 네오리버럴리즘이 언제, 어떤 상황에서 무엇에 대한 반작용으로, 어떤 정치적 의도로, 어떤 경위로 등장하여, 2007~2008년의 세계금융위기까지 세계경제를 끌고 왔는가를 세 권 연작의 "최현대의 경제공법사상"의 전개에서 밝히고 있다.

2장 네오리버럴리즘 시대의 경쟁과 과시는 한국 사회의 상대적 박탈감을 이해하기 위하여, 상대적 박탈감이 이루어진 사회적 환경에서의 경쟁과 과시를 직시한다. 필자는 과시현상의 배경이 되는 시대의 특징에 더 주의하였다. 즉, 최초로 문명사에서 과시 현상이 나타난 도금 시대(1865~1900) 또한 거의 동시인 장기 대침체 시대(1873~1897) 그리고 세계 대공황의 원인을 제공한 재즈 시대(1919~1929)에 공통된 특징을 추출하여, 최현대의 시대 사조 중 어떤 것이 이러한 시대의 특징과 공통적인가를 파악하려 하였다. 그 결과는 1980년 이후 산업사회를 풍미한 네오리버럴리즘이 도금 시대, 장기 대침체 시대, 재즈 시대의 특징과 공통적인 것으로 일단 파악되었다. 따라서 현대 한국 사회에 박탈감을 가져오는 과시 현상은 네오리버럴리즘과 깊은 관계가 있다고 본다. 그러나 네오리버럴리즘의 위치와 네오리버럴리즘이 최근까지 한국 사회에 미친 영향을 거시적으로 논하는 것은 제4장에서 상술하였다. 최근의 과시 문화(conspicuous culture)가 나타난 문명사에서의 고찰은, 베블런(Vebren)이 시작하였으므로 베블런 이후 과시문화의 주된 내용을 역사적으로 베블런의 시대에 소급해서 음미하였다. 마지막으로 최근 한국에서 과시문화의 구체적인 내용은, 사회과학자들의 연구 결과인 '과시하는 한국사회'에서 논의된 소재를 기초로하였다.

3장 1997년 외환위기에 대한 문화적 접근 – 현대 한국문화에 대한 법철학적 접근 – 은 "외환위기는 경제적 위기임과 동시에 문화적 위기였다"라는 명제의 검토이다. 한국 문화에 대한 관점으로서 한나 아렌트의 고르기아스 인용을 기초로 하였다. 이 장은 1997년 11월 IMF외환위기 이후, 약 2년 뒤인 1999년에 쓰인 것이다. 따라서 외환위기 직후의 한국 문화에 대한 전면적 반성을 그대로 보여주고 있다. 이후에 국제 경제법의 요소로 덧붙여야 될 것은 외환위기의 외적인 요인(elements)들로서, 이후 필자의 논문과 저술에 나타난 Washington Consensus, IMF, World Bank의 편향으로, 레이거노믹스 경제학이 한국과 동아시아 외환위기의 외적인 컨텍스트가 된다(김 철, 2009. 03; 2010. 12.).

4장 한국에 있어서의 경제와 법의 진행 과정 – 금융 위기 이후 – 의 전반부는 2008년 글로벌 금융위기 이후, 2011년 까지를 다룬 것이고, 많은 부분은 2014년까지 진행된 한국 사회에 있어서의 경제와 법의 문제를 소재로 했다. 다른 장과 다른 점은 세계 경제의 흐름을 의식하면서도 한국의 경제학자들이 문제를 어떤 식으로 파악하고 있는가의 단면을 소재로 했다.

이 장의 주된 방법론은 다음과 같이 요약된다. "사회적 사실(social fact)을 물건처럼 취급하라."(뒤르켐) 이 방식은 전통 법학의 방법 이원론에서 당연히 제외해왔던 사회적 사실을 먼저 파악하는 방법이다. 철학적으로는 현상학에서 대 전회를 보였으며, 법학에서는 로스코 파운드의 사회학적 법학과 라스웰의 심리학적 법학을 거쳐 포스너의 경제학적 법학에 이르는 방법을 이 장에서 쓰기로 한다.

5장 아노미의 법학과 평등권, 교육의 기회의 의도는 다음과 같다.
『위대한 개츠비』는 스콧 피츠제럴드(Scott Fitzerald)에 의해 1925년 출간되었으며, 아메리카 재즈 시대(1919~1929)의 번영과 사회적 · 문화적 아노미를 풍자하고 있다.

'위대한 개츠비 곡선(The Great Gatsby curve)'은 지난해 5월까지 백악관 경제자문위원회 위원장을 맡았던 알렌 크루거 프린스턴대 교수가 경제적 불평등을 설명하기 위해 소설 인물 이름인 개츠비를 따서 제시한 이론이다. 개츠비가 살던 미국 대공황 직전은 소득 상위 1%의 가계소득이 미국 전체의 21%에 달할 정도로 빈부 격차가 극심한 시기였다. 경제적 불평등 정도가 심하면 심할수록 부모의 부가 자식에게 그대로 이어질 가능성이 높다는 것이 개츠비 곡선의 골자다(매일경제, 2014. 1. 4.)

제임스 헤크먼은 법학 주제의 경제학자이다. 즉, 2014년 1월 초의 전미경제학회(AEA)의 기조연설에서 "경제적 불평등과 교육에 있어서의 기회 부여"는, 필자가 기왕에 쓴 2008년 "경제 위기와 아노미의 법학"(2009년, 2010년의 저서에서 반복 게재)의 취지와 거의 같기 때문에 소개하기로 한다.

"제임스 헤크먼 시카고대 교수는 전미경제학회(AEA) 기조연설을 통해 이 같은 경제적 불평등을 해소하기 위해 '청소년에게 돈이 아닌 기회를 줘야 한다'고 주문했다. 헤크먼 교수에 따르면, 인간이 평생에 걸쳐 습득하는 기술은 본질적으로 역동적이다. 기술이 또 다른 기술을 낳고, 한 번 부여된 동기가 또 다른 동기를 부른다. 또 동기가 기술 습득으로 이어지고, 기술 습득이 또 다른 동기로 이어지기도 한다. 헤크먼 교수는 바로 이런 특성 때문에 청소년기에 학습 동기가 제대로 부여되지 않으면 성년이 됐을 때 경제적으로 실패할 가능성이 높다고 지적했다. 이 때문에 정부가, 사회적 불평등과 미래 소득 격차가 결정되는 청소년기의 중요성을 인식하고, 취약 청소년층의 사회·문화적 기술 개발을 극대화할 수 있는 방향으로 정책의 초점을 맞춰야 한다고 강조했다. 다만 취약계층 청소년에게 단순히 보조금이나 지원금 등 푼돈을 보태주는 정책만으로는 충분한 효과를 낼 수 없다고 진단했다. 돈보다는 기회를 주는 게 더 효과적이라는 설명이다. 헤크먼 교수는 청소년 시절에 학비를 조달할 수 있는 환경의 중요성을 강조했다. 헤크먼 교수는 '청소년들이 (학비 조달을 위한) 자금 융통에 어려움을 겪고 있는 상황은, 잠재적으로 심각한 시장 실패를 가져올 수 있다'며 '이 같은 점을 없애기 위해서는 정부 역할이 중요하다'고 분석했다. 그는 위대한 개츠비 곡선과 관련해 '가족 환경 자체가 청소년이 성인이 됐을 때 벌어들이는 소득 수준에 강력한 영향력을 발휘한다'면서도 '청소년의 미래 소득은 부모의 소득수준만을 의미하는 것은 아니다'라고 선을 그었다. 헤크먼 교수는 '가족이 자녀교육에 투입할 수 있는 자원(resource)은 돈 말고도 부모가 자녀 교육에 들이는 시간 등도 포함된다'며 '부모가 돈을 많이 벌기 위해 자녀들과 함께하는 시간을 줄인다면 교육 효과가 줄어들 수도 있다'고 지적했다. 또 헤크먼 교수는 '지능(인지능력)은 사회·경제적인 성공을 판가름 짓는 강력한 결정 요인으로 널리 알려져 왔지만 지능만으로 성공이 보장되는 것은 아니다'며 '인내심이나 건강, 자긍심, 동기 부여 등도 지능만큼이나 소득 수준을 결정하는 데 중요한 요소로 작용한다'고 설명했다."(매일경제, 2014. 1. 4.)

6장 폭력의 사회경제적 배경과 판례-네오리버럴리즘: 자유지상주의에서의 아노미에 대한 판례의 태도-의 내적 동기는 한국의 자살률이 OECD 국가 중 가장 높다는 데서 출발했다. 또한 한국의 기업 회생절차 신청이 1998년 외환위기 이후, 15년 만에 최대치라는 2014년 1월의 통계에서 출발한다. 한국의 자살률에 대해서는 4장에서 상론한다. 자살의 인과관계 중 한국사회의 특유한 문제보다 문명사회의 일반 이론으로서 정립된 뒤르켐의 자살론을 출발점으로 했다. 또한 현대 대중문화의 보편성에 입각해서 청소년 폭력의 원인에 대한 문제를 현대 대중문화의 진원지라고 할 수 있는 아메리카의 사례들에 대한 실증적인 판례를 소재로 하였다.

필자는 '자신에 대한 폭력과 타인에 대한 폭력은 아노미(anomy, anomie), 즉 동전의 양면'이라는 명제(Durkeim, 1952: 355)에서 출발한다. 뒤르켐이 증명한 것은, 자살률의 증가는 파산 사건의 증가와 상관관계가 있다는 것이다. 파산 사건과 자살률의 증가가 동반했던, 뒤르켐이 증언한 시대의 특징은 아노미의 개념으로 설명되어 왔다; 그러나 뒤르켐이 증언한 시대가, 장기 대공황(the Long Depression, 1873~1897) 시대라는 것은, 필자가 경제사와 법사를 원용해서 최근에야 밝힌 것이다(김철, 2010.11: 97-142). 최근 2007년과 2010년의 통계는, 한국이 자살률에 있어서 OECD 국가 중 가장 높다는 것을 보여준다. 자살률과 폭력의 증가는, 뒤르켐이 『자살론』에서 개진한 아노미가 증가하는 사회의 특징이라고 본다. 높은 자살률, 증가하는 폭력의 사회경제적 특징에 주목한다면, 최근까지의 한국의 사회경제적 배경은 역사적으로 관찰할 때 어떻게 파악될 것인가? 필자는 폴 크루그먼(Paul Krugman)과 스티글리츠(Joseph Stiglitz)에 의지하여 한국의 양극화가 진행된 경위를 외환위기 때부터 세계금융위기 이후 최근까지 일별한다. 이 거시적 분석은 이미 잘 알려진 세계 경제사와 법제사에서의 통찰을 시대의 보편으로 의지하고 한국의 특수성을 부분적으로 관찰하는 것이다. 이 부분은 제4장에서 다루고 있다. 폭력과 자살의 사회경제적 원경을 세계사적으로 본 뒤, 필자는 제3장부터(경제사나 법제사적으로 이미 특화된) 네오리버럴리즘, 신보수주의(유사어: 자유지상주의) 시대에, 최근까지의 문명 세계의 폭력 문제를 지방정부와 법원이 어떻게 다루어 왔는가, 어떤 영향을 미쳤는가에 대한 각론적 고찰에 들어간다.

구체적으로는 1999년 콜롬바인 고교 총기난사사건 이후 게임과 같은 폭력적 매체물이 범행 원인으로 언론에서 지목되고(박종현, 2012.09. 14: 2) 1999년경부터 규제 입법 시도가 군, 시, 주 정부에 의해 시도되었으나, 단 한 건의 예외를 제외하고, 연방지방법원, 연방항소법원, 대법원에 의해서, 규제 입법은 무효화되었다. 1999년 이후 최종 2011년까지 집중적으로 나타난 폭력적 비디오게임 규제 입법에 대한 미국 연방법원들의 판례를 "그 시대적 특징에 주목하여" 시계열(time sequence)로 파악해, 시대에 대한 경제사, 사회사와 법제사에 근거한 분석을 먼저 행했다. 이후에 전통 법학의 해석학적인 방식인 판결 언어에 대한 해석을 시도하였다. 결과는 연속된 11개의 판결 중 한 개를 제외하고, 거의 전부인 10개의 판례가 초기 자유주의 시대의 개인주의적 인간관과 사회관(김철, 2010.08; 126)(김철, 2010.11: 489)을 반영하고 있었다. "고전 자유주의는 개인을 싸고 있는 조직의 힘, 공동체의 규정력을 최소로 파악하였다."

그렇다면, 이 연속된 10개의 판례(2001년 3월 인디애나주법, 2002년 세인트루이스 시의 조례(예외), 2004년 워싱턴 주, 2005년 일리노이 주법, 2006년 미시간 주법, 2006년 7월 미네소타 주법, 2006년 11월 루이지애나 주법, 2007년 8월 캘리포니아 주법에 대한 연방지방법원, 2009년 9월 캘리포니아 주법에 대한 연방항소법원, 2011년 캘리포니아 주법에 대한 연방대법원)의 위헌 결정을 일관하는 것이 무엇이 겠는가? 미성년자와 청소년의 보호는 가족사나 개인적인 일에 속하고, 미성년자와 청소년의 신변 가까이 있는 군·시·주 정부 같은 지방자치단체의 규제사항에 속하지 않는다는 태도이다. 역사적으로 이런 법원의 태도는, 자유방임주의가 기조이던 초기 산업사회 시대의 것이었다(김철, 2010.11: 118-119, 110-112). 놀랄 만한 것은 주로 2001~2011년까지 이루어진, 아메리카 연방법원의 10개의 판결에서 나타난 인간관과 사회관이, 전혀 다른 시대인 – 법제사에서의 도금시대(the Gilded Age 1865-1900)(Mclosky, 1956)에 해당하는 –, 1897년과 1905년의 두 판례에서 나타난, 자유방임적 개인주의의 인간관과 사회관과 거의 같다. 다시 경제사의 시대를 유추해 보기로 하자. 자유방임적 개인주의가 나타난 법제사에서의 도금시대(1865~1900)는 경제사에서의 장기대공황 또는 침체 시대(1873~1897)와 대략 일치하고, 그 시대의 기념비적인 두 판례가 나타난 1897년과 1905년은 장기 대침체시대에 더 가까이 일치하고 있다. 그렇다면 2001년부터 2011년까지의 연속된 10개의 판례는 그 태도에서 역시 장기 대침체 시대에 더 가까이 있다고 할 수 있다. 거꾸로 유추해 들어간다면, 방금 지적한 약 110년 이전의 기념비적인 판례의 기본적 가치와 태도가 거의 접근하는, 2001~2011년의 최신 판례들은 …… 이미 증명된 경제사에서의 장기 대침체 시대의 특징과 같다면, …… 자유지상주의라 부르든, 신보수주의(neo-conservatism)라 부르든, 네오리버럴리즘라고 부르든, 인간의 삶에서 커뮤니티와 사회를 거의 제외하는 이런 태도는 다른 시대에도 나타난다. 즉, 대공황 (1929~1939)에 이르는 진입로를 번영과 거품으로 건설했던, 10년간(1919~1929)의 재즈 시대의 자유방임적 개인주의와 같아 보인다.

따라서 2001~2011년의 연속 판례들의 주된 몸통 부분이 나타난 1999~2007년까지의 기간은, 비로소 세계금융위기(2008~)와 유럽 재정위기에 이르는 아노미와 거품을 예비한 기간이었다는 것이 드러나게 된다.

7장 법과 혁명: 프랑스 혁명이 법제도에 미친 영향－법과 종교의 관계를 겸하여－의 초안이 학회에서 발표된지 약 5개월 뒤 한국에서 세제 개편 논쟁이 일어났다. 세제 개편 논쟁에서, 한국 사회에서는 드물게, 1789년 프랑스 혁명 발발 원인의 하나인 재정 문제와 세금 제도가 역사적인 예로 등장하였다. 프랑스 혁명이 방만한 재정운영 때문에 일어났으며, 재정은 아차 하는 순간에 망가진다는 언급이다(서양원, 2013. 8. 19.).

근대 시민혁명이 법제도에 미친 영향은 한국 법학에서는 공법이론의 총론 부분에서 개략적으로 일반화시켜 왔다. 이 논문은 1789년부터 시작된 프랑스 대혁명이 법제도에 미친 영향을 공법사로 취급하는데, 중점은 대혁명의 경위를 몇 단계로 세분화시켜서, 프랑스 혁명사의 진행에 따라 권력구조, 기본권 조항뿐 아니라 나폴레옹 시대의 국가학적 성과－즉, 행정 제도, 국 참사원, 행정재판 제도, 사법 제도와 함께 성속(聖俗)의 분리·융합 및 정교(政敎)의 분리·융합 문제 같은 법과 종교의 분리·융합 문제도 다룬다. 더 나아가서, 프랑스 혁명의 정신과 관련하여 이신론(理神論)의 문제, 계몽주의, 종교적 전통과 자연법 전통을 다룬다.

마지막으로 프랑스 혁명 이후의 새로운 법과학과 새로운 법철학을 요약한다.

이것은 통합 법학(integrative jurisprudence)을 시도한 것이다. 구체적으로는 역사법학의 방법으로 공법 및 기초 법의 영역을 통합 시도한 것이다. 목적은 개념 법학에서 소홀히 한 공법사를 재인식하기 위해서 구획화된 법학을 재구성해 보려는 시도이다.

또한 이번에 사거한 드워킨(Dworkin, 1931.12～2013.2)의 명제로서

"판례의 집성(集成)은 비유로서, 연작 소설이다"(1982)라는 공식에 의해서 그 역(逆)의 공식이 있다. 여기서는, "연작 소설은 한 시대의 드라마이고 그 드라마는 수없는 판례의 집성이다."

2012년 말경부터 2013년 초까지, 길고 혹독한 겨울 동안, 한국의 대중저널리즘이 취급한 외국 문화 중 지식인과 청년학생들의 인구에 회자한 것은, 1862년에 출간된 프랑스의 빅토르 위고(Victor Hugo)의 5부작을, 배경이 되는 큰 역사를 빼고, 인물 중심의 사건만으로 발췌해서 만든 영화 <레 미제라블>이 아닐까 한다. 이 영화에서는 1814~1815년 앙시앵 레짐(혁명 이전의 구체제)으로의 왕정복고기에서, 1830년의 7월 혁명 기간과 그 이후의 불안정한 시기 동안의, 이른바 프랑스의 하층민 생활상 - 실업 이후의 판틴의 영락(零落, fall down)의 묘사, 몽트뢰유-쉬르-메르 시로 들어가는 입구에 등장하는 이름 없는 "비참한 사람들"의 생활 - 이, 인상적으로 표현되고 있다. 또한 앙시앵 레짐 왕정복고기(1815~1830)로 대표되는 대혁명의 반동기 동안 1789년 대혁명을 계승하려는 공화파 청년들의 폭동 장면도 상당한 시간 묘사하고 있는 것이 특징이다.

이 영화의 대중심리적 영향은, 이미 오래전부터 잘 알려져온 단순화된 공식으로 요약된다. 즉, 자베르에 의해서 표상되는, 억압 법의 무자비함과 불관용, 법을 집행하는 관료 체계의 경직성과 자동기계의 성격, 전과자에 대한 일반인들의 낙인 찍기, 누범에 대한 무자비한 응보형 등이 인상적이다. 판틴의 생활에 나타나는 공식 법제에서의 소외, 인간다운 생활을 보장받지 못함, 코제트의 초기 생활에서 나타나는 아동에 대한 정부나 국가의 보호 없음, 아동 노동과 학대에 대한 방임 등이 두드러진다. 또한 가석방된 장발장에 대한 사회적 격리 조치도 드러난다. 사회적 약자에 대한 배려가 전혀 없는 법제도의 시대를 그리고 있다고 하겠다. 다른 한편 미리엘과 회심 이후의 장발장에 의해서 대표되는 "지고의 존재(dê·tre superier)의 뜻"에 따른 관용과 용서의 세계가 그려지고 있다.

공법사의 재인식이라 한 것은, 이제까지 공법의 인식이 역사적으로 진화하거나 역사적 계기(예: 프랑스 대혁명)를 거쳐서 형성되었다는 것을 고려하지 않는 경우가 많았다는 것이다(김철, 2012). 이 논문에서 프랑스의 공법 제도와 혁명과의 관계를 간단하게 엿볼 수가 있다.

8장 정의란 무엇인가−자유주의와 공동체주의의 가치, 자유와 평등, 형평(equity)−의 동기는 다음과 같다.

마이클 샌델(M. Sandel)의 『정의란 무엇인가(What is Justice)』의 번역본이 2010년 5월 이후 62만 부가 팔렸다고 한다(조선일보 2010. 12. 12). 또한 장하준의 『그들이 말하지 않는 23가지』는 한 달 사이에 17만 부가 팔렸다고 한다. 철학서와 자본주의 비판서가 베스트셀러 1위에 오른 것은 한국 사회에서 '공정한 사회'에 대한 요구가 높아지고 있다는 방증이다. 일상인의 직관에서 한국 사회는 '이기적인 개인주의'에 의해서 내부적으로 해체되어 있다. '극단적 개인주의, 이기주의'의 대척점에 무엇인가 있어야 한다고 느낄 때 다른 가치, 즉 사회정의(social justice)나 극단적인 이기주의에 반대된다고 생각되는 "공동체 중심의 가치"에 눈을 돌리게 된다.

한국 지식인의 중요한 선입견 중 하나인, '자유는 평등과 모순된다'는 개념적 파악은 서양 철학의 관념론 시대의 것이다(김철, 2010). "즉, 한국에 있어서의 저널리즘과 아카데미즘의 어떤 방식은 어떤 경우에는 자유라는 것은 평등과 모순되는 것으로"(김철, 2007a: 135) 개념적으로 파악하고 따라서 자유는 평등 또는 진보와 모순되고 대립되는 것으로 무의식중에 파악한다.

9장 의학적 법학 또는 치유적 법학의 동기는 다음과 같다.

경제학자들은 일반적으로 헌법을, 그들 용어대로 한다면, 어떤 사회와 국가에서 경제학적으로 의의가 있으며, 경제학의 영역에서도 기본 용어로 다루는 제도(institution)로 취급한다. 제도 개념을 중심으로 그의 학문을 진행시킨 사람은 더글라스 노스(Douglass C. North)이다. 1990년에 출간된 『제도, 제도 변화와 경제적 성취』는 1990년대 초에 노벨경제학상을 수상한 대표작이다. 그에 의해서 소개된 진화론적 가설은 다음과 같다. "보다 열등한 제도는 경쟁에 의해서 보다 우수한 제도에 자리를 내어준다. 우수한 제도는 인류의 문제를 보다 잘 해결하여 인류에게 보상함으로써 계속하여 생존하게 된다."(김철, 2009.03.: 289-290)

"최근 유럽중앙은행(European Central Bank)은 64개국 자료를 이용해서 미국의 양적 완화 정책의 전이 효과에 관한 연구 보고서를 출간했다. …… 하지만 좋은 제도들을 가지고 있고, …… 적극적으로 대응한 나라들은, 전이 효과가 작은 것으로 나타났다."(백승관, 2013. 11. 2.)[1]

"여기에서 '제도(institution)'란, 정치적 안정성, 부정부패 통제, 법 준수, 언론의 자유, 관리 감독의 효율성 등을 의미한다."(백승관, 2013. 11. 2.)

즉, 제도란, 입헌주의에 의한 헌법 자체-정치적 안정성을 위한 모든 헌법 구조와 언론의 자유를 포함한 기본권-와 법치주의에 의한 규제 법의 준수, 부정부패 통제, 관리 감독의 효율성들을 의미한다(김철, 2009. 3.).

"전이 효과를 최소화하는 가장 좋은 방법은, 수준 높은 제도를 가지는 것이다."(백승관)

"세계 은행에서 발표한 자료를 보면, 우리나라 제도의 질은, 신흥공

---

1) 백승관, "경상흑자, 박수칠 때 아니다", 매일경제 2013년 11월 2일 오피니언란, 이 책 4장 참고문헌 참조.

업국 중에서는 높은 편이지만, 선진국에 비하면 훨씬 낮다. 유로존 재정위기의 핵심 국가들인 그리스, 이탈리아, 스페인, 포르투갈 수준과 비슷하다."(백승관)

"가장 좋은 경제 위기의 대비책은 '제도'의 질적 수준을 높이는 것이다."(백승관)

이 장의 글은 2002년에 발표된 것의 일부로서, 한국 헌법 제도의 기본 중의 하나인 정당의 문제를 예로 든 것이다.

10장 치유적 법학과 심층 심리학적 법학의 동기는 한국의 사회적 갈등 수준은 세계적으로 어느 정도가 될까?라는 문제의식에서 출발했다.

사회적 갈등과 정치적 갈등은 경제학자들에 의해서, "정치적·사회적 안정"이라는 항목으로 리스트에 오르게 되고, 어떤 국가가 경제적 성취를 우선으로 삼을 때에도 중요한 결정 요인으로 계산된다. 공평하지 않다는 느낌이나, "부분의 희생 위에 다른 부분이 성공하고 있다"라는 느낌이나, "헌신과 능력의 대가는 반드시 보상받는 것은 아니다"라는 느낌은 상대적 박탈감을 야기하며 사회적 갈등의 원인이 된다.

차별을 없애서, 사회의 통합을 이루는 것이 헌법상 평등권의 역할이라면, 한국에서의 헌법상 평등 조항은 그 형식적 파악과 개념적 해석 때문에 사회적 통합을 이루는 중요한 역할에 철저하지 못했다고 할 수 있다. 부분을 희생시켜서 다른 부분을 번영케 하는 그런 요소가 한 국가에서 계속된다면 갈등은 해소되지 않을 것이고, 사회 통합은 힘들어지며, 명목적인 정치 통합만으로는 진정한 국가적 통합을 이룰 수 없을 것이다. 이 장은 사회적 갈등의 원인으로서의 불공평과 차별, 그리고 노력과 헌신에 따른 정당한 보상을 받지 못하는 사회의 다른 부분을 대상으로 하는 것이다.

10장의 글은 세계 제2차 대전 이후의 자유주의 국가의 헌법이 공통

적으로 채택한 평등권과 차별의 문제를 다룬 것이다. 형식주의적 접근
이 아니라 평등권의 대상이 되는 사회적 차별의 문제를 심층심리학을
도구로 해서 다룬 것이다.

또한 이 장은 심층심리학을 한국사회와 한국법학의 근본적인 문제
에 본격적으로 적용한 예로 기억될 것이다. 심층심리학의 법학에의 적
용은 1960년대에 형법학자 유기천에 의해 도입되었으나, 1972년 이후
한국에서는 거의 절멸되다시피 했다. 여기서는 한국사회의 병리현상
으로 지적되는 집단주의에 의한 차별의 심리학적 기원을 분석하고 있
다. 이 장이 처음 구상된 것은 1977년 제4공화국 때였으며, 집필된 것
은 2002년에 이어서, 구상부터 완성까지 25년이 걸렸다고 할 수 있다
(김철, 2002 & 2007).

**11장 최현대의 경제 공법의 역사: 금융 규제와 탈규제-글라스스티
걸법부터 뉴딜 시대의 금융시스템의 붕괴까지-** 의 장은 세계금융위기
이후 전 세계 정부와 금융가의 관심의 초점이 되고 있었던 글라스스티
걸법(Glass-Steagall Act of 1933)의 제정 당시 입법 배경과 입법 취지
및 효과를 고찰한 것이다. 경제 공법학도의 입장에서는 1930년대의 세
계 대공황의 직접적 도화선이 된 금융위기에 대응하기 위한 일련의 뉴
딜입법(New Deal Legislation) 중 긴급은행법(Emergency Banking Act,
1933)과 글라스스티걸법은 뉴딜 시대(1933~1961)를 거쳐 1980년 이
전의 아메리카 사회의 안정된 중산층을 형성시키는 주된 법제도로 작
용하였다는 것을 확인하게 된다. 부수하는 제도는 예금보험제도와 연
방예금보험공사(the Federal Deposit Insurance Corporation)이다. 지역
공동체 중심의 저축대출조합(the Savings & Loans Association, S&L)이
뉴딜 시대에 정부 규제의 프레임워크에 의해 보호받게 되었다가 1980
년대 이후 뉴딜 시대의 금융시스템이 붕괴되면서 아노미에 빠지는 경과

를 주목한다. 글의 마지막 부분부터 1980~1982에 시작된 탈규제 시대의 두 법, 즉 「예금수탁기관 탈규제와 통화법」(Depository Institutions Deregulation and Monetary Control Act of 1980)과 「가안-샘 제르맹 예금기관법」 (Garn-St. Germain Depository Institutions Act of 1982)이 등장한다. 금융 산업 규제 완화의 경과 중 S&L위기(1986~1995)와 연방저축대출보험공사(Federal Savings & Loan Insurance Corporation)의 파산까지를 본 글의 주제로 삼는다.

12장 법과 경제의 상호 교호 관계 – 장기 대침체 시대의 경제와 법 – 의 동기는 다음과 같다.

필자는 오로지 실정 법학 자체만을 연구 대상으로 하지 않고, 법제사(사법사와 공법사)와 경제사 및 사회사를 동시에 볼 수 있어야 충분한 성과를 거둘 수 있다고 생각해왔다. 2008년 10월 24일 세계금융위기가 왔을 때, 소수의 예언자들 중 경제사와 법제사와의 관계, 더 나아가서 정치 경제사와 같은 역사적 근거를 가장 충분히 입증한 사람은 폴 크루그먼이었다. 필자는 폴 크루그먼의 학제적 연구 중, 사회 경제사와 법 제도사와의 상관관계를 역설한 데 주목하여, 2008년 세계금융위기의 역사적 원형을 1929년 9월에 시작된 세계 대공황에서 찾았고 대공황의 경제사에 대비하는 법 제도사 연구를 시작하였다. 뉴딜시대의 법제사가 2008년 세계금융위기의 치유에 여전히 유효하다는 것을 입증하려고 했다. 다시 크루그먼은, 2010년 6월 27일에 앞으로의 선진국의 경제상황은 이제 1930년대의 대공황은 모면했으나, 오히려 24년이 걸린 1873~1897년의 장기 대침체의 유형에 들어가고 있다고 예언했다. 필자는 이전까지의 대공황기의 경제사와 법 제도사의 상관관계 연구에서 이제는 장기 대공황 때의 경제사와 법 제도사와의 상관관계에 주목하게 되었다. 19세기 세계사에서의 장기 대공황은 당시 선진 공업 국가 모두에 닥친 것으로서 보편적 성격을 가지는데, 이 점에서 1930년대의 세계 대 공황과 유사하다고 볼 수 있다. 이런 보편적 성격 때문에 당시의 선진국 경제 상황과 이에 동반하는 법 제도와 에토스의 상관관계를 찾게 되는 계기가 된다. 이 연구는 2010년 이후의 세계 경제 상황에 시사점을 줄 것이다.

13장 루스벨트의 "경제 헌법 질서(economic constitutional order)" 는 역사 법학을 추구한 것이다.

루스벨트의 긴급은행법(Emergency Banking Act. 1933)과 글라스스티걸법(Glass-Steagall Act. 1933)의 연원이 되는 제도의 취지는 공황이 3년째 진행되던 1932년에 나타났다. 새로운 제도에 대한 필요성은 루스벨트는 1932년의 콜롬버스에서의 연설에서, "우리의 상황은 대담하고 지속적인 실험정신을 요구한다. 하나의 방법을 택하고 일관되게 노력하는 것은 좋은 상식이다: 그러나 그것이 실패로 끝났다면 그 실패를 솔직히 받아들이고, 다른 방법을 시도해야 한다"라고 했다(김철, 2010. 2: 153).

"지난 반세기의 역사는 크게 보아 금융 산업에서의 거인 집단의 역사였다. 우리가 계속 변경을 넓혀가고, 인구가 계속 증가하며, 산업체들이 우리의 수요를 아직 채우기에 충분하지 못 했을 때는 사람들이 욕구하는 경제적 산출을 계속 하는 동안 사회는 거인 집단에 경제활동의 자유를 주는 방식을 채택하여 왔다. 그러나 생산고의 확대나 변경의 확장은 한계에 이른 상황이 되었고, 이제 산업과 기업에 대한 재평가가 이루어져야 할 때이다. 금융계의 거인들이, 그들이 하고자 하고 개발하려고 의욕하기만 하면, 우리가 모든 것을 부여하였던 시대는 지나갔다. 이제 우리의 과제는 천연자원을 발견하고 쥐어짜서 더 많은 물건을 생산하는 것이 아니다. 오늘의 과제는 더 냉정하고 덜 극적인 일로, 이미 가진 자원과 생산시설을 잘 관리하거나, 잉여 생산물을 위해 외국 시장을 다시 세우려 노력하거나 저소비의 문제에 대처하거나, 부와 생산품을 더 형평성 있게 분배하거나, 기존 경제기구들로 하여금 사람들에게 더 도움이 되도록 적응케 하는 계몽주의적 정부의 시대가 왔다. 이와 같이 기업과 관련하여, 정부의 과제는 헌법적 경제질서를 발전시키도록 돕는 것이다."(Kennedy, 1999: 373)

2014. 5.
김 철

▪ 서장

마사 누스바움(Martha Nussbaum)

경제학자들의 철학의 부재

마사 누스바움(Martha Nussbaum)[2]은 2014.1.2. 전미경제학회(AEA)에서,

　"철학이 없는 경제학은 단지 숫자놀음에 불과할 뿐이다. 복지는 성장과 대립되는 개념이 아니며 인간의 가능성 개발에 초점을 맞춰야 한다."[3]
　"애덤 스미스(Adam Smith)와 존 스튜어트 밀(J. S. Mill)에 이르기까지 위대한 경제학자들은 대부분 철학적 기반 위에서 경제를 분석했지만 현대 경제학자들은 철학을 너무 무시해 왔다."

라고 했다(마사 누스바움, 2014.1.2.).

---

2) 시카고 로스쿨의 법철학 교수로 2008.8.27.에 방한하여 서울대학교에서 강연한 적이 있다.
3) 매일경제 기획취재팀, "2014 전미경제학회" 2014년 1월 4일 토요일 A3.

이것은 2008년의 글로벌 금융위기 이후 포스너(Posner)[4]가 "거시경제학자들이 (인류가 경험한 주요한 세계사적 경험을 집약한) 사상사에 무지하였기 때문에, (비전문가들을) 황무지에서 배회하게 하였다"라고 한 것과 맥락이 같다(김철, 2010.12.).

최근의 경제학자들은 또한 사회학과 유리되고 절연되었다(존 랜스턴 솔, 국제펜클럽 회장).[5]

경제학자들의 법학의 부재

마사 누스바움은 다시,

"철학은 추론과 가정에만 의존하는 경제학을 현실에 발을 딛게 하고 현실 문제의 해법을 제시할 수 있게 도와줄 것."

이라고 강조했다(마사 누스바움, 2014.1.2.).

그러나 경제학을 **현실에 발 딛게 하고, 현실 문제의 해법을 제시할 수 있게 도와줄 수 있는 학문**은 마사 누스바움의 원래 의도대로라면 ― 마사 누스바움은 시카고 로스쿨의 법철학 교수이다 ― (철학이라고 표현했지만)

---

4) 포스너는 원래 법학교수와 법조인으로 출발하였고, 교수가 된 이후 경제학적 방법을 도입하였다. 법학자 포스너의 경제학적 방법과 그 한계에 대해서는 김철, 『경제 위기 때의 법학』(파주: 한국학술정보(주), 2009.3.)과 『법과 경제 질서: 21세기의 시대정신』(파주: 한국학술정보(주), 2010.12.) 참조.

5) 사회학과 경제학의 소통 불능의 상태에 대해서는, 최근 방한한 존 랜스턴 솔 국제펜클럽 회장의 다음 지적이 적절해 보인다. "세계 금융위기는 지식인의 실패에 기인했는데 ― 지식인들이 각각의 전문 분야별로 칸막이에 갇혀서, 종합적인 공공 담론이 형성되지 않아, 사회학과 경제학 간의 소통이 되지 않는 사회가 되어버린 거죠."(존 랜스턴 솔, 매일경제 2012년 9월 20일 목요일 사람들 난) 같은 취지는(해롤드 버만과 김철, 1992). 김철, "폭력의 사회경제적 배경과 판례: 자유지상주의, 신자유주의에서의 아노미에 대한 판례의 태도", 『사회이론』 2012년 가을/겨울호(서울: 한국사회이론학회, 2012).

철학을 기반으로 한 문제해결력을 가진 법학을 이야기하고 있다.

"비즈니스 세계에서는 장기적 관점이나 철학 없이, 단기 이익에만 집중하고, 경제적 가치가 다른 가치들을 압도해 버리는 분위기가 만연해 있다"라고 하고, "이런 사회적 분위기를 바꾸기 위해서라도, 경제학자들은 더욱 철학으로 무장해야 한다"고 주문했다(마사 누스바움, 2014.1.2.). 이 역시 누스바움의 원래 의도는 넓은 의미의 인접 학문으로서 철학을 매개로 한 법학과 사회학을 포함하고 있는 것으로 보인다.

애덤 스미스와 존 스튜어트 밀의 전통에 따르면 경제학·철학·법학은 삼면일체의 관계

이 책의 논문들은 애덤 스미스와 존 스튜어트 밀 이후의 서양 전통인 경제학-철학-법학의 삼면일체의 방식을 의식하여 쓰인 것이다.

"김 교수의 3부작: 경제위기 때의 법학(2009.3.), 법과 경제 질서(2010.12.), 한국 법학의 반성(2009.9.)은 김 교수의 학문의 결산서로 애덤 스미스의 3부작 『도덕 감정론(A Theory of Moral Sentiment, 1759)』, 『국부론(The Wealth of Nations 1776)』, 『법학 강론(Lectures Jurisprudence)』을 연상시킨다. 인문학과 사회과학의 분리에 이어, 사회과학의 세포 분열, 그리고 법학의 미세분화가 이루어지기 이전의, 통합적 학문 시대의 저술로, 분과 학문의 경계를 넘는 식견이 뒷받침해 주지 않으면 불가능한 작업이다."(출판기념회, 2011.10.17.)(김철, 2013)[6]
대체로 19세기의 선진 산업국가가 자본주의 경제사에서 최초로 장기 대침체(the Long Depression, 1873~1897)에 봉착하기 이전까지 자본주의 발달의 내적 에너지가 되었던 자유주의는 두 갈래의 길을 가게 되고(김철, 위의 책) 그 각각의 대표적 사상가는 J. S. 밀과 스펜서(Herbert Spencer, 1820~1930)였다(김철, 2010: 572-574).

---

6) 김철, "학제적 학회에서 촉발된 나의 지적 모험", 30주년 기념행사 자료, 『사회이론』 제44호 2013년 가을/겨울호(서울: 한국사회이론학회, 2013).

■ 목 차

3 장 1997년 외환위기에 대한 문화적 접근: 현대 한국 문화에 대한 법철학적 접근

4 장 한국에 있어서의 경제와 법의 진행 과정: 금융 위기 이후

5 장 아노미의 법학과 평등권, 교육의 기회

6 장 폭력의 사회경제적 배경과 판례: 네오리버럴리즘, 자유지상주의에서의 아노미에 대한 판례의 태도

7장 법과 혁명: 프랑스 혁명이 법제도에 미친 영향
- 법과 종교의 관계를 겸하여-

8 장 정의란 무엇인가: 자유주의와 공동체주의의 가치, 자유와 평등, 형평(equity)

9 장　의학적 법학 또는 치유적 법학

10 장　치유적 법학과 심층 심리학적 법학

11 장 최현대의 경제 공법의 역사: 금융 규제와 탈규제
‒ 글라스스티걸법부터 뉴딜 시대의 금융시스템의 붕괴까지‒

12 장 법과 경제의 상호 교호 관계: 장기 대침체 시대의 경제와 법

13 장 루스벨트의 "경제 헌법 질서 (economic constitutional order)"

■ Contents

① 법과 경제 질서

뒷줄 왼쪽 시계방향

프랭클린 루스벨트 대통령(1935.8.14.)

에이미 추아(Amy Chua, 1962~)

조셉 스티글리츠(Joseph Stiglitz, 1943~)

폴 크루그먼(Paul Krugman, 1953~)

로버트 실러(Robert Shiller, 1946~)

이 글은 필자가 2009.3.~2010.12. 출간한 『법과 경제 질서』 3부작의 동기와 개략을 설명하기 위한 글이다. 따라서 거시 역사의 프레임워크를 사용한다.

즉, 1987년경부터 시작된 한국의 자유화와, 1989년 동유럽 러시아 혁명부터 세계적 맥락에서의 주제어가 된 자유화·민주화·시장화·세계화의 경위를 2008년 세계금융위기 내지 재정위기의 경험을 하고 나서 반성하는 것이다. 에이미 추아(Amy Chua, 2003, 2004: 1 - 17)는 "비서구지역에서 2003년까지 진행된 민주화와 시장화가 기존의 시장 지배 소수인종 또는 소수집단에 어떤 영향을 주었는가?"라고 묻는다. 시장은 시장 지배 소수집단에 부를 집중시키고, 동시에 같은 사회에서 진행되고 있던 민주화는 다수 빈곤 국민의 정치권력을 증가시켰다고 대답한다.

필자는 3권의 책에서 전개한 바를 요약하여 에이미 추아의 물음에 응답하고 더 진행시킨다. 즉, 동아시아 외환위기 때를 기준으로 문민정부의 자유화·자율화가 시장화와 동일어로 쓰인 점, 자유화가 동일성의 위기를 가져온 점, 1997년 외환위기 당시 IMF, World Bank, Washington Consensus의 입장을 검토한다. 스티글리츠는 레이거노믹스(Reaganomics)가 국제기구나 미국 재무성을 오도했다고 한다. 즉, 1997년 IMF외환위기는 레이거노믹스와 동행한 네오리버럴리즘(neo - liberalism)의 영향이 크다는 입장이다.

필자는 2008년 글로벌 금융위기 이후 2년 6개월 만에, 즉 2011년 4월에, 세계금융 및 재정 위기의 파도가 한국의 중상류층의 도시에 도착했다는 견해를 소개한다. 집값 하락이 시작된 것이다. 한국 법학은 경제현상의 보편성과 금융의 세계적 보편성에 둔감하였다는 예를 최근의 저축은행 사태에서 든다. 즉, 금융위기 이전에 만연하였던 탈규제의 자유지상주의와 시장지상주의에 한국이 감염된 것을 파악하지 못했다고 한다.

필자는 한국인의 정치만능주의와 유사 이념적 갈등 때문에 세계경제의 2008년 이후의 심각한 흐름이나 지식 패러다임의 전환을 절실하게 받아들이지 못했다고 본다. 즉, 금융위기 이후 미 정부의 금융 패러다임의 전환을 강 건너 불로 지나쳤으며, 국제경제법의 영역에서의 패러다임의 대전환을 이데올로기로 채색된 안경으로 보았다. "리버럴을 진보로 오역"한 것이다. 그래서 자유지상주의의 역사적으로 증명된 폐해를 간과하게 되었다.

당신은 왜 이 책을 썼는가: 스티글리츠와 워렌의 경우

1. 우리의 자녀들을 위해서

그들이 지금보다 덜 분열된 세계와 국가를 물려받을 것이라는 희망 아래에서(*The Price of Inequality*, Joseph E. Stiglitz).

2. 모든 학부모들을 위해서

한밤중에 깨어나서, 학생화와 걸스카우트 제복을 사준다면 주택 원리금 상환금을 갚을 만큼 충분하지 않을지도 모른다는 생각에 가슴 졸이는 모든 학부모들을 위해서. 이들 학부모는 우리의 이웃이며 형제자매이며 친구이며 동료이다. 그들은 이름 없는 사람들이나 우리는 그들을 알고 있다. 이들 세대는 어렵게 대학을 가고, 자녀를 두었으며, 집을 사고, 무엇보다도 중요한 것은 룰에 따라서 살았다.-그리고 패배자가 되었다.

이제, 지금은 이들 가정이 다시 승리자가 될 수 있도록 규칙들을 다시 써야 할 때이다(*The Two Income Trap*, Elizabeth Warren & Amelia Warren Tyagi).

0. 들어가는 말

법학도 여러분에게 나의 3부작을 소개하려 한다. 한국의 법학관계 학회의 모든 노력과 수없는 주제를 어떻게 축약(summing up)할 수 있 겠는가? 1990년대 초와 그 이후 한국 사회의 변화의 흐름을 생각하면, 지금까지 한국 법학을 이끌어 온 주된 동력(driving forces)들 중 하나는 권위주의 법체제의 자유화(liberalization)와 민주화라고 할 수 있다. 물론 정의와 효율성이 저변에 깔린 가치이다.[1] 예를 들면 헌법과 행정법의 약 20년간의 모든 논의의 목표가 헌법제도와 행정법제도의 자유화와 민주화에 맞추어져 왔다는 것은 문민정부 이후 지금까지 변하지 않는 전통이 되었다. 이 중 자유주의에 우선 초점을 맞추어서 논의를 진행할 것이다. 한국에 있어서 자유주의의 중점은 정치적 자유화에 주어졌고, 어쩐지 경제적 이슈에는 관심이 덜 주어졌다고 본다.

1. 자유화와 자유주의

1.1. 한국의 자유화는 1987.10.29. 제8차 개헌으로 공식적으로 출발하였다. 1993년 문민정부가 이를 계승해서 추진한 것으로 되어 있다. 약 6년의 기간은 권위주의에서 자유주의로 넘어가는 교량기간으로 파악한다(김철, 2010.12.: 56).[2] 세계사의 맥락으로는 1989년 가을 동유

---

1) 2008년 9월의 세계금융위기 이후 2010년 유로존 재정위기에 이어서 2013년의 아시아 위기의 재론단계이다. 한국 법학의 당면한 과제로서 위기 극복을 위한 통합적 역할에 주목해야 한다고 얘기할 수 있다. 이 논문이 쓰인 이후, 2년이 지난 2013년 11월 현재에도 세계경제사의 흐름은 글로벌 금융위기의 연장선상에서 불확실한 "장기 대침체"의 시대에 들어섰다는 예측 때문이다. 장기 대침체의 역사적 사례에 대해서는, 이 책, 마지막 장을 참조할 것.
2) 김철, 『법과 경제 질서: 21세기의 시대정신』(파주: 한국학술정보(주), 2010.12.), 56쪽.

럽·러시아 혁명이 동서 냉전에 종언을 고하는 분수령으로 알려진다(김철, 1989, 또한 위의 글).3) 1989년 가을은 이전에 사회주의 법 국가군으로 알려졌던 중동부유럽과 구 소비에트 국가군의 광활한 지역에서, 자유화(liberalization)가 시작된 기점이기도 하다. 자유화는 세계화(globalization)의 다른 이름이었고, 또한 시장화(marketization) 또는 자유시장(free market)을 의미했다(Amy Chua, 2003: 1 - 16).4)

1.2. 한국의 자유주의는 주로 정치적 이슈로 인식되었고, 정치적 측면에서 추진되었다. 정치적 측면에 있어서도, 국내 정치의 요소만 아니라 세계적 맥락이 있다는 것을 망각하였다. 자유주의를 경제적 이슈로 취급하여 실행하는 것은 (흡사 영국의 초기 자유주의 시대처럼) 중요하게 여기지 않았다(김철, 2010.12.: 67).5) "영국 근대의 고전적 자유주의의 특징은 경제적 목적보다 정치적 목적이 강하다는 것이다."

1.3. 세계적 맥락에서 볼 때 1989년 동유럽 러시아 혁명 이후 정치적 자유주의는 경제적 시장화(market)와 동반해서 비서구권(non - Western countries)의 세계 각처에서 진행되고 있었다. 문민정부 시대의 한국의 주된 흐름은 정치적 민주주의와 자유주의는 경제적 의미에서의 시장주의와 같은 것이라는 검토되지 않고 받아들여진 암묵적 동일화였다. 즉, 정치적 민주주의＝정치적 자유주의＝경제적 시장주의＝글로벌 차원의 세계화라는 등식이 새로운 교리로 부여되었다(김철, 2009ㄱ: 317 - 324; 2010.12.).6)

---

3) 김철, 『러시아 소비에트 법－비교 법문화적 연구』(서울: 민음사, 1989). 또한 김철, 『법과 경제 질서: 21세기의 시대정신』(파주: 한국학술정보(주), 2010.12.).
4) Chua, Amy, *World On Fire*(New York: Anchor Books, 2004), pp.1～16.
5) 김철, 『법과 경제 질서: 21세기의 시대정신』(파주: 한국학술정보(주), 2010.12.), 67쪽.
6) 김철, 『경제 위기 때의 법학』(파주: 한국학술정보(주), 2009ㄱ), 317～324면. 김철, 『법과 경제 질서: 21세기의 시대정신』(파주: 한국학술정보(주), 2010.12.).

1.4. 1989년 이후 세계적 규모에서 진행되던 자유화에 중대한 갈등이 생겼다는 최초의 보고는 로렌스 레식(김철, 2009ㄱ; 2010.12.: 73-75)[7]의 것이었다. 동유럽 러시아혁명(1989) 이후 10년 뒤, 그는 공산주의가 몰락한 중동부 유럽에 새롭게 구세주로 등장한 자유주의는 '인간의 존엄과 가치, 행복추구권'을 가치로 하는 2차 대전 이후의 본래적 의미의 자유주의가 아니라 자유주의의 변종인 자유지상주의(libertariamism)였다고 증언하였다. 레식은 자유지상주의가 가져온 중동부 유럽과 러시아에서의 파괴적인 영향을 증언하였다(Lawrence Lessig, 1999).[8] 로렌스 레식은 아메리카의 공법학자로는 거의 처음으로 동유럽과 소비에트 국가에서의 공법 현상에 주목하고[9] 서방 학계에 알려 당시 세계화와 자유화의 세계적 흐름에 중대한 하자가 있다고 했으며, 이 하자는 이윽고 약 10년 뒤 세계경제 질서에 치명상을 입힐 글로벌 금융위기로 진행되게 된다.[10]

2. 비서구권에서 민주화와 시장화가 가져온 부의 집중

2.1. 2003년에 중국계이며 예일대학의 법학자 에이미 추아(Amy Chua)

---

7) 김철, 『법과 경제 질서: 21세기의 시대정신』(파주: 한국학술정보(주), 2010.12.), 73~75쪽.
8) Lessig, Lawrence, *Code and Other Laws of Cyberspace*(New York: I C M Inc., 1999).
9) 김철, 『경제 위기 때의 법학』(파주: 한국학술정보(주), 2009ㄱ), 192~194쪽.
10) 한국의 사회과학자와 법학자들은 1989~1999년 중동부 유럽과 구 소비에트 국가 지역에서 일어난 자유지상주의(libertarianism)의 파괴적 영향을 주목하지 않았다. "이것은 그냥 그 지역에 국한된 문제이다"라고 생각하고 주로 국내 이슈에 열중하였다. 한국의 법학자들은 전통적으로 서유럽 국가의 법 현상에 집착하고, 세계화 이후 자유지상주의의 흐름이 비서구지역에서 어떤 영향을 미치는가를 무시하였다. 한국은 세계법의 지도에서 비서구국가에 속한다. 1997~1998년에 IMF외환위기가 엄습한 나라는 타이, 말레이시아, 한국으로 전형적인 비서구국가이다. 특히 경제이슈에서, 국제경제법 관계에서 그렇다.

는 20년 동안에 비서구권에서 진행된 민주화와 시장화에 대한 충격적인 보고서를 내놓았다(Amy Chua, 2003; 2004: 1 - 17).[11] 그의 키워드는 민주주의(democracy), 시장(market), 세계화(globalization)이다. 그의 구도는 놀라울 정도로 간단명료하다. 비서구지역에서 그때까지 팽배하였으나 발표가 금기(taboo)시 되었던 현상을 직시한 것이다. 즉, 필리핀·인도네시아·미얀마·남아프리카·브라질·에콰도르·과테말라와 같은 대부분의 남미국가들, 나이지리아, 구 유고슬라비아, 그리고 구 공산주의 러시아의 각지에서, 민주화와 같이 진행된 시장화가 인종간 갈등과 혐오를 가지고 온 것이다. 이 모든 국가에 공통적으로 존재하는 것은 시장을 지배하는 소수집단 또는 소수민족(market - dominant minority)이다. 시장은 엄청난 부를 시장 지배 소수집단에 집중시켰다. 다른 한편 같은 사회에서 진행되고 있었던 민주화 또는 민주주의는 상대적으로 빈곤한 다수 국민의 정치권력을 증가시켰다(Amy Chua, 2003; 2004: 6 - 7).[12] 더 이상 권위주의 체제가 아니고 민주화가 진행되는 비서구권의 나라들에서 갈등과 충돌이 일어난 것은 당연하다. 이런 상황에서 기회주의적이고 대중의 투표를 노리는 정객들이 좌절감 있는 다수를 부추겨, 잠재적으로 파괴적인 인종적 민족주의로 나아가고, 부유한 소수인종을 공격하게 하였다. 이 대결은 동남아시아의 인도네시아에서 아프리카의 시에라리온까지, 또한 짐바브웨에서 베네수엘라까지, 러시아에서 중동까지 진행되고 있다고 한다(Amy Chua, 위의 글). 에이미 추아는 2001년 9월 11일 이후 아메리카가 세계시장을 지배하는 소수집단으로 세계 각지에 인지되는 것은 비균형적인 경제 권력을 지구촌에서 행사하는 것으로 보인다고 한다. 이유는 무엇인가? 미국이 민주주의와 자유시장(free - market)을 지구상에 전파한 데 책임이 있다는 것이다.

---

11) Chua, Amy, 같은 책, pp.1～17.
12) 위의 사람, 같은 책, pp.6～7.

3. 동아시아 외환위기 때의 경험

3.1. 한국에 있어서의 자유화와 민주화의 경과를 문민정부 때까지 소급해서 본다. "이른바 자유화와 민주화 전후에 걸쳐서 시장 경제의 시장 역할에 대해서 관심이 높아졌다. 많은 경우 종전의 통제와 계획이 물러간 공백 부분을 시장이 대신해 줄 것으로 기대하였다. 민주화가 시장화를 의미하는 것으로 착각하였다. ……민주화가 진행되면서, 일종의 사회 이데올로기로 작용하였다. 즉, 선재하는 사회구조와 시장구조의 정직한 인식을 뛰어넘어서…… 기초적·공공적 부분을 오로지 시장경제에 맡기자는 시장지상주의로 질주하였다."(김철, 2010.12.: 62 - 63; 같은 요지 2009ㄱ)[13]

3.2. 문민정부의 '자유화', '자율화'는 시장경제를 키워드로 하고 진행되었는데 이 시장경제의 흐름은 불과 3~4년 뒤 IMF에 의한 경제 주권의 사실상 접수라는 파국으로 전개된 것을, 정치적 민주화와 정치적 자유화에 골몰했던 사람들은 예측하지 못했다(김철, 2002a: 372; 같은 취지, 2010.12.: 63).[14] 그토록 정치에 골몰하였고, 이후에도 최근까지 한국의 주요 미디어는 유효한 공간의 가장 중요한 대부분을 정치 이슈와 정치적 히어로에 할애한다.

3.3. 자유화가 동일성의 위기(identity crisis)를 가져온 경위를 보자. 한국 사회에서는 전통사회는 물론 심지어 권위주의 시대 초기까지도 부의 극대화나 금전적 성공 외에도 다른 종류의 문화적 가치가

---

13) 김철, 같은 책(2010.12.), 62~63쪽.
14) 김철, "개혁의 법사회학적, 법 경제학적 조망-교육 개혁을 중심으로, 그러나 주도적인 개혁을 우선하여-", 『사회이론』 21호 봄/여름호(서울: 한국사회이론학회, 2002.8.), 372면. 또한 김철, 위의 책(2010.12.), 63쪽.

병존하였다(김철, 2009ㄱ: 122-123; 2010.12.: 167-168).15) 즉, 1990년대 초반까지 동아시아인들은 동아시아인의 가치를 경제성장의 주된 이유로 들었다. 동아시아적 가치는 ① 부지런함(근면), ② 배움에의 열망(학문에의 존중), ③ 전체사회를 개인에 우선하는 것(대를 위해 소를 희생하는 것) 등으로 구성되어 있다. 이런 가치 서열이 무너지면서 문화적 위기와 경제적 위기가 동시에 1997년 이후 태국·인도네시아·말레이시아·한국을 엄습했다. 이 네 나라의 문화적·경제적 가치의 동일성 위기가 가장 심했다고 할 수 있다(김철, 2009ㄱ: 122 또한 2010.12.: 166-167).16)

"……초기 산업사회 단계에서의 한국은 사회적 존중의 대상을 부의 축적이라기보다 국가적이나 사회적으로 가치가 있는 업적과 행동, 세대를 이어서 전달되는 학문과 문화의 업적, 그리고 공동체의 복지를 존중하는 삶의 유형에 대해서 높은 가치를 두어 왔으나…… 점차로 한국 사회의 평균인은 불안정한 사회에서 살아남을 수 있는 담보로서 부의 가치와 금전적 축적에 압도당하기 시작했다. ……세계적 수준에서의 자유지상주의가 동유럽-러시아 혁명 이후 진행되고 국내에서의 정치적 자유화는 가치의 탈정향화(disorientation)와 규범의 약화를 수반하고, 분출하는 욕구 수준의 상승과 함께 아노미라고 부를 수 있는 정도의 탈규범화로 진행하였다(김철, 2009ㄱ: 124; 2010.12.: 168-169).17) 1997년 11월의 외환위기는 그때까지 잔존했던 전통적 규범과 산업화 시대의 규범 그리고 민주주의 건설기의 규범들이 자유라는 이름 앞에

---

15) 김철, 『경제 위기 때의 법학』(파주: 한국학술정보(주), 2009ㄱ), 122~123쪽. 또한 김철, 위의 책(2010.12.), 167~168쪽.
16) 김철, 『경제 위기 때의 법학』(파주: 한국학술정보(주), 2009ㄱ), 122쪽. 또한 김철, 『법과 경제 질서: 21세기의 시대정신』(파주: 한국학술정보(주), 2010.12.), 166~167쪽.
17) 김철, 『경제 위기 때의 법학』(파주: 한국학술정보(주), 2009ㄱ), 124쪽. 또한 김철, 『법과 경제 질서: 21세기의 시대정신』(파주: 한국학술정보(주), 2010.12.), 168~169쪽.

서 무력해진 문화적 위기를 반영하는 것이었다."(김철, 2006)[18]

3.4. 1997년 동아시아 외환위기가 발발했을 때 IMF와 미국 재무성은 해당 나라들을 비난하였다(Stiglitz, 2003: 91～95).[19] 즉, 동아시아 국가 기구와 정부가 부패하여 전반적인 개혁이 필요하다고 하였다. 그런 측면도 지적할 수 있다. 그러나 2008년 가을 금융위기 이후의 시점에서 1997년 동아시아 외환위기 때의 IMF와 World Bank 또는 Washington Consensus와 재무성의 입장은 다시 정리될 필요가 있다(김철, 2010. 12: 433). 스티글리츠의 증언을 요약하면 1981년경부터 시작된 탈규제의 레이거노믹스는 ① 시장 자유화, 무엇보다도 재정과 금융시장의 급격한 자유화를 강조했다. ② 사유화(privatization)를 강조했다. 정부는 기업을 도우는 입장이며 경제행위의 수행에 결정적 역할을 하는 것은 기업이라는 관점이었다. 정부의 산업정책이나 경제계획은 그 자체가 잘못이라는 것이다. ③ 레이거노믹스는 불평등에 대해서는 별로 주의하지 않고 부의 극대화(wealth maximization)[20]를 강조하였다. ④ 특히 1997년 외환위기 전후뿐 아니라, 레이거노믹스는 정부의 최소한 역할을 강조하였다.[21]

---

18) 김철, "국제 인권 규약의 구조와 전통적인 한국의 기본권 구조 – 사람의 권리의 온전 성을 위한 법철학적 시도" 한국 인문사회과학회 주최 2006년 전기 학술대회 『사람의 권리를 넘어서』 주제 발표 논문(서울: 한국인문사회과학회, 2006).

19) Stiglitz, Joseph, *Globalization and Its Discontents* (New York: W. W Norton, 2003), pp.91～95.

20) 부의 극대화(wealth maximization)는 네오리버럴리즘 시대에 경제학의 목표로 여겨졌다. 예를 들면, 포스너 역시 경제학의 목표를 동일하게 보았다. 김철, "포스너의 공법학 방법론", 『공법연구』 제30집 제4호(서울: 한국공법학회, 2006.6.). 또한 김철, "제5장 1980년대 이후 세계법학의 가장 큰 도전이었던 경제학적 법학방법론의 형성과 그 의미, 그 한계는 어떠한가", 『경제 위기 때의 법학』(파주: 한국학술정보(주), 2009ㄱ). 또한 김철, 『법과 경제 질서: 21세기의 시대정신』(파주: 한국학술정보(주), 2010.12.) 제5장 최현대의 경제공법사상(1) 중 1.2 자유주의와 관여주의와 불관여주의의 관계를 볼 것.

21) 이 문제에 대해서는, 김철, 『법과 경제 질서: 21세기의 시대정신』(파주: 한국학술정보(주), 2010.12.).

동아시아 외환위기에 처한 태국·인도네시아·말레이시아·한국의 경제적 파국의 국내적 요인[전술한 문화적 위기, 동일성 위기, 네포티즘(Nepotism)] 이외에 국제 경제 질서를 생각해보자. IMF, World Bank, 미국 재무성, Washington Consensus의 기조 정책을 이끈 것은 무엇인가? 훨씬 소급하지 않을 수 없다.[22] 즉, 1981년을 기준 해로 탈규제가 전면적으로 진행되고, 이른바 자유시장(free market) 논의는 자유주의를 넘어서, 네오리버럴리즘으로 치닫게 된다.[23] 1978년에 시작되고 1980~1981년 레이건의 경제정책으로 공식 출범한 이 흐름은 이후 네오리버럴리즘(neo-liberalism) 또는 신보수주의(neo-conservatism)로 불리게 된다(김철, 2010. 12: 434-435).[24]

3.5. 이제 한국이 1997년 11월 이후에 겪은 외환위기와 이후의 전개 과정이 국제 경제 질서라는 큰 맥락에서 흘러왔고, 이 국제 경제 질서를 좌우했던 IMF, World Bank, 미국 재무성, Washington Consensus의 내용을 시대적으로 규정해 왔던 것이 네오리버럴리즘이라고 밝혔다. 『법과 경제 질서: 21세기의 시대정신』의 3부작이 태동했다.

4. 2008년 글로벌 금융위기 이후의 한국
-2년 6개월 만에 경제 이슈가 정치 이슈를 압도하다

4.1. 한국의 일상적이고 평균적인 법학도에게는 2008년 가을 세계

---

22) 김철, 『경제 위기 때의 법학』(파주: 한국학술정보(주), 2009ㄱ), 이 책의 취지 참조.
23) 김철, 『법과 경제 질서: 21세기의 시대정신』(파주: 한국학술정보(주), 2010.12.), 209면 제5장 최현대의 경제공법사상(1) 자유주의와 네오리버럴리즘의 역사 도표를 볼 것.
24) 김철, 『법과 경제 질서: 21세기의 시대정신』(파주: 한국학술정보(주), 2010.12.), 434~435쪽.

금융위기는 일단 '강 건너 불' 정도로 태평한 점이 없지 않았다. 가장 큰 이유는 한국은 1997~1998년(즉, 2008년 금융위기 이전)에 금융기관의 대기업에 대한 과다한 대출과 BIS비율 부족이 주된 원인이 된 동아시아 금융위기를 비교적 단기에 극복한 경험이 있기 때문이다. 더 큰 이유는 현대 한국인의 정치 몰입증세이다. 즉, 정치게임이 대선 - 총선 - 중간선거 - 재보궐선거로 이어지면서 주요 언론 미디어의 초점이 주로 큰 정치적 이슈(촛불집회, 표현의 자유, 행정수도 문제, 선거공약 이행문제, 지역이해관계, 안보문제, 대북 리스크, 개헌, 사법개혁)에 집중되었기 때문이다. 2011년 4월의 재보궐선거의 판도를 결정한 것은 이런 정치적 측면을 결정해 왔던 것과는 다른 것들로, 우려해 왔던 2008년 글로벌 금융·재정위기의 파도가 드디어 2011년 4월에 한국 중상류층(uppermiddle class)의 도시에 도착한 것이다. 집값 하락은 1995년 이 도시가 세워진 이후 최초의 충격이었다. 또한 중상류층·중산층의 자제들의 소비문화 때문에 눈에 보이지 않게 진행되었던 고용문제 - 1998년 이후 음성적으로 진행되었던 청년실업과 부분실업 내지 부분고용25) 문제가 30대를 강타하였다. 재보선의 결과는 그때까지 정치 이슈 등 뒤에 숨어 있던 외환위기 이후의 경제이슈가 정치권에 분명하게 감지되는 계기가 되었다.

4.2. 2008년 가을 이후 위급하게 전개되었던 세계금융위기는, 1929년 가을 이후 문명사회의 최대 경제위기로, 방치했다가는 1930년대의 서구권 사회와 산업화 사회를 세계 제2차 대전으로 인도한 세계대공황과 같은 것으로 진행될지도 모른다는 세계적 위기의식은 한국에서는 그리 절실하지 않았다. 한국의 특수성이 강조되고, 오히려 서구권

---

25) 시간제 고용자는 2011년 5월 현재 577만 명이며 이들의 평균 임금은 월 135만 원이라 한다.

의 나라들에 비해서 문제가 없고, 세계금융위기나 재정위기에서는 비켜나 있는 성역(聖域)으로 여겨졌다. 정부정책의 유효함이 크게 선전되고, 새로운 정부의 유능성이 강조되는 가운데, 막상 금융현상의 글로벌 규모에서의 보편성은 가려지고 있었다. 또한 한국 대기업의 성과가 지구상에서 돌출되는 가운데, 한국이 1997~1998년에 외환위기를 겪었던 타이·인도네시아·말레이시아와 함께 비서구권(non - Western)의 2차 대전 이후의 신생 독립국이라는 것도 잊혔다. 이것은 흡사 문민정부 시대의 자기도취와 비슷했다.

"거듭되는 세계화의 이데올로기는 한국이 흡사 세계자유주의국가의 중심에 속하는 듯한 착각을 주었다. ……또한 이 시기의 개혁은 세계사의 중심점에 있어 온 서구국가의 것만을 들여오기만 하면…… 된다는 착각을 주었다."(김철, 2010.12.: 393)[26]

4.3. 한국 법학은 경제 현상의 보편성과 금융의 세계적 보편성에 대해서 둔감하였다. 예를 들면, **2011년의 저축은행 사태는 세계적 차원에서는 유사한 현상이 이미 보고되어 있다**(김철, 2010.12.:『법과 경제 질서』제7장 최현대의 경제공법사). 즉, S&L 위기(1986~1995)를 들 수 있다. 아메리카에 있어서 규제 완화의 실질적 효과와 탈규제 시대의 S&L은 화이트칼라 범죄의 온상이 되었다.[27] 이러한 산업화 국가의 금융 현상

---

26) 김철,『법과 경제 질서: 21세기의 시대정신』(파주: 한국학술정보(주), 2010.12.), 393쪽.
27) 여기에 대해서 상세한 연구는 김철,『법과 경제 질서: 21세기의 시대정신』(파주: 한국학술정보(주), 2010.12.) 제7장 최현대의 경제 공법사 - 금융 규제와 탈규제 - 글라스스티걸법부터 뉴딜 시대의 금융시스템의 붕괴까지 중 특히 탈규제 시대의 시작(1980~1982)부터 "시장의 힘이 문제를 해결할 것이다"라는 믿음하에 탈규제의 두 법안의 전반적 효과를 다룬 6.1 탈규제의 두 법안, 6.3 탈규제 시대의 S&L, 6.4 규제완화의 실질적 효과: 텍사스의 사례 연구와 1986년까지 연방저축투자보험공사의 지불불능, 6.5 S&L 위기의 결산: 뉴딜 시대 금융 시스템의 붕괴를 참조할 것.

은 보편성과 특수성을 가지나 한국이 세계 금융의 진원지 중 하나인 아메리카의 S&L 위기를 비교법적 차원에서 미리 참조할 수 있었다면 약 16년 뒤에 노출된 한국의 저축은행 사태도 예견하거나 방지할 수 있었을 것이다.[28] (2013년 11월에 2011년에 쓰인 이 논문에 보충한다면) 최근 동양 그룹 사태에 대해서도 같은 이야기를 할 수 있을 것이다. **즉, 한국의 금융 당국은 훨씬 이전에 세계 금융과 관련된 공법사를 참조하지 못했다.** 국내법 현상의 특수성에 몰입하였고 그보다 더욱더 세계적으로 금융위기 이전에 만연하였던 네오리버럴리즘의 탈규제 및 시장지상주의에 감염된 것을 자각하지도 못했다고 할 수 있다. 네오리버럴리즘의 탈규제와 "시장의 힘이 문제를 해결할 것이다"라는 도그마에 대해서는 더 폭넓은 고찰이 필요하고, 법학의 전반적인 흐름이 관계된다고 본다.

5. 지성사에 있어서의 패러다임의 전환

2008년 세계 경제위기는 학문의 세계에 그때까지의 편향을 각성시키는 계기가 되었다.

5.1. 동유럽 · 러시아 혁명(1989년 가을) 직후의 성찰

"끔찍이 많은 양의 프로젝트 보고서 또는 유사한 성격의 문헌이, 정부 지원 - 또는 정부와 대략 똑같은 견해를 나타내는 사람들 또는 정부에 가까이 있었던 사람들에 의한 자금 지원에 의해서 이루어져 왔

---

28) 이 문제를 과연 분과 법학 - 즉, 기술적으로 전문화된 금융법 또는 은행법의 문제로만 돌릴 수 있을까? 금융 - 은행법의 한국에서의 전문화는 주로 테크니컬한 측면, 로펌에서의 전문 실무가 위주로 발달하여서 미시적이고 현재적인 측면이 강하지 않았는가라고 생각할 수 있다.

다. ……그 결과는 그 분야가 지적(知的)으로 약한ー 즉, 허약한 지식 구조를 가지게 되었다. ……이런 경위는 다음과 같은 의외의 상태로 진행되었다. 즉, 심지어 가장 별로인 인문학[29]에서 쓰인 논문 저자의 장인 의식(匠人 意識, craftmanship)의 표준치도 결과적으로, 저 정부나 유관 기관 또는 동행한 단체들에 이런저런 명목의 지원을 받아 생산해 낸 저 끔찍이 많은 양의 사회과학의 그것보다는 훨씬 더 수준 있다는 것이 밝혀진 것이다."(Thomas Ferguson, 1990)

5.2. 동아시아 외환위기 때의 편향

학문의 시기적 편향과 군집현상(herd behavior)은 "인간사회의 집단 행동은 집단주의(collective behavior) 때문에 일어난다."(김철, 2009ㄴ: 24-248)는 것으로, 20세기를 대표할 만큼 전문성과 정교함, 실천성을 과시하였던 경제학에서도 일어난 것을 증명한 역사적 사건이 1997년 11월~1998년까지의 동아시아 외환위기였다. IMF, World Bank 그리 고 워싱턴 정부의 합의(The Washington Consensus)에 동행한 어떤 경 제학도 타이 · 말레이시아 · 한국 · 필리핀 · 인도네시아에 연속적으로 일어난 경제위기에 대해서 적절한 상황파악이나 대책을 알지 못했다 고 한다(Stiglitz, 2002: 89-94).

5.3. 2008년 세계금융위기 때의 편향

이런 주장이 타당하다는 것이 밝혀진 것이 10년 뒤 2008년 9월 28

---

29) 인문학을 예를 든 것은 정부에서 자금을 받지 않은 분야의 대표적인 예이고, 정부 유관 부처가 관여하지 않은 분야의 예를 든 것이다. 실제로 퍼거슨이 말했을 때에 는 정부가 주도하지 않은 연구 분야의 아메리카에 있어서의 대표적인 예로, 1989 년 이전의 역사학을 들고 있었다.

일과 1929년 10월 24일 이후 최대의 위기의식을 세계 경제계에 던진 금융신용위기 때를 전후해서이다. 2007년 아메리카 금융 및 신용업계에서의 사태의 초기현상은 1년 뒤 범세계적 위기 상황의 서곡으로 발전할지를 당시의 정책담당자, 중앙은행, 규제 당국 그리고 이에 동반해 온 경제학자들은 예고할 수 없었다(Richard Posner, 2009: 117). 1998년 동아시아 외환위기 이후 10년 동안 전무후무한 호황으로 아메리카와 영국뿐 아니라 서유럽의 주된 나라들도 자기만족에 빠져 있었다(김철, 2009ㄴ: 254 - 255).

위기의식은 극에 달했고, 그때까지 지배적 이론과 실천에 속했던 사람들이 속수무책이었던 것은 1929년부터 1933년까지의 세계 대공황 때를 상기하게 했다.

"대폭락, 대침체 그래서 1929년에 시작된 대공황에 대해서는 재계나 노동계 그리고 학계의 거물들 중 누구도 예상이나 준비가 없었다. 오히려 1920년대의 경제 사상의 비주류들이 경기 침체에서 지적 자극과 입장의 강화를 받았다(Schlesinger, JR, 1957: 186)."(김철, 2009ㄱ: 67 - 69)

2007년과 2008년의 세계 금융경제위기에 대해서도 비슷한 얘기를 할 수 있었다. 그 이유는 그 이전 10년(1998~2008)이 호황이었기 때문이다. 1929년 10월 24일 세계 대공황에 예상이나 준비가 없었던 것은 역시 그 이전 10년(1919~1929)이 아메리카 사회사에서 재즈시대(김철, 2009ㄱ: 64 - 66)로 불리는 전례 없는 호황기였기 때문이다. 2008년과 1929년은 이와 같이 이전에 계속된 호황이 극에 달해서 주식가액이 최고치를 보일 때였다(김철, 2008).

5.4. 2008년 9월 28일 이후 세계금융위기까지 지식의 편향에 대한 새로운 태도

폴 크루그먼(Paul Krugman)은 사회사, 정치사(McCarty Nolan, Poole Keith, and Rosenthal Howard: 2006), 경제사(Claudia Goldin and Robert Margo: 1992)와 같은 학제적인 역사적 연구를 통합해서(김철, 2009ㄴ: 229-236) 세계 경제위기를 예측하고 적중했다고 보인다. 이러한 맥락에서 그는 통섭과 거시적 연구의 시대적 긴요성을 증명했다고 할 수 있다. 금융위기의 예측은 포스너의 경우, 누리엘 루비니(Nuriel Roubini)를 먼저 들고, Rajan(2005), Feldstein(2007), Schiller(2013년 노벨상 수상)를 들고 있다. 그러나 크루그먼은 지속적으로 위험성을 알린 점에서 금융위기의 해당연도인 2008년의 노벨경제학상을 수상했고, 그의 학문적 업적과 함께 선구자적 역할을 노벨상위원회가 인정했다고 보인다.

그는 피케티와 사에즈(Piketty & Saez, 2006)를 인용하여 대공황 전 1920년대(10년) 평균과 2005년의 소득격차가 소수 특수계층에 집중된 점이 비슷하다고 한다. 그는 대공황 이전 1920년대 평균과 금융자본주의 위기 이전 2005년을 비교하였다(Krugman, 2007; 2008: 032). 즉, 그는 **뉴딜 이전의 시대와 21세기 초(2000~2007, 2008)의 미국이 부의 불평등과 권력의 불평등이 심하다는 점에서 같다고 한다**(Krugman, 2008: 16-17). 크루그먼은 한 시대의 상식선에서는 놀랄 만한 명제를 이끌어낸다. 즉, 변화의 흐름이 경제에서 정치로 흐른다는 지금까지의 통념을 부정하고, **제도, 규범 및 정치 환경이 경제로 흘러, 경제적 불평등을 가져온다고 한다.** 크루그먼은 불평등의 경제학(Krugman, 2008: 022)에서 제도와 규범 그리고 정치적 환경이 소득 분배에 미치는 영향이 우리가 경제 원론에서 배운 것보다 중요하고, 객관적인 시장의 힘은 소득불평등의 형성에 그렇게 중요한 역할을 하지 않는다는 것이다.

그렇다면 법 제도와 규범이 소득 분배에 있어서 경제 원리보다 중요하다고 한다(김철, 2009ㄱ: 81-84).

김철은 뉴딜 시대 이전 아메리카의 아노미에 주목하고 2008년 9월에 노출된 금융위기에 같은 관찰을 적용할 수 있는지를 아노미의 법사회학적인 연구에서 묻는다(김철, 2008). 김철은 문화적·사회적 아노미가 경제적 아노미를 가져오거나 연결되었다고 추정할 수 있다고 추리한다(김철, 2008). 주목할 것은 사회적·문화적 아노미가 어떻게 경제적 아노미로 연결되어 있는가에 대한 것이고, 이를 위해서 학문 간의 학제적 연구와 통섭을 행해야 한다고 한다.

6. 루스벨트의 경제 헌법 질서(Economic Constitution Order) 와 한국의 특수성

6.1. 그러나 한국에 있어서는, 세계경제사의 2008년 가을 이후의 심각한 흐름이나 삶의 패러다임의 전환 같은 가장 중요한 소프트웨어에 대해서는 절실하게 느끼지 않았다. 가장 큰 이유는 한국인의 정치만능주의 내지 정치세력과 괘도를 같이한 유사이념에 대한 집착이다. 2010년 2월 오바마 대통령이 은행규제를 위해서 글라스스티걸법(Glass-Steagall Act)[30]의 새로운 형태와 볼커 룰(Volker Rule)을 제안했을 때-이 금융규제는 세계금융사에서나 **경제공법사에서 잘 알려진 1930년대 초의 세계대공황의 파국을 막기 위한 루스벨트의 경제헌법질서의 핵심적인 것으로, 금융규제로 1930년대 세계 대공황 때 비로소 파국에서 벗어난 것은 문명사에서의 정설**(Schlesinger Jr., David Kennedy)[31]

---

30) 글라스스티걸법에 대해서는 제10장 최현대의 경제공법: 금융규제와 탈규제-글라스스티걸법부터 뉴딜 시대의 금융시스템의 붕괴까지를 참조할 것.

31) Schlesinger jr, Arthur M., *The Coming of the New Deal-The Age of Roosevelt* (Boston:

로 국내학자들도 잘 알고 있음에도 불구하고-당시의 보도는 오바마의 볼커룰에 한국에서는 "청와대·금융당국·은행권이 혼란에 빠졌다"고 보도했다(매일경제, 2010.2.3. 수요일 A3).[32]

"즉, 6개월에 걸친 작업 끝에 '금융선진화 비전' 보고서를 만들어 금융당국에 전달한 한 민간연구기관은 최근······ (오바마의 볼커룰 제안 때문에) 보고서를 부랴부랴 뜯어고쳤다. 당국에서 '규제를 더 강화하는 방향으로 수정해 달라'고 요청했다 한다."(같은 신문, 같은 면)

상업은행(CB)과 투자은행(IB)을 분리하는 볼커룰은 1999년 CB와 IB를 분리하는 Glass-Steagal 법을 폐지(김철, 2010.12.: 368)[33] 한 이후 약 10년 이내에 금융위기를 맞은 미 정부의 금융 패러다임의 전환의 축이다. 루스벨트의 리버럴(liberal) 전통-즉, 경제헌법 구조에서의 경제적 리버럴리즘(economic liberalism)을 약 80년 후에 나타난 오바마 정부가 계승해서 2008년 가을 이후 페스트처럼 번지고 있었던 글로벌 금융위기에 대한 "역사적·공법적 치료책"으로 쓰게 될 것은(김철, 2009ㄱ; 2010.12.: 522, 527-530)[34] 이미 필자가 "뉴딜 법학의 회귀 가능성"이라고 부제를 붙인 2009년 3월에 출간한 『경제위기 때의 법학』(위의 책)에서 명백히 예언하고 있다.

어떤 민간연구소가 2009년 후반~2010년 2월까지 6개월에 걸친 작업을 했기에, 그 금융선진화 방안이 오바마 정부의 금융규제를 예측 못했다는 것인지, 청와대·금융당국·은행권이 왜 당황했다는 것인지

Houghton Mifflin company, 1958). 또한 Kennedy, David, *Freedom From Fear-The American People in Depression and War, 1929-1945* (Oxford Univ. Press, 1999).

32) 매일경제, 2010.2.3. 수요일 A3.

33) 김철, 『법과 경제 질서: 21세기의 시대정신』(파주: 한국학술정보(주), 2010.12.), 368쪽.

34) 김철, 『경제 위기 때의 법학』(파주: 한국학술정보(주), 2009ㄱ). 또한 김철, 『법과 경제 질서: 21세기의 시대정신』(파주: 한국학술정보(주), 2010.12.), 522, 527~530쪽.

이해하기 힘들다.

7. 리버럴을 진보로 오해하다

7.1. 국제경제법의 영역에서 일어나고 있었던 2007, 2008년 가을 이후 패러다임의 대전환을 한국의 지식인들은 국내 정치를 재단하던 이분법적인 상투어로 규정하려고 하였다. 즉, 2008년 가을 글로벌 금융위기에 대한 예측으로 당해 연도 노벨경제학상을 받은 폴 크루그먼의 'liberal'을 '진보주의자'로 번역해서 한국의 상당수의 식자들은 크루그먼을 한국식 '진보진영' 또는 '진보파'로 오해하고 있었다(**김철**, 2009ㄴ; 2010.12.: 210, **399 – 405**).[35]

결과는 상당수의 전문 지식인들이 1930년대 뉴딜 법학의 핵심이었고, 글로벌 금융위기 이후에 네오리버럴리즘에 대한 교정책이 되는 새로운 패러다임을 2008년 당시 국내정치를 그때까지 재단해 온 보수/진보라는 경직된 이분법적 사고로 생각하게 하고, 상당한 정도 경제적 자유주의를 사시안(斜視眼)으로 보게 되었다. 다시 한번 한국 지식인은 세계의 지성계에서 새롭게 나타난 경제적 자유주의(economic liberalism)에 대한 패러다임을 이해하지 못하는 국면으로 나아갔다.

7.2. 2011년 5월 28일 한국법철학회의 발표자(박경신 교수)는 『사회 정의론의 현대적 조명』에 대한 세미나 발표[36]의 말미에서 한국어

---

35) 김철, "최현대의 경제공법사상", 『세계헌법연구』 제15권 제2호(서울: 세계헌법학회, 한국학회, 2009.6.). 이 논문은 2009년 5월 13일 공법판례와 이론 연구회에서 발표한 것임. 김철, 『한국 법학의 반성』(파주: 한국학술정보(주), 2009ㄴ). 김철, 『법과 경제질서: 21세기의 시대정신』(파주: 한국학술정보(주), 2010.12.), 210, 399~405쪽.

36) 박경신, "드워킨의 정치적 신념: 자유, 평등 그리고 생명의 사이", 2011년 한국 법철학회 춘계학술대회 『사회정의론의 현대적 조명』, 2011년도 5.28. 숭실대학교 베

보수/진보의 용어를 쓰면서 아메리카에서의 오바마 대통령의 정책에 대해 청중의 착각을 일으키는 발언을 했다가 필자의 지적을 받았다.

7.3. 2011년 4월 공법판례와 이론 연구회에서의 발표자(임지봉 교수)는 한국 헌법재판소의 판례 분석에서 역대 1기, 2기, 3기의 판례 중에서 어떤 재판관의 경향을 진보적 또는 진보주의라고 해서 보수/진보의 이분법적 사고를 적용하였다.[37]

필자의 질문에 대해서 발표자는 그의 분류법 중 진보주의는 정치적 진보주의(예: 조국 교수)와는 다른 것으로 이때 '진보'란 서양계몽사상기의 "앞으로 나아가는……"이라는 뜻으로 썼다고 답변하였다. 필자는 최고 법원 판례의 역사적 집적물을 약 200년 이상 축적한 다른 나라의 경우 - 즉 미국 대법원 역사- 의 예를 들면서 conservative · neutral · liberal의 3분법이 법 과학에서 정착된 분류라고 지적하였다. 마지막 논평자(김철수 교수)는 역대 한국 헌법재판소 판결 중 1, 2, 3기의 어떤 재판관 판결의 경향은 (한국어의 진보주의라기보다) 리버럴(liberal)에 가깝다고 결론지었다.

7.4. 보수 · 진보 및 우파 · 좌파라는 이분법은 적어도 지식계 또는 학계에서는 신중한 검토를 요한다. 이분법에는 중립(neutral)이라는 중간 영역이 없다. 2008년 가을 글로벌 금융 및 재정 위기 이후 세계가 감당해야 할 패러다임의 전환을 하지 않고 주로 한국 국내의 정치세력들 간 대중 동원용으로 쓰인 언어는 상당 정도 학계의 정치화를 진행시키지 않았을까? 저자가 3부작에서 밝히려 한 것 중 하나는 자유 ·

어드홀.
37) 임지봉, "제1기 헌법재판소 변 정수 재판관의 판결 성향 분석", 2011년 4월 8일, 공법이론과 판례 연구회 발표, 다정.

자유주의의 의미가 한국에서뿐 아니라 약 30년간 자유방임주의 · 네오
리버럴리즘 또는 자유지상주의(libertarianism)의 뜻으로 오용되었다는
것이다. 네오리버럴리즘(neoliberalism) 비판은 금융위기 이전에는 흔히
좌파적(leftist) 배경을 가졌다고 생각된 시절도 있다. 그러나 2008년 가
을 이후 비로소 금융위기를 일으킨 주된 동력이 1978년 이후 태동하
고 1981년 이후 본격화된 네오리버럴리즘이라는 것이 외국의 정치경
제학자들에 의해서 증명되었다(Krugman, 2007).[38](Stiglitz, 2010)

8. 자유지상주의의 폐해

8.1. "자유지상주의라도 해결 못 할 문제가 없다. 극단적인 자유주
의도 오로지 개인의 자유만 강조해서 해로울 것이 없다." 최근 법철학
회에서의 어떤 발언이다. 지나친 요약이나 대강의 흐름은 보여준다.
자유지상주의(libertarianism)는 사상사의 지도로는 어떻게 분류되는가.
이것의 역사적인 의미는, 절대주의가 워낙 강할 때 근대 시민혁명 직전,
전제권력에 복종하다 죽느니 차라리 절대적 자유를 추구해서 생존을 보
장하자. 아무것도 지킬 것이 없고 존중할 것도 없고, 우선 개체의 자유만
이 생존의 길일 때 유효한 것이었다. 로버트 번스(Robert Burns)의 「호밀
밭의 파수꾼(Catcher in the Rye)」[39]이라는 시는 샐린저(J. D. Salinger)의
『호밀밭의 파수꾼』[40]이라는 소년 소설에서 되풀이되는데 자유 방임과
자유지상주의를 묘사하고 있다. 주인공은 사립기숙고등학교에서의 청
소년 사회에서 통용되는, 자유지상주의의 체험을 통해서 다음과 같이

---

38) Krugman, Paul, *The Conscience of a Liberal*(New York: W. W. Norton, 2009 & 2007).
39) Burns, Robert(ed. Alexaner Smith), *The Complete Works of Robert Burns*(New York: Thomas & Crowell Co., 1901).
40) Salinger, J. D., *The Catcher in the Rye*(Harmondsworth: Penguin Books, 1958).

고백하면서, 자유 방임의 위험성을 은유하고 있다.

  "호밀밭에 수천 명의 아이들이 놀고 있다. 호밀밭 끝 가장자리에 낭떠러지가 있다. 어른은 아무도 없다. 내가 하고 싶은 역할은 호밀밭의 파수꾼이다."

  8.2. 다음의 인용문은 동유럽 러시아 혁명(한국인이 친숙한 용어는 동서 베를린 장벽 붕괴 이후의 독일 통일) 이후의 자유지상주의의 범람을 기록한 로렌스·레식의 증언이다.

  "10년 전인 1989년 봄, 유럽의 공산주의는 마치 지지대가 뽑힌 텐트처럼 무너졌다. 전쟁이나 혁명이 공산주의를 몰락시킨 것이 아니었다. 지쳐 쓰러진 것이다. 중·동부 유럽에 새로운 정치체제, 새로운 정치사회가 탄생하였다.
  나와 같은 헌법학자들에게 이 사건은 충격적이었다. 1989년에 로스쿨을 졸업한 나는 1991년부터 시카고에서 강의를 시작했다. 시카고대학에는 중·동부 유럽에서 새롭게 시작된 신흥 민주정치에 관한 연구소가 있었다. 나는 그곳의 연구원이었다. 그 뒤 5년 동안 무수한 시간을 비행기에서 보냈고, 맛없는 모닝커피를 기억할 수 없을 만큼 수없이 마셨다.
  중부 유럽과 동부 유럽에는 과거 공산주의자였던 사람들에게 어떻게 통치해야 하는가를 가르쳐 주려는 미국인들로 가득했다. 하지만 그들의 자문은 장황했고, 어리석기까지 했다. 몇몇 미국인 방문자들은 신흥 입헌공화국에 말 그대로 헌법을 팔아먹었다. 새로운 나라를 어떻게 통치해야 하는가에 관한 설익은 생각들이 무수히 많았다. 미국인들은 이미 입헌주의가 잘 기능하고 있는 국가로부터 왔지만, 어떻게 가능하였는지 그 원인에 대한 실마리는 알지 못했다.

연구소의 취지는 조언을 주는 것이 아니었다. 우리가 그들을 지도하기에는 아는 것이 너무 없었다. 우리의 목적은 변화와 발전방법에 관한 자료를 모으고 관찰하는 것이었다. 우리는 변화를 이해하길 원했지, 변화의 방향을 잡아 주길 원치 않았다.

우리가 목격한 상황은 이해할 수는 있었지만 충격적이었다. 공산주의가 몰락한 이후 처음에는 국가와 국가의 규제에 대항하는 거대한 분노의 파도와 함께 정부에 대한 반감이 팽배했다. 그들은 그냥 내버려두라고 말하는 것처럼 보였다. **정부가 하던 일을** 새로운 사회인 **시장과 민간 조직에게 맡겨라.** 공산주의가 몇 세대 지난 후에 발생한 이런 반발들은 충분히 이해할 만하였다. 지난날의 지배 기국의 압제 장치들과 어떠한 타협이 있을 수 있단 말인가?

특히 미국의 미사여구들은 이런 반발을 상당히 뒷받침했다. **자유지상주의**라는 미사여구. **시장이 지배하게 하고** 정부의 간섭을 배제하라. 그러면 반드시 자유와 번영이 성숙할 것이다. **모든 것들은 스스로 해결될 것이다.** 국가의 지나친 규제는 필요 없고, 들어설 여지도 없다.

그러나 모든 것이 스스로 해결되지 않았고, 시장이 번창하지도 않았다. 정부는 불구가 되었으며, 불구가 된 정부는 자유에 대한 만병통치약이 아니었다. 권력은 사라지지 않았다. 단지 정부에서 마피아로 옮아갔으며, 때로는 국가에 의해서 마피아가 조성되었다(김선경, 1998). 치안·사법·교육·의료 등 전통적인 국가기능의 필요성이 마술처럼 사라지지 않았다. 필요를 충족시키는 사적 이익들도 등장하지 않았다. 오히려 요구들이 충족되지 않았다. 사회의 치안이 사라졌다. 지금의 무정부상태가 이전 세 세대의 온건한 공산주의를 대체하였다. 번쩍이는 네온사인은 나이키를 광고하고 있었고, 연금생활자들은 사기주식거래로 생계비를 다 털렸으며, 은행가들이 모스크바 거리에서 훤한 백주에 살해되었다. 하나의 통제시스템이 또 다른 것으로 대체되었지만,

어떤 시스템도 서구의 자유지상주의자들이 말하는 자유체제는 아니었다."(Lessig, 김정오 옮김, 2002: 31 - 33)(김철, 2010.12.: 73 - 75)[41]

9. 한국에서의 네오리버럴리즘[42]의 영향

9.1. 2011년 6월 초순 서울 거주의 50대의 어떤 사법 관계 변호사의 진단은 다음과 같다.

> "1997년 11월 이후의 외환위기 때, 네오리버럴리즘 방식을 도입해서 적용한 결과, 이후 고용 문제가 나타났다. 개인적인 체험을 얘기하면, 서울 거주 50대 초반의 나의 10대 시절의 클래스메이트 중 수많은 사람이 집에 들어앉아 있는 상태이다. 할 수 있는 일이라고는 자영업이라 하나, 통닭집이나 호프집이다."

중요한 것은 네오리버럴리즘이 현재의 고용상태를 만든 주범이라는 현실인식이다. 네오리버럴리즘이란 용어는 한국의 강단 법학에서는 아직도 공식 용어로 정식으로 다루는 것이 지체되고 있는 용어이다. 필자는 『경제위기 때의 법학』, 『한국 법학의 반성』, 『법과 경제 질서』 3부작에서 1차 대전 이후의 세계 경제사와 세계 법제사를 같이 설명할 수 있는 키워드로 "자유주의"(리버랄리즘, liberalism)를 설정하였었

---

41) Lessig, Lawrence, *Code and Other Laws of Cyberspace*(New York: I C M, Inc, 1999). 또한 김정오 역, 『코드; 사이버 공간의 법이론』(서울: 나남 신서, 2002년 1월). 또한 김철, 2002c 서평, "코드: 사이버 공간의 법이론", 한국헌법학회(엮음), 『헌법연구』(2002년 4월). 또한 김철, 『법과 경제 질서: 21세기의 시대정신』(파주: 한국학술정보(주), 2010.12.), 73~75쪽.

42) 네오리버럴리즘은 한국에서 흔히 "신자유주의"로 쓰이는 용어이다. 엄격한 학문적 용어는, 신보주수의(Neo - Conservatism)이다. 네오리버럴리즘, 즉 신자유주의의 역사적 기원에 대해서는, 김철, "아메리카의 보수주의 혁명과 신자유주의", 237~239, "뉴딜 시대(1933 - 1954)의 반작용으로서의 신자유주의 또는 신보수주의(Neo - Conservatism)", 239~242, 『한국 법학의 반성』(파주: 한국학술정보(주), 2009ㄴ). 네오리버럴리즘에 대한 사회학적 연구는 최종렬, "뒤르켐 전통에서 본 신자유주의와 문화", 『사회이론』 2008년 가을/겨울 통권 제34호(서울: 한국사회이론학회, 2008).

다. 1930년대의 대공황의 진행과 잇단 세계 2차 대전을 설명할 수 있는 단순명료한 언어는 자유주의·전체주의·나치즘이겠으나 1980년대 이후의 문명세계의 정치경제학을 설명할 수 있는 유효한 용어는 네오리버럴리즘이라는 것을 발견하였다. 그러나 더욱 극적으로 네오리버럴리즘이 글로벌 차원에서 표적이 된 것은 2008년 가을 이후의 세계 금융위기 내지 세계 재정위기 이후부터이다. 2011년 6월에 이제는 1997년 11월 이후 한국의 경제를 결정지운 가장 큰 요소로서 누구나 부인할 수 없는 것으로 인정되게 되었다.

필자는 세 권의 연작에서 네오리버럴리즘이 언제, 어떤 상황에서 무엇에 대한 반작용에서 어떤 정치적 의도로 그리고 어떤 경제적 기대를 모으면서 등장했으며 이후에 1970년대의 복지국가 사상에 대한 대대적인 반격을 개시하면서 드디어 1997년의 동아시아 외환위기를 야기하고 1999년의 네오리버럴리즘의 정점을 거쳐서 드디어 2007~2008년의 세계금융위기에까지 견인차 역할을 했는가를 밝히고 있다.[43] 네

---

43) 논문 발표할 때 토론자의 한 사람인 김대환 교수는 네오리버럴리즘에 대한 네거티브한 평가가 주제라면 과연 네오리버럴리즘과 반대되는 대안(alternative)은 무엇이 되겠느냐고 질문하였다. 여기에 대해서 발표자인 필자는 2009년 3월 3부작의 첫 번째 책인『경제위기 때의 법학-뉴딜 법학의 회귀 가능성』이 출간된 직후 소모임에서 비슷한 질문을 받았다고 밝혔다. 즉, 2008년 가을 미증유의 금융 및 신용위기가 엄습했을 때 상대적으로 타격을 덜 받은 곳은 신대륙에서는 캐나다였다. 그리고 어떤 정치학자는 캐나다의 법 제도가 사회민주주의적인 영향이 있다고 하고, 그 결과로 대규모의 파괴적인 금융재정위기를 방지하는 데에는 오히려 사회민주주의 법제도가 더 유효한 것이 아닌가라는 의문이 있을 수 있다고 했다. 당시에 국가 정책을 연구하던 어떤 공법학자는『경제위기 때의 법학-뉴딜 법학의 회귀 가능성』을 읽고 나서, 필자에게 파괴적인 금융위기에 대한 구체적인 대안이 무엇이냐고 질문하고, 어떤 공식 모임에서 사회민주주의도 과연 한국 헌법상의 자유민주주의에 포섭될 수 있을 것인가의 화두를 던진 적이 있다. 동석했던 헌법학자는 헌법용어의 어의론을 근거로 이를 즉각적으로 부인하였다. 당시『경제위기 때의 법학』을 갓 출간한 필자의 입장은 미증유의 금융위기를 우선 과학적으로 설명하고 이와 관련된 경제학과 법학의 입장을 정리하는 것이 우선적이었다. 또한 한국의 법학자나 사회과학자들이 급박한 현상에 직면해서 대안적·정책적 사고를 하는 것은 불가피한 점도 있으나, 필자는 정책의 대안을 제시하기 위해서 연구를 시작한 것은 아니었다. 그러나 주의해서 3부작의 첫 번째 책을 읽어보면 이미 1920년대 후반과 1930

오리버럴리즘은 철학적 이념으로 등장한 것은 아니다. 경제학의 학파가 어떤 정치적 세력과 결부되게 되고[44] 사회세력으로 결집되면서 어떤 시대의 대중의 욕구를 충족시키면서 상당한 정도 성장에 대한 기대, 유복한 생활에 대한 욕구, 외부적 번영에 대한 선망 그리고 피상적인 물질문명에 대한 의존 같은 것과 관계있음을 밝히고 있다.[45] 특히 거시경제학에 있어서 성장주의와 연결되며 통화주의와 관계있으며 부의 불공평을 무시하는 경향이 있으며, GDP와 같은 통계지표의 외면적 확대와 관계있고, 마침내는 스티글리츠[46]가 행한 2008년 이전의

년대의 법과 경제의 역사에서 더 나아가서 루스벨트의 법 정책에서 해답은 반쯤 존재하고 있었다고 본다. 『경제위기 때의 법학』의 부제가 뉴딜 법학의 회귀 가능성이라는 것을 주의한다면 **뉴딜 법학**이 역사상으로 실재하고 효력을 발휘한 것이 증명되고 말하자면 네오리버럴리즘에 대한 대안이 될 수도 있을 것이다.

44) 김철, 『법과 경제 질서: 21세기의 시대정신』(파주: 한국학술정보(주), 2010.12.), 제9장 지성사에 있어서의 경제적 보수주의와 경제적 자유주의의 순환 도입부 참조.

45) 김철, "최현대의 경제공법사상(1)", 『법과 경제 질서: 21세기의 시대정신』(파주: 한국학술정보(주), 2010.12.). 특히 5장 6절 아메리카의 보수주의 혁명과 자유지상주의, 235~239면을 참조할 것.

46) 조셉 스티글리츠(Joseph Stiglitz)는 1943년생으로 현재 컬럼비아대학 교수이다. 2001년에 노벨 경제학상을 받았으며, 세계은행의 수석 경제학자 및 부총재를 역임했으나 국제통화기금이나 세계은행에 대한 비판적인 견해와 자유 시장 도그마에 근거하는 세계화에 대한 비판으로 알려져 있다(Wikipedia 참조). 1995년에서 1997년까지 클린턴 대통령 때 경제자문위원회 의장을 지냈으며, 『세계화와 불만들(Globalization and it's Discontents)』(New York: W. W. Norton & Company, 2002; 2003)이 우리나라에도 알려져 있다. 2010년 전미경제학회(AEA)에서 새로운 경제학의 시대를 요구한 규제의 경제학자 스티글리츠(Stiglitz, 2002; 2003)의 논의 역시 규제에 초점이 주어지면 규제법의 문제 또는 탈규제·규제완화의 논의가 중점이 되어서(김철, 2009ㄹ) 결과적으로 크루그먼과 같이 법제도와 그것의 규제역할에 빛을 비추게 된다(김철, 2010.12.). 다시 세계학계에서의 주된 판단은 2008년 9월 위기 때부터 그때까지의 비주류로 간주되어 왔던 스티글리츠와 역사학자로 영국 태생인 퍼거슨(Ferguson, 2008)이 선도하였다(김철, 2009ㄱ). 스티글리츠의 증언을 요약하면 1981년부터 시작된 레이거노믹스는 드디어 1997년경에 이르러서 1. 시장자유화, 2. 사유화, 3. 불평등이나 사회응집력을 무시, 4. 기업을 경제주체로 하고 정부는 최소한 역할을 담당한다. 5. 자본시장의 개방을 교리로 하고 정부가 아니라 기업이 경제수행의 주체로 하는 강령으로 세계화라는 옷을 입고 그때까지 비교적 성공적이었던 동아시아의 국가들을 무장 해제시켰다는 얘기가 된다(김철, 2010.12., 10.2.8.2. 참조). 스티글리츠의 세계화에 대한 비판에 대해서는 김철, 2010.12.: 432~435쪽, 2.8.2 세계화라는 유사보편주의 종교: 스티글리츠의 증언.

정통적 경제학에 대한 비판47)과 관계있음을 밝히고 있다.

9.2. 한국 법학과 사회과학에 있어서의 뿌리 깊은 잠재의식 중 하나는 아메리카의 방식에 대한 비판의식이랄까, 어떤 경우에는 물질주의에 대한 반발이랄까. 더 나아가서는 때때로 개발도상국가에 대한 개발 정책 중에서 빈부 격차나 불평등을 심각하게 생각하지 않고 외형적 개발과 발전이 모든 것을 해결한다는 미국의 어떤 시기의 정책48)에 대한 불신이 있어 왔다. 한편에 있어서는 아메리카의 대학이 가져다주는 최고 수준의 테크놀로지와 세계적 지식의 집적지로서의 존중이 있었으나, 대체로 외환위기가 도달했을 1997년 가을 이후 Washington Consensus로 대표되는 IMF, World Bank, 미국 재무부의 경제 철학에 대해서는 반신반의해 왔다. 최근 밝혀진 것은 **레이거노믹스 이후 약 30년간 아메리카의 주된 정책을 좌우한 것은 네오리버럴리즘 노선에 의한 정치경제학적 철학이라고 결론이 난 것이다.**

---

47) 스티글리츠가 행한 2008년 이전의 정통적 경제학에 대한 비판에 대해서는, "보이지 않는 손 아예 존재하지 않을 수도−GDP는 경제 분석의 좋은 지표가 아니다. 금융이윤·집값 상승 따른 성장은 허구−", 2010년 1월 4일 전미경제학회(ΛEA), 애틀랜타, 매일경제 2010년 1월 4일 A7.

48) 구체적으로는 레이거노믹스(Reaganomics)가 미국 정책을 좌우한 1980년대 이후에 클린턴(Clinton) 시대를 제외한 Reagon, Bush I, Bush II 시대로 2008년 세계금융위기 때까지이다.

참고문헌

김정오 역, 『코드; 사이버 공간의 법이론』(서울: 나남 신서, 2002.1.).

김철, 『법과 경제 질서: 21세기의 시대정신』(파주: 한국학술정보(주), 2010.12.).

____, 『한국 법학의 반성』(파주: 한국학술정보(주), 2009ㄴ).

____, 『경제 위기 때의 법학』(파주: 한국학술정보(주), 2009ㄱ).

____, "정의란 무엇인가: 자유주의와 공동체주의의 가치, 자유와 평등, 형평", 『사회이론』2011년 봄/여름호 통권 제39호(서울: 한국사회이론학회, 2011).

____, "법과 경제의 상호교호관계: 장기대침체시대(the Long Depression, 1873‒1897)의 경제와 법", 한국사회이론학회 『사회이론』 2010년 가을/겨울 통권 제38호(서울: 한국사회이론학회, 2010).

____, "위기 때의 법학: 뉴딜 법학의 회귀가능성‒현대법학에 있어서의 공공성의 문제와 세계대공황 전기의 법 사상", 『세계헌법연구』 제14권 제3호(2008.12.).

____, 『경제위기 때의 법학‒뉴딜 법학의 회귀가능성』(파주: 한국학술정보(주), 2009.3.).

____, "최현대의 경제공법 사상", 『세계헌법연구』 제15권 제2호(2009.6.).

____, 『한국 법학의 반성‒사법개혁시대의 법학을 위하여』(파주: 한국학술정보(주), 2009.9.).

____, "최현대의 경제공법 사상(2)", 『세계헌법연구』 제15권 제3호(2009.12.).

____, "최현대의 경제 공법: 금융 규제와 탈규제‒글라스스티걸법부터 뉴딜 시대의 금융시스템의 붕괴까지", 『세계헌법연구』 제16권 제1호(2010.2.).

____, "법과 평화", 『본질과 현상』 통권 19호 2010. 1. 봄호(2010.3.1.).

____, "공법에 있어서의 경제적 보수주의와 경제적 자유주의의 순환: 경제공법에 있어서의 패러다임의 재성찰", 한국사회이론학회, 『사회이론』 통권 제37호, 2010년 봄/여름호(2010.5.31.).

____, "세계금융위기 이후의 경제, 규범, 도덕의 관계: 금융위기 이후의 경제, 규범, 도덕의 관계: 금융위기와 관련된 제도의 도덕성 논의를 위한 시론", 한국인문사회과학회 『현상과 인식』, 봄/여름호(2010.5.31.).

____, "근대 이후의 자유주의의 변용(1)‒경제공법질서의 전개과정‒", 『세계헌법연구』(2010.6.30.).

____, "제5장 "사람의 권리"의 원전성을 위한 법철학적 시도-국제인권 규약
의 구조와 한국의 기본권 논의-", 『한국 법학의 철학적 기초』(파주:
한국학술정보(주), 2007ㄱ), 114-144

____, "포스너의 공법학 방법론", 『공법연구』 제30집 제4호(서울: 한국공법
학회, 2006.6.)

____, "개혁의 법사회학적, 법경제학적 조망-교육 개혁을 중심으로, 그러나
주도적인 개혁을 우선하여-", 『사회이론』 21호 봄/여름호(서울: 한
국사회이론학회, 2002.8.).

____, 2002c 서평, "코드: 사이버 공간의 법이론", 한국헌법학회(엮음), 『헌법
연구』(2002년 4월).

____, 『러시아 소비에트 법-비교 법문화적 연구』(서울: 민음사, 1989).

박경신, "드워킨의 정치적 신념: 자유, 평등 그리고 생명의 사이", 2011년 한
국법철학회 춘계학술대회, 『사회정의론의 현대적 조명』, 숭실대학교
베어드 홀(2011.5.28.).

임지봉, "제1기 헌법재판소 변 정수 재판관의 판결 성향 분석", 2011년 4월
8일, 공법이론과 판례 연구회 발표, 다정.

최종렬, "뒤르켐 전통에서 본 신자유주의와 문화", 『사회이론』 2008년 가을/
겨울 통권 제34호(서울: 한국사회이론학회, 2008).

Burns, Robert(ed. Alexaner Smith), *The Complete Works of Robert Burns*(New
York: Thomas & Crowell Co., 1901).

Chua, Amy, *World On Fire*(New York: Anchor Books, 2004).

Lessig, Lawrence, *Code and Other Laws of Cyberspace*(New York: I C M Inc.,
1999).

Salinger, J. D., *The Catcher in the Rye*(Harmondsworth: Penguin Books, 1958).

Stiglitz, Joseph, *Globalization and Its Discontents* (New York: W. W Norton,
2003).

Schlesinger jr, Arthur M., *The Coming of the New Deal-The Age of Roosevelt*
(Boston: Houghton Mifflin company, 1958).

Kennedy, David, *Freedom From Fear-The American People in Depression and War,
1929-1945* (Oxford Univ. Press, 1999).

Krugman, Paul, *The Conscience of a Liberal* (New York: W. W. Norton, 2009
& 2007).

자유지상주의와 신자유주의의 역사

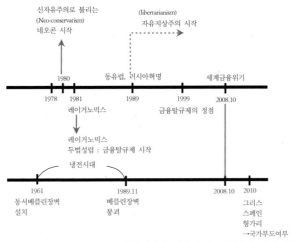

(출처: 『법과 경제 질서: 21세기의 시대 정신』 p.91의 도표)

세계 대공황 전후의 자유주의의 진행

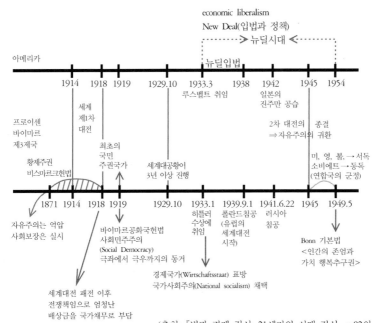

(출처: 『법과 경제 질서: 21세기의 시대 정신』 p.92의 도표)

2

네오리버럴리즘 시대의
경쟁과 과시

왼쪽 부터 순서대로

허버트 스펜서(Herbert Spencer, 1820~1903)

존 스튜어트 밀(J. S. Mill, 1806~1873)

돌스타인 베블렌(Thorstein Veblen, 1857~1929)

윌리엄 제임스(William James, 1842~1910)

제프리 삭스(Jeffrey Sachs, 1954~)

로렌스 레식(Lawrence Lessig, 1961~)

한국 사회의 상대적 박탈감을 이해하기 위하여, 상대적 박탈감이 이루어진 사회적 환경에서의 경쟁과 과시를 직시한다. 필자는 과시현상의 배경이 되는 시대의 특징에 더 주의하였다. 즉, 최초로 문명사에서 과시 현상이 나타난 도금 시대(1865~1900) 또한 거의 동시인 장기 대침체 시대(1873~1897), 그리고 세계 대공황의 원인을 제공한 재즈 시대(1919~1929)에 공통된 특징을 추출하여, 최현대의 시대 사조 중 어떤 것이, 이러한 시대의 특징과 공통적인가를 파악하려 하였다. 그 결과는 1980년 이후 산업 사회를 풍미한 네오리버럴리즘이, 도금 시대, 장기 대침체 시대, 재즈 시대의 특징과 공통적인 것으로 일단 파악되었다. 따라서 현대 한국 사회에, 박탈감을 가져오는 과시현상은 네오리버럴리즘과 깊은 관계가 있다고 본다. 그러나 네오리버럴리즘의 위치와 네오리버럴리즘이 최근까지 한국 사회에 미친 영향을 거시적으로 논하는 것은, 제4장에서 상술하였다. 최근의 과시문화(conspicuous culture)가 나타난 문명사에서의 고찰은, 베블런이 시작하였으므로 베블런 이후의 과시문화의 주된 내용을, 역사적으로 베블런의 시대에 소급해서 음미하였다. 마지막으로 최근 한국에서의 과시문화의 구체적인 내용은, 사회과학자들의 연구 결과인 "과시하는 한국사회"에서 논의된 소재를 기초로 하였다.

－ "신자유주의 시대의 경쟁과 과시", 한국사회이론학회, 『사회이론』 2012년 봄/여름 통권 제41호에 게재된 것을 수정

1. 과시문화의 사상사적 배경/자유주의의 두 갈래 흐름

필자는 우선 과시문화(conspicious culture)가 네오리버럴리즘의 전개와 관련 있다는 가설 아래 초기자유주의가 네오리버럴리즘에 이르는 과정을 탐색한다.

서양 근대의 초기 자유주의는 개인주의적 인간관과 사회관을 전제로 했다. 즉, 초기 자유주의의 다른 이름인 고전 자유주의(classical liberalism)는 개인을 싸고 있는 조직의 힘, 공동체(community)의 규정력을 최소로 파악하였다(김철, 2010.12.: 458)(David G. Smith, 1980: 281). 서서히 시장의 힘에 있어서의 불평등은 현대기술의 성장과 함께, 한 사람의 경제적 자유는 다른 사람의 억압으로 통하는 것이 증명되었다(Smith, 위의 책). 이때 자유주의는 두 갈래로 나뉘었다. 한 그룹은 어쨌든 구제와 교정이 이루어져야 한다고 한다. 다른 그룹은 여전히 불관여주의(non-interventionism)와 자유방임(laissez faire)이라는 도그마에 집착하였다. 대체로 19세기의 선진 산업국가가 자본주의 경제사에서 최초로 장기 대침체(the Long Depression, 1873~1897)에 봉착하기 이전까지 자본주의 발달의 내적 에너지가 되었던 자유주의는 두 갈래의 길을 가게 되고(김철, 위의 책) 그 각각의 대표적 사상가는 밀과 스펜서였다(김철, 2010: 572-574). 두 갈래로 갈라진 초기 자유주의는 약 100년 뒤에 훨씬 더 거리를 가지게 되고, 2008년 9월 세계금융위기 때에는 후자는 시장만능주의 또는 시장지상주의(market fundamentalism)로, 전자는 잘못 한국어로 번역된 결과1) 자주 착각을 일으키나2) 원래 이름인 리버럴리즘(liberalism).

---

1) 시장 지상주의와 대척 되는 위치의 현대 리버럴리즘 또는 리버럴의 의미 내용에 대해서는 다음 참조(김철, "최현대의 경제 공법 사상", 『세계 헌법 연구』 2009.6.30. "최현대의 경제 공법 사상 (2)" 2009.12.31.; "공법에 있어서의 경제적 보수주의와 경제적 자유주의의 순환: 경제 공법에 있어서의 패러다임의 재성찰", 『사회이론』, 2010.5.31.; "정의란 무엇인가: 자유주의와 공동체주의의 가치, 자유와 평등, 형평",

으로 대결하게 되었다. 시장 지상주의의 다른 얼굴이 역사적으로 볼 때, 경제학파의 신고전주의(neoclassical) 또는 신보수주의(neoconservatism) 또는 네오리버럴리즘(neoliberalism)이었고, 1989년 동유럽 러시아 혁명 이후에는 자유지상주의(libertarianism)으로 나타나게 되었다. 2008년 9월 글로벌 금융 및 재정위기를 일으키기까지 약 30년 동안 거의 모든 산업사회를 풍미한 지적·경제적·정치경제적 에너지를 "네오리버럴리즘"로 지목한 것은 2010년 이후 세계경제학계의 정설이 되었다[3](Stiglitz; 2010.1.21.; Atlanta).

어떻게 네오리버럴리즘 또는 신보수주의가 최현대의 산업사회를 뒤덮게 되었는가? 필자는 세계법사에서 1980년대 이후 네오리버럴리즘이 레이거노믹스를 구체화하는 탈규제의 법안들[4](김철, 2010.2.)로 출발해서, "시장의 힘이 모든 문제를 해결할 것이다"라는 시장의 전능성을 맹신하는 시장지상주의로 강화되었는가를 『법과 경제 질서』 3부작을 통해서 밝히고 있다[5](김철, 2010.12.: 302 – 327).

시장만능주의 또는 시장지상주의주의는 1989년 가을의 동유럽·러시아 혁명과 1990년 도이치 통일에 잇따른 구 공산주의 지역의 진공

『사회이론』 2011년 통권 제39호).

2) 예를 들면, 폴 크루그먼의 *"리버럴의 양심"(The Conscience of Liberal)*을 한국어로 옮길 때, 책 내용의 주된 부분인 리버럴(liberal)을 진보주의자로, 리버럴리즘(liberalism)을 진보주의로 잘못 옮긴 것은, 서양사상사를 모르면서, 몇 사람의 경제학자들(현대경제연구원 소속)이 착각을 한 것이다. 최근 한국에서 유행해 온 보수/진보의 이항 대립이라는 사회적 맥락에서, **보수 아닌 것은 진보일 것이라고, 함부로 착각한 것이다.** 이 착각은 외국에서 다년간 공부한 소장 학자들이 한국어로 학문 활동이나 학회 활동을 할 때, 서양 사상사의 의미내용을 음미하지 않고, 성급하게 한국의 정치 현실에 관한 담론을 벌릴 때, 소위 한국 정치의 "보수 진영"이니, "진보 진영"이니 하는 현실 구도를 머릿속에 그리면서 논쟁할 때, 자주 나타나는 양태이다.

3) 전미 경제학대회에서 스티글리츠의 기조연설, "보이지 않는 손은 아예 존재하지 않는지도 모른다."(2010.1.21. Atlanta)

4) 탈규제의 법안들에 대한 구체적 경위는 다음 논문(김철, "최현대의 경제공법: 금융규제와 탈규제 – 글라스스티걸법부터 뉴딜 시대의 금융 시스템의 붕괴까지", 『세계헌법연구』, 2010.2.)이 자세하다.

5) 법과 경제 질서 3부작은 경제 위기 때의 법(2009.3.1.) 한국법학의 반성(2009.9.1.) 법과 경제 질서 (2010.12.)

상태에 침투하였다. 개혁과 개방을 지향했던 온건한 서구 전통의 고르바초프가 지향한 구 사회주의 체제의 교정은, 그의 로드맵에 의하면 우선 약 72년간 계속된 인류 역사상 최초의 사회주의 경제 및 법 제도를, 스칸디나비아 체제 정도의 온건한 사회민주주의 법 체제로 이행하는 것이었다(김철, 2007&2009.9.). 그러나 소비에트 해체 전후 구 공산주의의 광대한 영역의 중심이었던 러시아 공화국에서는 온건한 전진주의보다 더 급격한 정치노선이 승리하였다. 옐친의 급진주의는 1917년 이후 72년 이상 사 소유권을 원칙적으로 부정해 온 사회주의 법 제도가 와해한 진공상태에, 아메리카의 속칭 "자유주의"를 끌어들였는데 이때의 속칭 "자유주의"는 밀 전통의 자유주의(liberalism)가 아니라 스펜서 전통의 시장만능주의에 더 가까운 것으로 판명되었다. 이와 같은 경위를 법학계에서 최초로 증언한 사람은 스탠퍼드의 레식(Lawrence Lessig, 1997)으로, 그는 구 소비에트를 덮친 시장지상주의를 "자유지상주의(libertarianism)"라고 불렀다. 어쨌든 신생 러시아 공화국의 개혁 정치꾼 옐친이, 사회주의 해체 이후의 진공 상태에 불러들인 것은 이른바 "자유방임시장(free market)"을 간판으로 내걸고, 내용은 시장만능주의를 도그마로 하면서, 네오리버럴리즘 경제학을 신봉하는 하버드와 컬럼비아 대학의 제프리 삭스(Jeffrey Sachs)[6]였다. 전면적 통제계획 경제의 72년 이후에, 가격 자유화를 내용으로 하는 아메리카의 네오리버럴리즘을 바탕으로 하는 경제개혁은, 지나간 냉전시절에 과학 기술과 군비에서 아메리카를 한때(스푸트니크 시절) 능가했던, 거대한 자원국가를 거의 카오스로 몰고 갔다(김철, 2007; 2009.9.). 새로운 러시아에서, 이른바

---

6) 거의 비슷한 노선이 하버드의 그레고리 맨큐(Gregory Mankiw)가 아닌가라는 의문은 최근 그가 공화당 대선후보인 미트 롬니의 경제자문을 맡았다고 알려지면서 표면화되었다. 최근 미국 공화당의 경제 정책은 "자유방임시장주의", 시장만능주의(Market fundamentalism)에 접근한다. 시장만능주의는 미국 법제사, 헌법사의 확립된 전통에 의하면 공화당의 레이건-부시 시절의 레이거노믹스와 네오리버럴리즘(neoconservatism)의 흐름이다. 불관여주의를 원칙으로 한다.

"자유방임"에 의해서 야기된 상황에 대해서는 이미 논한바, 레식(1999)의 증언이 있다(김철, 2010: 제1장). 러시아의 나로드(narod, peuple)들의 속삭임은 "한때 마르크스에 미쳤다가 이제는 제프리 삭스에 미쳤다. 어째서 러시아의 인텔리겐치아는 극단에서 극단으로 옮아가는가?"(김철, 2007ㄴ) 이것은 네오리버럴리즘의 극단적 모습을 보여주는 것이다.

한국에 있어서의 네오리버럴리즘은 자유지상주의와 거의 같은 내용을 가진다. 덧붙일 것은, 왜 한국이 '긴 권위주의 정부(1961~1987)와 교량 기간(1987~1993) 이후에 비로소 도달한 이른바 자유화·민주화 시기(1993년 2월~1997년 11월)에 자유주의 중에서도 네오리버럴리즘 내지 자유지상주의에 기울어지게 되었는가는 흥미 있는 탐구 소재이다.[7] **보다 온건하며, 공동체적 가치를 유지한 인간화한 모습이 아니라 거의 시장만능주의에 가까운 극단적인 "네오리버럴리즘"에 빠져들어 갔는가? 오랜 권위주의 체제라는 하나의 극단에서, 네오리버럴리즘이라는 다른 극단으로 도그마를 옮겨가는 것을 "개혁"이라고 불렀던 당시 한국의 인텔리겐차의 모습은,** 몹시 다른 측면이 많으나, 공통되는 요소도 추출할 수 있다는 점에서 러시아 인텔리겐차[8]가 공산주의라는 극단에서 네오리버럴리즘이라는 극단으로 옮아가는 특징과 닮은 점이 있었다(김철, 2002).

---

7) 이때 네오리버럴리즘은 자유지상주의와 거의 같은 내용을 가진다.
8) 러시아에서 볼셰비키 혁명으로 1917년에 세계 최초의 사회주의 헌법 제도를 만든 인텔리겐차들이 약 72년 뒤에 시장 경제 중에서도 가장 극단적인 시장 지상주의적 개혁으로 옮아갔다는 것을 보여준다.

2. 비서구지역에 있어서의 자유화·시장화의 결과와 서양 세계에 있어서의 네오리버럴리즘의 영향

2.1. 비서구지역에 있어서의 자유화·시장화는 기존의 불평등 상태 위에서 진행되어 부의 불공평한 축적을 가중시킨다(Amy Chua, 2003 & 2004)(김철, 2011.12.: 239).

2.2. 2003년에 중국계이며 예일대학의 법학자 에이미 추아는 20년 동안에 비서구권에서 진행된 민주화와 시장화에 대한 충격적인 보고서를 내놓았다(Amy Chua, 2003; 2004: 1-17). 그의 키워드는 민주주의 (democracy), 시장(market), 세계화(globalization)이다. 그의 구도는 놀라울 정도로 간단명료하다. 비서구지역에서 그때까지 팽배하였으나 발표가 금기시 되었던 현상을 직시한 것이다. 즉, 필리핀·인도네시아·미얀마·남아프리카·브라질·에콰도르·과테말라와 같은 대부분의 남미국가들, 나이지리아, 구 유고슬라비아, 그리고 구 공산주의 러시아의 각지에서, 민주화와 같이 진행된 시장화가 인종 간의 갈등과 혐오를 가지고 온 것이다. 이 모든 국가에 공통적으로 존재하는 것은 시장을 지배하는 소수집단 또는 소수민족(market-dominant minority)이다. **시장은 엄청난 부를 시장지배소수집단에 집중시켰다.** 다른 한편 같은 사회에서 진행되고 있었던 민주화 또는 민주주의는 상대적으로 빈곤한 다수 국민의 정치권력을 증가시켰다(Amy Chua, 2003; 2004: 6-7). 더 이상 권위주의체제가 아니고 민주화가 진행되는 비서구권의 나라들에서 갈등과 충돌이 일어난 것은 당연하다. 이런 상황에서 기회주의적이고 대중의 투표를 노리는 정객들이 좌절감이 있는 다수를 부추겨서, 잠재적으로 파괴적인 인종적 민족주의로 나아가고, 부유한 소수인종을 공격하게 하였다. 이 대결은 동남아시아의 인도네시아에서 아프리카의

시에라리온까지, 또한 짐바브웨에서 베네수엘라까지, 러시아에서 중동까지 진행되고 있다고 한다(위의 글)(김철, 2011.12.: 239-240).

2.3. 서양 세계에 있어서도 탈규제의 시장만능주의 시대는 소득 불평등을 가중시킨다. 예를 들면, 아메리카 경제 및 법사에서 대공황 이전 10년(1919~1929) 및 네오리버럴리즘 절정기(2005) 10년의 소득불평등지수(Paul Krugman, 2007)가 증가한 것을 들 수 있다(김철, 2011.12.: 240).

2.4. 에이미 추아는 2001년 9월 11일 이후 아메리카가 세계시장을 지배하는 소수집단으로 세계 각지에서 인지되는 것은 비균형적인 경제권력을 지구촌에서 행사하고 있다고 보인다고 한다. 이유는 무엇인가? 미국이 민주주의와 자유시장(free market)의 지구상의 전파에 책임이 있다는 것이다(김철. 2011.12.: 240).

3. 네오리버럴리즘(neoliberalism) 시대와 과시문화(conspicuous culture)

3.1. 돌스타인 베블런이 관찰한 과시문화의 시대적 배경의 역사적 의미

베블런(Thorstein Veblen)의 생존연대는 1857~1929년이다(Coser, 1971: 263). 『유한계급론』이 처음 출판된 것은 1899년이었다(Coser, 1971: 282). 1899년은 19세기 신대륙과 구대륙을 다 같이 엄습한 장기 대침체(the Long Depression, 1873~1897)가 끝난 직후이다. 명백히 이 책은 장기 대침체(또는 장기 대공황) 시대를 배경으로 하고 있다(김철, 2010.12.: 552-596).

또한 아메리카 법제사에서는 1870년부터 1890년까지를 물질적 풍요와 부패가 함께 일어난 도금 시대로 본다(김철, 2009ㄴ: 234). 아메리카 대법원의 역사에 대한 표준적인 저자인 맥클로스키(McClosky, 1956)는 1865년에서 1900년까지를 도금 시대로 본다. 다른 견해는 아메리카 제도와 법의 역사에서 1885~1895년까지를 구질서의 시대로 본다(Arnold Paul).

베블런의 유한계급론이 언제부터 쓰였는가에 대한 확실한 연대는 기록이 상세하지 않다. 초판이 나온 1899년 이전 약 10년을 대강 잡는다면 1889년이 기준이 된다. 이 1889년은 장기 대침체의 시대이며 맥클로스키의 도금시대에 해당하며 구질서의 시대에 해당한다.

3.1.1. 도금 시대(1865~1900)의 경제 공법질서

아메리카의 표준적인 법제사가 맥클로스키가 이 시대의 특징을 요약한 것이 고전으로 평가된다(McClosky, 1956; 1960: 101 – 135)(김철, 2010.11.: 118).

남북전쟁이 끝나고 나서, 1866년에 대법원 판사들은 전혀 새로운 사법적 환경에 직면하게 되었다. **자본주의가 팽창하면서 전혀 새로운 사법적 환경에 직면하게 되었다. 자본주의가 팽창하면서** 이전에는 결코 없었던 일이 생겨났다: 자본주의가 개인들의 생활을 침해하기 시작한 것이다. 차츰 아메리카인의 생활에 가장 중요한 사실이 되고, 가장 성가신 사실이 되었다. 처음에는 분산된 모퉁이에서, 다음에는 점차로 숫자가 늘어가는 코러스로, 정부의 권력은 이 거인을 통제하는 데 쓰여야 한다고 말하기 시작했다; 견제되지 않을 경우 개인이나 집단적인 복지에 끼치는 해악을 완화시키는 데 정부의 권력이 쓰여야 한다고 말하기 시작했다(McClosky, 1956; 1960: 102 – 103).

거꾸로 과거보다 훨씬 더한 격렬함과 큰 목소리로, 다른 사람들이 말하기 시작했다; **거인은 스스로 가는 길을 가도록 허락할 때 공동체**

에 가장 잘 봉사할 것이며, 정부가 경제를 서투르게 만지는 것은 헛일이거나 유해한 결과를 가져올 것이며, 자유방임(laissez faire)은 시대의 표어가 되어야 한다고 한다. 정부가 자본주의를 통제해야 할 것이나, 얼마나 통제해야 할 것이냐는 아메리카라는 정치 투기장의 중심부로 옮겨지고, 다음 70년 동안 결코 중심부에서 떠나지 않았다(McClosky, 1956; 1960).

3.1.2. 도금 시대(1865~1900)의 사회적 진화론과 경제 질서

진화론은 말할 필요도 없이 찰스 다윈에 의해서 발견되고 주장된 생물학상의 이론이다. 지구상의 고생물시대로부터 모든 생물의 종은 현재의 상태로 진화해 왔다는 가설이었다. 순수한 과학적 가설 내지 이론으로서의 진화론은 특히 인류의 진화의 단계나 원형과 관계되어서 처음에는 센세이션을 일으켰으나 그 과학주의적 방식 때문에 차츰 새 시대의 새로운 패러다임으로 서서히 받아들여지게 되었다. 그러나 순수한 고생물학 또는 자연사적인 이론에서 차츰 진화론이 동식물 일반의 생태계에 대한 과학에서부터 인간과 인간의 사회에 대한 사회적 삶에 대한 설명의 프레임으로 옮아감에 따라서 전혀 최초의 과학주의와는 의미·내용과 사회적 함의가 달라지게 되었다. 즉, 과학적·생물학적 진화론이 사회적 진화론으로 모습을 달리함에 따라 그 효과는 예상하지 못한 방향으로 전개되었다.[9](김철, 2010 가을/겨울)

---

9) 이 시대의 사회적 에토스에 영향을 미친 사고방식에 대해서 철학자 호프슈테트가 요약한다(Richard Hofstadter, 1955, 5−7). 필자는 흔히 한국의 인문학자, 철학자, 또는 법철학자들이 그러해 왔듯이 "어떤 사상의 내용이 중요하다"라는 측면보다 그 사상의 사회적 영향에 더 주목하는 방식을 택하려 한다. 필자가 남북전쟁(1861~1865)이 끝난 직후의 장기 대공황(1873~1897)의 예비기(1850~1873)에 사회적 진화론이 영향을 가지기 시작했다는 데 주의하는 까닭은 이 시대의 대표적 사회적 진화론자들이, **진화론의 여러 가능한 해석 중에서 개인주의적 사회관과 경쟁주의적 사회관을 선택적으로 강조했기 때문이다.** 남북전쟁이 끝나자 곧 책을 읽는 계몽된 아메리카의 대중은 전후에 개시된 진화론적인 생각과 담론에 매료되어서 부분적으로

진화론은 아메리카의 보수 사상의 역사에서 이 긴 기간에 가장 영향을 끼친 통찰 중 하나 였다(Richard Hofstadter, 1955: 5-7). 이 사상을 원용하려는 사람들은 정치적인 기존 상태를 옹호하기를 원하는 사람들이었고, 경제와 법사상에서 가장 중요한 것은 무엇보다도 자유방임을 옹호하는 보수주의자였다. 그들은 진화론으로부터 그들이 주장하는 사회적 주장의 도구들을 끄집어내었다. 나중에 '사회적 진화론'이라고 불릴 수 있는 사회사상의 스타일이 분명하고 알아볼 수 있는 형태를 띠게 되었다.10) 진화론의 가장 유명한 표어는 '생존을 위한

진화론에 속하거나 진화론에 관계된 철학과 정치이론에 대해서 흥미를 가지게 되었다. 허버트 스펜서는 그들 중에서 가장 야심적으로 생물학 자체보다도 다른 영역에서의 진화론의 적용을 체계화하려고 시도했고, 그는 그의 본국인 영국보다도 아메리카에서 훨씬 더 인기가 있었다. 급격하고 눈부신 경제변화에 시기에 다윈의 사상과 스펜서의 사상은 아메리카에서 대중화 되었으며 이 시기는 역시 지배적인 정치적 경향이 현상 유지 우선의 보수적인 시기였다. 이 시기의 지배적인 보수주의에 대한 도전은 결코 존재하지 않았으나 특징적인 느낌은 남북전쟁 이전의 시기에 여러 정치적 문제들에 대해서 충분할 만큼 선동과 격동이 있어 왔다는 것이다. 따라서 전쟁이 끝나고 난 뒤의 특징적인 무드는 이제 전쟁에 의해서 통합된 아메리카 대륙은 충분히 사람 살 만하게 되었으며 그것을 향유하며 거대한 새로운 산업체들이 솟아나고 있다는 그런 시대였다. 당연히 이 전후의 시대는 토지나 산업의 획득이나 합병의 시대가 되었다. 이러한 시대에 진화론은 모든 사고 유형 중에서 가장 강력하게 보수적이며 견고한 사람들이 의지할 수 있는 아이디어가 되어 갔다. 왜냐하면 깐깐하고 보수적인 사람들은 그들의 동료 시민들과 삶의 어떤 어려운 문제들에 있어서 화해하기를 원하며 동시에 황급하게 진행되고, 잘못 고려된 개혁들을 지지하지 않도록 자기의 동료 시민들을 압도할 필요가 있었기 때문이다.

10) 사회적 진화론이 알아볼 수 있는 형태를 띠게 되자 이러한 관점에 대한 분명한 반대자들이 논의의 경연장으로 나타나게 되었다. 사회적 진화론에 대한 가장 뛰어난 반대자는 레스터 워드(Lester Ward)와 실용주의자(pragmatist)들(윌리엄 제임스와 존 듀이를 대표로 했다)이었는데 이들은 사회적 진화론이 제기하는 철학적 문제들에 대해서 즉각적으로 비판의 포문을 열었다. 그들은 그러나 그 사회에 있어서 새로운 사상이었던 진화론이 인간과 사회의 이론에 대해서 심각하고 근본적인 중요성을 가지고 있다는 근본적 가정에는 도전하지 아니하였다. 실용주의자들이 시도한 것은 사회적 진화론자들로부터 진화론을 탈취하려는 것이었다. 그들이 보여주려고 노력한 것은 진화론의 심리학적이고 사회적인 경위는 그 분야에 있어서 그들보다도 앞섰던 더 보수적인 사상가에 의해서 생각되었던 것과는 전혀 다른 용어로 읽힐 수 있다는 것이다. 사회적 진화론의 반대자들은 처음에는 거의 성공하지 못했다. 즉, 처음에는, 당시의 사회적 진화론이 담고 있었던 개인주의적이고 경쟁적인 내용은, 남북전쟁 이후의 새로운 산업사회에서 일어나고 있던 이전 시대

투쟁', 그리고 '적자생존'인데 이 표어들이 사회 안의 인간에 적용될 때는 다음과 같은 것을 암시하게 된다. 즉, 자연은 경쟁적인 환경에서 최고의 경쟁자가 승리하는 것을 보장하며 이 과정이 계속되는 개선과 향상으로 이어진다는 것이다. 이것 자체는 경제학자들이 지적할 수 있듯이 전혀 새로운 생각은 아니었다. 그러나 이 '생존을 위한 투쟁과 적자생존'이라 하는 진화론의 표어는 자연의 법칙(a natural law)의 힘을 오로지 "경쟁적인 투쟁(competitive struggle)"의 생각에다 투영한 것이었다. 두 번째로 장구한 시간에 걸쳐서 종이 발전한다는 생각은 현상유지 위주의 보수정치이론에 또 다른 친숙한 아이디어를 주었다.11)

와는 전혀 다른 새로운 문제들에 대해서 해답을 주지 못한다는 것을 보여주지 못했다. 그러나 진화론이 가지고 있는 인종주의적이고 제국주의적인 함의가 어떤 정당성을 가질 수 있느냐에 대해서는 회의와 토론이 일어났다.

11) 즉, 모든 건전한 발전은 천천히 그리고 황급하지 않게 이루어져야 한다는 것이다. 그러나 점진주의 자체는 보수주의만 결합할 수 있는 것은 아니었다. 영국에서 점진주의는 페이비언협회(Fabian Society)에서 보는 바대로 보수주의 아닌 것의 중요 방법론이 되었다. 그러나 당시의 사회적 진화론자는 다음과 같이 얘기한다. 윗 책. "사회는 하나의 유기체로 보일 수 있다. 그리고 그 유기체는 새로운 종이 자연에서 창출되는 그 속도와 보조로 단지 변화할 뿐이다." 그래서 윌리엄 그레이엄 썸너(William Graham Sumner, 1840~1910)가 다음과 같이 결론지었다. 진화론은 생의 전쟁에 내재하는 어려움에 회피하지 않고, 인간이 얼굴을 맞대고 직면하도록 이끄는 데 공헌할 수 있다. 또 다른 사상가인 허버트 스펜서는 인류의 대부분에게 주어진 즉각적인 난관이 무엇이든 간에 진화는 진보를 의미하고 따라서 생의 모든 과정은 다소 거리는 있으나, 그러나 통틀어서 영광스러운 완성으로 향해서 전진하고 있다고 한다. 이점까지는 아무런 논쟁점이 있을 수 없다. 어떤 사상의 사회적 영향이라는 것은 그 사상의 내용보다도, 어떤 시대에 어떤 방향으로 어떤 사람들이 그 사상을 사용했느냐고 할 수 있다. 이러한 관점에서 볼 때, 도금시대라는 특정한 역사적 기간에 두 사람에게 있어서 진화론의 결론은 결국 현상유지적인 귀결이었다. 그들에 의하면 사회적 과정을 개선하거나 개혁하려는 모든 시도는 고쳐질 수 없는 것을 고치려고 하는 노력에 불과하고 이러한 사회개선과 개혁의 노력은 대자연의 지혜에 관여하지 않아야 할 것에 관여한 것이어서 마침내 모든 사회개혁의 노력이라는 것은 단지 질적인 퇴화에 이르게 된다는 것이다(Richard Hofstadter, 1944; 1955). 이것의 해석은 사회 현상에 대한 자유방임으로 귀결되었다. 왜냐하면, 사회적 진화론의 결말은 자연의 자기 조정을 인간의 의식적 노력보다 압도적으로 우위에 두어서, 경제 현상에 대한 법적 통제를 무위한 것으로 간주하는 초기 자유주의시대의 경제사상과 상통하는 것이다.

3.2. 돌스타인 베블런의 "유한계급(Leisure Class)의 과시문화 (Conspicuous Culture)"

원래 돌스타인 베블런이 과시문화를 관찰해서 발표한 것은 1899년 이었고, 이 연대는 경제사로는 장기 대침체 시대(1873~1897)와 관계 있으며, 법제사로는 도금 시대(1865~1900)와 관계있다. 그러나 베블 런의 "과시문화"가 수록된 유한계급론이 유명해진 것은 훨씬 이후에 장기 대침체 이래의 세계 대공황 시대에 이르러서 비로소 주목을 끌게 되었다.

세계 대공황(1929~1939)이 진행되던 위기의 시기(1931)에 돌스타인 베블런의 『유한계급론(Leisure Class)』이라는 사회 계층에 대한 저서가 다 시 평가되었다.[12] 그가 유한계급의 특징으로 관찰한 몇 개의 키워드는 "금전상의, 재정상의(pecuniary)"; "경쟁하는, 지기 싫어하는(emulative)"; "천한, 비천한, 머슴 같은 일(menial office)"; "평판이 좋음(reputability)"; "자기만족(self-complacency)"; 그리고 "근로 계층(working class)과 유한 계층(Leisure class)"의 이분법이다.[13] 그의 명제는 단순하다. 부의 축적은 레저 계층을 낳고 레저 계층은 원래 경쟁을 좋아한다. 금전적·재정적 축적은 경쟁을 통해서 이루어진 것이기 때문이다. 따라서 경쟁에서 이 겼다고 생각하는 이 계층들은 능력의 과시를 위해서 '보다 열등하다고 생각되는' 근로 계층과는 다르다는 것을 사회적으로 나타내기를 원한 다. 소비 행태로는 과시적 소비로 나타나고, 여가를 과시하는 동기로 과시적 여행을 감행한다. 예를 들면, 꼭 필요하지 않은 소비, 여행, 값

---

12) 이렇게 얘기할 수 있는 것은, 현존하는 베블런에 대한 오래된 문헌이 1931년에 발행된 그의 책을 인용하고 있기 때문이다. 예를 들면(Bendix and Lipset ed. Class, Status, and Power, 1953: 36-42) 또는 1934년에 발행된 판을 인용하고 있기 때 문이다. 예를 들면 Lewis A. Coser(Coser, 1971: 263)가 그렇다.
13) 베블런은 계층에 따른 행태론에도 불구하고 결코 마르크시스트는 아니었다. 이 점 이 그가 또한 소외되는 결과를 가져왔다고 한다.

비싼 취미를 발전시킨다. 한편, 일하는 것 또는 일하는 사람들을 "천하고, 상스러우며", 평판 좋은 신사 · 숙녀가 할 바가 못 된다고 자신의 계층 내부에서 문화적으로 통용시킨다. 최초에 관찰 기록된 것은 1899년이었고, 베블런의 '과시문화'의 관찰은 오래 계속된 한 시대의 특징을 보여준다. 그러나 과시문화가 관찰된 시대, 즉 장기 대침체의 시대, 또는 도금 시대의 특징은 1회적인 것이 아니었다. 베블런이 학문세계에서 다시 평가된 것은, 그가 1899년에 써 내놓은 **병리현상이 약 20년 내지 30년의 기간을 순환하여 다시 되풀이되었을 뿐 아니라,** 돌이킬 수 없는 파국(1933년까지의 대공황 전기)까지 진행했기 때문이다. 우선 재즈시대에 과시적 행태라는 병리현상이 돌아왔다. 즉, 이후에 대공황으로 발전된 아메리카의 1919~1929년의 10년은 요샛말로 옮기면 시장지상주의 또는 시장의 전능성 시대였으며, 자유지상주의와 동행하는 네오리버럴리즘 또는 신보수주의 시대였으며 재즈시대라고 한다(김철, 2010.12.: 507 – 510). 과시문화의 뿌리는 더 소급한다는 증거를 베블런이 기록한 것이다. 19세기 후반 신대륙과 구대륙 유럽에서 다같이 장기 대침체라는 24년간의 저성장 시대의 직전에 '자본주의' 자체의 폐해가 논의되었을 때부터이다. 아메리카의 남북전쟁 종전 이후(도이치는 통일 전쟁이 끝나고 비스마르크 헌법과 통일 제국이 성립한 이후) 당시의 산업화 사회에서의 승리한 자에 대한 사회철학은 여러 경로를 거치기는 해야 했으나(김철, 2010) 사회적 진화론(social Dawinism)의 영향이 강했다. "진화론은 아메리카의 네오리버럴리즘 또는 신보수주의의 역사 또는 시장지상주의의 역사에서 가장 즐겨 원용한 것 중 하나였다(김철, 2010: 573). 진화론의 다양한 함축 내용 중에서도 당시 사회체제를 옹호해야 했던 사람들이 가장 대중에게 먹혀 들 수 있는 의미에서 유효하게 쓴 것이, 이른바 '적자생존'이라는 내용이었다.

개인과 사회와의 관계에서, 개인의 성취와 관계되는 일에서 사회의 영향이나 책임을 최소화하거나, 개인에게 귀속시키는 개인 책임 위주의 방식을 퍼뜨리는데, 찰스 다윈이 전혀 예측하지 못했던 생물유전학의 방식이 원용된 것이다. 즉, 사회적 패배자는 그 원인과 책임이 그 개인에게 있을 뿐이라는 개인화(individualization)의 메시지를 강조한 것이다.

4. 한국 사회의 과시문화에 대한 논의

한국사회이론학회 2011년 후기학술대회 "과시하는 한국 사회"에서 「한국 사회 및 동아시아의 과시현상과 포스트모더니즘 가치」 논문 발표자는 다음과 같이 이야기했다.

일류 명품 시장은 아시아에서 올리는 매출이 전체 매출의 절반 이상을 차지하고 있고, 해마다 높은 증가율을 보이고 있으며, 그 매출 규모에서 일본, 홍콩은 한국보다 앞서 있고 중국은 한국을 맹추격 중이다. 아시아, 그중에서도 특히 동아시아를 중심으로 일어나고 있는 이런 현상에 대해 한국아이닷컴의 특집기사에서는 그 원인을 다음과 같이 분석하였다(한세희, 2011: 2).

1. 급속한 경제 성장
2. 집단주의: 개인주의 사회인 서양에서는 개인적 차이를 존중하는 반면 아시아 사람들은 집단의 규범과 기준에 개인의 정체성을 맞추는 경향이 강하므로 일단 명품 브랜드가 사회적 트렌드가 되면 여기에 기꺼이 따르게 된다.
3. 체면 문화: 명품이 경제적 부와 사회적 지위의 상징으로 통하면서 체면치레를 위해 과도한 소비를 하는 경향이 있다.

그는 결론으로서,

동아시아 국가들이 자기들과 비슷하거나 더 잘 사는 서구 제국들에 비해 훨씬 더 많은 명품 소비를 하는 이유를, World Values Survey에 비친 그들의 문화적 가치의 특성에서 유추해 보면 그들이 공유한 **유교문화의 세속성**, 즉 내세보다도 현세에서 행복을 누리려는 가치와 태도에서 유래한 것으로 추론할 수 있다(한세희, 2011.12.10.: 10).
지난 20여 년간 세계의 모든 문화권들은 생존가치에서 자기표현 가치로 이동하였다. 자기표현 가치에서 가장 앞서 있는 스웨덴이나 독일 등의 프로테스탄트 국가들은 동아시아에서와 같은 과시 현상을 보이지 않으므로 자기표현 가치, 즉 포스트모더니즘 가치로의 이동은 오히려 과시 현상을 억제하는 것으로 분석된다(한세희, 2011.12.10.: 10).
한국은 2000년까지는 세계적 추세와 비슷한 추이를 보이던 문화 가치의 변화가 2006년에는 큰 폭으로 그 반대방향으로 이동한 것을 볼 수 있는데 이는 결국 과시 현상을 오히려 강화시키는 역할을 한 것으로 추론된다. 이러한 가치의 역류현상이 발생한 것은 한국사회에 확산되었던 결핍의 공포에 기인하므로, 자기표현 가치, 즉 포스트모더니즘 가치의 방향성을 회복하기 위해서는 사회안전망을 확충하고 보다 공정한 사회 시스템을 구축하여 결핍에 대한 공포를 줄여주어야 한다(Inglehart, 1997: 106)(한세희, 2011.12.10.: 10).

똑같은 학회에서 「인터넷에서의 과시행위」의 논문 발표자는

한국, 일본, 그리고 독일의 과시행위에 대해 비교한 연구논문을 보면(이종현, 2008) 현대 한국 사회의 상층계급은 현대 서구 사회의 하층계급에서 보이는 모방 과시도 보인다는 점에서 타국과의 차별성이 확인된다. 구체적인 질문 항목에서 "자국민은 전반적으로 과시성향이 더 강하다"라는 문항에서는 한국인의 85%가 그렇다고 답함으로써 일본의 40%, 독일의 35%에 비해 두 배 이상 높게 응답하여 상당한 차이를 보여주었다(박창호, 2011.12.10.: 11).

라고 한다.
이 문제를 소비주의 또는 소비문화에 관련해서 고찰한 박영신 교수는

오늘날의 과시의 현상은 소비주의 또는 소비문화에 곧바로 이어질 것이다. 소비 행위처럼 온 세계를 뒤덮고 있는 강박 현상은 없다고 할 정도이다. 지구가 더 이상 지탱할 수 없을 정도로 인간의 소비 욕구를 충족시키기 위하여 자연 생태계를 파괴하고 있고, 세계가 하나의 공동체로 유지될 수 없을 정도로 개인과 국가의 소비 욕구를 만족시키기 위하여 갈등과 대결을 일삼는다. 우리가 살피려고 하는 우리 사회의 과시 현상은 분명 이와 같은 소비행위와 뗄 수 없게 이어져 있다(같은 글, 2011.12.10.: 23).

그는 이 문제를 기본적으로 애덤 스미스의 '적정성'이라는 용어로서 접근한다.

과시란 적극 표현의 범위를 넘어 실체보다 크게 나타내 보이고자 하는 사회 행동이다. 표현의 행위에서 삭감과 절제함이 없이 실제를 과대하게 생각과 말과 행동으로 나타내게 되는 현상이 과시이다. 애덤 스미스가 말하는 '적정성'을 빌려 말하면 자기 평가가 '과양'의 수준으로 넘어가면 과시라고 할 수 있다. 어떤 사람의 감정과 생각과 행동이 적정하고 적정하지 못하다고 판단하는 것은 그것이 사회구성원 일반의 것과 일치하는가 아니면 일치하지 않는가에서 판단된다(스미스, 1996: Ⅰ, 4). 여기에는 상징 교섭론(불루머, 1982)에서 말하는 것처럼 자신이 상상에 의해 다른 사람의 입장에 놓고 그가 어떤 느낌을 갖는지를 느껴볼 수 있는 동감의 능력이 전제되어 있다. 개인에게는 자기 자신을 들여다볼 수 있는 거울이 없다. 그 거울은 사회의 구성원들이다. 그러므로 과시와 같이 적정성을 넘어서지 않도록 조절하기 위해서는 개인 모두 사회 속으로 들어와야 한다(윤원근·박영신, 1999)(같은 글, 2011.12.10.: 24).

또한 그는 과시현상의 사회적 원인을 거시적으로 파악하여, 경제 성장을 지상목표로 삼아온 지난날의 역사를 들고 있다. 즉, 1960년대 경제개발 5개년 계획의 교과서 노릇을 한 로스토우의 경제성장 단계론의 마지막 단계인 대량 소비 단계에 이른 한국의 그 간의 사회 윤리 상황을 '성장의 외관'을 위주로 한 외관주의로 요약하고, 성장의 외관을 위해서, 과시문화는 경제성장과 동반한 부산물로 파악한다. 또한 개발을 통한 과시 관행에 대해서 생태주의적 접근을 대항문화로 제시한다(박

영신, 2011.12.10.: 24 - 26). 그는 한국사회의 과시문화의 해결책을

> 이 문제는 정치세력이나 경제 전문가에게 맡길 것이 아니다. 또한 과학 기술
> 전문가에게 해답을 구할 것도 아니다. ……그들은 그런 문제에 대한 도덕 감
> 수성도 가지고 있지 않다. ……오늘을 살아가는 사회 구성원 자신에게 맡겨져
> 있다고 한다(같은 글, 2011.12.10.: 27).

역시 그는 한국 사회의 집단주의적 습속을 과시 문화의 배경으로
지적하며 이와 관계해서 소비의 획일화를 지적하였다.

어떻게 해서 집단주의와 대량 소비의 획일화에서 벗어날 것인가?
이 문제에 대해서

> 삶의 품위를 귀히 여기는 사람은 모두가 들어선 현실이라는 줄을 거부하고
> 그 줄에서 떨어져 나온다. 이 행동은 남다른 능력을 필요로 한다. "……
> 현대의 습속을 가볍게 여길 수 있는 '능력', 소비문화를 문화 그 자체로
> 믿으며 살아가는 무리를 하찮게 여길 수 있는 '능력'(2011ㄴ), 이제의 세
> 상을 다라고 여겨 거기에 붙어버리는 얕은 삶을 미련한 것으로 보고 거
> 기에서 벗어나 더욱 깊은 올제의 삶을 그려볼 수 있는 '능력', 그리고 전
> 문 지식 세력이 은밀한 가운데 세계를 다스리고 있는 새로운 제국에 저
> 항할 수 있는 능력(2011ㄱ)"을 포함한다. 이러한 능력을 지닌 사람이라
> 면 일상에서 대항 과시의 행동을 묵묵히 실천해 갈 것이다. 이것은 지난
> 날에도 그러하였고 오늘날에도 그러하듯이, 앞날에도 그럴 수밖에 없다
> (2011ㄹ)(2011.12.10.: 28).

요약하면, 발표자 한세희는 한국의 명품 소비로 나타나는 과시 문화
는 현세적 가치를 중시하는 동아시아의 유교 전통에서 원인을 찾고,
발표자 박창호는 인터넷에서 나타나는 청년 문화의 에고, 과시 현상은
한국의 집단주의 문화와 체면과 위신을 강조하는 유교 문화에서 원인
을 찾으며, 과시 문화에 대해서 종합적으로 고찰하여 사회적 대책까지
논한 박영신은 한국의 소비주의, 소비문화의 뿌리를 고도경제성장 시

대의 성장 이데올로기에서 이유를 찾는다. 앞의 두 사람은 더욱 요약하면 한국 문화에 미친 종교사회학적 요인을 주목하고 있고, 마지막 사람은 한국 역사에 있어서의 과시 행위는 경제 성장의 결과를 "양화된 지표"로 나타내어서 정부의 업적 자체를 과시하고자 하였던 지난날의 역사사회학에 주목한다. 특히 정치적 과시를 위한 성장주의는 반드시 "성장의 외관"을 요구하고 이것은 소비문화를 주도하는 "외관주의"라는 병리 현상을 가져왔다고 지적한다.

　필자는 이와 같은 최근의 한국 사회의 소비주의와 관련된 과시문화의 시각에 동의하면서도, 더 시점을 넓혀 경제사와 사회사 그리고 법제사를 통해서 언제부터 과시문화가 사회경제학자와 철학자의 관심을 끌게 되었는가를 통시적으로 고찰한다. 그 결과 문명사회의 산업주의가 최초로 암초에 걸렸던 19세기 말의 장기 대침체 시대, 그리고 이후에도 대공황의 원인을 제공한 재즈시대 또한 최근에는 세계적으로 금융 및 재정위기에 대한 원인을 제공했던 네오리버럴리즘 시대에 소스타인 베블런이 사회학적으로 또한 경제학적으로 주목할 만한 현상으로 지적했던 특화된 의미로서의 산업 사회의 과시문화(conspicuous culture)가 순환적으로 나타난다는 것을 증명하려고 하였다.

참고문헌

김광기, 『우리가 아는 미국은 없다』(서울: 동아시아, 2011).
김철, 『법과 경제 질서-21세기의 시대정신』(파주: 한국학술정보(주), 2010.12.).
＿＿, 『경제 위기 때의 법학』(파주: 한국학술정보(주), 2009ㄱ).

____, "법과 경제 질서", 『세계헌법연구』 제17권 제3호(서울: 세계헌법학회 한국학회, 2011.12.).

____, "장기 공황(1873~1897) 시대의 법사와 경제사", 『사회이론』 2010년 가을/겨울호(서울: 사회이론학회, 2010.11.).

____, "공법에 있어서의 경제적 보수주의와 경제적 자유주의의 순환: 경제 공법에 있어서의 패러다임의 재성찰", 『사회이론』(서울: 한국사회이 론학회, 2010.5.31.).

____, "정의란 무엇인가: 자유주의와 공동체주의의 가치, 자유와 평등, 형평", 『사회이론』 2011년 통권 제39호(서울: 한국사회이론학회, 2011).

____, "한국에 있어서의 자유주의와 자유지상주의", 『사회이론』 2006년 가 을/겨울 통권 제30호(서울: 한국사회이론학회, 2006).

____, "개혁의 법 경제학적 법사회학적 조망－교육개혁을 주안점으로", 『사 회이론』(서울: 한국사회이론학회, 2002).

____, "근대 이후의 자유주의의 변용과 경제공법질서의 전개과정(2)", 『세계 헌법연구』 제16권 제3호(서울: 세계헌법학회 한국학회, 2010.8.).

____, "근대 이후의 자유주의의 변용(1)－경제공법질서의 전개과정", 『세계 헌법연구』 제16권 제2호(서울: 세계헌법학회 한국학회, 2010.6.).

____, "최현대의 경제 공법: 금융 규제와 탈규제－글라스스티걸법부터 뉴딜 시대의 금융 시스템의 붕괴까지", 『세계헌법연구』 제16권 제1호(서 울: 세계헌법학회 한국학회, 2010.2.).

____, "위기 때의 법학: 뉴딜 법학의 회귀가능성－현대법학에 있어서의 공공 성의 문제와 세계대공황 전기의 법 사상", 『세계헌법연구』 제14권 제3호(서울: 세계헌법학회 한국학회, 2008.12.).

____, "최현대의 경제 공법 사상", 『세계헌법연구』 제15권 제2호(서울: 세계 헌법학회 한국학회, 2009.6.30.).

____, "최현대의 경제 공법 사상(2)", 『세계헌법연구』 제15권 제3호(서울: 세 계헌법학회 한국학회, 2009.12.31.).

박영신, "우리 사회의 성찰적 인식", 『현상과 인식』(서울: 한국인문사회과학회, 1995ㄱ).

_____, "과시와 절제에 대해서", 한국사회이론학회 2011년 후기학술대회 "과시하는 한국 사회."

박영신·윤원근, "동감의 사회학: 선한 사회의 조건에 대한 탐구", 『현상과 인식』 23권 1/2호 1999년 봄(서울: 한국인문사회과학회, 1999).

박창호, "인터넷에서의 과시행위", 한국사회이론학회 2011년 후기학술대회 "과시하는 한국 사회."

양천수, 『서브프라임 금융위기와 법』(파주: 한국학술정보(주), 2011).

이종현, "한국 독일 일본의 과시문화의 비교연구", 『한독사회과학논총』 18권 2호(2008).

폴 크루그먼, 『미래를 말하다』(서울: 현대경제연구원Books, 2007).

한세희, "한국 사회 및 동아시아의 과시현상과 포스트모더니즘 가치", 한국 사회이론학회 2011년 후기학술대회 "과시하는 한국 사회."

Baily Gifford의 Gerald Smith 매일경제 2011년 11월 29일 화요일 인터뷰.

Chull Kim, *Law in Economic Crisis*(Seoul: Department of Law, S.M.U., 1998).

Chua, Amy, *World On Fire*(New York: Random House, 2003 & 2004).

Coser, Lewis A., *Masters of Sociological Thought*(New York, Hartcourt Brace Jovanovich, Inc., 1971).

Ingelhart, Ronald, Modernization and Postmodernization(Princeton: Princeton Univ. Press, 1997).

Krugman, *The Conscience of a Liberal*(New York: W. W. Norton & Company, 2008).

_____, The Return of Depression on Economics(New York: W. W. Norton & Company, 2008).

Smith, David G., "Classical liberalism", David L. Sills(엮음), *International Encyclopedia of the Social Sciences Volume 9*(New York: The Macmillan Company, 1980).

Stiglitz, Joseph E., *Free Fall*(New York: Norton Paperback, 2010).

_____, *Globalization and its Discontents*(New York: W. W. Norton & Company, 2008).

Posner, Richard A., *A Failure of Capitalism*(Cambridge: Harvard Univ. Press, 2009).

Warren, Elizabeth & Tyagi, Amelia T., *The Two Income Trap*(New York: Basic Books, 2003).

Warren, Elizabeth, Sullivan Teresa A., Westbrook, Jay Lawrence, *The Fragile Middle Class*(New Haven: Yale Univ. Press, 2000).

_____, *As We Forgive Our Debtors* (Washington D.C.: Beard Books, 1999).

3

1997년 외환위기에 대한 문화적 접근:

현대 한국 문화에 대한 법철학적 접근

왼쪽부터 순서대로

카스 선스타인(Cass Robert Sunstein, 1954~)

한나 아렌트(Hannah Arendt, 1906~1975)

조셉 스티글리츠(Joseph Stiglitz, 1943~)

프란시스 후쿠야마(Francis Fukuyama, 1952~)

위대한 개츠비 초판(1925)

"외환위기는 경제적 위기임과 동시에 문화적 위기였다"라는 명제의 검토이다. 한국 문화에 대한 관점으로서, 한나 아렌트의 고르기아스 인용을 기초로 하였다. 이 글은 1997년 11월 IMF외환위기 이후, 약 2년 뒤인 1999년에 쓰인 것이다. 따라서 외환위기 직후의 한국 문화에 대한 전면적 반성을 그대로 보여주고 있다. 이후에 국제 경제법의 요소로 덧붙여야 할 것은 외환위기의 외적인 요인(elements)들로서, 이후 필자의 논문과 저술에서 나타난 Washington Consensus, IMF, World Bank의 편향으로, 레이거노믹스 경제학이 한국과 동아시아 외환위기의 외적인 컨텍스트가 된다(김철, 2009.3.; 2010.12.).

– "현대 한국 문화에 대한 법철학적 접근: 바람직한 시민 사회 윤리의 정립을 위하여", 한국인문사회과학회, 『현상과 인식』 제24권 통권 80호(2000.6.30.)에 게재된 것을 일부 수정

1. 머리말

현대 한국 문화라고 할 때, 여기서 문화란 흔히 저널리즘에서 사용하는 것 같은 유형(有形)적인 의미가 아니다. 시간적으로는 2차 대전 이후 – 더 특화해서는 한국의 가치관이, 전통사회의 유형에서 경제 성장 목표 위주로 변형되기 시작할 무렵, 즉 경제개발 5개년 계획이 시작되던 1962년부터 이것을 쓰고 있는 1999년 11월(외환위기 이후 2년이 경과한)까지를 이야기하며, 문화의 범위는 정치·경제·법·교육·기업·관료·대학 문화 그리고 평균인과 상식 인을 가정할 수 있다면 대중문화를 포괄한다. 이 글에서 다룰 문화의 의미를 정의한다면 조형, 건축, 영상, 패션과 같은 유형물(有形物)이 아니라 눈에 보이지 않는 것,[1] 역사의 어떤 기간 중에 그들이 어떻게 행동했는가(행동 양식, 行動 樣式), 그들이 어떤 의식을 가졌는가(사고방식), 그들이 어떤 믿음을 가졌는가(믿음의 문제) 등 그들의 행동양식·사고방식·믿음의 유형(類型)의 전개에 가장 기초적인 가치관을 종합한 것을 말한다.[2] 또한 이와 같은 문화의 의식적 부분(상부구조)과 함께 문화의 심층(深層) 부분(하부 구조)을 함께 총괄적 문화로 본다. 따라서 흔히 철학 관계적 연구가 보여주는 바와 같이 아폴로적인 면모와 함께, 집단 무의식 그

---

1) 문화(Culture)를 눈에 보이는 것(to be seen)과 눈에 보이지 않는 것(not to be seen)으로 분류할 수 있다. 문화 현상 중 눈에 보이는 것을 취급할 수도 있고 눈에 보이지 않는 것을 취급할 수도 있다. 고급문화와 대중문화의 분기점은 이 둘의 구별이다. 눈에 보이지 않는 문화에 주목한 것은 고대 그리스 문명의 경우 비교적 일찍부터 발달되었다. Hannah Arendt, *The life of the Mind*(New York: Harcourt Brace Jovanovich, Publishers, 1978), 19쪽 볼 것.
2) 문화를 이와 같이 총체적인 '삶의 방식'으로 보는 경우, 예를 들어 그리스 문화란 고대 그리스인들의 총체적인 삶의 방식으로 파악된다. 또한 아메리카의 문화의 경우, 아메리카인들이 발달시킨 총체적인 방식으로 이해한다. Jong Wan Kim, *Cultural Analysis of Concept of Democracy in Tocqueville's "Democracy in America"*(Berkeley: University of Califonia, 1993).

리고 혼돈스러우며 불합리한 카오스 같은 면모도 함께 고려되어야 된다.3) 따라서 현대의 한국 문화를 다루는 데 있어서, 한국인의 집단 무의식과 심층 심리학(depth psychology)에 잔존하는 고대 문화의 요소, 신화의 해석 같은 것을 상기하지 않을 수 없다. 비교 인류학의 시점과 그리스 고대철학의 용어가 등장한 것은 한국 문화의 심층적 측면을 비교하기 위해서이다. 소크라테스 이전의 소피스트였던 고르기아스(Gorgias)의 짧은 인용이 나타나는 것은 이런 이유에서이다. 실로 눈에 보이는 것과 눈에 보이지 않는 것의 이원적(二元的) 문제는, 문화의 헬라적 요소와 유대적 요소에서 일찍 나타난 것으로, 형이상학적 이원론4)의 아득한 전통으로 관류한다.5) 이 전통의 그림자(penumbra)에서, 필자가 이 글에서 키워드로 쓰는 한국 문화의 외관주의, 명목주의라는 용어를 만든 것이다.6)

---

3) Octovio Paz, "Reflections Mexico and United States", *The New Yorker*, 1979년 9월 17일자, 138쪽, 153쪽. "제도, 기념비, 업적, 물건 같은 것은 어느 사회의 눈에 보이는 측면이다. 이에 비해서 물속에 잠겨서 눈에 보이지 않는 측면을 특히 지적할 수 있는데, 믿음, 욕망, 공포, 억압, 꿈과 같은 것이다." 파즈는 눈에 보이는 것/눈에 보이지 않는 것의 구별에 물위에 드러난 것/물속에 잠긴 것의 구별의 차원을 더했다. Harold J. Berman, *Law and Revolution, The formation of the Western Legal Tradition*(Cambridge: Harvard University Press, 1983), 558쪽 볼 것. 또한 해롤드 버만 지음, 김철 옮기고 정리함, 『법과 혁명 I – 서양법 전통의 형성 1』(서울: 한국학술정보, 2013).
4) 김철, "형이상학적 이원론 아래에서의 당위와 존재의 문제와 현대 한국 법학의 과제", 『현상과 인식』 제32권 3호(서울: 한국인문사회과학회, 2008).
5) 인류의 문화에 형이상학적 영향을 끼친 가장 현저한 예는 플라톤의 이원론(dualism)을 들 수 있다. W. K Guthrie, *The Greek Philosophers*(New York: Harper Torchbooks, 1975), 81쪽. 서양 문화의 또 하나의 요소인 유대 문화에서 발달시킨 유일신에 대한 신앙은 형이상학적 이원론의 또 다른 원류라고 할 수 있다. 비교문화론적으로 고찰한다면, 한국 문화 또는 동아시아 문화의 원형을 관찰할 수 있는 고대 문화에서는 이와 같은 눈에 보이는 것/눈에 보이지 않는 것의 구별과 보이지 않는 것의 실재성을 믿는 형이상학적 이원론의 전통이 미약하다 할 수 있다. Chull Kim, *History, Culture and Law*(Seoul: Myko Int'l, 1993), 17쪽.
6) **외관주의의 기원**은 고대 그리스인들이 자연을 관찰할 때의 출발로서의 소재인 외관에서 나온 것이다. 고르기아스는 "It seems to me"를 "Dokei moi"라고 썼고 눈에 보이는 세계가 파악되는 유일한 방식으로 기술한다. Hanna Arendt, "The true

이 시대의 한국 문화[7]에 대한 또 다른 중요한 진단은, 이른바 외관주의와 관련된 물질주의, 부의 극대화에 관한 것이다.[8] 민주화·자유화 시대 부의 극대화의 문제는, 이미 다른 학회에서 여러 분야에 걸쳐 다룬 적이 있어[9] 이 분석에서는 다른 측면으로 똑같은 암벽을 등반하기로 한다.

이 글에서는 현대 한국 문화에 있어서 "강조된 부의 극대화" 또는 "꿈자리에도 나타나는 숫자에의 사로잡힘" 같은 것들이, 개발 시대 이후 한국의 생활사에 어떻게 나타나며, 문화라는 의미가 사유의 방식, 선택의 양식, 결정의 방식, 또한 이런 것들이 쌓인 축적된 관행이라고 할 때, 강조된 부의 극대화가 "인간의 존엄과 가치" 및 "행복의 추구"에 어떤 실질적인 영향을 미치는가를 염두에 두고 있다. 이 분석을 위해서 이 글에서는 헌법 철학적 용어를 보다 이해 가능한 의미로 해석하여, 보다 보편적인 뜻을 지니게 할 것이다. 즉, 한국 사회에서는 대단히 특수한 용어로 되어버린 "인간의 권리"(서구 사회에서는 보편적·

---

being and bare appearance", 위의 글, 25쪽. 또한 Chull Kim, 위의 글, 15쪽. 한국 문화에서는 형식주의와 결합된 "이름 또는 제목 또는 타이틀을 강조하는 태도"로 이해된다. 문화사 또는 철학사에서는 실재론에 대비되는 의미의 유명론(nominalism)을 가리킨다. 보편의 존재에 대한 중세 이후의 일대 논쟁인 이 문제에 대해서 유명론자(nominalist)는 보편은 실재하지 않는다고 한다. 따라서 단순히 보편은 이름에 불과하고 생각된 것에 지나지 않는다.

7) 이전 세대의 『문화와 법』 및 한국 문화에 대한 한국인 법학자의 시점은, 주로 한국의 전통 문화를 대상으로 하는 것이었다. 외국인에게 잘 알려진 것으로는 함병춘(Hahm Pyong Choon)과 유기천(Paul K Ryu)의 책과 논문이 있다. Hahm Pyong Choon, *Korean Jurisprudence Politics and Culture*(Seoul: Yonsei University Press, 1986). 유기천의 한국문화론에 대해서는, 김철, 유기천교수기념사업회 편, 『영원한 스승 유기천』(서울: 지학사, 2003)을 볼 것.

8) 동아시아에 있어서의 1997년 외환위기는 한국을 포함하여 타이, 인도네시아 등지의 경제 위기일 뿐만 아니라 문화적 아이덴티티의 위기라고 진단한 시점이 있다. David I Hitchcock, "Asian Crisis is Cultural as well as Economic", *Christan Science Monitor*, 1998년 3월 5일.

9) 박영신, "우리의 '현실 자본주의와'와 민주주의의 허울", 『사회 이론』 1999년 가을호(서울: 한국사회이론학회, 1999). 그리고 김철, "민주주의와 경제주의", 한국사회이론학회주최 학술모임, 주제발표문, "우리 사회와 민주주의"(1999년).

시민적 가치를 지닌 시민 문화의 용어)라는 용어를, 방금 이야기한 "평균인의 사유 방식, 행동 양식, 소비 형태, 투표 형태, 교육기관의 선택 방식, 일반적인 판단의 양식, 사람의 평가 방식"을 포괄하여 넓은 뜻으로 한국 현대 문화의 해석에 사용할 것이다. 이 글의 제3장 및 제4장이 학술 용어나 법학 개념보다 구어풍의 서술 형태나 경험의 개인적 구술처럼 보일 수 있는 것은 이런 이유이다.

2. 현대 한국 문화에 있어서의 현상과 본질의 구별

도시화·기술화·집단화와 전 생활영역에 있어서의 세속화(secularization)는 편리함을 구하는 태도와 결합하여, 일반인의 생활 태도뿐만 아니라, 지성인·지식인의 인식 태도까지 감각으로 즉시 느낄 수 있는 현상(現狀)과 물질세계의 외관(外觀)에 더욱 집착해 왔다.

학문 자체도 영향을 받고 있다. 곧, 사회 과학은 외부 세계의 객관적 자료를 수집하는 목적으로 현상적 사실에 열중하고 있다.

법학의 경우, 이런 태도는 '지금 여기서 당장 효력이 있는 것'에 관심을 거의 바쳐버리는 것으로 나타나며, 오직 '실정법(實定法)을! 지금 당장 존재하는 실정법을!'이라고 외치게 되는 경향으로 나타나게 된다.[10]

인간 사회의 문제 해결에는 여러 단계의 접근이 있을 수 있다. 환자를 진료하는 의사의 예를 들자. 그는 처음에는 외관을 보지 않을 수 없다. 환자의 거동이나 행태와 같은 현상을 보지 않을 수 없다. 그러나 초진이나 일상화된 회진을 제외하면 외관에만 의존하는 것은 결국에

---

10) 이런 태도는 물론 법철학의 사조로서 법실증주의와 관계가 있다. 법실증주의와 그 대척어로서의 자연법론에 대해서는, 김철, "입헌주의와 법치주의 윤리적 기초", 『공법연구』 제25집 제4호(서울: 한국공법학회, 1997. 06.). 또한 해롤드 버만 지음, 김철 옮기고 정리함, 『법과 혁명 I ─ 서양 법 전통의 형성1』(파주: 한국학술정보(주), 2013), 제5장 참조.

가서는 일정한 한계를 드러내기 마련이다. 극단적인 예로, 현대 의학의 어떤 방법도 3기 이전의 암을 외관으로 미리 발견해 낼 수 없다.

이와 마찬가지로 현상으로서의 외관이 나타나기 이전에 이미 문제가 진행되고, 이미 깊숙이 진행되었을 수 있다. 막상 현상과 외관에 나타났으면, 난치병 환자의 경우, 이미 현상에 의존해서 치료하는 방식은 쓸모가 없게 되는 것이다. 이와 관계된 문제는, 인간의 오랜 역사의 경험 중에서, 어째서 어떤 문명권은 다른 문명권보다 더 현상과 외관에 집착하며, 또 다른 문명권은 반대로 현상과 외관을 그것의 적절한 위치에 두고, 넘어서는 훈련을 발전시킨 것인가이다. 바로 고대 그리스 문명의 큰 의미를 여기에서 찾을 수 있다.

현대 한국 문화에 있어서 현상과 본질, 외관과 실상의 구별을, 평균인들은 항상 무리 없이, 일상의 혹은 직업적인 인식에 적용하는가?

이 문제에 대해서 일률적인 대답을 할 수는 없을 것이다. 그러나 1997년을 기준으로 삼아, 한국 사회에 있어서의 큰 사건들을 분석의 대상으로 하여 반성한다면, 몇 가지 부인할 수 없는 부분적인 대답을 얻을 수 있다. 그중 첫째로 들 수 있는 것은, 1997년 11월의 외환위기이다. 평균인들은 나날이 진행되는 경제 현상을 오로지 감각적으로만 파악할 수밖에 없었고 따라서 이미 국제적 기구에서는 상당한 위험을 경고했음에도 불구하고 현상을 넘어서는 본질적 문제나 실상의 문제를 심각하게 다룰 수가 없었다. 이 경우에는 전문적인 직업인도 마찬가지여서, 기업의 연쇄 부도, 수지 악화와 같은 경제 현상이 실제로 앞으로 어떻게 진행될지, 현상을 넘어선 본질적 사고로서, 눈에 보이는 것을 넘어선 경제의 전면적 실상을 책임 있게 사회적으로 논의한 적이 없었다(김철, 2010.12.: 251).[11]

---

11) 김철, 『법과 경제 질서: 21세기의 시대정신』(파주: 한국학술정보(주), 2010.12.), 251쪽, 1997년과 1998년에 일본에 비해서 단순 비교 2배, 인구 비례 5배의 경제학자를

둘째로 1995년을 전후해서 한국 사회에서는 대형 안전사고가 계속해서 일어났는데 예를 들면 성수대교·삼풍백화점 붕괴 사건, 대구 지하철 폭발 사건, 아현동 가스 폭발 사건 같은 것이었다. 대형 안전사고는 여러 측면에서 논의할 수 있을 것이다. 그러나 여기서 논의하고자 하는 바는 문제된 다리, 백화점, 공사 현장 같은 것들이 외관상으로는 별문제가 없어 보였다는 것이다. 외관과 실상, 현상과 본질의 차이를 한국의 평균인이나 직업인, 전문인, 감독기관 모두가 잘못 인식한 데 있다고 할 수 있다.

대체로 이와 같은 근거에서 현대 한국 문화에 있어서 외관과 실상, 그리고 현상과 본질적 존재 사이의 구별이 잘 되지 않고 있다고 얘기할 수 있다.

이른바 근대화 및 산업화 기간에 한국인들은, 극히 일반적으로 얘기해서, 문명과 문화의 외관주의라고 할 만한 태도를 발전시켰다고 얘기할 수 있다. 외관주의적 발전의 주된 원동력은, 무엇보다도 1962년부터 진행시킨 개발 위주의 국가정책과 성장 최우선 경제정책이었다. 경제 성장은 우선 거시지표 기타 수량적 지표에 의해서 증명되는데, 우리나라의 경우 성장의 결과가 양화된 지표로 나타난 점도 있으나, 오히려 양화된 지표 자체가 목표로서, 모든 국가정책, 사회정책, 교육정책에서, 이를 위한 제도가 조정되었다고도 볼 수 있다. 경제 성장 자체가, 생활의 개선이라든가 국민의 복지에 궁극적 목표가 있었겠으나, 현상으로서의 성장의 외관, 또는 번영의 현상적 증명 같은 것이 더욱 화급한 일이었다고 볼 수 있는 점도 있었다. 이와 같은 외관 위주의 개발, 성장 정책은 1970년대, 80년대에 이어 이른바 정치적 민주화를 지향한 90년대 후반에 이르기까지 별로 달라지지 않은 한국 문명과 한국 문화의 특징 같은 것으로 되어버렸다.

가지고 있었던 한국은 외환위기를 공식적으로 예측하지 못했다.

도시화·산업화와 같은 문제에 있어서의 외관주의는, 그 자체로 심각한 문제를 야기하였지만 교육제도나 교육 분야에 미친 영향에 비하면 오히려 그 순위는 나중으로 돌려도 좋을 만하다.

교육·문화·지식·예술의 문제는 이른바 정신문화의 영역으로서 애초에 그 성질상 외관과 실상, 현상과 본질 간의 문제가 예민하게 인식되어야 할 부분으로 생각된다. 1990년대 중반 이후에 한국의 개혁 중 가장 오랜 영향을 끼칠 부분은 이른바 교육 개혁의 부분으로 생각된다(김철, 2009.3.: 303)(김철, 2002).12) 이 분야에 대한 상세한 실증적 연구는 보다 전문화된 연구 집단의 집합적 노력을 필요로 하겠으나, 사회철학 또는 법철학의 포괄성을 다소 무리해서 이용한다면 이역시 외관주의적 경향이 강하게 지배하고 따라서 경제정책에 있어서, 이미 개발 우선 시대부터 한국의 기업과 국민이 익숙해진 거시지표 위주의 성장 일변도 경제정책과 크게 그 궤도가 다르지 않다고 일단 종합할 수 있다.

다시 서양 철학의 전통, 즉 서양 법철학의 전통에서 외관과 실상 사이의 관계를 기초적으로 논해보기로 한다. 외관과 실재 존재물 간의 관계는 ① 외관과 존재가 일치하는 경우, ② 외관과 존재가 일치하지 않는 경우로 우선 나눌 수 있으나 가능한 수학적 집합은 네 가지로 분류된다.

이 문제와 관련해서 흥미로운 것은, 인간사회에 있어서의 악(evil), 즉 사회악을 인간의 감각에 의해서 직관적으로 식별할 수 있느냐의 문제이다. 고대 그리스 철학자들은 처음에는 자연현상에 대해서, 다음에는 인간세상의 문제에 대해서, 눈에 보이는 것과 감각을 넘어선 존재의 문

---

12) 김철, 『경제 위기 때의 법학』(파주: 한국학술정보(주), 2009.3.), 303쪽. 또한 김철, "개혁의 법사회학적, 법 경제학적 조망 ─ 교육개혁을 중심으로 그러나, 주도적인 개혁을 우선하여", 『사회이론』 통권 21호(서울: 한국사회이론학회, 2002.8.31.).

제에 대해서 진지하게 고민하였다. 그들의 주제는 선악의 존재와 그것의 가능한 외관적 모습이라고 할 수 있다. 자연철학자이기를 그만두기 시작한 소피스트들은 이 문제를 다음과 같이 다루었다.

> (악의) 존재는 사람에게 보이기 않기 때문에, 그리고 보이지 않는 한, 명백하지 않다. (악이) 존재하더라도 외관이 나타나기 전까지는, 그 존재의 확신은 약한 것이다.13)

선악에 대한 인식론적 이원론은 고르기아스(Gorgias) 이후에, 플라톤을 거쳐 아리스토텔레스에 이르는 형이상학적 이원론을 통해 그리스 문화의 주류가 되고 이윽고 유다이즘과 결합해서 긴 천년의 중세적 전통으로 이어진다. 법학의 영역에서 존재와 당위를 엄격히 구별한 이른바 방법 이원론은 이러한 형이상학적 이원론의 먼 계보에서 흘러나온 것으로서 한국에 알려진 1차 대전 직후의 법철학자들을 주도한 신칸트학파에까지 이르고 있다(김철, 2008.9.30.)14).

현대 철학자로서, 인간의 문명사에서 가장 최초의 질문이었던, 눈에 보이는 것과 눈에 보이지 않는 것의 구별로 그의 전 철학의 여정을 궁극적으로 정리한 사람은 한나 아렌트(Hannah Arendt)이다. 한나 아렌트는 최후의 유작인 *The Life of the Mind*에서 형이상학적 이원론이나 신칸트학파의 방법 이원론과는 다른 접근을 취하고 있다. 우선 그는 2차 대전 이후 인간의 감각 세계에 주어지는 오관의 문제를 정면으로 다루면서, 종전의 고답적인 철학적 전통에서는 볼 수 없었던 접근을 꾀한다. 즉, 생물학이나 동물학의 영역에 있어서, 눈에 보이는 것과 눈에 보이지 않는 것과의 관계는 현대 이전의 관념론에서는 예측하지 못

---

13) Hannah Arendt, 위의 글, 25쪽. 아렌트는 다음의 명제가 Gorgias의 전해지지 않는 논고 「비존재와 자연에 대하여」에 실려 있는 것이라고 소개하고 있다.
14) 김철, "형이상학적 이원론 아래서의 당위와 존재의 문제와 현대 법학의 과제", 『현상과 인식』 제32권 제3호 통권105호(서울: 한국인문사회과학회, 2008.9.30.).

했던 것이라고 지적한다. 그의 스승이었던 야스퍼스의 철학에 과학적 정신분석의 세계가 편입되었던 것과 마찬가지로, 그의 철학에도 과학주의가 개입되었다.[15]

그러나 한나 아렌트의 사회 및 법철학에 있어서 가장 눈에 띈 것은, 현대 세계에 있어서의 새로운 경험, 즉 (사회)악의 일상적 편재성, (사회)악의 일상성의 문제이다. 이해하건대, 종래의 관념론이나 형이상학적 이원론에 있어서, 또한 존재와 당위를 엄격히 구별하는 방법 이원론에 있어서는 사회악의 존재는 일상적인 것이 아니었다.

그는 2차 대전 이후에 가장 획기적인 논픽션 기록의 하나인 『예루살렘의 아이히만』에서 인류의 새로운 경험을 서술하고 있다.[16]

> 유대인 600만을 가축처럼 도살한 지휘명령 체계의 총책임자였던, 아이히만은 의외로 평범한 사람 같아 보였다. 그는 성실한 생활인이었으며, 충실한 조직인이었다. 그가 속해 있던 사회의 지휘명령 체계와 법규를 성실히 수행한 것 밖에, 그에게는 아무런 잘못도 없어 보였다. 피비린내 나는 지옥에서나 볼 수 있는 끔찍한 인간형 같은 것은 그의 어디에도 찾아볼 수 없었다.

한나 아렌트는 여기에서 20세기에 전개될 사회악의 새로운 모습, 즉 지극히 평범한 일상생활에서 범용한 모습으로 저질러지는, 그러나 어떤 조직 체계가 완전히 와해되기 전에는 어떤 경우도 선악의 구분이 궁극적으로 되지 않는, 그와 같은 현대 세계의 모습을 그린 것이다. 즉, 그리스 전통의 언어로 얘기한다면, 악의 외관은 오히려 선량해 보일 수도 있다. 악의 실재와 일치하지 않는 것이다. 고르기아스의 언어에 의하면, (사회)악은 그 어떤 역사적 단계에 이르기 전까지는 외관상 나타나지 않을 수도 있다.

---

15) Hannah Arendt, 위의 글, pp.23~37, 특히 2, 3장 볼 것.
16) Hannah Arendt, *Eichmann in Jerusalem A Report on the Banality of Evil*(고치고 늘림)(New York: Penguin Books, 1994).

선악의 문제는 우선 윤리적 측면에 있어서도 현대의 대중화 세계에 있어서 분간할 수 없는 경우가 더 많아 보인다.[17] 수백만이 이동하는 대도시의 일상적 반경에서 벌어지는 일들은, 어떤 경우에는 사회 문제가 있을 뿐이지 윤리적 판단은 찾을 수 없는 경우가 더 많다. 범죄학의 세계의 입구에서 초학자들이 생각할 때, 범죄인은 이미 그의 행동의 어떤 단계에서 구성요건 해당성을 갖추기 시작해서, 일반인들과 구별되는 색깔을 내심에서든 동기에서든 갖추기 시작하였다고 믿기 쉽다. 많은 경우 그러할 것이다. 그러나 엄격히 관찰할 때 범죄 행위가 확인되는 것은, 오직 그 결과가 식별된 사후적인 문제일 뿐, 대부분의 경우에 있어서 적어도 외관상의 문제로는[18] 범죄의 가능성은 모든 정상인의 행동 거취에서 멀지 않은 곳에 있다고[19] 할 수도 있다. 현대 생활의 획일성, 기술성, 특별한 점이 없음과 같은 무감동하며 건조한 일상은 악의 존재나 발생 가능성조차도 무감동하며 별 특징이 없으므로 우연에 매이며[20] 실제로는 사후적으로 인과관계가 증명된다 할지라도, 우리의 일상 경험에 있어서는 아무런 구별할 만한 표지가 없는 것이다. 사회 경제 상태가 장기 경기변동곡선에서 급격한 변화를 보일 때(김철, 2010.11.)[21], 사회적 정당성이 기준을 잃고 있을 때(김철, 2008.11.30.)[22]

---

17) 현대인의 일상 세계는 선악의 이원론적 구분을 부인하는 듯이 보인다. 또한 선/악의 이분법적 세계는 지성인의 입장에서도 회의적일 경우가 많을 것이다. 그러나 책임을 가려야 하는 법철학의 입장에서, 또한 개인의 책임뿐 아니라 집단의 책임까지도 문제되는 법철학의 입장에서는 궁극적으로 선/악의 구별을 피할 수 없다.

18) 초학자가 공부하는 형법 교과서의 용어로서, "범의의 비약적인 약동"은 항상 외관상으로 나타나는 것은 아니다.

19) 존 스타인백의 『불만의 겨울』에서 주인공의 점진적인 '윤리성의 포기'는 화자의 세밀한 필체로나 독자에게 전달될 뿐 외관상으로는 일상적인 행동의 연속일 것이다. 원제는 John Steinbeck, *The Winter of Our Discontent*(New York: Viking Press, 1961).

20) 우연한 살인 사건의 예로 까뮈의 『이방인』을 볼 것.

21) 김철, "법과 경제의 상호교호관계: 장기대침체시대(the Long Depression, 1873~1897)의 경제와 법", 『사회이론』 2010년 가을/겨울호 통권 제38호(서울: 한국사회이론학회, 2010.11.).

22) 김철, "뒤르켐의 아노미 이론과 평등권에서의 기회균등", 『사회이론』 2008년 가을/겨

역시 정상적 행동과 일탈 행동 또는 범죄 행위가 그 사회 내부에서 관찰할 때는, 경계선이 모호할 경우가 있다.23) 그러나 사회 경제 상황의 급격한 변화보다 더욱 격렬한 예는 적법성의 기준 자체가 기초하고 있는 준거 틀이 송두리째 변할 때이다. 법학에서 고전적으로 인용되는 2차 대전 이후 전범재판의 예가 그것이다. 어떤 시간, 어떤 장소에서는 논리실증적으로 적법했던 행동에 대한 가장 급격한 심판의 예는, 인간이 안정되고 고정된 체계 내에서 그의 감각과 경험으로 인지할 수 있는 적법성을 송두리째 번복할 수도 있다는 것을 보여준다.24)

한국인의 일상적 경험은 다음과 같이 서술될 수 있다. 어떤 전직 고관이 언제 대형 사건의 범죄인으로 등장할지 알 수 없는 일이다. 왜냐하면 이제까지는 선망의 대상이 되었던 높은 지위라는 것은, 어느 경우에도 그 자체가 사회악의 가능성을 내포하고 있다고는 전혀 예상할 수 없기 때문이다.25) 악의 존재가 이윽고 꽃이 피듯 외관으로 드러나기 전까지는, 대부분의 평범한 사람들은, 그가 그냥 훌륭한 배경을 가진 지배층의 일원이라는 것만 인지할 수 있을 따름이다. 대단히 성공적이며 유능하다고 평을 받아온 어느 엘리트도, 그의 내부에 있던 존재로서의 (사회)악이 이윽고 개화할 만큼 개화해서 외관에 이르기 전까지는 우리는 단지 눈에 보이는 외관과 지위만을 볼 수 있을 따름이다.

조직범죄의 세계는, 화이트칼라의 범죄와 함께 외관에 있어서 인류

울호 통권 제35호(서울: 한국사회이론학회, 2008.11.30.).
23) F. 스콧 피츠제럴드의 『위대한 개츠비』에서 여주인공의 행태가 그 예이다. 원제는 F. Scott Fitzgerald, *The Great Gatsby*(New York: Bantam Books, 1954).
24) 2차 대전 이후 성립된 이른바 유대인의 문학의 중요 부분이 이러한 인간 경험의 증언에 바쳐졌다. 예를 들면 Eloi Wisel(노벨 문학상 수상자)의 모든 저작들. 이러한 증언 문학의 전통은 1990년대의 중요한 영상 문학에도 연결되었다. 예를 들면 Steven Spielberg의 주요 작품들.
25) 한국인의 인격적 통합의 위기는 공식 제도에 대한 신뢰의 대량 상실에서 온다. 신뢰 상실은 공식 제도의 소비자 측에서뿐만 아니라 공식 제도를 만드는 사람이나 공식 제도를 분배하는 사람들 측에서도 마찬가지이다. 김철, 위의 글 볼 것.

에게 전혀 다른 경험을 부과하였다. 즉, 범죄 조직은 흔히 초학자들이 생각하듯이 처음부터 오로지 범죄를 목적으로 만화 같은 단순한 모습으로 "자 우리가 악을 행하자!"라고 결성되지 않는다.26) 현대 경제사회에 있어서 경제적 이득을 노리는 어떤 조직도, 정상적 행동과 병리적 행동의 경계선을 상당히 오랫동안 배회할 수 있으며27), 이윽고 그들의 범의가 외관으로 식별할 수 있을 때에야, 비로소 결과론적으로 "아 그대였던가! 도둑 신사와 도둑 숙녀!"라고 할 수 있을 뿐이다. 선악의 문제에 대한 일상적인 현대인의 순진무구한 태도는, 악은 항상 악으로 일관하며 선은 항상 선으로 일관된다는 결정론에 근거를 두고 있다.28)

자유화된 러시아에 있어서의 최대 문제는 사실상 두 개의 정부가 존재한다는 것이다.29) 따라서 두 종류의 세금을 납부하여야 한다. 하나는 옐친 정부에게, 다른 하나는 보다 가까이 있으며 국립 경찰보다는 훨씬 더 유효한 그림자 정부-마피아에게.

민주화된 러시아에 있어서, 조직범죄는 너무나 보편적인 현상이고, 도처에 어디나 정상적인 삶과 섞여 있어서, 일상적인 생활을 하는 러

---

26) 초기 시실리 마피아의 영웅은 후기에 있어서와 같이 경제적 이득이 목적이 아니라 여러 사람으로부터 존중을 받거나 지혜로운 충고를 해 주거나 상황에 맞게 사람들 사이의 말썽거리를 조정하고 해결해 주는 방식으로 세력을 얻었다. 앞에서 기술된 시기 동안 러시아의 하층민 사이에서도 시실리 마피아의 영웅처럼 사실상의 존중을 받고 세력을 지닌 인물들이 등장했을 수도 있다. 김선경, "러시아 마피아 연구-러시아 마피아의 형성과 전개를 중심으로", 고려대 국제대학원 러시아 동유럽전공 석사 논문(서울: 고려대학교 국제대학원, 1998년 6월).

27) 자유화, 시장화 이후의 러시아 사회의 최대 문제인 조직범죄의 주범인 마피아는 그 변천과정에서 볼 때 소비에트 시대의 노멘클라투라에서 그 뿌리를 찾을 수 있다. 위의 글, 20~32쪽.

28) 선악의 문제에 대한 흥미 있는 비교 인류학적 고찰은 유대-크리스천 전통의 오래된 문헌에서 나온다. 곧, 이 전통에서의 해석에 의하면 악의 총수로서 사탄은 원래 천사였고 그의 이름은 루시퍼였다고 한다.

29) Sara Jankiewicz, "Glasnost and the Growth of Global Organized Crime", *Houston Journal of International Law*, 18권(1995년), 215~260쪽.

시아인들은 마피아의 조직범죄를 악에 속한다고 생각하면서 살 수 없을 정도이다. 적법성 그 자체가 러시아 인민의 일상적 의식에서는 뚜렷한 경계를 가지고 있지 않다. 이른바 자유화된 러시아 사회에서, 종래의 국영기업을 구성했던 수없이 많은 경제 단체들의 사유화 과정에서, 구정권의 노멘클라투라였던 집단이 이제는 경제적 엘리트로 변신하여, 사유화(privatization)라는 시대적 조류를 타고 다시 등장하였다. 이들은 이제는 합법적인 경제 엘리트로 이른바 시장경제의 총아로 나타나기 때문에, 이들이 국영기업의 불하 과정에서 범할 수 있었던 여러 종류의 조직범죄는 그들의 신형 자동차, 그들의 서구화된 멋진 모습에 가려 외관에 나타나지 않는다.

한국 문화에 있어서 외관주의와 함께 거의 같은 맥락에서 명목주의(名目主義)의 지배를 들 수 있다. 그리스 고전 철학에서 외관과 존재의 이원론적 구별30)은 명목(名目)과 실상(實相)의 구별 또한 용이하게 하였다고 볼 수 있다.31) 실은 현상에서 본질을 구별하는 사유와 방식은, 그 기본에 있어서는 형이상학뿐만 아니라 과학주의의 전통까지 배태하고 있다고 볼 수 있다.32) 동아시아 문명권에서 명목과 실질의 차이

---

30) 김철, 위의 글, 16쪽 현대 문화에 있어서의 현상과 본질의 구별 4 서양 법철학의 외관과 실상 사이의 관계.
31) 외관/존재 구별의 이원론의 철학적 전통은 형이상학적 이원론의 긴 흐름이라고 볼 수 있다. 형이상학적 이원론의 긴 계보는 실로 고대 그리스에서 출발하여 중세의 이원적 질서(하나님의 나라와 세속 국가) 구별에 기본이 되었다. 법학에 있어서의 영향은 근대를 거쳐 20세기의 신칸트학파에까지 이른다고 할 수 있다. 법적 방법론에 있어서 영향은 존재/당위의 이원론으로 발전된다고 흔히 이야기될 뿐이다. 좀 더 다른 면에서 보면 외관/실상의 구별이라는 측면도 있다. 김철, 『법철학 노트』(강의 교재, 숙명여대 법학과, 1993; 2004) - 명목/실상의 구별에 도움이 되는 철학사에서의 논쟁은 보편자의 존재에 대한 생각이다. 곧 유명론에 있어서 개념이란 단순한 이름 또는 명목에 불과하고 오직 상상의 것이다. 이와 반대로 개념이 실재한다고 믿는 경우는 개념, 이름, 명목도 실재와 일치한다.
32) 자연 현상을 눈에 보이는 외관에 그치지 않고, 눈에 보이지 않는 인과관계 또는 자연물의 눈에 보이지 않는 요소나 물질의 원자적 구성을 생각한 것은 고대 그리스 자연 철학의 성과라고 하지 않을 수 없다.

및 그 평가 방법은 그렇게 잘 알려져 있지 않다고 볼 수 있다. 유교 전통의 정명론(正名論)이라는 것은 필자도 잘 알지 못하나, 평균인의 교양 수준에서 이해하기로는 명목을 실질과 일치시키려는 노력이 아니었던가 싶다. 인식론적으로 봐서 현상과 본질, 명목과 실질의 괴리를 본격적인 철학적 언어로 전반적으로 전개한 동아시아의 문화의 예를 필자는 아직 잘 알지 못한다.

조선 사회는 그 인간관계 및 사회관계에서 명목, 즉 이름이 중요한 출발이고, 결과였다. 개인의 이름은 족보의 항렬에 따라서 지어지고, 따라서 바른 이름은, 그 개인이 가족의 나무 체계에서 어디에 속하는가를 드러내주는 역할을 했다. 그의 관직명은 그의 사회적 역할뿐만 아니라, 그가 일생에 걸쳐서 수행했던 업무와 전 사회조직의 계층 질서에서의 위상을 나타내주어, 비단 본인에게만 해당될 뿐 아니라 몇 세대에 걸쳐 영향을 끼치는 확장된 큰 가족 나무의 위상을 나타내고 있었다.[33] 이름에 대한 집착은, 유교사회에 있어서 개인의 사회에 대한 관계, 즉 적법한 출생이었다든가, 또한 광명정대한 가문이었다든가 하는 것을 결정하는 것으로서, 조선시대 사회의 특징을 나타내주고 있다고 할 수 있다. 가문 및 관직의 중요성은, 조선조 지배층의 특징적 문화로서, 훨씬 이후에 부유해진 중간계층이 관직과 족보를 매수한다든가 하는 사태로 이어질 때, 이름과 실상의 분리가 시작되었다고 볼 수 있다. 부패가 또한 이름과 실상의 괴리를 촉진했는데, 지방장관의 바른 정치를 칭송하는 송덕비조차도 어떤 경우에는 어느 정도 정확했는지 알 수 없는 경우도 있을 것이다. 왜냐하면 유덕한 조선조의 신사라면, 덕을 기리는 송덕비를 자기 생전에 스스로 세우는 것을 용인하

---

33) 한국의 가족주의 전통에 대해서는 박영신, "가족주의 전통과 한국의 자본주의 구조", 『우리 사회의 성찰적 인식』(서울: 현상과 인식, 1995), 63쪽. 또한, 송재룡, "한국 가족주의와 준거 기준의 이중성을 넘어", 『현상과 인식』, 23권 112호(1999년 봄/여름)(서울: 한국인문사회과학회, 1999) 볼 것.

지는 않을 것이기 때문이다.

현대 한국인의 의식에 있어서, 사회적 역할이나 사회적 성취 같은 것들은 어떤 식으로 표현되어야 한다고 생각할 것인가? 이름과 명목에 대한 강한 집착은, 역시 자손에 대한 애착과 함께 이미 퇴조하긴 했으나 사후에 있어서도 그의 가족사와 함께 관직 이름을 무덤 앞에 돌조각으로 세우게 하는 행태에서도 나타난다고 할 수 있다. 한국인의 명목에 대한 맹렬한 추구는 외관주의와 결합해서 전통사회 이후에도 사회적 입신과 성공을 어떤 종류의 이름을 얻는 것으로-주로 관직의 이름- 끝나는 경우가 많다.[34]

심지어는 경제적 실리를 가장 추구한다는 재계나 기업의 세계에 있어서도, 한국인의 이런 태도는 다음과 같이 나타난다. 기업의 실질 내용보다 기업의 외관과 기업의 이름(brand)을 중요시한다. 따라서 그토록 대규모의 기업 그룹이 한국에 존재한다는 것은, 외관상 거대한 공룡을 연상시키는 토템의 모양을 취함으로써 한국의 이른바 기업 집단은 경제적 역할뿐만 아니라, 격동기에는 정치적 영향력, 더 나아가서 시민들의 유사 종교적 존중을 이끄는 역할까지 하게 되었다.

기업에 있어서의 외관의 문제는, IMF외환위기를 전후해서 심각하게 문제되기 시작한, 기업의 재무제표의 외관과 정확한 실상의 괴리가 세계적으로 문제되기 시작하고부터이다.[35]

---

34) 한국인의 명목주의적 입신에 대해서는 양창삼, "한국의 산업화와 한국인의 인성 변화", 『현상과 인식』, 23권 3호(1999년 가을)(서울: 한국인문사회과학회, 1999).

35) 이것은 이른바 투명도의 문제로서 신뢰도의 문제와 관계되게 되었다. 외관과 실상의 항존하는 괴리는 가장 기초적으로는 정직성의 문제로 나타나는데 사회 윤리나 국가 윤리의 문제로서는 이른바 프란시스 후쿠야마의 고 신뢰 문화와 저 신뢰 문화를 구별하는 분수령이 된다. Francis Fukuyama, *Trust, the Social Vitrues and the Creation of Prosperity*(London: Hamish Hamilton, 1995). 과다한 명목주의는 부정직을 동반하며 이것이 개인적 차원에서 사회적 차원으로 발전되면 사회 전체의 신뢰도가 마지막에 국제적으로 논의될 수 있게 된다. 법철학적으로 볼 때 제도나 규범의 보편성과 특수성의 문제는 어느 한도까지는 고유한 관행이나 역사 발전의 특별한 콘텍스트로 또는 문화 차이로 설명하거나 이해될 수 있다. 이런 측면에서 1997년

이른바 분식 결산의 관행은, 급기야 한국 국적 회계법인의 결산보고서를 믿을 수 없다는 데까지 이르렀다. 여기서 문제 삼은 것은 현대 한국 문화에 있어서 세계적인 특징이 되어버린 외관 존중의 일반적 관행이 드디어 국가 신뢰도의 문제에까지 확대된 것이다.

기업의 입장에서 보면 좋은 외관은 투자자를 유인할 수 있었다. 내부적으로 수지가 악화될수록, 더 많은 금융기관의 자금이 필요하며, 더 많은 직접투자가 필요해졌다. 따라서 한국 경제의 외관과 실상이 국제적으로 문제되기 시작한 연후에야 비로소 현대 한국 문화의 일반적 관행으로서의 외관주의가 검토되기 시작한 것이다.[36]

외환위기 이전의 아시아 국가의 지도자들이 아시아적 가치의 경제발전에 있어서의 영향을 늘 이야기하면서 말하자면 아시아적 특수성이 도움이 된다고 주장하여 왔다. 1997년 외환위기 이후의 IMF 체제하에 있어서의 논의의 중점이 처음으로 반전되기 시작하였다. 비록 1997년의 동아시아 전반에 걸친 위기상황을 지구상의 남북문제로 보는 정치경제적 거시 이론도 있기는 하나 보다 범위를 좁혀서 생각한다면 프란시스 후쿠야마가 분류한 고 신뢰 문화와 저 신뢰 문화의 구별이 명목주의적 가치관이 지배하느냐 그렇지 않느냐의 기준과 대체로 일치한다고 이야기할 수 있다. 그에 의하면 대체로 개신교 문화권인 북유럽 북미 지역 그리고 도이치의 개신교 문화권과 일본이 고 신뢰 문화에 속한다고 하고 유럽에 있어서 전통적인 라틴 가톨릭 문화권 그리고 동아시아의 대부분의 나라들이 저 신뢰 문화권에 속한다고 한다. 이와 같은 종교 및 정신문화에 따른 분류는 어떤 잠망경으로 볼 때는 명목주의와 형식주의가 지배적이냐 혹은 그와 같은 명목주의와 형식주의에 대해서 역사적인 큰 흐름에서 청산 반전할 기회가 있었느냐의 문제라고 볼 수 있다. 일본의 자본주의 연구에 대해서는 로버트 엔. 벨라, 박영신 옮김, 『도쿠가와 종교』(서울: 현상과 인식, 1993), 원제는 Robert N. Bellah, *Tokugawa Religion*(Glencoe: Illinois Free Press, 1957), 그리고   Robert N. Bellah, *Beyond Belief*(New York: Harper & Row, 1979)를 볼 것. 이 밖에도 같은 사람, 『사회학 이론과 현실 인식』(서울: 민영사, 1997), 10장 볼 것. 법학 영역에서 메이지유신을 다룬 것으로는 Richard H, Minear, *Japanese Tradition and Western Law Emperor, State and Law in the Thought of Hozumu Yatsuka*(Cambridge: Harvard University Press, 1970), 5~7장을 볼 것.

36) 법학 개념으로서의 외관 존중은 거래 당사자의 진실한 의사를 항상 사회적으로 강요할 수 없는 거래 계를 염두에 둔 것이다. 즉, 최초의 쌍방 당사자의 의사에 하자가 있다 하더라도 거래 대상의 물건이 그 하자가 있었던 것을 몰랐던 선의의 제3자에게 용통되었을 때에는 선의의 제3자를 보호하여야 한다는 법학의 오랜 요구에서 나온 것이다. 물권변동의 의사주의와 형식주의의 대립에 대해서는 김증한, 『물권법』(서울: 박영사, 1983), 45쪽. 외관 존중의 이런 측면은 소위 거래의 안전을 위한 사회적 배려로서 진의에 반한 외관이라도 제3자를 보호하기 위해서는 하

국가 정책의 실시라는 측면에서 급속한 개발과 성장을 과시할 필요가 있었던 한국의 지난 역사는, 특히 행정 측면에서 행정의 외관적 전시 - 전시행정 - 라는 한국인의 관행을 발전시켰다. 행정 주체의 외관주의라는 것은, 엄격히 말하면 실상에 중점을 두기보다는 외관에 더 주력하는 것으로, 개발 시대에 전시 행정이라는 용어를 발전시킨 한국의 어떤 관료 집단은, 외관적 필요성에서 출발하여 이윽고 실적의 형식화(形式化)·획일화(劃一化)를 진행시키게 되었다. 즉, 실적조차도 즉각적으로 외관상 "눈에 보이는 것"이라야 한다. 눈에 보이지 않는 것, 즉 장기적인 신용이나, 진정한 의미에 있어서의 명예로운 처신 같은 것들은, 획일화된 형식으로는 잴 수 없고, 따라서 외관주의의 잣대로서는 존재하지 않는 것이 된다. 강요된 외관주의적 실적은 오히려 실질적 의미의 실적주의조차도 퇴색시키는 역할을 때로는 하게 되었다.

  현대 한국 문화의 외관주의 또는 외향성은, 1980년대부터 진행된

는 수 없이 존중하여야 된다는 법학적 요구를 말하는 것이다. 이와 같은 외관 존중이 민법이나 상법에서의 법원칙으로 확립되었으나 이 경우는 한국 사회에서 전반적으로 문제되게 된 외관과 실상과의 의도적이며 지속적이며 관행이 되어버린 분리나 통용과는 구별해야 한다고 생각된다. 그러나 이 또한 조금 더 일반적으로 이야기한다면 한국인들이 개화기 이후 식민지 시대 때 계수한 대륙법의 법 형식주의(legal formalism)라는 것이 오로지 의사주의를 위주로 영위되던 전통사회에서 근대화하는 데 도움이 되었다고는 하나 이 또한 자발적이며 자율적인 근대화가 아니라, 정부(갑오경장의 경우-), 외세(을사보호조약의 경우), 식민지 본국(한일합방의 경우)에 의한 근대화, 구 지주계급이었던 엘리트 지배계급(제1공화국), 군부 엘리트에 의해서 조직화된 관료집단(제3공화국 이후)에 의한 위로부터의 근대화를 거쳐서 근대 세계로 나온 한국은 대륙법적인 형식주의가 이와 같은 방식의 근대화로의 도구로 쓰였다고 할 수 있다. 이런 면에서 한국 전통 사회 중 지배 윤리로서의 형식주의(유교에 있어서의 형식주의 윤리)와 개발 독재 이후의 형식주의가 대륙법의 형식주의에 잘 부합되었다고 설명할 수 있다. 혹자는 그렇다면 영미법적 관습법 존중이나 역사적 선례존중주의는 한국에 맞았겠느냐 하고 반문할 수도 있겠다. 우리나라 근대화의 역사에서, "영미법의 정신"으로서의 역사적 일관성(선례법), 많은 사람들의 법적 확신(보통법의 형성), 문자에 얽매이지 않는 해석론 같은 것들은 찾아보기 힘든 이유로써, 아래로부터의 근대화가 아니었다는 데 가장 큰 역사적 원인을 찾고 있다. 관료 집단에 의한 "위로부터의 근대화"는 형식주의적 법치주의를 도구로 삼는다.

이른바 정보화 사회(information society)의 영향을 받았다. 좀 더 직재적으로 얘기한다면 천연색 텔레비전과 컴퓨터가 한국인의 일상생활에 도입된 이후에, 한국인의 평균적 생활은 점점 더 영상매체가 제공하는, 그들의 국가공동체에 대한 영상적 언어에 열중하게 되었다. 모든 의미의 외관화는 영상언어에 의해서, 인격적 체험이나 역사적 의미에 미숙한 대중문화형의 다중에게, 외관을 초과하는 실상 또는 삶과 공동체의 진정한 모습에 대해서, 이전 시대의 어떤 세대에서도 볼 수 없었던 감각적인 태도를 고취하였다고 할 수 있다.

3. 외관주의 · 명목주의 · 형식주의
- 위로부터의 근대화 방식과 결과

현대 한국 문화의 외관주의와 명목주의는 형식주의(形式主義)를 동반한다. 외관주의 · 명목주의 · 형식주의는 법학 영역에서 볼 때에는 형식적 법치주의(形式的 法治主義)가 전반적으로 파급된 효과라고 각주에서 설명하였다. 그리고 형식적 법치주의는 사회의 자율적인 근대화가 아니라 위로부터의 근대화에 유용한 도구로 쓰였다고 역시 각주에서 설명하였다.

이제 필자는 삶의 방식으로서의 문화의 가장 근본적인 문제인 가치관과 윤리의 문제를 언급하려 한다. 1960년대부터 전개된 한국 사회의 정치 경제의 변동사는 "왜 사는가", "어떻게 살아야 될 것인가", "무엇을 위해서 사는가"의 문제에 대해서 본질적인 반성을 할 겨를을 주지 않았다. 국가 주도의 경제정책 · 사회정책 중 특히 교육정책 · 대학정책 · 인구정책 같은 부분들이, 이 시대 사람들로 하여금 자신들의 삶의 가치에 대해서 인격적인 성찰, 즉 "인간의 존엄과 가치"에 일치하는 삶의 목표와 일상의 조정을 불가능하게 만들 수도 있었다. 정치범이나 국사범에 속하는 일에 관해서 이야기하는 것은 아니다. 논의의 중점을, 국민의 대다수를 점하는 생활인들의 수준에 두고서 하는 이야기이다. 이들의 개인 윤리는, 실제로는 가족 집단에서 학습한 인간관계에서 비롯된 것이고, 이들이 모인 사회에서의 사회 윤리는 실제로는 개발 최우선 시대의 국가정책에 의해서 심대하게 영향을 받았다고 할 수 있다.[37] 개발지상주의의 경제 목표에 의해서 설정되는 사회적 분위기는, 경제 성장에 직접적으로 관계없는 다른 가치를, 오로지 종이 위에만 존재하는 명목적인 것으로 간주하는 경향이 있었다. 사람들은 물질적 부와 직접적으로 관계없는 다른 것들에 대해서, 가차 없이 저평가하도록 사회적으로 훈련되고 있었다라고 할 수 있다. 생산성을 증명하는 것이, 삶의 유효성을 증명하는 유일한 방법이 되었는데, 당시의 주도적인 흐름만에 의하면, 극단적으로는 사회를 거대한 공장으로 환치하는 것이 가장 공공복리에 적합한 것으로 때로는 보였다.[38] 학교, 대학, 정신적 문화는 오로지 이와 같은 물질적 생산성을 보조하는 데서만 의미가 있는 것으로 보일 수 있었다. 이 시대에 주도적인 기업인들은 단순한 경제인이 아니라 애국자로 높여졌고, 수출 드라이브 정책에 의해서 여러 특혜가 대기업에 주어졌다. 약 30년 후 엄청나게 부실화된 한국의 대표적인 어떤 기업이 이 시대의 총아였던 적이 있었다. 역설적으로 말하면, 1997년 외환위기에 원인을 제공한 몇몇 대기업과 금융기관의 행태는, 이미 이전 시대의 기업 형성사에서 그 뿌리를 찾아볼 수 있다고 할 수 있다. 어떤 대기업 그룹은, 시장에서의 자생력과 경쟁력뿐만 아니라 이유 있는 국가정책의 보호나 혹은 정치와의 유착

37) Chull Kim, "Legal Education A Brief in Historical, Sociological Perspective", *History Thought & Law*(Seoul: Myko Int'l, 1993), p.39.

38) Chull Kim, "Ad Sum Ipsum — A Short Memoir", 위의 글, p.187.

관계에 의해서, 기업의 규모를 확장했고, 원래의 목적을 넘어서는 정치적 영향력을 강화했다. 산업자본 형성기[39]의 거의 모든 한국의 "부유해지기를 열망하는", "중산층이 되고자 하는 서민들"이, 이러한 기업의 형성사에 의해서 생애에 걸친 영향을 받았다. 그들이 영향받았다는 것은, 피고용자로서 영향받았다는 것뿐만 아니라 이미 어느 정도 축적된 교육과 지식을 배경으로 무엇인가 성취하기를 바라는 사람들에게, 실제로 한국 사회에서 "눈에 보이는 성취를 한다"는 것이 어떤 선례인가를 실례를 들어 증명한 셈이 되었다. 첫째로 외관적으로 커질 것, 그 내용보다도 겉으로 나타난 모양, 즉 형식을 먼저 갖출 것, 이런 면에 있어서의 형식주의가 따른다. 즉, 기업은 그 내용이 어떠하든, 그 기능이 어떠하든, 법인의 실제 목적이 어떠하든, 우선 정부 관료나 일반 대중이 인지할 수 있는 형식을 먼저 갖추어야 한다.[40] 이 형식을 위해서, 기업은 실제로 수행할 수 있는 범위보다 월등히 많은 사업 목표를 설정하여야 하고, 실제로 필요한 것보다 엄청나게 많은 공장 부지나 회사 부지를 확보하여야 했다. 수출 액수나 그에 해당하는 외화의 양적 평가가, 이들에게 주어지는 정부 지원의 정도를 결정하기 때문에 채산성이나 수익성을 고려하지 않은 거의 적자에 가까운 수출물량을 확보해야 되는 경우도 있었다. 산업의 질적 분화나 실제로 국민 복리에 미치는 영향보다는 우선 "기업의 존재의 정당성을 증명하기 위해서" 양

---

39) 1963년부터 제2차 경제 개발 5개년 계획 이후를 이른다.

40) 세계 대공황 전기의 법사상을 대표하는 윌리엄 오 더글러스(William O. Douglas)는 그때까지의 법학방법의 부적절성을 지적하였다. "중요한 것은 문제가 되는 가장 기본적인 요인들이다. 연구나 분석은 여기에 맞추어져야 하다. 현재 작용하고 있는 경제적·사회적 힘 자체가 조사되어야 한다. 기업의 형태라든지 조직에 따른 개념의 차이라는 것은 기업의 실제 활동에 비하면 도구적인 것이고 기업이 실제로 어떤 기능을 하는가가 더 중요한 것이다. 따라서 종전에 중요시되어 왔던 형식, 형태로부터 경험적 사실로 또는 중세에 있어서와 같은 움직이지 않고 안정적인 사회에서 타당했던 신학으로부터 사회 안에서의 인간행동 또는 경제 활동을 서술할 수 있는 공리나 명제로 옮아가야 한다." 김철,『법과 경제 질서: 21세기의 시대정신』(파주: 한국학술정보(주), 2010.12.), 259쪽.

적 팽창을 과시해야 했다. 이것이 60년대와 70년대의 사정이라면 자유와 민주화가 진행 중인 90년대 후반의 사정은 어떠한가?[41] 이 문맥의 흐름은 어떤 경제정책의 타당성의 문제가 아니라, 국가정책이 사회윤리에 미친 영향이다. 필자는 물론 오랫동안 대학에서 서양 전통의 법철학과 공법학을 강의한 사람이지만 한국에 있어서 개발정책 이후의 사회윤리는 어떤 서양 전통의 윤리학으로도 합리적으로 다룰 수 없는 측면이 있다는 것을 알게 되었다, 사회가 정부의 존재와 독립적으로 형성되고 독자성을 어느 정도 유지하면서 발전된 근대 시민사회 이후의 서양 세계의 사회 윤리는, 식민지 경험을 가지고 있는 비 서구세계의 경우, 그들의 정치사, 경제사, 특히 산업화 과정을 고려하지 않는다면 적실성을 발견하지 못할지도 모른다.

근대 시민사회에서 나타난 개인 인격에서 출발하는 공동체, 개인 양심의 절대성에서 출발하는 인격성, 절대주의 국가를 일단 역사적으로 부인하고, 그 폐허 위에서 오로지 이성에 의해서 계몽되고 절대자 앞에서 평등한 자유인들이 건설한 최소규모의 공동체 또는 그리고 그 공동체의 집합으로서의 국가공동체의 경험이 가르쳐준 "인간의 존엄과 가치"는 비 서구 세계의 국가, 그리고 그러한 특색을 공유하고 있었던 한국에 있어서 상당 기간 오직 문면상의 문제로 여겨지게 되었다. 형

---

41) 이 시점의 자유지상론자(Libertarian)의 지배적인 논의 방식은 합리성, 선택, 그리고 자유라는 세 가지 키워드에 집중되어 있다. 자유라는 중심 주제는 정치적 선택, 시장에서의 유통, 그리고 마지막에는 대학에서의 합리성의 문제로 요약된다. 이들의 자유의 주제는 극히 단순한 방식으로 요약, 적용된다는 단순 논리가 현실에 적용된 대표적 예이다. 즉, "정부는 국민의 취향과 국민의 선택을 존중하여야 된다" 하는 기본 명제이다. 이것은 시장에 옮겨올 때, "시장은 구매자의 취향과 선택을 존중한다"라는 명제가 된다. 마지막 예는 이를 대학에 옮겨올 때, "대학은 소비자인 학생의 취향과 선택을 존중해야 한다"라는 명제로 변형되었다. 자유론자, 자유주의자, 법 경제학자들의 이러한 방식은 맹점을 가지고 있다. 이와 관련하여 Cass Sunstein, "Norms and Roles", A written Version of the Coase Lecture, University of Chicago, 1995년 가을, The Program for the Study of Law, Philosophy & Social Theory, NYU School of Law, 1995년 9월 7일자 볼 것.

식주의적이라는 것은 좀 더 직재적으로 이야기하면 "어딘가에 쓰여 있으나 실제로는 별로 주의하지 않는 오직 때때로 의식(ritual) 또는 제식 (祭式) 때에만 쓰이는" 그러한 뜻으로 옮겨볼 수 있다. 인간의 존엄과 가치는 형식적 언어이고, 현실적으로 팽배한 것은, 새롭게 창출되고 있는 부에 대한 선망, 압도적인 경제력에 대한 무조건적인 숭배와 추종이었다. 경제개발 이후 고도 성장기간 중 한국 사회를 주도한 윤리가 있다면 "의식(衣食)이 족하여야 예절을 알고, 곳간이 차야 인심이 난다"와 같이 요약될 수 있다. 비록 직관적이지만 고도성장 이후에 이 요약은 다음과 같이 변용하였다. "의식이 족하니까 예절이 필요 없고, 곳간이 차니깐 인심은 온데간데없다."

현대 한국 문화에 있어서 사회 윤리의 실종은 몇 가지 이유로 설명이 된다. 우선, 이미 설명한 대로 자율적인 사회의 자연적 성장이 국가나 정부에 의해서 부인된 역사적 경험[42], 둘째, 자율적이며 연속적인 자연공동체의 붕괴[43], 셋째, 많은 사람들의 생활 경험에 의해서 형성된 자연적이며 사리에 맞는 관습법이 발달하지 않음[44], 넷째, 인위적

---

42) 한국 현대사에서의 이런 경험은 1961년 5·16 군사 쿠데타 그리고 1980년 5월 18일 광주사태를 들 수 있다.

43) 자연 공동체의 붕괴는 급격한 산업화를 추진한 1962년 제1차 5개년 계획과 그 이후의 제2차 5개년 계획 이후에 주로 농어촌의 급격한 변화에서 찾아볼 수 있다. 한국에 있어서의 자연 공동체의 붕괴를 증거한 기록으로는 1960년대와 1970년대의 청년 문화와 대학 문화를 담은 순수 문학 작품들을 들 수 있다.

44) 제1차 경제 개발 5개년 계획은 한국 현대사에 있어서 가장 급격한 위로부터 근대화의 예로서 우리나라 입법사에 있어서도 기록된다. 즉, 수많은 입법이 경제 개발과 이를 위한 개혁을 위해서 행해졌는데 입법 만능이라 할 만큼 국가주의적 요소가 강했다고 할 수 있다. 어느 사회나 국가 이외의 자율적인 사회의 전개가 필수적인데, 따라서 이러한 자율적인 사회의 특징인 사리(Natur der Sache)와 조리 (nature of things & matters)가 항상 인위적인 입법에 밀리게 되는 결과를 가져왔다. 더욱이 성숙한 국가 공동생활을 위해서 꼭 필요한 자연법의 발견이 강한 입법론적 기조에 밀려서 시민의 일상적인 사회경제 생활이 항상 국가주의적 필요에 의한 규제 입법에 매이게 되는 결과가 되었다. 결국 5·16 이후에 한국의 법 생활을 주도하게 된 것은 법실증주의적인 어프로치인데 이것은 제3공화국과 제4공화국의 출발에 있어서의 윤리성의 결핍을 실정법에 의해서는 합리화할 수 있으나

이며 부자연스럽고 때때로 도덕성을 결한 사람들의 집단에 의해서 좌우된 정치권력의 성쇠이다.

어떤 증언에 의하면[45] 5공화국은 당시 정권이 처한 정당성의 압력 때문에 국면 전환을 꾀하고 따라서 정부 정책의 힘에 의해서 사회윤리라는 물줄기를 인위적으로 왜곡하였다. 첫째, 당시 폐쇄적이던 한국인의 지식인 사회, 더 특화해서는 대학생 사회에 걸맞지 않은 몇 가지 정책적인 개방을 단행하였다. 이른바 자유주의적 민주국가에서 자유주의의 본질적인 표현의 자유를 실질적으로 봉쇄한 채 정부 주도로 특정 이데올로기 서적에 대한 해금을 단행하였다. 또한 전반적으로 문화적 다양성에 접하지 못한 권위주의적 문화 형이 주도하는 사회에서 후기산업사회에 있어서의 성적 자유를 구가하는 "외설의 자유"를 허용하였다. 두 가지의 국가정책은 그 목표가 젊은 층으로 하여금 그 의식을 당면한 정치적 부자유로부터 우회하여 다른 허수아비를 향해서 배회하게끔 유도한 것이다. 한국 역사에 있어서 부분적인 "표현의 자유"의 허용은 이와 같이 어떤 종류의 당면한 정당성의 위기를 회피하는 수단으로 더러 사용되었다. 1988년부터 논의되기 시작한 "학문의 소비자"의 논의도 같은 차원에서 이해될 수 있다. 1988년부터 시작된 행정부는 애초부터 지식인과 대학인으로부터 강한 정당성의 도전에 직면하고 있었다, 이를 회피하기 위해서 정부는 어떤 방법에 의해서든지 대

자연법에 의해서는 합리화될 수 없다는 것을 말하는 것이다. 이후에 법학 교육에 있어서의 주된 흐름이나 서술 방식도 강한 법 실증주의적 편향을 보여주는 것은 마찬가지 예이다. 제3공화국 이후 강한 국가주의에 의거한 국가 사회 건설을 목표로 했기 때문에 법학이나 입법가의 역할도 당연히 자율적인 사회의 점진적인 육성 배양보다는 강한 통제를 기반으로 하는 도이치 유의 법치주의가 점점 더 국가주의의 부름에 부응하는 것으로 생각되기 시작했다. 실제로 70년대에 들어와서 한국 정부의 통치방식이, 미국의 인권 정책의 벽에 부딪치면서, 국내 법학자의 방식은 점점 더 라인 강의 기적을 가져온 서독의 법치주의에 기울기 시작했다, 그리고 이것은 당시 정부가 고창한 경제 제일주의의 깃발과도 맞아떨어졌다.

45) 이재철, "주일 4부 예배 설교 테이프"(서울: 주님의 교회, 1996).

학 제도 자체를 변형시킨 필요가 있었다. "사상의 자유 시장"이라는 것은 기초적 자유가 확보되고 수행되는 사회를 기초로 한다. 또한 학문의 자유시장이라는 것도 어느 정도(만약 그런 자유시장이 존재한다 하더라도) 시장질서가 확인된 후에 가능한 것이다.[46] 대체로 권위주의

46) 세계사적으로 볼 때 1980년대 후반부터 진행된 동서 냉전체제의 붕괴는 기왕에 공산주의, 국가주의, 권위주의, 전체주의로 분류될 수 있는 당시 소비에트 러시아와 동유럽 여러 국가의 체제 해체로 나타났다. 김철, 『러시아-소비에트 법-비교 문화적 연구』(서울: 민음사, 1989). 해체의 주된 이데올로기는 자유화와 시장경제였는데, 이 흐름에 따라서 1989년 동독의 붕괴가 나타나고 이어서 체코, 폴란드의 자유화가 진행되었다. 체코의 자유화에 대해서는, 박영신, 『실천 도덕으로서의 정치, 바츨라프 하벨의 사상』(서울: 연세대출판부, 2000) 그리고 김철, "체코와 러시아의 행정절차법의 발전", 31~60쪽, 『법제도의 보편성과 특수성』(서울: 마이코 인터내셔널, 1993). 소비에트 러시아의 해체와 새로운 러시아의 성립은 1917년 이후 지구상의 국가주의를 반분했던 이분법이 사라지는 20세기 최대의 사건이었다. 김철, "아메리카합중국의 법체계와 러시아 공화국을 비롯한 소비에트 유니온의 법체계", 김유남(엮음), 『미소비교론』(서울: 어문각, 1992). 1992년 새로운 러시아 헌법이 성립됨으로써 사회주의 국가에 종지부를 찍었다. 주의할 것은 이러한 해체와 붕괴를 '자유화' 또는 '시장경제화'라는 특징으로 파악하는 경우이다. 우리나라의 경우에도 1980년대 후반부터 자유화 또는 시장경제에 의한 민주화라는 세계사적인 변화의 바람에 노출되기 시작했다고 볼 수 있다, 비교법적인 관점에서 볼 때, 동아시아의 권위주의 국가는 물론 사회주의 체제의 전체주의 국가와 그 양상이 같지 않다. 그러나 기묘하게도 자유화와 민주화의 세계적 경향은, 공산주의 국가에 있어서나, 다른 방식에 의한 권위주의 국가에 있어서나, 그 충격과 효과에 있어서 비슷한 결과를 가져왔다는 것이다. 물론 한국에 있어서는 1948년 1공화국 성립 이후 명목상의 입헌주의를 채택하였고, 경제 질서에 있어서도 시장경제를 근간으로 하는 자본주의 경제를 위주로 하여 왔다. 그렇다 하더라도 한국에 있어서의 시장 질서가 선진국형의 시장질서가 아니라는 것은 다음과 같이 증명할 수 있다. 우선 1945년 이후 1950년 한국전쟁이 일어날 때까지의 시장의 형성은; 그 이전의 국부의 형성을 파악할 때, 자연적인 요소보다 국가주의적인 요소가 더 크다(귀속재산 처리법, 농지개혁법). 1953년 이후의 전후 부흥기는 기간산업을 부흥 건설하기 위해서, 주로 외국 원조에 의해서 기간산업을 건설하던 시기였다. 산업의 중점은 공기업이나 대기업에 주어졌고, 정부의 특혜가 없이는 기간산업체의 건설이 불가능했다. 생활필수품이나 소비재의 최종 유통과정은 일단 자연적 시장경제의 영역이라 할 만하다. 그러나 대체로 경제 개발 5개년 계획이 시작되던 이전에 이미 한국의 주요 산업은, 독과점의 모든 요소를 그 형성과정에서 가지고 있었다. 경제 개발 5개년 계획 이후의 주된 산업시설 중 주요한 사업은 외국 차관에 의해서 이루어지기 시작했고, 특히 기업이나 사실상 특혜를 받은 대기업이 아니면 이 시대의 총아가 될 수 없었다. 한국의 시장경제는 그 주요 부분에 있어서, 형성기의 역사상 독과점 시장의 요소를 강하게 배태하고 있었다. 자유화와 함께 쓰이는 시장 경제라는 것은, 한국 역사의 경우에서 그 의미 중 자유경쟁 시장이라는 요소는, 부

정권 시절의 교육정책 당사자는 종전의 가장 강력한 잠재적인 정권의 정당성에 대한 도전자였던 대학생층을 실리와 비정치적 실용주의에 의해서 회유하고 순치할 필요가 있었다. 이와 같이 대학 사회의 풍속, 관습, 기풍은 자율적이고 자연적인 사회 윤리에 의해서가 아니라 그때 그때 정권 유지라는 눈앞의 목표를 위해서 부자연스럽고 때로는 폭력적으로 오도되었다. 또한 부의 축적 자체를 시민들이 직접 감시할 수 없었기 때문에 권위주의적인 정부의 시책은 거의 예외 없이 "콩 심은 데 콩이 나지 않고, 팥 심은 데 팥이 나지 않는" 냉소적인 사회분위기를 만들었다. 1987년 이후부터 자유니 민주화니 하는 정치 구호가 나돌기 시작했는데 대체로 이미 논한 외관주의적 접근, 형식주의적 표현으로 특징 지워졌다.

참고문헌

김선경, "러시아 마피아 연구 – 러시아 마피아의 형성과 전개를 중심으로", 고려대 국제대학원 러시아 동유럽전공 석사 논문(서울: 고려대학교 국제대학원, 1998.6.).

김증한, 『물권법』(서울: 박영사, 1983).

김철, 『러시아 – 소비에트 법 – 비교 문화적 연구』(서울: 민음사, 1989).

_____, "아메리카합중국의 법체계와 러시아 공화국을 비롯한 소비에트 유니

분적으로밖에 의미가 없었다. 따라서 사상과 학문의 자유시장이라는 언어는 막스 베버 형의 이념형적인 사고에서는 가능하나 한국 역사에 있어서 시장 형성의 개념과는 맞지가 않다. 이럴 경우 한국의 사회과학도나 또는 잠재적인 정책 입안자는 정치적 자유화가 경제적 자유화와 같이 진행된 북미의 나라를 머릿속으로 그리면서 자유로운 시장경제를 논할지 모르겠으나, 한국의 경제 사회학적 콘텍스트로는 더 검토되어야 한다고 할 수 있다.

　　　　온의 법체계", 김유남(엮음), 『미소비교론』(서울: 어문각, 1992).

____, 『법철학 노트』(강의 교재, 숙명여대 법학과, 1993; 2004).

____, "체코와 러시아의 행정절차법의 발전", 31-60, 『법제도의 보편성과 특수성』(서울: 마이코 인터내셔널, 1993).

____, "입헌주의와 법치주의 윤리적 기초", 『공법연구』 제25집 제4호(서울: 한국공법학회, 1997.6.).

____, "민주주의와 경제주의", 한국사회이론학회주최 학술모임, 주제발표문, "우리 사회와 민주주의"(1999).

____, "개혁의 법사회학적, 법 경제학적 조망-교육개혁을 중심으로 그러나, 주도적인 개혁을 우선하여", 『사회이론』 통권 21호(서울: 한국사회이론학회, 2002.8.31.).

____, 유기천교수기념사업회 편, 『영원한 스승 유 기천』(서울: 지학사, 2003).

____, "뒤르켐의 아노미 이론과 평등권에서의 기회균등", 『사회이론』 2008년 가을/겨울호 통권 제35호(서울: 한국사회이론학회, 2008.11.30.).

____, "형이상학적 이원론 아래에서의 당위와 존재의 문제와 현대 한국 법학의 과제", 『현상과 인식』 제32권 3호(서울: 한국인문사회과학회, 2008).

____, 『경제 위기 때의 법학』(파주: 한국학술정보(주), 2009.3.).

____, 『한국 법학의 반성』(파주: 한국학술정보(주), 2009.9.).

____, "법과 경제의 상호교호관계: 장기대침체시대(the Long Depression, 1873-1897)의 경제와 법", 『사회이론』 2010년 가을/겨울호 통권 제38호(서울: 한국사회이론학회, 2010.11.).

____, 『법과 경제 질서: 21세기의 시대정신』(파주: 한국학술정보(주), 2010.12.).

로버트 엔. 벨라, 박영신 옮김, 『도쿠가와 종교』(서울: 현상과 인식, 1993).

박영신, "가족주의 전통과 한국의 자본주의 구조", 『우리 사회의 성찰적 인식』(서울: 현상과 인식, 1995).

____, 『사회학 이론과 현실 인식』(서울: 민영사, 1997).

____, "우리의 '현실 자본주의와'와 민주주의의 허울", 『사회이론』 1999년 가을호(서울: 한국사회이론학회, 1999).

____, 『실천 도덕으로서의 정치, 바츨라프 하멜의 사상』(서울: 연세대출판부, 2000).

송재룡, "한국 가족주의와 준거 기준의 이중성을 넘어", 『현상과인식』, 23권 112호, 1999년 봄/여름(서울: 한국인문사회과학회, 1999)

양창삼, "한국의 산업화와 한국인의 인성 변화", 『현상과 인식』, 23권 3호,

1999년 가을(서울: 한국인문사회과학회, 1999).

해롤드 버만 지음, 김철 옮기고 정리함, 『법과 혁명 I - 서양 법 전통의 형성
1』(파주: 한국학술정보(주), 2013).

Arendt, Hannah, *The life of the Mind*(New York: Harcourt Brace Jovanovich,
Publishers, 1978).

_____, *Eichmann in Jerusalem A Report on the Banality of Evil*(New
York: Penguin Books, 1994).

Bellah, Robert N., *Tokugawa Religion*(Glencoe: Illinois Free Press, 1957).

_____, *Beyond Belief*(New York: Harper & Row, 1979).

Berman, Harold J., *Law and Revolution, The formation of the Western Legal
Tradition*(Cambridge: Harvard University Press, 1983).

Fitzgerald, F. Scott, *The Great Gatsby*(New York: Bantam Books, 1954).

Fukuyama, Francis, *Trust ,the Social Vitrues and the Creation of Prospenty*(London:
Hamish Hamilton, 1995).

Guthrie, W. K., *The Greek Philosophers*(New York: Harper Torchbooks, 1975).

Hahm, Pyong Choon, *Korean Jurisprudence Politics and Culture*(Seoul: Yonsei
University Press, 1986).

Jankiewicz, Sara, "Glasnost and the Growth of Global Organized Crime",
Houston Journal of International Law, 01. 18(1995).

Kim, Chull, *History, Culture and Law*(Seoul: Myko Int'l, 1993).

_____, "Legal Education A Brief in Historical, Sociological Perspective",
History Thought & Law(Seoul: Myko Int'l, 1993).

_____, "Ad Sum Ipsum-A Short Memoir", *History Thought & Law*(Seoul:
Myko Int'l, 1993).

Kim, Jong Wan, *Cultural Analysis of Concept of Democracy in Tocqueville's
"Democracy in America"*(Berkeley: University of Califonia, 1993).

Minear, Richard H, *Japanese Tradition and Western Law Emperor, State and Law
in the Thought of Hozumu Yatsuka*(Cambridge: Harvard University Press,
1970).

Steinbeck, John, *The Winter of Our Discontent*(New York: Viking Press, 1961).

Sunstein, Cass, "Norms and Roles", A written Version of the Coase Lecture,
University of Chicago, Fall, 1995, also The Program for the Study of
Law Phlosophy& social Theory(New York: N.Y.U. school of Law, 1995).

Hitchcock, David I., "Asian Crisis is Cultural as well as Economic", *Christan Science Monitor*, 1998년 3월 5일자.

Paz, Octovio, "Reflections Mexico and United States", *The New Yorker*, 1979년 9월 17일자.

이재철, "주일 4부 예배 설교 테이프"(서울: 주님의 교회, 1996).

최현대 세계의 자유주의와 한국의 자유주의

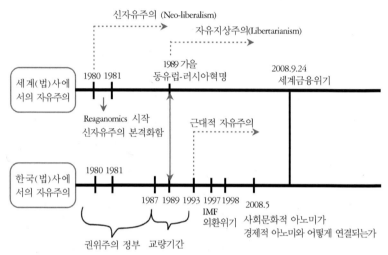

(출처: 『법과 경제 질서: 21세기의 시대 정신』 p.54의 도표)

자유주의의 전개과정 – 한국의 맥락

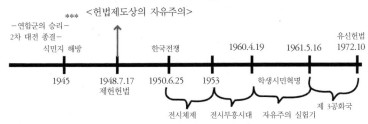

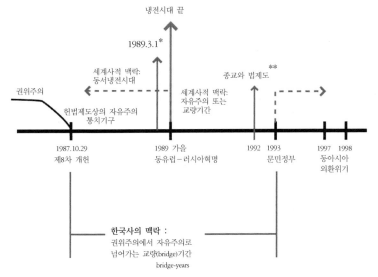

(출처: 『법과 경제 질서: 21세기의 시대 정신』 p.56의 도표)

* 『러시아–소비에트법연구– 비교법문화』– 러시아법 역사에 있어서의 자유주의, 김철.
** 권위주의에서 자유주의로 넘어가는 교량기간(동유럽 혁명, 한국에서 1980년대 후반에서 1990년대 초까지의 기간)에 종교와 법제도가 서로 어떤 작용을 통해서 새로운 법제도를 만드는가의 역사적 의문에 답하기 위해서 서양법제도의 역사에 대한 Harold Berman의 업적을 한국에 처음으로 소개한 것이다.

4

한국에 있어서의
경제와 법의 진행 과정:

금융 위기 이후[*]

왼쪽부터 순서대로

로버트 실러(Robert Shiller, 1946~)

폴 크루그먼(Paul Krugman, 1953~)

엘리자베스 워렌(Elizabeth Warren, 1949~)

조셉 스티글리츠(Joseph Stiglitz, 1943~)

* 김철, "신자유주의 시대 경쟁과 과시", 『사회이론』 봄/여름 통권 제41호(서울: 한국사회이론학회, 2012.), 75~86쪽까지 수록된 부분을 발전시킨 것

이 글의 전반부는 2008년 글로벌 금융위기 이후, 2011년까지를 다룬 것이고, 많은 부분은 2013년까지 진행된 한국 사회에 있어서의 경제와 법의 문제를 소재로 했다. 다른 장과 다른 점은 세계 경제의 흐름을 의식하면서도 한국의 경제학자들이 문제를 어떤 식으로 파악하고 있는가의 단면을 소재로 했다.

　이 글의 주된 방법론은 다음과 같이 요약된다. "사회적 사실(social fact)을 물건처럼 취급하라."(뒤르켐) 이 방식은 전통 법학의 방법 이원론에서 당연히 제외해 왔던 사회적 사실을 먼저 파악하는 방법이다. 철학적으로는 현상학에서 대 전회를 보였으며, 법학에서는 로스코 파운드의 사회학적 법학과 라스웰의 심리학적 법학을 거쳐 포스너의 경제학적 법학에 이르는 방법을 이 장에서 쓰기로 한다.

－ 이 글의 시작 부분은 "신자유주의 시대의 경쟁과 과시"(2012) 중 2절과 3절을 2011년까지의 진행과정으로 옮겼고, 그 이후의 과정은 2014년 1월까지를 새로 쓴 것

0. 비서구지역에 있어서의 자유화·시장화 결과와 서양 세계에 있어서의 자유지상주의 영향

0.1. 비서구지역에 있어서의 자유화·시장화는 기존의 불평등상태 위에서 진행되어 부의 불공평한 축적을 가중시킨다(Amy Chua, 2003 & 2004)(김철, 2011.12.: 239).

0.2. 2003년, 이미 예일대학의 법학자 에이미 추아는 20년 동안에 비서구권에서 진행된 민주화와 시장화에 대한 충격적인 보고서를 내놓았다(Amy Chua, 2003; 2004: 1－17). 그의 키워드는 **민주주의(democracy)·시장(market)·세계화(globalization)**이다. 그의 구도는 놀라울 정도로 간단명료하다. 비서구지역에서 그때까지 팽배하였으나 발표가 금기시되었던 현상을 직시한 것이다. 즉, 필리핀·인도네시아·미얀마·남아프리카·브라질·에콰도르·과테말라와 같은 대부분의 남미국가들, 나이지리아, 구 유고슬라비아, 그리고 구 공산주의 러시아의 각지에서, 민주화와 같이 진행된 시장화가 인종 간의 갈등과 혐오를 가지고 온 것이다. 이 모든 국가에 공통적으로 존재하는 것은 **시장을 지배하는 소수집단 또는 소수민족(market－dominant minority)**이다. 시장은 엄청난 부를 시장 지배 소수집단에게 집중시켰다. 다른 한편 같은 사회에서 진행되고 있었던 민주화 또는 민주주의는 상대적으로 빈곤한 다수 국민의 정치권력을 증가시켰다(Amy Chua, 2003; 2004: 6－7). 더 이상 권위주의 체제가 아니고 민주화가 진행되는 비서구권의 나라들에서 갈등과 충돌이 일어난 것은 당연하다. 이런 상황에서 기회주의적이고 대중의 투표를 노리는 정객들이 좌절감이 있는 다수를 부추겨서, 잠재적으로 파괴적인 인종적 민족주의로 나아가고, 부유한 소수인종을 공격하게 하였다. 이 대결은 동남아시아의 인도네시아에서 아

프리카의 시에라리온까지, 또한 짐바브웨에서 베네수엘라까지, 러시아에서 중동까지 진행되고 있다고 한다(위의 글)(김철, 2011.12.: 239-240).

0.3. 서양 세계에 있어서도 **탈규제의 시장만능주의 시대**는 소득 불평등을 가중시킨다. 예를 들면, 아메리카 경제 및 법사에서 **대공황 이전 10년(1919~1929) 및 레이거니즘-네오리버릴리즘 절정기(2005) 10年**의 소득불평등지수(Paul Krugman, 2007)가 증가한 것을 들 수 있다(김철, 2011.12.: 240).

0.4 에이미 추아는 2001년 9월 11일 이후 아메리카가 세계시장을 지배하는 소수집단으로 세계 각지에서 인지되는 것은 비균형적인 경제 권력을 지구촌에서 행사하고 있다고 보인다고 한다. 이유는 무엇인가? 미국이 민주주의와 자유시장(free market)의 지구상의 전파에 책임이 있다는 것이다(김철, 2011.12.: 240).

1. 한국에 있어서의 자유지상주의와 그 영향[1]

1.1. 동아시아 외환위기 당시 한국

1997년 11월~1998년 동아시아 외환위기 때의 한국은, 이전에 기초가 되었던 네오리버릴리즘 경제정책이 외적으로는 IMF, World Bank, Washington Consensus를 통해서 영향을 끼치고(Stiglitz, 2003; 2010), 내적으로는 한국 정부의 탈규제의 시장 정책에 의해서 결정되었다.

---

[1] 이 부분은 원래 2장의 한 부분이었으나, 그 중요성 때문에 이 책에서는 다시 부연해서 4장 한국에서의 네오리버릴리즘으로 구성되게 되었다.

1.2. 외환위기 이후의 경제 정책

외환위기 이후의 경제 정책은 역시 대기업을 주체로 하고, 경제적 효율성과 생산성 제고를 이른바 "노동의 유연성" 확보를 통해서 추구하였다. 그 결과로 비정규직 생산인구가 증가하였다.

1.3. 2008년 이후의 경제 기조 및 철학

2008년 2월에 취임한 17대 정부는, 역시 규모의 경제(대기업 위주)를 통한 성장의 추구와 생산성과 경제적 효율성을 우선하는 점에서, 네오리버럴리즘 시대의 경제학을 이어갔다. "작은 정부, 큰 시장, 탈규제"의 표어는 **레이건 – 부시 시절의 레이거노믹스의 특징이었던 시장 만능주의** 또는 시장지상주의라는 이념을 그대로 옮겨온 것이다.

2008년 9월의 세계금융위기는, 1930년대의 대공황 이래 충격적인 대격변이었다. **아메리카 경제학계**에서는, 그때까지 주류로 행세해 왔던 밀턴 프리드먼(Milton Friedman) 유의 통화주의자들이 어느 날 아침 갑자기 통화주의가 국민들을 침체에서 구제하는 데 실패하는 것을 보고, 케인스(J. M. Keynes)의, 정부적자에도 불구하고 정부지출을 늘리는 입장으로 옷을 갈아입는 격변을 가져왔다고 한다(Posner, 2009: 267).

한국의 경우는 어떠했나? 세계금융위기가 일어났던 같은 해 2008년, 세계금융위기 약 7개월 전에 출범한 17대 정부는, 대통령 선거 캠페인 때 사용했던 레이거노믹스를 모방한 경제 철학과 노선을 쉽게 포기할 수 없었다. 세계 경제의 장기 경기 예측에서부터 선견지명이 없었다.[2]

---

2) 다른 나라의 예는, 2008년 글로벌 금융위기가 폭발하기 전 해인 2007년에 당시 영국 수상 고든 브라운은 "우리에게 이제 불황은 없다"라고 큰소리를 쳤다가, 금융위

미국에서의 네오리버럴리즘이 **가져다준 성장과 번영의 신화**가 더 계속될 줄 알았다.[3] 그들이 가졌던 네오리버럴리즘 경제학의 눈으로는, 한국의 대선 전, 즉 2007년경부터, 리먼브라더스 파산으로 이미 본격화되고 있는 위기 사태를 직시할 수 없었다.[4] 미국의 당시 네오리버럴리즘을 기조로 한 부시 대통령의 정책 라인과 비슷한 전망과 가치를 공유하고 있었다.[5] "시장만능주의"에 가까운 정책 가치로 가지고 출범하였다. 경제학파나 경제사상으로서는, 세계금융위기를 초래한 원인 제공의 동반자들이었던 아메리카의 네오리버럴리즘의 시점을 초과할 수 없었다. "이런 시점의 거시경제학자들이 사상의 역사에 무지해서, 국민들을 황무지에서 방황하게 했다"라고 포스너가 반성한다(Posner, 2009). 어떤 사상의 역사인가? 아메리카 건국 이후의 헌법 이념이었으며, 남북전쟁, 세계 제1차 대전과 2차 대전을 거쳐서, 마침내 2차전 이후의 문명세계의 법 제도의 주된 정신이 된, 자유주의 자체의 역사이다. 자유주의는 근대 이후 시민사회와 시민국가 이후 긴 역사를 가지고 있으며, 산업혁명기를 거쳐 1880년대부터 변용을 시작한다. 현대 자유주의의 긴 변용의 역사(김철, 2010)를 모르는 경제학자들은 2008년 금융위기까지 약 30년간을 인류를 방황하게 했다고 할 수 있다.

기가 세계화하자 실각하여 수상 자리를 잃었다.
3) 선거 공약의 줄기였던 이른바 747 - 연 7% 성장률, 국민소득 4만 불, 세계 7대 경제 대국 - 경제 공약이 그 예이다.
4) 주된 이유는 당시 이들의 주된 준거가 되었던 미국 경제학의 네오리버럴리즘 경제학파(Posner, 2010)와 이들을 뒷받침했던 공화당과 AIE(American Institute of Enterprise)의 현실 파악(Krugman, 2007)이 그러했기 때문이다.
5) 예를 들면, 2005년도 전미경제학회 연두 연설에서의 루카스 전 회장의 연설 - "이제 경제학에서 불황과 침체의 문제는 영영 해결되었다. 장기 변동곡선에서의 불황조차도 존재하지 않는다."(김철, 2010)

1.4. 대변화의 시기: 2010~2011

2010~2011년은 지구촌에 걸친 전반적인 대변화기였다. 지질학에서 말하는 해저의 판(板)이 움직였던 해이다(일본 福島 지진, 2011.3.). 정치경제학상의 큰 변화는 서구 문명을 대표한다고 여겨져 왔던 유럽(영국, 프랑스 등)과 신대륙에서 2차 세계대전(1939~1945) 이후, 그리고 대공황(1929~1936, 1937, 1938) 이후 처음으로 다수의 잠자던 분노가 소수의 독점과 과점 체제에 대해서 분출되었다.[6] 그 성질의 특징은 이전에 이런 일이 있었다면 계층 투쟁(class struggle)이라고 했을 것이다. 계층 간의 갈등이라기보다 오히려 다수에 속하는 평민 시민들이, 소수의 과점(oligarchy) 체제에 분노하는 현상이었다. 분노의 방식은 선거를 통해서, 집권당을 교체하거나, 또는 중산층에서 탈락한 시민과 청년들의 집단행동을 나타내는 방식이 나타났다.

---

[6] "월스트리트 금융가와 대기업의 탐욕을 비판하며 지난 9월 17일부터 73일간 진행했던 '월스트리트 점령 시위'가 지난달 30일 사실상 종료됐다. 뉴욕과 로스앤젤레스의 노숙 시위는 끝났지만 월가 시위대(OWS)가 전 세계인에게 남긴 공과(功過)에 대해서는 평가가 필요하다는 지적이 잇따른다. …… 월가 시위대는 향후 '기업의 손아귀에 있는 우리 의회를 되찾자'는 운동을 계획 중이다. 금융 자본을 주로 겨냥했던 처음 시위와는 달리 앞으로는 기업 자본가와 로비스트를 향한 99%의 주장을 전달하겠다는 포부다." 월가 시위대 제시 월 대변인 매경 인터뷰 – '의회 되찾기 운동 벌일 것', 2011.12.7. 매일경제 A8.
"미국 맨해튼에서 시작된 '월가를 점령하라 운동은 이달 82개국 1,500여 개 도시로 번졌고, 국내에도 상륙했다. 이 같은 현상에 대해서 민간 금융위원회 위원들은 한미의 공통점보다 차이점에 더 주목하는 듯하다. 즉, 한국의 문제는 금융권의 탐욕이라기보다 불완전 판매에 대한 원성이라는 설명이다. 여기에 대해서 한국은 일부 가진 자가 많이 가진 것에 불만을 갖고 있던 중 이런 흐름에 동참한 것 같다는 분석도 있다. 다른 견해는 월가 시위는 강 건너 불이 아니라면서 양극화 문제가 얽히면 사회적 갈등이 증폭될뿐더러 시위로 이어질 때는 정부도 컨트롤하기 힘들 것이라고 말했다. 민간 금융위원장 이필상 교수는 특히 국민은 1997년 외환위기 발발 직후 은행권에 100조 원대 공적 자금을 투입한 것을 분명 기억하고 있다고 한다." "한국 여의도 점령 시위는 탐욕 아닌 무능에 대한 분노", 매일경제, 2011.11. 보도.

1.5. 남유럽의 지각 변동

재정 위기의 현장인 남유럽 및 기타 국가(포르투갈·스페인·이탈리아·그리스·아일랜드)에서 그때까지 영위되어 온 삶의 방식이 뿌리째 흔들리는, 상징적인 대지진이 일어나고 있다. 이탈리아의 재정위기가 잇따르고, 그때까지 이탈리아 정계의 수십 년 동안의 요지부동의 거물이었던 베를루스코니도 물러나게 되었다. 유럽 전역에서 정치적 주도권이 변동하고 있다. 유럽의 대지진(재정과 경제상의) 원인을 국가부채의 과도에서 찾고(국가부도의 위험, 1997.11. 동아시아 - 타이·인도네시아·말레이시아·한국 - 외환위기와 비슷한 상황), 부채의 원인을 한국 언론은 과잉 복지에 돌리고 있다. 그러나 오래된 복지국가가 파탄에 이른 더 직접적인 사건은, 2008년 9월의 월스트리트가 진원지이고, 이윽고 전 세계로 특히 유럽에 직격탄을 날린 것은, 금융위기란 것을 한국의 국내 언론은 간과해 왔다. 네오리버럴리즘과 동의어인 레이거노믹스의 채색된 베일(coloured veil)[7]을 통해서 세계를 보는 한국인의 오래된 습벽이 지질학상의 해저 판이 움직이고 있는 것을 알지 못하고 있다. 사회심리학에서의 자기 투사(self - projection)를 한 것이다.[8]

1.6. 세계금융위기 이후의 세계 사정과 한국

세계금융위기(2008.9.~)가 유럽 국가에 미친 영향은 한국에서는 다소 생소하다. 아이슬란드는 유럽 북단에 위치한 어업을 주로 하는 평화로운 국가였는데, 세계 금융위기 때 직격탄을 맞아서, 수백 년 동안 나라를 지탱해 왔던 주된 생업이었던 어업조차도 영위하지 못하게 되

---

7) "채색된 베일"은 영국의 문필가 서머세트 모옴(Somerset Maugham)의 픽션의 제목이다.
8) 김철, "심층 심리학에서 본 평등권의 문제" 사회이론 또한 이 책 10장 참조.

었다. 주된 이유는 수도 레이캬비크를 금융위기 이전에 "금융허브"로 만들어서 금융산업의 중심으로 환골탈태하려는 계획들- 다국적 금융 산업 자본과 당시 아이슬란드 정부가 공조·협력해서 아이슬란드를 유럽의 일류국가로 만들려는 노력- 이 2008년 9월 금융위기로, 흡사 고강도의 지진과 해일이 물러간 직후의 후쿠시마처럼, 국제 금융자본 이 썰물처럼 물러가고 나니, 엄청나게 높아진 부동산 값과 서구의 중심 도시 수준에까지 높아진 생활비로, 거의 공황 상태에 몰리게 되었다.

우리나라도 대통령 선거 이전의 2007년경부터, 심지어 세계금융위기 (2008년 9월)의 엄청난 폐해가 알려지게 된 이후까지도, "서울을 금융 허 브로 만들자"라는 구호에서 나온 파생 현상이 제지되지 않았다. "이를 위해서 금융자본의 대형화가 필요하다. 한국 금융자본의 경쟁력 제고를 위해서, 대형화를 위해서, 금융 규제를 풀어서, 마침내는 은행과 증권회 사를 제도적 구별을 철폐하고, 다국적 금융 산업처럼 대마불사로 나아가 야 한다"라는 움직임이 2008년 2월에 집권한 17대 정부와 동반했던 금융 계에서 포기할 수 없는 강도를 갖고 있어 왔던 것이, 세계 금융위기 이 후에도 상당 기간 계속된 한국의 실상이었다. 2013년 12월의 어떤 외 국인 경제학자가 평가하기를, "한국은 금융 허브를 노렸지만 부동산 등 산업위기와 아시아 역내 기능 한계 등으로 외국 기업들이 빠져나가고 있다."(후카가와 유키코, 2013.12.9.)[9]

1.7. 2008년 이후의 한국 사정과 세계금융위기의 교훈

17대 정부(2008.2.25.)가 집권 후 선거공약 중 하나로, 성장 위주(연 7%의 고도성장)의 경제 정책을 실행하는 방안 중 하나로, '삼성전자와 같은 세계적인 제조업을 가진 한국이, 세계적인 금융산업 업체를 못

---

9) 후카가와 유키코, "TPP는 한국 통상전략 시금석", 매일경제 2013년 12월 9일.

가진다면 말이 되겠느냐, 우선 금융산업의 규모를 키우고 대형화를 통해[10] 세계 금융시장(월가를 지칭하는 듯했음)에 진출해서 경쟁하자'라는 담론이 한동안 경제 저널을 풍미했다.

즉, 세계 금융위기가 범세계적으로 진행되고, 범세계적으로 금융업의 규제가 화재 진화의 초미 간의 긴급성을 가지고 논의되던, 2009년 초에서도 **"한국의 특수성"**을 강조하고 "한국의 특수성" 때문에 금융업의 대형화, 규제 철폐가 필요하다는 입장[11]이 관가와 아마도 동행하고 있었던 금융계의 주류 의견이었다. 즉, 이미 일어난 **세계 금융위기의 교훈**은 강 건너 불이요, 이윽고 아무 일이 없었던 것같이 "월가는 다시 2008년 9월 이전의 행태로 돌아가고," 아메리카에 새로 등장한 오바마 행정부도, "전 세계 금융산업망을 통해 1930년대의 대공황 이래, 선진 산업 국가에 최대의 타격을 주었던 세계 금융산업 자본에 대해서는 별로 손대지 못할 것이다"라는 예측을 버리지 못했다 할 수 있다.[12]

1.8. 오바마 정부의 금융규제법의 출현과 2011년 기준의 한국의 관행

2009년에 출범한 **오바마 행정부의 성격**은 세계 대공황의 절정기인, 1933년에 취임한 루스벨트 정부와 비견할 만했다. 세계 대공황 이후 최대 위기인 2008년 세계 금융위기의 소방수로 취임했으니, 오바마

---

10) 대형화의 방법은, 2013년 매경 주필이 주장하고 있다. 즉, 보통의 은행(commercial bank)와 투자은행－즉, 증권회사를 엄격히 구별하는 것을 철폐하라는 주장이다. 주장의 이유로 드는, 이른바 "세계 대세"는 단순 착각 내지 특수 이익의 자기 투사(self－projection)로 보인다.

11) 2013년 12월 9일, 거의 비슷한 주장이 대중적 칼럼에서 발견된다. 매경 2013년 12월 9일 오피니언 난.

12) 한국의 지미 인사들이 왜 이런 예측을 했겠느냐는 우선 아메리카에 오바마 행정부가 들어서지 못할 것이라고 점쳤을 것 같고, 또한 들어서더라도 25년 이상 약 30년간 계속된 레이거니즘이 근본적으로 다른 프레임워크로 대치된다는 것은 당시까지 영향력을 가졌던 한국의 지미파 정책 관련자들에게는 불가능한 일이었을 것이라고 추측할 수 있다.

정부는 루스벨트 정부가 그러했던 것처럼, 국제적 기구와 각국 정부와 G20, G10, OECD와 공조하는 한편, 세계 금융위기의 원인이 된 대형 금융회사 규제를 위해서, 루스벨트 시대의 금융 규제법인 글라스스티걸법을 부활시키는 입법을 시도했다. 월가는 맹렬히 반대했다. 월가뿐 아니었다. 약 30년간 계속된 레이거노믹스의 실행 주체였던, 부시 부자의 공화당 주류와, 역시 약 30년간 이들과 동반했던 신보수주의 내지는 네오리버럴리즘의 주창자들과, 이들을 재정적으로 지원했던 공화당계의 기업 집단(AIE)들이 이들 배후에 있다고 한다. 금융위기의 와중에 대통령이 된 오바마 정부는 시대적인 요청에 의해서, 금융규제를 위해서 도드프랭크법(Dodd Frank Act)을 만들었다(김철, 2010.12.: 529 - 530). **1930년대 대공황의 역사와 2008년 9월의 세계 금융위기의 인과관계를 아는 문명세계의 사람들에게는, 파멸의 절벽에 몰린 문명세계의 운명을 볼 때 당연하고, 오히려 미진한 입법이었다.**

그러나 믿을 수 없이 이상한 반응은, 2010년 당시 한국의 금융계를 대변하는 사람들에게서 나왔고, 한국의 정부 관련자의 태도 또한 비슷하게 불투명하게 나타났다. 도드프랭크법의 중요 조항인 볼커룰(Volker Rule)에 대해서 설마 통과될까? 반신반의하고 "설마……"라고 하는 태도가 흡사 금융위기 때문에 피해를 당한 서유럽- 도이치, **스칸디나비아의 소도시**를 포함하여- 의 여러 시민들, 집과 직장을 잃은 아메리카의 시민들, 심지어 펀드 때문에 예금을 거의 날린 상하이의 근로자보다, 흡사 월가의 특수 이해관계인 같은 석연치 않은 반응을 보였다. 왜 그랬을까?

이런 질문은 현실적인 문제를 동반한다. **한국의 2011년까지 계속되고, 아마도 최근까지 마찬가지인 문제는 세계 금융계에서 고위험성이 판명된 파생상품을 내용도 모르는 채 팔고 사는 관행이 계속되고 있다는 것이다.** 사는 사람들- 주로 '개미들'이라고 한다- 은 파생상품을 일반 주식과 같은 것인 줄 알고 사고 있고, 파는 쪽에서도 내용을 잘

모르면서 유통시키고 있다고 한다.[13]

최근 세계 사정부터 보도록 한다. **유럽 재정 위기의 최대 문제는 어디서 오는가?**

"유로존에 속한 여러 나라에서 여러 나라의 채권과 파생 상품이 어떻게 얼마나 얽혀 있는지 모른다는 것이다."(Gerald Smith, 2011.11.29.)[14]

"파생 상품이 얼마나 팔렸는지 모르기 때문에, 2008년 미국발 금융 위기 이후의 미국에 비해 그 파장이 큰지 작은지 짐작할 수도 없다." (위의 글)

한국은 어땠을까? 유럽과 매우 다를까?

이 글을 처음 썼던 시점(2011.12.)[15]으로부터, 약 3년 3개월 전 미국발 금융위기가 폭발한 것은 파생상품이 다이너마이트로 밝혀졌다. 고수익의 유가증권으로 금융업(투자은행과 상업은행)에서 통용되어 왔던 것은, 당시 가장 인기 있었던 파생상품이었는데, 어떤 한국의 법률가의 비유에 의하면, "흰 수건에 싼 시한폭탄―언젠가 폭발한다는 의미에서―을 가지고 "수건돌리기" 게임을 해 왔다는 것을 시한폭탄이 터지고 나서야 비로소 알게 되었다"라고 한다. 그럼 왜 시한폭탄을 수익성 높은 유가증권으로 포장해서 사고팔았는가?

위험성을 알지 못한 데 어느 측에 고의(intention) 또는 과실(negligence)이 있는가? 당사자는 금융회사와 파생상품을 산 사람으로, 판매자와 구매자가 된다.

세계 금융위기 이후에 당사국의 규제위원회(정부)와 사법부의 판례와 결정은, 복잡한 금융상품을 팔 때 설명의무 및 고지의무가 금융회

---

13) 이것은 2011년 11월 28일에 열린 도산법연구회에서 여러 명의 실무자들이 구두로 제기한 문제이다. 2013년 필자의 개인적 경험은 금융 기관에서 주가 연동 지수를, 고수익을 이유로 권유한다는 사실이다.

14) Baily Gifford의 Gerald Smith 매일경제 2011년 11월 29일 화요일 인터뷰.

15) 다시 부분적으로 교정은 2013년 12월에 이루어졌다.

사에 있다고 본다.

2008년 9월 이전에는 금융회사에 1차적이고 심각한 의무가 없다고 본 것이, 지난 시절 – 즉, 네오리버럴리즘 시대 – 의 기본 태도였다. 금융 거래에 있어서 형식적이고 평면적인 당사자주의[16]로 일관해서, 사는 사람이 상품의 정보에 대해서 "알고 살 의무가 있다"라고 보는 것이 신보수주의 시대의 기본이었다. **이런 정부기관 및 사법부의 태도와 가치관이 계속되어서 2008년 9월 미국발 금융위기를 촉발시켰다고 볼 수 있다.**

「법과 경제 질서」문제에서 양 당사자가 있고, 불완전 판매(imperfect sales, 사는 사람이 내용을 모르고 산 경우가 불완전 판매 또는 구매이다)가 이루어졌을 때 누구에게 책임이 있는가?[17]

2008년 9월부터 약 3년 3개월 이후, 2011년 11월 말 현재 한국에서의 실태는, 비공식 견해와 추산이 있으나, 정확한 규모는 공식적으로 세계금융위기 이후에 한국에서 집계된 바가 없는 것 같다. 이것은 믿을 수 없는 일이기는 하나, 세계금융위기 이후에 유로 존에 속한 여러 나라에서도, 여러 나라의 채권과 파생상품이 어떻게 얼마나 얽혀 있는지 모른다는 것이다(Gerald Smith, 2011.11.29.).[18] 이 엄청난 규모의 파생상품에 대해서 정부가 유효하게 "호밀밭의 파수꾼" 노릇을 하고 있는가 의문이 있을 수 있다.

---

16) 경제학의 classical model과 법학의 "자유 계약" 원리를 그 형식에 의해서 파악하는 것이다. 일찍이 애덤 스미스 시대에는, "여명의 빛"이었고, "계몽주의의 꽃"이었던, "자유 계약" 원리가, 21세기에 와서, "부자유 계약"이 "부자유한 시장"에서 이루어지는 것으로, 변태로 나타난 것이다.

17) 시장지상주의에 의하면 순수한 양 당사자 문제이다. – 시장에서 자유로운 당사자가 자유롭게 합의 계약을 했다는 외관을 중요시한다. 신보수주의(neo – liberalism) 경제학의 입장이다. 한국 문화에서는, ……주의라면, 모두 이념적인 문제로 파악하는데, 여기서 논의하는 수준은, 금융 관행과 관계된, 법과 경제의 중요한 포장을 종합적으로 지적하는 것이다.

18) Baily Gifford의 Gerald Smith, 매일경제, 2011년 11월 29일 화요일 인터뷰.

구체적으로는 '파생상품 판매자인 금융회사에 고지의무 조항으로 법적 규제를 하고 있는가?'라고 물을 수 있다.

현장에서의 실태는 "파생상품을 취급하는" 금융기관에서, 파생상품을 주식(株式)과 같은 것으로, 주식과 구별하지 않고 취급하고 있다고 한다.[19] 그렇다면 현장의 실무자는 파생상품을, 현행법상 주식과 같은 카테고리로 보고 있다는 것이다. 주식이란 어떤 기업의 자산을 표시한 share에 구입, 참가하는 것이다. 그렇다면 파생상품은 무엇인가? 예를 들어 세계 금융위기 이후 악명 높은 주택 모기지 파생상품(김철, 2010)[20]은 분명히 주식이 아니다.

한국에서 파생상품을 취급하는 금융기관 - 아마도 증권회사 기타 -에서 취급자도 파생상품의 성질을 잘 모른다 - 잘 모르면서 판다고 한다. 알 수 없는 이유는 파생상품의 구조는 고도의 복잡한 금융공학(응용수학)의 설계로 만들어져서 미국에서도 대부분의 금융시장 전문가들도 파생상품이 그 수익률이 높다면 그 이익이 어디에 근원을 두고 있는가를 설명하지 못한다. 주식의 가치는 알아보기 쉽다. 당해 회계연도의 해당 기업의 실적과 배당률을 보면 우량주식인지 아닌지 판단할 수 있다. 어떤 사회학자들은, 아메리카에서의 파생상품을 처음부터 사기(fraud)라고 해 왔다(김광기, 2010). 다른 견해도 물론 있다.

한국에서는 2011년 11월 당시까지 3년 3개월 이상 된 세계금융위기의 교훈을 실행하지 않고 있다는 증거가 된다.[21] 이 논문은 2012년

---

19) 2011년 11월 28일 도산법연구회 구두 토론 중에서 토론자는 익명.

20) 김철, "최현대의 경제 공법: 금융 규제와 탈규제 - 글라스스티걸법부터 뉴딜 시대의 금융 시스템의 붕괴까지", 『세계헌법연구』 제16권 제1호(서울: 세계헌법학회 한국학회, 2010.2.28.).

21) 가장 선의의 해석은 - 30년 계속된 네오리버럴리즘의 채색된 베일을 쓰는 것에 익숙해지고, 네오리버럴리즘의 성장과 번영의 약속에 너무나 집착해서, 이제 문명사가 새로운 단계에 들어섰다는 것을 믿을 수도 없고 실감도 나지 않았다 - 라는 것이 된다. 다소 현실적인 이유는 한국에서 지난 30년간 행세한 지미파(知美派)들의 속내 사정과 관계있다. 즉, 정치적으로는 레이건(1981년 취임)과 부시 부자 시절을

에 인쇄·발표된 것이고, 2013년 10월과 12월 다시 읽을 때, 한국의 금융 현장의 사정을 이제는 파생상품의 문제가 아니라 회사채의 문제가 동양증권 사태를 계기로 나타났다고 볼 수 있다. 금융회사는 회사채의 판매자로, 판매자와 구매자의 권리 의무의 법리는 마찬가지로 보인다.

2. 한국에서의 채색된 베일: 정치적 담론의 상투적 이분법이 국제 사회 경제적 흐름의 파악 방해

아마도 한국 문화에 속하는 사회적 언어도 그 생성과 사용에는 사회적 맥락이 있을 것이다. 진보-보수라는 한국 사회에서 최근 10년 이상 자주 쓰는 저널리즘에서의 용어도 한국 사회의 어떤 특수성을 반영하고 있을 것이다. 그러나 한국 사회에서 한국 문화에서 특수한 의미로 쓰인다는 것은 더 이상 한국 사회나 한국 문화가 한국 사회의 주된 환경이 되는 세계 문화나 세계의 정세와 따로 떨어져서 존재할 수 있다는 뜻은 아닐 것이다. 한국이 원산지인 어떤 IT기기도, 세계 시장에서 통용되려면 호환성이 있어야 될 것이다. 진보-보수라는 최근의 저널리즘적 이분법도 한국 문화의 환경인 세계문화에서 이해될 수 있으려면 세계 문화에서 이해할 수 있는 배경을 가져야 될 것이다. 물론 한국 문화는 특수성이 있다. 그렇다 하더라도 진보-보수라는 한국어는 어느 경우에도 한국 고유한 언어는 아니고, 개화기 이후 서양 문화

비롯해서 22년 계속된 공화당 정부와 조우할 기회가 많았다. 더 큰 이유는 레이거노믹스 이후 대처리즘과 동반한 신보수주의 경제학과 사회과학에 길들여진 한국의 정책 관계 지식인들의 고정된 시점과 관계있다고 보인다. 즉, 한국의 친미는 역사적으로 자유지상주의를 기조로 하는 공화당 정부와의 친미라고 짐작되는 대목이다.

에서 빌려온 것을 번역한 데서 시작했을 것이다. 빌려와서 번역하더라도 문화의 특수성 때문에 쓰게 될 수도 있다. 그러나 이 이분법이 가르치는 정치·경제·사회·문화의 모든 한국적인 현상도 이제는 세계를 배경으로 하고 있다는 것을 잊어서는 안 된다. 더 이상 한국은 구한말이 아닌 것이다. 인류의 문명사는 물론 특수와 보편의 교호관계로 진행되어 왔지만, 흔히 이야기하듯 한국이 세계의 10대 교역국에 랭크되는 이 시점에서 진보-보수 이분법의 한국적 특수성을 일관해서 강조하는 것은 아무래도 시대착오적이라고 하지 않을 수 없다.

법학자로서 필자는, 이 이분법이 문명사에서 근거가 희박하며, 한국 정치 사회의 어떤 기간의 즉물적인 필요성에 의해서, 즉 정치세력들의 필요성에 의해서, 몰역사적으로 만들어진 것을 서양 법제도사의 예를 들어 밝혀 왔다(김철, 2009.6.; 2009.9.; 2010.12.: 206-256). "지난 시절 한국의 중요한 정치·경제적 쟁점은, 그 성질에 따라 이슈별로 검토되지 않았다. 주로 정치적 입장에 따라, 모든 성질이 다른 국가적 이슈를 재단했는데, 안보에서부터 경제·교육·문화에 이르는 광범위한 범위에 걸쳐서, 전혀 다른 이슈들을 구별하지 않고 재단해 왔다. 이것은 마치 엄청나게 긴 뗏목을 한꺼번에 엮은 것처럼 또는 작은 거룻배를 종횡으로 엮어 긴 선단을 만들듯이, 각기 전혀 성질이 다른 문제들-예를 들어 국제 금융의 문제와 국내 안보의 문제를 구별하지 않고- 을 서로 묶어서 양쪽으로 도열시켰다. **국제 경제와 국제 금융의 세계적인 흐름을 한국인이 읽는데 보수와 진보의 한국식 구분이 필요한 이분법이 아니다.** 그 결과 전혀 다른 성질을 가진 정책적 이슈들에 대한 분석과 전망 그리고 무엇보다도 기본적 태도들이 몇 개의 근본적 입장에 의해서- 더 적절히 지적한다면 어느 시기의 정치적 편향에 따라서 이분화되게 되었다. 이것이 한국 사회의 검토되지 아니한 보수 대 진보라는 모호한 이분법(김철, 2009ㄴ: 230-231)이 모든 문제에 걸쳐서,

흡사 기상도에 고기압과 저기압이 만나듯이 또는 온난전선과 한랭전선이 만나듯이 기상도를 그리게 된 경위이다. 어쨌든 이 기상도는 정확하지도 않으며 일기예보에 쓸 수도 없는 모호한 점을 가지고 있었다. 주요 언론 미디어들이 이러한 가상적이고 모호한 지적인 기상도를 그리고 퍼트리는 데 가장 큰 기여를 하였다.22)

자유화 이후 한국에서 보수 대 진보의 이항대립이 지식인 사회에서나 대중 저널리즘에서 유행하는 패턴이 된 것은, 논문 저자가 다른 논문에서 역사적으로 검토한 지식의 시대적 편향(네오리버럴리즘 시대

---

22) 어느 시기에 보수 또는 진보의 백넘버를 달고 공식적으로 공론의 장에 출전한 지식인 출신의 선수들은 정치적 배경이 있기도 하고 없기도 하였으나 한 가지 공통된 점이 있었는데 그것은 그들을 내세운 언론 미디어 내지 언론 기업들의 인정을 받고 있었다는 것이다. - 한국에 있어서 지식인 공론가들은 그 형성과정에 특이한 방식을 보여주는데 우선 어떤 종류의 공론의 장에 등장시킬 만큼 언론 미디어에 의해서 명망가로서의 이름을 인정받아야 된다. 따라서 예외가 있기는 하나 지식과 전망의 가치라기보다도 어떤 이유로든 언론 미디어의 주목을 끌었다는 것이 특징이었다. 깊은 간극이 한국의 지식인 사회에 존재하는데, 비교적 이른 시기에 심지어 전문인으로서의 경력이 채 성숙하기도 전에 공론의 장에 동원된 지식인 집단과 전혀 그러하지 아니한 지식인 집단이다. 독자적인 연구기관이 많지 않은 한국에서 대학이 어느 경우에도 공론의 지식인을 배출하는 주된 소스로 작용하였다. 학자나 교수의 저명성은 한국에 있어서는 일차적으로 교육기관과 연구기관을 겸하고 있는 대학구조에서 결정된다. 그렇다고 해서 연구나 교수업적만에 사회적으로 인정받는 경우는 드물다. 오히려 현저한 전문적 업적은 사회의 눈에 일견 드러나지 않을 때가 많은 것은 언론 미디어의 대중성향 때문이다. 대신 정치권이나 언론 기업이 내세우기 좋은 대학인은 대학에서 교수나 연구보다도 대학기구의 행정책임을 맡은 인사들이었다. 이들 인사들은 주로 그 전문성이나 학문적 수월성보다 대학의 인사나 행정 또는 홍보를 총괄하는 위치 때문에 외부에 드러나게 마련이다. 특히 한국의 자유화, 민주화 이후 대학 사회가 여러 가지 이유로 정치화, 경제화된 추세를 보여 왔다. 이런 추세의 대학에서는 주로 대학 내부의 이른바 대학정치에 의해서 두각을 나타낸 인사들이 행정책임을 맡게 되어있다. 대학은 또한 그동안 고전적 역할과 함께 경제화되어서 경제 단위로서 부각되어 왔다. 매스미디어에 의해서 성공적으로 정치권과 경제권의 주목을 받게 된 이런 명망가 대학인들은 한국과 같이 저명 대학의 입학이 사회적 기회의 중요부분을 점하는 곳에 있어서는 저명 대학 전체를 대표하는 듯한 느낌을 잠재적 교육수요자들에게 각인시켜서 결과적으로 자유화, 민주화 이후 다양하게 제기된 수없는 사회적 이슈나 정치, 경제적 이슈에 대해서 영향력을 미치는 존재가 되어 왔다."(김철, 2010.3.: 103－104)(김철, 2010.12.: 365－366)(김철, 2011.5.: 42)

의 편향)의 한국적 전개라고 얘기할 수 있다. 한 가지의 예만 들면, 지나간 시절(약 2년 전) 한국 사법부의 1심 판결 3개를 논평하는 어떤 저널리즘의 태도를 들 수 있다(중앙일보, 2009년 11월 12일 목요일, 종합 3면), "최후의 갈등 조정자 되레 갈등 더 키우나"의 기사는 같은 날짜 1면의 "이념이 재판의 동기가 되어서는 안 된다" 취지의 제목을 상기하는 것이다.23) 이것은 서양 세계가 이미 수백 년에 걸쳐서 경험하고, 세계 2차 대전 이후에 한국도 헌법의 기본 이념으로 채택한 인간의 존엄과 가치를 기조로 한 자유주의, 즉 리버럴리즘의 전개를 전혀 모르는 채, 세계 제2차 대전 이후, 세계 금융위기의 치유에까지 진행된 문명 세계의 주류를 망각한 것이다. 이 기사의 작성자들은 1심 판사의 판결을, 서양 법 전통(Tradition of Western Law)에서 218년 이상 확립된 제도사의 관점에서 파악할 수 없었고, 현행 헌법하의 한국이 서양 법 전통의 사법제도를 이어받고 있다는 것을 이해할 수 없었다. 1심 판사들의 상반된 판결은 한국의 지금까지 인습적인 법학에서 해결하지 못한, 절대주의 시대의 법학(프로이센의 비스마르크 법학)과 근대 입헌주의 시대의 법학(시민혁명을 경유한 근대헌법 시대)이 서로 맥락을 찾지 못한 채, 문헌상에서 나란히 공존하는 대학 법학과 연수원 법학의 실태를 그대로 나타낸 것이다. 보수와 진보라는 이 시대 한국 사회의 틀에 박히고 검토하지 않은 정치적 프로파간다와는 거리가 있고, 구태여 법학 사상의 의미로는 절대주의 대 초기 자유주의의 미해결된 역사의 단면으로 보인다(김철, 2010.5.).

---

23) 아마도 이 기사의 작성자들은 어떤 문제의 판결을 한국에서의 상투적인 방식대로 "진보적" 또는 "진보 진영에 가까운"이라고 판단할 만하다.

3. 2013년 전후의 한국의 경제와 법

다음에 전개되는 사회적 통계는 한국 사회의 질병이 어디에서 출발하고 있는가를 밝히기 위한 의학적 목적이다. 의학에서는 정상 생리학과 함께 병리학을 같이 진행시킨다. 따라서 다음에서 진행되는 자살률, 아노미, 부패지수, 사회갈등수준, 조세 천국에 관한 통계는 한국사회의 유기체에서 발견되는 병리현상에 대한 지표로 쓰이고 있다. 법학의 목적 중 하나는 병리 현상의 치유이다.

3.1. 맥킨지 보고서

2013년 4월 14일 맥킨지 그룹이 발표한 '제2차 한국보고서 신 성장공식'에서, 한국 경제의 전반적 개략에 의하면, 우선 통계 사각지대에 있는 틈새를 감안한 실업률이 11%에 도달한다고 한다(맥킨지 그룹 보고서 2013년 4월 14일).[24] 똑같은 보고서에 의하면 한국에는 약 300만 개의 기업이 있으며 이 중 99.9%가 중소기업이고, 그중 96%가 직원 50명 미만의 영세 기업이라 한다. 그런데 이러한 50명 미만의 영세 기업이 취업에 차지하는 비율이 88%라 한다. **대기업의 생산성은 1997년 11월 세계 금융 위기를 극복하면서 물론 증가했으나, 그 증가에도 불구하고 고용효과는 18%에서 12%로 도로 감소했다고 한다. "고용 없는 성장"이, 대기업의 호황에도 불구하고 야기된 것이다.** 한편 88%의 고용 인구를 가지고 있는 영세기업의 피고용인들의 평균임금은 12%의 피고용인을 가지고 있는 대기업 임금의 절반에도 못 미친다고 한다. 또한 외환위기 이후에 중산층이 감소되고 있으며 최근에는 부동산 담보 대

---

24) 차윤탁, "한국경제 피로증후군 … 新성장공식 필요하다", 매일경제 2013년 4월 14일.

출로 인해서 부채가 증가했다고 한다. **원리금 상환을 감안하면 약 55%의 가계가, 파산의 가능성이 있어서 빈곤 중산층으로 떨어질 확률이 있다**고 한다(맥킨지 그룹 보고서 2013년 4월 17일). 취업이 안 되기 때문에 창업으로 나가는데 **약 30%의 자기 고용 상태는 대단히 불안정한 상황**이다. 이것은 개인적으로 관찰된 다음과 같은 언급과 관계있다. "서울 거주 50대 초반의, 나의 10대 시절의 클래스메이트 중 수많은 사람이 집에 들어앉아 있는 상태이다. 할 수 있는 일이라고는 자영업이라 하나, 통닭집이나 호프집이다."(김철, 2011: 253)

3.2. 자살률

3.2.1. 자살률과 파산율의 상관관계에 대한 일반 이론

자살률을 다른 사회 현상과 관계지운 최초의 과학자는 에밀 뒤르켐(Emile Durkheim)이다. 그는 장기 대침체 시대(the Long Depression, 1873~1897)에 유럽의 자살률을 조사하고, 파리의 증권거래소 파산과 전후한 때의 자살률이 급격히 증가한 것을 주목하였다(김철, 2008; 2009: 143). 그리고 그가 그런 사회현상을 포괄적으로 설명하는 용어로 아노미(anomy, anomie)를 사회과학계에 등장시켰다. 아노미는 규범이 없는 상태, 즉 무규범 또는 탈규범을 가리킨다.

3.2.2. 자살률과 아노미의 상관관계

"무규범, 즉 아노미에 업혀 있는 사회에서는 자살률이 높다."(Durkheim, 1952: 355)(김철, 2012a: 35-36) 뒤르켐의 아노미 개념은 급격한 사회변동의 시기에(그것이 호황이든 불황이든 관계없이) 기존의 사회적 규제력이 약화되는 상황에서 특별히 적용 가능한 것이라고 볼 수 있다(김철, 같은 글). 무규범 상태, 즉 아노미는 사회학에서는 잘 알려진 개념이다. 그런데 경제학자들은 경제 통계를 진행시키면서도 사회학적 개념과는 담을 쌓고 지낸다. 자살률은 뒤르켐의 공식대로 높은 아노미를 나타낸다.

3.2.3. 자살률·파산율·실업률의 상관관계

그렇다면 파산과 실업이라는 경제학적 관찰은 무규범 상태라는 사회학적 현상의 다른 측면이다. 그러나 최현대의 경제학자들은 더 이상 사회학자와 소통하지 않는다. 절연한 것처럼 행동한다. 사회학과 경제학의 소통 불능의 상태에 대해서, 세계 금융위기는 지식인의 실패에 기인했는데 - 지식인들이 각각 전문분야별로 칸막이에 갇혀서, 종합적인 공공 담론이 형성되지 않아, 사회학적 현상과 경제학적 현상이 같은 사회 현상이라는 것을 외면하게 되었다(존 랠스톤 솔, 2012.9.)[25] (김철, 2012b: 29). 병리적인 법 현상도 또한 같다.

3.2.4. 한국에 있어서의 자살률·파산율·실업률

최근 통계는(OECD Health Data 2011), 자살의 증가율은 OECD 소속 국가 중에서 한국이, 1995년 이후 2009년까지 가장 높다. 절대 수치는 1995년 이후 증가와 감소를 기록하다가, 2002년경부터 절대 수치가 1위가 되고, 2006년경부터 급속하고도 가파르게 증가하고 있는 것을 보여준다. 2002년부터 연속 8년간 절대 수치가 1위로 나타난다.

---

25) 사회학과 경제학의 소통 불능의 상태에 대해서는, 최근 방한한 존 랠스턴 솔 국제 팬클럽 회장의 다음 지적이 적절해 보인다. "세계 금융위기는 지식인의 실패에 기인했는데 - 지식인들이 각각의 전문 분야별로 칸막이에 갇혀서, 종합적인 공공 담론이 형성되지 않아, 사회학과 경제학 간의 소통이 되지 않는 사회가 되어 버린 거죠."(존 랠스톤 솔, 매일경제 2012년 9월 20일 목요일 사람들 란) 같은 취지는 다음 참조(해롤드 버만과 김철). 김철, "폭력의 사회경제적 배경과 판례: 자유지상주의, 신자유주의에서의 아노미에 대한 판례의 태도", 『사회이론』 2012년 가을/겨울호(서울: 한국사회이론학회, 2012.11.30.).

OECD 국가 중에서 한국이 자살률이 가장 높다는 것을 보여주고 있다.[26](송재룡, 2008. 12.: 164-165)[27] 아노미 이론에 의하면 자살률이 높은 기간이나 나라는 아노미의 정도가 높다는 것을 추정할 수 있다.

한국의 파산율은 뒤르켐의 발견에 의하면, 자살률과 상관관계가 있으며, 자살률에 비례할 것이다.

한국의 기업부도율은 2013년 12월 16일 현재, 1998년 이후 최고치를 보이고 있다.

대법원 발표에 의하면, 11월 말까지 전국 법원에 파산을 신청한 기업은 423개 사에 달한다(Daum 미디어 다음: 12.17.). 2012년 전체 파산 신청 기업 396개사를 이미 넘어섰다. 파산 신청 직전 단계인 법정관리(기업 회생절차)를 신청한 기업도 현재 715개로 2012년보다 5% 늘었다. 2014년 1월 14일 전국 14개 지방법원 파산부와 투자은행 업계에 따르면, 지난해 회생절차를 신청한 기업은 810개에 달한다. 이는 기업 부도가 최고조에 달했던 1998년 외환위기 이후 15년 만에 최대치다.[28]

한국의 실업률은 2013년 4월 당시, 통계 사각 지대를 감안했을 때, 맥킨지 보고서에 의하면 11%에 달했다. 2013년 12월까지의 파산율이 2012년보다 더 증가했다는 것을 감안하면 어떤 통계가 나올까?

실업률은 뒤르켐 시대의 파산율과 같은 말이다. 왜냐하면 한국에 있어서, 이례적으로 높은, 약 30%에 달하는 자영업은 자기 고용 상태이기 때문이다.

---

26) 세계보건기구(WHO) 자료에 근거한 OECD 국가의 자살률의 순위에서, 2010년 당시 한국은 10만 명 중 31.2명의 자살률을 보여 1위를 기록했다. "OECD 회원국 자살률 목록", http://ko.wikipedia.org/

3.3. 아노미의 여러 양상

아노미, 즉 규범이 없는 상태, 사회 규범과 도덕규범 밖에 있는 상

[그림 7-2] 자살의 연령별표준화 사망률(전체), 2011년

(단위: 명/인구 100,000명)

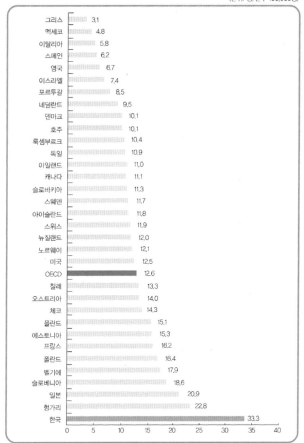

주) 1. OECD: 최근평균으로 국가의 이용 가능한 가장 최근 자료로 구성되었음. 터키 제외.
2. 벨기에(2009), 캐나다(2009), 칠레(2009), 프랑스(2009), 그리스(2010), 아이슬란드(2010), 이스라엘(2010),
   이탈리아(2010), 멕시코(2010), 뉴질랜드(2009), 슬로바키아(2010), 슬로베니아(2010), 스웨덴(2010),
   스위스(2010), 영국(2010), 미국(2010)

자료: OECD Health Data 2013
27) 표5. OECD 국가의 연령표준화 자살률 순위(자살률 옆 괄호는 측정년도)(송재룡, 2008. 12.: 164)

태는, 뒤르켐 시대에는 자살률과 파산율에서 가장 현저하게 관찰된다.

한국에서는 최근 다른 사회현상에서도 관찰된다. 자살률을 제외하고 최근 세계적으로, 가장 알려진 랭킹은 다음과 같다.

3.3.0. 부패 지수

홍콩에 소재한 정치·경제 리스크 컨설턴시(PERC)는 아시아 각국의 부패 지수에 관한 보고서를 발표했다(권기혜, 2013.8.19.)[29]. 아시아 선진국 중 부패의 정도에서, 한국은 지난 10년 중 가장 높은 부패지수를 기록하였다. 1위는 중국으로 부패지수 7.79이고, 2위가 6.98의 한국이며, 3위가 6.83의 태국으로 알려졌다(권기혜, 2013.8.19.).[30]

3.3.0.1. 사회 갈등 수준

아노미와 관계된 통계는 한국의 **사회 갈등 수준**이다. 한국의 사회

순위	국가	자살률	순위	국가	자살률	순위	국가	자살률
1	한국	24.0(2007)	11	뉴질랜드	11.9(2004)	21	독일	9.2(2006)
2	헝가리	21.0(2005)	12	덴마크	11.3(2001)	22	아일랜드	8.9(2006)
3	일본	19.1(2006)	13	스웨덴	11.1(2004)	23	포르투칼	8.7(2003)
4	핀란드	18.0(2006)	14	슬로바키아	10.9(2005)	24	네덜란드	8.1(2006)
5	벨기에	18.4(1997)	15	노르웨이	10.9(2005)	24	스페인	6.3(2005)
6	프랑스	14.6(2005)	16	아이슬란드	10.4(2005)	26	영국	6.0(2005)
7	스위스	14.1(2005)	17	캐나다	10.2(2004)	27	이탈리아	5.5(2003)
8	폴란드	13.2(2006)	18	호주	10.2(2003)	28	멕시코	4.4(2005)
9	체코	12.7(2005)	19	미국	10.1(2005)	29	그리스	2.9(2006)
10	오스트리아	12.6(2006)	20	룩셈부르크	9.5(2005)	-	터어키	-

자료: OECD Health Data 2008

28) 김효제, 석민수, "810社 회생신청 환란후 최다-불황에 작년 법정관리 行 급증… 자산규모만 30조", 매일경제, 2014년 1월 14일 화요일.

29) 권기혜, 대한변협신문 2013년 8월 19일 쓴 소리 바른 소리.

30) 권기혜, "위 보고서의 신빙성은 때마침 전 국세청장과 전 국가정보원장이 금품을 받은 혐의로 구속됨으로써 충분히 설명되었다."

갈등 수준이 OECD 27개 국가 중에서, 어느 정도일까?

터키에 이어 두 번째로 심각한 수준이며, 이로 인한 경제적 손실이 연간 82조에서 246조에 이른다는 지적이 나왔다(전국경제인연합회 주최 제2차 국민 대통합 심포지엄).[31] 이와 관련된 사항은 개인 인격이 겪고 있는 정신적 질환의 통계이다. 즉, 우울증으로 인한 사회 경제적 비용이 2010년 기준으로 작업손실비용＋치료입원비용＋조기사망비용＋자살기도비용을 합치면 총 연 23조 원의 손실이 난다는 통계이다(자료: 삼성경제연구소).[32]

3.3.0.2. 재산의 해외 도피 상황

국제탐사보도언론인협회(ICIJ)가 2013년 4월에, 한국의 민간 기구를 통해서 밝힌, **조세 천국(tax heaven)**을 이용한 **페이퍼 컴퍼니**를 통한 **자산 유출 보도**에 의하면, (영국의 시민단체인 '조세정의 네트워크'가 밝힌 바에 따르면) 한국은 1970년대부터 2010년까지 해외 조세 피난처로 빼돌린 자산은 총 7790억 달러로 중국(1조 1,890억 달러), 러시아(7,980억 달러)에 이어 3위에 해당한다.[33] 러시아는 1989년 동유럽 러시아 혁명 이후 자유지상주의가 엄습한 나라이고(김철, 2006: 82)(레식, 2002: 31－33), 중국은 1978년 개방 개혁 이후 최근 경제 외형이, 일본을 추월했으며, 세계 2위로 올라선 나라이다(김철, 2005). 한국의 대기업의 무규범 또는 네오리버럴리즘의 행태는 보도에 의하면 2002년까지 소급하고, 더 소급하면 외환위기 당시까지도 소급한다고 한다. 필자가 일반적으로, 관찰한 자유지상주의의 분위기는 더 소급한다(김철, 2006: 71－73).

---

31) 매일경제, "사회 갈등 세계 2위라는 부끄러운 자화상", 2013년 8월 22일.
32) 이병문, "'우울증 한국' 年23조 손실, '나를 돌보는 시간 가져라'", 매일경제, 2013년 8월 2일.
33) 윤상환, "'21조弗' 검은돈 천국 조세피난처", 매일경제 2013년 4월 12일.

3.3.1. 자유지상주의(libertarianism)

자유지상주의(libertarianism)는 1989년 유럽의 공산주의가 몰락한 이후 중동부 유럽에서의 새로운 체제를 관찰한 스탠퍼드의 헌법학자 로렌스 레식의 증언에서 널리 알려지게 되었다.

"우리가 목격한 상황은 이해할 수는 있었지만 충격적이었다. 공산주의가 몰락한 이후 국가와 국가의 규제에 대항하는 거대한 분노의 파도와 함께 정부에 대한 반감이 팽배했다. 그들은 그냥 내버려두라고 하는 것처럼 보였다. 정부가 하던 일을 새로운 사회인 시장과 민간 조직에게 맡겨라. 공산주의가 몇 세대 지난 후에 발생한 이런 반발들은 충분히 이해할 만 하였다. 지난날의 지배기구의 압제 장치들과 어떠한 타협이 있을 수 있단 말인가? 특히 장밋빛 미래를 말하는 미사여구들은 **이러한 반발을 상당히 뒷받침했다. 자유지상주의라는 미사여구는 다음과 같은 메시지였다. 시장이 지배하게 하고 정부의 간섭을 배제하라. 그러면 반드시 자유와 번영이 성숙할 것이다. 모든 것들은 스스로 해결될 것이다.** 국가의 규제는 필요 없고 들어설 여지도 없다. 그러나 모든 것들이 스스로 해결되지 않았고, 시장이 번창하지도 않았다. 정부는 불구가 되었으며, 불구가 된 정부는 자유에 대한 만병통치약이 아니었다. 하나의 통제 시스템이 또 다른 것으로 대체되었지만, 어떤 시스템도 서구의 자유지상주의자들이 말하는 자유는 아니었다."(Lessig·김정오 역, 2002: 31-33; 김철, 2002: 275-277; 김철, 2009: 192-194; 김철, 2010.12.: 214)[34]

---

34) 김철, 『법과 경제 질서: 21세기의 시대정신』(파주: 한국학술정보(주), 2010.12.).

3.3.1.1. 제프리 삭스의 가격 자유화의 경제 이론

러시아에 있어서의 자유지상주의 경제 정책에 있어서는, 가격 자유화를 기본으로 하는 제프리 삭스의 경제 자문을 동반하였다(김철, 2009.9.: 304-304). 시장과 시장에서의 가격 자유화를 중심으로 한 제프리 삭스의 급격한 충격 요법은 거대한 자원 부국인 러시아를 거의 무정부주의에 가까운 지경에까지 몰고 가고, 이윽고 예상 못 한 파국을 겪게 되었다.

3.3.1.2. 아노미, 거품, 거품을 동반한 10년의 호황과 네오리버럴리즘

네오리버럴리즘은 아노미를 동반하였고, 그 결과가 1997년 11월의 동아시아 외환위기였다. 세계사에서 관찰할 때, 금융 탈규제의 정점은 1999년이었고(글라스스티걸법 폐지), 2008년 9월 세계 금융위기가 폭발할 때까지, **아노미를 동반한 네오리버럴리즘이** 약 10년간 계속하였다. 쉽게 말하면, 거품(bubble)을 동반한 호황이 계속되었다. 세계 금융위기는, 선진 산업 국가들에게, 1930년대의 세계 대공황 기간을 연상할 만큼 엄청난 충격을 주었고, 필자가 기술한 대로, 경제학의 패러다임뿐만 아니라 법학의 약 30년간 계속된 레이거노믹스[35]와 1989년 이후의 자유지상주의적인 분위기를 각성시키는 계기가 되었다(김철, 2008). 크게 보아, 1978년부터 시작되고 1981년과 1982년부터 본격화된 세계적 현상이었던 신보수주의 또는 네오리버럴리즘의 오래된 흐름을, 2008년 9월의 세계금융위기를 계기로 급속히 물길을 바꾸는 것

---

35) 1980년에 신보수주의(Neo-conservatism)로 불리는 네오콘 시작. 1981년에 레이거노믹스를 공식 대표하는 두 법이 성립되었다. 이 두 법은 금융탈규제에 대한 법이며, 예금수탁기관 탈규제와 통화통제법(Depository Institutions Deregulation and Monetary Control Act of 1980)과 가안-생 제르맹 예금기관법(Garn-St. Germain Depository Institutions Act of 1982)(Pub.L. 97-320, H.R. 6267, 제정일 1982년 10월 15일)이다. 이 문제에 대해서는, 김철, "권력과 법학교육" 사회이론학회 2013년 후기학술대회 경희대 인류 재건 연구원과의 공동학술대회, 2013.12.7. 참조.

은 쉽지 않은 일이었다. 사태의 진원지였던 미국에서는, 새로운 대통령이 취임하고, 1930년대의 대공황의 경험을 경제학에 수용하였던 케인지안들이 다시 등장하였다. 네오리버럴리즘은 2008년 세계 금융위기 때까지 길게는 약 30년, 짧게는 20년 이상 세계의 경제학뿐만 아니라 모든 사회과학과 법학에 영향을 미쳤다.

3.3.2. 존엄권을 핵심으로 하는 자유주의와 특수 이해관계의 자유주의: 2009년 이후의 미국

그러나 2009년 1월에 새로운 오바마 정부가 들어서서도 순탄하지 않았다. 약 30년간 호황36)을 누린 레이거노믹스와 네오리버럴리즘에서 길들여진 특수 이해관계의 당사자들이, 대중의 즉물적인 감각을 부추겨서, 광범위한 영역에서 이미 시대가 지난 레이거노믹스나 대처리즘의 방식을 옹호하고, 20세기의 "존엄권을 핵심으로 하는 자유주의"가 아니라, 자유주의의 18세기 방식이었던 시장 지상주의를 방어하였다.37) 스티글리츠에 의하면(Stiglitz, 2003: 91 − 95), 1981년부터 시작

---

36) 이때 세계 경제의 중심 역할을 한 아메리카에서의 변화는 다음과 같다. 장기 호황의 시절, 사람들의 주택 규모가 침실 3개짜리에서 침실 4개 반이 되었다. 장기 호황 동안 평균인의 몸무게가 매년 1파운드씩 늘어나고, 1980년대 초의 사람들과 2008년 금융위기 당시의 성인들의 체중은 평균적으로 9kg이 더 무거워졌다고 한다. 레이거노믹스가 시작되기 전의 1970년대 후반에는 미국인의 15%가 비만이었는데, 금융위기 이후 1년 약 33%의 사람이 비만이었다고 한다. 또한 이 호황기간 중 급격한 변화는 도박에 대한 법적 금지이다. 레이거노믹스 이전 2개 주만 도박을 법으로 허용하였는데, 이후 어떤 형태로든 도박성 게임을 합법화한 것이 48개 주이다. 요약하면, 청교도 공동체로 출발한 이후 약 300년 이상 계속된 아메리카의 법과 윤리의 관계가 레이거노믹스 시대에 거의 퇴화한 것이다. 이 시대의 단일 표어는 무엇이었던가? "부의 극대화"가 국가 목표였다(김철, 2009.9.: 245 − 246).
37) 이런 상황은 아메리카에 있어서 경제학계의 주류와 관계된다. 2008년 세계금융위기를 계기로 비로소 이와 같은 주류 경제학에 대한 심각한 반성이 일어났으나, 완전한 반전은 시간이 걸린다고 볼 수 있다. 왜냐하면 2013년 노벨 경제학 공동수상자 3인 중 로버트 실러를 제외한 나머지 두 사람 중 한 사람은 레이거노믹스 시대의 주류였던 경제학과 큰 차이가 없지 않을까라는 관찰이 있다. 나머지 한 사람은 어느 정도 절충적인 입장이라고 한국에서는 소개되고 있다. 이런 상황을 한국식 저널

된 레이거노믹스는 드디어 1997년경에 이르러서 ① 시장자유화, ② 사유화, ③ 불평등이나 사회응집력을 무시, ④ 기업을 경제 주체로 하고 정부는 최소한 역할 담당, ⑤ 자본시장의 개방을 교리로 하고 정부가 아니라 기업이 경제수행의 주체로 하는 강령으로 세계적으로 영향을 미쳤다고 한다. 한국인들은 신자유주의나 레이거노믹스가 처음에는 해방의 교리 내지 자기 자신의 번영과 영화를 주는 신종 교리로 받아들여, 드디어 이를 의식·무의식적으로 실행하게 된 것이다(김철, 2009.3.)(김철, 2010.12.: 435).

3.3.3. 2009년부터 약 4년간의 미국 지식인 사회의 분열상

2009년부터 약 4년간은 사태의 진원지인 미국에서, 지식인 사회에 있어서 전례 없는 분열을 보일 때였다. 즉, 경제사학자 나이얼 퍼거슨(Niall Ferguson)과, 전 세계에 그의 학생을 가지고 있는 경제학자 맨큐(Mankiw)가 레이거노믹스를 기반에 둔 미트 롬니(Mitt Romney)와 공화당 지지자로 판명되었다. 금융경제학자로 한국인들에게, 세계적인 권위로 군림하였던, 하버드의 케네스 로고프(Kenneth Logoff)와 카르멘 라인하르트(Carmen Reinhart) 교수가, 유로존 위기 해법에 긴축을 시사한 공동 논문의 통계 처리에 명백한 오류가 있다는 것을, 매사추세츠 주립대학의 대학원 박사과정 재학생이 지적했을 때, 한국의 학도들이 우상처럼 섬기던 하버드의 교수들도, 실제로는 허상을 가지고 있다는 것이 드러난 것이다. 한국의 경제학계는 폴 크루그먼과 같은 케인지안이 직접 내한해서 견해를 발표할 때까지, 그리고 그 이후에도 전문 학계를 넘어서서 일반 시민들에게 금융위기에 대한 공식 견해를 발표하는 것을 보류하였다. 무슨 이유일까. 상당한 정도 레이거노믹스나 신

리즘 언어로 보수-진보 이분법의 색안경을 끼고 보면, 또다시 한국 학계에서의 논의가 위축되기 마련이다.

보수주의에 경도되었던 지적인 편향들이 본 고장만큼 신속히 드러나지 않았다고 볼 수 있지 않을까?[38]

3.3.4. 도드 프랭크법의 출현: 뉴딜 법의 귀환(2010.6.)

어쨌든 2008년 9월의 세계 금융위기는, 세계적인 위기의식을 불러일으켜서, 아메리카에 있어서의 구 시장질서의 맹렬한 반격에도 불구하고, 1933년 이후 약 80년 만에, 네오리버럴리즘에 의해 폐기되었던, 글라스스티걸법을 부활시켰다. 도드프랭크법[39]의 출현은, 필자가 논문에서 지적한 대로, 한국에서는 믿을 수 없이 이상한 반응을 일으켰다. 도드프랭크법의 중요 조항인 볼커룰(Volker Rule)에 대해서 설마 통과될까? 반신반의하고, "설마……"라고 하는 태도가 흡사 금융위기 때문에 피해를 당한 서유럽－ 도이치, 스칸디나비아의 소도시를 포함하여－의 여러 시민들, 집과 직장을 잃은 아메리카의 시민들, 심지어 펀드 때문에 예금을 거의 날린 상하이 근로자보다, 흡사 월가의 특수 이해관계인 같은 석연치 않은 반응을 보였다. 왜 그랬을까?(김철, 2012a: 81)

---

38) 그러나 2013년 한국의 새로운 정부가 세제 개편안을 발표하면서부터, 전문 학회에서부터 주로 새로운 정부의 경제 정책에 대해서 전문가로서의 입장을 밝히는 흔적이 나타나게 되었다. 예를 들면, 홍기용. "소득공제, 세액 공제 전환 안 돼", 중앙일보 2013년 8월 16일 금요일. 또한 박원암, "1% 부자 vs. 99% 국민", 매일경제 2013년 8월 27일 오피니언 난. 또한 김성회, "중산층 스트레스", 매일경제 2013년 8월 16일 오피니언 난.

39) 한국경제, 2013년 5월 29일 수요일 A5, "한국 입법의 실태－공공연한 비밀 '청부입법' … 정부가 만들고 의원 이름으로 발의", 이 기사에서 미국의 입법 사례를, 한국의 입법 실태를 교정하기 위해서, 참고해야 된다고 하면서 예를 들고 있다. "2010년 7월 발표한 '도드－프랭크법'이 대표적이다. 민주당 소속으로 법을 입안한 크리스토퍼 도드 전 상원위원과 바니 프랭크 전 하원위원의 성을 따왔다. 두 위원은 2008년 발생한 금융위기가 재발하는 것을 막기 위해 부실 금융회사 정리절차를 개선하고 금융 감독을 강화하는 내용을 이 법에 담았다. 2002년 7월 분식회계로 파산한 '엔론 사태' 이후 만들어진 '사베인스－옥슬리법'도 마찬가지 경우다."

3.4. 한국의 경제정책 제안자들

한국 경제학자들의, 세계 금융위기 이후의 세계 경제의 사태 진전에 대해서는, 주로 한국 국내의 경제 정책을 우선적으로 생각하는 당연한 태도 때문에 그 시야가 일반적으로 개진되지 못했다 할 수 있다. 2012년 유로존 국가의 재정위기가 한창 진행될 때에도 유로 재정위기의 근본적인 원인에 대해서, 2008년 9월 월스트리트발 세계 금융위기의 연장선상에서 생각하기보다 오히려 유로존 국가들의 특수한 국내 사정에 주목하는 태도를 보여주었다. 이런 태도의 이유는 두 가지로 나누어서 생각할 수 있다. 첫째로, 경제학자뿐만 아니라 한국의 법학자들의 훈련 및 성숙 과정에서, 약간의 예외를 제외하고 경제 문제, 법 문제, 사회 문제를 국가별로 파악하는 방식을 주로하였다. 말하자면 주권국가를 전제로 하는 국가주의적 사유가 법학과 경제학에 공통된 방식이라 할 수 있었다. 유럽연합 같은 주권국가를 넘는 국가 연합의 현상을 파악할 만큼 문화적 보편주의가 사회과학 이전의 교양 수준에서 확립되지 않았다고 할 수 있다. 어쨌든 2012년의 유로존 위기는, 한국에 있어서 새로운 정부의 복지 정책의 제도화 시기와 맞물려서 경제학자들과 법학자들 사회과학자들은 마음속에는 한국의 복지 정책에 대한 어떤 방책을 생각하면서 지구상에서 복지국가로 알려진 대표적인 나라들이 그 구성 중요요소가 된 유로존을 바라보게 되었다. 즉, 자신의 복지 정책을 정당화하기 위해서 지구상의 중요한 지역인 유로존의 위기를 예로 들게 되었다. 한국 국내의 새로운 정부에 대한 정책 제언이나 실행이 다급한 것은 말할 필요도 없다. 그러나 대부분의 경제 정책의 제언가들은 한국 경제가 세계 경제에 포섭되어 있으며, 세계 경제는 한국의 특수성은 물론이지만, 한국의 특수성 자체가 2008년 9월 이후의 세계 금융위기의 진행이라는 거대한 물결에 싸여 있다는 것을 전제로 하지 않은 듯하다. 여기에 대한 드물게 예외적인 언급이 다음과 같이 나타난다.

> "경제 전문가 중에는 정부 복지 지출 확대에는 회초리를 들면서 주택담보대출 규제 완화나 부동산 경기 부양에는 따뜻한 눈길을 주는 사람이 많다. 이들에게 유로존 위기의 교훈이 뭐냐 물으면 복지 포퓰리즘에 대한 경고라는 답이 돌아오기 십상이다. 참 단순한 시각이다."(송의영, 2012.6.25.)[40]

두 번째로, 한국의 경제학자들은 한국의 경제 문제에 대한 해법이나 정책을 제안하는 데 있어서 시대의 보편적인 경제적 흐름을 먼저 전제로 하는 경우가 드물었다고 할 수 있다. (그러나 2013년에 한국의 새로운 정부가 새로운 세제개편안을 발표하면서부터 달라지게 된 것은 3.3의 각주에서 취급하고 있다.) 즉, 한국의 모든 경제 문제 역시 그 큰 흐름은 2008년 9월의 세계 금융위기, 그리고 2012년 유로 재정위기라는 세계사적인 흐름 안에 놓여 있다는 인식이 불충분했다고 할 수 있다. 그 이유를 또 따지고 들면, 최초의 2008년 세계 금융위기가 처음 미국을 엄습했을 때 그 나라의 이미 "명성을 확립한" 경제학자들의 태도에 일부 기인한다고 할 수도 있다.

포스너에 의하면(Posner, 2009)[41] 금융위기의 초기에 이들은 금융위기라는 1930년대 이후의 최대 사건에 대해서도 그것의 객관적인 도래를 부인하였다고 한다. 이런 태도의 근원은 2010년 금융위기가 진행된 약 2년 뒤에도 아직도 시장이 잘 돌아가고 있고, 성장은 계속되고 있다고 금융위기 이전과 같은 태도를 가지고 있었다고 한다(김철, 2010.12.: 28).[42]

---

40) 송의영, "유로 위기 관전기", 매일경제, 2012년 6월 25일 분석과 전망 난.
41) Posner, Richard A., *A Failure of Capitalism*(Cambridge: Harvard Univ. Press, 2009).
42) 김철, 『법과 경제 질서: 21세기의 시대정신』(파주: 한국학술정보(주), 2010.12.), 서장 2 이 책의 구조와 법의 경제 분석에 대한 저자의 입장, 28쪽, 각주 21.

3.4.1. 2008년 9월 당시의 위기의 부인: 헨리 폴슨

위기 자체의 존재를 부인하는 태도의 근원은 2008년 9월 금융위기 당시에 미국 재무 장관이었던 헨리 폴슨(Henry Paulson)의 현실 인식과도 관계있다.

> "2008년 9월에 헨리 폴슨[43]은 7천억 달러의 구제금융을 시행할 때, 당시의 은행의 위기를 자산을 현금화하지 못하는 유동성의 문제(illiquidity)로 보았다. 즉, 은행이 지불불능(insolvency) 상태에 빠진 것이 아니라고 보았다. 그러나 이것은 그의 착각이었고, 그 당시 경제위기의 핵심이 되는 문제를 착각함으로써 이후에 돌이킬 수 없는 시행착오를 범했다(Posner, 2009: 41-51)."

3.5. 미국발 금융위기에 대한 한국의 인식-2013년 10월

2013년 10월에 글로벌 시장의 불안요소였던 미국 부채 한도 협상이 극적으로 타결되고 차기 연방준비이사위원회(FRB) 의장으로 양적 완화를 강력하게 지지해 온 자넷 옐런(Janet Yellen)을 지지했다. 이후 미국 주가도 오르고, 한국의 주가도 올랐다(이종욱, 2013.10.18.).[44] 양적 완화의 종료와 이른바 출구 전략에 대한 연준 현 의장의 한 마디에 아시아 신흥시장을 비롯한 한국의 위기설에 시달려 온 것에 비하면 반가운 뉴스들이라고 한다. 비로소 한국의 특수한 경제 사정이 시대의 보

---

43) 헨리 폴슨의 세계 경제위기 전후의 역할에 대해서는 김철, "회전문 현상", 『경제위기 때의 법학』(53-54), '2008년 가을 월가의 사태는 누가 어떻게 인과관계를 제공했느냐의 문제이다'를 참고할 것. 월가가 더 많은 차입금으로 위험한 거래를 하게 된 제도적 요인 중 하나는 투자은행이 자기 자본 대 차입금 비율의 상한을 1:30으로까지 확장한 것과 관계있다. 2004년 해당 규제위원회(U.S. Securities & Exchange Commision)가 순 자본원칙(net capital rule)을 완화한 것은 당시 골드만삭스(Goldman Sacks)의 CEO였던 헨리 폴슨이 2000년에 청원한 것이 주효한 것이었다. 이 골드만삭스맨이 이어서 부시행정부의 재무부장관이 되어서, 투자은행들의 손실을 연방정부의 공식자금으로 메워 주는 역할을 하게 된다(Time, Nov.3: 32-33). 회전문 침투(revolvingdoor infiltration) 현상에 해당된다(Kenneth F. Warren, 1996: 49).

44) 이종욱, "미국發 위기 안심하기 이르다", 매일경제, 2013년 10월 18일 오피니언 난.

편적 흐름과 관계있다는 것을 다시 인식한 것이다.

"2008년 미국발 금융위기로 인한 현재 불황은 미국의 대공황 이후 가장 크고 오래 지속되어 온 충격이다. 불행하게도 이러한 충격 회복에 도움을 줄 수 있는 경제분석이나 이론은 미흡한 실정이다."[45](이종욱, 2013.10.18.)

3.6. 외환위기, 끝나지 않았다

2013년 10월 중순 이후 한국 경제 언론에서, 최근의 잇단 대기업 부도에 즈음해서 일대 반성이 일어났다. 즉, "잇단 부도 15년 전 판박이. 경제지표 호전에 만족 안 돼", "외환위기 아직 끝나지 않았다", "재계 경영마비 철저한 대비를"이라는 경제 칼럼이 나왔다(박재현, 2013.10.17.).[46]

"15년 전 매일 경제 신문 10월 1면 톱기사를 보면 지금과 판박이여서 깜짝 놀란다. ……2013년은 마치 대기업 연쇄부도로 시작된 외환위기의 전야를 떠오르게 한다. 웅진, STX, 동양그룹이 쓰러졌고, 건설 해운을 주력 기업으로 거느린 동부, 한진해운, 현대 등도 유동성이 좋지 않다. 금호아시아나는 회생의 막판 기회를 얻었고, 팬택은…… 감원했다. ……대한전선은 오너가 경영권을 포기했다. 다음은 어디가 쓰러지나 할 정도로 재계는 살얼음판이다. 여기에다 SK, 한화, CJ, LIG, 태광그룹은 오너까지 구속돼…… 롯데는 특별 세무조사를, 효성은 검찰 수사를 받고 있다. ……"(박재현, 2013.10.17.)

---

45) 그러나 더 엄격히 얘기하면 경제분석이나 이론이 미흡해서가 아니다. 필자가 이미 경제위기 때의 법학, 그리고 법과 경제 질서 두 권의 책에서 지적한 것처럼 정책가나 이론가들이 기본적인 시각에서 분열하고 있기 때문이다. 여기에 대해서는 필자가 최근의 논문에서 누누이 지적하고 있다.
46) 박재현, "1997년 데자뷔", 매일경제 2013년 10월 17일 박재현 칼럼.

3.7. 외환위기 때의 경험: 자본 시장 개방도의 문제

2013년 7월에 한국의 대표적인 경제학자 20명 중 14명은 외국인에 대한 한국 자본시장 개방도가 과도하다고 판단했고, 개방도가 적정하다고 답한 경제학자는 5명에 불과하다(전범주・김제림, 2013.7.1.).[47]

> "자유경쟁시장을 지지하는 경제학자들 10명 중 7명이 한국 자본시장에 대해 외국인에게 과하게 빗장이 풀렸다고 판단한 것은 달러 썰물로 인해 우리 경제가 심각하게 휘청거릴 가능성을 염려하고 있기 때문이다. 우리 경제 규모에 비해 많은 돈이 들고 있고 비교적 유출입이 쉽다는 점에서 한국 증시와 채권 시장은 전 세계의 자동입출금기로 불린다."(전범주・김제림, 2013.7.1.)

외환위기 때의 경험이 나타난 것이다. 모 교수는 "현재 3,280억 달러 규모 외환보유액을 4천억 달러까지는 확충해야 한다"며 "3개월 수입액 1,400억 달러, 외국인 주식 및 채권 투자액의 30%(1,400억 달러), 단기 외채(1,250억 달러)를 더한 4,050억 달러 정도는 외환보유액을 보유해야 안전하다"고 지적했다(전범주・김제림, 2013.7.1.).

3.7.1. 장기 디플레이션 예보

> "경제학자들은 한국 경제가 장기 디플레이션(경기 침체) 초입에 다다랐다고 경고했다."(전범주・김제림, 2013.7.1.)

이런 종합적 판단은 어쨌든 유용한 것이지만, 그러나 2008년 9월 글로벌 금융위기 이후의 세계경제학계의 주된 흐름을 생각하면 상당히 지체된 것이 아닌가 생각된다. 왜냐하면 2010년 6월 27일에 이미 폴 크루그먼은 "앞으로의 선진국의 경제상황은 이제 1930년대의 대공

---

47) 전범주・김제림, "한국 경제 디플레 초기진입, 자본 과잉 유출입도 막아야", 매일경제, 2013년 7월 1일 1면.

황은 모면했으나 오히려 24년이 걸린 1873~1897년의 장기 대공황 (the Long Depression) 또는 장기 대침체 유형에 들어가고 있다"고 했다(김철, 2010.12.: 552). 한국의 "간판급" 경제학자 20명이 한국 경제가 장기 디플레이션 초입에 다다랐다고 판단하는 데는, 선진국의 경제 상황이 장기 대침체 유형에 들어가고 있다는 판단이 나온 뒤 약 3년이 걸렸다는 얘기다.

> "포스너는 세계금융위기를 예측 못 한 세계적 명성의 거시경제학자들이 '사상의 역사'에 무지하다고 하였다(Posner, 2009). 그는 또 거시경제학자들이 '이데올로기'에 영향받아서 선진 산업 사회의 여러 국민과 정치인들을 황무지에서 방황하게 하였다고 하였다."(김철, 2010.6.30.)[48]

물론 한국에서도 사상, 즉 아이디어의 역사에 무지한 경우와 어떤 종류의 이데올로기에 영향받아서 일반인을 황무지에서 방황하게 하는 경우가 있었고 앞으로도 있을 것이다(김철, 2010.6.30.).[49]

3.8. 경상수지 흑자의 명암

2013년 11월 초순 경상수지가 20개월 연속 흑자를 기록하면서 올해 흑자 폭이 사상 최대를 기록할 것이라는 전망이 나왔을 때 이제 한국의 경제학자와 경제 언론은 빛과 함께 그림자를 이야기하기 시작했다.

---

48) 김철, "근대 이후의 자유주의의 변용-(1)-경제공법질서의 전개과정-", 『세계헌법연구』(서울: 세계헌법학회 한국학회, 2010.6.30.).
49) Posner, Richard A., "Why was Depression not Anticipated", *A Failure of Capitalism* (Cambridge: Harvard Univ. Press, 2009).

"도산하거나 부도를 내는 대기업이 잇따르고 있음에도, 1997년 외환위기 당시와 현재 경제 상황이 다르다는 주장도 바로 견조한 경상수지 흐름이 우리 경제를 뒷받침하고 있기 때문이다."(백승관, 2013.11.2.)[50]

3.8.1. 제도의 문제로 귀착

"최근 유럽중앙은행은 64개국 자료를 이용해 미국 양적완화 정책의 전이효과에 관한 연구보고서를 출간했다. 분석 결과를 보면 고정환율제도를 채택했거나 자본 통제를 많이 한 신흥공업국가일수록 양적 완화 정책의 전이효과가 더 컸다. 또한 2009~2011년 외환시장 개입을 통해 경상수지 흑자와 외환을 많이 축적한 신흥공업국들도 전이효과를 피할 수 없었다. 하지만 좋은 제도들을 가지고 있고, ...여기에서 제도(institution)란 정치적 안정성, 부정부패 통제, 법 준수, 언론의 자유, 관리, 감독 효율성 등을 의미한다. ......마지막으로 전이효과를 최소화하는 가장 좋은 방법은 수준 높은 제도를 가지는 것이다. ......세계은행에서 발표한 자료를 보면 우리나라 제도의 질은 신흥 공업국 중에서는 높은 편이지만, 선진국들에 비하면 훨씬 낮다. 유로존 재정위기의 핵심 국가들인 그리스, 이탈리아, 스페인, 포르투갈 수준과 비슷하다."(백승관, 2013.11.2.)

양적 완화 종료의 전이효과를 두려워하면서 마침내 제도의 문제에 귀착한 것이다. 이 경제학자가 인용하는 제도란 법학적 언어로 번역하면 입헌주의 제도 자체(김철, 2009.3.: 262-299)[51], 법치주의 제도 자체(김철, 2009.9.: 69-93)[52]를 얘기하며, "수준 높은 제도"와 "제도의 질적 수준"(김철, 위의 책: 290)을 얘기하는 것이다. 정치적 안정성과 부패는 이러한 제도의 효과를 얘기하고 있다.

---

50) 백승관, "경상흑자, 박수칠 때 아니다", 매일경제 2013년 11월 2일 오피니언 난.
51) 김철, 『경제 위기 때의 법학』(파주: 한국학술정보(주), 2009.3.). 특히 입헌주의의 효율적 정당성, 289~299쪽.
52) 김철, 『한국 법학의 반성』(파주: 한국학술정보(주), 2009.9.).

3.9. 사상 최고 경상 흑자의 그늘

20개월 연속 경상 흑자의 그늘에 대한 반성적 경제 언론의 예를 보자(전범주, 2013.11.6.).[53]

> "그러나 밖으로는 호경기인 듯하지만, 안을 보는 분위기는 완전히 다르다. 1997년 외환위기나 2003년 카드 사태 때 분위기는 아니다. 하지만 전세금을 도저히 따라잡을 수 없어 또 빚을 지는 중산층, 은퇴 후 살벌한 자영업 시장에서 퇴직금을 날리는 베이비부머, 아예 취업 의지를 접어버린 젊은이들의 한숨 소리가 심심찮게 들려오고 있다. ......한 금융통화위원은 최근 경상수지 20개월 연속 흑자는 기업들의 '과도한 저축'이 만든 허상이라고 주장한다. ......이 기회에 수출 위주 경제구조를 뜯어고쳐야 한다는 주장에도 힘이 실린다. ...... 국제 통화기금의 권고는 수출보다는 가계소득을 늘리란 충고다. ......원화 강세를 막아서 (수출) 기업들의 배를 불려줘야 경제가 돌아간다는 도그마에서도 벗어날 필요가 있다. ......원화 약세 속에서 수출로 배를 채운 대기업들은 그 이익을 해외에 가지고 나가 투자한다. 원화 강세를 막기 위해 정부와 한은이 개입하는 건 내수를 누르면서 수출을 살리겠다는 의도다. 국민의 지갑에서 돈을 빼내 수출 대기업에 주는 것과 같은 이치다. 돈을 잔뜩 깔고 앉아 있는 수출 기업들이 전향적인 자세로 경제 성장의 마중물을 붓지 않는다면 정부가 누구를 위해 원화 강세를 막아야 하는지 생각해 볼 일이다. 과연 정책 당국자들은 "외환위기를 막기 위해서" 언제까지 국민의 희생을 강요할 것인가."(전 범주, 2013.11.6.)

4. 동양 그룹의 사태

2013년 10월 하순에 동양 사태는 다음과 같은 반성을 일으켰다.

> "우선 동양 사태는 한국 금융 산업의 오늘의 모습이다. 재벌 기업 대주주의 부도덕한 행위가 문제의 발단이었으나 위험이 확대되는 과정에서 금융당국의 책임도 컸다. 감독 당국이 동양 증권과 동양 그룹에 부실 악화를 우려하여 계

---

53) 전범주, "20개월 연속 경상흑자의 '그늘'", 매일경제 2013년 11월 6일.

열사가 발행한 회사채와 CP의 불완전판매를 사실상 묵인한 것이었다. 소비자 피해를 키웠다. 저축은행 후순위 판매로 인해 나타난 금융 소비자 보험 문제로 여론의 질타를 받은 상황에서 이런 문제가 또 발생했다는 것이 놀랍다. 금융 그룹 위기설이 확산되던 것은 (이미 6개월 전인) 4월이었으며, 이때 금융위가 금융투자업 규정을 마련했다. (그러나) 6개월간의 시행을 유예함으로써 투자자의 피해를 방조한 셈이다."(윤석헌, 2013.10.28.)[54]

법학자인 필자가 보기에 관할 위원회가 규정을 마련했다고 한다. "그러나" 시행을 미루었다고 한다. 이 "그러나" 한 단어 때문에 피해자가 4만 1천 명에 피해액수가 1조 4천억 원에 이르렀으니 과연 엄청난 "그러나"라고 할 수 있다.

4.1. 금융 중심의 대기업 집단이었던 LIG그룹의 해체

LIG그룹이 사실상 그룹 해체의 길로 접어들면서 금융 중심이던 사업 영역이 방위사업체와 IT 중심으로 재편된다고 한다(이호승·김규식, 2013.11.20.).[55] 오너 일가가 "LIG건설 기업 어음(CP)" 사건의 투자 피해자에게 보상할 재원을 마련하기 위해서 핵심 계열사의 지분을 팔기로 했다는 것이다. LIG그룹은 1999년 LG그룹에서 계열 분리되었으나 이제 이 그룹 자체의 해체가 불가피하게 되었다. 2006년에 LIG건설을 인수하고 난 이후 부동산 경기 침체로 어려움을 겪었다. 결정적인 사건은 2011년 LIG건설의 법정관리 신청 직전에 CP를 발행해서 투자자들에게 큰 손해를 입혔다. 이 그룹의 오너 부자는 2013년 8월 1심에서 유죄 선고를 받고 각각 징역 3년, 8년을 선고받았다. 공소장에서는 피해 금액을 적시하였는데, 투자 피해자에 대한 보상은 1, 2차

---

54) 윤석헌, "추락하는 한국 금융의 현주소", 매일경제 2013년 10월 28일 오피니언 난.
55) 이호승·김규식, "방산업체만 남고 LIG그룹 사라진다 — 매출 12조서 1조 원대로 … CP 사건에 발목 '종합금융' 꿈 물거품", 매일경제 2013년 11월 20일 A3.

에 걸쳐 730억 원, 3차가 1,300억여 원으로 총 2,000억 원에 달한다. 이 그룹은 손해보험사를 핵심으로 하고, 투자증권과 투자자문사, 자동차 손해 사정사 등 금융 중심의 대기업 집단을 이루고 있었다. 이 케이스는 법정 관리 신청 직전에(이를 투자자에게 숨기고) 부실에 빠진 건설회사의 기업 어음을 (어떤 방식으로든지) 사정을 잘 모르는 일반 투자자에게 팔았다는 점에서 동양증권 사태와 유사한 점이 있다. 사기성 기업 어음을 팔았다는 점에서 1심에서 형법상의 유죄가 인정되었다. 그런데 이 소식을 전하는 한국의 경제 언론의 언어는 다음과 같다. "윤리 경영 실패가 그룹 해체로"(이호승 · 김규식, 2013.11.20.) 경제공법에 의해서 3년과 8년의 징역 언도를 받은 피해액이 2천억 원의 사건을 다음과 같이 표현한다. "미진했던 윤리 경영이 결국 그룹 해체를 불러왔다." 명백한 범법행위로 기소되고 상당한 중형의 징역형을 받은 케이스를 윤리 경영 실패라고 얘기하면 그 내용을 모르는 독자는 제목만으로는 기업의 윤리적 문제에 미진했다, 즉 연말에 자선 단체나 혹은 구제 사업에 덜 신경을 써서라는 인상을 받게 된다. 윤리 경영 실패가 아니라 엄청난 범법행위를 해서 사건 발생(2011년) 이후 만 2년이나 끌어 2013년 8월에 선고가 된 재판 사건의 보도를 그렇게 한다.

4.2. 1997년과 2013년의 비교: 월스트리트저널, 내부 계층 갈등

월스트리트저널이 최근 "1997년과 2013년 아시아 시장의 취약성 비교"라는 기사를 통해서, (2008년 월스트리트 진원지인 금융위기가 2010년 내지 2012년에는 유로존 위기로, 전이되고) 이제는 다음의 위기 대상 지역으로 은근히 아시아를 지목했다고 한다(서정희, 2013.8.27.).[56] 아시아 중에서도 인도 터키 등의 내부 계층 갈등이 심한 나라에서 먼저

---

56) 서정희, "왜 다시 아시아 위기인가", 매일경제 2013년 8월 27일.

경고가 들려온다. 인도네시아·말레이시아·태국이 다시 거론되는 것은 1997년 11월의 상황과 닮은 점이 있다.

4.2.1. 한국의 사회 갈등

한국의 사회 갈등 수준이 OECD 27개국 국가 중 종교 분쟁을 겪고 있는 터키에 이어 두 번째이며, 이로 인한 경제적 손실이 연간 82~246조 원에 이른다는 지적이 있다(전국 경제인 연합회 주최 제2차 국민 대통합 심포지엄).[57] 월스트리트 저널이 다음의 위기 대상 지역으로 암묵리에 아시아, 그중에서도 인도·터키 등의 내부 계층 갈등이 심한 나라를 지목했다고 한다. 한국의 사회 갈등이 어디에서 오는가? 경제적 측면에서는 아마도 계층화된 구조를 지적하지 않을 수 없다. 직접적으로는 중산층의 붕괴 위기를 들지 않을 수 없다. 이와 관련된 사항은 개인 인격이 겪고 있는 정신적 질환의 통계이다. 즉, 우울증으로 인한 사회 경제적 비용이 2010년 기준으로 작업손실비용+치료입원비용+조기사망비용+자살기도비용을 합치면 총 연 23조 원의 손실이 난다는 통계이다(자료, 삼성경제연구소)[58].

4.2.2. 칭찬과 역사

최근(2013년 11월 18일 현재) IMF의 한 보고서는, "중국은 한국을 배워야 한다"고 하고, 영국의 주요 언론들이 한국을 칭찬하는 특집기사까지 내고 있다(김대식, 2013.11.18.).[59] 그러나 IMF외환위기 직전을 상기하는 반성도 있다. 가장 좋은 예는 1997년 한국을 방문한 미셸 캉

---

57) 매일경제, "사회갈등 세계2위라는 부끄러운 자화상", 2013년 8월 22일.
58) 이병문, "'우울증 한국' 年23조 손실, '나를 돌보는 시간 가져라'", 매일경제, 2013년 8월 2일.
59) 김대식, "당장 생산성부터 살려놔라", 매일경제 2013년 11월 18일.

드쉬(Michel Camdessus) IMF 총재는 "한국의 펀드멘털(기초 경제 여건)에는 아무 문제가 없다"고 공식 기자회견에서 밝혔다(그의 언명은 당시 한국의 고위 당국자의 언급과 같았다). 한 달 뒤에 한국은 국가 부도 사태에 직면했다(김대식, 2013.11.18.).

4.2.3. 기업인들의 고백

기업인들의 솔직한 고백은 한국이 임금이 지나치게 높아서 한국이 아닌 다른 나라에서 생산 활동을 하는 것이 더 낫다는 얘기가 있다. 그래서 어떤 대기업은 중국 시안에 대규모 투자를 하기도 하고, 어떤 중견기업은 차라리 미국에서의 노동생산성이 높다고 하기도 한다. 공식적 통계로서 한국의 노동생산량은 OECD 국가 중 최하위권에 속하고 있다(김대식, 2013.11.18.).

4.2.4. 가계 부채 비율과 중산층의 문제

민간 부채, 특히 소득에 비교한 가계부채 비율이 몹시 높다. 이 항목은 이미 한국 중산층의 붕괴 위기라는 소 항목에서 다룬 적이 있다. "한국의 중산층 붕괴는 오래된 일이다. 통계로는 64%가 중산층에 해당된다는 발표이나, 자기가 중산층이라는 응답률은 16%에 불과하다." (김성회, 2013.8.16.) 2013년 8월에 새 정부의 세제개편안에 의하면 '연간 총 급여 3,450만 원'을 세금을 더 물어야 할 중산층으로 정했다가, 성난 민심에 '연간 5,500만 원'으로 올리겠다고 후퇴했다. 중산층 기준도 한국에서 확실치 않다. 2012년에 삼성경제연구소(SERI)가 발표한 설문조사에 따르면, 응답자 중 44%가 4인 가족 기준 중산층으로 살기 위해서 필요한 연평균 소득은 7천만 원 이상이라고 답한 바 있다 (김성회, 2013.8.16.). 한국 중산층이 붕괴된 데는 주거비 부담과 교육비 부담이 제1 원인이다. 일자리 축소와 자영업이 너무 많은 것도 중산층 붕괴의 원인이다. 최근 붕괴하고 있다고 보고된 중산층은 지난 세월 불안정한 경제상황을 보전하기 위해서 결국 자기가 번 돈의 대부분을 부동산에 넣고 그 부동산이 오르기를 기다릴 수밖에 없었다고 한다. 2012년 7월의 보도에 의하면, 집값 추락에 전세금마저 떼이는 경우, 즉 경매 때 은행 빚도 못 갚는 깡통 아파트가 속출한다고 한다(이지용, 2012.7.9.).[60] 부동산 활성화를 위해서 정부가 취득세 및 양도세를 감면하는 조처를 한 것은 부분적으로는 효과가 있었다고 본다.

4.2.5. 부동산 거품의 문제

그러나 부동산 거품의 문제는 부분적인 문제가 아니고, 이미 최소 20년 이상 진행된 문제이며(최윤식, 2013.8.), 한국의 특수한 문제가 아니다. 세계 경제의 컨텍스트를 곰곰이 따져보면 2008년 9월의 글로벌 금융 위기 때, 1930년대의 대공황 이후 최대의 위기를 가져온 반복 회귀하는 문제라는 것을 한국인들은 잊어 왔다는 것을 알게 된다. 여기에 대해서 성찰적인 논조가 있다. 즉, 2012년 6월의 유로존 위기의 진정한 의미에 대해서 한국인이 잘못 알고 있는 점을 지적하고 있다.

> "금년 상반기 유로 위기의 주인공은 단연코 스페인이다. 스페인 위기의 핵심은 일본과 미국의 경우와 동일하게 부동산 버블이다. 유로존 가입 덕분에 스페인 은행들이 저금리로 독일과 프랑스의 돈을 끌어올 수 있었고 이로 인해 저금리 가계 대출이 팽창하면서 부동산 버블의 원인이 된 것이다."(송의영, 2012.6.25.)

> "저금리와 부동산 버블을 진정으로 두려워해야 하고, 민간과 공기업부채가 정부부채로 전환될 가능성에 대비해야 하며, 중심에 끼워주었다가 주변으로 내모는 국제 금융시장의 변덕을 경계해야 함을 배워야 한다."(송의영, 2012.6.25.)

---

60) 이지용, "집값추락에 전세금마저 떼인다", 매일경제 2012년 7월 9일.

5. 경제적 성취의 모델

　한국의 국가적 발전이나 또는 경제적 성취를 얘기할 때, 대중 저널
리즘과 전문가들이 다 같이 익숙한 방법은 특색이 분명한 다른 나라를
모델로 삼고자 하는 방식이다. 예를 들면, 한때 싱가포르를 모델로 해
서 번영을 하자는 얘기가 있었다. 또한 금융 허브로 나가자는 논의에
는 항상 홍콩과 싱가포르가 단골 모델로 등장하기도 했다. 한때 두바
이를 개발 모델로 논의하기도 했다. 또 최근에는 유로존 위기 중에서
굳건하게 유럽의 강국의 위치를 견지하는 독일을 존중하는 나머지 "독
일 모델"이라는 것이 여러 항목과 관계되어서 논의되기도 한다. "놀라운
경제 성장"을 이룬다는 것은 한국인의 성취동기 중의 하나였다.

5.0. 아일랜드

　최근 등장한 또 다른 모델이 있다. "과거 식민지 역사를 경험했고,
값싼 노동 수출국이었으나 감세, 저임금, 외국인 투자 등으로 고도 성
장국으로 변신한 나라"의 예는 한국인의 흥미를 끌기에 충분하다. 더
욱이 경제 개발이 가져온 번영 이후에, 한국인들은 국민 소득 수준을
지표로 삼기 좋아한다. 여러 특징에서, 한국과 비슷한 나라가, 1인당
국민 소득이 4만 3천 달러까지 올라갔다면, 한국의 지도층이나 "본질
에는 약하나 숫자의 함정에 잘 빠지는" 한국의 일반인들은, 충분히 모
델로 삼을 만하다. 그러나 지금까지 한국인들이 설정했던, 모든 가상
의 모델의 나라들이 그랬듯이, 외형적인 몇 개의 경제지표를 제외하고
는 그 문화와 본질에 있어서 닮은 점이 없다는 것을 차라리 다행으로
알게 된다.

　즉, 2007년에 국민소득이 4만 3천 달러로 유로존에서 노르웨이 다

음이었던 아일랜드는, 2010년 세계금융위기의 광풍에 의해서 2010년에는 IMF 구제금융을 받는 국가가 되었다(김대식, 2013.11.18.).

> "그 원인이 어디에 있었을까. 과도한 민간 부채와 부동산 거품이었다. 은행은 투기적인 부동산 대출로 부실화되었고, 정부는 부실 은행의 구제 비용에 재정을 쏟아부어, 공공 부채가 국민 총소득보다 많은 부실 국가가 되었다. 결국 무책임한 은행과 정부가 국민에게 '더 많은 부동산 투기 파티'를 즐기도록 한 것이 원인이었다."(김대식, 2013.11.18.)

아일랜드의 교훈은 "금융 부채에 기반을 둔 성장"은 노동 시장과 기업, 공공 부문의 구조 개혁을 지연시켜서 결국 저 효율성 구조를 고착화시키게 된다는 것이다. 이 교훈을 한국 경제에 적용해보면 지금까지 엄청난 금액을 경기 부양에 투입했지만, 이것은 필요한 시간을 벌었을 따름이지 민간과 공공 부분이 꼭 해야 할 의무를 대체한 것이 아니라는 사실이다(김대식, 2013.11.18.).

5.1. 더 많은 부동산 투기 파티

무책임한 은행과 정부가 국민에게 '더 많은 부동산 투기 파티'를 즐기도록 한 것은 2008년 9월 글로벌 금융위기, 2010년에서 2012년까지의 유로존 위기 중에서 주역이었던 스페인의 케이스, 그리고 약간 소급해서 1991년에 부동산 버블이 터졌던 일본의 케이스와 같다는 논의가 있다(최윤식, 2013.8.).[61] 이 견해는 2012년의 유로존 재정위기의

---

61) 최윤식, 『2030 대담한 미래』(서울: 지식노마드, 2013.8.). 이 책은 제5장에서 부동산 버블에 대해서 한국의 부동산 버블 붕괴에 대한 대담한 가설과 증명을, 강연풍으로 다루고 있다. 한국과 일본, 기타의 통계는 설득력이 있으나, 결정적인 통계 출처를 밝히지 않은 것이 상당하다. 그러나 저자가 가설과 증명을 전개하는 기본 전제가 되는 이론, 즉 세계적 규모에 있어서의 레버리지와 부동산 거품의 경험적 이론이 어디에서 출발했는가를 밝히지 않고 있어서, 학문적인 전개에 결함이 있어 보인다. 아마도 추측컨대 실러의 연구에 의지한 것 같다고 보이지만, 대단히 강력한 주장과

주역의 하나인 스페인 위기의 핵심이 미국과 일본과 동일하게 부동산 버블에 있다는 견해와 같다(송의영, 2012.6.25.).

그다음 논의의 가장 중요한 것은, 과연 한국이 여기에 해당할 수 있느냐의 문제이다. 이 질문에 바로 답할 수 있는 사람들은 경제학자들이며, 그중에서도 주거용 및 상업용 부동산의 경제학에 대한 지속적인 연구자일 것이다. 그리고 당연히 한국인들은 오로지 "한국 경제"에 있어서의 오로지 "한국 부동산"의 문제로 특화할 것이다. 한국인들이 구어로 잘 쓰는 언어로는 "우리 경제의 우리 부동산"의 문제이다. 그렇다면 개발 이후의 한국 경제사만으로 족할 것인가?[62]

5.1.1. 로버트 실러

그런데 부동산 경제에 대 해서는 보편적인 과학이 있어 왔고, 드디어 2013년에 노벨경제학상을 받게 되었다. 로버트 실러(Robert Shiller)는 1920년대부터의 유가증권의 등락을 추적해서, 주식시장이 흔히 주장하듯이 "합리적 기대 가능성"에 의해서 움직인다기보다도, "정서(emotion)"에

논증에도 불구하고, 이 책 어디에도 실러의 이론을 언급하지 않고 있다. 그러나 최근 한국, 일본, 미국의 부동산 가격 지수 동향(최윤식, 2013: 189)에서 한국의 서울 아파트 가격은 국민은행 부동산 통계, 일본의 6대 도시 주거용지 가격은 JREI, DataStream, 미국은 S&P 케이스 실러 20대 도시 주택 가격지수를 Robert Shiller 홈페이지에서 가공한 것이라고 밝히고는 있다. 이에 비해서, 선대인, 『선대인 미친 부동산을 말하다』(서울: 웅진지식하우스, 2013)에서는 실러의 이론을 부동산 가격 변동 측정의 출발로 삼고 있다.

62) 예를 들면, 『2030 대담한 미래』의 저자는 그의 서론에 해당하는 부분에서 강만길, 『한국 자본주의의 역사』와 이규성, 『한국의 외환위기 발생 극복, 그 이후』에서 출발하고 있다. 한국의 외환위기와 그 이후의 사태 진전을 설명하는데, '과연 한국의 경제사만으로 족할 것인가?'라는 의문이 타당한 맥락이다. IMF 외환위기에 대해서조차도 2008년 글로벌 금융위기 이후에 세계적인 각광을 받은 스티글리츠(Stiglitz)는, 1997, 1998년의 IMF의 입장과는 다른 견해를 가지고 있다. 이것에 대해서는 김철, "제10장 세계금융위기 이후의 경제와 규범, 도덕의 관계 - 금융위기에 관련된 법제도의 도덕성 논의를 위한 시론", 『법과 경제 질서: 21세기의 시대정신』(파주: 한국학술정보(주), 2010.12.).

의해서 결정된다고 해서, 행동주의 경제학(behavioral economics)을 주창했다. 레이거노믹스 정책 이후 약 30년간 계속된, 무책임한 금융과 탈규제의 정부가, 마련해 준 "더 많은 부동산 투기 파티"를 즐기던, 청교도의 후예들이 거품이 터지자 1930년대 이후의 최대 위기를 맞게 된다는 것을 정확히 예언하였다.[63]

"There is a leverage cycle that extends over the whole world. The cycle is not of fixed length, and there may be a long interval between crisis. But everywhere one looks, overindeptedness seems naturally to develop during boom times, and it leads to collapse after the booms are over.

The same pattern is seen when one compares countries. In a study of sixteen countries, those that saw larger increases in leverage from 1997 to 2007 tended also to show larger increases in home prices. Moreover, the countries with larger increases in reverage during the interval 1997 − 2007 tended to show larger drops in consumption expenditure in the depths of the crisis, the years 2008 − 9.[64] **Clearly a leverage cycle was at work**

---

63) "In 2003 Shiller co-authored a Brookings Institution paper called 'Is There a Bubble in the Housing Market?'. Shiller subsequently refined his position in the 2nd edition of Irrational Exuberance (2005), acknowledging that "further rises in the [stock and housing] markets could lead, eventually, to even more significant declines······ A long-run consequence could be a decline in consumer and business confidence, and another, possibly worldwide, recession. This extreme outcome······ is not inevitable, but it is a much more serious risk than is widely acknowledged." Writing in The Wall Street Journal in August 2006, Shiller again warned that "there is significant risk of a very bad period, with slow sales, slim commissions, falling prices, rising default and foreclosures, serious trouble in financial markets, and a possible recession sooner than most of us expected." In September 2007, almost exactly one year before the collapse of Lehman Brothers, Shiller wrote an article in which he predicted an imminent collapse in the U.S. housing market, and subsequent financial panic. http://www.wikipedia.org, Robert Shiller.

64) Glick and Lansing (2010): Figures 3 and 4. recited Shiller, Robert J., *Finance and the Good Society*(Princeton: Princeton Univ. Press, 2012), pp.155～156.

on a global scale in producing this financial crisis."(Shiller, 2012: 155 – 156)

5.1.2. 대침체의 경제학(Economics of Depression)

그런데 실로 2008년 이후 세계의 경제학은, 1930년대 위기의 시대에 백약이 무효였던 시기에, 처방으로 유효했던 "공황의 경제학"을 다시 살려 놓게 되었다. 공황 또는 위기의 경제학에 있어서는, 위기의 발생과 전파는, 이전까지의 국경과 이전까지의 개별 주권 위주의 정치학과 법학을 초과하는 것이었다. 1929년 10월의 대공황은 2008년과 마찬가지로 당시 세계금융시장의 중심지였던 월스트리트에서 시작되었다. 그리고 그 파급효과는 문명 세계를 대표하는 모든 국가에 미쳤다. 한국인은 1930년대의 세계 대공황 때, 그 세계 대공황의 원인 및 진전 그리고 그 이후의 경위를, 한국인의 주체적 경험으로 공부하거나 연구하거나 음미할 틈이 없었다. 한국인의 경제학은 현재 세대들이 영향받고 있는 한도에 있어서는, 1960년대에 시작된 경제개발 5개년 계획 이후의 개발 경제학에서 시작되었다. 이러한 종류의 경제학은 성장과 팽창을 목표로 하는 것이었으며, 생존하고 있는 한국의 모든 지식인들이 익숙한 경제학 역시 성장과 팽창을 주제로 하는 경제학이었다. 번영을 누리고 있는 한국인의 머릿속에는, 서양의 자본주의가 1929년부터 겪었던 대공황이나 또는 훨씬 앞서서 1873년에서부터 1897년까지 24년간 겪었던 장기 대침체와 같은 경험은 경제학의 항목에서 존재하지 않는 것이었다. 더 구체적으로 얘기하면 1997년 외환위기 당시 일본에 비해서 (일본 인구가 한국 인구의 2.5배 정도) 단순 비교 2배의 경제학 Ph.D를 가지고 있었던 한국은 (인구 비교하면) 5배 내지 6배의 경제학 Ph.D를 보유하고 있었다. 그 경제학의 목록에서 공황의 경제학이나 장기 대침체의 경제학 같은 것을 전공한 사람은 아마도 없었다고 일단 가정한다. 왜냐하면 1960년대의 경제개발 5개년 계획 이후에 경제학 Ph.D에게 장관을 비롯한 상상할 수 없는 가장 좋은 대우를 주었던 박정희 대통령의 머릿속에는, 서양 세계가 겪은 1930년대의 공황이나 1870~90년대의 장기 대침체 같은 것들은 존재하지 않았을 것이기 때문이다. 한국인의 머릿속에 존재하지 않는 역사적 실체가 처음으로 나타난 것은 1997년이었고, 한국인들은 곧 그 기억을 지우려고 했다.

5.2. 보편성과 특수성

법학자로서 필자는 한국 법학의 변용 과정을 세계 법학의 보편성과 한국 법학의 특수성의 관계라는 전제에서 출발하였다(김철, 2007)[65]. 이런 태도는 다음과 같이 발전했다.

"1. 어떤 문화를 보는 두 가지 시각이 있다. '그 문화 안에서의 눈' 과 '그 문화 밖에서의 눈'이다. 한국의 영역 내에서 이루어지는 법학과 법조계의 모든 것들은 말하자면 한국 법문화의 내부의 시각에서부터 출발하고 형성된다. 한국인이 한국의 어떤 시점에서 그때까지 축적된 관행, 의식, 사회제도와 법 제도를 기준으로 법문화를 형성하고 있는 것이다. 싫든 좋은 '우리의 논리'와 '우리의 관행'이 중심이 된다.

'그 문화 밖에서의 눈'은 한국 문화 아닌 다른 기준에서 보는 것이다. 극단적인 경우는 구한말 서울을 방문하고 사진 촬영을 했던 이사벨라 버드 비숍(Isabella Bird Bishop) 여사가 남긴 서울의 모습 같은 것이다. (물론 2009년의 한국은 구한말이 아니다.) 저자도 물론 한국의 법문화를 보는 두 가지 눈을 가지고 있다. 우리의 관행, 우리가 싫든

---

65) 김철, 『법제도의 보편성과 특수성 – 한국 공법학의 지향점을 위한 빅법적 시도』(서울: 훈민사, 2007). 사간본.

좋든 되풀이해서 당연시하게 된 것에 대한 익숙함과 애착을 가지고 있다. 또한 저자는 어느 때 어느 곳의 한국 문화를 넘어서서 "흡사 외국인이 한국을 보는 것처럼" 보는 눈을 습득하게 된 것은 다른 최현대의 동시대인과 같다."(김철, 2009.9.: 5 - 6).

> "최근 한국 지식인들은 한국 문명이 인류 문명사에 포섭되어 있다는 것을 느끼게 되었다. 한국인들의 활동 영역이 국내를 넘어서 서양 문명이 영향을 미친 광대한 영역으로 확장하게 되었다."(해롤드 버만 지음, 김철 옮기고 정리함, 2013: 옮긴이 서문)[66]

한국 경제는 한국 문명의 일부분이고, 세계 경제는 인류 문명의 중요 부분이라는 것을 부인할 수 없을 것이다. 또한 세계 경제의 포섭력은 점점 커져가고 있다는 것을 아무도 부인할 수 없을 것이다. 그러나 역시 보편과 특수의 관계는 긴장 관계라고 할 수 있다. 필자가 경제사와 서로 교호하는 법제사의 특징을 조사했을 때, 1920년대의 대공황 이전 시절과 1930년대의 대공황 시절, 그리고 1873년에서 1897년까지의 장기 대침체 시절에 놀랍게도 서양법 전통의 나라들에서 공통점과 유사점이 발견되었다(김철, 2010.11.30.).[67]

5.2.1. 크루그먼과 법 제도(김철, 2010.12.: 552)

"필자는 오로지 법학 자체만을 연구 대상으로 하지 않고, 법학과 경제학 또는 법학과 역사학 또는 다른 사회과학을 동시에 볼 수 있어야 충분한 성과를 거둘 수 있다고 생각해 왔다. 2008년 10월 24일 세계 경제위기가 왔을 때 기왕의 예언자들 중 경제학이 아닌 인접 학문의

---

66) 해롤드 버만 지음, 김철 옮기고 정리함, 『법과 혁명 I - 서양법 전통의 형성1』(파주: 한국학술정보(주), 2013).
67) 김철, "장기 공황(1873~1897) 시대의 법사와 경제사", 『사회이론』 2010년 가을/겨울호 (서울: 한국사회이론학회, 2010.11.30.).

근거, 그중에서도 역사학적 근거를 가장 충분히 입증한 사람은 폴 크루그먼이었다. 그는 경제학의 지식보다 규범과 법제도가 소득 구조에 더 큰 영향을 미친다고 했다. 결과적으로 경제현상에 있어서의 규범과 법제도의 영향을 동시대의 법학자들도 설득력 있게 설명하지 못한 점을 극적으로 증명한 사람은 역시 폴 크루그먼이었다. 법학과 인문 및 사회과학의 학제적 연구를 해 오던, 필자는 폴 크루그먼의 학제적 연구에 주목하였다. 즉, 필자는 2008년 세계 경제위기의 역사적 원형을 1929년 9월에 시작된 세계 대공황에서 찾았으며 대공황의 경제사에 대비하는 법제도사 연구를 해 왔다. 뉴딜 시대의 법제사와 입법사가 2008년 세계 경제위기의 치유에 여전히 유효하다는 것을 입증하려고 해 왔다. 다시 크루그먼은 2010년 6월 27일에 앞으로의 선진국의 경제상황은 이제 1930년대의 대공황은 모면했으나 오히려 24년이 걸린 1873~1897년의 장기 대공황 또는 장기 대침체의 유형에 들어가고 있다고 했다. 저자는 이전까지의 대공황기의 경제사와 법제도사의 상관관계의 연구에서 이제는 장기 대공황 때의 경제사와 법제도사와의 상관관계에 주목하게 되었다. 19세기 세계사에서의 장기 대공황은 당시 선진공업 국가 모두에게 닥친 것으로서 보편적 성격을 가지는데, 이 점에서 1930년대의 세계 대공황과 유사하다고 볼 수 있다. 이런 보편적 성격 때문에 당시의 선진국 경제 상황과 이에 동반하는 법제도와 에토스의 상관관계를 찾게 되는 계기가 된다."(김철, 2010.12.: 552)

5.3. 폴 크루그먼의 '불평등의 경제학'과 김철의 '아노미의 법학'

5.3.1. "크루그먼(Krugman)은 『불평등의 경제학』(Krugman, 2007: 022)에서 제도와 규범 그리고 정치적 환경이 소득 분배에 미치는 영향이 경제적 입문에서 배운 것보다 중요하고, 객관적인 시장의 힘은 그

렇게 중요한 역할을 하지 않는다고 하였다. 그렇다면 법 제도와 규범이 소득 분배에 있어서 경제 원리보다 중요하다."

5.3.2. "크루그먼은 뉴딜 이전의 시대와 21세기 초(2000~2007, 2008)의 미국이 부의 불평등과 권력의 불평등이 심하다는 점에서 같다고 한다. 김철은 뉴딜 이전의 미국의 아노미에 주목하고 2008년 9월 금융위기에 같은 관찰을 적용할 수 있는지를 묻는다."(김철, 아노미, 2008ㄴ)

5.3.3. "크루그먼은 피케티와 사에즈(NBER)를 인용하여 대공황 전 1920년대(10년) 평균과 2005년의 소득격차가 소수 특수계층에 집중된 점이 비슷하다고 한다(Krugman, 2007: 032). 2013년의 한국은 어떨까? 크루그먼은 변화의 흐름이 경제에서 정치로 흐른다는 통념을 부정하고, 제도, 규범 및 정치환경이 경제로 흘러, 경제적 불평등을 가져온다고 한다."

5.3.4. 김철은 문화적 사회적 아노미가 경제적 아노미를 가져오거나 연결되었다고 한다(김철, 아노미, 2008ㄴ). "사회적 문화적 아노미가 어떻게 경제적 아노미로 연결되어 있는가에 대한 연구이다." 2013년의 한국에서의 아노미의 수준은 어떠한가?

5.3.5. "크루그먼은 불평등에 대한 경제학에서 키워드는 '소득의 불평등'이나 김철의 아노미에 대한 사회학적 법학에서의 키워드는 '아노미'이다. 잠재적으로 크루그먼은 1920년대의 소득불평등과 21세기(7~8년간)의 소득불평등이 비슷하다고 해서, 1929년의 대공황과 2008년의 세계 금융위기 이전 10년의 소득 불평등을 강조했다. 따라서 2008년의 금융위기를 예언했고 적중하였다. 김철은 아노미 연구에서 1920년

대의 아노미와 2008년 9월 이전 10년의 아노미를 강조하면서 소극적으로 유추할 수 있다고 했다. 대공황(1929) 이전 10년(1920년대)과 세계 금융위기 이전 10년(1998∼2008)을 비교하는 점은 두 사람이 같은 점이 있다. 물론 분야는 다르다. 한쪽은 경제사이고 한쪽은 법 제도사이다."(김철, 2008)68)(김철, 2009.3.: 81−83)

5.3.6. 한국의 최근 금융 아노미는 다음의 두 기사에서 관찰된다.

5.3.6.1. "연이은 금융사고 이대로는 안 된다"(오정근, 매일경제신문 2014. 2. 12)

> "2011∼2012년 저축은행 불법 대출, 2013년 KB국민은행 도쿄지점 거액 부실 대출과 국민주택 채권 위조 인출 사건, 4만여 명 개인 투자자를 울린 동양증권 부실 기업 어음 불완전 판매 사건, 금년 초부터 1억 400만 명 카드 가입자 개인정보 유출 대란에 이어 3000억원 대 부실 사기 대출 사건. 대형 금융 사고가 연이어 터지고 있다. 금융이 5대 중점 서비스 산업으로 한국 경제의 신 성장 동력이 되기는 커녕 은행 증권 서민 금융 기관에 이르기까지 총체적으로 곪은 형국이다. 도대체 한국 금융은 왜 이러나. 왜 갈수록 수렁 속으로 빠져드나. 금융 기관이란 예금자와 투자자의 자금을 위임받아 관리하고 기업 등 수요자에게 중개하는 곳이다. 그런데 한국 금융은 신 성장 동력 산업은커녕, 저축을 필요 분야에 공급하는 금융 본래 기능마저 훼손되어 경제 성장의 걸림돌이 될 지경이다."

5.3.6.2. "5년은 뒷걸음 친 한국 금융"(김정욱, 매일경제신문 2014. 2. 28)

> "4000억원 대 국민은행 도쿄지점 불법 대출과 리베이트, 110억원 규모 국민 주택 채권 위조·횡령, 카드사 고객정보 1억 건 유출, 3000억원 규모 KT ENS

---

68) 김철, "위기 때의 법학: 뉴딜 법학의 회귀 가능성", 『세계헌법연구』 제14권 제3호 (서울: 세계헌법학회 한국학회, 2008).

대출사기. 하나만 터져도 큰 사건들이 지난해 말부터 줄을 이었다. ... 이번 사건들은 단 시간에 일어난 게 아니다. 도쿄지점에서는 지점장이 2010년부터 사고를 쳤다. KT ENS 대출사기는 2009년, 국민주택채권 위조는 2010년부터 최근까지 지속됐다. ... 지금 금융 권에선 외환 위기 이후 최대 위기라고 말한다. 종전에 비해 반 토막 난 순익 때문만은 아니다. 금융 권에 대한 국민 불신이 더 큰 문제다. ... 올해 초 스위스 다보스 포럼에선 금융 부문 신뢰 재구축 (Rebuilding Trust in Finance)이 여전히 주된 이슈로 논의됐다. 글로벌 금융 위기가 터진 지 5년이 넘었지만 불신이 아직도 크다는 얘기다. 리보(LIBOR)를 조작한 영국 은행 바클레이스에 벌금 5000억원을 물렸음에도 분노는 사라지지 않고 있다. ... 사족 하나. 최근 금융 사고는 빙산의 일각이라는 얘기가 나온다. 언제, 어디서 수면 아래에 있던 리스크가 터져나올지 모른다. "

참고문헌

김철, "현대 중국의 법 문화: 전통 법문화와의 관계와 분쟁해결 방법을 중심
　　으로", 『사회이론』 통권 제26호(서울: 한국사회이론학회, 2005).

＿＿＿, 한국에 있어서의 자유주의와 자유지상주의에 대한 반성, 『사회이론』
　　2006년 가울/겨울 통권 제30호(2006), 65 - 94.

＿＿＿, 『법제도의 보편성과 특수성 - 한국 공법학의 지향점을 위한 빅법적 시
　　도』(서울: 훈민사, 2007). 사간본.

＿＿＿, "위기 때의 법학: 뉴딜 법학의 회귀 가능성", 『세계헌법연구』 제14권
　　제3호(서울: 세계헌법학회 한국학회, 2008).

＿＿＿, 『경제 위기 때의 법학』(파주: 한국학술정보(주), 2009.3.).

＿＿＿, 『한국 법학의 반성』(파주: 한국학술정보(주), 2009.9.).

＿＿＿, "근대 이후의 자유주의의 변용(1) - 경제공법질서의 전개과정 - ", 『세
　　계헌법연구』(서울: 세계헌법학회 한국학회, 2010.6.30.).

＿＿＿, "장기 공황(1873~1897) 시대의 법사와 경제사", 『사회이론』, 2010년
　　가을/겨울호(서울: 한국사회이론학회, 2010.11.30.).

＿＿＿, 『법과 경제 질서: 21세기의 시대정신』(파주: 한국학술정보(주), 2010.12.).

____, 법과 경제 질서, 『세계헌법연구』 제17권 제3호(2011), 236 – 258.

____, 신자유주의 시대 경쟁과 과시, 『사회이론』 2012년 봄/여름 통권 제41호
　　　(2012a), 69 – 99.

____, 폭력의 사회경제적 배경과 판례 : 자유지상주의, 신자유주의에서의 아노미
　　　에 대한 판례의 태도, 『사회이론』 2012년 가을/겨울 통권 제42호(2012b),
　　　29 – 62.

선대인, 『선대인 미친 부동산을 말하다』(서울: 웅진지식하우스, 2013).

최윤식, 『2030 대담한 미래』(서울: 지식노마드. 2013.8.).

해롤드 버만 지음, 김철 옮기고 정리함, 『법과 혁명 I – 서양법 전통의 형성
　　　1』(파주: 한국학술정보(주), 2013).

Shiller, Robert J., *Finance and the Good Society*(Princeton: Princeton Univ. Press,
　　　2012).

Posner, Richard A., *A Failure of Capitalism*(Cambridge: Harvard Univ. Press,
　　　2009).

권기혜, 대한변협신문 2013년 8월 19일 쓴 소리 바른 소리.

김대식, "당장 생산성부터 살려놔라", 매일경제 2013년 11월 18일.

김성회, "중산층 스트레스", 매일경제 2013년 8월 16일 오피니언 란.

김정욱, "5년은 뒷걸음 친 한국 금융", 매일경제 2014. 2. 28

김효재, 석민수, "801社 회생신청 환란 후 최다 – 불황에 작년 법정관리 行
　　　급증‥ 자산규모만 30조", 매일경제, 2014년 1월 14일 화요일.

매일경제, "사회갈등 세계2위라는 부끄러운 자화상", 2013년 8월 22일.

박원암, "1% 부자 vs 99% 국민", 매일경제 2013년 8월 27일 오피니언 란.

박재현, "1997년 데자뷔", 매일경제 2013년 10월 17일 박재현칼럼.

백승관, "경상흑자, 박수칠 때 아니다", 매일경제 2013년 11월 2일 오피니언 란.

서정희, "왜 다시 아시아 위기인가", 매일경제 2013년 8월 27일.

송의영, "유로 위기 관전기", 매일경제, 2012년 6월 25일 분석과 전망 란.

오정근, "연이은 금융사고 이대로는 안 된다", 매일경제, 2014년 2월 11일.
　　　기고 란.

윤석헌, "추락하는 한국 금융의 현주소", 매일경제 2013년 10월 28일 오피니
　　　언란.

윤상환, "'21조弗' 검은돈 천국 조세피난처", 매일경제 2013년 4월 12일.

이병문, "'우울증 한국' 年23조 손실.. 나를 돌보는 시간 가져라"", 매일경제,
　　　2013년 8월 2일.

이종욱, "미국發 위기 안심하기 이르다", 매일경제, 2013년 10월 18일 오피
　　　니언 란.

이지용, "집값추락에 전세금마저 떼인다", 매일경제 2012년 7월 9일.

이호승 · 김규식, "방산업체만 남고 LIG 그룹 사라진다-매출 12조서 1조원 대
　　　로…CP 사건에 발목 '종합금융' 꿈 물거품", 매일경제 2013년 11월 20
　　　일 A3.

전범주 · 김제림, "한국 경제 디플레 초기진입, 자본 과잉 유출입도 막아야",
　　　매일경제, 2013년 7월 1일 1면.

전범주, "20개월 연속 경상흑자의 '그늘'", 매일경제 2013년 11월 6일.

차윤탁, "한국경제 피로증후군…新성장공식 필요하다", 매일경제 2013년 4월
　　　14일.

한국경제, 2013년 5월 29일 수요일 A5.

홍기용. "소득공제, 세액 공제 전환 안 돼", 중앙일보 2013년 8월 16일 금요일.

최현대 세계의 자유주의와 한국의 자유주의

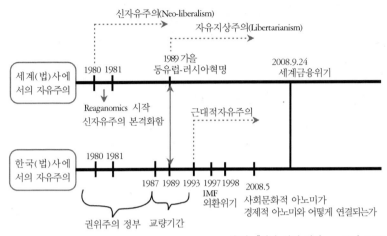

(출처: 『법과 경제 질서』 p. 54의 도표)

자유지상주의와 신자유주의의 역사

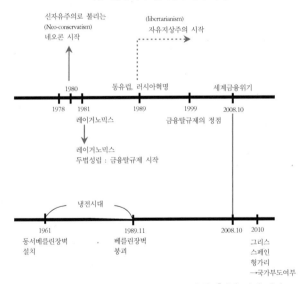

(출처: 『법과 경제 질서』 p. 91의 도표)

5

아노미의 법학과
평등권, 교육의 기회

The GREAT GATSBY

F-SCOTT-FITZGERALD

뒷줄 왼쪽 시계방향

토마스 피케티(Thomas Pikehtty, 1971~)

『위대한 개츠비(The Great Gatsby)』

에밀 뒤르켐(Emile Durkeim, 1858~1917)

제임스 헤크먼(James Heckman, 1944~)

위대한 개츠비는 스콧 피츠제럴드(Scott Fitzgerald)에 의해 1925년 출간되었으며, 아메리카의 재즈 시대(1919~1929)의 번영과 사회적·문화적 아노미를 풍자하고 있다.

'**위대한 개츠비 곡선(The Great Gatsby curve)**'은 지난해 5월까지 백악관 경제자문위원회 위원장을 맡았던 앨런 크루거(Alan Krueger) 프린스턴대 교수가 경제적 불평등을 설명하기 위해, 소설 인물 이름인 개츠비를 따서 제시한 이론이다. 개츠비가 살던 미국 대공황 직전은 소득 상위 1%의 가계 소득이 미국 전체의 21%에 달할 정도로 빈부 격차가 극심한 시기였다. 경제적 불평등 정도가 심하면 심할수록 부모의 부가 자식에게 그대로 이어질 가능성이 높다는 것이 개츠비 곡선의 골자다(매일경제, 2014.1.4.).[1]

제임스 헤크먼은 법학적 주제를 다루어 온 경제학자이다. 2014년 1월 초의 전미경제학회(AEA)에서의 기조연설 "경제적 불평등과 교육에 있어서의 기회 부여"는, 필자가 기왕에 발표한 2008년 "경제 위기와 아노미의 법학"(2009년, 2010년의 저서에서 반복 게재)의 취지와 거의 같기 때문에 소개하기로 한다.

"제임스 헤크먼 시카고대 교수는 전미경제학회 기조연설을 통해 이같은 경제적 불평등을 해소하기 위해 '청소년에게 돈이 아닌 기회를 줘야 한다'고 주문했다. 헤크먼 교수에 따르면 인간이 평생에 걸쳐 습득하는 기술은 본질적으로 역동적이다. 기술이 또 다른 기술을 낳고, 한 번 부여된 동기가 또 다른 동기를 부른다. 또 동기가 기술 습득으로 이어지고, 기술 습득이 또 다른 동기로 이어지기도 한다. 헤크먼 교수는 바로 이런 특성 때문에 청소년기에 학습 동기가 제대로 부여되지 않으면 성년이 됐을 때 경제적으로 실패할 가능성이 높다고 지적했다. 이 때문에 정부가 사회적 불평등과 미래 소득 격차가 결정되는 청소년기의 중요성을 인식하고 취약 청소년층의 사회·문화적 기술개발을 극대화할 수 있는 방향으로 정책의 초점을 맞춰야 한다고 강조했다. 다만 취약계층 청소년에게 단순히 보조금이나 지원금 등 푼돈을 보태주는 정책만으로는 충분한 효과를 낼 수 없다고 진단했다. 돈보다는 기회를 주는 게 더 효과적이

---

1) 2014 전미경제학회 기획취재팀, "헤크먼 '불평등 해소가 생산성 높여 국가경쟁력 키운다'", 매일경제, 2014년 1월 4일.

라는 설명이다. 헤크먼 교수는 청소년 시절에 학비를 조달할 수 있는 환경의 중요성을 강조했다. 헤크먼 교수는 "청소년들이 (학비 조달을 위한) 자금 융통에 어려움을 겪고 있는 상황은 잠재적으로 심각한 시장실패를 가져올 수 있다"며 "이 같은 점을 없애기 위해서는 정부 역할이 중요하다"고 분석했다. 그는 위대한 개츠비 곡선과 관련해 "가족 환경 자체가 청소년이 성인이 됐을 때 벌어들이는 소득 수준에 강력한 영향력을 발휘한다"면서도 "청소년의 미래 소득은 부모의 소득수준만을 의미하는 것은 아니다"라고 선을 그었다. 헤크먼 교수는 "가족이 자녀교육에 투입할 수 있는 자원(resource)은, 돈 말고도 부모가 자녀 교육에 들이는 시간 등도 포함된다"며 "부모가 돈을 많이 벌기 위해 자녀들과 함께하는 시간을 줄인다면 교육 효과가 줄어들 수도 있다"고 지적했다. 또 헤크먼 교수는 "지능(인지능력)은 사회·경제적인 성공을 판가름 짓는 강력한 결정요인으로 널리 알려져 왔지만 지능만으로 성공이 보장되는 것은 아니다"라며 "인내심이나 건강, 자긍심, 동기 부여 등도 지능만큼이나 소득 수준을 결정하는 데 중요한 요소로 작용한다"고 설명했다."(매일경제, 2014.1.4.)

"어떤 살아 있는 존재도 그의 욕구가 그의 수단에 적절히 연결되지 않으면 행복해질 수 없고 심지어 생존할 수 없다. ……살아 있는 존재가 정당하게 추구할 수 있는 좋은 생활, 안락 또는 사치는 수량적으로 규정될 수도 없고 객관적으로 제한될 수도 없으며, 대개 채워질 수 없는 갈증 같은 것이다. 채워질 수 없는 것은 병리의 징표로 간주되는 것이 정당하다. 이런 욕구들을 규제할 수 있는 거의 유일한 힘은 사회와 주위의 여론에 의해 제공되는 도덕적 힘이다."(Durkheim, 1952: 246)

2014년 전미경제학회(AEA)에서의 초점 중 하나는 "불평등 해소가 생산성을 높여 국가 경쟁력을 키운다"라는 제임스 헤크먼의 기조연설이었다. 그의 요지는 "경제적 불평등을 해소하기 위해서 다음 세대에게 돈이 아닌 기회를 주어야 한다"라는 것이다. 2008년 금융 위기 이후, 5년 수개월이 지난 시점에서, 이런 반성은 필자가 이미 2008년 논문과 2009년, 2010년 저서에서 되풀이한 논문의 취지와 기본적 방향이 같은 것이어서 일부 수정해서 게재한다.

- "경제위기와 아노미의 법학", 한국사회이론학회, 『사회이론』, 2008년 가을/겨울 통권 제34호, 『경제 위기 때의 법학』(파주: 한국학술정보(주), 2009ㄱ), 『법과 경제 질서: 21세기의 시대정신』(파주: 한국학술정보(주), 2010)의 글을 일부 수정

1. 아노미 현상의 역사적 배경

1.1. 1870년의 비엔나, 1882년의 파리, 1929년의 월가, 2008년의 월가 진원의 경제위기의 공통점

이 글은 사회적·문화적 아노미가 어떻게 경제적 아노미와 연결되어 있는가에 대한 비교 사회와 비교 역사의 연구이다. 필자는 300년 전에 쓰였던 아노미란 용어를 뒤르켐이 자신의 시대의 사회 현상에 적용시킨 '에밀 뒤르켐의 시대'를 거시 역사적으로 파악한다. 눈에 띄는 단락은 1870년대의 서유럽의 주요한 나라에 영향을 준 경제위기와 1882년 파리증권거래소에서 발생한 파산 사건을 주목한다. 뒤르켐 이후 약 40년 뒤 머튼이 다시 아노미를 사회현상 분석의 주된 용어로 등장시켰을 때 전후의 사회적 배경의 가장 큰 맥락을 1929년 10월 24일 월가에서 시작된 세계 대공황으로 잡고, 그 이전 1919년부터 약 10년 간의 번영기와 1929년 대공황 이후의 약 10년 동안의 뉴딜 시대를 머튼의 법사회학의 중심 소재를 제공한 시대로 파악한다. 머튼의 아노미 이론은 제도로 보장된 규범과 실제 주어지는 기회와의 분리로 마침내 귀결되었다. 이것은 뉴딜 시대의 정신이 1950년대의 적극주의 법원의 헌법 혁명으로 나타나는 것과 맥락을 같이한다. 필자는 뒤르켐과 머튼이 사용한 아노미의 비교사회학적·비교역사학적 통찰을 2008년 9월 현재 지구촌의 초점이 된 월가에서 출발한 금융위기에 적용할 수 있는가를 조심스럽게 묻는다. 즉, 1998년부터 약 10년간 미국 경제는 호황이었고 그 호황은 아노미를 동반하는 것이 아니었는가. 그렇다면 2008년 9월 이후 약 10년간 세계경제의 중심인 미국은 뉴딜 시대와 얼마나 많은 공통점을 갖게 될 것인가. 또한 한국인으로서 이미 겪은 1998년의 외환위기를 뒤르켐-머튼의 분석 용어로 반추할 때 1998년 이전의 약 10년, 즉 1989년부터 시작된 한국의 자유화가 아노미를 동반하지 않았는가라고 묻는다. 또한 1998년부터 약 10년간 한국 사회의 사회문화적 흐름의 특징을 비교사회적으로 고찰할 때 미국이 1929년 이후 약 10년간 경험했던 기간과 과연 어떤 상사점을 가지고 있는가. 머튼이 1938년에 대공황 이후 약 10년 동안 관찰했던 아메리카 사회의 두 측면, 즉 여전한 성공 신화와 다른 한편에서 뉴딜 입법과 적극주의 법원의 기회균등을 위한 세계 최초의 노력이 한국 사회와 비교할 때 어떻게 비교 평가될 것인가를 묻는다.

1.2. 뒤르켐 시대의 사회경제 상황

뒤르켐은 1858년에서 1917년 사이에 생존하였고 초기의 중요 저작을 출판하기 시작한 시기는 1893년과 1897년이었다. 서유럽의 전역에 영향을 미쳤던 장기 대공황이 끝난 것이 1897년이었다. 연대순으로 그의 생애에 영향을 미친 서유럽 대륙과 프랑스의 중요한 역사적 사건을 개략적으로 검토하면 다음과 같다. 우선, 그가 태어나기 10년 전에 서유럽의 대부분 지역에서 발생했던 1848년의 혁명에서부터 시작하자. 이 거대한 혁명의 흐름에 맞서 유럽 여러 나라의 지배 엘리트들은 공화정부를 요구하는 도시 노동자와 토지의 재분배를 요구하는 농민의 연합 운동을 예방할 수 있었다. 프랑스의 혁명은 파리에서 패퇴하였고, 오스트리아·헝가리 제국의 농민들은 2급 조차지에 매수당했다. 남은 것은 구체제에 반대하는 지식인이 이끈 중간 계급의 운동과 이데올로기가 있었을 뿐이다. 그들 이데올로기 꼭대기에는 국민 정부에의 참여에 대한 요구가 있었다(존슨, 1977: 116-117). 한편, 1871년에 빌헬름 프리드리히 황제의 프러시아 군대는 파리를 함락시켰다(김철, 2007ㄴ: 57). 프랑스는 프러시아와 조약을 맺고 의회가 평화를 선포했으나 파리의 급진 공화파는 의회에 불만을 품고 중산층과 의회에 반대하는 저항을 계속하기로 결정하여(곧 파리코뮌) 프랑스는 내란 상태에 빠진다. 결국 파리코뮌 참가자 수천 명이 처형 또는 유배당했고, 국민의회가 정통 정부를 성립시킨다(김철, 2007ㄴ: 59). 1877년 이후 서서히 공화주의자의 공화국이 행운의 징조를 가지고 시작되었다. 국가는 번영했고 1878년에는 전보다도 진보하고 미화된 프랑스를 전시하는 세계 박람회가 개최되어 전 세계에 '프랑스 공화국은 제2의 아테네가 될 것'이라는 믿음을 심어 주었다(모로아, 1980: 498-499).

1878년에 개최된 베를린회의에서 비스마르크가 튀니지를 프랑스에 위양했다. 프랑스는 식민지 제국을 정비 강화할 수가 있었다. 공화국은 이전보다 부강하게 발전했고 1878년 총선거는 보수파의 최후의 거점인 상원의 과반수를 깨고 말았다. 1850년부터 1900년까지 프랑스의 철도망은 3,000km에서 13,000km로 늘어났다. 1882년 파리의 증권거래소에서 일어났던 유명한 파산의 영향은 파리에서뿐만 아니라 프랑스 전체에서 곧 나타났다. 자살의 연평균 증가율은 1874년에서 1886년까지 2%에 불과하였다. 그러나 1882년에는 7%의 증가율을 보였다. 이 증가율은 파산 사건이 일어났던 첫 3개월 동안에 주로 증가했다(뒤르켐, 1993: 255-256). 1889년의 박람회는 여러 가지 점에서 주목할 만하다. 프랑스대혁명 100주년 기념일과 일치하는 시점에 열린 이 박람회의 성공은 조국에 대한 정당한 자부심을 심었고, 과격파 좌익이 사회주의화를 지향하는 데 대한 불안 등과 맞물려, 구체제의 가장 대표적인 인물들을 현 체제에 흡수하게끔 만들었다(모로아, 1983: 507). 1893년에서 1898년동안 프랑스는 온건한 장관들의 통치를 받았고 제3공화국은 기조와 루이 필립의 시민적인 전통을 계승하고 있는 것처럼 보였다. 당시의 정치 지도자들은 폴리테크닉, 고등교원대학 등 명문교의 졸업생이거나 변호사 출신이었다. 이미 공화주의당의 대가족이 형성되어 모든 정부기관에 뿌리를 내리고 있었다. 1893년에 재정 관계의 스캔들이 신뢰를 뒤흔들었다. 파나마 사건은 로우 파산 사건이 왕정에 끼친 정도만큼은 공화국에 피해를 끼치지는 않았으나 적어도 국정에 대하여 지속적인 불신감을 심어 주기에는 충분했다.

파나마 회사는 비난을 방지하기 위하여 신문사에 돈을 뿌리고 15억 프랑의 채권을 발행할 인가를 받기 위해 하원을 매수했다. 이 사건은 1888년에 발생되었던 것이며 그 후 오랫동안 파나마 회사가 도산 상태에 있었음에도 불구하고 역대 내각은 회사가 감행한 조작을 은폐하는 데 성공했다. 채권 소유자들은 아직도 정부가 손해를 보상해 줄 것이라고 기대하고 있었고 레셉스의 명성이 신용을 유지하고 있었으므로 아무도 감히 회사를 조사하자고 나서지 않았다(모로아, 1983: 509). 1894년 드레퓌스 사건이 일어났다. 클레망소와 조레스, 에밀 졸라와 같은 지식인은 드레퓌스를 변호했다(민문홍, 2008: 352; 모로아, 1983: 509-510).

2. 아노미 이론의 법학과의 접점

2.1. 아노미의 정의

아노미(anomie)는 뒤르켐이 '사회분업론'과 '자살론'에서 사용한 개념이다(Durkheim, 1952; Merton, 1957). 그런데 그 용어는 뒤르켐 이전부터, 곧 16세기부터 사용되었던 것을 재생시킨 것이다(Merton, 1957: 135).[2]

---

2) 머튼은 뒤르켐에 의해서 3세기 전의 아노미(anomie, anomy, anomia)가 다시 소개되었을 때 그전의 쓰임새와 거의 같게 쓰였다는 것 이외의 설명은 하지 않고 있다. 그의 설명은 전혀 다른 예를 비유로 들면서 역사적으로 한때 쓰였던 용어가 약 300년 이후에 다시 활발하게 쓰인 경우를 들고 있다. '의견의 환경(climate of opinion)'이라는 용어는 최초로 요셉 그랜빌(Joseph Glanvill)에 의해서 쓰였으나 3세기 뒤의 알프레드 노스 화이트헤드가 다시 부흥시켜 학계에서나 정계에서도 인기를 얻게 된 것과 같다

아노미의 사전적인 뜻은 '규범이 없음'으로, 규제와 억압이 존재하지 않는 상황에서 발생한다. 이때 규제와 억압을 담당하는 규범은 법규범, 도덕규범 그리고 사회규범과 행동규범을 의미한다. 아노미의 두 번째 뜻은 '자신이 어디에 소속되었는지를 모르는 상태'이고 '무규범 상태'와 뚜렷하게 구분되는 것은 아니지만 약간은 다른 의미를 내포하고 있다(김광기, 2007: 54). 그러나 뒤르켐은 아노미를 사전적인 뜻풀이로 시작하지 않았다. 우선, 다음 제시된 뒤르켐의 언급을 직접 읽어 보는 것으로 시작해 보자.3)

2.1.1. 채워질 수 없는 갈증으로서의 인간 욕구

"어떤 살아 있는 존재도 그의 욕구가 그의 수단에 적절히 연결되지 않으면 행복해질 수 없고 심지어 생존할 수 없다. ……살아 있는 존재가 정당하게 추구할 수 있는 좋은 생활, 안락 또는 사치는 수량적으로 규정될 수도 없고 객관적으로 제한될 수도 없으며, 대개 채워질 수 없는 갈증 같은 것이다. 채워질 수 없는 것은 병리의 징표로 간주되는 것이 정당하다. 이런 욕구들을 규제할 수 있는 거의 유일한 힘은 사회와 주위의 여론에 의해 제공되는 도덕적 힘이다."(Durkheim, 1952: 246)

고 한다. 왜 300년 이상 된 용어가 전혀 다른 시대에 와서 공감 또는 반향을 일으키게 되는가. 이 문제는 역사적 의미론(historical semantics)의 영역이다(머튼, 1957: 135).

3) 이와 더불어 김광기 교수의 해석도 살펴보자. "그런데 그러한 규제와 억압이 존재하지 않는 상황이 발생할 수 있다는 것이다. 이를 뒤르켐은 고상한 말로 '무규범 상태 (the state of normlessness)'라고 명명하면서 이것을 더 줄여 '아노미'라고 하였다. 그리고 이러한 '아노미'적 상황에서 발생할 수 있는 자살의 유형이 바로 '아노미적 자살'이다. 사람들은 규제와 억압을 혐오하는 것 같지만 아이러니하게도 규제와 억압이 없는 상황 또한 견디지 못한다. 뒤르켐은 또한 '아노미'를 다른 식으로도 규정했다. 그것은 바로 '자신이 어디에 소속되었는지를 모르는 상태'다. 이것은 위의 '무규범 상태'와 뚜렷하게 구분되는 것은 아니지만 약간은 다른 의미를 내포하고 있다. 예를 들면, 제대하여 대학에 복학하기 전까지 허공에 뜬 것처럼 여겨지는 상태나 어느 날 출장을 다녀와서 보니 자신의 책상이 없어지고 회사에서 막상 퇴출당했을 때이다."(김광기, 2007: 54-56)

2.1.2. 갈증과 욕구를 규제하는 사회

이런 점에서 볼 때, 뒤르켐은 욕구의 존재로서 인간과 규제력을 가진 사회를 대비하고, 특히 사회의 도덕적 힘에 의한 규제의 중요성을 강조한다는 것을 알 수 있다. 그러나 이러한 사회의 규제력은 경우에 따라 심각하게 약화될 수 있다. 범죄사회학자 만하임(Mannheim)의 다음과 같은 해석은 아노미가 바로 그러한 상황에서 벌어지는 특정한 무규범 상황임을 강조하고 있다.

2.1.3. 급격한 변동기에는 탈규제와 무규범이 진행된다

"생활수준의 상한(上限)과 하한(下限)은 어떤 사회의 어떤 범주의 직능인들과 각기 다른 계층에게 납득될 수 있는 수준으로 작동해 왔다. 그러나 급격한 사회변동기, 곧 경제의 표준과 도덕의 표준이 변화하는 시기에는 그렇지 않다. 경제위기의 시기나 정권 교체기 또는 권력과 부가 급격히 증가할 시기에는 이러한 생활의 표준은 갑자기 급격하게 변한다. 취향의 정처 없음은 더 이상 여론에 의해 규제되지 않으며, 일종의 규제 회피 또는 탈규제, 더 나아가서 무규범 상태가 진행되고 더 이상 확립된 기성 계층은 존재하지 않으며 이룰 수 없는 목표를 위한 경주가 시작된다. ......이런 상황에서 종교는 영향력을 잃고, 경제를 규제할 정부는 하인이 된다. 자살은 어떤 종합적 상태의 경과 중의 하나이고, 타인을 살해하는 것은 이러한 경과의 다른 것이다."(Mannheim, 1973: 501)

2.1.4. 무규범 사회에서 자살률과 타살률이 다 같이 높다

뒤르켐이 보기에 자살과 타살은 동전의 양면에 해당하는 것이다. 자살과 타살의 통계적 상관관계를 조사한 결과, "무규범에 업혀 있는 사회에서는 자살률과 타살률이 똑같이 높은 것을 발견할 수 있다"(Durkheim,

1952: 355)고 뒤르켐은 결론을 내렸다. 결론적으로, 뒤르켐의 아노미 개념은 급격한 사회변동의 시기에(그것이 호황이든 불황이든 관계없이) 기존의 사회적 규제력이 약화되는 상황에서 특별히 적용 가능한 것이라고 볼 수 있다.

2.2. 뒤르켐과 머튼의 아노미 이론 비교

뒤르켐의 개념을 더욱 구체적으로 발전시켜서 '그 사회문화에 있어서의 목적'과 '제도화된 규범'의 갈등이 어떤 식으로 전개되는가를 전개한 것이 머튼(Robert K. Merton)이다. 뒤르켐과 머튼은 인간의 욕구와 그것을 만족시킬 수 있는 수단 사이의 거리가 크다는 데에 주목한다는 점에서 공통된다. 뒤르켐은 무규범 상태의 근원에 기본적으로 인간의 욕구와 야심의 무한성이 있다는 것을 강조한다(뒤르켐, 1993ㄱ: 245). 반면에 머튼은 욕구와 야심이 제어되어 있는 경우를 취급한다(Mannheim, 1973: 502). 인간의 욕구에 대한 뒤르켐과 머튼의 인식의 차이는 이들의 경험적 관찰 대상이었던 사회의 차이에서 비롯되었다고 볼 수 있다. 뒤르켐이 주된 저작을 발표하던 1890년대의 경우, 그 시기와 그 직전 시기 동안 프랑스 사회는 격변기를 보냈고 그 결과 대중의 욕구가 제어되지 않은 채 터져 나왔다.[4]

---

4) 이는 뒤르켐이 『자살론』에서 인용한 유럽 제국의 자살의 절대수로 추정할 수 있다. 그가 작성한 1841년부터 1869년까지의 프랑스, 프로이센, 영국, 작센, 바이에른, 덴마크의 자살의 절대수를 보면, 1869년에 프랑스는 5,114건, 영국은 1,588건, 프로이센, 작센, 바이에른을 합쳐서 4,679건, 덴마크는 462건으로 프랑스의 경우가 압도적으로 높았다(뒤르켐, 1993ㄱ: 41 표 1). 뒤르켐이 취급한 통계의 시대적 배경은 이 글의 첫 번째 각주에서 제시한 내용을 참조할 것. 한편, 뒤르켐 시대의 대표적인 문인으로는 기 드 모파상을 들 수 있고, 화가로는 마네, 모네 등의 인상주의 작가를 들 수 있다.

2.2.1. 머튼의 시대

머튼이 뒤르켐의 아노미 이론을 계승해서 「사회구조와 아노미」를 발표한 것은 1938년이며, 이 논문의 수정본이 포함된 저서를 초간한 것은 1949년[5]이었다. 그러나 머튼이 뒤르켐의 아노미 이론을 아메리카에 적용하려고 시도한 주된 시대는 1930년대 공황에 원인을 제공한 시기인 1920년대일 것이다.[6] 1929년에 월가의 주가폭락에서 시작된 세계 대공황 이후 1930년대는 세계 대공황의 시대이며 동시에 뉴딜 입법의 시대이기도 하다(김철 2007 ㄱ: 188 - 191; 2007 ㄴ: 125 - 127). 머튼의 주요 활동기는 1950년대에까지 이어지는데, 1950년대 미국 사

---

5) 머튼의 『사회이론과 사회구조』의 초판은 1949년이고 개정 확대판이 나온 것은 1957년이었다. 그러나 이 책의 4장('사회구조와 아노미')은 원래 1938년에 발표되었다. 1930년대의 자료는 물론 1940년대의 자료까지 포함하고 있는 것을 볼 때 책으로 묶이면서 가필되었을 것으로 추정된다. 4장에서 언급되는 문헌들을 보면, 프로이트의 영향에 대해서는 1924년 자료, 정상심리학에 대해서는 1937년 자료, 정신병리학에 대해서는 1938년의 문헌, 미국의 성공 문화에 대해서는 1933년의 문헌 등을 인용하고 있고, 할리우드의 문화에 대해서는 1940년의 문헌을 인용하고 있다 (Merton, 1949, 1957: 131 - 139). 한편, '사회구조와 아노미'가 다루고 있는 1930년 대 전후의 시기는 1929년 10월 24일 월가의 파산이 세계 대공황으로 진행된 전후의 시기와 일치한다. 이 시대는 1919년 이후 약 10년간 계속된 미국 경제의 거품이 한꺼번에 폭발한 1929년 이후, 재정비와 재정리 기간의 10년에 해당한다. 1933년에 대공황을 극복하기 위한 국가적, 입법적 노력으로 뉴딜 정책의 '국가산업회복법'(National Industrial Recovery Act, 1933)이 제정되었다(김철, 2007 ㄴ: 125 - 126). 정부의 규제적 경향은 뉴딜 정책에서 절정에 달했고, 이는 복지국가의 원리에도 가까워진 것이다. 1937년에 재선된 프랭클린 루스벨트 대통령은, 뉴딜 정책을 지속하기 위해, 자유방임주의로 일관하는 법원의 개편안을 계획하였다. 1937년 주 최저임금법, 전국 노동관계법, 1935년의 사회보장법 케이스에서, 법원은 시대정신인 복지국가 원리를 승인하고, 70년간 계속된 자유방임(laissez faire) 전통을 종식시켰다(김철, 2007 ㄴ: 125). **미국 사회의 아노미 현상에 대한 머튼의 관찰**은 대공황의 원인들이 축적되어 간 1920년대부터 대공황이 전개되고 수습되던 1930년대까지, 곧 대공황의 여파가 계속되면서 정부와 사회의 규제력이 본격화하는 1930년대 후반의 미국 사회의 지적인 노력을 반영한다고 평가할 수 있다.
6) 미국문화사에서는 1919년부터 1929년까지의 10년을 '재즈 시대'라고 한다. 재즈 시대의 사회적 문화적 아노미를 '잃어버린 세대'의 문학으로 표현한 것은 『위대한 개츠비』 (1925)의 작가 피츠제럴드이다. 이 시기에는 급격히 증가한 경제적 부가 이전의 청교도적 정신주의를 압도해서 대중의 감각이 호사와 안락, 그리고 사치에 길들여졌다. 한편 1919년부터 1933년까지의 미국 사회사에 대해서는 Schliesinger Jr.(1957)를 볼 것.

회의 가장 큰 과제는 그때까지 계속된 인종적 불평등(그리고 그 귀결인 계층 간 불평등)을 현실 문제로 파악하여 그 불평등한 사회적 관행을 고치려는 노력을 시작하는 것이다.[7]

2.2.2. 용인되는가, 용인되더라도 기회가 주어지는가

머튼은, 욕구와 야심의 한계가 주어진 경우에도 그것을 추구하는 방식이 사회적으로 용인되는 것인가 아닌가에 따라서 용인되는 방식과 용인되지 않는 방식 사이에 역시 위험한 거리가 존재한다고 한다.[8] 머튼은 다음 양 차원에서의 적절한 균형이 취해지지 않으면 문제가 발생한다고 한다. 첫 번째 차원은 어떤 사회의 지배적 가치와 그 사회의 구성원에게 정당한 목표로 부과하는 문화적 목표와의 적절한 균형이다. 두 번째 차원은 제도로 인정되고 보장된 규범 대(對) 목표에 도달하는 기회 사이의 적절한 밸런스이다.[9] 이 두 가지 차원에서 사회구조의 근본 요소 사이의 평형이 깨질 때 아노미가 확산될 상황이 도래하는 것으로 본다(Merton, 1957: 134 - 135; Mannheim, 1973: 502).

2.2.3. 제도 없이 성공을 강조할 경우

머튼은, 첫 번째로 제도적 절차(헌법, 행정절차법, 파산법, 형사 및 민사절차법, 민권법)에 대한 강조 없이 이례적으로 부의 성취나 금전

---

7) 1953년 얼 워렌(Earl Warren)이 대법원장에 취임해서 1954년 브라운 판결(Brown v. Board of Education(1))과 1955년 브라운 판결(Brown v. Board of Education(2))을 통해 1896년부터 1954년까지 약 58년간 계속되었던 '분리하되 평등'이라는 인종차별 원칙을 종식하여 새로운 시대로 진입하던 때였다.
8) 뒤르켐과 머튼의 아노미 이론의 차이점을 지적한 것은 Mannheim(1973: 502)을 볼 것. 머튼은 뒤르켐의 이론을 훨씬 더 구체적으로 발전시켜 미국 현대의 사회현상에 적용하였다.
9) 현대 세계의 예를 들면, 법 제도로 보장된 평등권(1868년 미합중국 헌법 제14조)과 그 기본법 제도 안에서의 기회(실제 어떤 권리를 누릴 수 있는가) 사이의 문제를 들 수 있다.

적 성공과 같은 특정 목표에만 중점이 주어지는 사회를 예로 든다. 물론 이 부분을 해석할 때 오해의 여지가 있는데, 어떤 사회도 행위를 규율하는 규범을 가지고 있지 않은 사회는 없다는 점을 잊어서는 안 된다. 문제는 비교하려는 사회들이 다음 문제에서 보이는 다양성에 있다. 습속이나 관습과 공식제도의 규율이 어느 사회의 문화적 가치의 사닥다리에서 높은 순위를 차지하는 목표와 어느 정도 효과적으로 통합되어 있는가의 문제야말로 핵심적으로 살펴볼 문제이다.

2.2.4. 방법 없이 목표에 집중하게 하는 경우

어떤 사회의 문화가 개인으로 하여금 그 사회에서 높게 평가하는 목표에 집중하게 하고 동시에 그 목표에 도달하는 방법에 대해서는 정서적 확신을 가지지 않게 하는 경우가 있다.

2.2.5. 목표로 가는 기술적 편의 또는 효율만 따지는 경우

목표에 도달하는 방법은 목표 자체에 대한 강조에 의해서 더 중요하게 강조되지 않기 때문에 이런 사회에서 개인의 행태는 오로지 목표에 도달하는 기술적 편의에 의해서만 한계 지어질 뿐이다(Merton, 1957: 135). 이런 상황에서 중요한 유일한 의문은 다음과 같다. '지금 사회문화적으로 강조되는 가치를 획득하기 위해서, 지금 가능한 여러 가지 절차들 중에서 무엇이 가장 효율적인 것인가', 즉 효율성의 문제가 가장 중요한 것이 된다(Merton, 1957: 134-135).

"실제 문제는 탐욕적으로 획득하려는 사회의 병들어 있음이라기보다 병든 사회의 탐욕적으로 획득하려는 성질이다."(Merton, 1957: 135)

2.2.6. 정당한 것보다 효율적인 것을 더 원한다

정당하든 정당하지 않든 간에 가장 효율적인 절차가 그 사회의 구성원에게는 가장 바람직한 것이 되어 가는 것이다. 이렇게 정당성이 계속 묽어짐에 따라 그 사회는 불안정해지고 여기에서 뒤르켐이 아노미라고 불렀던 것이 진행된다(Merton, 1957: 135). 아노미가 진행되는 이러한 프로세스에 대한 작은 에피소드를 통해서 머튼은 다음과 같이 설명한다. 운동경기에서 승리의 목표가 지나치게 강조되고 '게임의 룰에 따라서 승리하는 것'보다도 '게임에서 일단 승리하는 것'이 성공이라고 해석되는 경우를 들어 보자. 이런 경우 정당하지 않더라도 승리를 위해 기술적으로만 유효한 방법을 쓰는 것에 암묵적으로 프리미엄이 주어진다. 승리라는 목표에 대한 강조가 그 경쟁적 스포츠에 참여하는 단순한 즐거움을 박탈하게 되고 성공적인 결과만이 만족을 제공하게 된다. 이와 같이 성공목표를 지나치게 과장하는 문화[10]에서는 게임의 규칙을 지키는 것의 중요성이 점차로 약화된다. 이런 방식의 아노미는 운동경기를 넘어 사회 전체 차원으로 확산되어 갈 것이다.

2.2.7. 목표의 고정 강도와 수단의 비도덕화·비제도화

그래서 목표를 지나치게 강조하는 것은 수단의 비도덕화와 비제도화를 촉발시켜서 사회가 목적과 제도 사이의 통합을 진전시킬 수 없게 만든다. 그래서 어떤 대가를 치르더라도 목표를 이루어야 한다는 식의

---

10) 2008년 한국 문화가 머튼이 말한 '성공 목표를 지나치게 과장하고, 목표가 과정이나 수단보다 훨씬 더 강조점이 주어지는 경우'에 해당하는가는 논의의 여지가 있을 것이다. 한국 문화의 성격 중 외관주의와 명목주의를 특징으로서 열거하는 경우 머튼의 설명과 공통점을 갖는 경우가 있을 것이다. "실지로 한국 사회에서 눈에 보이는 성취를 하는 것이 어떤 것인가를 실례를 들어 증명한다면 외관적으로 커질 것, 그 내용보다도 모양, 즉 형식을 먼저 갖출 것, 이런 면에 있어서의 형식주의이다."(김철, 2000: 34-35)

논리에만 관심을 갖지, 그 과정에서 제도적으로 정당한 방식을 사용하느냐의 문제에는 거의 관심을 갖지 않게 된다.[11)

2.2.8. 대공황 예비기간 중의 아노미 진행

대공황에 원인을 제공한 아노미가 진행된 1929년 이전의 긴 기간과, 대공황이 심화되어 간 1933년까지 그리고 뉴딜 입법이 본격화되어 갈 때까지 미국 문화에서는 방식의 문제보다 목표 달성 자체에 더 중점이 주어졌다고 머튼은 판단한다(Merton, 1957: 136).[12) 당시 머튼이 인간야심의 무한함의 예로 든 '아메리칸 드림'[13)의 경우, "부(wealth)는 곧 금전적 성공이라는 사회적 입신의 지표 역할을 하고 시민들을 이러한 목표로 향하게끔 유도하는 수없이 많은 '성공담'이 횡행하고 있으며[14) 이 '쥐의 경주'에서 실패하는 자에게는 패배자라는 낙인과 함께

---

11) 2008년 가을, 세계 금융시장의 위기를 초래한 미국의 부실주택채권의 유동채권화와 높은 위험성을 포함한 금융 파생상품의 대량유통은, 부의 극대화라는 목표를 위해서 방식의 정당성을 교량(較量)하지 않은 최대의 증거로 보인다.

12) 단지 1930년대에서 1956년까지의 미국 사회라고 하는 것은 그의 공식 저작의 연대로 얘기한 것이고(각주 5 참조), 실제 그의 생애의 가장 큰 사건이었을 1929년의 대공황 이전의 10년과 이후의 10년이 그에게 결정적인 사회학적 소재였을 것이다.

13) 머튼은 아메리칸 드림에 종착점이 없다고 보고 있다. 금전의 획득에 의한 부의 성취의 정도는 정의할 수도 없고 상대적이라 한다. 즉, 모든 소득 계층에서 미국인들은 현재보다 25% 가산된 것을 원하고 있고 물론 이것이 성취되면 '얼마간 더 벌기'는 계속 작동한다. 이와 같이 표준 자체가 변화하는 곳에서는 안정적인 휴식점이 없으며 항상 '더 앞으로'가 작용한다고 한다. 최상위급의 소득 계층이 모여 사는 커뮤니티에서도 조금만 덜 버는 사람은 사회적으로 박탈감을 느낀다. 그 가장 특이한 예를 1940년대의 번영하는 할리우드에서 들고 있다(Merton, 1957: 736). 그러나 더 극적인 예는 2008년 9월 월가에서 일어난 파산 사건의 원인 행위가 진행된 경위를 들 수 있다. 불량주택채권의 담보나 파생상품의 위험성과 높은 수익성은 드디어 1929년 세계 대공황 이후 최악의 위기를 초래하였다(TIME, 2008.9.29.: 18 - 23).

14) "문화의 차원에서 머튼은 모든 사회구성원들에게 경제적 성공이라는 단일한 성공목표를 지나치게 강조하는 문화를 아노미의 중요한 근원이라고 보았다. 사회구조의 차원에서는 사회계층의 경직성 정도, 혹은 불평등 정도가 핵심적인 의미를 갖는다고 보았다. 머튼의 이론에 따르면, 경직된 사회계층구조 혹은 심한 불평등 구조가 한 사회 내에서 경제적 성공이라는 단일한 목표를 모든 사회구성원들에게

저주가 퍼부어질 것이다"[15]라고 비관적으로 보고 있다. 머튼의 이 관찰은 계층에 따라 타당도가 달라질 것이나[16] 최소한 과도한 '성공 신화' 시대의 아노미 현상에 대한 증언이라고 보기에는 무리가 없다. 이러한 머튼의 비교사회학적 의미가 있는 것은 특정 사회와 시대에 대한 적용을 넘어, 어떤 문화에서의 목표와 그것을 달성하는 수단과 방식 사이에 현저한 불균형이 있는 경우에 얼마든지 적용할 수 있다는 데 있다(Mannheim, 1973: 502; Merton, 1957: 166).

강조하는 문화와 결합했을 때 그 사회에 아노미가 팽배할 것으로 예측된다. 상당수의 사회구성원들, 특히 불평등 구조에서 하층에 위치한 사람들은 제도적 수단에 대한 접근이 제한되어 있는 상황에도 불구하고 여전히 경제적 성공 목표를 달성하기 위해서 비합법적 수단이라도 동원하려고 할 것이다. 이러한 문화적, 사회구조적 상황에서 제도적 수단의 정당성은 크게 약화될 수밖에 없다. 그리고 무엇보다 경제적 성공을 '지나치게' 강조하는 문화는 필연적으로 제도적 수단에 대한 경시로 결과될 것이다."(Merton, 1957: 187; 신동준, 2006: 37).

15) 사회경제적 지수와 범죄율 간의 높은 상관관계를 이와 같이 표현했다고 보인다. 1930년대 - 1957년 사이 아메리칸 드림을 이루지 못해 실패자로 낙인찍히고 범죄자로 전락한 경우도 많을 것이다. 그러나 그 기간 신대륙으로 유입된 외국인 이민의 경우를 생각한다면—서유럽·동유럽계 이민들, 중남미계 이민들, 그리고 한국과 동아시아 및 동남아시아 출신 이민자의 생활사를 그들이 본국에서 영위하던 정치, 사회, 경제적 위상과 비교한다면—머튼이 표현한바 '쥐의 경쟁'은 대공황기의 경험으로 해석된다. 많은 이민들에게 아메리칸 드림은 머튼이 말한바 부나 금전적 성취의 측면보다 전쟁과 정치적 재난, 경제적 불안정에서부터 피난처를 찾은 것이고, 이들의 성공 여부는 보다 긴 역사에서 판단되어야 할 것이다. 아메리칸 드림의 기록으로서 맥코트(Frank McCourt)의 *Angella's Ashes*(2003), '*Tis*(2004), *Teacher Man* (2005)' 등을 볼 것.

16) 머튼의 이 이론은 법사회학의 큰 범주에서 볼 때는 사회계층을 중심으로 한 이론으로 분류된다. 법사회학의 한 분야인 범죄사회학자인 만하임은 머튼과 그가 계승한 뒤르켐을 범죄사회학에서 계층 정향의 이론가로 보고 있다(Mannheim, 1973: 499 - 531).

3. 아노미 이론과 평등권

3.1. 반항의 정신은 이론적 제도적 평등이 막대한 불평등을 감추고 있는 곳에서 나타난다

목표와 수단 사이에 존재하는 큰 거리 자체가 아노미나 일탈 행동을 가져오는 것은 아니다.[17] 아노미나 일탈 행동은 어떤 사회가 평등권과 같은 이념을 가지고 기회균등의 복음을 선포하는 사회에서 목표와 수단 사이의 엄청난 거리가 있을 때 일어난다는 것이다(Mannheim, 1973: 503). 머튼에 의하면 사회구조의 하층에 있는 사람들에게는 사회문화가 모순된 요구를 한다(Merton, 1949, 1957: 146). 철강왕 카네기가 "모든 사람은 자본주의 사회에서 각각 왕이고 왕이 될 수 있다"고 말했을 때 하층민들도 자신이 큰 부를 가질 수 있다는 전망에 따라 행동할 것을 요구받는다. 그러나 하층민들에게는 제도적으로 그것을 성취할 유효한 기회가 주어지지 않는다. 이 구조적인 불일치의 결과는 높은 정도의 일탈 행동이다. 사회문화적으로 지정된 목표와 그 목표에 이르는 수단이 균형을 이루지 않을 때, 특권적 위치나 주어진 목표를 달성하기 위해서 어떤 수단이든 동원하는 데 강조점을 두게 되기 때문이다.

---

17) 다른 말로 한다면, 기회의 결핍은 그것 자체로서 아노미나 일탈 행동을 가져오는 충분조건은 아니고 어떤 사회가 모든 신입자에게 평등한 기회의 복음을 설교하는 평등주의적 이데올로기를 가지고 있으면서 기회가 결핍할 경우에 일어난다고 설명된다. 이것은 한 사회의 범람하는 이념과 사회의 실상 간의 대비이고 이 대조가 경제적으로 가난한 나라에서보다 미국에서 사회경제지수와 범죄 간의 더 높은 상관계수를 보여 주는 이유라고 설명된다(Mannheim, 1973: 503).

3.2. 사회적 상승을 강조하면서도 상승의 기회가 닫혀 있을 때

이런 사회적 맥락에서 경제적 풍요에 높은 프리미엄이 주어지고 모든 사회구성원에게 사회적 상승을 강조하면서도 상승의 기회가 닫혀 있을 때(기회가 있더라도 좁은 문일 경우에) 마피아식의 방식을 사용하거나(김선경, 1999) 도덕적으로는 성취할 수 없는 목표에 대한 비도덕적 방법에 의한 승리를 추구한다(Merton, 1957: 146).

카뮈(Albert Camus)가 『반항적 인간』에서 '반항의 정신은 이론적 제도적 평등이 막대한 불평등을 감추고 있는 곳'에서만 나타난다고 말하는 것도 이것과 관련지어 이해할 수 있다(Camus, 1951; Merton, 1957). 머튼의 용어로 제도상 인정되고 보장된 규범 대(對) 목표에 도달하는 기회 사이의 적절한 밸런스가 없는 경우, 일반적으로 기회균등의 문제가 나타난다.

4. 평등권과 기회 균등

4.1. 평등권과 차별에 대한 인식 변화

평등권에 대한 헌법 조문은 '차별받지 아니한다'로 표현된다. 대한민국 헌법 제11조 제1항의 경우, "모든 국민은 법 앞에 평등하다. 누구든지…… 차별을 받지 아니한다"고 적시되어 있고, 미국 수정헌법 제14조는 "국가는 법의 평등한 보호를 거절할 수 없다"고 규정하고 있다. 차별(差別)이란 말은 물론 한자 문화권에 속하는 한국인의 생활에도 익숙하다. 한국인이라면 누구나 취학 이후 '혹시 내가 차별받지 않는가?'라는 두려움을 가진 적이 있을 것이다.

학교란 개화기 이후 한국인이 보편적으로 경험하는 첫 번째 공식적 사회이기 때문이다. 이때 인종이나 종교상의 차별의 문제는 한국인의 역사에는 (다른 외국에 비해서) 그리 큰 비중이 주어질 필요가 없었다. 보기 드물 정도로 인종적 단일성을 유지한 민족적 특성, 20세기에 들어서도 차별의 원인이 된 적이 별로 없는 종교적 다원성의 특성 등 때문이다. 성적 차별의 문제도 실상에 비해 심각하게 인식되지는 않았다가 산업화 이후 여성 인력이 본격적으로 생산 현장에 등장하면서 고용계약과 관련되어 서서히 제기되기 시작했다. 그러나 한국이 국제 사회에서 중요한 참가자가 되면서 사정은 달라지기 시작했다. 외국인의 국내 활동이 증가하고 내국인 또한 외국 활동이 증가하면서 외국의 규범과 문화의 영향이 높아졌다. 이 과정에서 인종 문제, 종교 문제, 성별 차별 문제도 다른 국가의 사례를 참고해야 할 정도로 변화하고 있다.

4.2. 이유 있는 구별과 차별

4.2.1. 사회가 있으면 구별과 차별이 있다

차별의 문제는 국내의 문제이면서 동시에 국경을 넘어서는 보편적인 문제이기도 하다. '사람이 있는 곳에 사회가 있다'에 덧붙여 '사람이 있으면 사회가, 사회가 있으면 차별이 있다'라고 말해야 할 정도이다. 그런데 사람마다 차이(差異)가 있다면 구별되는 것이 자연스럽다. 우리는 태생과 성장에 의해서 그리고 자연 질서에 의해 구별될 수밖에 없다. 그렇다면 어떤 상황에서 그것이 문제가 되는가? 그리고 구별과 차별은 어떻게 다른가? 남자와 여자를 구별하여 화장실을 따로 만드는 것을 차별이라 할 수 없다. 비행기 조종사를 뽑을 때 고소공포증이 있는 사람은 구별하여 걸러내고, 교통경찰을 뽑을 때 색맹자를 탈락시키는 것은 차별이 아니다. 법학자라면 '이유가 있는 구별(또는 차별)'과

'이유 없는 차별'을 분간해야만 하는 상황에 이르렀다. 간단한 일이 아니다. 차별의 역사가 전쟁에 의해서 비로소 다른 국면으로 들어갈 수 있었던, '극심하게 차별이 심했던 나라'에서는 차별 철폐의 법리가 오랜 세월을 두고 헌법, 제정법, 판례, NGO운동, 종교운동의 큰 영향으로 발달하였다. 이들의 경험을 통해 우리도 도움을 받을 수 있지 않을까?

4.2.2. 죽음에 이르는 병: 차별

헌법은 "정치적·사회적·경제적·문화적 모든 생활의 영역에서 차별받지 아니한다"라고 적시하고 있다. 차별은 그 정도에 따라 사람을 가장 확실하게 절망하게 만들고[18] 극단적으로는 죽음에까지 이르게 한다. 외국의 잘 알려진 사례들로부터 시작하는 것을 비교법적 방법이라고 한다. 이 방법은 비교 국가들 사이의 사회적·문화적 생활의 특성을 분석하는 데서 시작한다. '문화와 교육 영역에서의 차별 사례'를 인종 차이에서 교육 불평등을 초래했던 미국 역사를 통해 살펴보자.

5. 법 제도상의 차별과 사실상의 차별

5.1. 미국의 경우: 인종분리와 그 결과로서의 차별

5.1.1. 미국의 경우

미국에서는 1868년 평등권 조항 이후에 비로소 연방정부 차원에서

---

18) 최근 한국 사회의 비공식적 집계로, 차별 때문에 고립되고 자살을 택한 사례가 보도되고 있는데, 특히 교육현장에서는 이미 잘 알려진 사실이다(남인숙, 2004: 59 – 84). 어떤 직장에서의 다수 집단에 속하는 사람들이 소수의 사람 또는 고립된 개인을 지속적으로 중요한 결정 과정에서 제외함으로써 경우에 따라서 관계된 개인 또는 소수를 무력하게 만들고, 드디어 그 피해자가 스스로를 열등하거나 확신이 없는 존재로 만드는 사례가 법심리학의 영역에서 보고된다.

성문헌법으로 인종차별을 금지하였다.[19] 그러나 헌법에 평등권 조항이 삽입되었다고 해서 수백 년간 계속된 인종차별 관행이 갑자기 사라질 수는 없다.[20] 또 헌법 아래에서 다수의 제정법이 차별을 금지한다고 해서 갑자기 인종에 대한 편견이 바뀌는 것도 아니다. 특히 지역에 따라 역사적으로 흑/백의 분리가 고착된 곳에서는 더욱 심하다. 평등권 조항 이후 미국 법사회학에서 법 제도상의 차별(de Jure discrimination)과 사실상의 차별(de Facto discrimination)의 구별 논의가 떠올랐다(Lockhart, Kamisar, Choper, 1979: 1357).[21] 그 사례로 교육에서의 인종 분리와 그 결과인 차별을 살펴보자. 이 경우 '분리'란 인종 간의 분리(실질적으로는 빈곤층과 중산층의 분리)를 의미하며, '분리의 결과'는 더 나은 생활을 위한 교육 기회가 주어지지 않는 것을 의미한다.

---

19) 미합중국 수정헌법 제14조 제1항("국가는 적법절차 없이 국민의 생명, 자유, 재산을 박탈할 수 없다. 국가는 영토 안의 모든 국민에게 법의 평등한 보호를 거절할 수 없다."). 또한 1964년의 민권법(Civil Rights Act)

20) "웅변가, 목사, 시인과 정치가들이 인간의 평등과 자유와 우애를 많이 말하고 있다. 그러나 미국 사람들의 평등론 따위는 거죽뿐이다. – 내가 비난하는 것은 그들의 행동과 그들이 내세우는 지고하나 결코 보편적으로 실현되지 않는 신조 사이에서 보는 더할 나위 없는 모순일 뿐이다."[윤치호의 1890년 2월 14일의 일기. 박영신(1980: 93 – 94)].

21) "사실상의 분리와 차별에 대해서는 …… 인종적으로 편중된 학교가 생기고 계속되는 것은 일차적으로 주거에 있어서의 분리의 결과이다. 그리고 주거가 인종 또는 빈부에 따라서 분리되는 것은 순전히 사적인 개인의 행동의 결과이다(일단 사법적 주택 매매계약, 임대차 계약의 결과이므로 공사법의 엄격이원론 전통에서는 정부의 공법적 행위의 범위 밖으로 간주해 왔다). 그렇다고 해서 교육위원회가 학군을 결정하는 데 사용한 지역적 범주가 인종적으로, 빈부를 기준으로 편중된 데 대한 모든 책임을 면제받을 수 있을 것인가. 불법행위법에 있어서의 '연쇄와 인과관계율'은 깨지지 않았다. 주거 패턴에 있어서의 인종별, 빈부별 계층화는 잘 알려진 사실이고 학교위원회는 이러한 사회 현실을 고려하지 않으면 안 된다."(Fiss, 1965: 564, 585). 한국에서의 평등권 논의에서는 법상(de Jure) 차별만 취급할 뿐 사실상(de Facto) 차별은 아예 취급하지 않는다. 즉, 법사회학적 발견은 법 해석이나 적용에 아무런 영향을 미치지 않는 형식법의 지배가 당연하게 여겨져 왔다. 따라서 문화적, 사회경제적인 격심한 불균형도 법 해석과 적용에 고려되지 않는 경직성이 계층을 고착시키게 된다.

5.1.2. 거주지에 따른 교육기회의 차별

산업사회일수록 경제적 능력에 따라서 거주지가 달라진다. 극단적으로 세계 대도시는 최빈민층 거주지를 필요악처럼 동반하고 있다. 다인종 국가에서 대도시의 슬럼 지역은 으레 특정 소수민족의 거주지가 된다. 이런 슬럼 지역에는 주류 다수민족들은 들어오지 않는다. 따라서 이 지역 공립학교는 오로지 소수민족으로 채워져서, 다른 중간층 지역의 학교 학생들과 완전히 분리되어 있다.

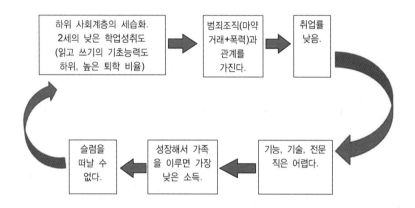

그 결과, 앞의 그림처럼 몇 대에 걸쳐서 '빈곤의 악순환'이 계속된다. 경제적 이유가 교육의 기회균등을 저해하는 경우(즉, 거주지 학군에 따른 학교 선택의 문제)를, 외국의 예를 분석한 비교법적 분석을 통해 설명하였다. 학군제를 지키고 있는 경우에 거주지에 따라서 같은 지역의 학교에 갈 수밖에 없다.[22]

---

22) 최근 우리나라의 지역 간 주택가격의 극심한 차이 가운데 핵심 요인으로 '학군에 따른 학교 선택의 문제'가 있다고 알려졌다. 외국의 경우, 이 문제는 이미 반세기 전에 발견되었고, 이 문제 해결을 위해서 사법부와 법조계가 헌법적 해결을 만들어 냈다. 우리가 비교법의 방식을 쓸 수밖에 없는 것은, 이런 한국병에 속하는 문제는 이해관계가 서로 엇갈려서, 이해당사자들이 서로 다른 주장으로 격돌·갈등

5.2. 한국 문화와 평등권

5.2.1. 한국 교육과 평등권

한국 교육에서의 평등 문제와 그로 인한 아노미를 생각할 때, 우선 우리는 한국 문화에서의 '평등' 관념을 그 기본에서부터 정리할 필요가 있다(김철, 2001ㄴ). 현재 대한민국 헌법에서 규정하고 있는 차별 금지 조항은 크게 두 항목, 곧 차별 철폐(제11조 제1항, "누구든지 성별, 종교 또는 사회적 신분에 의하여 정치적, 경제적, 사회적, 문화적 생활의 모든 영역에 있어서 차별을 받지 아니한다.") 항목과 특권계급 부인(제11조 제2항, "사회적 특수계급의 제도는 인정되지 아니하며 어떠한 형태로도 이를 창설할 수 없다.") 항목으로 구성되어 있다. 그런데 이러한 헌법 원리는 1894년 갑오개혁 이전의 전통 사회처럼 신분적 질서를 당연한 사회의 구성 원리로 받아들였던 과거와는 질적으로 다르다.

5.2.2. 전통문화에서의 신분에 따른 차별

갑오개혁 이전의 한국 전통문화에서는 약 4237년 동안 사회적 신분에 따른 차별(제11조 제1항 관련)과 사회적 특수 계급의 존재(제11조 제2항 관련)를 당연시하였다. 태어날 때의 신분(농부의 자손, 천민의 자손, 진골의 가족, 성골의 가족, 왕의 가까운 가족과 후손)에 의해서 사회적 신분이 정해지고, 또한 사회적 특수 계급의 특권과 낮은 신분을 가진 사람에 대한 차별도 당연시되는 것이 한국 전통문화의 오랜 흐름이었다.

하는 경우에 서로 만족할 만한 해결을 내놓기 힘들기 때문이다. 비슷한 문제에 대해 외국 법의 선례와 판례에서 적실성이 있는, 곧 인간에게 공통적인 보편적 법원리를 찾아내, 교육의 평등원칙과 같은 문제에 적용해 볼 수 있다.

5.2.3. 종교문화와 민권주의

하지만 이런 상황은 조선 후기 이후 서양 전래의 종교문화가 사람
들 사이에 전파되고, 이어서 개화기에 서양 선교사들에 의해서 서양의
종교문화가 교육과 의료기관을 통해 전해지면서부터 서서히 달라졌다.
외국인이 아닌 한국인으로 평등주의 인간관을 처음 실행한 것은 구한
말 개화기에 독립협회 활동을 통해 국권 수호운동을 벌인 청년들에게
서 본격화된다. 서재필・윤치호・이승만・안창호 등은 애국 애족의
기본으로 만민이 평등하다는 민권주의('사람은 누구나 창조주의 모상
에 따라 태어났고, 그 특징을 공유한다.')를 습득하고 실천하였다.[23]

5.2.4. 개인문제로 환원된 차별

평균적 현대 한국인의 의식과 무의식을 기준으로 하면[24] 1948년 헌
법 제정 이후 60년이 지났으나 교육받은 한국인의 의식은 형식적 평
등주의의 경향에 가깝다.[25] 반면에 무의식의 차원에서는 전통 사회의
사회적 특수 계급의 존재도 당연시하고, 사회적 신분에 의한 차별의

---

23) 독립협회의 토론회(1898년 2월 13일)의 논제는 "사람의 목숨이 지극히 귀하나, 남에게
   종이 되고 살기를 얻는 것은 지극히 귀한 인명을 천하게 대접하는 것이요, 하느님과
   사람 사이에 죄를 얻는 것이다"였다(이황직, 2007: 184).
24) 법심리학적 분석은 예일 법학대학원의 해롤드 라스웰이 선도하였는데, 한국에서
   본격적인 법심리학적 분석은 아직 드물다(김철, 2001ㄱ: 336 – 337). 사실은 달라
   도 나와 타자를 심리적으로 섞어 버리는 비정상 심리를 심리적 투사 또는 심리적
   자타 혼합이라고 한다. 자신이 원하는 바를 다른 인물에 가져다 붙이는 비정상 심
   리를 일컫는 것도 이 경우에 해당한다. 형법학자 유기천 교수가 한국 법학에 최초
   로 적용한 바 있다.
25) 잘못된 평등주의의 예로서, '능력에 따른 합리적 선별도 평등에 반한다'는 식의 경
   향을 말한다. 교육에서의 평등은 능력에 따른 차이를 인정하는 상대적 평등이라는
   것이다(김철, 2001ㄴ). 그러나 이런 논조조차도 한국에서는 특정한 입장을 옹호하
   는 논리로 사용되었다. 지금까지 한국의 법학계가 다루어 온 방식은 산업혁명 이
   후, 더욱이 사회계층화가 급속히 진행된 제1차 세계대전과 제2차 세계대전 이후의
   법 앞의 평등의 문제를 다루는 데 평등의 문제가 생기는 사회적 배경인 계층의 양
   극화라는 사회문제를 간과해 왔다.

경우에도 자신이 무력해서 그렇지 당연하다고 느낀다. 차별을 개인문제로 환원시키고 사회적 문제나 사회윤리의 문제로 의식하기가 힘들다. 한국인의 가치관 중에서 차별에 관한 윤리를 개인윤리와 사회윤리 수준으로 나눠 볼 때, 개인 윤리에서는 중요시되더라도 사회윤리 수준에서는 실질적으로 중요시되지 않고 있다. 즉, 차별에 대한 사회윤리는 명목으로만 논의되고, 차별에 관한 개인윤리가 압도적으로 중요시되는 경향이 온존하고 있다.[26]

6. 차별 극복의 제도적 노력

6.1. 차별 극복의 제도적 노력

교육에 있어서의 차별의 문제를 제도적으로 해결하고자 노력한 선구적인 외국의 판례로서 브라운 대(對) 교육위원회 사건(Brown v. Board of Education)[27]을 검토해 보자. 이것은 교육 차별을 사법적 문제로 파악하여 법원이 나선 사법 적극주의의 세계 최초의 예에 해당한다. 이 판결은 인종(흑/백)과 빈부에 따른 거주지의 문제, 학군에 따른 교육기회의 만성적 불평등을 시정하는 데 사법부가 판결로서 전례 없는 적극적인 결정을 한 예이다. 이 판결 이전에는 국가 정책의 중요 부분은 입

---

26) 이는 일반적으로 동정이나 이타심을 제도보다도 강조하는, 곧 사회 통제가 극히 약한 사회의 특징이기도 하다. 동정이나 이타심의 문제는 극심한 변화기에 제도의 문제보다 제도 안에 있는 인간의 미덕을 강조하는 쪽에서 제기하는 문제인데, 이 경우 그것들은 일종의 능력에 해당한다. 로크의 자연상태와 홉스의 자연상태를 구분 짓는 '시민의 덕'에 대한 묘사는 그것 자체가 유형화된 것에 해당한다(김철, 2002). 최근 한국에 온 시카고대학교 법학·윤리학 석좌교수인 마사 누스바움이 '약자에 대한 배려'의 능력으로서의 '공감'을 강조한 것은 역시 개인적 윤리를 강조한 것이다(Nussbaum, 2008).

27) Brown v. Board of Education 347 U.S. 483, S. Ct 686, L. Ed 873(1954). 또 Brown v. Board of Education 349 U.S. 249, 75 S. Ct. 753, 99 L. Ed. 1083(1955).

법부와 행정부가 입법 재량 및 행정 재량으로 행하고, 사법부는 사후적으로 법에 어긋나는 것만 판단한다는 사법자제론과 사법부의 소극적 위치를 확인하는 사법소극주의[28]가 원칙으로 통했다. 하지만 이 판결 이후 여러 판례와 함께 헌법에 의한 사회혁명의 단서를 열었다. 그래서 차별 극복의 예를 비교법적으로 자세히 살피기 위해서는 브라운 대(對) 교육위원회 사건들에 관한 두 개의 판결[Brown v. Board of Education Ⅰ(1954), Brown Ⅱ(1955)]에 더욱 주목해야 한다. 1954년에 연방대법원은, 인종적으로 분리된 학교 시스템이 법 앞의 평등 조항을 위반했다고 판시했다. 그러나 대법원은 이 판결에 따르는 구제조치를 판결에 포함시키지는 않았다. 1955년의 브라운 판결(Brown Ⅱ)에서 연방대법원은, 공립학교의 흑백 분리 때문에 과거의 법 앞의 평등 보호를 받지 못한 것으로 밝혀진 아프리카계 미국인 학생들에게 어떤 식으로 구제가 주어져야 하는가의 문제를 밝혔다. 일반적으로 헌법 위반이 있었다고 판시하면, 법원은 위헌적인 관행의 즉각적 종료를 명할 것이다. 이 브라운 판결은 공식적으로 분리주의를 채택하고 있는 여러 주에서 굉장한 저항을 불러일으켰다. 이 판결에 대한 남부 여러 주의 전략은 복지부동, 지역 정치 지도자들의 반발, 지역 의회의 반발로서의 입법이 있었고, 심지어 평등권 조항을 실현하려는 인권운동가들을 처벌 투옥하기도 했다. 전통적 관행과 지역주의가 결합해서 불평등을 유지코자 하는 기도가 계속되었다. 1957년 아칸소 주 리틀록에서의 평등권 판결에 대한 저항은 연방대법원으로 하여금 판결을 회피하기 위한 지방정부의 전략을 심의하게 했다. 학교 당국자들은 대법원 판결에 따라

---

28) 대륙법계 국가에서 전통적인 생각은 입법부와 행정부는 적극적 행위의 기구로서 높은 정도의 재량이 허용된다는 것이다. 행정제도 국가에서 사법부의 역할은 사법제도 국가에서의 그것에 비해 크지 않다. 따라서 사법 적극주의가 존재할 여지가 적다. 한국은 행정소송을 포함한 모든 법률적 쟁송을 사법 법원이 통일적으로 관할한다는 점에서 영미식 사법제도 국가를 취한 것으로 본다(김도창, 1983: 107). 헌법소송의 경우, 헌법재판소가 관장한다.

비분리주의를 위한 계획을 수립했으나, 주 입법부는 인종적 분리를 영속화시키려는 계획을 입안하고 있을 정도였다. 아칸소 주의 주지사는 흑인 학생이 이전의 백인 고등학교에 등교하는 것을 저지하기 위해서 주(州) 방위군을 파견했고, 연방대법원은 주지사가 더 이상 학교에 간섭하지 못하도록 하는 금지 명령을 내렸다. 연방대법원의 판결을 강제하기 위해서 연방정부의 군대가 아프리카계 미국인 학생이 등교하는 것을 돕기 위해 파견되기도 했다(Nowak, Rotunda, Young, 1984: 640-641).

6.2. 판결 강제 40년 후 고용기회가 달라지다

브라운대 판결 후 약 40년 뒤, 미국에서 흑백분리 문제는 새로운 국면을 맞게 되었다. 1950년대와 1960년대에 걸쳐서 도시악의 주된 진원지역이었던 대도시의 할렘가에서 드디어 범죄율이 현저하게 떨어지기 시작했다.29) 아프리카계 미국인들이 기업의 관리층이나 전문직에 진출하는 비율이 높아지면서 이제는 뉴욕의 할렘가가 아니라 롱아일랜드의 별장지대에서 맨해튼으로 출퇴근하는 아프리카계 미국인 중역들이 눈에 띄게 많아졌다. 브라운 판결Ⅱ(1955년) 이후 수십 년간의 교육혁명이 가져다준 사회적 변화가 축적되어 나타난 것이다. 할렘가가 변화한지 약 15년이 흘렀다. 그리고 이제 마침내 미국 역사상 최초로 아프리카계 미국인 대통령 후보가 선출되더니(Grunwald, 2008: 28-29), 마침내 그 후보(버락 오바마)가 대통령으로 당선되기에 이르렀다. 이것은 브라운 판결Ⅰ(1954년) 이후 54년 만에 이뤄낸 사회 변화의 결과이다.

---

29) 밝은 면은 1993년에 18세부터 24세까지의 아프리카계 청년의 31.4%가 어떤 종류의 대학에 등록하고 있었다.(US Census Bureau, US Dept. of Education & the Sentencing Project, 1995 참조). Heckmam은 1964 Civil Rights Act가 아프리카계 미국인에게 경제적 지위 향상을 가져왔다고 한다.

7. 한국 사회의 아노미와 기회 균등

7.1. 카뮈의 명제

"반항의 정신은 이론적 제도적 평등이 막대한 불평등을 감추고 있
는 곳에서 나타난다"는 카뮈의 명제와 "제도적 절차에 대한 강조 없이
이례적으로 특정한 목표에 중점이 주어진 사회...... 제도로 주어진 인
정되고 보장된 규범 대 목표에 도달하는 기회 사이의 적절한 균형이
문제되는 사회"에 대해 분석하는 머튼의 문제의식을 결합하면, 한국
사회의 아노미 문제에 대해 시사점을 얻을 것이다.

7.2. 새롭게 형성된 사회적 신분과 사실적 차별

한국 사회는 1970년대 이후 짧은 시간에 고도의 경제성장을 이룩하
는 데는 성공했으나, 헌법 제11조의 법적 언어에도 불구하고, 사회적
신분 또는 특권계급의 철폐에 성공한 것 같지 않다. 봉건적 신분질서
는 산업화와 함께 해체되었으나 새롭게 형성된 사회적 신분은 법적 언
어를 우회하여 도처에서 사실적 차별을 행하고 있다.[30] 헌법의 규범적
해석과 법 형식주의적 파악으로는 불가능한 수준의 사회적 차별[31]이

---

30) 예를 들어, 어떤 조직에서 인사충원을 하는데 그 조직이 공식적으로 필요로 하는
역할 수행에서의 자질, 능력, 경력, 성실성 등 '직업에 필요한 조건(Bona Fide
Occupational Qualification)' 이외의 것에 의해서 인사충원을 한다면 그 조직은 사
회적 차별을 한 것이다. 한국 사회의 공식 조직이 인사에서 만약 '직업에 필요한
조건' 이외의 것에 의해서 결정한다면 그 이유는 무엇인가에 관한 의문을 가지는
것이야말로 오랫동안 한국 사회를 힘들게 한 문제에 대한 제대로 된 인식의 출발
점이라 할 것이다(김철, 2001ㄱ: 77 - 79). 이 문제를 전회 축소하여 미시 경영학
의 조직행동 수준에서 관찰하면 '경영 조직의 악한 연구(Asshole Study)'가 된다.
31) 세계사적인 측면과 사회문화적인 측면을 심층심리학적으로 접근한 예는 김철(2007
ㄱ: 314 - 359)을 참고할 것. 1차 세계대전 이후 현대 사회에서 가장 대표적인 차별

사실상 한국 사회에 존재하고 있다(김철, 2001 ㄱ). 이 문제는 권위주의 체제를 극복한 1990년대의 자유화와 민주화의 시대에 오히려 더 강화된 듯한 느낌이다. 동시에 시작된 탈권위주의의 흐름은 다분히 자유지상주의적 가치 의식을 낳았고(김철, 2006), 세계 수준에서 보자면 신자유주의의 흐름에 의한 가치상의 혼란과 맥을 같이한다(김철, 2007 ㄱ: 164 – 165).

7.3. 자유화와 동일성의 위기

한국이 겪은 또 다른 어려움은 자유화의 노정에서 차츰 사회적 동일성의 위기가 특히 문화와 교육 부문에서 심각하게 발현되기 시작한 것이다. 전통 사회는 물론 심지어 권위주의 시대 초기까지도 한국 사회에서는 부의 극대화나 금전적 성공 외에도 다른 종류의 문화적 가치가 함께 존재하고 있었다.[32] 부의 축적만을 유일한 성공의 척도로 인정하던 미국을 비롯한 여타 선진 산업화 국가들과 구분되었던 것이다. 명목상으로건 실질적으로건 초기 산업사회단계에서 한국에서 사회적

은 정치적 반대자, 이단자, 비순응주의자, 예외를 주장하는 자, 국가 이데올로기를 받아들이지 않는 자 등에 대한 차별이었고, 전체주의 체제가 붕괴하고 난 이후에는 집단 내부인(ingroup)이냐, 집단 외부인(outgroup)이냐를 보고 차별하는 태도라고 사회심리학자에 의해서 측정되고 있다(김철, 2001 ㄱ).

32) 1990년대 초반까지 아시아인들은 아시아적 가치를 경제성장의 주된 이유로 꼽고 서구적 가치의 몰락을 호언하였다. 아시아적 가치는 (1) 부지런함(근면), (2) 배움에의 열망(학문의 존중), (3) 전체 사회를 개인에 우선하는 것(대를 위해 소를 희생하는 것) 등으로 구성되어 있다. 이런 가치 경향이 무너지면서 문화적 위기와 경제적 위기가 동시에 1997년 말 이후 한국을 엄습했다고 볼 수 있다. 다른 한편, 태국, 말레이시아, 싱가포르, 인도네시아, 중국, 일본, 한국에 걸쳐 행해진 1994년의 한 조사에서, '어떤 가치에 우선순위를 두는가' 하는 질문에 아시아인들은 (1) 질서 있는 사회, (2) 집단 내에서의 조화(화목, 원만함), (3) 권위에 대한 존중(경(敬)) 등을 순서대로 답변하였다. 조사를 행한 나라 중 1997년의 외환위기를 겪은 나라는 태국, 인도네시아, 말레이시아, 한국이었다. 이 네 나라의 동일성 위기가 문화적 가치의 면에서도 가장 심했다는 얘기가 된다. 이 중 인도네시아는 네포티즘(Nepotism)을 큰 이유로 꼽고 있다(김철, 1999).

존중의 대상은 부의 축적이라기보다는 국가적으로나 사회적으로 가치가 있는 행동과 업적, 세대를 이어서 전달되는 학문적 문화적 업적, 그리고 공동체의 복지를 존중하는 삶의 유형 등에 대해서 높은 가치를 두어 왔다.[33] 그러나 한국의 권위주의 시대가 오래 지속되면서 정치에 대한 실망과 혐오가 다른 분야의 사회 지도층에 대한 실망으로 연결되면서, 한국 문화에서 명예나 사회적 평판, 정신적 가치에 대한 확신이 점차 약화되기에 이르렀다(김철, 2002).

7.4. 한국 최현대의 탈규범의 진행과정

대체로 권위주의 체제의 이완기였던 1980년대 후반부터 자유화가 본격화된 1990년대 전반까지, 정치상의 민주화와는 별도로 한국 사회의 평균인은 점차로 불안정한 사회에서 살아남을 수 있는 담보로서 부의 가치와 금전적 축적에 압도당하기 시작했다. 물론 1960년대 후반부터 시작된 산업화는 다른 분석을 제공하기도 한다. 한국에서 기회균등의 문제는 산업화가 진전된 1970년대 후반 들어 점차로 '가진 자와 가지지 못한 자'의 대립으로 내연되기 시작했고, 그것이 권위주의 시대에 불씨를 보존했다가 1987년 민주화 투쟁 이후 본격적으로 큰불로 번지게 되었다. 게다가 1989년 동유럽의 민주화 이후 세계 수준에서 자유주의화가 진행되면서, 정부의 규제력은 약화되었을 뿐만 아니라 종전의 도덕규범이나 사회 규범을 통한 개인 욕망의 제어력도 약화되었다(김

---

33) "어떤 사회는 미국과 달리 더 경직된 사회계급이 존재하며 그러나 계층에 따라 각기 다른 성공의 상징이 존재하며 바람직한 성취의 이념이 각기 다른 사회계급에 다양하게 존재하는 사회에서는 경제적으로 힘든 시기에도 미국보다 범죄율이 낮았다."(Merton, 1957: 146-147) 이러한 머튼의 지적을 참고할 때, 미국과 비교할 때 산업화와 반비례하는 범죄율의 보기로서 산업사회 이전의 한국의 모습을 들 수 있다. 한편, 머튼의 이 지적은 부의 성취를 모든 성공의 종국으로 보는 사회문화와는 다른 사회문화의 가능성을 보여 준다.

철, 2006). 이렇게 국내와 세계 양쪽에서 진행된 변화에 의해 1990년대 이후 정치적 자유화[34]는 가치의 탈정향화와 규범의 약화를 수반하면서 드디어 분출하는 욕구 수준의 상승과 함께 아노미라고 부를 수 있는 정도의 탈규범화로 발전하였다. 1997년의 외환위기는 물론 경제위기이지만 그 실제에서는 잔존했던 전통적 규범, 산업화, 민주화 시대의 규범 또는 민주주의 건설기의 모든 규범이 자유라는 이름 앞에서 무력해진 문화적 위기를 반영하는 것이었다(김철, 2006). 이 문화적인 위기는 머튼과 그의 이론적 스승이었던 뒤르켐의 용어로 아노미 또는 아노미에 업혀 있는 사회를 낳는다.

7.5. 법형식주의와 사실적 차별

1997년 외환위기 이후 한국 사회의 문제를 기회균등에 관한 관찰을 통해 일률적으로 정형화시킬 수는 없다. 많은 제도적 노력에도 불구하고 법 제도는 그 형식성 때문에 여전히 사실상 차별을 포착하지 못하고 있다. 더욱 근본적인 문제는 한국 법학에서 형식법의 구성요건 해당성을 벗어나는 사실적 의미의 차별(또는 사회학적 의미의 차별)을

---

34) 현대 자유주의의 개념적 요소를 자유화와 자유주의가 갓 적용되기 시작하던 문민정부 시대 한국의 법과 정책에 대조해 보자. 자유주의의 후기 특징인 자유주의의 적극적 형성적 작용을 당시 문민정부가 이해하거나 실행한 흔적은 별로 없어 보인다. 오히려 경제정책에서 자유화에 의해서 소외된 계층을 위한 정책보다는 기업과 기업에 준하는 경제력을 가진 집단의 경제적 자유에 대해서 자유방임으로 일관하였다. 그 영향은 1997년 말 이후 한국이 국제통화기금의 관리체제에 들어갔을 때 드러난 금융기관의 BIS비율의 문제에서 나타난다. 즉, 부실 대기업에 대한 거대한 대출과 부실여신의 결과로 한국의 금융기관이 전반적으로 BIS 기준에 미달하는 사태가 나타났다. 정부가 거액의 지원금을 들여 국제적 수준의 지불준비금을 맞추지 않을 수 없는 사태는 짧게는 자유화 정책이 시작된 1990년대까지 소급할 수 있고 최소한 그 기간에 정부가 적절한 형성적 작용을 하지 않았다는 이야기가 된다. 은행의 BIS 부족을 야기한 대출자들은 일반시민이나 자유주의 시기의 소외된 계층이 아니었다는 것이 이후 증거로 드러났다. 그렇다면 적어도 민주화 이후의 정부의 자유방임적 경제정책이 BIS비율상의 부실을 야기했다고 할 수 있다(김철, 2006: 77-78).

고려하지 않는다는 데 있다.[35] 정부에 의한 정책은 헌법상 기본권의
최소 단위인 개인의 기회균등을 신장시키는 데 성공한 것 같지 않다.
왜냐하면, 행정권에 의한 집단주의적 해결 방식이 주로 의존하는 각종
통계나 사회지표가 구체적인 개인에게 가해지는 사회적 차별의 벽을
인식시키거나 철폐하는 데 별다른 도움을 줄 수는 없기 때문이다.[36]
그러나 사법부의 독립성이 점차 증진되면서 기회균등을 향한 사법부
의 사법적 판결은 크게 증가하였다.[37]

7.6. 계층이동의 전망과 열린사회의 가능성

산업화 시대에는 적어도 계층의 상향이동이 가능하다는 믿음이 있
었다. 그러나 최근의 젊은 세대는 그러한 전망을 포기하기 시작했다.
그 결과 사회 전체적으로 활기가 사라지고 여러 분야에서 경색감이 자
라기 시작했다. 한국의 중간계층의 계층이동의 문제를 비교법적으로
관찰할 때 가장 용이한 것은 다인종 국가에서 교육 기회를 통한 전문
직으로의 진출 기회를 분석하여 비교하는 작업이다. 2008년 지구촌의
으뜸 화제였던 버락 오바마의 아메리칸 드림(Obama, 2004)은 그가 아
프리카계 미국인이라는 인종적 배경에도 불구하고 법 제도와 교육제
도의 도움을 받아서 그 사회의 최고 엘리트가 될 수 있는 교육적 성취

---

35) 법학 용어 자체도 오로지 형식법, 실정법을 해석하는 쪽으로 전문성이 발전된 데
   반해, 사회적 사실을 어떻게 평가할 것인가라는 쪽으로는 거의 발전되지 못했다.
   예를 들어, 한국 법학에는 '사실상 차별(De Facto Discrimination)'이라는 용어가
   존재하지 않는다. 따라서 사실의 세계에 존재하는 차별은 한국의 관료법학자나 혹
   은 강단법학자에게는 판단의 기준이 되지 못한다(김철, 2008). 이런 경우는 세계사
   적인 관점에서 주변 국가의 특징으로서, 곧 2차 세계대전 이후 평등권의 역사가
   어떻게 진행되었는가를 비교 분석할 때 의미 있는 자료가 될 수 있다.
36) 신용회복위원회는 외환위기 이후 파산자의 생존권 문제를 해결하는 데 도움이 되
   었다.
37) 행정법원의 판결과 함께 외환위기 이후의 회사정리법, 기업파산과 관계된 법원파
   산부의 활동을 들 수 있다.

를 이뤄 낸 것에 기인한다. 그러나 한국에서의 계층이동의 전망이 과연 열려 있을까? 분석적 연구가 따라야 하겠지만, 최근 사교육비의 폭증으로 인한 일반 가계의 부담을 감안한다면 교육을 통한 계층이동의 전망은 기이하게도 한국의 민주화 이후 나아졌다고 말하기 어렵다. 1890년대에 시도되었고 1938년 이후 그의 후계자들에 의해 신대륙에서 적용되었던 뒤르켐의 사회학의 키워드인 아노미 이론이 그의 후계자인 머튼의 법사회학 연구와 함께 의미를 가지는 것은 이러한 한국의 결코 밝지 않은 현실 때문이다.

참고문헌

김광기, 『사회는 무엇으로 사는가? 뒤르켐 & 베버』(서울: 김영사, 2007).

김도창, 『일반 행정법론(上)』(서울: 청운사, 1983).

김선경, "러시아 마피아 연구", 고려대 국제대학원 석사학위논문(1999).

김철, "동서양의 법문화 − 경제위기의 반성"(한국가톨릭교수회 발표문, 1999).

_____, "사회적 차별의 심층심리학적 접근", 『사회 이론』 통권 제20호(서울: 한국사회이론학회, 2001ㄱ).

_____, 서평 "헌법과 교육", 『헌법 연구』(서울: 한국헌법학회, 2001ㄴ).

_____, "개혁의 법사회학적, 법경제학적 조망 − 교육개혁을 주안점으로 그러나 주도적인 개혁을 우선하여", 『사회이론』 통권 제21호(서울: 한국사회이론학회, 2002).

_____, "포스너의 헌법학방법론 소개(1)", 『헌법학연구』, 제8집 제1호(서울: 한국헌법학회, 2002).

_____, "한국에 있어서의 자유주의와 자유지상주의에 대한 반성", 『사회이론 통권』 제30호(서울: 한국사회이론학회, 2006).

_____, "형이상학적 이원론 아래에서의 당위와 존재의 문제와 현대 한국법학

의 과제", 『현상과 인식』, 32권 3호(2008).

____, 『한국 법학의 역사적 기초-역사적, 경제적, 사회문화적 접근』(파주: 한국학술정보(주), 2007ㄱ).

____, 제3장 공법의 역사 『법 제도의 보편성과 특수성』(서울: 훈민사, 2007ㄴ).

남인숙, "커뮤니케이션 네트워크와 청소년 집단 따돌림", 『사회이론』 통권 제25호(서울: 한국사회이론학회, 2004).

뒤르켐, 에밀, 『자살론』(임희섭 옮김)(서울: (주)삼성, 1993ㄱ).

_____, 『자살론』(김충선 옮김)(서울: 청아출판사, 1993ㄴ).

_____, 『사회분업론』(임희섭 옮김)(서울: (주)삼성, 1993ㄷ).

모로아, 앙드레, 『프랑스사(신용석 옮김)(서울: 홍성사, 1983).

민문홍, 『에밀 뒤르켐의 사회학-현대성 위기극복을 위한 새로운 패러다임을 찾아서』(서울: 아카넷, 2002).

민문홍, 『현대 사회학과 한국 사회학의 위기-한국 사회의 인문사회학적 대안을 찾아서』(서울: 길, 2008).

박영신, 『변동의 사회학』(서울: 학문과 사상사, 1980).

신동준, "경제제도의 지배와 범죄", 『사회이론』 통권 30호(서울: 한국사회이론학회, 2006).

이황직, 『독립협회, 토론공화국을 꿈꾸다』(서울: 프로네시스, 2007).

존슨, 찰머스, 『혁명의 미래』(한완상 옮김)(서울: 현대사상사, 1977), 한국사회이론학회, 『뒤르켐과 우리 사회』(한국사회이론학회 2008년 하계학술대회 발표문집).

카뮈, 알베르, 『반항하는 인간』(김화영 옮김)(서울: 책세상, 2003).

_____, 『반항적 인간』(신일철 옮김)(서울: 일신사, 1983).

Brown v. Board of Education 347. U. S. 483, S. Ct 686, L. Ed 8.3.(1954).

Brown v. Board of Education 349 U.S. 249, 75 S. Ct. 753, 99 L. Ed. 1083(1955).

Durkheim, Emile, *Suicide*(John A. Spaulding and George Simpson 옮김)(London, 1952).

Fiss, Owen M., "Racial Imbalance in the Public Schools: The Constitutional Concept", 78 *Harv. L. Rev.*, 564, 585(1965).

Grunwald, Michael, "Campaign '08 Where's the Fire?", TIME(September 29, 2008).

Krugman, Paul, *The Return of Depression Economics*(New York: W. W. Norton & Company, 1999).

Lockhart, William B. Yale Kamisar, Jesse H. Choper "De Facto School Segregation", *Constitutional Law*, 1357(St. Paul: West Publishing, 1979).

Mannheim, Hermann, *Comparative Criminology a Text Book*(London: Routledge & Kegan Paul, 1965, 1973).

Merton, Robert. K., "Social Structure and Anomie" *American Sociological Review* 3권(1938).

Merton, Robert. K., *Social Theory and Social Structure — Revised and Enlarged Edition*(Glencoe: The Free Press, 1957).

McCourt, Frank, *Teacher Man A Memoir*(New York: Scribner, 2005).

Nowak, John E., Ronald D. Rotunda, J. Nelson Young, Ch. 16, §Ⅱ, E. "Implementation of the Desegregation Decisions", *Constitutional Law*, 640 – 641(St. Paul: West Publishing, 1984).

Nussbaum, Martha C., "Compassion: Human and Animal"(해외석학 초청강연문, 2008).

Obama, Barack, *Dreams from My Father — A Story of Race and Inheritance*(New York: Three Rovers Press, 2004).

Schliesinger, Arthur M. Jr., *The Crisis of the Old Order*(Cambridge: The Riverside Press Cambridge, 1957).

6

폭력의 사회경제적 배경과 판례:

네오리버럴리즘, 자유지상주의에서의
아노미에 대한 판례의 태도[*]

왼쪽부터 순서대로

제롬 샐린저(Jerome David Salinger, 1919~2010)

리처드 포스너(Richard Allen Posner, 1939~)

에밀 뒤르켐(Emile Durkheim, 1858~1917)

* 이 장의 제2절 부분에서 인용한 "폭력적 비디오 게임 입법에 대한 미연방대법원의 위헌결정"의 판
  례들의 인용을 허락해 준 박종현 교수에게 감사드립니다.

이 글의 내적 동기는 한국의 자살률이 OECD 국가 중 가장 높다는 데서 출발했다. 또한 한국의 기업 회생 절차 신청이 1998년 외환위기 이후, 15년 만에 최대치라는 2014년 1월의 통계에서 출발한다. 한국의 자살률에 대해서는 4장에서 상론한다. 자살의 인과관계 중 한국사회의 특유한 문제보다, **문명사회의 일반이론**으로서 정립된 뒤르켐의 자살론을 출발점으로 했다. 또한 현대 대중문화의 보편성에 입각해서, 청소년 폭력의 원인에 대한 문제의 논의를, 현대 대중문화의 진원지라고 할 수 있는 아메리카의 사례들에 대한 실증적인 판례를 소재로 하였다.

필자는, 자신에 대한 폭력과 타인에 대한 폭력은 아노미(anomy, anomie)라는 동전의 양면이라는 명제(Durkeim, 1952: 355)에서 출발한다. 뒤르켐이 증명한 것은, 자살률의 증가는 파산 사건의 증가와 상관관계가 있다는 것이다. 파산 사건과 자살률의 증가가 동반했던, 뒤르켐이 증언한 시대의 특징은 아노미의 개념으로 설명되어 왔다; 그러나 뒤르켐이 증언한 시대가, 장기 대공황 시대라는 것은, 필자가 경제사와 법사를 원용해서 최근에야 밝힌 것이다(김철, 2010.11.: 97 – 142). 최근 2007년과 2010년의 통계는, 한국이 자살률에 있어서 OECD 국가 중 가장 높다는 것을 보여준다. 자살률과 폭력의 증가는, 뒤르켐이『자살론』에서 개진한, 아노미가 증가하는 사회의 특징이라고 본다. 높은 자살률, 증가하는 폭력의 사회경제적 특징에 주목한다면, 최근까지의 한국의 사회경제적 배경은 역사적으로 관찰할 때, 어떻게 파악될 것인가? 필자는 폴 크루그먼(Paul Krugman)과 조셉 스티글리츠(Joseph Stiglitz)에 의지하여, 한국의 양극화가 진행된 경위를 외환위기 때부터 세계금융위기 이후 최근까지 일별한다. 이 거시적 분석은, **이미 잘 알려진 세계 경제사와 법제사에서의 통찰을 시대의 보편으로 의지하고 한국의 특수성을 부분적으로 관찰하는 것이다.** 이 부분은 제4장에서 다루고 있다. 폭력과 자살의 사회경제적 원경을 세계사적으로 본 뒤, 필자는 제3장부터(경제사나 법제사적으로 이미 특화된) 네오리버럴리즘, 신보수주의 또는 자유지상주의 시대에, 최근까지의 문명 세계의 폭력 문제를, 미국의 지방 정부와 법원이 어떻게 다루어 왔는가, 어떤 영향을 미쳤는가에 대한 각론적 고찰에 들어간다. 구체적으로는 1999년 콜롬바인 고교 총기난사사건 이후, 게임과 같은 폭력적 매체물이 범행 원인으로 언론에서 지목되고(박종현, 2012.9.14.: 2) 1999년경부터 규제 입법 시도가 미국의 군, 시, 주 정부에 의해 시도되었으나

단 한 건의 예외를 제외하고, 연방지방법원·연방항소법원·대법원에
의해서 규제 입법은 무효화되었다. 1999년 이후 최종 2011년까지 집중
적으로 나타난 폭력적 비디오 게임 규제 입법에 대한 미국 연방법원들의
판례를 "그 시대적 특징에 주목하여" 시계열(time sequence)로 파악하여,
시대에 대한 경제사, 사회사와 법제사에 근거한 분석을 먼저 행했다. 이
후에 전통 법학의 해석학적인 방식인, 판결 언어에 대한 해석을 시도하
였다. 결과는 연속된 11개의 판결 중 한 개를 제외하고, 거의 전부인 10
개의 판례가 초기 자유주의 시대의 개인주의적 인간관과 사회관(김철,
2010.8.: 126)(김철, 2010.11.: 489)을 반영하고 있었다. "고전 자유주의는
개인을 싸고 있는 조직의 힘, 공동체의 규정력을 최소로 파악하였다." 그
렇다면, 이 연속된 10개의 판례[2001년 3월 인디애나 주법, 2002년 세인
트루이스 시의 조례(예외), 2004년 워싱턴 주, 2005년 일리노이 주법,
2006년 미시간 주법, 2006년 7월 미네소타 주법, 2006년 11월 루이지애
나 주법, 2007년 8월 캘리포니아 주법에 대한 연방지방법원, 2009년 9월
캘리포니아 주법에 대한 연방항소법원, 2011년 캘리포니아 주법에 대한
연방대법원]의 위헌 결정을 일관하는 것이 무엇이겠는가? 미성년자와 청
소년의 보호는 가족사나 개인적인 일에 속하고, 미성년자와 청소년의 신
변 가까이 있는 군·시·주 정부 같은 지방 자치단체의 규제 사항에 속
하지 않는다는 태도이다. 역사적으로 이런 법원의 태도는, 자유방임주의
가 기조이던 초기 산업사회 시대의 것이었다(김철, 2010.11.: 118-119,
110-112). 놀랄 만한 것은 주로 2001~2011년까지 이루어진, 아메리카연
방법원의 10개 판결에서 나타난 인간관과 사회관이, 전혀 다른 시대인-
법제사에서의 도금 시대(the Gilded Age, 1865~1900)(Mclosky, 1956)에
해당하는-, 1897년과 1905년의 두 판례에서 나타난, 자유방임적 개인
주의의 인간관과 사회관과 거의 같다. 다시 경제사의 시대를 유추해 보
기로 하자. 자유방임적 개인주의가 나타난 법제사에서의 도금 시대는 경
제사에서의 장기 대공황 또는 침체 시대(1873~1897)와 대략 일치하고,
그 시대의 기념비적인 두 판례가 나타난 1897년과 1905년은, 장기 대침
체 시대에 더 가까이 일치하고 있다. 그렇다면 2001년부터 2011년까지
의 연속된 10개의 판례는, 그 태도에서 역시 장기 대침체 시대에 더 가
까이 있다고 할 수 있다. 거꾸로 유추해 들어간다면, 방금 지적한 약 110
년 이전의 기념비적인 판례의 기본적 가치와 태도가 거의 접근하

는, 2001~2011년의 최신 판례들은…… 이미 증명된 경제사에서의 장기 대침체 시대의 특징과 같다면, ……자유지상주의라 부르든, 신보수주의 (neo-conservatism)라 부르든, 네오리버럴리즘(neo-liberalism)이라고 부르든, **인간의 삶에서 커뮤니티와 사회를 거의 제외하는 이런 태도**는 다른 시대에도 나타난다. 즉, 대공황(1929~1939)에 이르는 진입로를 번영과 거품으로 건설했던, 10년간(1919~1929)의 재즈 시대의 자유방임적 개인주의와 같아 보인다.

따라서 2001~2011년의 연속 판례들의 주된 몸통 부분이 나타난 1999~2007년까지의 기간은, 비로소 세계금융위기(2008~)와 유럽 재정위기에 이르는 아노미와 거품을 예비한 기간이었다는 것이 드러나게 된다.

– "폭력의 사회경제적 배경과 판례: 자유지상주의, 신자유주의에서의 아노미에 대한 판례의 태도", 『한국사회이론학회』 2012년 가을/겨울 통권 제42호에 게재

제1절 자살과 폭력에 대한 뒤르켐의 아노미 이론

1. 자신에 대한 폭력인 '자살'과 타인에 대한 폭력인 '살인' 은 아노미라는 동전의 양면

필자는 폭력의 문제를 아노미에 연결시킨다. 아노미는 뒤르켐이 '사회분업론'과 '자살론'에서 사용한 개념이다[1](Durkheim, 1952; Merton, 1957). 아노미의 사전적인 뜻은 '규범이 없음'으로 규제와 억압이 존재하지 않는 상황에서 발생한다. 이때 규제와 억압을 담당하는 규범은 법규범, 도덕규범 그리고 사회규범과 행동규범을 의미한다. 아노미의 두 번째 뜻은 '자신이 어디에 소속되었는지를 모르는 상태'이고 '무규범 상태'와 뚜렷하게 구분되는 것은 아니지만 약간은 다른 의미를 내포하고 있다(김광기, 2007: 54)(김철, 2008; 2009ㄱ, 2010.12.: 147).

그다음 순서는 뒤르켐 시대의 사회 경제적 배경과 경제사를 검토한다. 그 목적은 현재 우리의 시대에 옮아와서 뒤르켐 시대와 유사한 사고를 할 수 있는가를 검토한다. 유사한 사고의 의미는 최현대에도 자살과 폭력은 아노미 개념과 동전의 양면에 해당하는가, 또한 뒤르켐 시대와 최현대 시대의 사회 경제사적 유사함, 즉 유비(類比, analogy) 관계를 검토한다. 궁극적으로 최현대의 아노미는, 1989년 이후의 자유 지상주의 및 1981년 이후의 네오리버럴리즘이 원인으로 작용하다가 1997년 10월의 동아시아 외환위기와 2008년 9월의 세계금융위기로 연결되지 않았는가라는 가설을 마지막으로 포함하고 있다.

---

1) 뒤르켐은 자살의 사회적 유형을 이기적 자살과 아노미적 자살로 구분하였다. 이기적 자살은 사회의 통합이 결여됨으로써 발생한다. 한편, 아노미적 자살은 사회가 개인을 규제하는 데 실패함으로써 발생한다(신동준, 2008.12.: 203 – 204).

1.1. 뒤르켐의 명제: 파산과 자살의 증가는 상관관계가 있다

뒤르켐(1858~1917)이 중요 저작을 출판하기 시작한 시기는 1893년과 1897년이었다. 이 시점의 역사적 의미는 어떠한가? 장기 대공황은 서유럽의 전역에 영향을 미쳤고, 끝난 것이 1897년이었다(김철, 2008; 2009ㄱ; 2010.12.: 144). 따라서 뒤르켐의 중요한 저작의 배태기간은 24년이 걸린 장기 대공황 시대라고 추정할 수 있다. 뒤르켐의 시대의 장기 대공황의 정점은 1882년 파리의 증권거래소의 파산으로서, 그 영향은 프랑스 전체에서 곧 나타났다. 이 파산 사건들이 자살에 미친 영향은 어떠한가? 뒤르켐의 계산으로는, 1874년에서 1886년까지의 자살의 연평균 증가율은 2%에 불과하였다. 그러나 파리 증권거래소 파산 사건 이후, 즉 1882년 이후에는 7%의 증가율을 보였다. 이 증가율은 파산 사건이 일어났던 첫 3개월 동안에 주로 증가했다(뒤르켐, 1993: 255~256)(김철, 2008; 2009ㄱ, 2010. 12.: 145).

1.2. 파산과 자살률의 증가는 아노미와 비례한다

뒤르켐의 시대는 경제사적으로 장기 대공황의 시대였다(김철, 2010.11.: 97~142). 2010년 이후의 시대를 장기 대공황 시대에 유추하는 견해가 있다(Krugman, 2010).

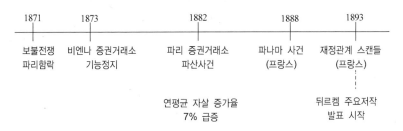

〈표 1〉 장기 대침체 기간(1873~1897) 동안의 비엔나와 프랑스
(김철, 2010.11.; 2010.12.: 554)

1.2.1. 폴 크루그먼은 2010년 6월 27일에 이후의 선진국의 경제 상황은, 이제 1930년대의 대공황(Great Depression)은 모면했으나, 19세기 말에 인류 사회가 이를 극복하는 데에 24년이 걸린 1873~1897년의 장기 대공황 또는 장기 대침체의 유형에 들어가고 있다고 했다(Krugman, NY Times, 2010.6.27.)(김철, 2010.11.: 101)(김철, 2010.12.: 556 각주 2). 경기 전망은 이후 다시 치열한 논쟁에 휘말렸으나 미국의 회복세에도 불구하고 2012년 5월 현재 유럽 재정 위기의 상황은 오히려 크루그먼의 장기 전망에 근사하지 않았나 생각되는 바가 있다.[2]

1.2.2. 크루그먼의 장기 전망이 맞아들었는지는 아직도 속단하기는 이르다. 그러나 필자가 크루그먼에 주의하는 까닭은 그의 주안점이 소득 불평등이 오래 계속된 시대, 즉 세계대공황(1929~1939) 이전 일정 기간의 소득 불평등과 세계금융위기(2008.9.) 이전 일정 기간의 소득불

---

2) 한국의 경우 2012년 5월 중순 김중수 한국은행총재가 명료한 콘텍스트는 밝히지 않았으나 "1930년대의 경제위기는 세계 대공황(Great Depression)이었으나 최근의 (아마도 한국 경제를 주 관심으로 이야기한 것 같은데 신문기사는 명료하지 않았다.) 경제 상황은 대침체(Great Recession)라 할 만하다"라는 표현을 썼다. 이 구두 표현은 물론 2010년 크루그먼이 사용한 역사상의 the Long Depression과는 차이가 난다.

평등이 비슷한 점을 강조한 것이다(김철, 2008.12.; 2009ㄱ; 2011.12.: 130-131). 만약 그가 2010년 6월 이후의 경기 전망을 1873~1897년까지의 장기 대침체(the Long Depression) 유형으로 보는 근거로, 역시 소득 불평등을 주요한 요인으로 파악했다고 볼 수 있다. 한국 경제에 있어서 주요 관심이 양극화 현상에 있다면, 그리고 양극화 현상이 소득 불평등을 의미한다면, 한국의 경기 전망 역시 크루그먼의 보편적 경기 전망과 공유하는 보편성이 있을 것이다.

1.3. 무규범 사회에서는 자살률과 타살률이 다 같이 높다

최근 통계는 OECD 국가 중에서 한국이 자살률이 가장 높다. 그렇다면 최근 한국은 아노미의 정도가 높은 사회가 아닌가? 뒤르켐이 보기에 자살과 타살은 동전의 양면에 해당하는 것이다. 자살과 타살의 통계적 상관관계를 조사한 결과, "무규범에 업혀 있는 사회에서는 자살률과 타살률이 똑같이 높은 것을 발견할 수 있다"(Durkheim, 1952: 355)고 뒤르켐은 결론 내렸다. 결론적으로 뒤르켐의 아노미 개념은 급격한 사회 변동의 시기에(그것이 호황이든 불황이든 관계없이) 기존의 사회적 규제력이 약화되는 상황에서 특별히 적용 가능한 것이라고 볼 수 있다.

최근 통계(OECD Health Data 2011)에서 자살의 증가율은 OECD 소속 국가 중 한국이 1995년 이후 2009년까지 가장 높다. 절대 수치는 1995년 이후 증가와 감소를 기록하다가, 2002년경부터 절대 수치가 1위가 되고, 2006년경부터 급속하고도 가파르게 증가하고 있는 것을 보여준다. 2002년부터 연속 8년간 절대 수치가 1위로 나타난다. OECD 국가 중에서 한국이 자살률이 가장 높다는 것을 보여주고 있다3)(송재

---

3) 세계보건기구(WHO) 자료에 근거한 OECD 국가의 자살률의 순위에서, 2010년 당시 한국은 10만 명 중 31.2명의 자살률을 보여 1위를 기록했다. "OECD 회원국 자살률 목

룡, 2008. 12.: 164 - 165).[4] 아노미 이론에 의하면 자살률이 높은 기간

록", http://ko.wikipedia.org/

[그림 7-2] 자살의 연령별표준화 사망률(전체), 2011년

(단위: 명/인구 100,000명)

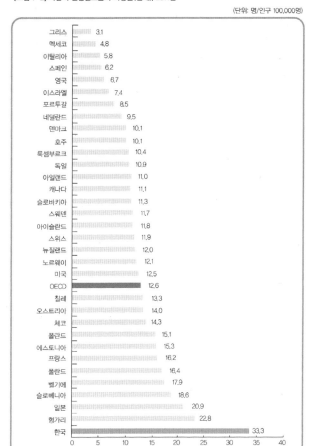

주) 1. OECD: 최근평균으로 국가의 이용 가능한 가장 최근 자료로 구성되었음. 터키 제외.
　　2. 벨기에(2009), 캐나다(2009), 칠레(2009), 프랑스(2009), 그리스(2010), 아이슬란드(2010), 이스라엘(2010),
　　　이탈리아(2010), 멕세코(2010), 뉴질랜드(2009), 슬로바키아(2010), 슬로베니아(2010), 스웨덴(2010),
　　　스위스(2010), 영국(2010), 미국(2010)

자료: OECD Health Data 2013

4) 표5. OECD 국가의 연령표준화 자살률 순위(자살률 옆 괄호는 측정연도)(송재룡,
　2008.12.: 164)

이나 나라는 아노미의 정도가 높다는 것을 추정할 수 있다.

제2절 네오리버럴리즘 시대의 청소년 문화(비디오 게임과 영화의 폭력)에 대한 규제 문제

최근 한국과 미국에서의 폭력 현상은 공통적인 사회 문제가 되고 있다. 청소년의 폭력은 청소년 문화의 중요한 부분을 이루고 있는 비디오 게임이나 영상물과 관계가 있는가? 이 문제는 아직도 결론이 나지 않은 과학상의 문제이나, 대규모 살상 사건이 과학적 논의를 앞서서 세계를 경악하게 했기 때문에 이 문제를 다뤄보기로 한다.

2012년 여름, 미국 콜로라도 주의 덴버 시의 <다크나이트 라이즈>의 상영장에서 인기 영화의 등장인물 복장을 한 청소년의 총기 난사로 대규모 살상 사태가 일어났다. 또한 1999년 4월 20일, 콜로라도의 콜

순위	국가	자살률	순위	국가	자살률	순위	국가	자살률
1	한국	24.0(2007)	11	뉴질랜드	11.9(2004)	21	독일	9.2(2006)
2	헝가리	21.0(2005)	12	덴마크	11.3(2001)	22	아일랜드	8.9(2006)
3	일본	19.1(2006)	13	스웨덴	11.1(2004)	23	포르투갈	8.7(2003)
4	핀란드	18.0(2006)	14	슬로바키아	10.9(2005)	24	네덜란드	8.1(2006)
5	벨기에	18.4(1997)	15	노르웨이	10.9(2005)	24	스페인	6.3(2005)
6	프랑스	14.6(2005)	16	아이슬란드	10.4(2005)	26	영국	6.0(2005)
7	스위스	14.1(2005)	17	캐나다	10.2(2004)	27	이탈리아	5.5(2003)
8	폴란드	13.2(2006)	18	호주	10.2(2003)	28	멕시코	4.4(2005)
9	체코	12.7(2005)	19	미국	10.1(2005)	29	그리스	2.9(2006)
10	오스트리아	12.6(2006)	20	룩셈부르크	9.5(2005)	—	터키	—

자료: OECD Health Data 2008.

롬바인 고교에서 총기 난사 사건이 일어났다. 범인이 둠이라는 게임에 빠져 총기난동사건을 일으켰다는 보도가 나왔다. 폭력 비디오 게임에 대한 규제 입법 운동이 1999년부터 일어났고, 2005년에는 가족연예오락보호법(Family Entertainment Protection Act)을 입안하였으나 미국 연예오락소프트웨어협회(American Entertainment Software Association)[5]가 소송을 제기하여 법이 발효되지 않았다(박종현, 2012: 3). 이후에 비디오 게임의 폭력에 대한 규제는 일련의 지방자치단체의 규제 입법 시도와 이에 대한 상급법원의 위헌 여부 판결로 점철된다. 관계되는 판례[6]는 다음과 같다.

1) 2001년 3월의 연방 제7항소법원이, 인디애나폴리스 시의 규제 입법(조례)을 위헌 판결한 American Amusement Machine Association, et al. v. Kendrick, et al. 244 F.3d 572(United States Court of Appeals for the Seventh Circuit)

2) 2002년의 미국 동부 연방 지방법원이, 미주리 주 세인트루이스의 규제 조례를 합헌 인정한 Interactive Digital Software Ass'n v. St. Louis County, 200 F. Supp. 2d 1126. 1141(E. D. Mo. 2002)

3) 2004년 워싱턴 서부 연방 지방법원이, 폭력성 비디오 게임 판매를 금지한 워싱턴 주의 법률 집행을 금지한 Video Software Dealers Association v. Maleng, 325 F. Supp. 2d 1180(W.D. Wash. 2004)

4) 2005년 11월의 일리노이 북부 연방 지방법원이, 폭력적 비디오 게임을 미성년자에게 판매대여규제법을 집행 금지 결정한 Entertainment

---

5) 이 단체를 주목할 필요가 있다. E.S.A.로 지칭된다. 이후의 일리노이 판례, 미시간 판례, 미네소타 판례, 루이지애나 판례의 당사자였다.

6) 이하의 판례를 수집하고 정리한 것은 박종현 교수의 노고이다. 논문 필자는 여러 판례의 인용에 있어서 다음의 최근 학회 발표문에 크게 의존하였다. 박종현, "폭력적 비디오 게임 규제입법에 대한 미연방대법원의 위헌결정(Brown v. EMA)", 공법이론과 판례 연구회 월례회, 2012.9.14., 발표문, 4~11쪽.

Software Association v. Blagojevich. 404 F. Supp. 2d 1051(N. D. Ill. 2005)

5) 2006년의 미시간 동부 연방 지방법원이, 미성년자에게 폭력과 음란성의 비디오 게임 판매를 금지한 미시간 주 공법 108을 집행 금지 결정을 내린 Entertainment Software Association v. Granholm, 426 F Supp. 2d 646(E.D. Mich, 2006)

6) 2006년 7월의 미네소타 연방 지방 법원이 미성년자에게 성인용 비디오를 판매 대여 규제하는 미네소타 주법의 집행을 영구적으로 금지하는 ESA. et al., v. Hatch, et al.(2006)

7) 2006년 11월, 루이지애나 중부 연방 지방법원이 폭력적 비디오 게임 판매 금지한 루이지애나 주법 시행을 금지하는 처분을 명한 ESA, et al., v. Foti, et al.(2006)

8) 2007년 9월 오클라호마 서부 연방 지방법원이 비디오 게임에 대한 오클라호마 주의 규제 입법 집행을 금지하는 처분을 내린 Entertainment Merchants Association v. Henry, 2006, WL 2927884(W.D. Okla, 2007)

9) 2007년 8월 연방 지방법원이 캘리포니아 주의 폭력 게임 법안에 대해서 연예오락상인협회(Entertainment Merchants Association)의 전신인 비디오 소프트웨어 판매자 협회와 연예오락소프트웨어협회가 제기한 소송에 대해서 담당 판사는 사건 법률이 수정 헌법 제1조에 위배된다고 판시하였다. Video Software Dealers Association v. Arnold Schwarzenegger, No. C-05-04188 RMW(2007.8.)

10) 연방 제9항소법원은 위의 사건에 대해서 항소한 캘리포니아 주지사의 소송에 대해서 무엇보다도 폭력적인 비디오 게임의 수행이 미성년자들로 하여금 공격적이고 반사회적인 행동을 하도록 유도하는지에 있어 확증이 없다고 판시하였다. Video Software Dealers Associatio v. Arnold Schwarzenegger, 556 F. 3d 950(C49 2009)

11) 2011년 미합중국 연방대법원이, 위 9)와 10)에서 연방지방법원과 연방항소법원의 판결을 거친, 캘리포니아 주 의회가 통과시킨 폭력적인 비디오 게임 규제법을 위헌으로서 판결한 최종심 Brown v. Entertainments Association 564 U. S.(2011)를 들 수 있다. [이 사건은 2007년 연방 지방 법원에서 미성년자에 대한 폭력성 비디오를 금지하는 주법을 시행 금지 처분한 Video Software Dealers Association v. Arnold Schwarzenegger, No. C-05-04188 RMW(2007)와 연방 항소 법원에서도 같은 입장을 견지한 판결의 최종심이었다.]

1. 판결에 대한 분석: 누구와 누가 충돌하며, 누가 승소하였는가?

앞의 판결들은; 지방자치단체의 규제 입법에 대해서 다른 당사자가 그 집행을 영구히 정지하도록 법원에 청구한 것이 공통이고, 그 규제 입법은 미성년자에 대한 폭력성 비디오 게임의 판매 대여 금지의 내용이며, 규제 입법을 행한 측은 1) 인디애나 주의 인디애나폴리스 시, 2) 미주리 주 세인트루이스, 3) 워싱턴 주 의회, 4) 일리노이 주 의회, 5) 미시간 주 의회, 6) 미네소타 주 의회, 7) 루이지애나 주 의회 8) 오클라호마 주 의회, 9) 캘리포니아 주 의회이며, 대립 당사자는 1) 미국오락기계협회(American Amusement Machine Association, et al.), 2) 대화형 디지털소프트웨어협회(Interactive Digital Software Ass'n), 3) 비디오소프트웨어판매상협회(Video Software Dealers Association), 4) 연예오락소프트웨어협회(Entertainment Software Association), 5) 연예오락소프트웨어협회(Entertainment Software Association), 6) 연예오락소프트웨어협회(ESA. et al.), 7) 연예오락소프트웨어협회(ESA, et al.), 8) 연예오락상인협회(Entertainment Merchants Association), 9) 비디오소프트웨어판매상협회(Video Software Dealers Association)이다.

요약하면 규제 입법을 행한 측은 시군(county) 자치단체나 주(state)의 지방 자치 의회이다. 여기에 반대한 측은 모든 케이스에서 공통되는데, 연예오락 소프트웨어의 상인 협회, 즉 특수이해관계단체이다.

2002년의 한 케이스(미국 동부 연방 지방법원이, 미주리 주 세인트루이스의 규제 조례를 합헌 인정한 케이스)를 제외하면, 모든 케이스에서 연예 오락 소프트웨어의 상인 내지 특수이해관계인인 상인 협회가 승소하였다. 가장 중요한 판례로서, 2011년의 연방대법원에서도 연예 오락 소프트웨어 협회가 승소하였다.

2. 판결의 시계열(time sequence)에 대한 해석

아홉 개의 유사한 판결은 연속된 것이고, 따라서 같은 시계열(time sequence)을 가지고 있다.

이 일련의 판결들의 연대는 2001년 3월, 2002년, 2004년, 2005년 11월, 2006년, 2006년 7월, 2006년 11월, 2007년 8월, 2007년 9월, 2009년으로 이어지다가 약 2년 뒤인 2011년에 연방대법원의 판결이 나왔다. 최초의 판결인 2001년 3월의 판결은, 그 대상이 된 인디애나폴리스의 조례의 입법 시도는 1999년부터 시작해서 2000년에 통과된 것이다.

3. 1999년에서 2011년의 연속된 기간은 시대사로 구분할 만한 기간이다

약 12년의 이 기간을 어떻게 볼 것인가? 연속된 판례에서 문제가 된 지방자치단체의 조례(regulation ordinance)는 행정입법에 속하는 것이고, 이 행정 입법의 위헌 여지가 다투어진 것이다. 아메리카 법사에서 이 기간을 어떻게 볼 것인가는 잠시 보류하기로 하자.

논문 필자는 2009년『경제 위기 때의 법학』에서 2008년 가을 이후의 세계금융위기를 설명하기 위한 방식으로 역사적으로 이미 잘 알려진 1929년의 세계 대공황을 예로 들었다. 그리고 세계 대공황의 원인이 된 요인이 그 이전 약 10년 동안 배태된 것이라는 가설로 시작하였다. 즉, 세계대공황 이전 10년, 1919~1929년의 이른바 재즈 시대가 세계 대공황의 직접적 원인을 제공한 시대라고 본 것이다. 따라서 2008년 9월의 세계금융위기의 직접적인 원인은 단기적으로는 1998년 이후의 10년을 주목하여야 된다고 했다. 그리고 1999년에 금융 탈규제 입법이 정점에 도달한 것을 증명하였다.[7]

---

7) 물론 논문 필자는 2008년 9월의 세계금융위기의 장기적인 원인 제공은 약 30년을 소급해서 1978년부터 나타나기 시작한 네오리버럴리즘 그리고 1981년 구체화된 레이거노믹스의 주요 두 법을 든다(김철, 2010.12.: 91, 414). 그러나 2008년 9월의 세계 금융위기의 원인을 설명하는 학자 중에서 폴 크루그먼이 금융위기 이전에 조사된 소득 격차를 세계 공황기인 1920년대의 10년 평균과 비교한 데서(Krugman, 2007: 032)(김철, 2009.3.: 131) 우선 이전 10년을 조사하는 것도 의미가 있다고 생각했다. 따라서 논문 필자는 30년설과 10년설을 다 같이 입법의 동향을 통해서 조사하는 작업을 한 것이다.

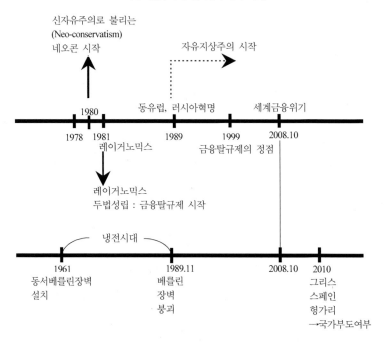

자유지상주의와 신자유주의의 역사

신자유주의로 불리는
(Neo-conservatism)
네오콘 시작

자유지상주의 시작

1980

동유럽, 러시아혁명   세계금융위기

1978 1981   1989   1999   2008.10
      레이거노믹스   금융탈규제의 정점

레이거노믹스
두법성립 : 금융탈규제 시작

냉전시대

1961   1989.11   2008.10 2010
동서베를린장벽   베를린   그리스
설치   장벽   스페인
                    붕괴   헝가리
                                          →국가부도여부

　아메리카 경제사에서 2008년 9월의 세계 금융위기가 배태된 직전 10년은 대체로 1998～1999년으로 잡을 수 있고, 그 이유의 직접적인 것은 1999년은 금융 탈규제의 정점이었다는 사실이며(김철, 2010.12.: 414, 466), 상기 판결들은 그 원인이 된 규제 입법 시도까지 합치면 대체로 아메리카 법제사에서 탈규제 시대라고 할 만한 기간에 집중적으로 나타났다.

4. 연속된 판례가 나타난 기간

이 연속된 판례가 나타난 경제사에서의 기간은 30년 기준으로는 네오리버럴리즘 시대이며, 또한 연속된 시대는 네오리버럴리즘이 맹위를 떨친 시대이며, 10년 기준으로는 레이거노믹스의 금융 탈규제가 정점에 이른 시대이다(도표 참조). 따라서 이 연속된 판례들은 네오리버럴리즘 및 네오리버럴리즘과 탈규제의 정점에서 시작된 탈규제의 고원 시대의 사회 경제적 산물이라고 일단 추정할 수 있다.

7개 판례의 한쪽 당사자는 시나 군, 또는 주의 청소년의 교육적 가치나 정신적 복지에 대해서 규제권을 가진다고 생각되는 지방 정부이고, 다른 한쪽 당사자는 대부분 전국적 규모의 관련 산업의 상인 협회이며, 가장 자주 나타나는 단체는 흔히 E.S.A로 불리는 쉽게 얘기하면 게임소프트웨어 관계 단체이다. 한 판례를 제외하고, 거의 모든 판례에서 청소년의 정신적 복지라는 공익과 대결한 특수이익단체들이 승소하였다.

5. 재판 결정의 사유는 어떠했던가?

5.1. 연방대법원 판결[Brown v. Entertainments Association 564 U. S. (2011)]의 다수의견[8]은 미국 수정헌법 제1조 표현의 자유 조항에 의존한다.

"언론의 자유 조항은 공적 문제들에 대한 담론을 보호하기 위해 존재하는데, ...심지어는 사회적 메시지를 전달하는 엔터테인먼트......

---

8) 다수의견은 Scalia 대법관이 작성하였고 이에는 대법관 Kennedy, Ginsburg, Sotomayor, Kagan이 동참하였다(박종현, 2012.9.14.: 14).

영화, 비디오 게임도 공적 담론을 보호하기 위한 언론의 자유조항의 적용대상이 된다고 다수의견은 강조한다." 결국 비디오 게임은 표현의 자유 조항의 받는다는 것이다.

5.2. 폭력적인 표현은 음란한 것이 아니기 때문에 문제된 비디오게임규제법은 미성년자에 대한 음란성을 규제하는 규제법과 성질이 다르다는 것이다(판례 번역 박종현, 2012.9.14.: 15).

5.3. 미성년자가 폭력적이고 반사회적인 행동을 보이지 않고 성장하는 것이 주의 중요한 이익이 된다고 하는 폭력적인 비디오 규제법에 대해서 폭력적인 비디오 게임이 미성년자로 하여금 공격적이고 반사회적인 행동을 하도록 유도하는지에 대해서 확증이 없다고 연방대법원 이전에 연방항소법원이 부정적인 입장을 제시하였다[Video Software Dealers Association. v. Arnold Schwarzenegger, 556 F. 3d 950 (CA9 2009)](판례 번역 박종현, 2012.9.14.: 13).

5.4. 다수의견은 인간의 문명사와 문화사에서 폭력적 표현은 의례 있어 왔다고 지적한다.

......예컨대 Grimm 형제의 이야기에서도 폭력, 잔인함이 나오는데 백설공주는 독살되도록 방치되어 있었으며, 빨간 신발에서 사악한 여왕은 주인공이 무대에서 춤을 추다 지쳐 죽도록 만들기도 한다. 신데렐라의 사악한 새언니들은 비둘기들에 의해 눈알을 쪼이기도 한다. 그리고 헨젤과 그레텔은 그들을 감금한 마녀를 오븐에 구워버리기도 한다.
고등학교의 독서 리스트들에서도 폭력적 표현이 난무한다고 다수 의견은 지적한다. 호메로스의 오디세우스는 달궈진 말뚝으로 Cyclops의 우두머리를 장님으로 만든다. 신곡에서 Dante와 Virgil은 부패한 정치인들이 호수 표면의 악마에 의해 꼬챙이에 찔리지 않기 위해 펄펄 끓는 호수의 밑바닥에 머무르려고 고군분투하는 모습을 볼 수 있다. 그리고 (윌리엄) 골딩의 '파리 대왕'은 돼지라고 놀림받던 한 소년이 섬에 고립되어 있는 다른 아이들을 어떻게 잔인하게 살해하는지를 드러낸다. ......(판례 번역 박종현, 2012.9.14.: 16)

5.5. 법과 문학의 영역에서 권위를 차지했던 리처드 포wm너(Richard Posner, 연방 제7항소법원 판사)가 인디애나폴리스의 폭력적 비디오게임 규제법을 위헌 심판했는데[판례 명칭: American Amusement Machine Association, et al. v. Kendrick, et al. 244 F.3d 572 (United States Court of Appeals for the Seventh Circuit)], 그의 주장이 방금 위에서 소개한 연방대법원의 다수의견에 영향을 미쳤다고 추정된다.

> ......나아가 Posner 판사는 폭력적인 내용의 표현물의 가치를 상당히 강하게 지지하였는데 이것이 마치 아이를 양육하는 과정에서 필요한 부분이라고 설명하기도 한다. 즉, 폭력물은 인류에게 있어 항상 중심적인 흥미의 대상이었고, 그림(Grimm), 안데르센(Andersen), 페로(Perrault) 등에 의하여 수집된 전통적인 동화에 익숙한 사람들은 잘 알듯이 상당히 어린 나이의 아동들의 흥미 대상이기도 하여 왔다. 18세까지 아동들에게 폭력적인 묘사를 담은 표현물에 대한 노출을 막는 것은 비현실적이며(quixotic) 또한 기형적이라고(deforming) Posner 판사는 강조하였다[판례 명칭: American Amusement Machine Association, et al. v. Kendrick, et al. 244 F.3d 572(United States Court of Appeals for the Seventh Circuit)]. ......(판례 번역 박종현, 2012.9.14.: 5)

여기에 대해서 클레이 칼버트(Clay Calvert)가 포스너의 논증을 토대로 이 연방 제7항소법원의 판결을 다음과 같이 정리하였다(박종현, 2012.9.14.: 6)(Clay Calvert, 2002).

> 1) 폭력적 이미지는 우리 사회에서 갑자기 등장한 것이 아니라 늘 인류의 중심적인 관심거리에 놓여 있었다.
> 2) 폭력적 이미지는 수정 헌법 제1조의 보호범위 밖에 놓이게 되는 음란물 그리고 아동 포르노그래피와 한 덩어리로 묶어 규제할 수 없다.
> 3) 사회과학 연구가 아무리 정당하고 방법론적으로 신뢰할 만하더라도 실제 세계의 폭력의 특정한 경우가 매체물에 의하여 발생되었는지를 정확하게

말해줄 수 없다.

6. 재판 결정의 사유에 대한 평석

6.1. 비디오 게임이 언론의 자유가 보장하는 공적 담론의 일종이라는 데 대해서

2011년의 폭력적 비디오 게임 규제에 반대하는 미국 대법원 다수 판결은 다음과 같다.

> "언론의 자유 조항은 공적 문제들에 대한 담론을 보호하기 위해 존재하는데,
> ……심지어는 사회적 메시지를 전달하는 엔터테인먼트(책, 연극, ……영화,
> 비디오 게임)도 공적 담론을 보호하기 위한 언론의 자유조항의 적용대상이 된
> 다고 다수의견은 강조한다." 결국 비디오 게임은 표현의 자유 조항의 보호를
> 받는다는 것이다.

6.1.1. 반론은 미국과 한국을 비롯한 전 세계의 문명국가의 미성년 들이 탐닉하는 폭력적 비디오 게임이, 과연 인류가 전제군주로부터 자유를 원할 때의 공적인 담론을 보호하는 목적이었던 표현의 자유의 범위에 들어갈 것인가. 결국 이 판례대로라면 **미성년자들의 폭력적 비디오 게임과 근대 및 근대 이후의 정치적 자유 획득을 위한 공적인 담론이 같은 성질이라는 것이다.** 과연 그럴까?

6.1.2. 공적인 담론을 보장하는 표현의 자유 조항이 과연 상업적 메시지(commercial speech)에 속하는 광고, 홍보, 기타 이와 같은 성질을 가진 공공적 성격이 낮은 상업용 콘텐츠에 해당된다고 할 것인가? 이 문제는 폭력적 비디오 게임이, 상업용 콘텐츠에 더 가깝다고 볼 수 있고, 광고나 홍보

는 아니다 하더라도 최소한 공공적 성격이 아주 낮다고 얘기할 수 있다.[9]

6.1.3. 또한 가장 중요한 지적은 미디어의 성질에 대한 것이다.[10] '사회적 메시지를 전달하는 엔터테인먼트'라고 해서 책, 연극, 영화, 비디오게임은 열거하고 있는데(연방대법원 다수의견), 치명적인 점은 미디어의 성질에 따른 구분(Printed Media인가 Image Media인가, Cool Media인가 Hot Media인가에서도 정도의 문제)을 하지 않았다는 것이다.

6.2. 폭력은 음란과 구별되기 때문에 음란의 문제에 엄격했던 법리를 폭력에는 적용할 수 없다는 대법원 판결 이유에 대해서

음란을 규제하는 것이나, 폭력을 규제하는 것이나 어떤 목적 가치가 있을 것이다. 특히 미성년자나 청소년의 문제와 관련되어 있어서 목적가치[11]에 주목하여야 된다고 생각한다.

6.3. 폭력적 게임이나 또는 폭력적 영상이 청소년의 폭력을 유발하는 문제에 대한 과학적 논쟁

총과 폭탄 등을 사용한 살인, 파괴 그리고 위험한 경주 등이 만연한 게임이 청소년들로 하여금 폭력을 유발한다는 연구 결과를 내놓은 대표적 학자로는 아이오와주립대학의 크레이그 앤더슨(Craig Anderson) 박사를 들 수 있다(박종현, 2012.9.14.: 2). 그러나 끊임없이 이에 반대

---

9) 헌법학자 임지봉 교수가 이와 가까운 견해. 이에 대해서 반대는 헌법학자 권형준 교수로 회의적이다(2012.9.14.).
10) 헌법학자 김문현 교수의 견해. 이에 대해서 논문 필자는 같은 의견이다(2012.9.14.).
11) 2005년의 캘리포니아의 비디오 게임 미성년자 금지법에서의 항소심(2009)에서 주지사는 "극단적으로 폭력적인" 행위를 묘사한 게임으로부터 공동체와 아이들을 보호할 책임을 강조하였다. Video Software Dealers Association vs. Arnold Schwarzenegger, 556F. 3d 950(CA9, 2009).

되는 연구도 진행되었다(Lawrence Kuther & Cheryl K. Olson, Lillian Bensely & Juliet Van Eenwyk, 2001)(Mark Griffiths, 2005). 이 문제는 사회과학에 있어서의 방법론이 자연과학에 있어서의 방법론과 전혀 같을 수가 있느냐는 과학사와 서양 법 과학의 원천 시대의 법 과학의 방법적인 특징[12) 문제로 귀착한다(Harold Berman, 1983). 인과관계와 상관관계를 물론 구별하여야 하나, 사회과학에 있어서의 인과관계가, 실험실의 실험관에서 비교적 단기간에 관찰될 수 있는 인과관계와 같을 수는 없을 것이다. 역사적 사실(fact)의 인과관계는 경제사나 사회사에서는 최소 10년을 한 주기로 하고, 어떤 때에는 30년을 한 주기로 하는 경우도 있다. 이런 역사에 있어서의 인과관계를 증명하는 데 물리학이나 화학, 공학에서의 인과관계 증명 방식과 같을 수는 없을 것이다. **사회과학을 존재하게 하는 역사적 사실과 역사적 원인이 실험실에서의 인과관계와 같을 수 없다면, 동시대에 있어서 같은 의식을 가지는 문명인들이 인지할 수 있는 인과관계**는 일종의 사회적 실험(social experimentation)을 거치는데, 이 **사회적 실험**은, 실험실에서 짧은 시간에 테스트할 수 있는 효과와 달리 더 **넓은 실제 실험장인 사회에서 더 긴 시간을 두고 그 스스로의 효용성을 나타내기 때문에,** 법의 실험은 일종의 "역사라는 실험실(laboratory of history)"에서 진행된다고 할 수 있다(Berman, 1983).[13)

---

12) 참으로 법학의 방법론에 대한 이 문제는 한국 전통 법학의 문제일 뿐만 아니라 이 판례에서는 지구상에서 가장 자연 과학적 방법을 신봉하는 아메리카의 연방 법원과 대법원에서의 문제라는 것이 밝혀졌다. 이 문제에 대해서 서양 법 과학이 형성되던 초창기 때부터 법 과학의 방법적인 특징을 논증한 해롤드 버만의 업적이 가장 포괄적이다. 버만은 경험에 의한 검증에서 일종의 사회적 실험을 인정하는데 법의 실험은 일종의 역사라는 실험실(laboratory of history)에서 진행된다고 할 수 있다. 이것을 "자연적으로 행해지는 실험(natural experiments)"이라고 할 수 있다. 이 문제는 Berman, Harold J.가 그의 주저(1983)에서 4장 유럽 대학에서의 서양 법 과학의 원천 중 7항 법 과학의 방법적인 특징들에서 본격적으로 논하고 있다(Berman, Harold J., 김철 옮김, 2012.11.).

13) **경험에 의한 검증은 상황 또는 사정(事情)의 경험(experience of the circumstance)을 포함한다. 어떤 경험 법칙**이 확인될 수 있는가? 토지, 동산, 그리고 무체 권리에 대

6.4. 인류 문화사에서의 폭력적 표현

다수의견은 백설공주, 빨간 구두, 신데렐라, 헨젤과 그레텔, 오디세우스, 신곡의 폭력 장면을 인용해서 인류 문화사에서 폭력적 표현은 으레 있어 왔다고 하고, 다수의견에 영향을 준 연방 항소법원의 포즈너 판사는 다음과 같이 판결의 이유를 설명한다.

> 폭력적인 내용의 표현물의 가치를 상당히 강하게 지지하였는데 이것이 마치 아이를 양육하는 과정에서 필요한 부분이라고 설명하기도 한다. 즉, 폭력물은 인류에게 있어 항상 중심적인 흥미의 대상이었고, 그림(Grimm), 안데르센(Andersen), 페로(Perrault) 등에 의하여 수집된 전통적인 동화에 익숙한 사람들은 잘 알듯이 상당히 어린 나이의 아동들의 흥미 대상이기도 하여 왔다. 18세까지 아동들에게 폭력적인 묘사를 담은 표현물에 대한 노출을 막는 것은 비현실적이며(quixotic) 또한 기형적이라고(deforming) Posner 판사는 강조하였다[판례 명칭: American Amusement Machine Association, et al. v. Kendrick, et al. 244 F.3d 572 (United States Court of Appeals for the Seventh Circuit)].

한 분쟁이, 일련의 폭력적 탈취 행위로 해결된 경우에 무질서와 부정의가 결과한다는 경험이 있다. 이러한 (개인적 또는 사회적 또는 역사적) 경험은, 법률가가 다양한 법에 있어서의 룰(rule)의 영향 및 결과와 법적 룰(rule)의 변화가 어떤 효과와 결과를 가져오는가를 비교할 때 **일종의 실험화의 단계(level of experimentation)**까지 도달한다. 즉 만족스럽지 못하다고 간주된 룰(rule)들은 때로는 개정되거나 폐기되거나 또는 쓰지 않게 된다. 만족스럽다고 간주된 룰(rule)들은 자주 계속된다. 이러한 실험들(experiments)은 **실험실에서의 실험의 정확성을 결여**하고 있기는 하다; 그러나 이 경우에 해당하는 것이 **일종의 사회적 실험(social experimentation)**이다. 이 사회적 실험은, 실험실에서 짧은 시간에 테스트할 수 있는 효과와 달리 더 넓은 실제 실험장인 사회에서 더 긴 시간을 두고 그 스스로의 효용성을 나타내기 때문에, 법의 실험은 일종의 **"역사라는 실험실"(laboratory of history)에서 진행된다고 할 수 있다. —이러한 성질로 근대 및 현대의 과학자들은 "자연적으로 행해지는 실험"(natural experiments)이라고 부른다.** 근현대의 용어를 쓴다면 경험(experience)이라는 것은, 어떤 룰(rule)을 구체적인 사례에 적용해보는 경험을 포함해서, 하나의 과정으로서 관찰될 수 있다. 어떤 과정인가? 끊임없는 피드백(feedback)의 과정이다. 무엇에 대한 피드백인가? 첫째로 규칙, 즉 룰(rule)이 유효한가에 대한 피드백이다. 마침내는 룰(rule)의 저변에 존재한다고 생각되는 일반 원칙과 일반 개념이 유효한가에 대한 피드백이다(Berman, Harold J., 김철 옮김, 2012.11.).

그러나 연방대법원의 다수의견이나 연방항소법원의 포스너 판사 모두 목전에 문제가 된 폭력적 비디오 게임에 있어서의 폭력과 그들이 매우 고상하게 인용한 인류 문화의 고전이 된 그림 형제의 동화, 안데르센의 동화, 유럽의 민속 동화, 그리고 심지어 제임스 조이스의 율리시스나 혹은 그것의 연원인 호메로스의 오디세우스에서의 폭력이 **방향도 다르고, 질적으로도 다르고, 컨텍스트[14]도 다르고, 통틀어서 전혀 다르다는 것을 눈 감고 있다.** 왜냐하면 고전이 된 그림 형제나 안데르센 동화, 그리고 그리스 고전에 있어서의 폭력은 일시적으로 어떤 **부정의한 상태가 주인공의 생존을 거의 부인할 정도까지 진행되고, 명백히 부정의하며 야만적인 폭력을 극복하기 위해서 오로지 그 목적을 위해서 말하자면 정당방위나 자력구제를 위해서 폭력을 행사한 그런 이야기이다.** 한 나라의 최고 법원의 대법관들이 그리고 오랫동안 법과 문학의 영역에 있어서 권위를 자랑했던 포스너 판사가 인류 문화의 고전이 된 문학 작품과 1999년 이후 네오리버럴리즘과 극단적인 자유방임주의, 그리고 무정부주의적인 네오리버럴리즘에 감염된 폭력적 게임을 구별하지 않는다는 것은 놀랄 만한 일이다.

---

14) 흔히 법학의 해석론에서 컨텍스트를 고려하지 않고, 조문이나 언어의 절대적 의미를 추구하는 경우가 있다. 꼭 같지는 않으나, 폭력의 의미도 어떤 구체적인 폭력이 나타난 전반적 문맥을 고려해서 그 폭력이 전체 스토리에서 어떤 역할을 하고 있는가를 고려하는 것이 목적적 해석이 될 것이다. 포스너 판사나 다수의견의 판사들이 "인류 문화에서 늘 있어 온 폭력"의 예로서 그리스의 고전 오디세우스에서 주인공이 외눈박이 괴물(사이클롭스)을 잔인하게 처단하는 장면의 예를 들고 있다. 그러나 서양 문화의 원천인 오디세우스의 사이클롭스 처형 장면은 사이클롭스가 식인하는 버릇이 있으며, 광포하고 통상적인 방법으로는 제압할 수 없는 존재라는 전후 문맥을 고려하지 않고서는 단순히 추상적인 폭력으로 취급해서는 안 될 것이다. 다수의견은 그림 형제의 동화나 안데르센 동화에서 나타나는 단편적인 폭력적 장면만 지적할 뿐, 그림 형제의 동화에서나 안데르센 동화 대부분에서 나타나는 어떤 목적성이나 "더 큰 인간성의 방향"으로의 전환 같은 윤리성은 지적하지 않고 있다. 아메리카 대법원의 역사는 인류가 근대 이후에 이룩했던 법조 문화 중에서 가장 오래되고 연속적인 전통을 가진 것으로 존중되어 왔다. 그러나 이 판례의 다수의견은 인간의 법의 역사의 형성에 대해서 인간 문명의 규범성에 대해서 심히 그릇된 판단을 하는 벼랑 끝에 서 있다고 보인다.

6.5. 연속 판례들의 거시적·역사적 파악

1999년부터 입법 시도되고 2001년, 2002년, 2004년, 2005년, 2006년 7월, 2006년 11월, 2007년 9월로 연속된 연방지방법원의 판결과 2007년 연방지방법원 판결을 확정시킨 2011년 연방대법원 판결은, 앞선 항목인 6.1. 판결에 대한 분석과 6.2. 판결에 대한 해석에서 다루었다. 같은 시계열(time sequence)에서 행해졌으며, 규제 입법을 무효화시킨 당사자도 거의 같은 성질을 가진 당사자(ESA, EMA 등)임이 밝혀졌다.

전통 법 과학의 특징은 우선 관련 판례를 실증적으로 세밀하게 해석하는 것이었다. 필자는 이상에서 열거한 일련의 판례를 지금까지 전통적인 법 해석학에서 행해 온 내용 분석(contents analysis)으로 접근하기 이전에, 다른 거시적 방법을 채용해 보았다. **경제사와 사회사 법제사를 동시에 참조한다면, 어떤 가설을 세울 수 있게 된다.** 의미 있는 시대의 특징에 대한 가설[15]이 나타나고, 그 시대의 특징이 끼치는 영향은 세계적으로 침투적이라는 것을 알게 된다. 판결이 나타난 주된 시기, 즉 1999년에서 대략 2007년[16]까지의 시기를 어떻게 파악할 것

---

15) 즉, 법 과학은 그 가설을 검증하여야 된다. 가설 검증은 과학적 방법이어야 한다. 과학적 방법은 실험을 거쳐야 한다. 그러나 법학과 사회과학의 실험은, 연구실에서 비교적 단기에 시험관 안에서 하는 실험과는 같을 수가 없다. 경제사에서나 법제사에서의 영향 분석은 최소 10년 기간이 지나야 밝혀진다. 어떤 사회적 사건 (social fact)이나 경제적 사건이 실험(experiment)의 의미로 쓰인다면, 사회적 실험이라는 개념이 가능하다. **이 사회적 실험은, 실험실에서 짧은 시간에 테스트할 수 있는 효과와 달리 더 넓은 실제 실험장인 사회에서 더 긴 시간을 두고 그 스스로의 효용성을 나타내기 때문에, 법의 실험은 일종의 "역사라는 실험실(laboratory of history)"에서 진행된다고 할 수 있다. –** 이러한 성질로 근대 및 현대의 과학자들은 "자연적으로 **행해지는 실험(natural experiments)"이라고 부른다**(Berman, Harold J., 김철 옮김, 2012.11.).
"사회적 실험(social experiment)은 역사적 실험(historical experiment)으로 검증된다"라는 명제가 가능하다(해롤드 버만의 역사적 접근법).
16) 실지로 항소심은 2009년, 최종심은 2011년까지 연장되었으나, 주 내용이 나타난 것은 이렇게 잡을 수 있다.

인가? 경제사와 동반한 법제사를 거시적으로 파악하는 것이 어떤 시대의 특징을 추출하는 데 큰 도움이 되고 있다. 아메리카 경제사와 법제사에서 탈규제가 정점에 도달(1999, 본 논문 도표 참조)하고, 2007년의 파국의 전조와 2008년의 세계 금융위기로 가고 있었으나, 호황과 거품이 동시에 진행되던, 파국 이전 10년의 특징이 전형적으로 나타나던 시대였다.[17] 이 판례들의 연속 그룹(sequential group)은 법률 해석학의 전형적인 작업(개별적이고, 문자 해석에 주력하는 작업)을 마치기 훨씬 이전에, 이미 집단적인 특징을 드러내 주고 있다.[18]

참고문헌

김광기, 『사회는 무엇으로 사는가? 뒤르켐 & 베버』(서울: 김영사, 2007).

_____, "뒤르켐 경구의 재해석 – 사회학적 사실을 사물처럼 취급하라", 『뒤르켐을 다시 생각한다』(서울: 동아시아, 2008.12.).

김철, "신자유주의 시대의 경쟁과 과시", 『사회이론』 2012년 봄/여름 통권 제41호(서울: 한국사회이론학회, 2012.5.).

____, "법과 경제 질서", 『세계헌법연구』 제17권 제3호(서울: 세계헌법학회 한국학회, 2011.12.).

____, 『법과 경제 질서: 21세기의 시대정신』(파주: 한국학술정보(주), 2010.12.).

____, 『법과 경제 질서: 21세기의 시대정신』(파주: 한국학술정보(주), 2010.12.) 제5장 최현대의 경제공법사상(1) 중 1.2 자유주의와 관여주의와 불관여

---

17) 논문의 시작부분으로 돌아가서 뒤르켐 시대의 아노미가 어떻게 전개되었는가라는 역사적 유비와도 관계있다고 할 것이다.

18) 시대적 특징은 재즈 시대의 특징과 유비(analogy) 관계에 있다. 아메리카 법사에서 세계 대공황(1929)의 이전 10년(1919~1929)을 재즈 시대라고 부른다. – 이 시대의 특징이 다시 나타나고 있다.

주의의 관계.

____, "법과 경제의 상호교호관계: 장기대침체시대(the Long Depression, 1873 – 1897)의 경제와 법", 『사회이론』 2010년 가을/겨울 통권 제38호(서울: 한국사회이론학회, 2010.11.).

____, 『한국 법학의 반성』, 아메리카의 보수주의 혁명과 신자유주의", 237 – 239, "뉴딜시대(1933 – 1954)의 반작용으로서의 신자유주의 또는 신보수주의(Neo – Conservatism)", 239 – 242, (파주: 한국학술정보(주), 2009ㄴ).

____, 『경제 위기 때의 법학』(파주: 한국학술정보(주), 2009ㄱ).

____, "제5장 1980년대 이후 세계법학의 가장 큰 도전이었던 경제학적 법학 방법론의 형성과 그 의미, 그 한계는 어떠한가", 『경제 위기 때의 법학』(파주: 한국학술정보(주), 2009ㄱ).

____, "최현대의 경제 공법사상", 6장 아메리카의 보수주의 혁명과 신자유주의 48 – 52 『세계헌법연구』 제15권 제2호(서울: 세계헌법학회, 한국학회, 2009.6.).

____, "뒤르켐의 아노미이론과 평등권에서의 기회균등: 기초법적 연구", 『사회이론』 2008년 가을/겨울 통권 제34호(서울: 한국사회이론학회, 2008.11.).

____, "포스너의 공법학 방법론", 『공법연구』 제30집 제4호(서울: 한국공법학회, 2006.6.).

____, "국제인권규약의 구조와 전통적인 한국의 기본권 구조 – 사람의 권리의 온전성을 위한 법철학적 시도" 한국인문사회과학회 주최 2006년 전기 학술대회 『사람의 권리를 넘어서』 주제 발표 논문(서울: 한국인문사회과학회, 2006).

____, "개혁의 법사회학적, 법경제학적 조망 – 교육 개혁을 중심으로, 그러나 주도적인 개혁을 우선하여 – ", 『사회이론』 21호 봄/여름호(서울: 한국사회이론학회, 2002.8.).

____, 서평 "코드: 사이버 공간의 법이론", 한국헌법학회(엮음), 『헌법연구』 (서울: 한국헌법학회, 2002.4.) – 2002c.

남인숙, "커뮤니케이션 네트워크와 청소년 집단 따돌림", 한국사회이론학회 엮음, 『사회이론』통권 제25호(서울: 한국사회이론학회, 2004).

뒤르켐, 에밀, 임희섭 옮김, 『자살론』(서울: (주)삼성, 1993).

_____, 김충선 옮김, 『자살론』(서울: 청아출판사, 1993).

_____, 『사회분업론』(서울: (주)삼성, 1993).

모로아, 앙드레, 『프랑스사』(신용석 옮김)(서울: 홍성사, 1983).

민문홍, 『에밀 뒤르켐의 사회학-현대성 위기극복을 위한 새로운 패러다임을 찾아서』(서울: 아카넷, 2002).

_____, 『현대 사회학과 한국 사회학의 위기-한국사회의 인문사회학적 대안을 찾아서』(서울: 길, 2008).

박영신, 『변동의 사회학』(서울: 학문과 사상사, 1980).

박종현, "폭력적 비디오 게임 규제입법에 대한 미연방대법원의 위헌결정(Brown v. EMA)", 공법이론과 판례 연구회 월례회, 2012.9.14., 다정, 발표문.

밥 우드워드, 스콧 암스트롱 공저, 『지혜의 아홉 기둥』(안경환 옮김)(서울: 한국물가정보, 2008).

송재룡, "한국사회의 자살과 뒤르켐의 자살론-가족주의 습속과 관련하여", (한국사회이론학회 엮음)『뒤르켐을 다시 생각한다』(서울: 동아시아, 2008.12.).

신동준, "일탈사회학과 뒤르켐의 유산", (한국사회이론학회 엮음)『뒤르켐을 다시 생각한다』(서울: 동아시아, 2008.12.).

양창삼, "칸트, 아들러와 융, 그리고 뒤르켐의 인간관 다시 보기", 『뒤르켐을 다시 생각한다』(서울: 동아시아, 2008.12.).

이황직, "교양에서 시민으로-뒤르켐 교육론의 함의", 『뒤르켐을 다시 생각한다』(서울: 동아시아, 2008.12.).

최정인, 『드워킨의 연쇄소설 개념에 대한 연구』, 서울대학교 대학원 석사학위논문, 2006.8.

최종렬, "뒤르켐 전통에서 본 신자유주의와 문화", 『사회이론』 2008년 가을/겨울 통권 제34호(서울: 한국사회이론학회, 2008).

한국사회이론학회, 『뒤르켐을 다시 생각한다』(서울: 동아시아, 2008.12.).

_____, 『뒤르켐과 우리 사회』(한국사회이론학회 2008년 하계학술대회 발표문집).

해롤드 버만과 김철, 『종교와 제도-문명과 역사적 법이론』(서울: 민영사, 1992).

_____, 『종교와 사회 제도-문화적 위기의 법사회학』(서울: 민영사, 1992).

Friedman, Lawrence M., 『미국법 역사』(안경환 옮김)(서울: 대한교과서주식회사, 1988).

Lessig, 김정오 역, 『코드: 사이버 공간의 법이론』(서울: 나남 신서, 2002).

존 랜스톤 솔, "세계 금융위기는 지식인의 실패", 매일경제 2012년 9월20일 목요일 사람들 난.

Berman, Harold J., "12세기의 볼로냐의 법학 교육 방법"(김철 옮김), 『법과 혁명-서양법 전통 형성의 배경』 1권(파주: 한국학술정보(주), 2012.11.).

_____, 4장 유럽 대학에서의 서양 법 과학의 원천 "7. 법 과 학의 방법적인 특징들"(김철 옮김), 『법과 혁명-서양법 전통 형성의 배경』 1권(파주: 한국학술정보(주), 2012.11.).

_____, *Law and Revolution-The Formation of Western Legal Tradition*(Cambridge: Harvard Univ. Press, 1983).

Calvert, Clay, "Violence, Video Games, And A Voice Of Reason: Judge Posner To The Defense Of Kids' Cluture And The First Amendment", *39 San Diego L. Rev.* 1, 3 (2002).

Chua, Amy, *World On Fire*(New York: Anchor Books, 2004).

Durkheim, Emile, *Suicide*(John A. Spaulding and George Simpson 옮김)(London, 1952).

Dworkin, Ronald N., "Natural law Revisited", *University of Florida Review*, vol. 34, 1982.

Grand Theft Childhood: The Surprising Truth About Violent Video Games, Lawrence Kuther PhD and Cheryl K. Olson ScD; "Video Games and Real Life Aggression", Lillian Bensely and Juliet Vn Eenwyk, *Journal of Adolescent Health*, vol. 29, 2001; "Video Games and Health", Mark Griffiths, *British Medical Journal*, vol. 331, 2005.

Krugman, Paul, *The Conscience of Liberal*(New York: W. W. Norton, 2007).

_____, *The return of depression economics and the crisis of 2008*(New York: W. W. Norton, 2009).

Manheim, Hermann, *Comparative Criminology a Text Book*(London: Routledge & Kegan Paul, 1965, 1973).

McKlosky, *The American Supreme Court*(series of U. S. Civilization)(Chicago: Chicago Univ. Press, 1956).

Merton, Robert. K., "Social Structure and Anomie", *American Sociological Review* 3권(1938).

Posner, Richard A., *Law and Literature-A Misunderstood Relation*(Cambridge: Harvard Univ. Press, 1988).

_____, *The economics of justice*(Cambridge: Harvard Univ. Press, 1981).

Stiglitz, Joseph, *Globalization and Its Discontents* (New York: W. W Norton, 2003).

Krugman, Paul, "The Possiblity of The Long Depression(1873 — 1897)" Column, NY Times, 2010.6.27.

법제사에서의 도금 시대(1865~1900)와 경제사에서의 장기 대침체 시대 (1873~1897)의 초기 자유방임사상과 "생존을 위한 투쟁" 또는 "경쟁적 투쟁"이라는 사회적 진화론의 영향을 받은 기념비적인 판례

Allgeyer v. Louisiana 165 U.S. 578(1897)

Lochner v. New York 198 U.S. 45(1905)

폭력적 비디오게임 규제입법에 대한 미연방지방법원, 연방항소법원, 연방 대법원의 판례(2001~2011)

1) American Amusement Machine Association, et al. v. Kendrick, et al. 244 F.3d 572 (United States Court of Appeals for the Seventh Circuit)(2001.3.)

2) Interactive Digital Software Ass'n v. St. Louis County, 200 F. Supp. 2d 1126. 1141 (E. D. Mo. 2002)

3) Video Software Dealers Association v. Maleng, 325 F. Supp. 2d 1180 (W.D. Wash. 2004)

4) Entertainment Software Association v. Blagojevich. 404 F. Supp. 2d 1051 (N.D. Ill. 2005)

5) Entertainment Software Association v. Granholm, 426 F Supp. 2d 646 (E.D. Mich, 2006)

6) ESA. et al., v. Hatch, et al. (2006.7.)

7) ESA. et al., v. Foti, et al. (2006.11.)

8) Entertainment Merchants Association v. Henry, 2006, WL 2927884 (W.D. Okla, 2007)

9) Video Software Dealers Association v. Arnold Schwarzenegger, No. C — 05 — 04188 RMW (2007.8.)

10) Video Software Dealers Associatio v. Arnold Schwarzenegger, 556 F. 3d 950 (C49 2009)

11) Brown v. Entertainments Association 564 U. S. (2011)

장기 대침체 기간(1873~1897)의 비엔나와 프랑스(13장)

1871	1873	1882	1888	1893
보불전쟁 파리 함락	비엔나 증권거래소 기능정지	파리 증권거래소 파산사건	파나마 사건 (프랑스)	재정관계 스캔들 (프랑스)

연평균 자살증가율
7% 급증

뒤르켐 주요저작
발표 시작

(출처:『법과 경제 질서』p.554의 도표)

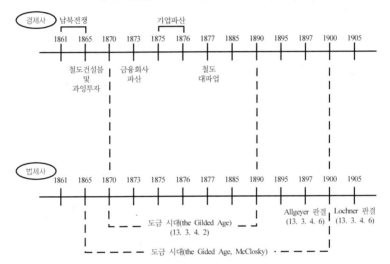

장기 대공황(1873~1897)과 미국 법제사(13장)

(출처:『법과 경제 질서』p.553의 도표)

법과 혁명:

프랑스 혁명이 법제도에 미친 영향
—법과 종고의 관계를 겸하여—

빅토르 위고(Victor Marie Hugo, 1802~1885)를 기념하는 거리 표지판

이 글의 초안이 학회에서 발표된지 약 5개월 뒤 한국에서 세제 개편 논쟁이 일어났다. 세제 개편 논쟁에서, 한국 사회에서는 드물게, 1789년의 프랑스 혁명 발발의 원인의 하나로서, 재정 문제와 세금 제도가 역사적 예로 등장하였다. 프랑스 혁명이 방만한 재정 운영 때문에 일어났으며, 재정은 아차 하는 순간에 망가진다는 언급이다(서양원, 2013.8.19.).

근대 시민혁명이 법 제도에 미친 영향은 한국 법학에서는 공법이론의 총론 부분에서 개략적으로 일반화시켜 왔다. 이 논문은 1789년부터 시작된 프랑스 대혁명이 법 제도에 미친 영향을 공법사로서 취급하는데, 중점은 대혁명의 경위를 몇 단계로 세분화시켜, 프랑스 혁명사의 진행에 따라 권력구조, 기본권 조항뿐 아니라 나폴레옹 시대의 국가학적 성과—즉, 행정 제도, 국 참사원, 행정재판 제도, 사법제도와 함께 성속(聖俗)의 분리·융합 및 정교(政教)의 분리·융합 문제 같은 법과 종교의 분리·융합 문제도 다룬다. 더 나아가서, 프랑스 혁명의 정신과 관련하여 이신론(理神論)의 문제, 계몽주의, 종교적 전통과 자연법 전통을 다룬다.

마지막으로 프랑스 혁명 이후의 새로운 법과학과 새로운 법철학을 요약한다.

이것은 통합 법학(integrative jurisprudence)을 시도한 것이다. 구체적으로는 역사법학의 방법으로 공법 및 기초 법의 영역을 통합 시도한 것이다. 목적은 개념 법학에서 소홀히 한 공법사를 재인식하기 위해서 구획화된 법학을 재구성해 보려는 시도이다.

또한 이번에 사거한 드워킨(Dworkin, 2013.2.)의 명제로서 "판례의 집성(集成)은 비유로, 연작 소설이다"(1982)라는 공식에 의해서 그 역(逆)의 공식이 있다. 여기서, "연작 소설은 한 시대의 드라마이고 그 드라마는 수없는 판례의 집성이다."

2012년 말경부터 2013년 초까지, 길고 혹독한 겨울 동안, 한국의 대중 저널리즘이 취급한 외국 문화 중 지식인과 청년 학생들의 인구에 회자한 것은, 1862년에 출간된 프랑스의 빅토르 위고의 5부작을, 배경이 되는 큰 역사를 빼고, 인물 중심의 사건만으로 발췌해서 만든 영화 <레미제라블>이 아닐까 한다. 이 영화에서는 1814~1815년 앙시앵 레짐(혁명 이전의 구체제)으로의 왕정복고기에서, 1830년의 7월 혁명 기간과 그 이후의 불안정한 시기 동안의, 이른바 프랑스의 하층민 생활상—실업 이후의 '판틴(Famtine)'의 영락(零落, fall down)의 묘사, 몽트뢰유 쉬르 메르시로 들어가는 입구에 등장하는 이름 없는 "비참한 사람들"의 생활－이, 인상적으로 표현되고 있다. 또한 앙시앵 레짐 왕정복고기(1815～1830)로 대표되는 대혁명의 반동기 동안 1789년 대혁명을 계승하려는 공화파 청년들의 폭동 장면도 상당 시간 묘사하고 있는 것이 특징이다.

이 영화의 대중심리적 영향은, 이미 오래전부터 잘 알려져 온 단순화된 공식으로 요약된다. 즉, 자베르에 의해서 표상되는, 억압 법의 무자비함과 불관용, 법을 집행하는 관료 체계의 경직성과 자동 기계의 성격, 전과자에 대한 일반인들의 낙인 찍기, 누범에 대한 무자비한 응보형 등이 인상적이다. 판틴(Fantine)의 생활에 나타나는 공식 법제에서의 소외, 인간다운 생활을 보장받지 못함, 코제트의 초기 생활에서 나타나는 아동에 대한 정부나 국가의 보호 없음, 아동 노동과 학대에 대한 방임 등이 두드러진다. 또한 가석방된 장발장에 대한 사회적 격리 조치도 드러난다. 사회적 약자에 대한 배려가 전혀 없는 법제도의 시대를 그리고 있다고 하겠다. 다른 한편 미리엘과 회심 이후의 장발장에 의해서 대표되는 "지고의 존재(dê·tre superier)의 뜻"에 따른 관용과 용서의 세계가 그려지고 있다.

공법사의 재인식이라 한 것은, 이제까지의 공법의 인식이 역사적으로 진화하거나 역사적 계기(예: 프랑스 대혁명)를 거쳐서 형성되었다는 것을 고려하지 않는 경우가 많았다는 것이다(김철, 2012). 이 논문에서 프랑스의 공법 제도와 혁명과의 관계를 간단하게 엿볼 수가 있다.

－ "법과 혁명: 프랑스 혁명이 법제도에 미친 영향－법과 종교의 관계를 겸하여－", 세계헌법학회 한국학회, 『세계헌법연구』 제19권 제2호 2013년 8월에 게재

1. 들어가는 말: 공법사의 재인식

이것은 통합 법학(integrative jurisprudence)[1]을 시도한 것이다. 구체적으로는 역사법학[2]의 방법으로 공법 및 기초 법의 영역을 통합 시도한 것이다. 목적은 개념 법학에서 소홀히 한 공법사를 재인식하기 위해서 구획화된 법학을 재구성해 보려는 시도이다.

또한 이번에 사거한 드워킨(Dworkin, 2013.2.)[3]의 명제[4]로서 "판례의 집성(集成)은 비유로써, 연작 소설이다"(1982)라는 공식에 의해서 그 역(逆)의 공식이 있다. 여기서는 "연작 소설은 한 시대의 드라마이고 그 드라마는 수없는 판례의 집성이다."

2012년 말경부터 2013년 초까지, 길고 혹독한 겨울 동안, 한국의 대중 저널리즘이 취급한 외국 문화 중 지식인과 청년학생들의 인구에 회자한 것은, 1862년에 출간된 프랑스의 빅토르 위고(Victor Hugo)의 5부작을, 배경이 되는 큰 역사를 빼고,[5] 인물 중심의 사건만으로 발췌

---

1) 김철, "해롤드 버만의 통합 법학", 해롤드 버만 지음, 『법과 혁명1 ─ 서양법 전통의 형성1』(파주: 한국학술정보, 2013) p.459.
2) Berman, Harold J., *Law and Revolution ─The Formation of the Western Legal Tradition* (Cambridge: Harvard Univ. Press, 1983). Berman, Harold J., *Law and Revolution Ⅱ ─The Impact of Protestant Revolution on the Western legal Tradition*(Cambridge: Harvard Univ. Press, 2003).
3) 드워킨은 2008년 가을 방문하였고, 한국 법철학회의 이틀에 걸친 전문가 세미나에서, 논문 필자는 법과 도덕에 대한 드워킨의 결정적인 견해를 끄집어낼 수 있었다(김철, 2009b; 2010.12.). 한국법철학회 편, 『한국의 법철학자』(서울: 세창출판사, 2013), 22~23쪽.
4) Ronald N. Dworkin, "Natural Law Revisited", *University of Florida Law Review*, vol. 34, 1982. 김철, 『법과 경제 질서: 21세기의 시대정신』(파주: 한국학술정보(주), 2010.12.), 10~11쪽.
5) 전 5부작인 『레미제라블』은 1권 판틴, 2권 코제트라는 식으로 주된 인물을 제목으로 삼고 있으나 2권 1부의 약 100페이지는 프랑스 혁명의 계승자 나폴레옹과 당시의 유럽 구체제 연합군의 격돌 전투인 워털루 전쟁을 상세하게 묘사하고 있다. 또한 제4권 1부에서는 1830년의 7월 혁명의 배경을 철저하게 설명하고 있다. 한국의 어떤 법철학자는 이 역사 소설을 "자연법의 표현"이라고 한다. 한국법철학회 편, 『한국의 법철학자』(서울: 세창출판사, 2013).

해서 만든 영화 <레미제라블>이 아닐까 한다. 이 영화에서는 1814～
1815년 앙시앵 레짐(혁명 이전의 구체제)으로의 왕정복고기에서, 1830
년의 7월 혁명 기간과 그 이후의 불안정한 시기의, 이른바 프랑스의
하층민 생활상— 실업 이후의 판틴의 영락(零落, fall down)의 묘사, 몽
트뢰유 쉬르 메르시로 들어가는 입구에 등장하는 이름 없는 "비참한
사람들"의 생활— 이, 인상적으로 표현 되고 있다. 또한 앙시앵 레짐
왕정복고기(1815～1830)로 대표되는 대혁명의 반동기 동안 1789년
대혁명을 계승하려는 공화파 청년들의 폭동 장면도 상당한 시간 묘사
하고 있는 것이 특징이다.

　이 영화의 대중심리적 영향은, 이미 오래전부터 잘 알려져 온 단순
화된 공식으로 요약된다. 즉, 자베르에 의해서 표상되는, 억압법의 무
자비함과 불관용, 법을 집행하는 관료 체계의 경직성과 자동 기계의
성격, 전과자에 대한 일반인들의 낙인찍기, 누범에 대한 무자비한 응
보형[6] 등이 인상적이다. 판틴의 생활에 나타나는 공식 법제에서의 소
외, 인간다운 생활을 보장받지 못함, 코제트의 초기 생활에서 나타나
는 아동에 대한 정부나 국가의 보호 없음, 아동 노동과 학대에 대한
방임 등이 두드러진다. 또한 가석방된 장발장에 대한 사회적 격리 조
치도 드러난다. 사회적 약자에 대한 배려가 전혀 없는 법제도의 시대
를 그리고 있다고 하겠다. 다른 한편 미리엘과 회심 이후의 장발장에
의해서 대표되는 "지고의 존재(dê‧tre superier)의 뜻"에 따른 관용과

---

6) 프랑스 혁명이 법체계에 미친 영향에 대해서는, Harold J. Berman, *Law and Revolution*
　II —The Impact of Protestant Revolution on the Western legal Tradition(Cambridge: Harvard
　Univ. Press, 2003), 특히 pp.10～13, The French Revolution: Deist Rationalism. 프랑
　스 혁명은 형법에서도 현격한 변화를 가져왔다. 신 형법은 보복적 형법을 금지했고,
　무죄 추정의 원칙, 신분에 불구한 가벌성, 그리고, 죄형법정주의를 도입하였다. 동시
　에 나폴레옹의 1810년 형법은 응보형주의보다, 형벌의 위협에 의해서, 범죄를 예방하
　려는 예방주의에 중점이 있었다. 이런 태도는 18세기 후반의 개혁 사상가들 사이에
　널리 풍미되었던, 공리주의적 태도를 반영하는 것이었다.

용서의 세계가 그려지고 있다.

공법사의 재인식이라 한 것은, 이제까지의 공법의 인식이 역사적으로 진화하거나 역사적 계기(예: 프랑스 대혁명)를 거쳐서 형성되었다는 것을 고려하지 않는 경우가 많았다는 것이다(김철, 2012).[7] 이 논문에서 프랑스의 공법 제도와 혁명과의 관계를 간단하게 엿볼 수가 있다.

2. 프랑스 혁명의 경위[8]와 인권선언 이후의 프랑스 헌법의 경위

2.1. 프랑스 혁명과 재정 문제

1789년 프랑스 혁명의 원인에 대해서는 앙드레 모로아는 혁명의 발단을 서술하는데, 사회경제적 요인을 주목하지 않고 있다(모로아, 1993).[9] 김효전 교수가 토론에서 지적하듯이(2013.3.8.) 에드먼드 버크(Edmund Burke)는 혁명의 발단을 우연한 사건의 연쇄로 기술하고 있다(같은 책). 노명식 교수는 ① 귀족의 반동과 왕의 무능 ② 혁명의 경과에서 재정 문제를 중요시하고 있다. "1775년 이후 불황에 직면한 프랑스 정부는 두 가지 정책적 과오를 저질렀다. 하나는 1778년 미국 독립 전쟁의 참전이고, 이때 비용이 20억 리브르였다고 한다. 이것 때문에 프랑스는 만성적인 재정 적자를 일으키게 되었다. 1786년의 영·불 통상조약은 프랑스 공업에 타격을 주고, 곡물가격의 폭등을 가져왔

---

7) 김철, "해롤드 버만의 통합 법학", 해롤드 버만 지음, 『법과 혁명1 - 서양법 전통이 형성1』(파주: 한국학술정보, 2013) p.459, p.508.

8) Schwill, Ferdinand, *A Political History of Modern Europe-From The Reformation To The Present Day*(New York: Charles Scribner's Sons, 1911). 김철, 『한국 법학의 반성』(파주: 한국학술정보(주), 2009.9.) 특히 제2장 공법의 역사 pp.168~181.

9) 앙드레 모로아 지음, 신용석 옮김, 『프랑스사』(서울: 기린원, 1993).

다. 불경기를 악화시켜 사회 불안 요인을 만들었다. 곡물 가격의 폭등은, 여러 가지 위기적 요인을 가중시켰다. 종합적으로 세금 징수가 어렵고, 세입이 줄어들었다. 절대왕권 루이 14세의 유산은 부채와 사치 생활이었다. 루이 16세 이후 혁명의 해인 1789년, 15년간 부채가 3배 증가하였다. 1787년까지 재정 보고서는 허위로 작성되고, 1786년까지 재정 상태는 더욱 악화되었다."(노명식, 2011: 58)[10] 프랑스 혁명사에서 재정 문제와 조세 제도를 강조하는 학설은 조세 제도가 문제될 때마다 되풀이 인용되는 역사의 맥락이다.[11]

1789년 바스티유 감옥에 진격한 역사의 전례 없는 부녀자 부대는 빵값 폭등에 가장 큰 자극을 받았다고 한다(wikipedia, "French Revolution")(토론에서, 권형준 교수, 같은 뜻). 빵의 문제가 얼마나 프랑스 혁명에 절실했는가는 혁명 이후 혁명 정부(1793년 국민의회)는 '혁명 빵'의 규격을 지정해서 혁명 전에 존재했던 부유한 자의 빵과 가난한 자의 빵의 현격한 차이를 없애려고 노력했다고 한다(양창삼, 2006).[12] 국민의회 법령 제8조 "부유와 빈곤은 평등의 사회에서는 소멸되어야 한다. 고로 부자는 최상급의 흰 빵을 먹고, 가난한 자는 저질의 빵을 먹어서는 안 된다." 국민의회 법령 제9조 "프랑스의 모든 빵 가게는 오직 한 가지 종류의 질 좋은 빵, 곧 평등 빵만을 만들어야 한다. 이를 어기면 금고형에 처한다." "바게트 빵의 길이는 80cm, 무게는 30g으로 하라."

---

10) 노명식, 『프랑스 혁명에서 파리 코뮌까지, 1789－1871』(서울: 책과 함께, 2011).
11) 이 논문의 초안이 학회에서 발표된 약 5개월 뒤 한국에서의 세제 개편 논쟁에서 프랑스 혁명사에서의 인용이 저널리즘에서 반향을 보여준다. 서양원, "[매경포럼] 세제개편 솔로몬의 해법－프랑스혁명, 방만한 재정 운영 때문 재정은 아차 하는 순간 망가져, 증세·복지부담, 국민 대타협 필요－", 매일경제, 2013년 8월 19일.
12) 양창삼, "포스트모던 시대의 자본주의 위상 재검토", 『사회이론』 통권 제30호(서울: 한국사회이론학회, 2006).

2.2. 역사적 사건의 강조

이 항목에서 역사적 연대를 강조하는 것은 역사법학과 사회학적 법학의
표어로서, 뒤르켐의 다음의 명제를 실행하기 위해서이다. "역사적 사실을
물건처럼 취급하라."(Durkeim, 1993: 255 - 256)(김철, 2008; 2009; 2010)
프랑스 대혁명은 6개의 큰 분수령으로 나뉜다.13) 첫째, 혁명 직후

---

13) 다음과 같이 프랑스 혁명의 여섯 개의 큰 분수령을 이루는 구체적인 연대기를 법
학도를 위해서 되풀이하기로 한다. 1744~1789년에 Bourbon 왕가 Louis 14세, 16
세의 절대 왕정의 시대였고, 1789년에 절대주의가 붕괴해서 대혁명이 일어났으며,
그 결과로, 1789~1791년 국민의회(The National Assembly)가 주역이 되어서 온건
파인 미라보가 1791년에 입헌군주제의 헌법을 만들었으며, 1792~1795년에는 국
민공회(The National Convention)가 주역이 되고, 온건파인 지롱드 파와 매파인 몽
테뉴(Montagne) 파(몽테뉴 파를 직역해서 일본 및 한국 교과서에서 산악당 파라고
표기해 왔으나, 그 어원은 산이라는 뜻의 mountain과는 직접적으로는 관계없고,
당시 국민 공회의 매파가 앉은 자리가 회의장의 높은 곳이었다는 것에서 유래한
다고 한다. 지적해준 토론자들에게 감사한다)가 대립하였으며, 1793년 6월에 공화
국을 채택한 헌법을 만들었으며, 1793~1794년에는 로베스피에르를 필두로 하는
자코뱅주의가 공포주의를 시행하였으며, 이후에 나폴레옹이 대두하여, 1799년에
나폴레옹 헌법을 제정하고, 1804년 5월 18일 헌법에 의해서 나폴레옹이 황제가
되었다. 이후의 경위는 1804~1815년 제1집정관에게 권력 집중되고, 나폴레옹 제
국이 성립되었다. 이후 1814~1815년에 영국·러시아·프로이센·오스트리아의
연합인 앙시앵 레짐 연합군이 승리하고, 그 결과로 Bourbon 왕가의 Louis 18세의
왕정복고가 이루어지고(1815년 프랑스 루이 8세에 의한 왕정복고는, 1648~1649
년 영국 청교도 혁명이 40년 경과한 후의, 1688년 영국 왕정복고(Restoration)(명예
혁명)와 비교된다. 왜 비교되느냐는 권형준 교수가 질문하였고 이 대비는 Victor
Hugo가 1815년 왕정복고를 묘사할 때 한 것을 필자가 인용한 것이다), 1814년 6
월에 앙시앵 레짐 왕정복고에 따른 구체제 회귀의 헌법이 성립하였다. 따라서
1814~1830년까지는 루이 18세(1814~1824)와 샤를르 10세(Charles Ⅹ, 1824~
1830)의 앙시앵 레짐 체제가 통치하였다. 앙시앵 레짐 체제하에서, 1830년 7월 26
일 샤를르 10세가 언론 억압과 투표권 제한의 4개 칙령(ordinances, decree)을 공포
하자, 1830년 7월 29일 7월 혁명이 일어나고, 대중의 봉기로 앙시앵 레짐에 속하
는 Bourbon 왕조의 샤를르 10세가 퇴위하였다. 1830년 7월 29일의 구체적 사정은
샤를르의 실정에도 불구하고, 자유주의적 성향을 가진 왕당파가 다수 있었다. 공
화주의적 근로자였던 거리의 전투자들과는 반대로 이들은 중산층 또는 제3계급
(bourgeoisie)이었다. 이들은 무정부 상태에서 나라를 구하기 위해서, 프랑스는 입헌
군주제가 필요하다고 결정하고, 오를레앙(Orleans) 대공인 루이 필립(Louis Philippe)
을 옹립했다. 따라서 7월의 입헌군주제는 제3계급(bourgeoisie)의 지배로 불리고, 루
이 필립 자신은 시민의 왕(roi-bourgeois)로 불렸다. 1831년과 1832년 이후에도 루

온건한 입헌군주제의 시대, 둘째, 프랑스 인권 선언의 정신으로 왕정을 폐지하고 공화주의를 기본으로 한 시기와 셋째, 나폴레옹 등장 이후 집정관 시대와 황제정의 시대, 그리고 넷째, 나폴레옹 몰락 이후 유럽의 구체제 연합 왕가의 압박으로 1815년 이후 구체제에 의한 왕정복고가 이루어진 1830년까지가 한 시기이며, 다섯째, 1830년 7월 혁명 이후 다시 입헌군주제의 헌법을 가지게 되는 시기이다. 이 논문에서는 취급하지 않겠으나, 여섯째, 1848년 2월 혁명에 의해서 프랑스는 다시 공화주의에 의한 국민주권의 헌법을 가지게 된다.

2.3. 프랑스 혁명의 단계에 대한 비유

"사람들은 첫 번째의 계주(繼走: 이어달리기)를 온건한 미라보(Mirabeau)와 더불어 했고, 두 번째 계주를 로베스피에르(Robespierre)와 더불어 했고, 세 번째의 계주를 보나파르트(Bonaparte)와 더불어 했다. 사람들은 녹초가 되었다. 피로는 휴식을 원하고, 기성의 것은 보장을 원한다. 영국이 크롬웰 뒤에 스튜어트(Stuart) 왕가의 명예혁명(Glorious Revolution)을 원한 것이, 프랑스가 나폴레옹 이후에 부르봉 왕가의 왕정복고(1815)를 원한 것이 그것이다."[14](Victor Hugo, 1862; 10 - 11)

2.4. 프랑스 인권 선언(1789.8.29.) 이후의 프랑스 헌법의 경위 (인권조항)[15]

『레미제라블』의 배경이 되는 앙시앵 레짐 왕정복고기의 외견상 무

이 필립은 한편에서는 강경 왕권론자로부터 한편으로는 대혁명 이후의 공화주의자들로부터 도전을 받았다.

14) Victor Hugo, Les Miserables 4권 1부 pp.10-~1, 정기수 역, 민음사, 2012.
15) 본 논문 9항 프랑스 헌법의 제정과 변천 참조.

자비하고, 형평의 여지가 보이지 않는 법의 세계는, 유형화된 헌법의 타입으로는, 근대 입헌주의적 헌법 이전의 절대주의 시대로의 후퇴로 보인다. 근대 입헌주의가 유럽 대륙에서 나타난 계기가 되는 1789년 프랑스 혁명의 대 정신인 인권 선언은, 1791년과 1795년의 프랑스 헌법에 다수의 인권조항을 당연히 포함시켰다.[16] 1799년 나폴레옹 집권 후 인권조항은 숫자가 줄어들었다고 한다(김철수, 2006: 254). 다른 한편, 나폴레옹은 프랑스 혁명의 성과를 법 제도에서 실현시킨 장본인으로, 1804년의 나폴레옹 민법은 그 제정에 나폴레옹이 직접 참여했으며(Harold Berman, 2003: 12), 1810년의 나폴레옹 형법은 무죄추정의 원칙, 예방주의 원칙, 신분에 의한 차별금지를 강조하고 있었다(Berman, 2003: 같은 면).

『레미제라블』의 시대는 1814~1815년 앙시앵 레짐 왕정복고로부터 1830년 7월 혁명과 그 이후인, 1832년까지의 기간이다. 1814~1815년 앙시앵 레짐으로의 왕정복고는, 대혁명 이후 나폴레옹 시대까지 진행되었던 근대 입헌주의 아래에서의 근대 법체계의 성과를 없애고, 다시 1789년 이전의 세계로 돌이켰다는 이야기인가? 이 질문에 대해서 1815년 6월 18일에 나폴레옹이 워털루에서 영국과 프러시아, 그리고 대륙에 있어서의 구체제 국가들의 연합군에게 패하고 나서는, 프랑스 국민들은 혁명 이후에 그들이 얻었던 거의 모든 권리를 잃었다는 견해가 있다.[17]

3. 프랑스 혁명(1789)과 나폴레옹 제국(1804~1815)의 국가학(Staatslehre)적 성과: 강력하고 통일된 중앙 집권국가

프랑스 혁명과 나폴레옹 제국의 성과에 대한 다음의 견해는 국가의

---

16) 김철수, 제18전정신판 『헌법학개론』(서울: 박영사, 2006), 254쪽.
17) wikipedia, "French Revolution."

통일성과 중앙집권, 그리고 법체계와 행정 제도에 관한 것이다(노명식, 2011: 268-269).

> 프랑스 혁명과 나폴레옹 제국은 낡은 프랑스를 철저히 부수었다. 혁명 이전의 프랑스는 법률, 제도, 통치 체계, 관습, 도량형, 생활양식, 언어 등 어느 하나도 통일된 것이 없고 제멋대로 사는 사람들의 하나의 집합체였으나 혁명은 통일을 가져왔다. 혁명정부도 나폴레옹도 권력의 중앙집권을 강력히 추진하여 프랑스라는 나라는 국민 국가의 온갖 면모를 갖추게 되었다. 통치와 행정의 중앙집권적·통일적 체계, 합리적이고 체계적인 법률, 전국에 공통되는 도량형, 모두 남자에게 부과되는 병역 의무, 재산에 비례하는 객관적이고 합리적인 세제, 국가가 관장하는 단일적인 교육제도 등 온갖 면에서 앙시앵 레짐의 지방주의적 성격이 말끔히 씻겼다.
> 한마디로 말하여 1814년 당시의 프랑스는 아주 능률적인 중앙집권의 나라였다. 그것은 주로 나폴레옹의 업적이었다. 민법, 형법, 상법, 사법제도, 재정제도는 말할 나위 없고 레지웅 도뇌르 훈장을 제정하고 프랑스 은행을 설립하는 등 이 시점 등장한 훌륭한 모든 제도가 나폴레옹의 창작 내지 개작이 아닌 것이 없었다. 나폴레옹이 루이 18세에게 물려준 능률적인 행정제도는 복고 왕정이 손질할 필요가 거의 없었다. 물론 어떤 부분은 다시 고쳐야 했지만, 복고 왕정도 그 후의 누구도 효율적인 통치기구를 약화시키려고 하지 않았다(노명식, 2011: 268-269).

나폴레옹이 특히 프랑스의 행정제도를 정비했다는 견해에 대해서 검토해 보기로 한다.

3.1. 나폴레옹 헌법 시대의 행정제도

프랑스의 내부 행정은 혁명 동안 무정부 상태였다. 1791년의 혁명은 프랑스를 83개의 도 또는 현(縣, department)으로 나누고 지방자치제도에 의해서 왕이 지명한 구 중앙 행정부를 보충하였다. 실제로 모든 공직은 선거제가 되었고, 따라서 정치활동을 요구하였으며, 이러한 의무에 익숙하지 못한 투표자들은 곧 염증을 느끼게 되었다. 시민들은 투표에 참가하기를 거절하고, 투표권이 소수의 전문 직업 정치인 손에 표류하도록 내버려두었다. 공포 시대 때에도 공식제도는 포기되었다. 보나파르트의 등장과 함께 중앙통제의 전통적 정책에 대한 복귀가 행해졌다. 83개의 모든 현에 제1통령에 의한 지사가 임명되고 소환되었다. 이와 같이 프랑스 전국은 제1통령의 손에 장악되었다. 보나파르트는 그의 놀라운 정확성의 감각으로 지배의 폭과 깊이에 있어서 어떤 왕권신수설 시대의 군주도 할 수 없었던 정도로 그의 제도를 완성하였다. 19세기 후반기에 프랑스 행정법의 기초가 된 권위 행위, 관리 행위의 학자인 라페르(E. Laferriere)는 1887년에 '행정 재판과 소송 청구권'을 간행했으며 주관적인 제도이론(Théorie de I'institution)의 오류 (M. Hauriou)는 1874년에 '행정법 개요'를, 1897년에 '프랑스 행정법 연구'를 간행했다(김도창, 1986).

3.2. 나폴레옹 헌법 아래에서의 국 참사원[18]

1799년 12월 22일에 '공화 8년의 헌법'으로 불리기도 하고 통령제 헌법으로 불리기도 하는 보나파르트 법체계가 성립하였다. 정부는 제1 통령에게 집중되었다. 입법 기능은 투표권 없는 호민관과 심의권 없이 투표만 하는 입법 기구에 주어졌다. 권한이 나누어짐으로써 이 입법 기능과 관련된 두 기구의 힘은 나누어지고, 이윽고 모든 영향을 잃게 되었다. 또 다른 쿠데타에 의하지 않고, 단순히 타이틀을 바꿈으로써 보나파르트 통령은 프랑스를 절대군주로서 지배할 수 있는 나폴레옹 황제로 나가는 길을 열었다. 이 '공화 8년의 헌법' 제52조에 근거를 두고 1799년 12월 25일 국 참사원(國 參事院, Conseil d'Etat)이 설치

---

18) 찰스 E. 프리드먼, 양승두 역, 『프랑스 行政法 序說: 프랑스 國事院의 구조와 기능』(서울: 연세대학교 출판부, 1983).

되었다. 이것이 프랑스 행정재판제도의 '빛나는 전통'이다. 지방 행정 재판소의 전신인 도 참사원(道 參事院, Conseil de préfecture)이 같은 1799년에 발족하였다.

3.3. 나폴레옹 헌법 시대의 프랑스의 행정 재판 제도[19]

통일전제왕국(統一專制王國)이 일찍 성립되었기 때문에 공법의 역사는 프로이센 - 도이칠란트보다 먼저 성립되었다. 행정재판제도는 프랑스에서는 1800년대에 확립되었다. "그러므로 프랑스 행정법의 180여 년이 오늘날의 행정법의 역사이며, 행정법과 행정법학의 모국이 프랑스라고 일컫는 연유도 여기에 있다"라고 한다(김도창, 1986).

3.4. 프랑스 혁명 이후의 사법부의 위치

앙시앵 레짐하에서의 사법재판소는 전제군주의 행정의 현대화 및 사회 개혁의 여러 시도에 대하여 정면으로는 아니나 종종 실효적인 반대 운동을 전개한 바 있다. 이러한 사법재판소의 저항은 루이 15세 및 루이 16세 때에 그 절정에 달하였던 것이다. 또한 제헌 혁명의회의 최초 조치 중의 하나는 1790년 8월 16일부터 24일까지의 법 제정에 의하여, 사법재판소에 의한 행정권에의 도전 의도 또는 도전의 가능성을 완전히 봉쇄한 것이었다. 이 원칙은 5년 후 공화력 3년의 데크레(decree)에 재천명되고 있는바, "법관은 어떠한 종류의 행정 행위에 대해서도 재판할 수 없으며, 그렇지 아니할 경우에는 법적으로 처벌된다."

---

19) 김철, 『한국 법학의 반성 - 사법개혁 시대의 법학을 위하여』(파주: 한국학술정보(주), 2009.9.).

3.5. 사법부가 행정권 내부에 대한 재판을 하지 못하는 전통

① 오랜 앙시앵 레짐 아래에서나
② 1789년의 대혁명에 의해 절대 왕조가 무너진 다음 해인 1790년의 제헌 혁명 회의에 의해서나(1791년 헌법)
③ 다시 모든 대혁명의 주체였던 회의체 정부(-1793년 헌법)가, 보나파르트에 의해서 통령 정부-1인의 수중에 다시 모든 권한이 장악된 시대에 있어서도, 변하지 않는 제도의 전통이 있다.

즉, 절대 왕조-제헌 혁명회의-국민 공회의-보나파르트 통령 정부(1799년)-보나파르트 황제정(1804년)으로 이어지는 다섯 개의 전혀 다른 역사적 단계의 어느 시기에서도, 사법부가 행정권 내부에 대한 재판을 하지 못하는 점은 일관되었다. 행정에 대한 재판이 행정기관의 내부에서만 이루어지는 이러한 일관성이 부르봉 왕조 이후의 근대까지의 프랑스 법문화의 특징이라고 할 수 있다.

이 법문화가 산출한 "'국 참사원(Conseil d'Etat)'은 1799년 이후 제3공화정(1817~1940), 제4공화정(1946~1958)의 헌법에서는 명문의 규정을 두지 않고 참사관 임명에 관한 규정을 두고 제5공화정 헌법은 입법 참여권을 규정하여, 150년의 전통을 자랑한다"고 한다.

4. 혁명 이후 왕정복고기의 특징 중 정교 융합의 문제와 성속의 재융합 문제

빅토르 위고가 창조한 "비참한 사람들"의 연대기는 1814~1815년의 왕정복고와 1815년의 나폴레옹의 워털루 패전 이후, 유럽의 구체제의 결정적 승리에 잇따른 루이 18세와 샤를르 10세의 앙시앵 레짐 왕정복고기를 배경으로 하고 있다. 물론 위고의 5부작의 인물 설정과 인물들의 삶의 역정은 말할 필요도 없이 픽션이다. 그럼에도 불구하고, 위고의 이 픽션은 집필기간이 19년 내지 20년이 걸렸으며, 1862년 경에야 벨기에에서 발간되었으며, 이 픽션은 프랑스 국민들에게는 혁명시대의 역사적 기록으로서 공인되고, 사후 국민적 작가로서 국가적 위인이 묻히는 팡테옹에 안장되었다는 사실, 그리고 불어권에서는 성경 다음으로 많이 읽히는 고전이라는 점에 있어서, 그가 그의 픽션의 콘텍스트로 택한 이 기간의 역사적 묘사에 엄청난 사실성과 정확성을 부여하려 했다는 것은 인정할 수 있다.

위고의 역사 드라마에서 자베르와 장발장에 의해서 표상되는, 억압법의 무자비함과 불관용, 법을 집행하는 관료 체계의 경직성과 자동기계의 성격, 전과자에 대한 일반인들의 낙인찍기, 누범에 대한 무자비한 응보형[20]등이 인상적이다. 자베르와 대조되는 또 하나의 중요 인물은 미리엘 신부 또는 몬시뇰이다.[21] 이 인물의 개인적 특징은 서양의 기독교 전통(버만과 김철: 1992)[22]에서 중세 이후 서양사에서 나타나는, 교회의 세속 권력과의 융합을 반대하고, 정교 융합과 이에 부수

---

20) 프랑스 혁명이 법체계에 미친 영향에 대해서는, Harold J. Berman, *Law and Revolution* II -*The Impact of Protestant Revolution on the Western legal Tradition*(Harvard Univ. Press, 2003) 특히 pp.10~13 The French Revolution: Deist Rationalism. 프랑스 혁명은 형법에서도 현격한 변화를 가져왔다. 신 형법은 보복적 형법을 금지했고, 무죄추정의 원칙, 신분에 불구한 가벌성, 그리고 죄형법정주의를 도입하였다. 동시에 나폴레옹의 1810년 형법은 응보형주의보다, 형벌의 위협에 의해서, 범죄를 예방하려는 예방주의에 중점이 있었다. 이런 태도는 18세기 후반의 개혁 사상가들 사이에 널리 풍미되었던, 공리주의적 태도를 반영하는 것이었다.

21) 『레미제라블』의 한국어 번역판(정기수 역, 민음사, 2011)과 영화 <레미제라블>에서 미리엘 신부를 주교로 번역하고 있다. 그러나 영화의 영어로 발음하는 실제 대사에서 미리엘 신부를 몬시뇰이라고 부르고 있다. 몬시뇰은 가톨릭 사제의 계층 구조에서 교구의 사제 임명권을 가지는 주교는 아니다. 그렇다고 보통의 사제는 아니고 사제와 교구장인 주교의 중간쯤 위치이다.

22) 해롤드 버만과 김철, 「종교와 제도-문명과 역사적 법이론」(민영사, 1992).

하는 교회의 부패를 제거하려는, 중세 이후의 개혁 운동[23]의 연장선상에서 파악될 수 있다. 중세 이후의 오래된 전통은 다음과 같다. 10세기 초와 11세기 초부터 이러한 정교 분리 운동의 주도적인 역할은, 남프랑스의 클루니 또는 클뤼니(Cluny) 수도원에서부터 시작되었다.[24] 미리엘 신부의 가장 철저한 복음주의적 태도는 그 시대의 콘텍스트로서는 부르봉 왕조 내내 계속된 절대 권력과 고위 성직 계층 간의 유독한 연합, 즉 정교 융합 체제[25]를 거부하는 개인적 표현으로 보인다. 만약 이런 배경이 아니었다면 부르봉 절대 왕조에서 귀족들과 함께 특권 계층으로 공인되었던 성직자 계층의, 평민에 대한 지배적 태도가 나타났을 것이다. 구체제 왕정복고의 전반적 분위기에서 경찰이 체포한 범인에 대해서 무조건의 관용을 베푸는 것은, 앙시앵 레짐하에 있어서의 지배층으로 분류되던 성직자들이, 1789년의 대혁명 이후 혼란의 26년 뒤에 다시 구체제와 회귀한 왕권과 동행하던 제도 교회의 성직자가 범법자에게 행할 수 있는 태도는 아니다.

　일단 자베르와 미리엘의 대비는 종교와 법을 극단적으로 분리하는 태도를 연상시킨다.[26]

---

23) Harold Berman, 김철(정리), 「법과 혁명1 서양 법 전통의 형성1」 중 특히 제3장 서양 법 전통의 기원과 교황의 혁명.

24) "10세기와 11세기 초에 강력한 운동이 일어났는데, 부패로부터 제외하려는 움직임 이었다. 주도적인 역할은 클루니의 대수도원(Abbey of Cluny)이 행하였는데, 본부는 남프랑스의 클루니에 있었다. 마침내 클루니 수도원단은 지방과 지역을 넘는 광범 위한 영역에 걸쳤다는 점에서, ……한 지방이나 지역을 넘는 성격을 가지고 계층 질서를 가지며 또한 단체적 성격과 법인격을 가진 정부의 모델로서 작용한 클루니 수도원단의 중요성은 10세기 말경에 하느님의 평화(Peace of God)라는 아이디어가 성직자뿐만 아니라 세속 지배자들에 의해서 공식적 재가가 주어졌다(3장 본문 중에 서)." 해롤드 버만 지음, 김철 옮기고 정리함, 『법과 혁명1 - 서양법 전통의 형성1』 (파주: 한국학술정보(주), 2013), 241~248쪽.

25) 정교 융합 체제, 즉 체자로파피즘에 대해서는 해롤드 버만 지음, 김철 옮기고 정 리함, 위의 책, 248쪽. 또한 12세기까지의 정교 융합 체제에 대한 전면적 개혁을 행한 혁명적 사태에 대해서는 위의 책, 제3장 서양 법 전통의 기원과 교황의 혁명 을 볼 것.

26) 종교와 법의 극단적 분리에 대해서 현대 신학자들은 세 가지 독트린을 논의한다. 해

장발장이라는 허구적 주인공은 말하자면 법과 종교의 문제에 있어서 극단적인 예에 속한다. 주인공은 현대의 한국인 법학자의 눈으로 볼 때, 의심할 나위 없이 범법자이다. 그는 절도범이었다가 탈옥범이었으며, 가석방 이후 당국의 제한 조치를 회피해서 또다시 범법자가 되었다. 미리엘 신부의 집에서 만찬을 대접받고 나서, 다시 한번 은혜를 배신해서 고가의 은식기를 훔친 절도의 누범이다. 어떤 한국의 법학도도 이런 케이스에서 이런 피의자를 만나면 동정보다는 단호한 처벌을 원하게 될 것이다. 형식법을 자동적으로 적용하는(Nonet & Selznik, 1978)[27] 법실증주의의 입장에서는 동정의 여지가 없다. 그렇다면 이런 사람을 주인공으로 내세운 빅토르 위고는 낭만주의자의 낙인을 피할 수 없을 것이고, 어느 경우에는 법적 니힐리스트로, 또는 무정부주의자로 낙인 찍힐 만하다. 여기에 대해서 미리엘 신부는 캐논 법체계 속에 있는 가톨릭 사제이다. 12세기부터 발달한 교회법 역시 그 원형에 있어서는 모세의 10계명을 출발로 하고 있고, 이것은 모세의 율법이 서양 법 전통에 있어서의 원형일 뿐만 아니라, 서양 신학의 원형인 것도 마찬가지이다.

롤드 버만과 김철, 『종교와 제도 - 문명과 역사적 법이론 - 』(서울: 민음사, 1992), 131~132쪽. "첫째로 들 수 있는 것은 누군가가 부르듯이 '사랑의 신학'의 범주이다. 크리스천을 구속하는 유일한 법은 사랑의 법으로, 다음의 믿음으로 인도된다. 법 규범적인 윤리적인 구조는 항상 상대적이다(이것은 흔히 '상황윤리'라고 불린다). 두 번째는 크리스천은 신앙으로 살지, 법에 의해(법으로) 살지 않는다는 것이다(저자는 '신앙의 신학'이라고 부르기도 한다). 이 원칙은 다음의 믿음으로 인도된다. 분리되고, 눈에 보이는 존재로서의, 교회의 동일성은 해소되고, 최현대의 상황인 '세속 도시'에서 기독교인은 그들 자신을 잃어버린다는 것이다(통칭 '종교 없는 기독교'로서, 역시 기독교적 세속주의의 형태를 띤다). 세 번째는 신앙 지상의 이율 배반주의로서(엄격하게 부른다면 '반 율법주의'이다) - 그리스도의 부활은 새로운 은총의 시대를 맞아들이며, 이때에는 그리스도인은 시간의 끝을 살면서, 모든 율법적 윤리적 구속에서부터 해방된다는 독트린이다(저자는 '희망의 신학'으로 부르기도 한다). - 이 믿음은 종종 급진적인 프로테스탄티즘과 연결되나, 요즘은 이 입장에서 교회의 캐논 법체계의 정당성에 의문을 가지는 로마 가톨릭 교회 신학자의 저작에서 새로운 발견을 하게 되는 믿음이다." 해롤드 버만과 김철, 위의 책, 131쪽.

27) 자동적인 법은 억압적인 법과 응답적인 법과 함께 3종의 단계이다. Phillipe Nonet and Philip Selznick, Law & Society in Transition(Harper & Row, 1978)

거짓말하지 말라, 남의 것을 탐내거나 훔치지 말라라는 모세의 율법은 서양 신학이 법학과 만나는 접점이다. 예수조차도 다음과 같이 말했다. "내가 온 것은 율법을 폐하려고 온 것이 아니라, 율법을 온전케 하기 위함이다."

한국 개화기부터 시작된 한국에 있어서의 교회사는 초기 서양 선교사들이 조선조 말기의 조선인에 대한 어떤 태도를 증언하고 있다. 요약하면, 어떤 계층의 조선인들은 소유권의 개념이 별로 명확하지 않았다고 한다. 따라서 시골에서는 남의 밭의 과일이나 채소를 필요한 만큼 먹는 것은 죄로 치지 않는다. 또한 사소한 소지품 같은 것들에 대해서 친인척 사이나 가까운 사이에서는 사전에 동의 없이 수시로, 임의로 점유하기도 한다. 이 문제에 대해서 장발장의 위치에서 본 신학적 논의는 역시 법과 사랑의 문제로 전개될 수 있다.[28]

5. 법과 종교는 과연 극단적으로 분리되어 있는가?

5.1. 극단적 대비

자비 또는 사랑의 신학은 단 하나의 신성한 계명이 존재한다고 선언한다. 즉, 신과 인간을 사랑함이며, 기독교적 의미에서의 진실한 사랑은 다른 모든 도덕적 법적 규율을 무시할 수 있다고 한다. 말하기를 사랑은 도덕적 또는 정치적 법에 종속될 수 없는, 자유로운 선물이다. 말하기를 법은 추상적이며, 객관적이며, 그리고 몰개인적이고, 한편 자비 또는 사랑은 구체적이며, 주체적이며, 개인적이다. 법은 일반화하며, 대칭적으로 자비 또는 사랑은 유일한 개인과 관계한다. 법은 권력과 관계가 있으며, 일과 관계가 있으며, 세상사와 관계가 있다. 대칭적으로 자비 또는 사랑은 종교인 또는 그리스도인의 삶과 관계가 있다. 말하기를 진실한 종교인 또는 그리스도인은 법을 필요로 하지 않는다. 그의 법은 성 어거스틴의 "사랑하라 그리고 당신이(다른 사람이 행하기를) 원하는 대로 행하라!"(Dilige et quod vis fac)이다.[29]

---

28) 같은 사람, 위의 책, 132~133쪽.

그러나 『레미제라블』에서 나타나는 법과 종교를 극단적으로 분리하는 태도는, 이 역사적 픽션이 말하자면 어떤 한정된 기간(즉, 1815년 왕정복고 때부터 1830년과 1931년의 폭동 때까지)이라는 맥락에서의 몇 사람의 상징적인 인물을 주인공으로 하여 쓰인 형태로는 역사적 픽션이다. 그러나 1861년에 발간된 이 역사적 창작물이 150년이 지난 최현대에 이르기까지 여전히 어떤 문화권에서는 성경 다음으로 읽히는 세기적 고전이 되었다는 것을 생각할 때, 인문학에 있어서의 하나의 전형을 창조했다고 봐야 한다. 따라서 인문학적 법학의 경우에 있어서도 물론 법원에서 다루어진 실화로서의 사건은 아니라 할지라도 이미 상당한 정도 역사적 실존성을 인정받았기 때문에 법학이 다룰 수 있는 하나의 역사적 사례라고 할 수 있는 측면이 있다. 어쨌든 문학은 몇 사람의 개인을 통해서 사회과학이나 법학의 일반 이론이 제시하는 이론을 넘어서서 지극히 개인적인 스토리로서 무엇인가 중요한 것을 사회적으로 기록하고, 기억하게 하며 집단 기억 속에서 하나의 가공의 역사물을 창조하는 것이라 할 수 있다. 법철학자 드워킨(Dworkin)이, 연속되고 일관성이 있는 판례들의 집성을 문학의 비유로써 연쇄소설(chain novel)이라고 이름 붙인 적이 있다(Ronald N. Dworkin, 1982)[30]. 판사의 재판하기의 과정은 물론 소설가들의 연속 창작 작업과는 다르다. 그러나 그는 비유의 방법으로서 설명한 것이다(김철, 2010.12.: 10)[31]. 거꾸로 역사적으로 인정된 드라마는 연속되고 일관된 판례의 집성과 가까운 의미를 가진다고 할 수 있다.

---

29) 같은 사람, 위의 책, 132쪽.
30) Ronald N. Dworkin, "Natural Law Revisited", *University of Florida Law Review*, vol. 34, 1982.
31) 김철, 『법과 경제 질서: 21세기의 시대정신』(한국학술정보(주), 2010), 10쪽, 이 책의 성격.

5.2. 서양 법 전통에서의 법과 종교와의 관계; 동아시아 법학자의 반성과 자연법

동아시아의 개화기 이후에 받아들인 서양 법 전통은, 그 원형 그대로가 아니라 당시의 동아시아의 문화적 전통과 종교적 배경을 선재조건으로 해서, 어떤 중요한 것을 제외하고 선택적으로 받아들인 것이다. **서양 법제도의 중요한 개념을 수입할 때 그 제도와 개념을 원산지에서 배태시키고 발전시킨 문화적 요소 중 가장 중요한 종교적 요소를 분리해서 받아들일 수밖에 없었다.** 자연법 전통의 전면적 부인이었다. 또한 고차법의 전면적 부인이었다(김철, 2012; 2013). 그 결과는 현재 한국 법학에서 보이는 바대로의, 법학 분과 간의 거의 대화가 되지 않을 정도의 현격한 단절과 또한 법을 테크니컬한 제도의 장치처럼 보는 기계론적인 관점이다. 해롤드 버만은 그의 주저『법과 종교와의 상호연관 관계』32) 및『법과 혁명-서양 법 전통의 형성』에서 **서양 법 전통이 형성되고 지금까지 지속되어 온 중요한 요소로서, 역사적 요인으로서의 종교와의 상호관계를 들고 있다.** 현대의 법실증주의 법학에서는 초학자들이 법학 입문에서 배우듯이 법과 종교는 구별되고 서로 다른 영역에 존재한다는 일반적 분리론을 학습한다. 그러나 이 일반적 분리론은 최현대의 현상 중 하나일 뿐이고, 현재의 법제도를 가능케 한 오랜 기간의 역사적 발전의 동인에 대한 통찰과는 거리가 있다. 최현대의 문명 세계는 2008년 9월 금융 위기 이후 오랫동안 지탱해 왔던 법철학적 태도로써의 법실증주의는 한계가 있다는 것을 느끼게 되었다(Dworkin, 2008)33)(김철, 2010.5.; 2010.12.)34) 법 제도의 도덕성은

---

32) Harold J. Berman, *The Interaction of Law and Religion*(Nashville, 1973). 한국어판 번역, 해롤드 버만과 김철,『종교와 제도』(서울: 민영사, 1992).
33) "우리는 쉽사리 나무의 구조에다 법을 놓을 수 있다. 즉, 법은 도덕성의 한 가지이고 하위 분야이다."

오로지 법실증주의만으로는 확보될 수 없다는 것을 세계 금융위기가 다시 증명한 것이다. 서양 법 전통에 있어서 법의 도덕성은 무엇과 관계있는가? 종교적 전통이었다.[35] 다른 말로 하면, 자연법의 전통이다.

『레미제라블』이라는 역사적 창작물[36]에서 유형화된 자베르와 미리엘로 대립되는 법과 종교의 극단적인 분리는 다른 편으로는 법과 도덕의 극단적 분리를 의미하며, 이 극단적 분리는 배경이 되는 시대가 법실증주의의 시대[37]라는 것을 알 수 있다. 즉, 자연법이 사라진 시대였다. 그 시대의 혁명적 상황이 가져온 서양 법 전통에서의 단절을 보여주고 있다. 쉽게 말하면 단절 없는 서양 법 전통에 있어서는 자베르로 표상되는 관료법은 좀 더 형평에 관심을 가져야 되는 것이고, 미리엘

---

34) 김철, "세계 금융위기 이후의 경제, 규범, 도덕의 관계: 금융위기와 관련된 제도의 도덕성 논의를 위한 이론", 『현상과 인식』 2010 봄/여름호(서울: 한국인문사회과학회, 2010.5.). 또한 김철, 『법과 경제 질서: 21세기의 시대정신』(파주: 한국학술정보(주), 2010.12.), 426∼427쪽.

35) 세계금융위기 이전의 약 30년간의 문명사회의 법학의 에토스가 무엇이었던가? 자유지상주의라고 부르든, 신보수주의라 부르든, 신자유주의라 부르든, 어느 경우나, 인간의 존엄성을 최우선 순위로 하지 않았던 물신주의였다. 결국 세계금융위기의 진원지였던 아메리카와 영국에 있어서, 자본주의를 형성시키는 동인이 되었던 청교도주의나 경건주의의 전통이 사라져 간 시기라는 것을 부인할 수 없을 것이다. 막스베버가『프로테스탄티즘의 윤리와 자본주의 정신』에서 파악한 자본주의 형성의 에토스는 프로테스탄티즘이었다. 동아시아 외환위기의 1997년과 1998년을 상기해보자. 태국, 인도네시아, 한국과 같은 국가들은 대내적으로 그때까지 그들의 문화적 전통이 되었던 근면 성실, 절약, 큰 것을 위해서 작은 것을 희생함이라는 에토스를 상실하고 있었다. 동아시아 외환위기는 동시에 심각한 문화적 위기, 아이덴티티의 위기를 동반하고 있었다.

36) "……이항녕은 '문학자들이 문학이라는 형식을 통해서 자연법을 구상할 때 그 사회적 영향력은 법학자가 순전히 법학이라는 형식을 통하여 자연법을 구상하는 것보다도 더욱 강력하다'(2011: 400)라고 주장하면서, 톨스토이나 빅토르 위고, 그리고 춘원 이광수 등의 작품세계를 예로 들고 있다. 톨스토이의『부활』과 빅토르 위고의『레미제라블』의 배후에 자리 잡은 사상은 법질서를 유지한다는 것이 얼마나 인간성을 유린하게 되는지를 보여주고 있으며, ……" 한국법철학회 편, 『한국의 법철학자』(서울: 세창출판사, 2013), 13쪽; 이항녕, 『작은 언덕 큰 바람』(유고집)(서울: 나남, 2011), 400쪽.

37) 관계되는 법사상으로, 한국의 법학계에서 다소 간과되었던 지난 시절의 어떤 법철학자(이항녕, 2011: 400)는 "빅토르 위고의 레미제라블이 문학이라는 형식을 통해서 자연법을 나타내주고 있다"라고 한다.

로 표상되는 종교적 자비는 좀 더 자비 이후의 장발장의 제도 내에 있어서의 반경에 관심을 가지는 것이 법과 종교의 바람직한 관계라는 얘기이다. 법과 종교의 원래적 관계에 대해서 해롤드 버만은 다음과 같이 말한다.

> 가장 형식적-율법적인 종교에 있어서도, 인간의 내부의 정신적 삶에 대한 관심이 있으며, 있어야 하는 것처럼; 역시 심지어 가장 개인적이고 신비적인 종교에 있어서도, 사회질서와 사회정의에 대한 관심이 있으며 있어야 한다. 모든 종교에는 법적 요소가 있으며, 있어야 한다 - 이것은 실로 두 가지의 법적 요소로, 한 요소는 특정한 종교적 신앙을 나누는 공동체의 사회적 과정과 규칙에 관계하며, 다른 요소는 그 종교 공동체가 부분인, 보다 큰 공동체의 사회 과정으로 국가법에 관계된다.
>
> 종교 자체가 법 제도적 차원을 가졌다는 사실은, 현대 대중사회에 팽배하고 있는 어떤 종교 사상이 강한 반법(反法)적 성향을 가진다는 것과 대비된다. 실로 프로테스탄트와 가톨릭을 막론하고, 오늘의 많은 수의 아메리카와 다른 곳의 신학교에서 보여는 대로, 법에 대한 깊숙이 자리한 불신이 있다. 사회적 질서 부여와 관계된 구조와 과정은 인간의 정신적 영감에는 별 관계없고, 심지어 서로 충돌한다는 느낌이 있다고 전해지고 있다. 비슷한 느낌이 법과대학원에도 확실히 널리 퍼져 있는데, 여기서는 이번에는 법이란 대부분 분쟁을 해결하고 사회 문제를 푸는, 규칙과 테크닉의 체계라고 보고, 도덕적 감정, 윤리의식, 약자에 대한 동정[38]이나 인간의 궁극적 관심에 대한 질문과 응답과는 관계없다는 시류이다.[39]

---

38) 2007년 7월의 법학 전문대학원 법과 직후의 시행령, 시행규칙에 의한 한국의 이른바 법학 전문대학원은 그 모델이 소위 "미국식 로스쿨"이라고 알려져 있다. 그러나 입학 허가 때부터 사회적 약자에 대한 제도적 배려(affirmative action)를 배제한 방식은 미국의 로스쿨에서 사회적 약자의 입학 허가를 위한 방식과는 전혀 다르다.
39) 같은 사람, 위의 책, 130쪽.

6. 『법과 혁명 - 서양 법 전통의 형성』에 나타난 혁명, 종교, 그리고 법체계의 관계[40]

우리가 도이치의 종교개혁이라고 부르고 있는 16세기(1517년)의 역사적 사건을, 버만은 혁명기라고 부른다. 이 도이치 종교혁명은, 루터주의의 신앙 체계를 반영하는 법체계를 산출하였다고 한다. 한편, 17세기(1648년과 1649년의 청교도혁명에서 1689년의 명예혁명에 이르는 40년간의 기간)의 영국 혁명은, 칼뱅주의의 신앙 체계를 반영하는 법체계를 산출하였다고 한다. 여기에 비해서 1776년 이후의 아메리카 독립혁명과 1789년에서 1830년에 이르는 프랑스 혁명은, 버만에 의하면 이신론(Deism)[41]의 믿음의 체계를 반영하는 법체계를 만들어 냈다고 한다. 이신론은 무신론과는 다르다. 흔히 한국에서는 프랑스 대혁명의 폭력을 동반한 성격 때문에, 또한 구체제와 결합하였던 구교의 정교 융합에 도전했던 성격 때문에, 프랑스 대혁명의 정신이 무신론과 관계있는 것이 아닌가 하는 의문이 있었다. 무신론과 결합한 현대의 혁명은 1917년의 소비에트 혁명이었다. 프랑스 대혁명의 지도 이념을 간명하게 표현한 것이 1789년 8월 26일 이른바 "시민과 인간의 권리 선언"[42]이 시작되기 전의, 그 전문 마지막 문장은 다음과 같이 마치고 있다.

---

40) Berman, Harold J., *Law and Revolution-The Formation of the Western Legal Tradition* (Cambridge: Harvard Univ. Press, 1983); Berman, Harold J., *Law and Revolution II - The Impact of Protestant Revolution on the Western legal Tradition*(Cambridge: Harvard Univ. Press, 2003); 해롤드 버만 지음, 김철 옮기고 정리함, 『법과 혁명1 - 서양법 전통의 형성1』(파주: 한국학술정보(주), 2013).

41) 이신론(理神論)이란 하느님이 우주를 창조하긴 했지만 관여는 하지 않고 우주는 자체의 법칙에 따라 움직인다고 보는 사상을 말한다(Deism is the belief that there is a God who made the world but does not influence human lives). 네이버 영어사전, "Deism."

42) 제1조 인간은 권리에 있어서 자유롭고 평등하게 태어나 생존한다. 사회적 차별은 공동 이익을 근거로 해서만 있을 수 있다. wikipedia, "프랑스 인권 선언."

따라서 국민의회는 "지고(至高) 또는 최고(superier)의 존재(dê·tre superier)"[43] 와 보호하에 다음의 인간의 제(諸)권리를 인정하고 선언한다.

6.1. 프랑스 혁명과 그 성과인 헌법 및 법체계는 종교적 무신론이 아닌 이신론(理神論, Deism)의 반영

다음 프랑스 인권 선언 전문의 마지막 문장을 주의하여야 한다.

> 따라서 국민의회는 "지고(至高) 또는 최고(superier)의 존재(dê·tre superier)" 와 보호하에 다음의 인간의 제 권리를 인정하고 선언한다.

국민 의회가 프랑스 인권선언에서 인간의 제 권리를 인정하고 선언하는 전제는, 이전의 서양 법 전통에서 결합되어 있던 "지고(至高) 또는 최고(superier)의 존재"였다.[44] 그렇다면 1789년 프랑스 인권 선언의 전제가 되는 신학은 어떤 종류의 것이었을까? 이 물음에 대해서 거의 유일하게 대답을 하는 사람은 해롤드 버만이다(Berman, 2003: 11).

이신론(理神論)이란 18세기까지 서양 사회의 사람들, 특히 지식인들 사이에 넓게 공유하고 있던 믿음의 체계였다. 그들은 서양 문명사의 전통에 따라서, 우주는 원래 신에 의해서 창조되었다는 것을 믿는다. 또한, 신은 우주 안에 있는 삼라만상 모두에 대해서 어떤 목적을 지정하였다. 또한 인류로서의 인간은 신에 의해서 어떤 능력을 부여받았는데, 그중에서도 이성이 가장 중요한 것이며, 이 이성이 인간으로 하여금 인간 자신들의 복지를 확보하도록 가능하게 했다고 한다. 그러나

---

43) 1789년 8월 26일 "인간과 시민의 권리 선언"의 번역 참조, 성 낙인, 『프랑스 헌법학』(서울: 법문사, 1995), 908쪽. 필자는 논문 발표 때에 "신의 존재와 보호"로 했으나, 프랑스 인권선언의 원어를 직접 제시한 김효전 교수에게 감사한다.
44) 이 구절에 대한 해석에서는 다소 다른 태도가 있을 수 있다. 예: 조병윤 교수는 이 구절의 명료한 종교적 함의라기보다는, 일반적 훈시적 어법이라고 보고 있다 (2013.3.8. 토론).

대변혁기였던 18세기에 이르러서, 이들 서양인은 신의 우주 창조성을 믿었으나, 그리스도의 신성성에 대해서는 철저한 신앙이 없었고, 실로 많은 경우에는- 계몽사상의 영향과 절대주의 국가에서의 정교 융합 체제에 염증을 느낀 나머지- 전통적 의미에서의 기독교인과 자신들을 일치시키지는 않았다.

6.2. 계몽주의의 종교적 배경

볼테르(Voltaire), 디드로(Diderot), 루소(Rousseau)는 당시에 그들이 불리던 이름으로서의 "어둠 속의 빛"(lights, lumières)이었는데, 그들은 인간은 자유롭고 평등하게 태어났으며 타고난 이성을 사용함으로써 지식과 행복을 추구할 수 있는 능력을 가지고 있다고 가르쳤다. 이 사람들은 이신론자로 분류할 수 있다. 왜냐하면 모든 인간은 똑같이 창조주로부터 이성을 부여받았으며, 이러한 점에서 자유롭고 평등하다고 가르쳤기 때문이다. 이러한 철학은 19세기 초기에 처음에는 도이치에서, 그다음에는 다른 곳에서 계몽주의(Enlightenment, Aufklärung)[45]라고 불렸다. 이 계몽주의는, "원래 창조주에 의해서 부여된 인간 이성의 자유롭고 평등함을 강조하였기 때문에" 종교적 차원을 가졌던 것이다.[46] 이신론은 인간 이성의 순수성과 인간 이성의 능력을 최대한으로- 종교적

---

45) 어둠 속의 빛(lights)-어둠 속에서 빛을 밝히기(enlighten)-빛을 밝히기(Enlightenment)-계몽주의(the Enlightenment)라는 언어의 전개에서 계몽주의라는 용어를 최초로 쓴 사람은 임마누엘 칸트이다(Berman, 2003: 386). 그러나 칸트가 창조한 것이 아니고, 애초에 프랑스의 계몽주의 운동에서 나타난 프랑스어의 어둠 속의 불빛(lights, lumières)을 도이치어로서 적절하게 옮긴 것이 die Aufklärung이며, 이것이 영어의 Enlightenment에 해당한다. 이 Aufklärung을 동아시아에서 한자어로 옮길 때 계몽 또는 계몽주의가 되었는데 원래 프랑스어에서 쓰였던, 단순하고 간명한 "어둠 속의 불빛"이라는 직관적인 느낌은 거의 전달되지 않는다.

46) Berman, Harold J., *Law and Revolution* Ⅱ *-The Impact of Protestant Revolution on the Western legal Tradition*(Cambridge: Harvard Univ. Press, 2003), pp.10~11.

신앙과 같이 – 믿는 것이며, 또한 더 나아가서 인간 이성의 소산인 과학과 학문을 신앙과 같이 믿는 것이 특징이다. 이러한 인간의 이성적 능력과 과학적 능력을 신뢰하는 태도는 그때까지의 전통적 기독교 신앙의 어떤 점에 도전하는 바가 있었다. 왜냐하면 기독교 신앙은 인간은 원래 죄 많은 존재이고, 즉 원죄를 가졌다는 것을 강조하며, 인류의 역사에 있어서 인간의 능력보다는 창조주의 섭리라는 면을 강조한다. 이러한 전통 기독교에 있어서의 믿음들은, 로마 가톨릭 교회에 의해서 강조하는 신앙과 종교의 단체적 성격에 있어서나, 개별 교회 중심의 전통에 있어서의 기독교인의 신앙에 있어서, 그리고 도이치 종교혁명 이후의 루터주의나 청교도혁명 이후의 칼뱅주의에서 똑같이 강조되는 점이다. 여기에 대해서 이신론(Deism)은 로마 가톨릭과 개신교 양자 모두의 역사적 산물이라고 할 수 있다고 한다(Berman, 2003: 11). 즉, **로마 가톨릭과 개신교의 공통되는 믿음은 첫째로, 신이 인간을 창조하였으며, 창조주는 인간에게 이성을 부여하였으며, 또한 인간에게 공통된 도덕적 가치를 주었으며, 또한 신·구약을 통틀어 나타나는 신의 명령인 법에 대한 신뢰를 요구하였으며, 더욱이 신의 뜻으로서의 법을 세상을 변화시키는 방법으로 주었다는 믿음이다**(Berman, 2003: 11).

6.3. 이신론과 합리주의가 미친 근본적 변화: 공법과 사법 양면에서

혁명의 시대였던 18세기 프랑스의 철학자들의 이신론(Deism)은 특별히 그 철학이 가지고 있는 본질로서의 **합리주의(rationalism)**를 포함하여 프랑스 혁명 이후의 근본적인 변화에서 반영되고 있다. 근본적인 변화는 어디에서 발견되는가? 공법과 사법 양쪽에서 발견될 수 있다. 도이치 종교혁명(1517년, 1544년)의 강조가 군주제와 왕의 특권에 있던 데 비해, 영국 혁명의 귀결점이 귀족주의와 귀족의 특권에 있던

데 비교해서; 프랑스 혁명의 참여자들의 강조점은 민주주의(democracy)
와 시민의 권리와 자유(civil rights and liberties)에 있었다. 이것은 "인간
과 시민의 권리에 대한 1789년 프랑스 (인권) 선언[47]"에서 명백히 나
타나게 되었다. 즉, "인간의 자연적이며 양도할 수 없는 권리들의 선
언"이다. 프랑스 혁명의 특징은 첫째로, 프랑스 귀족주의의 관습적 특
권이라는 억압적이고 비합리적인 체제를 폐기하는 것이었고, 두 번째,
군주에 의한 억압적이고 비합리적인 독재권을 폐기하는 것이었다. 따
라서 민주적으로 선출된 의회에 최고의 권력이 주어져서 의회를 선출
한 자력 있는 중산층의 여론을 반영할 수 있는 정책을 수행하도록 책
임지우는 것이었다. 일련의 성문 헌법들이 권력을 엄격하게 분리하는
정부 체제를 도입하였다. 즉 집행부 또는 행정부는 오로지 집행 또는
행정을 할 뿐이고 사법부는 개별 소송 사례에 있어서 법을 단지 적용
할 뿐이며, **법 자체는 오로지 입법부만이 창조할 수 있는 권능을 가졌
다**(Berman, 2003: 11).

7. 혁명 이후의 프랑스 헌법의 제정과 변천(1789년 이후 1814 년 및 1830년의 왕정복고까지)

  1789년 대혁명 이후 프랑스인들이 만든 헌법의 변천은 다음과 같
다. 1791년 9월 3∼4일 헌법에서는 국민 주권에 의한 25세 이상의 시
민 중에서 **재산세액을 감안한 선거인단**을 선출하고, 선거인단이 국회
의원을 선출하는 간접 선거 제도를 수립했다. 1791년 헌법의 성격은
절대왕권에 대한 경계와 함께, **부르주아적인 헌법 제정 국민의회가 멸시
하던 '하층민'에 대한 경계**로도 가득 차 있었다(Duverger, 2003: 78).[48]

---

47) 김철수, 제18전정신판 『헌법학개론』(서울: 박영사, 2006), 254쪽.

입헌군주제의 기본 골격에서 의회, 집행권이 분리되고 왕은 의회를 해산할 수 없으나 법률안 거부권을 갖는다. 1792년 8월의 소요로서 이 헌법은 종말을 고한다(성낙인, 1995: 60-61).

1792년 9월 21일 국민공회는 공화국 제1년이 시작된다고 결정했다(Duverger, 2003: 84). 1793년 6월 24일 헌법은 국민공회의 다수였던 지롱드 파가 기초한 것이다. 헌법은 124개 조문에 그쳤고, 각 조항은 매우 간결하고 치밀하고 엄격하였다((Duverger, 2003: 86). 국민주권의 이론은 인민 주권의 이론으로 대치되었고, 각 개인은 주권의 일부를 가지고 있는 것으로 보았다. 자유권, 평등권의 선언과 시민의 국가에 대한 국가 부조 청구권이 인정되었다(Duverger, 2003: 86). **소유권을 명확하게 보장하여 1793년의 민주주의도 부르주아지 민주주의라고 할 수 있다**(Duverger, 2003: 87). 1793년에서 1794년은 쟈코뱅주의의 권력행사가 공안위원회에 의해서 나타나는 시기였고, 마침내 로베스피에르의 제거가 이 시기의 특징이다. 1793년 7월 헌법이라고 불리는 문서에서 기본권의 수가 한층 많아지고 잘 정비되었으나(김철수, 2006: 254), 국민 투표에 의해 채택되는 데까지는 갔으나 시행에 이르지 못하였으며 의회에 의해서 폐기되었다(성낙인, 1995: 62).

1795년 8월 22일의 이른바 집정관 헌법은 만 4년간 시행되었다. 헌법 제정자를 사로잡았던 유일한 생각은 군주제와 공포정치로의 복귀를 두려워했다는 것이다(Duverger, 2003: 93). 권리와 의무의 선언을 먼저 두고 나서 (권리 선언은 22개조, 의무 선언은 9개조) 헌법의 본문은 377조에 달한다(성낙인, 1995: 62-63). 권력 분립을 복구하였으며, **납세자만이 선거인이 되고 보통 선거는 폐지되었다.** 즉, **제한선거**, 간접선거제로 복귀하였으며, 집행부의 집정관은 원로원에서 투표한다.

---

48) Maurice Duverger 지음, 문광삼·김수현 옮김, 『프랑스 헌법과 정치사상』(부산: 해성, 2003), 78쪽.

의회와 집정관은 서로 독립적 위치에 선다. 의회와 집정관의 대립으로 심각한 위기를 야기하고[49] 이 헌법은 1799년 11월 9일 집정관 시에예스(Sieyés)에 의해서 준비되고, 나폴레옹에 의해 실행된 정부 전복에 의해 헌법 체제가 종언된다.

다음의 단계가 1799년 12월 13일 이른바 나폴레옹 헌법이다. 시에예스의 사상과 나폴레옹의 수정 보완으로 만들어졌으며, 총 95조로 구성되어 있다(성낙인, 1995: 63 - 64). 이 헌법의 특징은 의회의 권한은 약화되고, 제1집정관에게 권력이 집중되었다. 선거절차는 간접 선거로, 2단계의 과정을 거쳐서 지방자치단체 대표의 명부가 먼저 작성되고 이들 중에서 상원의원, 법제 심의관, 집정관이 선출되는 방식이다(성낙인, 1995: 64). 나폴레옹은 선거 절차보다도 신임 투표를 통한 직접 신임을 강조했다. 1802년 상원 결의 헌법에 의해서 나폴레옹은 종신 집정관이 되고 2년 뒤 1804년 5월 18일의 헌법은 제1통령이 기초한 것으로 원로원의 의결과 인민에 의한 플레비시트를 거쳐 헌법으로 확정되었다. 이 헌법에 의해서 보나파르트 나폴레옹은 종신 제1통령에서 장남 상속제에 의한 세속 황제가 되었다. 이러한 상황에서도 공화제라는 이름은 유지되었다. 즉, 1804년 헌법 제1조는 "공화국의 통치는 황제에게 위임되고, 황제는 프랑스인의 황제 자격을 가진다"라고 규정하였다(Duverger, 2003: 108).

1813년 4월 11일 영국·러시아·프로이센·오스트리아의 연합군에 패배하고 러시아 황제 알렉산더 1세와 프로이센 황제 빌헬름 3세가 파리에 입성하였다. 나폴레옹은 퇴위를 선언하였다(노명식, 2011: 266 - 267). 1814년에 왕정복고가 이루어졌다. 1814년 6월 4일 헌법 헌장은 전문 및 76조로 구성되고 1815년 4월 22일의 전문 및 67조로 보충된다. 그

---

49) 일단 플레비시트(plébiscite)에 의해 헌법이 승인되면 그 실시는 국민공회의 유명한 데크레에 의해 왜곡되었다(Duverger, 2003: 95).

형식에 있어서 구체제에로의 전면적 회귀를 담고 있으며, 헌장 자체는 "왕에 의해서 하사되는 방식"이었다, 그러나 헌법의 앞부분 12개조에서는 자유·평등·재산에 관한 권리는 다시 확인하고 있다. 이어서 1830년 8월 14일의 헌장은 1814년 왕정복고 이후의 헌장의 기본 체제는 그대로 두고 왕에 의해서 하사된 성격은 없애며 왕의 신민은 다시 프랑스 시민이 되고, 따라서 프랑스는 공화국 시대의 3색 기를 회복한다. 1830년 7월 혁명에 의해서 구체제 왕정은 입헌군주제로 바뀐다. 의회로부터 왕관을 받은 루이 필립은 대혁명 때 공화주의자로 투쟁하였던 왕족이었으며, 프랑스의 왕이 아니라 프랑스 국민의 왕으로 칭호가 바뀐다. 그러나 왕정복고 이후의 제도는 별로 달라지지 않았다(성낙인, 1995: 65).

8. 프랑스 혁명의 법학에 대한 영향: 새로운 법 과학과 새로운 법철학

새로운 헌법 체계를 수립하는 데 그치지 않고 더욱 인류 문명사에서 중요한 것은 프랑스 혁명은 새로운 법 과학과 새로운 법철학을 도입하였다는 것이다(Berman, 2003: 11 - 12). 프랑스 혁명 때까지의 서양 법학의 중점은 도이치와 영국에 있어서 달랐다. 즉, 도이치 법학의 경우는 genus[두 개 이상의 종에 의해서 구성되는 더 상위 개념인 속(屬, genus)으로 번역됨]와 그보다 하위 개념인 종(種, species) - 즉, genus는 두 개의 종(species)에 의해서 대표된다 - 으로 구성된다.[50] 예를 들면,

---

50) 속(屬, genus)과 종(種, species)은 원래 생물 분류학에서 나왔다. 즉, 문(門) - 강(綱) - 목(目) - 과/(科) - 속(屬) - 종(種)의 순서로 구성된다. wikipedia, "생물 분류." 식물학의 분류체계는 이후에 Roscoe Pound에 의해서 신대륙에서의 법교육의 기초가 된다. 김철, 『한국 법학의 철학적 기초 - 역사적, 경제적, 사회·문화적 접근』, 59~61쪽(한국학

인류는 human species이고, 생물 분류법에서 인류보다 더 범위가 넓은 상위 개념은 영장류이고, …… 영장류보다 더 범위가 큰 상위 개념은 포유류까지 올라간다. - 의 관계와 같은 더 좁은 개념에서부터 더 넓고 포괄적인 개념으로 이루어진 개념과 개념이 나타내는 주제의 삼각형을 이루는 **용어와 개념 체계**에서, 각각의 법원칙들(legal principles)을 전문적인 법학자들이 어디에 위치 지우느냐(placing)를 강조하였다. 영국의 경우는 법 문제를 해결하기 위해서 사법부에서 "논쟁(debating)할 때" **역사적인 선례들(precedents)**을 찾아내어 그 선례들의 맥락에서 법적인 문제를 사법적으로 취급하려고 하였다. 이와 비교해서 프랑스 혁명 이후에, 이미 말한 계몽주의 이후의 인간의 이성의 능력을 신봉하는 이신론의 영향에 따라서, 프랑스인들은 그들의 법학을 건설함에 있어서, 법에 있어서의 독트린을 **포괄적인 의미의 입법을 행함으로써 분명하게 할 수 있다고 믿었다.** 즉, 존재하고 있는 모든 법의 독트린은 입법에 의해서 명료해진다는 것을 강조한 것이다. 도이치에서 강조되던, 법학자들이 수립한 원칙들(Professorial principles)과 영국에서 기준이 되었던 사법 결정의 선례(judicial precedents)는 프랑스에 와서는 - 혁명 이후 국민의 대표자인 의회의 입법에 전적인 중점이 주어짐에 따라서- 서양 법 최초로 형법전과 민법전이 포괄적인 모습으로 입법화되었다. 이러한 포괄적인 법전에서 나타난, 법의 독트린과 규칙에 다른 것이 우선하지 못하게 되었다. 동시에 16세기와 17세기 초의 혁명 이전의 자연법사상이나 계몽주의 사상과 같은 혁명을 예비한 기간에 지배적이었던 자연법 이론과 역시 17세기와 18세기 초에 자연법사상과 병행하여서 존재했던 역사 법학은, 일단 혁명에 의해서 국민의 대표권이 의회에 집중되고 더 이상 다른 권위가 필요 없음에 따라서 법에 대한 실증주의적 이론에 양보하게 되었다. 이러한 법실증주의는

술정보(주), 2007).

점차로 더 19세기에서 받아들여지게 되고 20세기에 들어와서는 서양 법철학을 실질적으로 지배하게 되었다(Berman, 2003: 11 - 12).

8.1. 나폴레옹 민법전과 나폴레옹 형법전에 나타난 법철학과 입법 정신

이상과 같은 프랑스 혁명 이후의 새로운 법 과학과 새로운 법 이론은 실체법에 있어서의 프랑스 혁명 이후의 중요한 변화와 밀접하게 관련되어 있다. 나폴레옹 자신이 입법에 있어서 분명한 역할을 한 1804년의 나폴레옹 민법전은, 프랑스 혁명의 정신을 표현하고 설명하기 위해서 의도되었는데, 개인 소유권과 계약에 대해서 특별히 강력한 보호를 주고 있었다.51) 불법행위법에 있어서 일반 원칙으로 배상 책임은 잘못된 행위 자체의 성질에 기초하여야만 했다: 즉, 해악을 끼친 자는 고의나 과실이 아닌 경우에는 피해자에게 민사적으로 배상할 책임이 없었다. 가족법에 있어서는 혼인은 다른 민사계약과 유사하게 취급되었으며, 따라서 이혼은 상호의 동의에 의해서 가능하였으며, 귀책사유나 또는 증명된 성격 불일치로 가능했다. 부인과 자녀에 대한 남편의 가장권은 제한되었다. 부인들에게 재산권에 있어서의 더 큰 기회와 민법상의 더 큰 기회가 일반적으로 주어졌다(Berman, 2003: 12).52)

---

51) 나폴레옹 민법전의 사회사적인 의미는 중세의 삶의 양식으로서의 집단주의를 청산하고 권리와 의무의 주체로서 개인 인격을 단위로서 출발한 것이라 볼 수 있다. 이 문제에 대해서는 김철, "사회적 차별의 심층심리학적 접근 - 법 앞의 평등의 내실을 위하여", 『한국 법학의 철학적 기초 - 역사적, 경제적, 사회·문화적 접근』 (한국학술정보(주), 2007), 331~332쪽. 1789년 당시 신흥 부르주아지는 절대주의 왕권에뿐만 아니라 봉건제도하에서의 지배세력을 붕괴시키고자 하였다. 시민혁명에 의해서 비로소 인류는 중세 아니 고대 이후의 집단주의적 생활양식과 집단주의적 사회제도, 경제제도에서 벗어날 수 있었다. "우리들은 인간이 태어날 때부터 자유롭고 평등하다는 것을 믿는다"라는 것은 언어의 21세기적 의미에서 평등주의의 고창이 아니다. 중세적 근세 절대주의적 질곡에 매이고 중세적 근세 절대주의적 집단주의 방식에 의해서 삶의 양식이 억압당한 사람들의 자기 발견이자 집단주의적 인간관에 대한 해체선언이다.

프랑스 혁명 이후에 형사법의 영역에서도 엄청난 법 개혁이 도입되었다. 1810년의 신 형법은 소급입법을 금지하고, 무죄추정의 원칙을 선언하였으며, 범죄자의 신분에 막론하고 범죄에 따라서 차별 없는 처벌을 과하였다. 죄형법정주의가 채택되었다. 동시에 1810년의 나폴레옹 형법전은 응보형 주의보다는 형벌의 위협에 의해서 범죄적 행위를 저해하는 데 강조를 두었다. 이른바 예방형 주의이다. 이런 경향은 혁명의 세기였던 18세기 말의 위대한 개혁가들 사이에 팽배했던 형벌에 대한 공리주의적 철학을 반영하고 있었다. 프랑스 혁명가들이 신격화시켰던 인간의 이성은 다음과 같은 사실을 밝힌다고 했다. 즉, 범죄 행위가 처벌되어야 되는 것은 이전의 종교 개혁 이후의 도이치의 루터주의에서처럼 범죄 행위가 도덕적으로 악해서 응보의 가치가 있다는 이유가 아니다. 또한, 범죄 행위가 처벌되어야 된다는 것은 영국 칼뱅주의 신학이 팽배했던 잉글랜드에서처럼 범죄 행위가, 전통적으로 항상 확인되어야 하는 공동체의 기준을 위반했기 때문이라는 것도 아니고, 실로 당시 도이치 루터주의의 인간의 악에 대한 신조와 당시 잉글랜드의 칼뱅주의의 공동체에 관한 확인되어야 하는 신조를 넘어서서 1차적으로 범죄 행위는 사회에 유해하며, 범죄자를 처벌하는 것은 범죄자 자신뿐만 아니라 타인도 미래에 있어서 범죄 행위를 다시 행하지 않도록 저해하는 효과가 있기 때문이었다. 이것이 혁명 이후 프랑스 합리주의자들이 채택한 형벌관이었다.

---

52) Berman, Harold J., *Law and Revolution* Ⅱ *—The Impact of Protestant Revolution on the Western legal Tradition*(Cambridge: Harvard Univ. Press, 2003); See James F. Traer, "From Reform to Revolution: The Critical Century in the Development of the French Legal System", *Journal of Modern History* 49(1977), 73 — 88.

8.2. 합리주의, 개인주의, 공리주의와 종교적 전통

이와 같이 합리주의, 개인주의, 그리고 공리주의 철학은 혁명 이후 성립한 혁명 입법에 동반한 새로운 프랑스 법과학의 저변에 깔려 있었으며, 이러한 새로운 세속주의를 동반한 철학은 한편에 있어서는 그때까지 프랑스 전통 사회를 유지시켜 왔던 관행적인 구교 교의를 거부하는 것과 관계있었다. 그러나 이 대목에 있어서 지금까지의 동아시아의 법사상사가 그러했던 것처럼 프랑스의 새로운 법학은 종종 자주 동아시아의 학도들이 오해하는 것같이 무신론이나 허무주의에 기초를 두고 있는 것은 아니었다. 지금까지 동아시아 내지 한국의 서양 법학도들이 역사에 대한 바른 인식 없이 인류 문명사에 나타난 전형적인 큰 혁명에 대한 관견은 영국 청교도 혁명이나 도이치의 종교 개혁이나 아메리카의 독립 혁명이나 또 현재 논의하고 있는 프랑스 대혁명 모두 정치사에서의 단속적인 큰 봉기로 이해하고 새로운 혁명 운동이 기초로 하고 있는 **사상사적 기초**[53] **내지는 그들 전통에 있어서의 종교적 기초**[54]를 파악하지 않아 왔다. 즉, 혁명이란 무력과 폭력을 동반하는,

---

53) 빅토르 위고는 그의 대표작 Les Miserables에서 혁명의 흐름에 동반하는 **"사상의 보이지 않는 힘"**을 강조하려 했다. 제4편 제1부 참조. "혁명은, 로베스피에르 앞에서 발언권을 가졌고; 대포는, 보나파르트 아래에서 발언권을 가졌는데; 지성(知性, intellectual)의 발언의 차례가 온 것은, 막상 왕정복고시대의 루이 18세와 샤를 10세 치하에 와서였다. 왕정복고의 15년 동안 평화 속에서, 광장 한복판에서, "그 위대한 원칙들"이 너울거리는 것을 사람들은 보았다. 그것은 법 앞의 평등, 신앙의 자유, 언론·출판의 자유, **모든 재능의 소유자들이 모든 직업에 종사할 수 있는 권리**(Victor Hugo, 1862: 12-13)이다. 1830년 7월 혁명까지는 그렇게 진행되어 왔다. 이제 맑은 산꼭대기에서, "정신의 가장 순수한 빛"이 회복됨에 따라서, 이윽고 부르봉 왕가는 신(지고 또는 최고의 존재)의 손 안에서, 깨어질 문명의 도구였다."(Victor Hugo, 1862; 국어역 12-13 정기수역)-1830년의 중도에서 멈춘 혁명은 영국에서 1688년에 적용되었던 이론, 즉 왕정복고(Restoration, Glorious Revolution)의 이론을 실행했다(Victor Hugo, 1862: 20).-1830년 7월 혁명을 중도에서 제지한 것은 누구인가? 제3계급인 부르주아지이다. 왜? 부르주아지는 만족에 도달한 이익이기 때문이다(Victor Hugo, 1862: 21).
54) 상술한 바대로(8.1) 국민의회가 인간의 제 권리를 인정하고 선언하는 전제는, 이전의 서

성공한 정치적 봉기라는 관점이다. 이런 정치적 관점에 있어서는 혁명 이후 전개된 새로운 법제도의 발전을 오로지 혁명에 성공한 사람들의 정치적이고 권력적인 의지로밖에 파악이 되지 않는다.

프랑스 혁명은 그것을 가능케 한 합리주의, 개인주의 그리고 공리주의 철학이라는 기조로서는 이미 말한 바대로 일견 그때까지 프랑스 사회를 지배했던 정통적인 기독교 교의를 부인한 것처럼 보일 뿐이다.

8.3. 계몽주의 정신은 이전의 서양 법 전통에서 일탈이 아니다

그러나 그렇다고 해서 프랑스 혁명의 정신이나 프랑스 혁명을 가능케 한 계몽주의 정신이 서양 법 전통의 맥락에서 프랑스 혁명을 가능케 한 혁명 전사에 이르기까지의 일관된 특징을 벗어났다고 생각하는 것은, 근대 시민혁명을 경험하지 못한 동아시아인 내지 한국인의 단견이라고 볼 수밖에 없다. 왜냐하면 프랑스 혁명 이후 성립된 새로운 법과학은 다음과 같은 점에서 창조주인 신에 대한 강력한 믿음과 밀접하게 관계되어 있었다. 앞에서 이미 프랑스 혁명의 정신과 계몽주의 철학은, 절대자인 창조주를 전제로 하는 이신론과 관계있음을 밝혔다. 혁명 당시까지 혁명을 가능케 한 철학과 사상의 공통되는 점은, 우선 창조주 신은 인간 모두에게 이성이라는 더할 데 없는 선물을 부여했다. 또한 이러한 창조주가 준 이성이라는 선물을 행사함으로써; 양심의 자유, 표현의 자유, 기회 균등 기타 다른 자연권을 행사할 수 있다고 믿었으며, 이 모든 자연권들은 새로운 프랑스 헌법과 이미 논한 법전에 체화되어 있는 것이다(Berman, 2003: 12 - 13).

양 법 전통에서 결합되어 있던 "지고(至高) 또는 최고(superier)의 존재(dê・tre superier)"라는 것이 프랑스 인권 선언의 출발이었다.

9. 현대 복지 국가의 헌법의 출현 이전의 법 현상

프랑스 혁명 이후의 일련의 헌법들은 권력 구조에 중점이 가 있었고, 인권 선언의 모든 조항은 증감이 무상했으나, 근대 입헌주의적 헌법의 형식적 특징을 보여 주었다. 따라서 개념적으로 한국의 법학도에게 파악된 "현대 복지 국가의 헌법"과 이와 병행하는 사회·경제법 체계의 출현[55] 이전의 법 현상이 두드러진다. 『레미제라블』의 "비참한 사람들"의 이야기는 결국 복지 국가 출현[56] 이전의 드라마로 파악될 수 있다. 그 밖에 근대 입헌주의적 헌법체계에서 발달시켰던 법전 법−나폴레옹 형법 전, 나폴레옹 민법전−에 의한 법 형식주의(Legal formalism) 및 그와 동반하는 개념 법은, 프랑스 혁명의 주체 세력이었던 제3계급의 융성에는 도움이 되었다. 그러나 가공의 드라마인, 그러나 역사적 실존성이 이미 문명세계의 역사에서 받아들여진 "레미제라블의 비참한 사람들"에게는 도움이 되지 못했다. 법제도에 의해서 인간을 돕거나 구출한다는 것이 이 가공의 드라마에서 나타나는 대혁명의 역사적 전변 중에서는 개별적인 자비와 희생, 사랑에 의한 도움[57]에 비해서 쉽지 않다는 것을 느끼게 된다.

---

55) 복지 국가는 사회 복지 정책에 의해서 다양하게 발전되어 왔다. "비스마르크 형과 비버리지 형이 있으며, ……사회 체제에 따라 사회 보장적 체제는 1) 자유주의 체계 2) 보수주의 체계 3) 보장체계로 나눌 수 있다. ……오늘날 많은 국가들이 1) 사회국가(예를 들면 독일)를 지향하거나, 2) 복지국가를 지향하고 있다. 20세기나 21세기 헌법에서는 사회 국가 정책을 구가하고 있으며, 헌법상 사회 보장 수급금을 헌법에서 보장하고 있다." 김철수, 『법과 정의·복지』(서울: 진원사, 2012), 194~195쪽.

56) 프랑스 헌법에 있어서 사회적 기본권의 대두는 1946년 제4공화국 헌법 전문과 헌법적 법률의 등장 때부터라고 김문현 교수는 토론에서 지적한다(2013.3.8.).

57) "프랑스 혁명의 이념은 자유(Liberté), 평등(Éegalité), 박애(Fraternité)이고 프랑스 인권 선언과 프랑스 헌법에 나와 있으며" 박애는 Solidarite와 통한다고 김효전 교수는 토론에서 지적한다. 여기에 대해서 "박애(Fraternité)는, Duiguit에 의하면 연대(連帶)를 의미하며 형제애와 동지애를 의미하는 것으로 1789년 프랑스혁명 헌법에 권력 분립 조항은 있으나 구체적 박애 조항은 없다"고 김종철 교수가 토론에서 지적한다. (2013.3.8.)

참고문헌

김철수, 제18전정신판 『헌법학개론』(서울: 박영사, 2006).

_____,『법과 정의·복지』(서울: 진원사, 2012).

김철, "세계 금융위기 이후의 경제, 규범, 도덕의 관계: 금융위기와 관련된 제도의 도덕성 논의를 위한 이론", 『현상과 인식』 2010 봄/여름호(서울: 한국인문사회과학회, 2010.5.).

_____,『법과 경제 질서: 21세기의 시대정신』(파주: 한국학술정보(주), 2010.12.).

_____,『한국 법학의 반성 - 사법개혁 시대의 법학을 위하여』(파주: 한국학술정보(주), 2009.9.).

_____, "제5장 1980년대 이후 세계법학의 가장 큰 도전이었던 경제학적 법학방법론의 형성과 그 의미, 그 한계는 어떠한가", 『경제 위기 때의 법학』(파주: 한국학술정보(주), 2009).

_____, "뒤르켐의 아노미이론과 평등권에서의 기회균등: 기초법적 연구", 『사회이론』 2008년 가을/겨울 통권 제34호(서울: 한국사회이론학회, 2008.11.).

_____, "사회적 차별의 심층심리학적 접근 - 법 앞의 평등의 내실을 위하여", 『한국 법학의 철학적 기초 - 역사적, 경제적, 사회·문화적 접근』(파주: 한국학술정보(주), 2007).

_____, "최현대의 경제공법 사상", 『세계헌법연구』 제15권 제2호(서울: 세계헌법학회 한국학회, 2009).

_____, 사간본(Privater Druck), 『법제도의 보편성과 특수성』(서울: Myko Int'l. Ltd., 1993).

_____,『한국 법학의 철학적 기초 - 역사적, 경제적, 사회·문화적 접근』(파주: 한국학술정보(주), 2007), 59 - 61.

_____, "해롤드 버만의 통합 법학", 『금랑 김철수 교수 팔순 논문집』(서울: 경인문화사, 2012).

나종일, 『자유와 평등의 인권 선언 문집』(서울: 2012.12.).

노명식, 『프랑스 혁명에서 파리 코뮌까지, 1789 - 1871』(서울: 책과 함께, 2011).

뒤르켐, 에밀, 임희섭 옮김, 『자살론』(서울: (주)삼성, 1993).

_____, 김충선 옮김, 『자살론』 (서울: 청아출판사, 1993).

_____,『사회분업론』(서울: (주)삼성, 1993).

미셸 보벨, 최갑수 역, 『프랑스 혁명사 200주년 기념총서 第1卷. 왕정의 몰락과 프랑스 혁명』(서울: 일월서각, 1987).

성낙인, 『프랑스 헌법학』(서울: 법문사, 1995).

앙드레 모로아 지음, 신용석 옮김, 『프랑스사』(서울: 기린원, 1993).

양창삼, "포스트모던 시대의 자본주의 위상 재검토", 『사회이론』 통권 제30호(서울: 한국사회이론학회, 2006).

유기천(Paul K. Ryu), 음선필 역, 『세계혁명 ─ 혁명을 통해 본 민주주의의 역사 ─』(서울: 도서출판 벽호, 1999).

정재황·한동훈, 『2008년 프랑스 헌법개정에 관한 연구』(서울: 한국법제연구원, 2008).

조병윤, *Ontologie de la souverainete du peuple et de la dignited de l'homme: selon le bouddha et J.J. Rousseau*(Paris: [s.n.], 1989). ─ Originally presented as the author's thesis ─ Universite Paris II, 1989.

찰스 E. 프리드먼, 양승두 역, 『프랑스 行政法 序說 : 프랑스 國事院의 구조와 기능』(서울: 연세대학교 출판부, 1983).

한국법철학회 편, 『한국의 법철학자』(서울: 세창출판사, 2013).

해롤드 버만 지음, 김철 옮기고 정리함, 『법과 혁명1 ─ 서양법 전통의 형성1』(파주: 한국학술정보(주), 2013).

해롤드 버만과 김철, 『종교와 제도 ─ 문명과 역사적 법이론 ─』(서울: 민음사, 1992).

Maurice Duverger 지음, 문광삼·김수현 옮김, 『프랑스 헌법과 정치사상』(부산: 해성, 2003).

Propser Weil 저, 김동희 역, 『프랑스 행정법』(서울: 박영사, 1980).

김도창, 『일반 행정법론(上)』(서울: 청운사, 1986).

Berman, Harold J., *Law and Revolution ─ The Formation of the Western Legal Tradition*(Cambridge: Harvard Univ. Press, 1983).

_____, *Law and Revolution II-The Impact of Protestant Revolution on the Western legal Tradition*(Cambridge: Harvard Univ. Press, 2003).

Schwill, Ferdinand, *A Political History of Modern Europe ─ From The Reformation To The Present Day*(New York: Charles Scribner's Sons, 1911).

Hugo, Victor, *Les Misérables*(1862). The first English translation, Charles E. Wilbour(New York: Carleton Publishing Company, June 1862).

Traer, James F., "From Reform to Revolution: The Critical Century in the Development of the French Legal System," *Journal of Modern History* 49(1977).

서양원, "[매경포럼] 세제개편 솔로몬의 해법-프랑스혁명, 방만한 재정운영 때문 재정은 아차 하는 순간 망가져, 증세·복지부담, 국민 대타협 필요-", 『매일경제신문』, 2013.8.19.

네이버 영어사전, "Deism."

wikipedia, "프랑스 인권 선언."

_____, "생물 분류."

_____, "French Revolution."

정의란 무엇인가:

자유주의와 공동체주의의 가치, 자유와 평등, 형평(equity)

왼쪽부터 순서대로

마이클 샌델(Michael J. Sandel, 1953~)

해롤드 버만(Harold Joseph Berman, 1918~2007)

존 롤스(John Bordley Rawls, 1921~2002)

로널드 드워킨(Ronald Dworkin, 1931~2013)

"칼레의 시민들"(Auguste Rodin, "The Burghers of Calais", 1884~ca. 1889)

아리스토텔레스(Aristoteles, B.C. 384~B.C. 322)

마이클 샌델(M. Sandel)의 『정의란 무엇인가(What is Justice)』의 번역본이 2010년 5월 이후 62만 부가 팔렸다는 보도이다(조선일보 2010.12.12.). 또한 장하준의 『그들이 말하지 않는 23가지』는 한 달 사이에 17만 부가 팔렸다고 한다. 철학서와 자본주의 비판서가 베스트셀러 1위에 오른 것은 한국 사회에 '공정한 사회'에 대한 요구가 높아지고 있음을 방증한다. 일상인의 직관에서 한국 사회는 "이기적인 개인주의"에 의해서 내부적으로 해체되어 있다. "극단적 개인주의, 이기주의"의 대척점에 무엇인가 있어야 된다고 느낄 때 다른 가치, 즉 사회정의(social justice)나 극단적인 이기주의에 반대된다고 생각되는 "공동체 중심의 가치"에 눈을 돌리게 된다.

　한국 지식인의 중요한 선입견 중 하나인, '자유는 평등과 모순된다'는 개념적 파악은 서양 철학의 관념론 시대의 것이다(김철, 2010). "즉, 한국에 있어서의 저널리즘과 아카데미즘의 어떤 방식은 어떤 경우에는 자유라는 것은 평등과 모순되는 것으로"(김철, 2007a: 135) 개념적으로 파악하고 따라서 자유는 평등 또는 진보와 모순되고 대립되는 것으로 무의식 중에 파악한다.

－"정의란 무엇인가: 자유주의와 공동체주의의 가치. 자유와 평등, 형평", 한국사회이론학회, 『사회이론』 2011년 봄/여름 통권 제39호에 게재

♣ 이 글의 동기와 연구의 경위

　정의론(what is justice)이 최근 한국 학계에 던진 도전은 공동체주의(Communitarianism)를 검토하는 것으로 우선 나타났다(한국법철학회, 2010.5.)(한국사회이론학회, 2010.12.) 공동체주의와 자유주의의 양극화된 대립적 파악에 대해서 한국사회이론학회(2010.12.)의 어떤 논자(남인숙)는 "공동체주의나 ○○주의의 언어보다 공동체적 가치와 개인적 가치의 관계로 문제를 환원해야 근대와 현대 사회를 적절하게 다룰 수 있다"고 지적한다. 또한 사회이론학회의 어떤 논자(김광기)는 "공동체가 지닌 알려지지 않은 또 하나의 얼굴에 대하여"(2005.11.)에서 "공동체의 복원 또는 회복을 부분적으로는 부인하지 않으면서 과도한 기대를 피해야 할 필요"를 논하고 있다.

이 논자는 "공동체의 문제가 근대성(modernity)의 문제를 대체할 수 있는가"라고 물어본 듯하다. 2010년 5월의 한국법철학회의 한 주제 발표자(신동룡)는 논의의 방식을 자유주의(liberalism)를 공동체주의와 대립되는 것으로 파악하는 데서 출발했다; 논문 필자는 이러한 이항 대립 내지 이분법이 최현대의 맥락에서 볼 때, 한국법학의 지난날의 인습적인 선입견에 뿌리를 두고 있다고 지적한다(김철, 2010.6.: 99-138)(김철, 2010.8.: 661-700; 김철, 2010.12.: 454-459). 논문 필자는 정의(justice)란 무엇인가라는 최근 한국 학계의 질문에 대면해서 공동체주의가 던진 도전(Sandel, 1982)(한국법철학회, 2010.5)에 대해서, 다음 두 가지의 경로로 새로운 시도를 행한다.

첫 번째 경로는 한국법학계(법사상 · 헌법사상)에서 충분한 검토 없이 인습적으로 받아들였던 가장 기본적인 고전적 철학 명제의 새로운 검토이다. 즉, 아리스토텔레스의 정의론의 핵심을 이룬다고 간주했던 정의(justice) = 평등(equality) = "같은 것은 같게(like for like)"라는 단순화된 명제의 분석적 · 법학적 검토이다. 왜냐하면 최근 한국학계에의 도전이 된 공동체주의의 어떤 사상적 맥락에 따르면 아리스토텔레스-루소-헤겔이 같게 연결된다고 파악한다(신동룡, 2010.5.: 27-33). 또한 평등사상의 법학적 연원에서 아리스토텔레스의 "정의(justice)는 평등(equality)이다"라는 명제로 출발하는 경우가 있었다. 공동체주의의 사상적 연원을 아리스토텔레스에서 찾는 것을 일단 받아들인다. 또한 고대 그리스의 평등사상도 아리스토텔레스를 대표적으로 들 수 있다. 그렇다면 고대 그리스 철학에서의 아리스토텔레스는 평등사상과 함께 공동체주의도 연원이라 볼 수 있다. 즉, 평등사상과 공동체주의가 고대 서양문화에서는 뿌리가 같다고 할 수 있다. 2010년 5월의 한국 법철학회에서의 어떤 논자가 공동체주의를 자유주의와 대립 개념으로 설정한 것은 아마도 "공동체주의 = 평등사상", "자유주의 = 평등과 대립되는 개인의 자유"라는 도식에서 무의식적으로 나온 듯하다.

공동체주의와 자유주의를 대립개념으로 파악하는 것은 서양법제도의 오랜 역사, 특히 근대 이후 자유주의의 변용 과정을 볼 때 잘못되었다는 논문 필자의 지적(김철, 2010.6.: 110)(같은 취지, 양천수: 2014)에 대해서 한국법철학회의 한 논자(신동룡)가 "한국은 대륙법 전통이기 때문에 자유주의와 공동체주의를 대립시킨다"라고 답변했다. 이러한 답변은 한국 법학의 지난 시절의 역사적 잔존물, 즉 이전 세대의 경험이 무의식층으로 내려가서 이후에도 변화하지 않고 고착(fixation)되어 나타난 것으로 볼 수 있다; 그 증거는 두 가지로 들 수 있다. 지난날을 돌이켜보건대, 서양 철학의 관념론 시대에는 자유는 평등과 모순된다고 가르쳤다(김철, 2010.8.: 692−694). 추가로 지적할 것은 1945년 해방 이후 사상적 혼란기를 거쳐 1950년대와 1960년대에 대학시절을 보낸 지식인들의 어떤 관념적 성향이다. 즉, 그들이 서양문화를 받아들이는 데 있어서, 서양 문화의 원류인 유대−기독교전통과 헤겔−마르크스적 사유의 대립이 동서 양 진영의 분열로 나타나고, 법사상은 분열되었으나 이를 종합하거나 해결할 수 없었다(김철, 2009ㄴ: 380−444). 필자의 전제는 우선 동유럽−러시아 혁명(1989)을 계기로 법 제도의 영역에서 이 두 가지 전통의 대립이 제도적으로 소멸되고 있다고 진단한 것이다(김철, 2009ㄴ: 380). 필자는 2008년 세계 경제위기 이후 세계 각처와 한국의 대학가에서 다시 논의되는 헤겔 유의 사고에 대해서 헬라 철학의 새로운 해석(김철, 2009ㄴ: 413−445)(Arendt, 1978: 12)을 통해 극복하고자 한 적이 있다. 이와 관련된 공동체주의의 윤리철학 및 정치철학의 담론에 대해서는 이종은 교수의 『평등, 자유, 그리고 권리』(2011)를 크게 참조하였다.

마지막 경로로 논문 필자는 최근 다시 일어난 "정의란 무엇인가"의 질문에 대해서 한국 학계에서 28년 전에 출간된(1983), 그러나 분야의 벽에 차단되어 다른 분야에서는 잘 알려지지 않았던 서양근대사상사학자의 연구를 소개한다. 차하순 교수는 『형평의 연구−17·18세기 유럽정치사상을 중심으로−』에서 자연법적인 형평(equity)사상을 평등의 기초가 되는 것으로 강조하여, 이전의 평등론이 가졌던 기계적이고 집단주의적 요소를 초과하고 있다. 법학자로서 논문 필자는 차 교수의 서양근대사상사 연구에서 나타난 형평사상이 사상으로 그치지 않고 제도로 응고되어 역사적으로 실재한 법제도를 강조한다. 즉, 영국의 형평법(equity)의 발전과 형평재판정(Courts of Equity)에 주목하고, 더 소급해서 로마법에 나타난 형평법(차하순, 1983: 3)(최병조, 2007)을 형평(equity) 사상의 실제 예로 든다.

− "정의란 무엇인가: 자유주의와 공동체주의의 가치, 자유와 평등, 형평", 한국사회이론학회, 『사회이론』 통권 제39호에 게재

0. 들어가는 말: 어떠한 상황에서 정의(justice)에 대한 관심이 한국 지성계에 일어났는가?

0.1. 마이클 샌델(M. Sandel)의 『정의란 무엇인가(What is Justice)』의 번역본이 2010년 5월 이후 62만 부가 팔렸다는 보도이다(조선일보 2010.12.12.). 또한 장하준의 '그들이 말하지 않는 23가지'는 한 달 사이에 17만 부가 팔렸다고 한다. 철학서와 자본주의 비판서가 베스트셀러 1위에 오른 것은 한국 사회에 '공정한 사회'라는 요구가 높아지고 있다고 본다(전게 신문). 일상인의 직관에서 한국 사회는 "이기적인 개인주의"에 의해서 내부적으로 해체되어 있다. "극단적 개인주의, 이기주의"의 대척점에 무엇인가 있어야 된다고 느낄 때 다른 가치, 즉 사회정의(social justice)나 극단적인 이기주의에 반대된다고 생각되는 "공동체 중심의 가치"에 눈을 돌리게 된다(송재룡, 2010.12.). 사회과학도의 관찰로는 "자유라는 이름 아래에서 행해지는 불공정한 행위"(김철, 2010.12.: 52 – 87)가 시민들에게 "공평하지 않은 많은 일이 있다"라는 현실 의식을 항상 가지게 했다. "불공평하다는 개인적 느낌"은 그것이 도덕감정에서 나온 것이든 정치윤리적 감각에서 나온 것이든 우선 도덕철학이나 정치철학에서 다룰 수 있다(김철, 2011, 법률사상사 강의). 이 "불공평하다는 개인적 느낌"은 아무리 적분해도 집단화하거나 정치적 당파에 귀속되지 않는 한, 현실 사회에서는 개인적인 것으로 지나가기 쉽다; 이런 의미에서 정치 영역보다도 경제적 영역에서의 불공평 또는 불공정이 가장 객관적인 것으로 지적되기 쉽다. 2008년 이후의 세계금융위기는 한국에서는 진원지나 EU 지역보다는 다행한 경과를 보이고 있다. 그러나 1953년 기준 출생 세대인 베이비부머들은 1997 ~ 1998년 IMF외환위기 때 그들이 한국산업화에 기여한 공로에도 불구하고, 안정감을 상실하고 경제 질서에 대한 신뢰를 잃었다. 중산층의 중심을 이루었던

이 세대들은 중산층 탈락 또는 붕괴의 불안감을 느끼면서 지내왔다(김철, 2010.3.; 2010.12.: 345 - 348).[1] 그러다가 2008년 가을에 세계 금융위기와 재정위기가 지구촌을 엄습한 것을 경험하게 되었다. 차츰 지난 시절이, 레이거노믹스의 다른 이름이며 흔히 네오리버럴리즘(neo liberalism)[2]으로 불리는 신보수주의(neo conservatism)의 흐름(김철, 2010.12.: 90 - 91)에서 이루어졌다는 것을 깨닫기 시작하고 있다. 사회에서의 불공평과 불공정의 근원적인 진원으로서, 또한 개인적 체험과 직관에서 볼 때 과도한 이기주의와 집단주의의 사회적 원인으로서,

---

1) "1997~1998년의 외환위기는 극복되었다고 믿어졌으나, 그때까지 산업화에 의해서 분화된 사회계층의 분포도를 확인하는 계기가 되었다. 즉, 동아시아 외환위기에 의해서 가장 타격 받은 계층은 그때까지 진행된 산업화와 자유화에 의해서 겨우 중산층에 편입되기 시작한 비교적 취약계층이었다고 할 수 있다(김철, 2009ㄱ: 186, 191). 비슷한 시기에 한편 세계경제와 한국 경제에 가장 영향력을 미치는 아메리카 사회에서 보고되기 시작한 중산층의 불안정 내지 붕괴의 조짐(김철, 2009ㄴ: 255)이 한국 사회에서도 불안요인이 되고, 실업에의 공포, 직업적 파탄이나 탈락, 노령으로 인해서 중산층에서 탈락하거나 빈곤화될지 모른다는 이유 있는 신경증적 강박감이 개인의 평화를 저해하는 가장 내재적이면서, 외재적인 요인으로 등장하였다(김철, 2009ㄱ: 124). 1997~1998년의 IMF외환위기는 일단 극복되었다고 믿어졌으나 청년실업률이 향상되지 않았고 외환위기 때의 파탄은 국가사회로부터 개인가계로 이전된 감이 있었다. 이후의 한국경제는 주로 대기업의 성과를 경제적 성취로 보는 관점에서 진행되었다고 보인다. 그러다가 2008년 9월 이후 세계 경제위기라는 1929년 10월 세계 대공황 발발 이후 최대의 경제사적인 사건을 맞이하게 되었다."(김철, 2010.12.: 347 - 348)

2) 극히 주의할 것은 1970년대 후반 내지 말경부터 아메리카에서 시작하여 약 30년간 맹위를 떨친 neoliberalism은 이것 이외에도 과거에 두 번이나 같은 이름의 것이 영국과 서독에 존재했으나 내용은 전혀 다르고 오히려 반대방향이다. "하나는 그린(T. H, Green)과 홉하우스(L. T. Hobhouse)로 대표되는, 19세기 말부터 20세기 초의 영국 자유당의 사회적 자유주의(the social liberaism)이다. 이들은 빈곤을 가장 중요한 자유의 적으로 보고 적극적인 재분배정책을 주장하였다. 또 하나는 오위켄(W. Eucken)과 뢰프케(W. Roepke)로 대표되는 2차 대전 직후 서독의 **사회적 시장경제의 이념적 토대를 제공하였던 질서자유주의(der Ordo Liberalismus)**이다. 질서자유주의자들은, 효율적인 시장경제 질서의 필수 요건인 물가안정과 경쟁시장은 자연적으로 형성되는 것이 아니므로 정부는 엄격한 통화정책과 독점금지정책을 시행하여 인위적으로 경쟁적인 시장질서를 만들어야 한다고 주장하였다. 이들은 모두 자신들의 자유주의를 고전적 자유주의와 구별하여 네오리버럴리즘으로 불렀다."(서병훈, 1993; 1995)(이근식, 1997) 주의할 것은, 밀턴 프리드만의 네오리버랄리즘과 전혀 다르다.

일시적이 아닌 상당한 기간 계속된 어떤 사회 전체의 흐름을 느끼기 시작한 계기가 되었다. 법 제도의 역사적 연구를 통해 어떤 시대의 에 토스- 더 나아가서 시대정신(Zeitgeist)이 다른 시대와 구별되는 쏠림 또는 편향에 의해서 좌우되어 왔다는 것이 밝혀지기 시작했다(김철, 2010.12.).[3] 2010년 12월까지 한국사회에서 고조된 "정의란 무엇인가" 의 의문은 이와 같은 의미 맥락에서, 지난 시절 약 30년간 서양 법제 도를 채택한 문명사회를 규정해 왔던 어떤 풍향- 예를 들면 네오리버 럴리즘(neoliberalism) 시대의 아노미에 대한 반성과 성찰을 가져오게 했다(김철, 2006: 65 - 94)(김철, 2010.12.: 54 - 85). 한국과 국제사회에 서 지나친 특수 이익과 관계된 동기에서 비롯된 불공평한 사회적 행 위[4]들이 세계적인 규모에서의 네오리버럴리즘의 에토스와 아노미에서

---

3) 역사를 통해 주의할 만한 시대가 어떤 특정한 지적인 편향 또는 전망에 의해서 사 회의 에토스가 결정되고 그 에토스가 법제도를 좌우해 왔다는 연구는 2008년 세계 금융위기를 계기로 나타났다. 여기에 대한 보고는 (김철, 2009ㄱ; 2009ㄴ; 2010.12.) 을 볼 것.

4) 불공평 또는 불공정한 사회적 행위에 대한 지난 시절의 한국에서의 공식적 논의가 한국에서의 정치적 담론의 이분법-즉 보수 대 진보-을 가져오지 않았던가라고 물을 수도 있다. 그러나 법학자로서 필자는 이 이분법이 문명사에서 근거가 희박하 며 한국 정치사회의 어떤 기간의 즉물적인 필요성에 의해서, 즉 정치세력들의 필요 성에 의해서, 몰역사적으로 만들어진 것을 서양 법제도사의 예를 들어 밝히고 있다 (김철, 2009.6.; 2009.9.; 2010.12.: 206 - 256). "지난 시절 한국의 중요한 정치경제 적 쟁점은 그 성질에 따라 이슈별로 검토되지 않았다. 주로 정치적 입장에 따라 안 보부터 경제, 교육, 문화에 이르는 광범위한 범위에 걸쳐서 마치 엄청나게 긴 뗏목 을 한꺼번에 엮은 것처럼 또는 작은 거룻배를 종횡으로 엮어 긴 선단을 만들듯이 각기 성질이 다른 문제들을 서로 묶어서 양쪽으로 도열시켰다. 그 결과 전혀 다른 성질을 가진 정책적 이슈들에 대한 분석과 전망 그리고 무엇보다도 기본적 태도들 이 몇 개의 근본적 입장에 의해서- 더 적절히 지적한다면 어느 시기의 정치적 편 향에 따라서 이분화되게 되었다. 이것이 한국 사회의 검토되지 아니한 보수 대 진 보라는 모호한 이분법(김철, 2009ㄴ: 230 - 231)이 모든 문제에 걸쳐서, 흡사 기상 도에 고기압과 저기압이 만나듯이 또는 온난전선과 한랭전선이 만나듯이 기상도를 그리게 된 경위이다. 어쨌든 이 기상도는 정확하지도 않으며 일기예보에 쓸 수도 없는 모호한 점을 가지고 있었다. 주요 언론 미디어들이 이러한 가상적이고 모호한 지적인 기상도를 그리고 퍼트리는 데 가장 큰 기여를 하였다. 어느 시기에 보수 또 는 진보의 백넘버를 달고 공식적으로 공론의 장에 출전한 지식인 출신의 선수들은 정치적 배경이 있기도 하고 없기도 하였으나 한 가지 공통된 점이 있었는데 그것

성공과 번영의 신화를 부분적으로 가능하게 했다는 각성을 동반했다. 신보수주의 또는 네오리버럴리즘이 전제하는 인간관과 사회관은 무엇이었던가? 이를 이해하기 위해서, 우선 신보수주의, 네오리버럴리즘과 비슷한 초기자유주의의 인간관은 개인을 둘러싸고 있는 공동체와 사회의 규정력을 최소한으로 파악하는 데 특징이 있다는 것을 주의하고자 한다. 사회철학으로서 이런 초기 자유주의가 나타난 것으로서는 아메리카에서 남북전쟁 직후 생물학적 진화론을 당시의 사회 기풍에 억지로 짜맞춘 "적자생존의 법칙(survival of fittiest)"과 자연의 세계를 산업화된 인간사회에 억지로 투사시킨 "생존을 위한 투쟁(struggle for survival)의 법칙"을 들 수 있다(김철, 2010.11.: 117)(김철, 2010.12.: 572-573).

은 그들을 내세운 언론 미디어 내지 언론 기업들의 인정을 받고 있었다는 것이다 -한국에 있어서 지식인 공론가들은 그 형성과정에 특이한 방식을 보여주는데 우선 어떤 종류의 공론의 장에 등장시킬 만큼 언론 미디어에 의해서 명망가로서의 이름을 인정받아야 된다. 따라서 예외가 있기는 하나 지식과 전망의 가치라기보다도 어떤 이유로든 언론 미디어의 주목을 끌었다는 것이 특징이었다. 깊은 간극이 한국의 지식인 사회에 존재하는데, 비교적 이른 시기에 심지어 전문인으로서의 경력이 채 성숙하기도 전에 공론의 장에 동원된 지식인 집단과 전혀 그러하지 아니한 지식인 집단이다. 독자적인 연구기관이 많지 않은 한국에서 대학이 어느 경우에도 공론의 지식인을 배출하는 주된 소스로 작용하였다. 학자나 교수의 저명성은 한국에 있어서는 일차적으로 교육기관과 연구기관을 겸하고 있는 대학구조에서 결정된다. 그렇다고 해서 연구나 교수업적만으로 사회적으로 인정받는 경우는 드물다. 오히려 현저한 전문적 업적은 사회의 눈에 일견 드러나지 않을 때가 많은 것은 언론 미디어의 대중성향 때문이다. 대신 정치권이나 언론 기업이 내세우기 좋은 대학인은 대학에서 교수나 연구보다도 대학기구의 행정 책임을 맡은 인사들이었다. 이들 인사들은 주로 그 전문성이나 학문적 수월성보다 대학의 인사나 행정 또는 홍보를 총괄하는 위치 때문에 외부에 드러나게 마련이다. 특히 한국의 자유화, 민주화 이후 대학 사회가 여러 가지 이유로 정치화, 경제화 된 추세를 보여 왔다. 이런 추세의 대학에서는 주로 대학 내부의 이른바 대학 정치에 의해서 두각을 나타낸 인사들이 행정책임을 맡게 되어있다. 대학은 또한 그동안 고전적 역할과 함께 경제화 되어서 경제 단위로서 부각되어 왔다. 매스미디어에 의해서 성공적으로 정치권과 경제권의 주목을 받게 된 이런 명망가 대학인들은 한국과 같이 저명 대학의 입학이 사회적 기회의 중요부분을 점하는 곳에 있어서는 저명 대학 전체를 대표하는 듯한 느낌을 잠재적 교육수요자들에게 각인 시켜서 결과적으로 자유화, 민주화 이후 다양하게 제기된 수 없는 사회적 이슈나 정치, 경제적 이슈에 대해서 영향력을 미치는 존재가 되어 왔다."(김철, 2010.3.: 103-104)(김철, 2010.12.: 365-366)

진화론 자체는 전혀 새로운 생각은 아니었다. 그러나 "적자생존의 법칙"과 "생존을 위한 투쟁의 법칙"이라는 진화론의 이 두 가지 표어는 자연의 법칙의 힘을 오로지 경쟁적인 투쟁(competitive struggle)이라는 국면에만 투영한 것이었다(김철, 2010.11.: 117)(김철, 2010.12.: 572－573). 초기 자유주의의 인간관 중에서 공동체의 사회규정력을 최소한으로 파악한 역사적 예는 애덤 스미스 시대를 들 수 있다. 이때의 시대정신은 중세봉건주의의 오랜 시대와 근세절대주의시대의 인간을 상하좌우에서 부자유하게 만들었던 사회적인 질곡에서 풀어헤쳐서 인간을 자유롭게 하는 것이 그 개인과 그 사회에 가장 유용하다는 각성에서 이유가 있었다. 또 다른 의미 있는 초기 자유주의 시대의 예는 청교도혁명의 에토스가 신대륙에 넘쳐나던 아메리카 사회의 초창기였던 벤저민 프랭클린의 예를 들 수 있다. 막스 베버가 『자본주의 정신과 프로테스탄트의 윤리』에서 주인공으로 그렸던 프랭클린의 시대는 현대인이 이해하는 자유방임적 자유주의라기보다는 청교도정신에 의한 생의 목적과 선의 추구가 뚜렷한 시대였다고 볼 수 있다.

0.2. 2010년 5월 한국법철학회 발표회에서 발표자(신동룡, 2010.5.)는 고전적 자유주의와 현대 자유주의를 구별하고, 또한 고전적 공동체주의와 현대 공동체주의를 구별한다. 그러나 신 교수의 가장 큰 논점은 자유주의와 공동체주의를 대립된 개념으로 파악한다. 즉, 불공평 또는 불공정한 사회적 행위를 자유주의에서 유래한다고 본다. 따라서 사회정의를 실현하는 일은 자유주의 자체를 검토해서 자유주의와 대척되는 공동체주의를 지향하는 것이 해결점이라고 느끼는 듯이 보였다.[5] 논문 필자는 자유주의와 공동체주의를 이분법적으로 대비시키는

---

5) 이런 파악은 전혀 근거가 없는 것은 아니다. 즉, "1972년 현대의 고전이 된 『정의의 이론(A Theory of Justice)』에서 존 롤스는 궁극적으로 개인의 자유에 연원하는 개인의

신 교수에 대해서 공동체주의의 가치에 대척되는 가치는 자유주의의 가치가 아니라 개인주의의 가치라고 해롤드 버만을 인용해서 논평했다(Berman, 1998: 550)(김철, 2010.6.; 2010.12.: 457). 전반적 토론에 있어서, 많은 시간은 자유주의 대 공동체주의 논쟁에 대한 것으로 토론자 신동룡 교수가 지적한바, 아리스토텔레스-루소-헤겔로 이어지는 공동체주의적 전통과 홉스-로크-벤담-밀-칸트에 이르는 자유주의적 전통 사이의 논쟁에 뿌리를 두고 있다고 한다(신동룡, 2010.5.).

  그러나 이 자유주의 대 공동체주의를 대립시키는 이분법은 논문 필자가 그 자리에서 지적한 대로 엄격하게 말하면 개인적 가치(individualistic value) 대 공동체적 가치(communitarian value)를 대립시키는 것이 역사적 원형에서 판단할 때 정확하다. 신동룡 교수는 우리나라가 대륙법 전통이기 때문에 자유주의와 공동체주의를 대립 개념으로 파악한다고 했으나 공동체주의와 자유주의 자체를 대립시키는 것은 자유주의의 긴

권리를 우선시키는 이론을 수립하였다. 그는 개인이 합리적인 선택을 하는 결과로서의 정의를 개념화하였다. 10년이 지나서 『자유주의와 정의의 한계』에서 롤스에게 반박하여 샌델(Sandel)은 어떤 정의의 이론도 사적인 목적보다는 공적인 목적에 일차적으로 기초하여야 하고 일단 공동체의 우선성이 인정되면 정의 그 자체는 마지막 목적이 아니고 단지 중간적인 목적으로 보인다고 하고 있다."(김철, 2007ㄱ: 100 - 103)(김철, 2010.12.: 459 - 460) 인용에서처럼 1972년 철학적 자유주의의 대표자인 존 롤스는 "개인의 자유에 연원하는 개인의 권리를 우선하는 이론"을 정의론에서 수립하였다; 존 롤스의 자유주의는 "개인의 자유"를 강조하고, 개인주의와 동의어같이 들린다. 한편 인용에서처럼 1982년에 마이클 샌델은 어떤 정의의 이론도 사적인 목적보다는 공적인 목적에 일차적으로 기초하여야 되고 공동체의 우선성을 인정하느냐가 정의라는 개념보다 더 중요하다고 한다. 롤스의 입장과 대척되는 공동체가치 중심이라고 보인다. 따라서 롤스: 개인적 자유주의 vs. 샌델: 공동체주의의 이항대립이 1982년에 성립된 것으로 보인다. 2010년 한국법학계에서 개인주의를 내용으로 하는 자유주의를 대치할 만한 공동체주의를 모색하는 것은 이유가 있다. 사회윤리의 문제로서 그때까지의 한국사회의 자유주의가 한국사회를 지나치게 해체시키는 개인화 원자화의 원인이 되고, 무정부 상태로 가는 것이 아니냐는 개인적 술회가 사법학자들에게 있었다고 한다. 또한 어떤 정치학자가 대안적인 사회윤리로 부분적인 유교윤리를 내세우는 경우도 있었다고 한다. 그러나 이러한 개인적 체험도 엄격히 본다면 자유지상주의(libertarianism) 내지 네오리버럴리즘(neoliberalism)의 체험이 아니었던가 반문할 수 있다.

역사를 전면적으로 그 변용에 따라서 파악하지 않은 것이다(김철, 2010.6.; 2010.8.). 역사적으로 관찰할 때 일치하는 듯 보이는 시기도 있었으나 이후의 전개는 자유주의가 개인주의와 일치하지 않는다는 것을 증명하고 있다. 따라서 자유주의가 개인주의와 항상 일치한다는 것은 잘못된 선입견이라 할 수 있다(Berman, 1998)(김철, 2007ㄱ: 99 - 103).

0.2.1. 왜 최현대 한국법철학회의 토론자가 자유주의와 공동체주의를 상극하는 것으로 파악했는가?

평등사상의 법학적 연원에서 아리스토텔레스가 정립한 "정의(justice)는 평등(equality)이다"라는 명제로 출발하는 경우가 있어 왔다. 또한 윗 문단에서 토론자가 지적한 것처럼 공동체주의의 사상적 연원을 아리스토텔레스에서 찾는 것을 일단 받아들이기로 하자. 이미 말한대로 고대 그리스의 평등사상도 아리스토텔레스를 대표적으로 들 수 있다. 그렇다면 고대 그리스 철학에서의 아리스토텔레스는 평등사상과 함께 공동체주의도 연원이라 볼 수 있다. 결론적으로 평등사상과 공동체주의가 고대 서양문화에서는 뿌리가 같다고 할 수 있다. 2010년 5월의 한국 법철학회에서의 어떤 논자가 공동체주의를 자유주의와 대립 개념으로 설정한 것은 아마도 토론자는 고대 그리스 철학에서 아리스토텔레스는 공동체의 연원이며 평등사상의 연원이라고 볼 수 있다는 점에 착안한 듯하다. 그래서 아리스토텔레스 전통을 매개로 할 때 공동체주의는 평등사상과 거의 같은 것이고(공동체주의≒평등), 따라서 평등사상은 자유주의와는 다른 것이니까(평등≠자유주의) 자유주의는 평등주의 및 공동체주의와 전혀 다른 정반대의 성질을 갖고 있다고 무의식적으로 추론한 듯하다. "공동체주의＝평등사상", "자유주의＝평등과 대립되는 개인의 자유"라는 도식화에서 무의식적으로 나온 듯하다. 논문 필자가 이 논문에서 지적할 것처럼 자유는 평등과 모순된다는 개념

적 파악은 서양철학의 관념론 시대의 것이고(김철, 2010ㄹ: 31 − 33)
(김철, 2010.12.: 543 − 545), 서유럽 대륙에서는 1989년 동유럽 러시아
혁명 이후 오래 계속된 관념론 시대의 이분법이 획기적으로 지양되기
시작했다.

1. 한국 전통 법학에서의 정의론: 아리스토텔레스의 정의론; 정의란 평등(equality)과 관계있다

사상사에서 요약은 금물이다. 만약 논문 필자가 한국 법학이 지금까
지 써 온 단순화된 개념적 방식과 형식적 방식을 쓰면 어떤 언어가 될
것인가? 다음과 같은 단순화된 도식적 명제가 성립할 수도 있다. 즉,
"정의는 이윽고 평등"이라 할 수 있다. 이런 한국 법학의 맥락에서 서양
고전 철학자 아리스토텔레스의 정의와 평등과의 관계를 보기로 한다.

1.0. 아리스토텔레스는 고대 그리스 시대의 정의 관념을 평등사상
과 결부하여 정리하였다(김철수, 2005: 179 − 300). 이 평등을 평균적
정의(*dikaion diorthetikon*)와 배분적 정의(*dikaion dianemetikon*)로 나눈다
(최종고, 2011: 27). 평균적 정의란 교환적 평등을, 배분적 정의는 상대
적 평등이라 한다(김철수, 2006: 439). 평균적 정의는 과잉을 막고 부
족을 보충하며 그럼으로써 두 당사자가 동등동가라고 보고 공평하게
취급하여 주로 교환과 거래에 관계되는 것에 반하여, 배분적 정의는
국가가 개인의 가치에 따라 지위를 배당하고 가치에 상응하는 만큼 배
분하는 것을 원리로 한다. 말하자면 평균적 정의는 '모든 사람에게 같
게 하라'(like for all)고 하고, 배분적 정의는 '같은 것에는 같게, 같지
않은 것에는 같지 않게'(like for like, unlike for unlike) 하라는 원리이

다(최종고, 2011: 27). 검토되어야 할 단순 명제이다.

오랫동안 한국의 헌법학에서 평등권을 다룰 때 제도로서의 평등권을 가능케 한 역사적 평등사상의 원형의 표현으로서 아리스토텔레스의 평등사상을 취급해 왔다. '법 앞의 평등이 무엇이냐?'라는 의문에 당면해서 문제가 되는 것은, '같은 것에는 같게, 같지 않은 것에는 같지 않게'라는 아리스토텔레스의 상투적으로 표현된 원리였다.[6]

1.1. "같은 것은 같게, 다른 것은 다른 것으로 취급하는 것이다"라는 아리스토텔레스의 표어를 적용할 때 타당한 범위는 어떠한가? 이 표어를 자연현상에 적용하면, 직관으로 이해가 된다; Birds of a feather gather together.

그래서 세상의 일은 고대 세계에서는 자연의 세계로서 비유된다. 즉 "같은 깃털을 가진 새들은 같이 논다." 오리는 오리끼리, 닭은 닭끼리, 고슴도치는 고슴도치끼리, 잉어는 잉어끼리, 더 나아가서 흰 오리는 흰 오리끼리, 청둥오리끼리는 청둥오리끼리 같이 지내는 것은 자연의 세계이며, 이들은 같은 것으로서 같게 취급해야 한다.

---

6) 이 원리가 현대인의 법 감정으로는 공평(fairness)에 가까운 것이 되고 차하순 교수의 용어로는 평등원칙으로 가는 형평의 역할과 관계있는 것으로 보인다. 필자는 차하순 교수의 서양사상사에 있어서 형평의 의미를 현대인의 일상적 감각으로서 공평과 근접하고 있다고 파악한다.

1.1.1. 이 표어를 사회현상에 적용하면 집단에 의한 분류법이 된다: 집단에 의한 분류(classification based upon groups)가 공평(fair)과 정의에 합치하는가의 사례[7]; 타당한 범위와 타당하지 않은 범위

예를 들어 보자. 어떤 청년A가 어떤 α그룹에 공통된(같은) 특징을 가졌다고 하자. 즉, α그룹의 공통된 특징이 전투에 있어서의 용감성이라고 하자. 결과적으로 α그룹에 속하는 A는, 승리로 끝난 전쟁 이후에 α그룹 전부와 함께 훈장을 받아 마땅하다. 만약 청년 B가 속하는 β그룹이 사냥에 능하다고 하자. 여러 그룹이 함께 사냥을 나가서 사냥이 끝난 후 결과를 나누는 분배의 경우를 생각해보자. 이런 경우 사냥에 능한 청년 B를 포함하는 β그룹은 사냥포획물의 분배에서 다른 그룹보다 우선권(priority)이 주어지는 것은 공평한 일이다.

"같은 것은 같게, 다른 것은 다르게"는 현대에서도 표어로 나타났으나 문제상황이 달라졌다. 2007년 4월 17일 대학 캠퍼스에서 35명을 사살한 버지니아 공대의 한국계 학생 조승희와 연령, 피부색, 체격, 문화적 배경이 같은 그룹은 아메리카 대륙(캐나다, 북미)을 통해 몇 명쯤

---

7) 현대 헌법학에서 평등권의 사례에 대한 구체적 발달은 한국에서 잘 알려져 있지 않다. 특히 기본권의 주체로서의 어떤 시민 또는 개인이 "법 앞의 평등" 조항에 의해서 기본권 침해 구제를 청구하는 구체적인 경우이다. 대부분 "차별받았다"라는 이유가 동기가 되는데, 사회적 차별과 제도적 차별이 이루어진 방식은 흔히 순수철학자나 사회철학자들이 "순수이성"으로 생각한 것과는 거리가 있다. 인종 차별이나 성적 차별과 같은 잘 알려진 차별조차 차별을 행한 입법 또는 각종 정부의 행위가 외면상으로는(on it's face) 합리성이 있는 듯 보이는 분류법(classification)을 논리적 기초로 삼고 있는 것이다. 즉, 개인을 어떤 분류법에 의해서 집단(group)의 구성원으로만 파악하는 것이 과연 공평하냐의 문제이다. 집단적 분류법 때문에 차별받은 경우가 발달된 평등권의 법리로 정착된 것이다. 역사적 사례로는 유대인이라는 이유만으로 똑같이 유대인의 특성이라고 인종주의자들에 의해 낙인찍힌 특징(인색하고 이기적이다)을 가지고 있는 것으로 사회적으로 비난하고 제도적으로 시행한 경우이다. 더 발전시키면 개인의 차이를 인정해야 공평한 사회가 형성된다는 것이라 할 수 있다. 대중 정서(변형된 절대주의적 평등)의 투영과는 거리가 있다. 가장 최근의 예를 들면 2007년에 확정된 로스쿨 인가기준 중 교원의 업적 또는 방식에서 5년 미만의 교원인 경우, 예를 들어 2~3년에 나온 업적을 연간 비율로 환산하여, 재직하지 않은 기간에도 같은 비율의 업적이 나온 것으로 추정 내지 간주해서 계산하는 방법이 경력에 따른 역차별로 평등권에 위배되지 않느냐의 문제가 있다.

될까? 아마도 $A \times 10^x$ ($x = 2$, 3......) 같은 추산이 된다. 이 그룹을 모두 위험성이 높은 집단으로 잠정적으로 위험하거나 의심스럽게 생각해서 특수한 취급을 한다면, 이로써 "같은 것은 같게" 또는 "깃털이 같은 새는 같이 모인다"에 포함시키면 어떤 일이 일어날까? 만약 조승희가 한국에 유학하는 제3국인이었고, 똑같은 사고가 일어났으면 한국인들은 연령, 피부색, 문화적 배경이 같은 제3국인 청년의 그룹이 아니라 해당 제3국인 전부에 대해서 "잠정적으로 위험한 집단"으로 취급할 확률은 북미보다 높다고 할 수 있다. 내집단(in‒group)과 외집단(out‒group)을 구별하는 정도는 자신이 속한 인종과 다른 인종을 구별하는 정도와 비례한다고 한다. 사회심리학자들은 쉽게 얘기해서 끼리끼리 잘 지내는 정도(in‒group을 구별하는 정도)를 재는 척도와 인종을 구별하는 정도를 재는 척도를 사회조사를 통해 세련화시켰다(아도르노 들. 1956; 김철, 2002; 2007). 이 척도를 F스케일이라고 불렀는데 F란 Fascism(파시즘)의 정도를 재는 것이란 뜻이다(김철, 2009ㄴ: 48‒51).

아동용 동화 피터 래빗(Peter Rabbit)에서 피터는 제목에서도 유추해 볼 수 있듯이 토끼이다. 즉, 생물학상 분류의 토끼는 수없는 종류가 있는데 산토끼도 있고 집토끼도 있고 들토끼도 있다. 지금 이 토끼에게 생물학적 분류는 너무 크고 일반적인 분류이다. 동화의 주인공인 지금 이 토끼는 Ms. Potter라는 올드 메이드가 경험과 상상에서 창조해 낸 특별하고 유난한(unique) 토끼이다(Beatrix Potter, 2009). 이 토끼가 외출 갔다가 들토끼를 만나서 들토끼들과 오래 어울리다가, 들토끼들이 잘 먹던 밭의 주인의 덫에 걸려 체포되어서 거꾸로 매달렸다고 상황을 가정하자. 이때 농부는 토끼들이 자기 밭의 소중한 농작물을 오랫동안 몰래 먹어 왔고 그 대가로 오늘은 그의 가족들이 잡은 토끼들을 먹겠다고 하였다. 피터는 같은 토끼이지만 자기는 농작물을 먹지 않았다고 주장했으나 농부는 듣지 않았고 입증책임은 피터에게 있으므로 피터에게 안 먹은 증거를 대라고 했다. 결국 '동물과 사람 농장' 판사는 다음과 같이 판단했다. 똑똑한 토끼라고 해서 안 먹는다는 생물학적 증거는 없고, 토끼의 일반적 속성을 다 가지고 있는 이상, 다른 들토끼와 같이 밭의 것을 안 먹었다는 것은 경험법칙에 반한다. 따라서 피터는 농장 주인의 주장에 따라 잡아먹혀야 한다.

이것은 비유이다. 동화의 비유는 생물학적 분류에 의한 집단과 동화 작가에 의해 인간성이 부여된 유별난 동물의 유난함이 같기도 하고 틀리기도 하는 경우를 보여준다. 공평을 "같은 것을 같게"라고 기계적으로 적용하면 집단에 의한 분류가 되고, 정의에 어긋나게 된다. 한국 정치저널리즘에서 개인을 분류할 때 쓰는 출신지역, 고등교육기관으로 특징을 마감할 때 그 결과는 인격은 사라지고, 집단적 용해만이 남게 된다.

1.1.2. 같은 것은 같게, 다른 것은 다르게를 현대 사회에 적용해서 집단적 분류법을 사용할 경우

1.1.1의 세 가지 사례에서 나타난 바대로 사물이나 동물이 아닌 권리 주체로서의 자연인을 대상으로 할 때, 개인의 인격성은 사라지고, 집단적 특징만 남게 되는 결과를 가져온다. 흔히 한국에서 어떤 논자(신동룡, 2010.5.)가 "공동체주의의 전통 중 아리스토텔레스-루소-헤겔의 전통을 로크-벤담-밀-칸트에 이르는 다른 전통"과 이분법적으로 파악하는 이유가 여기에 있다고 본다. 즉, 아리스토텔레스-정의-평등-"같은 것은 같게, 다른 것은 다르게"라는 단순화된 방식을 적용할 경우에는 인간을 집단적으로 구분하는 방식처럼 나타나는 것이다. 이런 사고방식은 한국 법학계에서 상당히 오래된 선입견 중의 하나로서 "평등은 자유와 양립할 수 없다"라는 생각을 드러내준다. 즉, 이 선입견과 연결되어 있는 선입견은 "평등이란 인간 사회를 집단으로

구분하는 것이다", 또한 "평등이란 인격의 개별성(uniqueness)을 고려하지 않는 것이다"라는 선입견이다. 어디에서 이런 선입견이 유래했을까? 우선 아리스토텔레스의 정의론을 번역할 때 한국어로 정의＝평등이라고 번역한 데서부터 시작할 수 있을 것이다. 현대의 한국 법문화에서 아리스토텔레스의 정의론을 평균적 교양인이 쓰는 언어로 번역한다면 "아리스토텔레스는 정의를 평등이라고 규정했다"라는 종전의 번역을 "아리스토텔레스는 정의를 공평(fairness)이라고 규정했다"라는 것이 더 현대어의 어법에 맞다. 또한 이 번역을 좀 더 서양사상사에 맞는 사후적인 의역을 한다면, "아리스토텔레스는 정의로 가는 길을 형평(equity)으로 본 것이다"라는 것이 된다. 그러나 1945년 이후의 사상적 혼란과 이념 대립을 겪은 한국 사회는 적어도 1960년대까지 평등과 자유의 관계(김철수, 2006)를, 최신 헌법학이 파악하듯이 상보(相補)적인 것으로 보지 않고 갈등하고 대립하는 것으로 보았다.[8] 이 이

---

[8] 자유는 평등과 모순된다는 개념적 파악은 서양철학의 관념론 시대의 것이다(김철, 2010). "즉, 한국에 있어서의 저널리즘과 아카데미즘의 어떤 방식은 어떤 경우에는 자유라는 것은 평등과 모순되는 것으로(김철, 2007a: 135) 개념적으로 파악하고 따라서 자유는 평등 또는 진보와 모순되고 대립되는 것으로 무의식중에 파악한다. 백과사전적 지식으로는, 그리고 요약과 단순화된 교과서적 개념으로서는 손색이 없다. 그러나 21세기의 한국의 "사람의 권리" 논의를 국제 인권 규약의 맥락에서 재구성하려는 시도에서는 보다 정밀한 비교역사, 비교사회학적 검토가 필요하다. 보다 보편적 시점과 다문화적 분석이 요구된다(Dorsen, Rosenfield, Sajo, Baer, 2003). 이것은 2차 대전 이후의 신생 국가의 사람의 권리의 문제에서 더욱 그러하다(김철, 2007: 135). 쉽게 말하면 자유주의는 평등주의와 대립되는 것이고 또한 자유주의는 진보주의와 대립 되는 것이라고 생각하기 쉬운 것이다. 물론 이것은 서유럽에 있어서의 계몽주의 시대 때부터 나타나기 시작한 자유, 진보, 평등 같은 것들을 역사적 시대에 따라서 검토하지 못한 탓이라고 할 수 있다. 예를 들어, 1871년 Bismark 헌법 체제 아래에서, Bismark는 황제의 주권에 도전하는 "자유주의자"들은 단호히 분쇄했으나-따라서 정치적 시민적 권리는 억압했으나 생존권 또는 사회권에 속하는 사회보장제도는 선도적으로 추진하였다(1880, Ferguson). 즉, 프로이센(Freussen) 경험으로서는 시민적 정치적 권리와 사회적, 경제적, 문화적 권리는 모순되거나 대립되었다. 실로 시민혁명의 경험 없이도 복지국가는 가능하고, 심지어 자유를 유보하면서도 복지국가는 확대 가능하다고 담론할 수 있다. 이 경우에 주권자인 황제의 가부장적 분배 역할(paternalistic role)이 전제조건이다. 황제가 없어지고 난 이후에는 그 빈자리에 구체적인 정부(government)가 아니라 추상적인 국가(staat)가 올라앉

분법은 한국의 지식인 문화에서도 뿌리가 깊다. 예를 들면 1960년대에 무거운 주제로 창작을 한 장용학(張龍學)은 『사상계』에 연재된 그의 『원형(圓形)의 전설(傳說)』의 머리말에서, "프랑스 혁명 때 태어난 쌍둥이 형제인 자유와 평등이 약 160년 후에 한반도에 도달했을 때는 하늘을 같이 할 수 없는 원수의 형제가 되었다"라고 창작의 벽두에서 동기를 밝히고 있다. 1960년대까지의 한국의 문학적 지식인의 고뇌를 그린 최인훈(崔仁勳)의 관념적 창작 『광장(廣場)』에서 주인공인 전쟁 포로 이명준은 모순되고 대치하고 있는 남북의 사회를 모두 피해서 중립국인 인도를 택한다.

았다. 국민주권이 아니라 국가주권이 된다(Harold Berman). 그러나 같은 유럽의 경험에서도 영국의 역사적 경험은 다르다. 1215년부터 시작된 입헌주의의 긴 도정은 청교도혁명을 거쳐, 명예혁명의 이듬해 1649년의 권리장전(Bill of Rights)에서 시민적 정치적 권리는 성취되었다. 이 역사적 경험에서는 표현의 자유, 결사의 자유와 같은 자유권적 기본권은 이윽고 경제적 사회적 문화적 권리를 형성시켜 갔다. 전자와 후자는 모순과 대립이 아니라 전자가 후자의 형성의 주된 동력으로 작용하면서, "사람의 권리"의 온전함과 총체성으로 진행된 것이다(김철, 2007: 135-136).
이렇게 설명함에도 불구하고 한국에 있어서의 전반적으로 부실한 번역학문은 여전히 우리나라 법학계에 제법 알려진 드워킨은 자유주의자로 번역하면서 폴 크루그먼과 드워킨은 아마도 (한 사람은 경제학자요, 한 사람은 법철학자니까) 그 기본적 입지가 다르다고 생각하는 것으로 인도하였다. 우리나라 법철학계와 철학계에서 잘 알려진 드워킨은 2008년 10월에 방한해서 「법과 자유주의(Law and Liberalism)」라는 논문을 발표하고 이것에 앞서 1995년 논문 "Why we all are liberals"를 뉴욕대학에서 발표하였다. 논문 저자는 2008년 10월 드워킨의 두 개의 세미나(월, 화요일)에서 직접 단도직입적으로 그 당시 세계 경제위기의 벼랑 앞에서 힘을 얻고 있었던 폴 크루그먼의 liberalism과 드워킨 자신의 liberalism이 무엇이 다르며 무엇이 같은가를 질문하였다. 그 대답은 경제적 자유주의를 지칭하는 폴 크루그먼의 입장과 자신의 liberalism이 일치하며 경제사와 헌법사에서 나타난 이러한 입장의 대법관들에 대해서도 같은 입장을 명백히 표명하였다."(김철, "세계금융위기 이후의 경제, 규범, 도덕의 관계: 금융위기에 관련된 제도의 도덕성 논의를 위한 시론", 『현상과 인식』 2010 봄/여름호 제34권 1, 2호 통권 110호)

2. 공동체주의 - 그 역사적 원형, 진화론적 관점, 선택이론, 자아의 원형, 네오리버럴리즘에 대한 반동

2.1. 공동체주의를 개념으로 파악해서 그 개념 요소로 지적 작업에 들어가는 것은 약 2000년이 넘는 사상사의 흐름에서 볼 때 현대 한국인에게는 지나친 부담이 된다. 철학적 접근보다는 차라리 역사적 접근이 문제의 소재를 선명하게 나타내준다. 따라서 논문 필자는 공동체주의의 역사적 원형이 언제의 어디인가라고 묻는다. 공동체와 공동체주의의 원형의 출발점은 고대 그리스의 폴리스(Polis)로 보인다. 이종은 교수는 아리스토텔레스의 견해로부터 시작한다(이종은, 2011: 214).[9]

폴리스를 도시 국가(city state)가 아니면 도시 공동체(city community)라고 번역을 하는데, 후자를 선호하는 이유는 당시에 국가와 사회의 구별이 없었기 때문이라고 생각된다(이종은, 2011.4.16.).

> "선과 덕성에 대하여...... 광범위한 동의가 있으며, 아리스토텔레스의 견해에 의하면 도시공동체를 구성하는 시민들 사이의 결속을 가능하게 하는 것은 무엇이 선인가 무엇이 덕인가에 대한 합의이다. 그 결과는 '우정(friendship)'으로 결속하는 것이다. 아리스토텔레스가 염두에 두는 우정의 유형은 어떠한 선의 인정과 추구를 공유하는 것을 구체화한다. 이렇게 공유하는 것은 어떠한 형태의 공동체의 헌법에도 본질적이며 일차적이다."(MacIntyre, 1981: 146)

공동체의 요소는 무엇인가? "공동체는 공동의 '기획(project)'을 달성하고, 그 기획에 관여하는 모든 이들에 의하여 공유되는 선으로 인정되는

---

9) 공동체주의에 대한 윤리 및 정치철학의 최신 담론에 대해서는 다음 저자의 원고를 크게 참조하였다. 이종은, 『평등, 자유, 그리고 권리』(서울: 책세상, 2011). 미출간된, 그러나 완성된 monograph를 본인의 강의를 위해 제공해주신 이종은 교수에게 감사한다. 미출간된 서적을 인용하는 것은 상례에는 어긋나나 이종은 교수는 대학원 학생의 교육 목적을 위해서 본인에게 원고 내용의 일부를 사용할 것을 허락하였다. 이 글은 석·박사 통합 법철학특수이론에서의 강좌를 기본으로 한 것이다.

어떠한 선을 가져오기 위하여 통합된 사람들의 사회이다."(MacIntyre, 1981: 141)(이종은, 2011: 214)

다른 표현도 있다. "가장 좋은 삶의 방식을 포함하여 포괄적인 세계관에 의하여 통합되고 공동선을 확보하려는 다양한 공통의 기획에 관련하는 친구의 공동체는 인간이 번성하는 데 전제조건으로 많은 사람들에게 보인다. 각자가 자신의 삶을 살아가는 이방인들로 이루어진 사회보다는 훨씬 나아 보인다."(Barcalow, 2004: 197)(이종은, 2011: 214)

2.2. 공동체주의의 원형인 폴리스 도시국가와 대조되는 것은 근대 이후의 신흥계급의 개인을 위주로 한 사회이다.[10]

근대 이후의 신흥계급을 위주로 한 개인주의 사회의 특징은 무엇인가? 한국의 정치철학자는 다음과 같이 요약한다(위의 사람, 위의 책: 214).

"근대의 초기 자유주의 사회는 모든 구성원이 같이 추구하는 공동선이라는 개념을 상실하였다. 개별적인 선만이, 즉 개별적인 삶의 방식, 개별적인 목적 그리고 개별적인 상황이 있을 뿐인데 모든 구성원만이 아니라 일부분만 가치를 부여하고 추구한다. 선에 대하여 모든 사람이 공유한다는 의미에서 공동선은 없다. 공동체가 상실됨으로써 갈등의 여지만 많아지고 세상은 더 냉혹하고 더 외로워진다. 각 개인은 자신의 이익이라고 생각되는 것만 추구할 뿐이다(Barcalow: 197 - 198). 한 국가가 같은 세계관을 공유하는 사람들의 공동체가 되려고 노력하면, 좋은 일이다. 그렇게 되기 위하여 국가는 구성원들 사이에 이러한 세계관을 적극적으로 증진시켜야만 할 것이다. 구성원들은 세계관을 구성하는 결정적이거나 본질적인 요소를 공유하는 것을 보장하여

---

10) 어떤 견지에서는 근대자유주의 자체를 Polis Community와 대비시킬 수 있다(위의 사람, 위의 책, 214). 그러나 자유주의는 폭넓은 개념이고 근대 이후의 자유주의는 사회경제사의 변화에 따라서 변용하였다고 보인다[김철, 『법과 경제 질서: 21세기의 시대정신』(파주: 한국학술정보(주), 2010.12.), 454~501쪽].

야 하며, 그 요소들이 공동체를 규정하여야 한다."(Barcalow, 2004: 198)(이종은, 2011: 214-215)

2.2.1. 공동체주의에 의하면 개인은 사회에 선행하지 않는다 (Barclow, 2004: 201)[11]

"진화론적인 관점에서 보아도 선행 인류조차도 사회적 존재였으며 선행 인류가 홀로 살았던 것이 아니라 사회적 집단 내에서 인류로 발전하였다. 사회집단이 인간을 오늘날의 인간으로 만든 것이다. 인류가 반사회적 존재로 시작하였다가 어느 날 사회적 존재가 되기로 결정함으로써 사회적 존재가 되기로 선택한 것이 아니다. 사회가 먼저 있었으며 나중에 인간이 사회라는 무대에 등장하였다(Barcalow, 2004: 201)."(이종은, 2011: 215)

2.2.2. 네오리버럴리즘의 한계를 지적하는 것은 자유주의의 한계를 극복하려는 것이고, 공동체의 가치를 인정하자는 것은 곧바로 이른바 개념상의 공동체주의를 지향하는 것은 아니라고 볼 수 있다

"개인이 자유로운 선택을 한다"라는 자유선택(free choice)은 개인우선의 선택이론의 기반이 되었다(김철, 2009ㄱ; 2009ㄴ; 2010.12.: 83-85). 카스 서스테인(Cass Sunstein)은 네오리버럴리즘자의 맹점을 지적한다.

"사람들의 성향 또는 취향 또는 단순히 좋아함(preference)은 합리주의자들, 경제학적 사회과학자들 또는 행동과학자들이 전제로 하고 있는 바와 같이 고정되어 있지 않다. 실험심리학은 사람들의 확정된 취향에 대한 고정관념을 깨 왔다.

'과연 사람들이 흔히 우리가 들은 듯이 그의 선택에 의하여, 그가 원하는 대로, 그의 이익대로, 합리적으로 자유롭게 행동하는 것일까?'

---

11) 이종은, 『평등, 자유, 그리고 권리』(서울: 책세상, 2011).

이 물음에 대해서, '비교적 그렇다'라고 대답하고, '그렇기 때문에 사람들이 필요로 하는 것이 자유일 뿐이다'라고 대답하는 것이 자유주의의 전제이다."(김철, 2010.12.: 83)

"흔히 개인주의적 자유주의자의 마지막 보루가 되는 '자유로운 선택'의 보다 세밀한 구조를 관찰한다. 자유주의적 선택의 기초 부분이 되는 취향(preference)과 선택(choice)은 모든 종류의 사회 조사나 시장 조사에서 기초사항으로 불변의 상수로서 취급되어 왔다. 그러나 일련의 사회심리학자들의 실험에서는 어떤 개인의 좋아함이나 취향도 이미 주어진 것이 아니다. 만들어 갈 수 있고 이미 만들어 왔다.

개인의 구체적인 행동에 관계되는 자유에는 구체적인 상황의 규범과 역할이 현실적으로 관계하고 있다는 것이 사회심리학자의 보고이다(Sunstein, 1995: 2)."(김철, 2010.12.: 84-85)

2.2.3. 선택이론에 앞서서, 선택을 하는 개인의 아이덴티티(인격적 동일성)를 결정하는 것은 무엇이냐에 대해

이종은 교수는 다음과 같이 대답한다.

"내가 누구인 것 그리고 내가 무엇인가를 개개인 자신이 결정하는 것이 아니다. 어떻게 해서 선택을 할 수 있는가? 개인이 아니라 우리가 먼저 존재하였으며 선택을 하기 위하여 특정한 본성을 가지고 있었음에 틀림없다. 사회계약론자가 주장하는 것처럼 우리는 정체성[12]이 없는 존재로 시작하지 않았다가 나중에 정체성을 선택한 것이 아니다. 무엇을 판단하고 선택을 할 때에는 정체성을 가지고 있었다. 그 정체성이 판단의 기준만이 아니라 판단할 수 있는 관점을 가지게 하고 그 정체성은 공동체에 의하여 구성되었다(Barcalow, 2004: 201). 예를 들면 홉스적인 인간이 자연 상태에서 벗어나서 국가 상태로 진입하는 것

---

12) 차라리 일관성 또는 인격성 또는 인격적 일관성이라고 번역하는 것이 좋겠다.

이 옳다고 판단하였다면 어떻게 무슨 기준으로 판단하였으며 그 기준 자체가 어떻게 생겼겠는가? 그 기준은 언어를 공유하였던 사회의 산물이라고 볼 수밖에 없을 것이다. 그러므로 공동체로부터 전적으로 유리된 관점에서 자신의 공동체를 판단할 수는 없다."(이종은, 2011: 215)

그럼에도 불구하고, 인류의 특정한 시대에 왜 사회계약이론과 같은 개체 중심의 이론이 나타났을까?

2.2.4. 사회계약이론(social contract theory)

사회계약이론에서는 개체인 인간이 사회와 정부에 앞선다. 홉스, 로크, 루소는 사회 이전, 국가 이전의 상태를 전제로 하고, 자연 상태에서 개인들이 계약을 체결해서 사회와 국가를 형성시킨다(같은 취지, 위의 사람, 위의 글). 이 사회계약이론은 역사적 사실이라기보다도 또한 과학적 진리라기보다 인류의 역사에서 어떤 결정적인 시대에 중요한 역할을 하는 사상이었다. 즉, 오랜 중세봉건시대와 근세절대주의에서 근대시민국가로 옮아가는 시민혁명의 시대에 결정적인 역할을 한 것이다.

2.2.5. 자아의 형성에 대한 관점(위의 사람, 위의 책, 216)

"매킨타이어에 의하면, 개인주의의 관점에 의하면, 나는 나 자신이 되기로 선택한 바이다. 나는 생물적으로 나의 아버지의 아들이지만, 내가 묵시적으로나 명시적으로 책임을 지겠다고 선택하지 않았다면 아버지가 한 바에 대하여 책임을 질 수가 없다. 나는 법적으로 어떠한 나라의 시민일 수가 있지만, 나는 내가 묵시적으로나 명시적으로 책임을 지겠다고 선택하지 않았다면 내 나라가 한 바와 하였던 바에 대하여 책임을 질 수 없다(MacIntyre, 1981: 205).

매킨타이어는 자아에 대한 이러한 관점을 '집단으로부터 유리된 자아(detached self)'라고 지칭한다. 그러한 자아는 자아가 형성된 특정한 공동체의 역사로부터 완전히 유리된 관점에서부터 선택하고 판단도 가능하다고 어떤 경우의 자유주의자는 가정한다. 역사적 예는 농노를 해방시킨 톨스토이 백작이다. 그러나 세상에는 그러한 자아는 없다는 것이 매킨타이어의 지적이다. 선택하고 판단하는 것은 모두 "어떠한 전통적인 사고방식이라는 맥락에서 일어난다."(MacIntyre, 1981: 205) 그러나 시민혁명과 같은 급격한 변화의 시기에는 그렇지 않았다.

자아는 사회적으로 구성된다는 관점이 의미하는 바가 무엇인가? 사람은 독립된 입장이나 문화나 공동체의 전통으로부터 유리되어서 선택하고 판단할 수 있지 않으며, 하여서도 아니 된다고 어떠한 공동체주의자는 주장하는 것 같다. 우리는 올바름과 그름, 좋은 것과 나쁜 것에 대한 관념에서 시작하여야 하는데 이것들 모두가 공동체에서 배운 것이다. 우리의 전통으로부터 전적으로 유리된 새로운 관념들을 그저 만들 수는 없다. 우리 전통의 어떠한 부분으로 다른 부분을 비판적으로 판단할 수는 없다. 그러나 아주 새롭게 시작하지는 않는다. 이성이라고 해서 우리가 판단을 하는 데에 모든 문명을 초월하는 보편적인 원칙을 발견하거나 만들어 낼 수는 없다(Barcalow, 2004: 202)."(이종은, 2011: 216)

2.2.6. 소결

이 논문 발표 때 토론자(남인숙 교수)가 지적한 것처럼 공동체주의와 자유주의를 개념적으로 이항대립(한국법철학회 신동룡, 2010.5.)시키기보다 공동체적 가치, 개인주의적 가치 또는 자유주의적 가치로서 논의하는 것이 여러 가치가 엇갈리고 있는 현대 사회 안에서의 인격의 존엄성을, 그리고 인격과 사회와의 상호교섭관계(Erickson, 1950)를 파악하는 데 적절할 것이다. 또한 사회이론학회의 어떤 논자(김광기)는 "공동체가 지닌 알려지지 않은 또 하나의 얼굴에 대하여"(2005.11.)에서 "공동체의 복원 또는 회복을 부분적으로는 부인하지 않으면서 과도한 기대를 피해야 되는 필요"를 논하고 있다.[13] 이 논자는 "공동체의 복원이 탈근대운동자들이 생각하는 '근대성(modernity)의 문제'를 해결할 수 있는가"라고 물어본 듯하다. 논문 필자가 공동체주의에 대해서 가지는 가장 큰 개념상의 문제는 이것을 집단주의(collectivism)와 어떻게 구별하느냐이다. 왜냐하면 인류문명사가 겪었던 중세봉건제도는 그 기초 단위가 공동체주의의 개념 요소와 집단주의의 개념 요소를 다 같이 가지고 있기 때문이다. 이런 인식은 최현대 한국에 있어서의 사회적 차별의 박탈감은 집단주의와 관계있는 것(김철, 2001.2.: 82, 110)(김철, 2007ㄱ: 359)에 기인한다.

---

13) 김광기는 그의 논문에서, 공동체란 용어를 Tönnis의 Gemeinschaft(community), 즉 공동사회의 의미와 거의 동일한 것이라고 한다. ……그의 공동체 논의의 맥락 이반 일리치(Ivan Illich, 1971a; 1971b)의 탈(반)근대화론자들의 '공동체의 회복' 움직임을 들고, 탈근대의 유토피아로 '친목적 사회(convival society)'를 주창한다고 한다(김광기, 2005: 140). "따라서 이들에게 있어, '공동체'는 사악하기 그지없는 '근대'를 일소하고 병리적 현상을 치유할 수 있는 유일한 '대안'으로 간주되기에 이르렀다는 것이다." 김광기는 다음과 같이 묻는다. "그러나 과연 그들이 생각하는 이상향, 즉 '공동체'가, '근대성'에 지쳐 있는 인간들에게…… 다시 말해 '반(탈)근대(성)적 운동'의 주창자들이 생각하는 '근대성'의 문제를 해결하는 데 '공동체'의 복원 또는 회복이 그 대안의 단초를 제공해줄 유일한 오아시스가 될 수 있을까?"(위의 사람, 위의 글, 142) 이 점을 증명하기 위해서 김광기는 세계대공황이 한창이던 1930년대를 배경으로 사회심리학적 의미에서 집단주의(collectivism)의 특징을 가지고 있는 소규모 마을의 예를 든다. 자유가 부재하는 공동체의 광적인 속성을 Goffman(1961)이 개발한 '전방위적 기관(total institution)'의 예를 들고 있다.

3. 집단주의는 중세 봉건제도에서의 삶의 양식이었던 반면 자유주의는 이를 해체해서 근대시민사회를 전개시켰다

중세의 삶의 양식(樣式)으로서의 집단주의는 더 나아가서 근세절대 주의를 지탱하였다(김철, 2010.12.: 471－473). 이러한 중세의 집단주의가 개념상으로는 공동체주의의 개념 요소를 가지고 있을 수 있다. "중세 세계에 있어서 인간의 파악은 한 개인의 고유한 인격으로 파악하는 경우는 드물었다. 왕 또는 뛰어난 성직자 또는 사회계층의 최상위에 속하는 지배계급으로서 그 인격적 특징을 주목하지 않으면 안 되는 경우를 제외하면 대부분의 평범한 사람들은 사람의 개체로서 파악되지 아니하였다. 예를 들어서 바바리아의 농부 아무개는 개체로서 파악될 필요가 없다. 바바리아의 어느 지방 장원(莊園)의 농부 500명 중한 사람으로 족할 뿐이다. 마찬가지로 브레멘 시의 양초 제조업자 누구는 독자적으로 파악될 필요가 적다. 그 시의 양초 제조업자 300명중 한 사람으로 족할 뿐이다. 그의 사회적 활동은 양초 제조업자 조합의 일원으로서 행해진다. 중세의 사회구조는 장원경제, 길드 경제, 수공업자 경제와 같은 단위로 편성되어 있었다. 토지를 중심으로 할 때 봉건제도는 수많은 영지(領地), 즉 그 규모와 지배력에 있어서 차이가 있는 수없는 귀족령(貴族領)으로 구성되어 있었다. 여러 영지는 경우에 따라 다르겠지만 제각기 독자적인 방어력을 준비하고 축성술이든지 건축술을 발달시켰다. 어느 도시의 구성원은 독자적인 운명을 가질수 없었다. 집단 방위와 집단 자위(自衛)는 그들의 생존의 문제였다. 물론 중앙집권적인 국가의 형성이 어느 정도 이와 같은 지역적 집단성을 해체하였다. 그러나 시민혁명에 의해서 독자적인 시민계급이 주도적으로 국가를 형성하지 아니한 국가에 있어서 여전히 봉건적 집단주의와 중앙집권적인 관료 혹은 군대와의 갈등을 해소할 수는 없었다.

관건은 근대사회를 개방화시킨 시민혁명의 여부이다. 왜냐하면 시민혁명은 근세 절대주의를 붕괴시켰을뿐더러 그 효과로서 실로 근세 절대주의를 지탱시킨 계급주의적 봉건제도를 해체하였기 때문이다. 프랑스의 경우 제3계급의 출현과 이들에 의한 제1의 계급과 제2의 계급, 즉 당시의 지배세력의 부인은 결과적으로 봉건적 지배세력의 부인이었기 때문이다. 토지를 생산의 유일한 수단으로 장악하고 있는 대토지 소유자는 봉건제도에 있어서는 동시에 정치적 지배자였고 종교기구에 있어서도 영향력을 장악하고 있었다. 1789년 당시 신흥 부르주아지는 절대주의 왕권에뿐만 아니라 봉건제도 하에서의 지배세력을 붕괴시키고자 하였다. 시민혁명에 의해서 비로소 인류는 중세 아니 고대 이후의 집단주의적 생활양식과 집단주의적 사회제도, 경제제도에서 벗어날 수 있었다. "우리들은 인간이 태어날 때부터 자유롭고 평등하다는 것을 믿는다"라는 것은 언어의 21세기적 의미에서 평등주의의 고창이 아니다. 중세와 근세의 절대주의적 질곡에 메이고 중세와 근세의 집단주의 방식에 의해서 삶의 양식이 억압당한 사람들의 자기 발견이자 집단주의적 인간관에 대한 해체선언이다."(김철, 2007ㄱ: 331－332)

3.1. 집단주의와 구별되는 공동체주의의 역사적인 예: 도시 공동체

탈근대화론 또는 반근대화론자들의 어떤 논의처럼 근대시민사회가 구성원을 소외시키고 원자화했다면, 중세주의자(Medievalist)가 아니라도, 중세사회에서 공동체의 모습을 찾을 수 있을 것이다. 역사상에서 근대 이전 사회에서 가장 공동체의 특징이 잘 드러나는 예를 찾다가, 누구나 공감할 수 있는 역사적 예술작품으로 로댕의 '깔레의 시민'을 들어 본다.

오귀스트 로댕의 조각 작품 중에서 역사적 사건을 주제로 해서 제작된 것이 "깔레의 시민들(The Burghers of Calais, 1886)"이다. 로댕은 그의 주제를 14세기 영국 왕이 깔레 시를 포위했을 때를 소재로 한 장 프루아사르(Jean Froissart)의 중세사에서 찾고 있다(Jean Froissart, 1968: 106-108)(*Rodin Journal*, 1982).

프랑스의 깔레 시는 백년전쟁(1337~1435) 때 6개월 동안 포위되었고, 양쪽 간에 심각한 피해가 있었다. 마침내 기아에 시달리던 깔레의 시민들이 항복을 청했을 때, 이미 막대한 손실을 입은 영국 왕 에드워드는 시민들의 생명을 보장할 수 없다고 단언했다. 영국의 기사들이 이에 대해서 영·불 양국 간의 앞으로의 전쟁에 좋지 못한 선례를 남긴다고 반대했을 때, 왕은 이를 받아들였다.

항복에 대한 관용의 한계는 다음과 같다. 깔레 시의 여섯 사람의 주된 시민이 성 밖으로 나올 때 맨발과 맨머리로 그리고 목에는 둥근 밧줄을 감고 그들 손에는 성읍의 열쇠들을 들고 걸어나오게 한다. 여섯 사람의 시민이 이렇게 한다면, 나머지 시민은 내가 살려주겠다.

성 안에서 6개월 동안 기아에 시달리던 모든 남녀가 모여서 그들 항복에 대한 관용을 기다리고 있었다. 기아에 시달려서 남녀노소 모두 약해져서 거의 서 있을 수도 없는 정도에 이르렀다. 어쨌든 시민들이 모였을 때 전령은 영국 왕의 관용 조건을 되풀이해서 말하고 더 이상 어떤 것도 반복되지 않고 빨리 시행되어야 될 것이라고 했다. 항복 조건을 듣고 모든 시민들은 비통하게 울기 시작해서 그들의 통곡 소리가 사무치게 되었다. 한동안 어떤 시민도 어떤 얘기도 하지 못했다. 마침내 깔레 시의 가장 부유한 시민인 외스티슈 드 생피에르(Master Eustache de Saint-Pierre)가 일어서서 말했다.

"동료 시민들이여, 이와 같이 많은 인구가 굶어서 죽도록 내버려두는 것은 잔인하고 비통한 일이 될 것입니다. 어떤 방책이라도 발견되는 대로 써야 할 것입니다. 이와 같은 불운을 예방하는 것은 우리 구주의 눈에서 볼 때(Our Savior's eyes) 더 없는 덕의 행위가 될 것입니다. 나로 말하면 만약 내가 이 시민들을 구하기 위해서 죽는다면, 내가 지은 죄를 용서받을 수 있는 강한 희망을 가지게 될 것입니다. 그래서 나는 가장 처음으로 나가는 사람이 되겠습니다. 나는 기꺼이 내 셔츠를 찢고 맨머리로 내 목에 밧줄을 걸고 그리고 내 자신을 영국 왕의 손에 맡기겠습니다."

이렇게 말했을 때 남녀들이 그의 발 앞에 엎드려 울기 시작했다. 다음에 평소에 매우 존경받고 동시에 부유한 시민이 일어서서 그 역시 그의 친구와 같이 가겠다고 자청했다. 그의 이름은 장 테르(Master Jean d'Aire)였다. 세 번째 사람은 역시 자크 드 위상(Master Jacques de Wissant)이었는데 그는 역시 매우 부유한 장원을 소유하고 있었다. 다음에 그의 형제인 피에르 드 위상(Master Pierre de Wissant)이 나섰고 이어서 다섯 번째, 여섯 번째 사람들이 역시 가겠다고 나섰다. 이 여섯 사람의 시민이 옷을 찢고 목에 밧줄을 걸고 손에 열쇠를 들고 나귀를 타고 성 밖으로 나갈 때 깔레의 남녀노소는 울면서 그들을 따라갔다 (*Rodin Journal*, 1982: 4).

3.2. 자유주의는 근대 시민사회에서 어떤 역사적 역할을 하였나?

"근세 절대주의 왕권에 반대한 시민 계급의 출현은 근대의 특징이다. 법의 개념에 있어서 근세 절대주의 왕권이 법 실증주의를 국가적 통일과 대외적 팽창의 도구로 삼았던 데 비해,_근대 세계는 이와 같은 왕권에 의한 실정법을 부인하는 데서부터 출발하였다. 법의 개념에서 이때 시민계급에 봉사한 것은 자연법의 개념이었다. 근대 자연법의 특징은 첫째, 합리주의, 둘째, 개인주의, 셋째, 급진주의라고 볼 수 있다. 1789년 8월 26일 프랑스 국민 의회에 의해서 채택된 인권선언의 전문은 천부 불가양 그리고 신성한 인권의 개념과 시민의 청구권을 '자명한 원리'라고 선언하였다. 제퍼슨에 의해서 집필된 아메리카의 독립선언문은 역시 '자명한 원리'에 기초하고 있다.[14] 이 양 선언서에서 '자명한 원리'라고 한 것은 무엇인가? 더 이상 설명할 필요가 없는 수학적 공리와 같은 것으로 표현하고 있으나, 그 내용은 근세 이전 사회에서 보편적으로 받아들여졌던 세속법과 구별되는 자연법의 존재를 가리키고 있다. 중세 사회에 있어서는 자연법은 신의 법으로부터 유래하며 성서에 계시된 신의 법과 인간의 자연에서 출발한 법으로 구성되어 있었다. 르네상스 이후의 인간 중심주의와 합리주의가 이러한 중세적 자연법에서 초월적 요소를 제외하고, 이윽고 이성의 시대의 특징으로 인간 이성의 자연이라는 뜻으로 자연법의 의미내용을 전용하였다. 근대인들은 이제 더 이상 법 개념에 있어서 신의 권위를 빌릴 것도 없이 스스로 명료하고 간단한 원리를 자연법으로 개념하였다.[15]

둘째, 근대 자연법의 또 다른 특징으로서의 개인주의는 프랑스 인권선언 제1조의 '모든 인간은 출생 및 생존에 있어서 자유롭고 평등한 권리를 가지고 있다'와 토마스 제퍼슨의 독립선언서에 '우리들은 만인이 평등하게 창조되었다는 것, 만인이 창조주로부터 어떤 양도할 수 없는 권리를 받았다는 것, 이러한 여러 권리들 중에는 생명, 자유 및 행복의 추구가 포함되어 있다는 것을 자명한 진리라고 믿는다'에 나타나 있다. 개인주의라고 얘기할 수 있는 것은 자유롭고 평등한 권리의 주체가 출생 및 생존에 있어서의 모든 인간이며, 이때 인간은 근세 절대주의에 있어서의 집단 명사로서의 국민이 아니다. 또한 중세봉건주

---

14) 프랑스 인권선언은 참조, 황산덕, 『법철학』(3판)(서울: 법문사, 1972), 79쪽, 또한 아메리카 독립선언은 같은 책, 80쪽.
15) 근대 자연법이 이성주의와 합리주의의 특징을 가진 것은 이 시대의 특징이다. John Finnis, *Natural Law and Natural Rights*(Clarendon Press. Oxford. 1980), 또한 Leo Strauss, *Natural Right and History*(The University of Chicago press, 1953).

의에 있어서의 특정한 직능집단, 길드에 속한 사람, 장원(莊園)경제에 속한 사람, 어떤 계층에 속한 집단이 아니다. 이것은 제퍼슨의 독립 선언서에 더 한층 명료히 나타나는데, '창조주로부터…… 권리를 받았다'라는 구절은 그리스도교의 창조론에서 '인간은 신의 모상에 따라서 창조되었다'라는 성서적 진리의 영향을 받고 있다. 이때 창조된 인간은 국민으로서의 인간이 아니다. 계층 집단으로서의 인간이 아니다. 직능 집단으로서의 인간도 아니다. 농노로서의 인간도 아니다. 귀족으로서의 인간도 아니라는 뜻일 것이다. 인류의 한 사람으로서의 개인 인격으로 창조된 것이라는 뜻이다. 이와 같이 근대의 두 가지 문서에 의해 처음으로 인간은 집단이 아니라 개인 인격으로 다시 태어나게 된 것이다.16)

셋째, 근대 자연법론의 급진주의적 성격에 대해서는 인권 선언문과 아메리카 독립 선언서에 의하면 '모든 인간은; 자유롭고 평등한 권리를 가지고 있다; 또한 모든 사람이 평등하게 창조되었고 모든 사람이 창조주로부터 양도할 수 없는 권리를 받았다'는 구절에서 보일 수 있다. 프랑스 제1공화국과 아메리카 연방 성립의 제도적 기초가 된 두 문서는 처음으로 공식적으로 인간의 평등한 출생과 평등한 권리를 선포한 것이다. 이와 같이 1776년과 1789년의 양 선언의 언어가, 제도 안에 나타난 근대 자연법의 내용이다. 따라서 아메리카 합중국 헌법과 프랑스 1공화국헌법은 그 정당성의 연원을 이와 같이 표명된 자연법에 두고 있는 것이다. 이 자연법이 이후의 넓은 의미의 법의 지배의 원천이 되는 것이다. 순수한 법철학의 문제로서는 이와 같이 제도를

---

16) 아메리카 독립혁명과 그리스도교와의 관계에 대해서 김철, "수정 제1조에 관한 연구－조항성립사와 해석의 문제－", 47~75쪽. 사간본 『해체기의 비교제도론(1992, 1994. Myko International Ltd.), 또한 아메리카의 국가와 교회와의 관계에 대해서는 같은 사람, "국가와 교회와의 관계－수정 제1조의 판례분석을 중심으로－", 같은 사간본 논문집, 26~46쪽, 또한 김철, "칼뱅주의와 법에 대한 사상사－윌리암스의 정교분리 원칙", 『현상과 인식』, 제33권 3호(2009.9.) 통권 108호.

기본적으로 바꾼 자연법을 형성시킨 것은 근대 자연법론 중 존 로크와 루소의 자연법이다(최종고, 2011). 근대 시민사회의 이론 중 사회 계약의 성질에서 원초적 상태에 있어서의 비관적 가정은 다른 형태의 자연법론, 즉 홉스에 의한 거대 국가의 형성과 주권의 절대성으로, 절대 국가의 성립에 이바지했다. 지금까지 보아온 대로, 근세 절대주의의 해체와 근대 시민 사회의 성립에 주된 역할을 한 것은 실정법의 이론이 아니라 자연법의 이론이었다. 따라서 절대주의 성립시기에는 법실증주의가, 근대 시민 사회의 성립 시기에는 자연법 이론이 주도하였다. 법의 효력의 문제도 또한 같았다. 자유주의적 자연법론의 결론에 의하여 시민의 동의 없는, 사회 계약의 위탁의 범위를 넘는 법의 성립은 원천적으로 무효였다."(김철, 2007ㄱ: 37-39)

4. '정의란 무엇인가?'의 이론; 한국에서의 기왕의 연구; 정의는 형평과 가장 밀접한 관계가 있다. 형평이란 평등한 자유와 합당한 평등을 의미한다

"우리말의 '정의(正義)'는 영어 및 프랑스어의 'justice'의 역어이다. 그러나 이 유럽어의 어원은 법이나 권리를 의미하는 라틴어 'jus'에 있다. 한편 독일어의 'Recht'는 정의·권리·법 등을 다 같이 함축한 말이다."(차하순, 1983: 1) 또한 "영어의 righteousness, 독일어의 Gerechtigkeit, 영어의 justness도 정당함, 공정함, 공평성, 타당함, 합법성, 적절(적당)함, 합당함 등을 의미하지만 사실상 '정의'라고 국역될 수 있다."(차하순, 1983: 1) 유럽근대사상사의 오랜 연구가인 차하순 교수는 그가 사용하는 정의라는 우리말 용어는 유럽어의 justice, Recht, righteousness, Gerechtigkeit, justness 등이 다 함께 함축된 것으로 이해되어야 한다라고 한다. 그는 정의와 밀접한 관련이 있는 관념으로 형평을 가장 중요하게 생각하며 그 이유는 형평이란 동등한 자유(equal liberty)와 합당한 평등(just equality)을 의미한 다고 한다. 그가 생각하는 형평은 어떤 원리인가?

여러 가치가 변화하고 특히 경제적 급변을 겪고 있는 사회에서는 형평은 하나 의 기본적인 정치적 원리로서 확립되어야 한다(Perelman, 1963: 35)(차하순, 1983: 2). 이러한 사회에 있어서는 흔히 인간적인 기본가치가 존중되지 않는 경향이 있다. 인간적 가치가 무시되는 사회는 사회적 복리가 어느 한 계층에 편중되고 있는 무질서한 사회이다. 거기에는 압제하는 소수의 행복은 있어도 피치자인 다수의 행복은 억압되어 있다. 도덕은 문란하고 공정한 행위교환이 이루어지지 않은 사회이다. 이러한 사회에 있어서는 **실정법은 자연적 정의 (natural justice)의 정신, 즉 형평에 비추어 바로잡혀야 한다.**

형평의 정치적 의미에 관해 언급한 현대의 한 역사가는 평등의 기원이 형평에 있다고 간주하여 "**자연적 정의가 실정법을 수정하고** 또한 실정법이 새로운 사 회적 요청에 부응할 때의 주요 수단의 하나가 형평개념"이라고 지적하면서 형 평은 '평등의 법적 · 정치적 개념을 다리 놓는 주요한 연결점'이라고 말하였다. 이어 그는 "모든 사람이 동등자로서 대우받아야 할 법원리가 존재한다는 신념 은 인간사회의 하나의 운영이념(operative ideal)으로서 평등의 기초 그 자체가 되는 것"이라고 강조하였다(Thomson, 1949: 26-27)(차하순, 1983: 3).

그가 생각하는 자연적 정의의 모습은 언제 나타나는가? 실정법을 바로잡게 해서 새로운 사회적 요청에 맞게 할 때, 형평이 교량 역할을 할 때이다. 형평의 목적은 무엇인가? 모든 사람이 법 앞의 동등자로서 대우받아야 하는 것이며, 따라서 형평은 평등으로 가는 길이다.

차하순 교수는 **자연적 정의**-실정법을 바로잡음-형평의 역할-평 등원칙으로 가는 길이라고 정리하고 있다.

4.1. 형평(equity)의 사전적인 뜻

형평(equity)의 사전적인 뜻(Black's Law Dictionary, 1999: 484)은 보통
법(Common law)의 엄격히 형식화된 규칙과 대비 또는 대척된다. 즉,
"fairness에 따라서 시행되는 정의(正義, justice) 또는 사법(司法, justice) 또
는 재판(justice)을 의미한다." 이 사전적인 뜻에서, 우선 한국어나 한국법
문화의 이해의 한계가 드러난다. 현대 한국 법학에서는 fairness란 어휘가
전문어로 잘 쓰이지 않는다; 서양법제도를 채택한 문명국에서 fairness란
어휘는 평균인의 생활에서 쓰이는 빈도만큼 자연스럽게 쓰인다. fairness는
한국어로 공평이 되기도 하고, 공정이 되기도 한다.

현대 한국 해석법학의 종결점은 적어도 전문인의 세계에서는 법적
합성(Gesetzmässigkeit)으로 끝난다. 제정법이 존재하고, 어떤 사례의
해결이 기존의 제정법에 맞게 - 즉, 법률에 적합하게 - 해석되었으면
법학은 할 일을 다 한 것이다. 제정법에 적합한 해석이 구체적인 사례
에서 공평한가 또는 공정한가의 문제는 법률전문가 영역 밖의 평범한
사람(layman)들의 도덕적 감각(moral sense)의 문제일 뿐이다. 법률적합
성만 따지는 법문화는 보편주의적 세계사에서 볼 때, 법치주의 중에서
도 특수한 종류라는 인식은 희박했다. - "법률의 전능(Omnipotenz des
Rechts)"을 제1원칙으로 하는 법문화는 세계 제1차 대전 및 제2차 대전
이전의 도이치의 특수한 법치주의가 원형이라고 한다(Richard Thoma,
1910: 294)(서원우, 1987)(김철, 1993; 2007; 2009ㄴ: 87). 이런 사정으
로 존재하고 있는 실정법의 적용 이외에 공평 또는 공정을 추구하는 사
법(justice)상의 제도도 발달하지 못했고, 엄격한 형식주의에 의한 법률적
합성을 넘어서는 정의(justice)의 문제는 비실제적(unrealistic)이며 비현실
적인 유토피아니즘 정도로 법률실무가들에게 알려져 있다. 그러나 서양
법제도사에서 근대 잉글랜드(김철, 1993: 33)(김철, 2007ㄴ: 61 - 67)(김

철, 2009ㄴ: 176)에서는 기존 법체계에 속하는 보통법(Common law)의 적용이 가혹한 결과가 될 때, 개별적인 특수한 상황에서 "무엇이 공평하냐 또는 공정하냐"라는 판단에 기초하여, 기존법에 대한 대안(alternative)으로서의 규칙과 원칙의 체계가 점진적으로 나타나게 되었으니, 이것이 형평법(equity)이다. 따라서 제도적으로 시민은, 일반의 법정에서 구제를 신청하는 대신에 "형평법 재판정(courts of equity)"에서 구제를 신청할 수 있다.

제도가 아닌 법사상·법철학에서 "형평"이란 사람과 사람의 교섭을 규제할 때, 공평한가 또는 공정한가(fairness), 정의로운가(justness), 올바른가(right)의 정신(spirit)과 습관(habit)을 내포한다(Gills v. Department of Human Resources Department 판례)(Black's Law Dictionary, 1999: 484).

4.2. 형평의 한국 법학에서의 위치

형평은 한국 법철학계에서는 자주 논의되는 키워드는 아니다. 그 이유는 한국 법학이 계수했다고 주장되어 온 유럽 전통 법학—더 나아가서 프로이센 또는 오스트리아 법제도에서는 발달하지 못한 개념이기 때문이다(김철, 2009ㄴ). 형평(equity)은 차하순 교수의 연구대로 실정법을 바로잡는 자연적 정의의 원칙이라면 "법률의 전능(Omnipotenz Rechts)"을 법치국가의 제1원칙으로 하는 제1차 세계대전 및 제2차 세계대전 이전의 도이칠란트의 법치국가 개념(김철, 1993; 2007ㄴ; 2009ㄴ: 87 – 88)에서는 희박한 개념이다. 차하순 교수는 그의 사상사적인 형평 연구 저작에서 "형평의 사법적 개념은 로마법에 기원이 있으며 유스티니아누스 황제의 로마법 대전(Corpus Juris Civilis, 534)은 로마법적 형평에 대해 실지 예를 보여주고 있다고 한다. 또한 영법상의 형평이 로마법에서 유래하느냐 않느냐는 논의의 여지가 있는 줄로 안다"라고 하고 있다(차하순, 1983: 3 각주 5).

4.3. 차하순 교수의 형평 개념: 경제위기 때 기존 실정법의 간극을 메운다

"기본적인 새 문제들이 나타남으로써 과도기에 형평에 더 자주 호소하게 됨을 알 수 있다. 그러한 때는 하나의 가치척도가 다른 척도에 의해 대치되는 시기이다."(차하순, 1983: 2 - 3)(Perelman, 1963: 35) 더욱 절실한 "형평에 대한 호소는 경제적 · 재정적 혼란의 시기에 이루어지기 마련이다. 경제적 · 재정적 위기 때에는 기왕의 규칙을 만든 이전의 사회 · 경제적 조건이 대변동 했으므로 과도기에는 기왕의 규칙과 대변동 이후 새로 채택될 규칙 간의 괴리가 너무나 크고 명백했다."(위의 사람들, 위의 글들)

4.3.1. 형평은 두 얼굴을 가지고 있다. 차 교수의 사상사에서 나타난 형평 개념과 함께 다른 면은, 제도(institution)로서 확립된 형평법 및 형평 법정(法廷)이라는 사법(司法)상의 문제이다. 차 교수는 형평사상에 중점을 두고 있다. 그러나 차 교수는 형평법의 발전도 열거하고 있다. "필자는 형평을 순전히 사법적 개념으로 본 연구에는 당면의 관심을 두지 않는다. 형평의 사법적 개념은 로마법에 기원이 있으며 로마법 대전(Corpus Civilis, 534)에서 예가 나타난다. 헨리 드 브랙턴(Henry de Bracton, AD. 1268)과 생 제르맹(St. Gemain, 1460?~1540)은...... 수 세기 동안 영국 형평법의 발전에 영향을 주었다. 1500년대 이후 3세기 동안 에드먼드 플로덴(Edmund Plowden, 1517~1585), 에드워드 헤이크(Edward Hake, 1560~1604), 에드워드 코크(Edward Coke), 로드 하드위크(Lord Hardwicke) 같은 형평법학자와 형평 법관들이 나왔다."(차하순,

1983: 3 각주 5) 그러나 논문 필자는 법학자로서 형평사상과 함께 형평법과 형평법정의 발전에 관심을 가진다.

4.3.2. "16세기에 있어서의 재난과 영광은 왕과 신민과의 독특한 동반관계를 만들었다. ……국왕의 대권과 신민의 동의의 화해의 결과인 튜더(Tudor) 법체계에서부터 스튜어트(Stuart) 법체계에서 주의할 점은 이후의 코먼 로의 영향이 미치는 지역에서 지속적인 전통이 된 것이 성립하고 있었다는 것이다. 경직된 제정법주의나 리걸리즘 – 즉, 형식적 법치주의 또는 법률존중주의에 대척되는 전통이 형성되고 있었다는 것이다."(김철, 법제도의 보편성과 특수성, 1993: 33)(같은 사람, 2007.10.; 2009ㄴ; 2010.12.) 즉, 이 전통이 형평사상과 형평법, 그리고 형평 법정의 전통이다.

4.3.3. 제정법을 적용한 것이 "정의(justice)에 맞지 않을 때" 왕이 새로운 재판을 하도록 하는 제도가 형평법재판(Equity)이었다(김철, 2009ㄴ: 176 각주 137)(Thomas Green, 1980).

참고문헌

김광기, "'공동체'가 지닌 알려지지 않은 또 하나의 얼굴에 대하여", 『사회이론』 2005년 봄/여름호 통권 제27호(서울: 한국사회이론학회, 2005).
김여수, 『법률사상사』(서울: 박영사, 1976).
김철, 『법과 경제 질서: 21세기의 시대정신』(파주: 한국학술정보(주), 2010.12.).
____, "법과 경제의 상호교호관계 – 장기대침체시대의 경제와 법", 『사회이론』

2010년 가을/겨울호 통권 제38호(서울: 한국사회이론학회, 2010.11.).

_____, "근대 이후의 자유주의의 변용(1)－경제공법질서의 전개과정", 『세계헌법연구』 제16권 제2호(서울: 세계헌법학회 한국학회, 2010.6.).

_____, "근대 이후의 자유주의의 변용과 경제공법질서의 전개과정(2)", 『세계헌법연구』 제16권 3호(서울: 세계헌법학회 한국학회, 2010.8.).

_____, "세계금융위기 이후의 경제, 규범, 도덕의 관계: 금융위기에 관련된 제도의 도덕성 논의를 위한 시론", 『현상과 인식』 2010 봄/여름호 제34권 1, 2호 통권 110호(서울: 한국인문사회과학회, 2010).

_____, "공법에 있어서의 경제적 보수주의와 경제적 자유주의의 순환－경제공법에서의 파라다임의 재성찰", 『사회이론』 2010년 봄/여름호(서울: 한국사회이론학회, 2010).

_____, "법과 평화", 『본질과 현상』 2010/봄 통권 19호(서울: 본질과 현상사, 2010.3.).

_____, 『경제 위기 때의 법학』(파주: 한국학술정보(주), 2009ㄱ).

_____, 『한국 법학의 반성』(파주: 한국학술정보(주), 2009ㄴ).

_____, 『한국 법학의 철학적 기초－역사적, 경제적, 사회·문화적 접근』(파주: 한국학술정보(주), 2007ㄱ).

_____, "한국에 있어서의 자유주의와 자유지상주의에 대한 반성", 『사회이론』 2006년 가을/겨울호 통권 제30호(서울: 한국사회이론학회, 2006).

_____, "사회적 차별의 심층심리학적 접근－법 앞의 평등의 내실을 위하여－", 『사회이론』2001년 가을/겨울호 통권 제20호(서울: 한국사회이론학회, 2001).

_____, 비매품 『법 제도의 보편성과 특수성』(서울: 훈민사, 2007ㄴ).

_____, 사간본 『법제도의 보편성과 특수성』(서울: Myko Int'l. Ltd., 1993).

김철수, 제18전정신판『헌법학개론』(서울: 박영사, 2006).

남인숙, 제2부 한국사회와 정의, 한국사회이론학회 2010년 후기 학술대회 『정의를 다시 생각한다－정의와 우리 사회』(서울: 한국사회이론학회, 2010).

송재룡, 제1부 정의의 이론들 "정의롭지 못한 우리 사회의 변명－원치의 룰 이론에 기대어", 한국사회이론학회 2010년 후기 학술대회 『정의를 다시 생각한다－정의와 우리 사회』(서울: 한국사회이론학회, 2010).

신동룡, "법담론에 있어서 자유주의와 공동체주의", 한국법철학회 2010년 춘계학술대회 『한국 법체계와 자유주의』(서울: 한국법철학회, 2010.5.).

양천수, "자유주의적 공동체주의의 가능성" 한국법철학회, 2014년 5월 월례 발표회.

이종은, 『평등, 자유, 그리고 권리』(서울: 책세상, 2011).

_____, 『정의에 대하여: 국가와 사회를 어떻게 조직할 것인가』(서울, 책세상, 2014)

_____, 『정치와 윤리』(서울: 책세상, 2010).

차하순, 『형평의 연구－17·18세기 유럽정치사상을 중심으로－』(서울: 일조각, 1983).

최병조, 『로마의 법과 생활』(서울: 경인문화사, 2007).

최종고, 전정판 『법사상사』(서울: 박영사, 2011).

한국사회이론학회, 한국사회이론학회 2010년 후기 학술대회 『정의를 다시 생각한다－정의와 우리 사회』(서울: 한국사회이론학회, 2010).

황산덕, 『법철학』(3판)(서울: 법문사, 1972).

Arendt, Hannah, *The Life of the Mind vol. 1 －Thinking*(New York: Harcourt Brace Jovanovich, 1978).

Berman, Harold J., "Toward an Integrative Jurispridence: Politics, Morality, History", *76 CAL.L.REV.*(July, 1988).

_____, "Individualistic and Communitarian Theories of Justice And Historical Approach", *Univ. of Califormia Davis Law Review Spring 1998 Vol. 21 No. 3.*

Black's Law Dictionary, West Publishing Co.(1999).

Bodenheimer, Edgar, "Individual and Organized Society from the Perspective of a Philosophical Anthropology", *J. of Soc. & Biological Structures 207.*

Dorsen, Rosenfield, Sajo, Baer, *Comparative Constitutionalism: cases and materials* (St. Paul: Thomson/West, 2003).

Erickson, Erik Homburger, *Childhood & Society*(New York: W.W. Norton & Co., 1950).

Finnis, John, *Natural Law and Natural Rights*(Oxford: Clarendon Press, 1980).

Froissart, Jean, *Chronicles, Geoffrey Brereton,* ed. & trans. Hamondsworth(Penguin Books, 1968).

Green Thomas, *Development of Law and Legal Institution: Anglo －American Legal History*, unpublished course material(Ann Arbor: The Universitu of Michigan Law School, 1977).

Hart, H.L.A, *The Concept of Law*(Oxford: Clarendon Press, 1961).

Holmes, "The Path of the Law", *10 Harv. L. Rew. 457*, 466(1897).

Hunter, Howard O.(Ed.), *The Integrative Jurisprudence of Harold J. Berman*(Boulder: Westview Press, 1996).

Perelman, Charles, *The Idea of Justice and the Problem of Argument*(tr. John Petrie)(1963).

Potter, Beatrix, *Peter Rabbit Little Box of Books*(Frederick Warne and Company, 2009).

Rawls, John, *A Theory of Justice*(Oxford: Clarendon Press, 1972).

Rorty, Richard, Derek Nystrom, Kent Puckett, *Against Bosses, Against Oligrchies* (Chicago, Pricky Paradigm Press, 2002).

Rorty, R., "The priority of Democratic Politics to Philosophy" 12(1988) *The Virginia Statute of Religious Freedom*. M Peterson & R. Vaughan eds. 1988.

Sandel, M., *Liberalism and the Limits of Justice*(1982)(Cambridge: Cambridge Univ. Press, 1985).

Strauss, Leo, *Natural Right and History*(The University of Chicago press, 1953).

Sunstein, Cass R., "Norms and Roles", A written Version of the Coase Lecture, University of Chicago, 1995, *The program for the Study of Law, Philosophy & Social Theory Fall 1995*(New York: New York University School of Law, 1995).

Thomson, David, *Equality*(1949).

T. W. Adorno 들, *The Authoritarian Personality*, Happer & Brothers, New York, 1950.

"Heroism in Defeat: The Burghers of Calais", *Rodin Journal*, published by the Stanford Univ. Museum of Art, First edition 1982.

필립 멜랑히톤의 형평(equity)

멜랑히톤(Philip Melanchton, 1497~)은 말하기를, - 유명한 20세기의 아메리카 법학자를 연상케 하는 것인데, - 일반 원칙들은 구체적인 사례들을 결정하지 못한다.[17][18] 멜랑히톤은 다음과 같이 썼다. "만약 일반적으로 올바른 법이, 특별한 개별 사례에서 부정의를 주는 것으로 작용한다면" 이 경우에 법을 "형평에 맞게 그리고 친절과 인정을 가지고" 적용해야 되는 것은 판사의 책임이다. 그리고 그가 할 수 있다면, (일반적으로 올바른 법이) 부정의를 행하는 것을 제거하기 위해서 "형평과 친절을 다해서 법을 적용해야 되는 것이다."[19] 그럼에도 불구하고 "일반적으로 올바른 법"은, 비록 어떤 특별한 사례에서 그 법이 부정의한 결과를 낳는다 할지라도 유지되지 않으면 안된다. 왜냐하면 "신앙심 깊은 경건한 사람들은 불확실한 상태를 내버려 두어서는 안 되는데", 특히 법이 요구하는 사항에 대해서 그러하기 때문이다.[20] 규칙 즉 룰과, 그것의 적용 사이에 존재하는 넓은 갭을 어떻게 메울 것인가?[21] 올덴도르프는 이 두 개념 사이의 넓은 갭을 메우기 위해서 전혀 다른 개념을 가져왔는데, (역자 주: 이것이 한국 법학에서는 아주 특수하게밖에 취급하지 않는) 형평(equity, Biligkeit, aequitas)이다. 올덴도르프에 의하면 형평법, 즉 이퀴티(equity)는 주어진 특별한 사례의 구체적인 상황을 주의 깊게 조사할 것을 요구하는 것이며, 그래서 판사로 하여금 일반적인 룰, 즉 추상적인 규범을, 주어진 구체적인 상황에 적절하게 적용할 수 있게 가능하게 만드는 것이다.[22]

---

17) Harold J. Berman, *Law and Revolution2-The Impact of of The Protestant Reformations On The Western Legal Tradition*(Cambridge: Harvard Univ. Press, 2003), p.91. 각주 108.

18) 필자 주: 종교 개혁 당시의 루터주의 법철학자 멜랑히톤은 이미 일반 원칙과 구체적인 사례와의 관계에 대해서 약 4세기 뒤의 20세기의 아메리카 법학자들을 연상케 하는 문제의식을 표현하고 있다. 끝없이 계속되는 일반 원칙의 나열로 교육되는 한국의 법학 교육이 흔히 대륙 법학의 특징이라고 알려져 왔으나, 실상은 16세기 종교 개혁기 때부터 일반 원칙과 구체적인 사례의 결정 간의 관계의 의문이 제기된 것이다.

19) Harold J. Berman, Ibid, p.91. 각주 109.

20) Harold J. Berman, Ibid, p.91. 각주 110.

21) 필자 주: 이런 물음은 한국 법학에서는 비교적 문제가 되지 않는다. 왜냐하면 한국 법학은 규칙의 의미 내용만 밝히든가 또는 "소송법에서 보여주는 바대로" 적용의 문제는 분리해서 생각하기 때문이다.

22) Harold J. Berman, Ibid, p.91. 각주 111.

9

의학적 법학
또는 치유적 법학

막스 호르크하이머(Max Horkheimer, 앞줄 왼쪽)

테오도르 아도르노(Theodor Adorno, 앞줄 오른쪽),

위르겐 하버마스(Jürgen Habermas, 뒷줄 오른쪽),

하이델베르크대학에서 1964년

경제학자들은 일반적으로 헌법을, 그들 용어대로 한다면, 어떤 사회와 국가에서 경제학적으로 의의가 있으며, 경제학의 영역에서도 기본 용어로 다루는, 제도(institution)로 취급한다. 제도 개념을 중심으로 그의 학문을 진행시킨 사람은 더글러스 노스(Douglass C. North)이다. 1990년에 출간된 『제도, 제도 변화와 경제적 성취』는 1990년대 초의 노벨 경제학상을 수상한 대표작이다. 그에 의해서 소개된 진화론적 가설은 다음과 같다. "보다 열등한 제도는 경쟁에 의해서 보다 우수한 제도에 자리를 내어준다. 우수한 제도는 인류의 문제를 보다 잘 해결하여 인류에게 보상함으로써 계속하여 생존하게 된다."(김철, 2009.3.: 289 – 290)

"최근 유럽중앙은행(European Central Bank)은 64개국 자료를 이용해서 미국 양적 완화 정책의 전이효과에 관한 연구 보고서를 출간했다. ……하지만 좋은 제도들을 가지고 있고, ……적극적으로 대응한 나라들은, 전이효과가 작은 것으로 나타났다(백승관, 2013.11.2.).

"여기에서 '제도(institution)'란, 정치적 안정성, 부정부패 통제, 법 준수, 언론의 자유, 관리 감독의 효율성 등을 의미한다."(백승관, 2013.11.2.)

즉, 제도란, 입헌주의에 의한 헌법 자체 – 정치적 안정성을 위한 모든 헌법 구조와 언론의 자유를 포함한 기본권 – 와 법치주의에 의한 **규제법의 준수, 부정부패 통제, 관리 감독의 효율성**들을 의미한다(김철, 2009.3.).

"전이효과를 최소화하는 가장 좋은 방법은, 수준 높은 제도를 가지는 것이다."(백승관, 이 책 4장 "한국에 있어서의 경제와 법의 진행과정")

"세계은행에서 발표한 자료를 보면, 우리나라 제도의 질은, 신흥 공업국 중에서는 높은 편이지만, 선진국에 비하면 훨씬 낮다. 유로존 재정 위기의 핵심 국가들인 그리스, 이탈리아, 스페인, 포르투갈 수준과 비슷하다."(백승관)

"가장 좋은 경제 위기의 대비책은 '제도'의 질적 수준을 높이는 것이다." (백승관, 이 책 4장, p.136)

이 장의 글은 2002년에 발표된 것의 일부로서, 한국 헌법 제도의 기본 중에 하나인 정당의 문제를 다룬 것이다.

– "사회적 차별의 심층심리학적 접근 – 법 앞의 평등의 내실을 위하여", 한국사회이론학회, 『사회이론』 통권 제20호(2002년)의 1절, 2절, 3절, 4절과 『한국 법학의 철학적 기초 – 역사적, 경제적, 사회·문화적 접근』(2007년, 한국학술정보(주))의 제3부 2장 1절에 게재된 것을 따로 독립시킨 것

1. 사회적 질병(social disease)을 치유하기 위한 법학: 의학적 법학(醫學的 法學)과 의학적 접근

법학의 목적과 역할은 무엇인가? 개인과 집단에 권위(authority)나 특권적 지위(prestigious status)를 주는 것일 수 있다. 즉, 권한·권능·권리를 부여하는 규범 체계에 중점을 두는 경우이다.

전혀 다른 관점이 20세기에 와서 나타났다. 즉, 사회적 질병(social disease)의 치유에 초점을 두는 것이다.[1]

이 문제를 추상적으로 논의하기보다 필자는 다음의 실제 예를 들어서 법학의 목적과 역할에 대해 살피기로 한다.

1.1. 어떤 학회의 어떤 학술 주제의 관찰

2002년 4월 20일 한국헌법학회 학술대회가 "입헌민주주의의 실현과 정당"의 제목으로 열렸다. 대회 주제의 의도는 최근 한국 사회에서 많은 사람들의 관심의 초점이 되고 있는 입헌민주주의의 실현에 있어서의 정당의 역할에 대한 것이었다. 참석한 헌법학자들은 "권력구조의 민주화와 정당", "선거과정의 민주화와 정당", "국회기능의 정상화와 정당"의 논문들을 발표했다. 이들은 야당의 헌법상의 지위라든가, 당내 민주주의의 제 문제라든가, 정당 개념의 확정과 현행 정당등록제도의 문제라든가, 정당 제 민주주의에서의 정당의 우월적 지위의 한계라든가, 정당민주화를 위한 헌법적 요청의 상대성이라든가, 지방선거에

---

1) 법적 문제를 질병에 비유한다면, 법학의 문제 해결력은, 질병을 치료하거나 예방하는 의학의 힘과 대비된다(김철, 2013a: 496). Herold Berman은 그의 법학을 Integrative Jurisprudence라고 부르고, 그 어원을 라틴어 integrare("치유하는, 병 고치는")와 integratio (새롭게 하는, 쇄신하는)에서 찾았다(버만과 김철, 2013a: 496).

서의 정당의 역할과 한계라든가, 국회의 위상 정립이라든가, 의회정치의 활성화라든가, 대의민주주의의 정착 같은 주제를 헌법학의 문제로서 또한 관계되는 정당법을 비롯한 정치관계법의 문제로서 논의하였다. 이들의 주된 특징은 외국에서 마지막 학문적 훈련을 받은 신진학자들로서 이들 문제들에 대해서 그들이 훈련받은 배경을 가지고 접근하였다. 예를 들어, 정당과 당내 민주주의의 역할과 관련하여 세 가지 상이한 민주주의의 모델들을 제시한다. 즉, 통합모델·전달모델·경쟁모델이다.2) 이 모델들은 함부르크에서 2000년에 발행된 문헌을 근거로 하고 있다.3) 또한 다른 논자는 정당의 선거 주도 내지 정치 주도를 라이프홀츠(Leibholz)가 처음으로 포착하였던 "정당 국가와 현상"에서 출발한다.4) 이 논자는 독일의 정당법 제2조 제1항을 참고로 내세우면서 독일 기본법 제21조에서 예정하고 있는 정당의 개념을 예시하고 있다. 첫째, 시민들의 결사체일 것, 둘째, 확고하고 지속적인 조직일 것, 셋째, 연방의회 또는 주 의회에 참여하고자 목적할 것, 넷째, 이 목적을 달성하고자 하는 진지성을 갖출 것을 언급하고 있다.5) 이 논자는 정당투표제의 실시와 이에 부수하는 문제점들을 논하고 있고, 정당에 대한 국고보조제도의 문제점을 논하고 있다. 그다음 논자는 보다 더 국회의 문제에 접근했는데, 국회기능의 정상화와 정당에 대해서 대체로 한국 정치 제도의 개혁이라는 시각에서 국회 자율성이나 교섭 단체의 문제나 자유 투표제, 당적 변경, 의원직 상실, 국민 참여의 활성화

---

2) 방승주, "권력 구조의 민주화와 정당 - 야당 기능의 활성화와 당내 민주주의를 중심으로-", 『입헌 민주주의의 실현과 정당』, 한국헌법학회 제21회 학술대회 연세대학교 광복관, 2002년 4월 20일.

3) Bettina Kaehler, *Innerparteiliche Wahlen und repraesentative Demokratie*, Hamburg 2000, S. 43 ff. 앞의 사람, 앞의 발표문에서 재인용.

4) 이종수, "선거과정의 민주화와 정당", 『입헌 민주주의의 실현과 정당』, 한국헌법학회 제21회 학술대회 같은 장소, 같은 날짜.

5) 같은 사람, 같은 발표문, 주4번. 이 필자는 H. Naurer의 1999년도판 Staatsrecht에 의거하고 있다.

같은 문제를 논했다.[6] 이들은 헌법 학자 또는 헌법상 정당 연구자로서 우리나라 헌법, 정당법, 선거법과 같은 정치 관계법에 의거해서 입헌 민주주의의 발전을 위한 주로 규범적 접근을 꾀했다.

1.2. 발표 내용의 주된 모습

앞선 두 발표자는 주로 1990년대의 도이칠란트에서 학문적 훈련을 받은 듯했다. 그들의 한국 헌법 현상이나 헌법의 해석, 또는 관계법의 접근은 그들의 학문적 배경이 되고 있는 1990년대, 즉 전후 약 40년 내지 50년간의 서부 도이칠란트의 입헌주의와 정당의 운영에 대한 도이치 헌법학자들의 해석에 기초하고 있는 듯했다. 그들의 열정은 한국에서도 서구의 모범적인 입헌 민주주의의 나라에서 이루어진 정당 운영이 모델이 될 수 있다는 생각에서 나온 듯했다. 다른 한 사람의 발표자는 약간 배경이 다른 듯했으나 역시 서구의 전형적인 정당 국가나 2차 대전 이후의 입헌 민주주의 모범국가의 모델이 내심에 자리 잡고 있는 듯했다. 큰 주제에 있어서의 모든 가능한 작은 주제들이 논해지고 토론되고 실제로 정당문제에 있어서의 모든 가능한 문제 해결을 위한 헌법적 해석이 토론의 과정을 통해서 나타났다.

1.3. 실상에 접근하는 논의의 예

그러자 전혀 다른 논의가 일어났다. 지정 토론자 중 한 사람은 정치 학자로서 정당론의 새 저술을 당시에 발간한 학자로서 헌법학회에 초청된 것이다. 그는 구술 토론의 석상에서 다음과 같이 말한 것이다.

---

6) 박병섭, "국회기능의 정상화와 정당", 『입헌민주주의의 실현과 정당』, 한국헌법학회, 제21회 학술대회, 같은 장소, 같은 날짜.

"그 모든 합리론적인 헌법과 정당 관계법, 선거 관계법, 국회법과 국회 규칙의 해석에도 불구하고, 한 가지 분명한 점이 있습니다. 즉 우리가 논의하고 있는 직접적인 대상인 한국의 정당은, 지금까지 논의한 분들이 배경으로 하고 있는, 2차 대전 이후의 입헌 민주주의의 모범 국들과는 전혀 성질이 다릅니다."

분명한 문제가 제기되었다. 발표자 3인과 대부분의 토론자들이 물론 한국 사람이고 그들의 내심에서는 물론 한국에 있어서의 정당 발전과 입헌 민주주의 발전을 염원하기는 하나 논의의 주된 텍스트로 사용한 것은, 한국에 있어서의 정당의 역사적 발전이나 최근 현황이 아니었다. 동기는 한국의 입헌 민주주의의 발전이었으나 텍스트는 주로 도이치나 다른 나라의 입헌 민주주의의 언어와 맥락을 사용한 것이다.

이 새로운 토론자는 계속해서 다음과 같이 말했다.

> 최근 약 20년간의 한국의 정당의 성립과 존속, 소멸이 주로 그때마다 한 사람의 영향력에 좌우되어 왔고, 어떤 주도적인 정당도 정당의 대표자가 대통령이 되고 나면 기존의 정당을 해체하고 다른 정당을 새로 만드는 행태가 거듭되었다고 설명했다. 즉, 한국의 최현대사의 정당들은 한 사람의 영향력하에서 만들어지고 유지되다가 변형되거나 소멸된다는 것이다. 이런 명약한 한국에 있어서의 정당의 역사는, 엄격히 말하자면 헌법학 교과서나 논문에 나오는 그래서 근대 이후의 입헌 민주주의 제도 안에서의 헌법적 기구로서의 정당이라고 할 수 없다. 엄격히 말하자면 한 사람의 개인을 중심으로 모이고 흩어지는 실상은, 개인적 당파라고, 즉 사당(私黨)이라고 할 수 있다.[7]

지금까지의 규범적인 논의가, 한국의 정당에 대한 실상에 부딪힌 것이다. 헌법학자들은 그 논의의 텍스트를 어디서 빌렸건 간에, 의식·무의식중에 한국의 입헌주의와 헌법 현상을 향상시키는 것을 의욕하고 있었는데 그래서 말하자면 개혁적 의향 내지 사회적 혁신에 대한

---

7) 김용호, 지정토론자, 『입헌민주주의의 실현과 정당』, 한국헌법학회 제21회 학술대회, 연세대학교 광복관, 2002년 4월 20일.

정열을 가지고 있었다. 그런데도 이들 헌법학자들은 그들 논의의 직접적 대상이 되는 한국의 현실 정당 또는 역사적으로 존재해 온, 정당의 실상을 파악하는 데는 소홀했다고 할 수밖에 없었다.

다른 토론자가 나타났다. 그는 정당의 헌법적 문제에 대한 전문가가 아님을 전제한 뒤, 그러나 한국의 공식 조직 전반의 조직원리는, 한국의 전문가급 학자들이 그들의 학문적 훈련의 중요한 시기에 접했던, 서양 주류의 시민사회에서와는 다르다고 했다. 이 다름이 기초 사회과학자들에 의해서 최근에 논의되고 있다고 말했다.

1.4. 의학적 법학과 기초 의학적 학문

> 만약에 헌법을 비롯한 모든 법학이 '사회적 질병'을 치료하기 위한 의학적 목적이 강조된다면, (오늘 이 자리의 학자들이 이론적 탐구를 하고 있으나, 그 동기 중 상당한 부분은 한국의 정당 현실에 대한 치료적 효과 같은 것을 염두에 두고 있다고 인정되는 이상) 당연히 다른 사회과학은, 예를 들어서 정치학・사회학・심리학・인류학・경제학 등은 임상적 목적을 가진 법학의 여러 분과에 대해서 말하자면 비유로서 기초의학과 같은 역할을 인정해야 된다. 한국의 정당의 실상에 대해서, 기초 사회과학자로서 정치학자가, 그 형성・유지・발전・해체의 주된 동기와 경과가 우리가 공식적으로 배운 서구적 입헌주의 하에서의 정당의 모습과 전혀 다르다고 한다면 이것은 임상 의학이 존중해야 될 기초 의학의 발견으로서, 모든 논의는 여기서 출발해야 된다. 그렇지 않다면 형식적 논의밖에 되지 않는다. 또한 사회적 질병을 치유하기 위한 법학의 의학적 역할과 목적은 명목적으로 떨어지게 된다.[8]

지금 논의되는 정당뿐만 아니라, 헌법상 보장되는 공식적인 국가 제도, 그리고 여러 종류의 공식 조직, 기업과 같은 회사법상의 조직, 공익 목적이 인정되는 비영리 법인들, 그리고 여러 수준의 교육 기구들과 같은, 모든 넓은 의미에 있어서의 공식 제도로서의 각종 기구를 보

---

8) 김철, 종합토론자, 『입헌민주주의의 실현과 정당』, 한국헌법학회 제21회 학술대회, 연세대학교 광복관, 2002년 4월 20일.

자. 보편적 의미에서, 2차 대전 이후의 문명사회에서는, 서양 법 전통에서 확립된, 근대 시민사회 이후의 조직 원리가 "문명사회의 일반 원칙"9)으로서 확립되어 왔다. 그런데 한국의 각종 공식 조직의 조직 원리를, 기초 사회 과학자가 탐구한 바에 의하면 – 외국의 학자가 아니고 한국의 실상과 그 명목적 형식을 잘 구별할 수 있는, 한국의 유수한 학자들의 기초 과학적 탐구에 의하면 – 어떤 수준의 공식 조직이든, 그 명목과 형식을 초과하여, 가장 핵심이 되는 조직 원리의 실상을 추출한다면, 근대 이후의 시민 사회의 조직 원리가 각종의 법 원칙으로 확립된 사회와는 상당한 거리가 있다는 것을 발견하게 된다. 어떤 사회학자들에 의하면(최재석, 1992; 박영신, 2002), 이 조직 원리는 "가족주의" 또는 "유사 가족적 조직 원리"에 기초하고 있다10)고 한다. 이 유사 가족적 조직 원리는 간단히 줄여서 "가족주의"라고 한다.11) 이 가장 원초적인 조직 원리를 제외하고 한국의 공식 조직 – 정부의 차원에서부터 각종 공조직을 거쳐서 가장 단순한 비공식 조직에 이르기까지 – 을 관찰하거나 기술하거나 규제하려고 하거나 할 때는, 항상 형식주의(形式主義)에 빠지거나 명목주의(名目主義)에 그쳐서 아무런 실효 있는 논의나 치유책이 나오지 않게 된다. 논의는 항상 이중성을 띠게 되는데, 즉 형식적 외관에 입각하면 가장 근대적인 언어에 의한 논의가 나오게 된다. 그러나 이른바 "유사 가족주의"에 입각한 핵심조직의 문제에 가서는, 더 이상 학문적이거나 근대적인 사회과학적 용어에 의해서 접근할 수가 없다. 거의 모든 한국의 공식 조직이나 법인 조직은 이와 같은 인격의 이중성을 가지고 있다고 보고된 바 있다. 그렇다면

---

9) "문명사회의 일반 원칙"이 공법 원칙으로 나타난 것으로는, 청문 절차(hearing)를 들 수 있다. 공법상의 청문 절차에 대해서는, 김남진, "행정상의 청문 절차", 행정판례연구회 편, 행정판례연구(1)(서울대 출판부).

10) 박영신, "우리나라 권위구조의 정신분석학", 『정신분석학과 우리사회』, 한국사회이론학회, 2001년 가을/겨울호, 2002년 2월 28일.

11) 최재석, 『한국인의 사회적 성격』(서울: 개문사 1992).

그것의 내면성은 형식적인 사회과학 용어로서는 접근할 수 없다. 보다 침투적이고, 보다 근본적이며, 외관적 합리주의가 아닌 새로운 언어로서 접근하지 않으면 안 된다. 예를 들어, 법인의 외관으로서의 근대 합리주의적 조직은, 내면에 있어서의 비합리적인 조직 원리와 착종하고 있다. 비유한다면 흡사 지난 시대의 인격의 내면이 근대인의 외부적 양식과 동거하고 있는 시대착오적인 인격을 보는 것 같다. 문제 해결을 위해서 필요한 것은 이 갈등이 심한 인격 — 법인격을 포함해서 — 을 어떤 새로운 과학적 기법을 통해서, 말하자면 있는 그대로의 병리 현상을 의학자와 같이 파악하는 일이다.

스위스의 국제 경영 개발원(IMD)이 2014년 5월 21일 발표한 '2014년 국가경쟁력 평가'에서 한국은 총 60개국 중 26위를 기록했다. 경쟁력 순위가 후퇴한 것은 2008년 이후 6년 만이다. 국가 경쟁력 하락에 가장 큰 영향을 끼친 요인은 정부 효율성으로, 20위에서 26위로 급전직하했다. 기업 효율성은 2013년 34위에서 올해 39위로 5단계 하락했다.[12] 세부적으로는 공공재정이 9위에서 24위로, 제도적 여건이 19위에서 25위, 기업 관련법이 39위에서 42위로 하락했다. 법과 제도의 틀이 기업경쟁력을 촉진하지 못하고(48위) 기업 효율성 중에서 회계 감사의 적절성(59위), 기업 이사회의 회계경영감독(58위)이 꼴찌 수준을 기록해 기업을 감시 감독하는 사회적 안전판이 제대로 작동하지 못하고 있다는 문제점이 부각됐다.

---

12) 전범주, "한국 국가경쟁력 26위로 4단계 추락", 매일경제 2014년 5월 22일 1면.

참고문헌

김용호, 지정토론자, 『입헌민주주의의 실현과 정당』, 한국헌법학회 제21회 학술대회, 연세대학교 광복관, 2002년 4월 20일.

김철, 종합토론자, 『입헌민주주의의 실현과 정당』, 한국헌법학회 제21회 학술대회, 연세대학교 광복관, 2002년 4월 20일.

박병섭, "국회기능의 정상화와 정당", 『입헌민주주의의 실현과 정당』, 한국헌법학회, 제21회 학술대회.

박영신, "우리나라 권위구조의 정신분석학", 『정신분석학과 우리사회』, 한국사회이론학회, 2001년 가을/겨울호, 2002년 2월 28일.

방승주, "권력구조의 민주화와 정당 – 야당기능의 활성화와 당내 민주주의를 중심으로 – ", 『입헌민주주의의 실현과 정당』, 한국헌법학회 제21회 학술대회 연세대학교 광복관, 2002년 4월 20일.

이종수, "선거과정의 민주화와 정당", 『입헌민주주의의 실현과 정당』, 한국헌법학회 제21회 학술대회.

전범주, "한국 국가경쟁력 26위로 4단계 추락", 매일경제 2014년 5월 22일 1면.

최재석, 『한국인의 사회적 성격』(서울: 개문사 1992).

해롤드 버만 지음, 김철 옮기고 정리함, 『법과 혁명1 – 서양법 전통의 형성1』 (파주: 한국학술정보(주), 2013).

Ackerman, N.W., Beatman, F.L. & Sherman, S.N. (Eds.) (1961). *Exploring the base for family therapy: papers from the M. Robert Gomberg Memorial Conference* (held on June 2 and 3 1960, at the Academy of Medicine, New York, N.Y.) Family Service Association of America: New York.

Adorno, T. W. Else Frenkel – Brunswik, Daniel J. Levinson. R. Nevitt Sanford,, *The Authoritarian Personality*, Preface xi, Harper& Brothers(1950).

Bettina Kaehler, *Innerparteiliche Wahlen und repaesentative Demokratie*, Hamburg 2000, S. 43 ff.(간접 인용).

Janowitz, Morris, Bettelheim, Bruno, *Dynamics of prejudice: a psychological and sociological study of veterans*(New York: Harper, 1950).

Massing, Paul W., *Rehearsal for Destruction: A Study of Political Antisemitism in Imperial Germany* (1949, 1967).

Lowenthal, Leo, *Prophets of Deceit* (written with Norbert Guterman in 1949),
  Literature and the Image of Man (1957) and *Literature, Popular Culture,
  and Society* (1961).

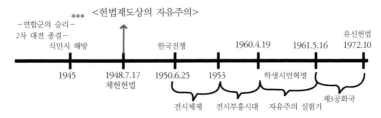

자유주의의 전개과정 – 한국의 맥락

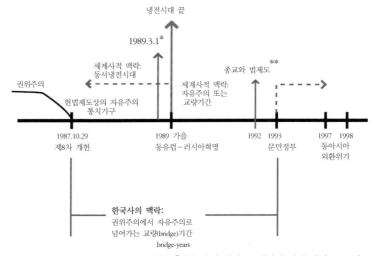

(출처: 『법과 경제 질서: 21세기의 시대 정신』 p.56의 도표)

* 『러시아–소비에트법연구– 비교법문화』– 러시아법 역사에 있어서의 자유주의, 김철.
** 권위주의에서 자유주의로 넘어가는 교량기간(동유럽 혁명, 한국에서 1980년대 후반에서
  1990년대 초까지의 기간)에 종교와 법제도가 서로 어떤 작용을 통해서 새로운 법제도를
  만드는가의 역사적 의문에 답하기 위해서 서양법제도의 역사에 대한 Harold Berman의
  업적을 한국에 처음으로 소개한 것이다.

10

치유적 법학과
심층 심리학적 법학

IDENTITY
Youth
and
Crisis

a Pelican Book

Childhood
and Society

Erik H. Erikson

While tribes and nations, in ma
ntuitive ways, use child trainin
the end of gaining their partic
form of mature human identity

unique ver   integrity, they

유기천(Paul K. Ryu, 1915~1998)(왼쪽 페이지 좌)

에릭 에릭슨(Erik Homburger Erikson, 1902~1994)(왼쪽 페이지 우)

1909년의 단체 사진(오른쪽 페이지 앞줄 왼쪽부터)
지그문트 프로이트(Sigmund Freud), 스탠리 홀(G. Stanley Hall), 칼 융(Carl Jung)

한국의 사회적 갈등 수준은 세계적으로 어느 정도가 될까?(이 책, 4장 3절)

사회적 갈등과 정치적 갈등은 경제학자들에 의해서, "정치적·사회적 안정"이라는 항목으로 리스트에 오르게 되고, 어떤 국가가 경제적 성취를 우선으로 삼을 때에도 중요한 결정 요인으로 계산된다. 공평하지 않다는 느낌이나, "부분의 희생 위에 다른 부분이 성공하고 있다"라는 느낌이나, "헌신과 능력의 대가는 반드시 보상받는 것은 아니다"라는 느낌은 상대적 박탈감을 야기하며 사회적 갈등의 원인이 된다.

차별을 없애서, 사회의 통합을 이루는 것이 헌법상 평등권의 역할이라면, 한국에서의 헌법상 평등 조항은 그 형식적 파악과 개념적 해석 때문에 사회적 통합을 이루는 중요한 역할에 철저하지 못했다고 할 수 있다. 부분을 희생시켜서 다른 부분을 번영케 하는 그런 요소가 한 국가에서 계속된다면 갈등은 해소되지 않을 것이고, 사회 통합은 힘들어지며, 명목적인 정치 통합만으로는 진정한 국가적 통합을 이룰 수 없을 것이다. 이 글은 사회적 갈등의 원인으로서의 불공평과 차별, 그리고 노력과 헌신에 따른 정당한 보상을 받지 못하는 사회의 다른 부분을 대상으로 하는 것이다.

10장의 글은 세계 제2차 대전 이후의 자유주의 국가의 헌법이 공통적으로 채택한 평등권과 차별의 문제를 다룬 것이다. 형식주의적 접근이 아니라 평등권의 대상이 되는 사회적 차별의 문제를 심층심리학을 도구로 해서 다룬 것이다.

또한 이 글은 심층심리학을 한국사회와 한국법학의 근본적인 문제에 본격적으로 적용한 예로서 기억될 것이다. 심층심리학의 법학에의 적용은 1960년대에 형법학자 유기천에 의해서 도입되었으나, 1972년 이후 한국에서는 거의 절멸되다시피 했다. 여기서는 한국사회의 병리현상으로 지적되는 집단주의에 의한 차별의 심리학적 기원을 분석하고 있다. 이 글이 처음 구상된 것은 1977년 제4공화국 때였으며, 집필된 것은 2002년 이어서, 구상부터 완성까지 25년이 걸렸다고 할 수 있다(김철, 2002 & 2007).

– "사회적 차별의 심층심리학적 접근 – 법 앞의 평등의 내실을 위하여", 한국사회이론학회, 『사회이론』 통권 제20호(2002년)의 2장, 3장, 4장, 5장, 6장, 7장, 8장과 『한국 법학의 철학적 기초 – 역사적, 경제적, 사회·문화적 접근』(2007년, 한국학술정보(주))의 제3부 2장 2절, 3절, 4절, 5절, 6절, 7절, 8절에 게재된 것을 따로 독립시킨 것

1. 사회적 차별(Social Discrimination)

사회적 차별이 권위주의 문화(authoritarian personality)의 문제였다면, 최근의 한국사회에 있어서의 가장 뿌리 깊은 문제는 무엇인가?

국가사회의 전반적인 문제(정치, 경제, 행정, 교육, 법의 집행과정, 검찰, 경찰)에 있어서, 국민들이 느끼는 불만은 어떤 것인가? 확실한 부패의 증거와 함께, 확증 없이 부패하다고 얘기할 수 있는 이유는 무엇인가? "이것은 공평하지 않다"라는 근본적인 느낌이다.

기업, 공공조직체, 학교와 같은 부분사회에서 구성원으로서의 시민들이 느끼는 불만은 또한 무엇인가? 어떤 표현이든 간에 "우리 다 같이 짐을 지고 있다" 또는 "공동체가 건재하며, 각자가 공동체를 위해서 헌신하고 희생하고 있다"라고 느낄 수 있다면 대단히 다행한 사례이다. 쓰디쓴 느낌은 그 반대로서 "부분의 희생 위에 다른 부분이 성공하고 있다", "헌신과 능력의 대가는 반드시 보상받는 것은 아니다"라는 것이 아닐까? 즉, "일상적으로 표현할 수는 없지만 공평하지 않다"라는 느낌은 의외로 넓게 퍼져 있다.

공평하지 않다는 것은, 개인으로서나 또는 개인이 속한 집단으로서나 전반적인 양상은 아닐지라도 부분적으로 또는 중요한 기회의 문제에서 차별받고 있다는 것을 의미한다. 박탈감이라는 것도 물론 절대적 박탈이 아닐지라도 상대적 박탈감 같은 것이 향상과 업적의 기회에 있어서 작용하고 있다면 이것은 결국 차별받고 있다는 것을 느끼는 것을 의미한다.

1.1. 차별 금지와 법 앞의 평등

차별의 사회심리학적 현상보다 한국인이 바야흐로 진입하고 있는 시민문화와 법문화의 영역에서 차별 금지의 국민적 약속인 헌법조항을 보도록 하자. "법 앞의 평등"은 헌법적 평등의 기본언어인데, 한국의 대중문화가 가장 오도하기 쉬운 시민문화의 언어가 되었다. 명료하게 적혀 있는 대로, 모든 국민은 법 앞에 평등하다. 누구든지 성별, 종교, 또는 사회적 신분에 의하여 정치적·경제적·사회적·문화적 생활의 모든 영역에 있어서 차별을 받지 아니한다(한국 헌법 제11조 제1항). 사회적 특수계급의 제도는 인정되지 아니하며 어떠한 형태로도 이를 창설할 수 없다(한국 헌법 제11조 제2항).

차별은 합리적 차별과 불합리한 차별로서 생각할 수 있다. 합리적 차별은 자격요건(Qualification)이나 특수한 능력에 근거한 구별을 얘기한다. 예를 들어서 어떤 전문직, 특수한 직업 또는 어떤 역할에 있어서, 그것의 수행에 꼭 필요로 하는 조건이 있다면(예를 들어서 대륙 간 여객기의 기장의 자격요건 같은 것이다) 그 조건에 의해서 구별하는 것이다. 따라서 고공공포증이 있는 사람을 최신 전투기 파일럿에서 제외하는 것은 합리적인 구별이다.

1.2. 불합리한 차별과 인사(人事)

불합리한 차별은 이와 반대이다. 어떤 조직에서 인사충원을 하는데 그 조직이 공식적으로 필요로 하는 역할 수행에 있어서의 자질, 능력, 경력, 성실성을 직업에 필요한 조건(Job-Necessity)이라 한다면 이러한 조건 이외의 것에 의해서 인사충원을 한다면 그 조직은 사회적 차별을 한 것이 된다.

한국 사회의 공식조직이 그 인사(人事)에 있어서 만약 직업에 필요한 조건(Job-Necessity) 이외의 것에 의해서 결정을 한다면----------무엇에 의해서? 이 물음은 오랫동안 한국사회를 근본적으로 흔들어 왔던 문제라고 할 것이다.

1.3. 왜 차별하게 되는가? 편견, 스테레오 타입, 순응주의자

우선 한국인의 성격적 특징에 주의한다면 사회적 차별의 심리학적 근거로서 편견(prejudice)의 정도를 주의할 수 있다. 편견의 문제와 함께 스테레오 타입(stereotype)의 문제도 있다. 이와 함께 어느 사회나 문제되는 것이 소수집단(minority)의 위치[1]와 비순응주의자(nonconformist)/순응주의자(conformist)의 대치, 가장 넓은 뜻에서의 사회적 종교, 즉 신조, 믿음 같은 것이 이유가 되는 미워함, 혐오 같은 것을 들 수 있다.[2]

이제 우리는 비로소 최근 한국병의 가장 흔한 표현을 정면으로 면대할 단계에 이르렀다. 어떤 사회과학자도 공통적으로 쓰는 표현, 어떤 언론도 비정상적인 사회현상을 기술하면서 그 원인으로 지적하자마자 문장이 끝나는 표현. 어떤 사회적 인과관계론의 기술(記述)도 막다른 골목에 이르러는 마지막 문제, 즉 지연(地緣)·혈연(血緣)·학연(學緣) 및 계층의 문제이다. 실로 한국에 있어서의 불공평의 원인으로 가장 자주 지적되며, 동시에 차별의 원인으로 마지막으로 지적되는 문제들이다. 이것들 앞에서는 지금까지의 모든 사회과학적 분석도 입을 다물 수밖에 없었다. 이 문제는 "인간의 역사에서 다른 문명, 다른 문화에서는 어떻게 다루었는가?"라고 물어보는 경우가 드물었다. 역사의 교훈에서 인간이 다른 인간 집단에 대해서 어떻게 반응하는가의 문제는 의외로 많은 선례가 있다. 가장 대규모의 관찰은 역시 서양사의 중요부분이 될 기독교회의 역사와 함께 이른바 기독교 국가의 후예들이 역사적 존재로서의 유대인들에 대한 반유대주의의 역사에서 발견된다. 반유대주의의 심리학이라고 할 만한 성과들이 2차 대전 이후 나타났

---

1) T. W. Adorno 들, *The Authoritarian Personality*, (Happer & Brothers, New York, 1950.) preface ix.
2) 위의 사람, 위의 책, 위의 페이지.

는데, 이들이 발전시킨 개념이 "권위주의적 인간형"이다.

나치즘의 정치지도자·사회지도자·문화지도자·교육지도자·종교지도자들은 인간을 집단주의 방식으로 분류하였다. 즉, 아리안 민족의 순수 도이치인은 하나의 큰 집단으로 분류된다. 순수한 혈통의 도이치인은 여러 가지 점에서 다른 종족과 구별되는 우수함이 있다. 이를 증명하기 위해서 그들은 유전학자·우생학자·의학자들을 동원하였다. 유대인들은 그 사회 계층이 어떠하든 그 삶의 실상이 어떠하든 하나의 집단으로 구별된다. 그리고 그들의 도이칠란트 국가에서 유대인 집단의 역사적 해악은 "유대인 문제"로 등장한다. 실로 도이칠란트 국가 사회주의 체제하에서 사회문제 해결을 유대인 문제 해결로부터 출발하려 한다. 한국인의 집단주의는 물론 아직 세계 역사상에서 기록될 만한 정도는 아니다. 그러나 한국민의 지역주의, 지역을 근거로 한 정치 경제 문화의 할거와 분파, 이와 비슷한 양상으로서의 애초에는 온건했으나 확장되고 과장되면 위험한 요소를 지니게 되는 지역주의와 연결된 혈연주의(신세대에 있어서는 많이 약화되었을지도 모르겠다. 그러나 가족주의가 만약 실제 혈연가족 중심에서 약화되었다면 유사 가족주의라 할 만한 상징적인 가족주의가 또 다른 조직 원리로서 등장하게 되었다고 할 수 있다) 또는 유사 혈연주의(유사 가족주의)가 지적되고 있다.

2. 집단주의

2.1. 중세의 삶의 양식(樣式)으로서의 집단주의가 사회적 차별의 원인이다

중세 세계에 있어서 인간의 파악은 한 개인의 고유한 인격으로 파악하는 경우는 드물었다. 왕 또는 뛰어난 성직자 또는 사회계층의 최상위에 속하는 지배계급으로서 그 인격적 특징을 주목하지 않으면 안 되는 경우를 제외하면, 대부분의 평범한 사람들은 사람의 개체로서 파악되지 아니하였다. 예를 들어서 바바리아의 농부 아무개는 개체로서 파악될 필요가 없다. 바바리아의 어느 지방 장원(莊園)의 농부 500명 중 한 사람으로 족할 뿐이다. 마찬가지로 브레멘 시의 양초 제조업자 누구는 독자적으로 파악될 필요가 적다. 그 시의 양초 제조업자 300명 중 한 사람으로 족할 뿐이다. 그의 사회적 활동은 양초 제조업자 조합의 일원으로서 행해진다. 중세의 사회구조는 장원경제, 길드 경제, 수공업자 경제와 같은 단위로 편성되어있었다. 토지를 중심으로 할 때 봉건제도는 수많은 영지(領地), 즉 그 규모와 지배력에 있어서 차이가 있는 수없는 귀족령(貴族領)으로 구성되어 있었다. 여러 영지는 경우에 따라 다르겠지만 제각기 독자적인 방어력을 준비하고 축성술이든지 건축술을 발달시켰다. 어느 도시의 구성원은 독자적인 운명을 가질 수 없었다. 집단 방위와 집단 자위(自衛)는 그들의 생존의 문제였다. 물론 중앙집권적인 국가의 형성이 어느 정도 이와 같은 지역적 집단성을 해체하였다. 그러나 시민혁명에 의해서 독자적인 시민계급이 주도적으로 국가를 형성하지 아니한 국가에 있어서 여전히 봉건적 집단주의와 중앙집권적인 관료 혹은 군대와의 갈등을 해소할 수는 없었다. 관건은 근대사회를 개방화시킨 시민혁명의 여부이다. 왜냐하면 시민혁명은 근세 절대주의를 붕괴시켰을뿐더러 그 효과로서 실로 근세 절대주의를 지탱시킨 계급주의적 봉건제도를 해체하였기 때문이다. 프랑스의 경우 제3계급의 출현과 이들에 의한 제1의 계급과 제2의 계급, 즉 당시의 지배세력의 부인은 결과적으로 봉건적 지배세력의 부인이었기 때문이다. 토지를 생산의 유일한 수단으로 장악하고 있는 대 토지 소유자는, 봉건제도에 있어서는 동시에 정치적 지배자였고 종교기구에 있어서도 영향력을 장악하고 있었다. 1789년 당시 신흥 부르주아지는 절대주의 왕권에뿐만 아니라 봉건제도 하에서의 지배세력을 붕괴코자 하였다. 시민혁명에 의해서 비로소 인류는 중세 아니 고대이후의 집단주의적 생활양식과 집단주의적 사회제도, 경제제도에서 벗어날 수 있었다. "우리는 인간이 태어날 때부터 자유롭고 평등하다는 것을 믿는다"라는 것은 언어의 21세기적 의미에서 평등주의의 고창이 아니다. 중세적 근세 절대주의적 질곡에 메이고, 중세적 근세 절대주의적 집단주의 방식에 의해서 삶의 양식이 억압당한 사람들의 자기 발견이자 집단주의적 인간관에 대한 해체선언이다.

2.2. 현대의 전체주의적 질서로서의 집단주의가 사회적 차별을 행하게 했다

다시 현대사로 돌아가기로 한다. 나치즘의 지도자들이 "유대인 문제"를 일거에 해결하기 위해서 모든 유럽의 유대인을 몇 개의 집단수용소에 집중시키기로 했을 때, 도이칠란트 지배하의 전 유럽의 유대인의 상황은 어떠했을까? 유럽 중 네덜란드의 유대인 집단의 상황과 체코에 있어서의 유대인의 상황이 같지 않았을 것이다. 또한 뮌헨 부근의 유복한 전문가 계층의 유대인과 북해 연안의 유대인 자영상인의 상황이 같지 않았을 것이다. 더욱 자세히 생각해본다면 나치즘 자체에 대한 협조 또는 저항의 정도도 유대인의 계층에 따라서 그들의 구체적인 문화에 따라서 같지 않았을 것이다. 그러나 어쨌든 나치즘의 "유대인 문제" 전문가들은 전 유럽의 모든 유대인을 단 하나의 집단으로 환원시키고 몇 개의 수용소에 집중시켰다. 600만의 제각기 다른 개별인의 역사가 다른 사람들이 단 하나의 범주에 의해서 분류되고 그 운명이 결정되었다. 이것이 집단주의적 방식의 해결이다. 이미 지나간 역사에 속하는 일이어서 현대인들은 별로 감흥이 없어 하지만, 스탈린

헌법 시대(1930's)의 스탈린의 해결 방식 또한 대규모의 집단주의 방식이었다. 그는 정치적 반대자, 이단자, 비순응주의자, 예외를 주장하는 자, 국가 이데올로기를 받아들이지 않는 자들을 흉악범과 같은 범주로 취급하였다. 따라서 이제는 고전이 된 거대한 "수용소 군도"가 이들 집단을 격리하기 위해서 만들어졌다. 스탈린의 눈에는 그의 소비에트 러시아의 인민이 단 두 개의 범주로, 즉 단 두 개의 집단으로 분류되었다. 순응하는 자(conformist)와 순응하지 않는 자(nonconformist)의 집단이다.

역사의 객관적 모습은 흐름에 따라서 달라진다. 그러나 거대한 숫자의 자기 국민을 단 두 개의 집단으로서 구별하는 권력자의 집단주의적 분류법은 다른 역사에 있어서도 나타난다.

역사의 객관적 정황은 물론 스펙트럼의 다른 구분이라고 할 수 있다. 그러나 사회심리학이나 정신분석학의 빛에 밝혀진 심리적 특징의 단순화는 의외로 이들 인물들의 공통된 내면세계를 드러나게 해 준다. 순응하는 사람(conformist)이냐, 순응하지 않는 사람(nonconformist)이냐의 문제는 "권위주의적 인간형"의 조사자이자 보고자였던 아도르노들에게는 집단 내부인(in-group)이냐 **집단 외부인(out-group)이냐의 극단적인 차별의 태도**로 측정되었다.[3]

---

3) T. W. Adorno 들, *The Authoritarian Personality*, Happer & Brothers, New York, 1950 또한 Ithiel De Sola Pool, chapter 25 Public Opinion p.790, *Handbook of Communication*, Rand McNally College Publishing Company, chicago, 1973.

3. 권위주의 인간형

3.1. 에릭 에릭슨은 신프로이트학파로서 사회와 인격의 상호작용을 리비도보다 중요시했다

현대의 사회 심리학자들은 임상 경험을 중요시하는 네오 프로이디안들이다. 훨씬 나중의 이야기이지만, 에릭 에릭슨(Erik Erikson)은, 그의 수련기에 즉 2차 대전 이전에 비엔나에서 아동 치료를 위한 임상훈련을 받은 적이 있다. 공식 학력으로는 도이치어 문화권에서 김나지움을 졸업한 것이 거의 전부이다. 대전의 격류 속에서 아메리카로 옮아간 그는 피츠버그의 아동치료 연구소에서 임상에 열중하였다. 그의특징은 초기 프로이트의 중심 개념이었던 리비도의 현실 세계에 있어서의 투사에서 벗어나서 차츰 사회가 아동의 발달에 미치는 상호 관계에 주목하였다. 『어린 시절과 사회』(*Childhood and Society, 1950*)에서 그는 인간의 아동기의 발달 심리학이 사회와 어떤 연관을 가지는지 주목하였다. 고교(오스트리아의 김나지움) 졸업생으로서, 드디어 58세에 하버드의 발달심리학(human development) 정교수가 되었다. 이후 그의관심은, 세계사에 있어서의 특이한 인격이 그 인격의 성장기의 사회사와 어떤 상호 주고받음을 통해 성장하였는지에 던져졌고, 개별 인격의전기에 그친 것이 아니라, 정신분석학적 전기의 연작이 연이어 나타났다. 『아돌프 히틀러의 정신분석학적 전기』(Erikson, 1964)를 비롯해서; 잘 알려진 것으로는 마틴 루터의 정신분석학적 연구로서 『청년 루터』(*Youngman Luther*, 1962), 그리고 인도 건국의 아버지인 마하트마 간디의 정신분석학적 전기로서 『간디의 진실』(*The Truth of Ghandi*, 1969), 그리고 1차 대전 이후의 베르사유 조약과 약소민족 해방 조항과 관계있는 우드로 윌슨의 정신분석학적 전기가 연이어 나타났다. 청년심리

의 일반이론으로서 그는 『청년; 동일성의 위기』(*Youth; Identity Crisis*)를
내놓아 이후의 인문사회과학 일반에 동일성 위기 또는 정체성 위기
(Identity Crisis)라는 정신분석학적 용어를 통용시켰다.

3.2. "정신 병리학과 정치"(1930)에서의 사례 연구와 "권위주의적 인 간형"(1964)에서의 실지조사

시대를 거슬러서 프로이트의 이론을 정치적 행태의 연구에 적용한 선
구자는 해롤드 라스웰이다.[4] 그는 『정신병리학과 정치』(*Psychopathology
and Politics*, 1930)에서 정신 치료로 끝난 열두 사람 이상의 정치가들의
병력 연구를 출간하였다. 해롤드 라스웰은 원래 예일대 로스쿨의 교수
였는데; 학제적 연구의 아메리카에 있어서의 선각자로 알려지고 있다. 해
롤드 라스웰의 연구는 아마도 2차 대전 이후의 호르크하이머(Horkheimer)
나 아도르노(Adorno) 같은 사람들에게 영향을 주었을 수가 있다. 라스
웰의 연구뿐만 아니라, 시대는 훨씬 나중이나(1964) 앞서 얘기한 에릭
에릭슨의 히틀러의 정신분석학적 연구가 크게 보면 역시 1950년에 발
표된 아도르노들의 "권위주의적 인간형"의 실증적 조사 연구와 같은
맥락일 수가 있다.

아도르노의 연구의 특징은 사회 철학적인 경향이 아니고 실지 조사
를 행한 데 있다. 예를 들면 그는 이 주제에 맞는 문항을 만들고 이
주제와 관련 있는 태도를 측정하기 위해서 사회조사 때 흔히 행하는
질문지를 사용하였다. 조사 대상인 그룹으로는 예를 들어서 1945년 1
월부터 5월까지 캘리포니아대학 성인 교육반 여자 140명, 남자 52명,
또한 같은 대학 통신교육 심리학 클래스 성인 여자 40명, 그리고 전문

---

4) Ithiel De Sola Pool, chapter 25 Public Opinion p.789, *Handbook of Communication*,
   Rand McNally College Publishing Company, Chicago, 1973.

직을 가진 여자들, 즉 공립학교 교사, 사회사업가, 공공보건에 종사하는 간호사들 63명 등 총 295명에 대해서 사회조사를 실시하였으며 1945년 여름에는 다른 질문지(Form 60)에 의해서 오리건대학 여학생 47명, 그리고 오리건대학과 캘리포니아대학 여학생 54명, 그리고 오리건대학과 캘리포니아대학 남학생 57명, 그리고 오리건 주의 사회봉사 클럽 예를 들어 라이온스 클럽, 로터리 클럽의 남자 68명, 그리고 또 다른 오리건 사회봉사 클럽 남자 60명, 합계 286명에게 사회 조사를 행한 것이다. 이와 같은 방식으로 총 2,099명에게로부터 질문지를 회수하여 분석하였다. 지역·직업·계층·성별 등 이 지면에서 일일이 밝힐 필요가 없는 사회조사의 기법을 통해서 권위주의적 인간형과 관계있는 여러 문제에 대한 태도 분석을 행하였다.[5]

3.3. 반작용 형성(reaction formation)[6]은 프로이트적인 개념이다

예를 들어 전투적인 평화주의자를 본다. 그는 전쟁에 너무 사로잡혀서, 외면적으로 폭력적으로 전쟁에 반대하는 시위를 벌인다. 다른 예는 정치가들은 모두 사기꾼이고 악당들이라고 주장하는 견유파 통속 철학자를 들 수 있다. 이윽고 그는 세상이 모두 그러니까, 만약 같은 기회가 자기에게 생기면, 그 자신은 스스로를 잘 챙겨서 약고 현명하게 처신해야 되겠다고 결론짓는다. 두 가지 극단적인 예에서 정신분석학을 배경으로 하는 관찰은 다음과 같은 가설을 내놓을 수가 있다. 즉, 어떤 개인이나 그룹은 어떤 특별한 주제에 너무나 사로잡히고 관심이

---

5) 아도르노들, 앞의 책, Introduction p.21, p.22.
6) Andrew W. Watson, M.D., Ⅳ. The Ego and its Defenses, Reaction Formation p.167, *Psychiatry for Lawyers,* (International Universities Press, Inc. New York, 1978.) 논문 필자는 University of Michigan Law School에서 Watson 교수에게 직접 Psychiatry for Lawyers의 강의를 들었다. 당시 Watson 교수는 의과 대학원과 법과 대학원의 양 대학의 교수를 겸직하고 있었다. 그는 정신과의 출신의 정신병리학자이다.

많기 때문에, 그 결과로는 그 주제의 (전쟁, 권력이 주는 기회) 정반대의 극단(절대 평화, 죽림칠현)을 나타내는 행태나 견해를 표명한다는 것이다. 그래서 괴벨스 같은 사람이나 괴링 같은 사람은 애완동물이나 작은 생명체에 대해서 열렬한 관심을 보이는 생활을 할 것이며; 레닌은 러시아 차르의 압제에 대해서 맹렬히 분노하나 "노동계급을 해방하기 위해서" 그 자신의 압제 체제를 확립할 것이다.[7]

앞의 예가 정신분석학적 문헌에서 "반작용 형성(reaction formation)"이라고 부르는 것이다. 반작용하고 있는 어떤 사람은 그 자신에게나 다른 사람에게 그는 그와 같은 충동을 전혀 가지지 않고 있다고 증명하기 위해서 극단적인 행태에 의해서 그의 무의식적인 충동에 대해서 그 자신을 방어한다. 아마도 지나치게 지독한 교도소의 형무관이나 지나치게 경직된 법 집행의 공무원의 예를 들 수 있을 것이다. 즉, 『레미제라블』에서 장발장의 뒤를 쫓는 테나르디에는 그의 내부에 있는 반사회적 충동에 대해서 그 자신을 방어하기 위해서 그 반사회성의 반대되는 극단의 권화가 될 것이다. 개인의 문제를 떠나서 사회적 분위기의 예를 한국사회에서 들어보자. 즉, 부패의 소식이 나날의 대부분의 뉴스를 점하게 되는 일상에서는, 물질적으로 부족함을 느끼는 많은 서민들은 그들이 내부에서 동일한 강한 유혹을 느끼기 때문에, 결과적으로는 오히려 더 "단정해지고" 어떤 경우에는 그렇게 행동하지 않아도 좋을 때에도 "그 자신의 결백을 증명하기 위해서" 극단적으로 경직한 태도를 보이게 되는 수도 있다. 법집행의 말단에 있는 공무원들이 민원인들에게 지나치게 으르렁 딱딱거리는 지난날의 관행은 대체로 이와 같이 설명될 수 있다. 이런 사회 분위기는 이중의 어려움을 주는데, 막상 결정권을 가진 계층들은 아무런 양심의 가책 없이 큰 거래를 성립시킨다. 결정권을 가지지 않은 사소한 관료나 사무원들은 별것 아닌

---

7) Ithiel De Sola Pool, 같은 장, 같은 책, p.789, p.790.

일에 대해서 지나치게 엄격하고 "그들 조직의 결백성을 증명하기 위해서" 어떤 경우에도 기계적이고 형식적인 법해석으로 대처하려 한다.

고전적인 연구로서는 해롤드 라스웰이 1930년에 발표한 사례 연구가 있다. 어떤 사람은 그 자신의 불법적인 충동에 너무나 사로잡혀서 드디어는 일절의 "단정하지 않은" 모든 풍속을 일소하는 캠페인에 나서게 된다. 또 다른 사람은 그 자신의 용인할 수 없는 폭력에의 충동에 사로잡혀 드디어는 반전 운동의 십자군으로 나서게 된다. 그런데 이러한 지나치게 반작용적인 행태는 외부 세계에 대해서는 더 중요하게 그 자신에게 대해서 그를 괴롭히고 있는 특별한 동기와 죄악에 대해서 그 자신은 절대로 죄가 없다는 것을 증명해야 한다. 그러나 이와 같이 지나치게 반작용하고 있는 사람은 끝까지 성공적으로 그 반작용을 끌고 나가는 경우는 드물다. 전형적으로는 강한 내적인 충동이 때때로 터져 나와 결과적으로 행동의 비일관성이나 견해의 앞뒤가 맞지 않음을 보여준다. 그래서 사람들은 "어떤 가치의 권화"와 같은 지도자가 그 행태에 있어서 앞뒤 모순되거나 전후 맥락이 닿지 않은 해석할 수 없는 애매모호함을 경험하게 된다.[8] 한국에 있어서의 이와 같은 해석은 권위주의적 지배체제의 주도자뿐만 아니라 권위주의 체제하에서 민주화 운동을 한 정치적 지도자에 대해서 적용될 수 있는지는 아직은 시기상조일지도 모른다. 그러나 그토록 민주적 가치와 인격적 존엄성을 깃발로 해서 압제에 저항했던 한 시대의 상징들이 일단 권좌에 올랐을 때 어떤 행태를 보여주었는가의 해석은 한국 문화의 통상적 콘텍스트에서 이루어질 일이 아니다. 해롤드 라스웰이 정치인의 내적 동기에 대해서 접근해 간 정신 분석학적 접근은 때로는 행위와 역사의 객관적 가치를 손상시키는 결과가 될지도 모른다. 그러나 명목주의와 외관주의가 그토록 오랫동안 사회와 국가를 지배해 왔던 동아시아의 나

---

8) Ithiel De Sola Pool, 같은 장, 같은 책, p.790.

라에 있어서 정치를 비롯한 결정적인 영역의 지도자에 대해서 "그 행동의 파탄이 가져다주는 영향이 너무나 파괴적이기 때문에" 외관과 명목을 넘어서서 그 동기에 있어서의 병리적인 실상을 과학적으로 탐구하지 않을 수가 없다.

4. 편견

4.1. 평균인의 상식과 그것을 넘는 노력

4.1.1. 평균적 상식, 편견과 차별

모든 사람은 어떤 의미에서 그 자신이 그 스스로에 대해서는 사회과학자라고 믿는다. 특별히 한국의 "평균적인, 보통의" 시민은 눈앞의 사회 현상에 대해서 누구나가 그 이유도 대고 대책도 얘기할 수 있다. 그만큼 사회과학은 시민의 일상적 생활의 물건이 돼 버렸다. 현상에 대한 평균인의 상식적 파악을 넘어서려는 것이 모든 사회과학자들의 방식과 목표를 결정해 왔다. 다시 한국의 최근 문제로 돌아가 보자. 차별과 도가 넘는 이익 이에 대한 박탈감과 그 결과로서 사회적 준거 틀의 부인과 같은 병리적인 사회현상의 원인으로 누구나 지적할 수 있는 것은 (택시 운전기사의 어조와 신문 칼럼을 쓰는 전문가급의 대학교수도 거의 같은 언어를 쓴다) 소위 지연·학연·혈연과 계층의 인과관계이다. 이 경우에도 반작용 형성의 예를 들 수 있다. 어떤 기회를 잡으려고 바람을 쫓은 한 청년이 그에게 없는 인연으로 인해서 기회를 놓치고 (그 인연에 대해서 그토록 사로잡혔기 때문에) 드디어는 일절의 학연을 부인하는(그러나 내심에서는 자신에게 그토록 상처를 주었던 어떤 인연에 대한 저항일 수도 있다는 것이 분석 심리학의 관찰이

다) 십자군적인 캠페인에 나설 수가 있다. 물론 이와 같은 노력이 악성적이고 병리적인 '인연주의'와 그 사회적 가치가 비교할 바 아니다. 행위의 객관적 가치는 그 동기에 대한 미시적인 분석과 달리 평가될 수 있다. 그러나 지나치다는 것이 모든 반작용 형성에서 오는 행위의 특징이라면 지나친 반작용으로서의 행위가 가장 원인이 되는 병리적 현상을 제거하기는커녕 그 효과로서는 오히려 악화시키는 경우도 있을 것이다. 사회현상의 문제를 접근할 때, 그것이 병리적인 것이냐 정상적인 생리현상인 것이냐를 구별하는 것이 우선일 것이다. 특별히 프로이디안적인 접근은 정상적인 생리현상에 대해서보다 병리적인 개인이나 개인의 집단에 대해서 진단과 처방을 가능케 할 수 있다. 훌륭한 의사는 환자의 자연적인 치유력을 존중하고 근본에 있어서 환자의 생명력을 존중하는 자이지, 극단적인 처방을 아무 환자에게나 내민다면 그 스스로가 언젠가는 오진과 잘못된 처방으로 책임을 지게 될 것이다.

다시 평균인의 상식을 넘어서 한국의 사회문제를 생각해보기로 한다. 흔히 지연·학연·혈연 및 사회적·경제적·문화적 계층과 일차 집단을 비롯한 귀속 집단이 모든 한국인의 공평한 기회를 저해하고 있다고 말해진다. 그렇다면 왜 지연·학연·혈연이 공평한 기회를 저해하는 것일까? 어떤 사람이 어떤 지역 출신, 어떤 교육 배경, 어떤 집안 출신이라고 해서 차별의 대상이 되거나 또는 불합리한 선호의 대상이 될 때의 문제일 것이다. 또한 그 정도가 지나쳐서, 소속 공동체나 작업 집단 또는 공식 조직의 일 자체를 심각하게 저해하거나, 여러 사람의 사기를 떨어뜨리거나, 표명되든, 표명되지 않든 간에 박탈감을 느끼게 하는 경우일 것이다. 즉, 각종 인연이 차별과 관계있을 때의 일이다.

이 문제는 한국의 사회 문제이자 한국의 역사 속에서 생성된 사회 구조의 문제이다. 그런데 어떤 원인에 의한 사회적 차별이 더욱 극적으로 드러나고 세계사의 조명에서 그 구조가 밝혀진 경우가 있다. 한 사회에서 특수한 사회 문제가 오랫동안 고질적으로 이어 왔다면, 그 질병은 의외로 다른 사회에서도 맹위를 떨쳐서 수백만을 살상한 병균체로 이미 보고되어 있을 수 있다.

2차 세계대전 이후의 전후 처리 문제는 여러 방면에서 진행되었다. 그런데 유독 한국에서는 잘 알려지지 아니한 문제가 전범 처리 문제, 전범 재판 문제와 같은 것이다. 본 글의 범위가 넘는 이와 같은 문제로 시작하는 것은 한국에 있어서의 사회적 대기가 그때그때의 정치적 주도세력에 의해서 형성되는 사회 이데올로기 또는 국가 이데올로기에 의해서 결정되며 세계사적인 보편적인 문제가 기이하게도 다른 문제에 (주로 권력의 문제) 덮여서 그냥 지나간다는 것이다.

동족을 아무런 귀책사유 없이 600만이나 살상당한 이스라엘 민족은 2차 대전 중의 사건들을 잊지 않았다. 그들은 전후에 무엇이 서양문화의 성전과 같이 간주되었던 문화권에서 조직적인 처형과 박해가 일어나게 했는가를 되물었다. 법과 질서와 이성의 문화에서 어떻게 해서 고대의 인종적이고 종교적인 적개심의 잔재가 남아 있어서 그토록 수많은 "교양 있으며 질서를 존중하는" 시민들이 그들의 동료시민들을 이유 없이 박해하는 것을 관용하였을까?[9]

서양 법 전통을 배경으로 한, 서양인이라면 다음과 같이 질문했을 것 같다. 왜 무엇이 이미 1960년에 시민혁명[10]에 비할 만한 놀라운 역량을 보여준 한국의 시민들로 하여금 1961~1979년과 그리고 1980~1993년의 권위주의적 정치 체제를 관용하게 했을까? 또한 왜 무엇이 그토록 오랫동안 열망해 왔던 "민주화와 자유화"가 일단 뚜껑이 열리

---

9) Max Horkheimer and Samuel H. Flowerman, *Foreword to Studies in Prejudice*, v, T. W. Adorno 들, 같은 책.

10) 통상 4.19로 불리고 있지만 이를 다시 해석하여 '1960년 봄 혁명'이라고 이름 붙여야 한다는 취지로는 박영신, "사회운동 이후의 사회운동", 『현상과 인식』 24권 4호, 2000년 겨울, 183~203쪽. 또한 같은 사람, "우리나라 권위구조의 정신분석학", 『정신분석학과 우리사회』, 한국사회이론학회 학술발표회 2001년 가을.

자 판도라의 상자와 같은 것으로 계속 보이게 되는 것일까? 무엇이 "옛날에 비해서는 더 부유해지고 더 유식해지고 더 많이 가진" 시민들로 하여금 더 불만스럽고 더 탐욕스럽고 더 외로워지고 공동체는 어디서나 해체되며 남는 것은 돈타령으로 만든 것일까?

사회적 차별이 한국사회에 존재한다. 그리고 그 사회적 차별은 가시적으로는 지연·혈연·학연 또는 개인이 속하고 있는 사회적·문화적·경제적 계층, 또는 여러 종류의 귀속 집단에서 온다고 주장되었다. 사회를 기계적으로 파악하지 않고 생태학적으로 관찰하는 경우에 어떤 수준의 자연적 성향을 발견하게 된다. 따라서 여러 자연적 성향이 어떤 정도의 분포로 보일 수 있다. 생태학적 군집성은 어느 정도는 자연 현상으로 인정된다. 어느 정도가 생태학적 수준이며 어느 정도가 병리적 수준인가는 사회적 질병에 대한 진단으로 판단되어야 한다. 지연·혈연·학연이 병리적으로 작용하는 경우에는 병리적 집단주의를 형성한다. 병리적 집단주의는 인간의 역사에서 가장 극단적으로 나타난 예로는 반유대주의와 같은 종족 말살의 기도로서 나타난다. 특정 종족에 대한 맹렬한 증오는 편견의 효과이다. 즉, 역사적으로 사회적 차별은 사회적 편견에서 온 것을 전후 사회심리학자들이 증명하였다.

4.2. 사회적 차별과 그 원인으로서의 편견의 문제

아도르노와 브른스윅(두 사람은 프랑크푸르트대학 소속) 그리고 르빈슨(Levinson)과 샌포드(Sanford)(두 사람은 버클리대학의 여론조사연구소 소속)는, 특정 종족이나 다른 소수민족에 대해서 적개심을 가지는 경우 그 적개심을 측정하는 스케일을 개발하고, 그 스케일을 E스케일이라고 불렀다[E스케일이라는 것은 종족 중심주의(Ethnocentrism)를 재는 스케일이라고 명명된 것이다]. 그들은 또한 내집단과 외집단을 극단적으로 구별하는 태도(polarization), 윤리적 문제에 대해서 경직되며 극단적으로 분리해서 판단하는 태도, 그리고 권위에 대한 의심 없는 지지의 태도와 같은 것을 측정하는 스케일을 개발했다. 이 스케일을 F스케일이라고 불렀는데 이 F는 파시즘(Fascism)에서 따온 것이다.[11]

이들이 개발한 두 가지 스케일, 즉 E스케일과 F스케일은 높은 정도로 상관관계가 있다는 것을 발견하였다. F스케일은 쉽게 쓸 수가 있고 또한 다른 변수들과 높은 정도로 상관관계가 있는데, 현대 사회과학에서 가장 널리 쓰이는 태도 측정 방식이 되었다.[12]

권위주의에 대한 후속의 문헌들은 F스케일의 해석을 바꾼 것이다.[13] 이때 문화 차와 사회계층의 차가 권위주의의 해석을 측정하는 데 매개 변수가 될 수 있다고 한다. 계속된 연구는 F스케일에 있어서의 질문지의 항목들이 언어적으로 어떻게 배열되느냐에 따라서 결과가 달라질 수가 있다고 했다. 예를 들어, 권위에 대한 태도의 문화와 계층에 따른 차이는 다음과 같이 구체적으로 나타난다. 즉, 어떤 문화 어떤 계층의 사람들은 다른 문화 다른 계층의 사람보다도 더 "예, 그렇습니다"라고 잘 하는 사람들이 있는가 하면, 어떤 사람들은 "아니다"라고 말할 수 있는 태도를 더 갖추고 있는 경우도 있다고 한다.[14] 한국 문화에 있어서 '예'와 '아니오'라고 대답할 수 있는 사람들의 태

---

11) E 스케일에 대해서는 J. Levinson, Ⅳ. The Study of Ethnocentric Ideology b. Construction of the Ethnocentrism (E) scale p.109, 아도르노 들, 같은 책, 또한 F스케일에 대해서는 R. Nevitt Sanford, T. W. Adorno, Else Frenkel-Brunswik, and Daniel I. Levinson, b. Construction of the Fascism (F) scale p.224, 아도르노 들, 같은 책.

12) Ithiel De Sola Pool, 같은 장, 같은 책, p.790이 사항에 대한 문헌으로서는 Titus and Holland, 1957; Christie & Cook, 1958, Kirscht & Dillehay, 1967들을 De Sola Pool은 열거하고 있다.

13) 위의 사람, 위의 장, 위의 책, p.790 저자는 F스케일의 수정된 해석으로 다음의 문헌을 들고 있다. Christie & Jahoda, 1954; Rokeach, 1960.

14) 같은 사람, 같은 장, 같은 책에서 다시 인용. 저자는 다음의 연구 결과를 인용하고 있다. Christie & Jahoda, 1954; Couch & Kenniston, 1960; Rokeach, 1960; Wells, 1961; 1963; B. W. Becker & Myers, 1970.

도는 어떠한가? 전통문화에 있어서 특히 윗사람에 대한 대답에 있어서는 '예'라고 하는 대답이 그 내용이 어떻든 간에 외형적 예법에 맞는 것으로 알려져 왔다. 또한 한국어의 특수성은 예를 들어 "너 밥 안 먹었지?"라고 묻는 경우에 "예(당신의 추측이 맞습니다. 당신이 바로 본 것입니다. 당신은 윗사람입니다), 과연 저녁을 먹지 않았습니다"라고 해서 '저녁을 먹었느냐, 안 먹었느냐'는 사실의 문제보다도 상대방 또는 윗사람의 관측이 '맞다, 안 맞다'라는 측면에 더 신경을 쓴다. 서양어에서는 "밥 안 먹었지?"라고 묻든, "밥 먹었지?"라고 묻든 상대방의 물음에 관계없이 대답은 사실관계에 중점을 둔다. 그래서 "밥 안 먹었다"라는 주된 의사표시 위주로 앞의 대답은 안 먹은 경우에는 "No"로 답하고 먹은 경우에는 "Yes"로 답한다. 한국어가 그만큼 대화의 상대방의 입장과 경우를 고려하는 상대적인 언어라는 얘기다. 인간관계에 있어서 장점도 있겠으나 지금 이 논문은 권위주의(Authoritarianism)의 병리적인 사회적 역할을 재는 스케일에 관한 논의이다. 질문지의 문항을 작성할 때 한국인의 이런 문화를 배경으로 하지 않고 특정 권위에 대해서 묻는다면 그 문항의 방식에 따라서 답변이 달라질 수가 있다. 매우 미묘한 사회 심리여서 한국 문화와 더 보편적인 시대정신을 다 같이 꿰뚫지 않고서는 응답자에게 올바른 의미 있는 답변을 얻어낼 수가 없다. 한국의 사회 문제가 특히 차별의 문제에 있어서 어떤 경우에는 정치적 문제화하기 전에는 좀처럼 외부에서는 관찰하기 힘든 경우가 있다. 이것은 한국의 부분 문화에 있어서 예를 들어서 기업, 공식조직·정부조직·교육기구의 구성원이 어떻게 행동하느냐의 문제에 대해서, 경우에 따라 다르겠지만 유사 가족주의적 논리를 평소에 조직 책임자들이 잘 쓰고 있다. 즉, 공식 조직의 내부 관계를 가족주의적 유사논리로 유비하는 것이다. 그 경우에 조직의 구성원들은 내부 문제에 대해서 외부에 대해서 발설하는 것을 상당히 꺼리게 된다. 흡사 개인의 사적인 가족구성원의 험담을 하는 것처럼 가책을 느낀다. 자유화·민주화 이후 정부 차원의 여러 가지 모순과 문제점에 대해서는 여론에 쉽게 노출될 수 있는 통로가 열리고 있으나, 다른 부분 사회의 문제는 대부분 잘 알려지지 않고 있다. 문제는 그처럼 형식주의적이고 외관주의적인 보도나 혹은 홍보처럼 모든 것이 "가족적으로" 해결되고 있다면 이처럼 많은 사회적 불만과 박탈감과 그것의 극단적인 표현인 사회적 질병, 즉 범죄, 자살, 각종 중독과 같은 것들은 어떻게 설명될까? 권위주의적 문화형의 특징 중 하나는 그것의 어떤 형태로서는 구성원 각자의 인격적 실체와 책임이 분화되지 아니하고 있는 집단주의적 방식에 있고 이것의 병리적인 특징은 공생(共生, Symbiosis)이라는 하급 동물의 특징으로 나타난다. 공생적 방식은 생태계에서는 자연 현상으로 보인다. 악어와 악어새, 말미잘과 집게의 관계는 좋은 공생이다. 그러나 문제가 각자가 인간의 존엄성을 가진 인격체로서의 인간의 사회일 경우에 생태학적 유비는 한계를 가지게 된다. 마피아 조직에 있어서의 공생의 논리는 내부조직의 비밀을 누설하기보다는 죽음을 택해야 한다. 유사 종교단체에 있어서의 공생의 논리는 외부의 위협에 대해서는 집단자살을 택한다. 인격적 미분화라는 것이 집단주의의 특징으로 보이는 경우가 있다.

5. 심층 심리학적으로 특화된 권위주의(Authoritarianism)의 예

5.1. 좌파 권위주의와 우파 권위주의는 심층 심리학에서 볼 때 같은 특징이 있다(Shils, 1954; Lipset, 1960)

저널리즘적 용어로서는 우파와 좌파는 구별되고 더구나 이념적인 스펙트럼에 있어서 극우와 극좌는 정반대의 극단에 있다. 한국정치의 기술(記述)에 있어서도 최근에 보수니 혁신이니 하는 언어를 쓰고 있고 자연히 좌파니 우파니 하는 언어를 쓰고 있다. 대단히 주의할 것은 한국에 있어서의 사회현상과 정치현상에 대해서 어느 정도 역사적 통찰을 가진 사람은 이런 언어를 경계하게 된다. 왜냐하면 다음의 심층심리학적 연구는 한국과 같이 정치가 이념집단이나 역사적으로 안정된 정당에 의해서 행해지기보다는 전혀 다른 조작된 집단주의에 의해서 행해지고, 정치적 상징과 표상 같은 것들이 이성적이기보다는 대단히 감정적이고 더욱이 민중이라고 불리는 다수인의 정서에 호소하고 있는 경우이다. 한국의 경우 표현되는 정치적 이데올로기를 서구적 이데올로기의 전통에서 그대로 해석하기보다는, 집단의 무의식에 관한 정신분석학적 접근이 진실을 밝혀내는 데 도움이 될 것이다.

5.2. 판단에 있어서의 경직성과 극단성

심층심리학적으로 특화된 권위주의의 개념 요소 중 하나는 도덕적 판단에 있어서의 경직성과 극단성이다. 이런 의미에서의 권위주의는 이른바 서구 역사에 있어서 나타난 우익 쪽에 속하는 사회적 편견이 많은 이른바 "반동주의(reactionary)"에뿐 아니라 왼쪽에 속하는 교조주의에서도 찾아볼 수 있다. 즉, 사회주의나 수정주의 위에 선 권위주의가 가능하고 파시즘이나 보수반동 위에 선 권위주의도 가능하다.[15]

---

15) 위의 사람, 위의 장, 위의 책, p.791, 저자는 다음의 준거를 대고 있다(Shils, 1954; Lipset, 1960).

5.3. 쇼비니즘의 권위주의

흔히 상식적으로는 권위주의가 극단적인 애국주의나 국수주의와 연결된 것으로서 생각한다. 즉, 일본의 경우 신사참배를 위주로 하는 쇼비니즘이 권위주의와 결합할 경우 2차 대전의 피해국의 입장에서는 2차 대전 당시의 군국주의가 회상된다. 이런 이미지의 권위주의적 인격이 대체로 한국의 신세대에게는 식민지 시대의 지배 계급이나 혹은 친일 매판 세력으로서 해방 이후에도 계속해서 한국의 민주화를 실질적으로 저해한 "권위주의적 인격"의 이미지로서 남아 있다. 그러나 사회심리학적으로 특화된 권위주의는 이와 같은 우파 쇼비니즘에 한한 얘기가 아니다.

5.4. 쇼비니즘과 스펙트럼의 다른 극단: "외국을 이상화시키기"의 권위주의

Perlmutter(1956; 1957)에 의하면, 권위주의는, 국가에 대한 전혀 다른 형태의 태도에서도 나타날 수 있다고 한다. 심리학적으로 본다면, 쇼비니스트(chauvinist)의 경우에 나타나는, 국가에 대한 광적인 의존은, (이미 설명한 바대로) 성장기의 권위(authority)에 대한 깊은 정서적 의존(dependency)에서 나온 것이다. 프로이디안(Freudian)들이 밝혀낸 대로, 반작용 형성(reaction formation)은 권위의 대상에 대한 의존(dependency) 상태에서 나타나는데, 깊은 적개심(hatred)이 오히려 반동(reaction)을 형성해서, 맹렬히 추종하는 외관을 보여줄 수 있다. 분석심리학적 진실은 다음과 같다. 적개심(hatred)과 의존(dependency)은, 권위의 대상과 독립적 관계를 수립하지 못하는 데서 오는, 두 가지 다른 성질의 정서 상태이다. 그러나 같은 뿌리를 가지고 있고, 말하자면 같은 동전의 다른 두 면이다. 현상만으로 관찰할 때는, 쇼비니스트와 외국 문물에 대한 광적인 예찬자가 서 있는 위치는, 연속된 스펙트럼에서, 정반대의 다른 방향의 극단에 있다. 그러나 심층심리학의 발견에 의하면, 특정 외국에 대한 광적인 추종자는, 그 심리적 실체에서, 광적인 쇼비니스트와 같은 심리적 역학(다이내믹스)을 공유하고 있다고 한다. 한국의 개화기의 문제는, 대원군과 같은 이유 있는 쇼비니스트의 문제이기도 하고, 동시에 친일파·친러파를 비롯하여, 접촉 가능한 모든 서양 선진국에의 문물에 대해서 독립적으로 대하지 못하고, 의존적으로 열광한 당시 지도층의 병적인 다이나믹스에 있다고도 볼 수 없을까? 대원군이나 외세 의존적인 개화파의 지도자들이나, 심층심리학의 언어를 빌리며 "권위주의적 인간형"이며 이때 권위주의적이라 함은 그들 내심의 에너지가 대상에 대해서 독립하지 못하고 의존을 형성하고 있어서 때로는 적개심과 때로는 광적인 의존을 보여주는 병리적인 관계를 말한다. 해방 이후의 한국에 있어서의 정치를 비롯한 여러 분야의 지도자들은 어떠했나? 그들이 민족주의적 성향을 보여주든, 또한 전혀 반대로 아메리카를 비롯하는 이른바 서양 열국에 대해서 호의적인 성향을 보여주든, 그들의 태도를, 사회심리학적 견지에서 측정하는 데 쓸 수 있는 기준 중 하나는 F스케일이 될 수 있다. F스케일의 주된 항목 중의 하나는, 윤리적 문제에 대한 판단에서의 경직성(rigidity)과 윤리적인 판단에서 나타나는 극단성(extremism)의 문제다. 이때 문장으로 나타낼 수 있는 언어는 지극히 평이한 것처럼 보인다. 민족주의의 입장에서 서든, 또는 서구의 민주주의의 입장에서 서든, 그 태도가 권위의존적 태도인가? 따라서 권위의존적 성격의 특징인 경직성이 나타나는가? 또는 극단성이 나타나는가? 한국의 여러 윤리 문제에 대해서 어떤 판단을 내리는가가 바로미터가 될 수가 있을 것이다. 정치적 지도자 외에 해방 이후에 나타난 지식인이나 문화적 지도자에 대해서도 같은 스케일을 쓸 수 있을 것이다.

어떤 외국을 이상화하는 태도는, 후진국뿐 아니라 서양 역사에 있어서도 흔히 보여 왔다. 자국의 주권을 부인하면서 어떤 멀리 떨어진 외국을 이상화하는 태도는, 경우에 따라서는 정치적 이단자나 또는 인권의 후진국에서 박해받은 피해자가 외국에서 피난처를 구하는 경우에 있을 수 있다. 정상적인 경우의 망명 같은 것이다. 그런데 이와 같은 경우 이외에 멀쩡히 한 나라의 어떤 분야의 지도자들이 자신이 뿌리박고 있는 자국의 주권(국민 주권)의 권위를 부인하고 (내심 또는 심층 심리에 있어서) 여차하면 외국으로 뛸 생각을 하는 사회적 병리가 있다. 옛날 스페인과 포르투갈 제국의 가혹한 식민지에 시달렸던 중남미 제국의 정치·경제·문화 지도자들은, 어쩐 일인지 그들의 종착지가 그들을 살찌우는 그들의 조국이 아니라 전혀 그들의 조국과는 모든 사정이 다른 나라가 되기가 쉽다는 판단이 있어 왔다. 중남미에는 매판세력이라고 불릴 수 있는 세력들이 있어 왔다고 하는데, 이들의 활동 본거지는 분명히 그들의 본국이다. 이들이 대하는 사람들은 일상적으로 남아메리카의 슬픈 역사가 보여주듯이, 잉카제국의 망한 후예로서 에스파냐인의 노예 생활을 하던 토착원주민들, 에스파냐 본국에서 한 탕 하러 왔던 서양인들 후예, 이들의 혼혈의 요소들이 섞인 사람들이다. 그러나 어쩐 일인지 객관적인 제3자가 볼 때는 이들 국가 지도자들이 진정으로 그들 나라를 사랑한 것 같지가 않다. 때가 되면 이들은 더 자유롭고 더 평화로운 그리고 아마도 개인적 준비가 상당한 외국으로 떠날 것이다. 그것이 조세 피난처가 되든, 스위스가 되든, 취미에 따라서 파리가 되든 어쨌든 자기 조국은 아닌 것이다. 이들의 외국에 대한 태도는, 그 심층 심리에 있어서 정상적이라 할 수 없고, 반작용이 형성된 병적인 인격이 보여주는 심리학적으로 특화된 "권위주의적 인격"이라고 할 수 있다. 역사적으로 어떤 종류의 이념주의자들은 초기

소비에트 러시아를 유토피아로 미화한 적이 있었다(프랑스의 어떤 20세기의 철학자와 문학자들은 1917년 러시아 혁명 이후 러시아를 방문하고 열광적으로 찬양한 적이 있었다). 또 다른 지식인들은 초기의 쿠바 사회주의를 과찬한 적이 있었다. 중국 공산당의 초기 상황을 과찬한 서구 지식인들도 있었다. 이 모두가 1980년대 후반ー1989년 가을의 동유럽 러시아 혁명ー의 세계 체제의 대변동에 대해서 어떤 감상을 가졌는지 궁금하다. 분석심리학의 진단으로는, 이들은 자국의 어떤 권위에 대해서 반역하면서 그 심리적 보상으로 외국의 어떤 체제와 화해한 것으로 본다.16) 한국의 지식인 특히 법학적 지식인에 대해서는 어떤 평가가 가능할까? 어떤 권위에 반역하면서, 그 보상으로 다른 권위와 화해하면서 평생 동안 외국의 어떤 것에 대해서 비현실적인 유토피아니즘을 설파하는 그런 지식인이 한국에도 있었을까?17) 있었다면 그것은 심층 심리학적으로 특화된 '권위주의적' 지식인이라고 할 것이다. 아마도 오랜 유학에서 돌아온 책상물림의 백면서생은, 그가 지식의 주된 텍스트를 전수받은, 첫사랑과 같은 외국의 도시를 항상 그릴 것이다. 덴마크의 고독한 왕자 햄릿의 시대에, 덴마크의 귀족이나 왕실의 자제들은 주로 파리로 유학 보내졌다. 제정 러시아 시대의 귀족이나 대토지 소유자의 자제들은, 그들의 청년의 이른 시기에, 주로 파리나 프로이센에 보내졌다. 제정 러시아의 절정기에, 황제의 파티에서는 주로 프랑스어가 쓰였고 귀족들은 그들의 교양을 나타내기 위해서 자국어인 러시아어를 쓰기를 부끄러워했다. 모스크바대학은 황제의 영광을 나타내기 위해서 굉장한 규모로 지어졌는데 아직도 대학 부지

---

16) 이런 해석을 Isaacs, 1958; 1963; Pool, 1965의 연구에 근거를 둔다. 위의 사람, 같은 장, 같은 책, p.791.

17) 이런 의문은 2007년 여름 법학전문대학원 법의 통과와 이후의 부속 법령 이후 만 6년이 지난 2013년에 한국의 법학전문대학원 제도에 대해 한국인이 아닌 외국인의 평가를 접할 때, 비로소 한국인의 한 사람이 제기할 수 있는 의문일 수가 있다. 마이클 영의 한국의 로스쿨에 대한 평가를 예로 들 수 있다.

의 크기로는 세계 제1위라고 한다. 러시아의 왕립대학인 모스크바대학교 법학부는, 황제의 관료(행정 관료와 사법 관료)를 위해서 일찌감치 서구풍으로 지어졌다. 놀라운 것은 데스니츠키(Desnitskii)라는 러시아 법학의 아버지가 대학에 자리 잡기까지의 오랜 기간, 모스크바대학 법학부 교수 전원이 프로이센인이었다고 한다. 따라서 공식 언어로, 도이치어가 쓰였고 모든 텍스트는 도이치의 것이 당연하게 여겨졌다고 한다. 데스니츠키(Desnitskii)는, 스코틀랜드의 그라스고(Glasgow) 대학의 유학에서 돌아와서, 최초의 러시아인 법학 교수가 되었는데 그가 역시 최초로 러시아어로 법학을 강의한 케이스라고 한다.[18] 한국의 법학 교육의 역사를 예로 들어보자. 어떤 역사적 맥락에서 관찰해서, 한국의 법학적 지식인의 어떤 원형(archetype)을 제시할 수 있다면, 그 원형은 과연 분석심리학적으로 특화된 "권위주의적 인간형"인가 아닌가의 판단을 시작할 수 있다고 생각한다. 이때, 위에서 든 개념 요소, 즉 경직성·극단성 이외에 자국의 주권과 다른 "이상적인 나라"에 대한 태도를 스케일에 의해서 측정함으로써 출발할 수 있을 것이다.

5.5. 내집단과 외집단의 차별의 정도

이때 윤리적 문제에 대한 경직성과 극단성뿐 아니라, 정치적 지도자에 대해서나 문화적 지도자에 대해서, (윤리적 문제에 대한 태도보다) 한국 사회에 있어서 권위주의적 인격성을 정하는 더 큰 F스케일의 척도는 내집단과 외집단을 차별하는 정도이다.

---

18) 김철, 『러시아 소비에트법 – 비교법 문화적 연구』(민음사, 1989). 부록 장별 해제(解題) 제6장 해제(解題) 516쪽. 제정 러시아의 동일성의 위기는 어떠했는가? 그 무렵의 최성기에는, 유럽 최강의 나폴레옹 군대를 겪은 유일한 군주국이어서, 앙시앵 레짐의 최고봉으로 전 유럽의 존중을 받았다. 그러나 자국 관료와 사법 관리를 훈련시키는데, 도이치어로 훈련을 시켰고 나폴레옹 군대의 침략을 받으면서도, 상류계층의 부인들은 프랑스어로 얘기해야 존중을 받았다고 한다.

내집단·외집단의 극단적 구별의 태도와 같은 것의 정도를 측정하는 스케일로서는 F스케일을 개발했다(Adorno, Frenkel-Brunswik and others, 1950). F스케일은 파시즘 스케일이란 뜻이다.

5.6. 내집단과 외집단의 극단적인 차별의 증상과 원인

내집단이라 함은, 한 개인이 그 자신의 동일성과 일치시키는 집단이고; 외집단이라 함은 한 개인이 소속감을 가지지 않는 집단이며 내집단과 정반대의 집단이다.[19] 외집단은 부정적 의견과 적대적 태도의 목표가 되며; 내집단은 긍정적 의견과 무비판적으로 지지하는 태도의 목표가 된다. 그래서 외집단은 내집단에 사회적으로 종속되어야 한다고 생각된다. 어떤 문화가 내집단과 외집단의 이분법을 날카롭게 하게 만들고 있을 때, 그 극단적 이분법으로 말미암아 그가 의존하고 있는 (dependent), 어떤 존재 특히 위광(威光)이 있거나 특권적인 존재에 대한 적개심을 의식하는 것을 두려워하게 되어서, 그 적개심을 억압하게 된다. 억압의 결과로, 그는 그 적개심을 더 약하게 보이는 외집단으로 향하게 하는데, 그 이유는 약하게 보이는 소수 집단으로부터는 보복을 두려워할 필요가 없기 때문이다.[20] 이 심리적 메커니즘은 그로 하여금 그의 심리적 약점을 상대적으로 의식하지 않고 유지시키게 하는데; 왜냐하면 사회적으로 보다 약한 그룹들에 대해서는 우월감을 느낄 수 있기 때문이다. 무엇보다도 한 사람이 자신의 부도덕한 경향을 두려워하는 정도는, 특별히 외집단의 부도덕성을 과장하거나 비난함으로써 감경(減輕)된다.[21] 따라서 자기가 속한 내집단을 칭찬하며, 자기가 속하

---

19) 아도르노 들, 위의 책, p.104.
20) Else Frenkel-Brunswik, Dynamic and cognitive Personality Organization as Seen Through the Interviews, *Summary of interview results,* p.480, in Adorno et.el, Supra., p.480.
21) 위의 사람, 위의 논문, p.480.

지 않은 외집단을 부정하는 것은, 종종 사회적 믿음과 정치적 신조의 영역에서 친숙한 일인데, 병리적인 데이터에 있어서는 잘 나타나는 경향이다.[22)]

5.7. 권력에 대한 찬양과 강한 지도자에 대한 동경의 원인

이 특징을 엘제 프랭켈-브른스윅은, 성장기의 시절에 겪은, 권위의 대상(부모의 정서)에 대한 애매모호함(ambivalence)에서 기원을 구하고 있다. 사회적 편견도가 높은- 즉, F스케일의 점수가 높은- 사람이 내집단과 외집단을 극단적으로 차별하는 것은, 그의 유년시절에 자신의 부모에 대한 양가(兩價)적인 경험, 즉 애매모호한 경험을 했을 경우와 연결된다. 이 애매모호함의 양가(兩價, ambivalent)적인 정서 중 부정적(negative)인 측면을 억압하거나 바깥으로 내몰아어(externalization) 하는데, 이 억압과 바깥으로 내모는 것이, 내집단의 무조건적 수락과 외집단의 맹렬한 부인과 같은 초강경한 극단적인 태도를 결정하는 요인이 될 수 있다[23)]고 한다. 즉, 어린 시절에 겪은 권위에 대한 공포와 의존(dependency)은, 그 어린이로 하여금 부모를 의식적으로 비판하지 못하게 하는 것처럼 보인다.

권력에 대한 찬양과 강한 리더십에 대한 동경과 추종은, F스케일에 있어서 높은 점수를 받은 사람들에게 편재하는 것으로 발견되었다. 이 것은 대인 관계의 위계적 평가로부터 전이된 것이라고 해석할 수 있다고 한다.

---

22) 위의 사람, 위의 논문, p.451.
23) 위의 사람, 위의 개요, p.472.

5.8. 극단적인 개인적 기회주의의 심층 심리학

극단적인 개인적 기회주의는, 늘은 아닐지라도 자주 이념적인 기회주의나 이념의 내용에 대한 무관심과 관계될 수 있다. 지위에 대한 조바심은, 가치 판단에 있어서 형식에 고착되기 때문인데, 이미 널리 받아들여진 사회적 고정관념(스테레오타입)으로만 생각하며, 어떤 종류든 질적인 내용에 대한 것을 빼놓고 생각하는 데서 오는 것이 특징이다. 그 심리적 기원은, 어떤 사회에서 열등하다고 이미 인정된 집단에 대한 비난을, 검토하지 않고 받아들이고, 그 집단을 모욕함으로써 무엇인가로부터 해방되는 데서 찾을 수 있다. 자신의 약함과 거세(emasculation)에 대한 공포가, 사회적 약자에 대한 동정의 발전을 막고 있는 경우다.[24]

반면에 외집단은, F스케일의 스코어가 높은 사람들에게, 종종 그때까지 심하게 억압된 바람과 공포를 투사(投射, projection)하는 영사막으로 작용하게 된다. 충분히 동화되지 않았거나 전혀 낯선 집단들에게서, 부도덕한 경향은 더 잘 인식되거나, 더 쉽게 그들의 속성으로 돌려진다. 이들 집단에 대한 적개심은, 촉발할 수 있는 보복이 가져다줄 수 있는 심리적 억제나 제재의 공포 없이 표현될 수 있다. 만약에 외집단이 충분히 강력한 그룹이라면, 편견을 가진 경우도 적개심을 표명하기보다는 억압하게 될 것이다.[25]

5.9. 사회적 출세주의의 가족적 측면

편견이 심한 사람들의 부모들은, 종종 사회적 지위의 문제에 사로잡혀 있는 경향이 있었음이 관찰되었다. 또한 경직된 규칙을, 그들의 자

---

24) 위의 저자, 위의 개요 중 8. cultural outlook, p.485.
25) 같은 저자, 같은 개요서, 8. culture outlook, p.485.

녀에게 전달했음이 관찰되었다. 사회적 지위에 대한 관심은, 가치에 대한 경직된 태도의 기본으로 생각되어 왔다. 사회적으로 받아들여질 뿐만 아니라 사회적 사다리를 올라가는 데 도움이 되는 것은, 좋은 것으로 간주되고 이것과는 뭔가 다른 것, 무엇인가 중심에서 멀어진 것 또는 사회적으로 낮은 것은 나쁜 것으로 간주되었다. 종종 자주 E스케일의 스코어가 높은 사람들의 집안이, 사회적으로 경계선 상에 있는 것이 관찰되었다. 그들 집안이, 사회적 경계선상에 있음을 받아들이기를, 그들 자신이 꺼리면 꺼릴수록 더 급박하게 그들은 상류 계층 또는 특권층이라고 생각되는 그룹에 소속되기를 원하게 된다. 이때 사회적 경계선상에 있다는 느낌은 반드시 가족의 경제적 상황에만 관계된 것으로 보이지 않고, 오히려 사회적 열망이나 사회적 지위와 관계되는 요인에 연결된다고 한다.26)

6. 한국인의 인성

6.1. 한국인의 인성에 대한 기존의 연구

한국인의 인성에 대해서는 기왕에 조직 심리학이나 조직 행동의 입장에서 다음과 같은 점이 지적되어 왔다.27) 특징으로서 출세 지향성, 가족주의, 연고주의와 집단적 이기주의, 폐쇄성, 적당주의, 권위주의, 형식주의 같은 것들이 지적되어 왔다. 이 중에서 기왕에 우리가 보아온 사회적 차별의 원인으로서의 권위주의적 인간형의 개념요소와 관

---

26) Else Frenkel－Brunswik, Comprehensive Scores and Summary of interview Results, p.483, in Adorno, et.el, *The Authoritarian Personality*, in series of *Studies in Prejudice* Edited by Max Horkheimer and Samuel H. Flowerman.

27) 양창삼, "한국의 산업화와 한국인의 인성 변화", 11~34쪽, 『현상과 인식』, 1999년 가을 제23과 3호 통권 78호, 한국인문사회과학회.

계되는 것은 순서로 볼 때 가족주의, 연고주의, 집단적 이기주의, 폐쇄주의가 모두 관계된다. 그 밖에 가외로 지적된 것이 미지근함과 화끈함, 느림과 빠름, 무뚝뚝함과 정서로움, 적당주의와 관계된 호박주의(pumkinism)[28], 독창성과 생각하는 힘의 모자람·체면의식·단결심의 문제 등이다.[29] 그러나 이와 같은 한국인의 인성의 지적은 우선 전통사회와 전통문화에 있어서의 인성의 지적일 수도 있고 산업화 이후의 문제에 대해서는 적절한 사회조사의 결과라기보다는 전통문화의 연속선상에 선 역사의 잔존물로서 의식하는 경우도 있을 것이다. 또한 윤태림이 지적한 한국인의 성격으로서의 "권위주의"의 개념은 전통사회에 있어서의 사례를 들고 있다. 남존여비라든지, 여성의 복종의 태도라든지, 온순·정숙·순종을 미덕으로 한다든지, 고된 시집살이를 한다든지 하는 것이다. 또한 한국인의 권위주의 성향으로서 상하 서열의식의 강화, 직장에서의 위계질서 강조, 같은 예를 들고 있다. 같은 맥락에서 루스 베네딕트의 「국화와 칼」에 나타난 일본인의 문화의 연구를 들고 있다. 수백 년간의 막부 봉건시대의 카스트적 계층구조는 일본인으로 하여금 철저하게 계급질서에 대한 신앙과 신뢰를 갖게 했다는 것이다.[30] 이와 같은 전체 국민의 오랜 역사에 걸친 특징적인 인성 지적은 자연히 문화로서 받아들이게 되고, 어떤 특정한 시대에 있어서의 특정한 문제에 대한 해결책으로 쓰기에는 좀 더 특화되고 정밀화될 필요가 있다. 어느 경우에나 시대의 변화에 따른 특히 2차 대전이나 후기 산업사회에 있어서의 계층·세대·문화의 차가 결과할 수 있는 각종 사례에 있어서의 세밀한 예가 나타나지 않는다. 한국 법문화에 대한 접근으로서 잘 알려진 것은 함병춘을 들 수 있으나 대부분의 경

---

28) 최재석, 위의 글, 200쪽, 재인용; 양창삼, 위의 글, 24쪽.
29) 같은 사람, 같은 글.
30) R. Benedict, *The Chrysanthemun and the Sword: Patterns of Japanese* Culture(New York: New American Library, 1967), 양창삼, 위의 논문에서 재인용.

우 한국 전통 사회의 특징을 가리킬 뿐이고, 2차 대전 이후의 권위주의적 통치나 개발 독재 시대의 특징이나 이후의 후기 산업사회시대의 한국 사회의 변형된 모습을 배경으로 삼지 않고 있다. 결과는 흡사 전통 문학에서 발견할 수 있는 한국인의 특징 같은 것이다. 1997년 IMF 외환위기를 계기로 반성적인 의미에서 한국인의 특징과 한국 문화의 특징을 사회사와 연결하는 작업들이 나타났는데, 예를 들어서 6·25 전쟁을 이후에 있어서 한국 사회의 왜곡과 공동체의 변형의 가장 큰 요인으로 보는 등이다. 그러나 사회과학자들의 모처럼의 한국의 문제에 대한 천착에도 불구하고 대체로 가설을 제시하는 데 그치고 어떤 경우에도 가설을 철저히 검증할 만한 학제적인 프로젝트나 집합적인 노력이 주어지지 않았다. 자연스럽게도 이런 논의는 사회 철학적인 또는 사회 윤리적인 어조를 띠게 되고 당위론적인 또는 규범적인 논의를 하게 되었다.31)

6.2. E스케일과 F스케일의 한국에의 적용

한국인의 인성에 대한 지금까지의 연구는 한국 문화의 특징과 같은 수준에서 말하자면 정상심리학의 테두리 안에서 논의되어 왔다. 그러나 한국의 그 모든 장점과 함께, 개인적 질병이 존재하는 것과 마찬가지로 사회적 질병이 존재한다는 것을 부정할 수는 없을 것이다. 개인적 질병에 대한 임상의학의 역할이 당연하다면 사회적 질병(Social Disease)에 대한 기초의학 및 임상의학의 역할도 기대되어야 할 것이다. 이제

---

31) 법철학의 입장에서 전통문화가 아니라 경제개발 5개년 계획이 시작되던 1962년부터의 한국 문화의 문제를 다룬 것으로는, 김철, "현대 한국 문화에 대한 법철학적 접근: 바람직한 시민사회 윤리의 정립을 위하여",『현상과 인식』, 2000 봄/여름, 한국인문사회과학회. 여기서 지적한 것은 위로부터의 근대화의 방식과 결과가 외관주의, 명목주의 형식주의를 낳았다는 단일한 주제에 논의를 집중하고 있다. 권위주의의 문제나 집단주의의 문제는 이 논문에서는 다루지 않았다.

앞에서 한국인의 특징으로 열거된 것 중에서 가족주의, 연고주의와, 집단적 이기주의는 일단 유사 가족주의와 내집단·외집단에 대한 극단적인 가치 평가의 갈등과 관계있다. 또한 가족주의, 연고주의, 집단적 이기주의, 폐쇄성은 약간 문맥을 달리하면 세계사의 구도에서 나타난 종족중심주의(ethnocentrism)와 그 특징을 같이한다. 다시 말하자면 버클리 여론조사의 르빈슨과 샌포드가 사회조사 도구로서 발전시킨 E스케일의 항목과 병행하는 점이 있다. 동일한 여론조사에서 권위주의적 인간형을 재는 또 하나의 척도로 사용한 F스케일의 상관 항목은 ① 윤리적 문제에 대한 경직되고 극단적인 판단, ② 주어진 권위나 권력에 대한 순응, 즉 Conformism, ③ 자신이 속한 집단과 자신이 속하지 않은 집단의 평가에 대한 극단적인 차별이었다. 그렇다면 앞 절에서 지적된 한국인의 정상심리에서의 모든 특징이 E스케일의 구성항목을 대강 만족시킨다는 결론이 나온다.

한국인이 한국인의 집단적 특징이나 인성을 객관적으로 평가한다는 것은 영장류가 영장류 종족의 특징을 객관적으로 평가하는 만큼 어렵다. 그러나 일단 정상심리학의 영역에서 인정된 특징을 버클리 여론조사와 프랑크푸르트 사회조사 연구소에서 공통적으로 개발된 스케일과 개념에 의해서 평가해 본다면 E스케일과 F스케일의 스코어가 어떻게 될 것인가? 물론 문화차라든가 또는 E, F 스케일의 제작연도 같은 것이 문제될 것이다. 또한 비슷한 스케일을 써서 직접 사회조사를 한 보고서가 나오지 않는 한 엄격한 과학적 세계에서는 섣불리 결론을 내릴 수는 없다. 그러나 일단 상당히 근접하고 병행하는 결과가 나올 수 있다는 추측은 어디에서 가능한가?

6.3. 한국에 있어서의 사회적 차별과 박탈감 그리고 집단주의의 분석 심리학적 통찰

다시 최초에 제기했던 사회적 차별의 문제로 돌아가기로 한다. 국가 사회의 전반적인 문제에 있어서 국민들이 느끼는 불만은 무엇인가? 어떤 확증 없이도 어떤 조직이 부패했다고 함부로 얘기하는 이유는 무엇인가? "이것은 공평하지 않다"라는 근본적인 느낌이다(본 논문 3-1. 사회적 차별). 공평하지 않다는 것은 개인으로서나 또는 개인이 속한 집단으로서나 부분적으로 또는 중요한 기회의 문제에서 차별받고 있다는 것을 의미한다. 박탈감이라는 것도 물론 절대적 박탈이 아닐지라도 상대적 박탈감 같은 것이 향상과 업적의 기회에 있어서의 작용하고 있다면 이것은 결국 차별받고 있다는 것을 느끼는 것을 의미한다. 한국인의 이와 같은 사회적 감정 내지 법 감정은 결국 막스 호르크하이머의 다음의 명제로 돌아간다(본 논문 3. 권위주의적 인간형이 사회적 차별과 관계있다).

사회적 차별이 우리의 주제이다. 중심적인 발견은 권위주의적 유형의 인간이라는 새로운 인류학적 종이 나타났다는 것이다.

한국 사회에서 가장 높은 갈등의 빈도수를 보여준 것이 내집단과 외집단의 평가에 있어서의 극단적인 차별이라고 인정된다. 이 문제의 세계사적인 발생의 기원이나 그 기원에 대한 통찰에 있어서 정신분석학의 공로, 특히 반작용 형성의 심리기제와 신프로이트학파의 사회적 행동에 대한 심리통찰 같은 것이 한국 사회에 있어서 "사회적 질병"의 진단과 치료에 도움이 될 것으로 보인다.

참고문헌

김철, 『러시아 소비에트법 – 비교법 문화적 연구』(서울: 민음사, 1989).

___, "사회적 차별의 심층심리학적 접근 – 법 앞의 평등의 내실을 위하여 – ", 『사회이론』 통권 제20호(서울: 한국사회이론학회, 2002).

___, 『한국 법학의 철학적 기초 – 역사적, 경제적, 사회・문화적 접근』(파주: 한국학술정보(주), 2007).

박영신, "사회운동 이후의 사회운동", 『현상과 인식』 24권 4호, 2000년 겨울.

양창삼, "한국의 산업화와 한국인의 인성 변화", 11 – 34, 『현상과 인식』, 1999년 가을 제23과 3호 통권 78호, 한국인문사회과학회.

최재석, 『한국인의 사회적 성격』(서울: 개문사, 1992).

Adorno, T. W. Else Frenkel-Brunswik, Daniel J. Levinson, R. Nevitt Sanford, 『The Authoritarian personality』, Harper & Brothers・New York, 1950.

Else Frenkel-Brunswik, *Dynamic and cognitive Personality Organization as Seen Through the Interviews, Summary of interview results.*

_____, *Comprehensive Scores and Summary of interview Results*, 483.

Benedict, R., *The Chrysanthemun and the Sword: Patterns of Japanese Culture*(New York; New American Library, 1967).

Ithiel De Sola Pool, chapter 25 Public Opinion, 790, *Handbook of Communication*, Rand McNally College Publishing Company, chicago, 1973.

Horkheimer, Max and Samuel H. Flowerman, *Foreword to Studies in Prejudice.*

Watson, Andrew, W. M. D., Ⅳ. The Ego and its Defenses, Reaction Formation, 167, *Psychiatry for Lawyers*, International Universities Press, Inc. New York, 1978.

Christie & Jahoda, 1954; Couch & Kenniston, 1960; Rokeach, 1960; Wells, 1961; 1963; B. W. Becker & Myers, 1970.

심리학적 법학(psychological jurisprudence)

법학의 대상으로서 인간을 어떻게 파악하는가? "철학적 인간학"에서 심리학적 인간학으로의 전환은 Oliver Wendel Holmes(1841~1935)를 효시로 한다. 한국에서는 형법학자 유기천이 1960년대에 시도하였다. 김철은 『한국 법학의 반성』에서 개화기 이후의 한국 법문화와 시대정신을 설명하면서, 2차 대전 이후에 아도르노 등에 의해서 시도되었던 "권위 의존적 인간형"을 원용한다. 김철은 『한국 법학의 철학적 기초』에서 한국 사회의 병리 현상으로 지적되는 집단주의에 의한 차별의 심리학적 기원을 분석하고 있다.

김철은 또한 『법과 혁명 I -서양법 전통의 형성1』에서, 입법가들의 권력과 편견과 탐욕을 Harold Lasswell(1962)에 의거하여 설명하고, 『법과 경제질서-21세기의 시대정신』에서 세계금융위기 이후의 경제, 규범, 도덕 간의 관계에 카스 선스타인(Cass Sunstein)의 실험심리학을 원용한다. 또한 심리학적 연구와 재판의 관계를 비디오게임 폭력의 문제에서 다룬다.

심리학적 경제학

심리학의 경제학에의 영향은 행동주의 경제학(Behavioral Economics)을 형성시켰으며, 2013년도 노벨경제학상 수상자인 로버트 실러(Robert Shiller)를 들 수 있다(이 책 4장 참조).

최현대의
경제 공법의 역사:

금융 규제와 탈규제—글라스스티걸법부터
뉴딜 시대의 금융시스템의 붕괴까지

FRAUD AND POLITICS
IN THE SAVINGS
AND LOAN CRISIS

BIG
MONEY
CRIME

KITTY CALAVITA

HENRY N. PONT

BERT H. TI

왼쪽부터 순서대로

러셀 카프라(Frank Russell Capra, 1897~1991)

칼라비타(Kitty Calavita, *Big Money Crime*[*]

페르디난도 피코라(Ferdinand Pecora, 1882~1971)

글라스(Carter Glass)와 스티걸(Henry B. Steagall), 글라스스티걸(Glass-Steagall) 법의 공동발의자(1933년 1월 25일)

이 글은, 세계금융위기 이후 전 세계 정부와 금융가의 관심의 초점이 되고 있었던 글라스스티걸법(Glass – Steagall Act of 1933)의 제정 당시의 입법 배경과 입법 취지 및 효과를 고찰한 것이다. 경제 공법학도의 입장에서는, 1930년대의 세계 대공황의 직접적 도화선이 된 금융위기에 대응하기 위한 일련의 뉴딜입법(New Deal Legislation) 중 긴급은행법(Emergency Banking Act, 1933)과 글라스스티걸법은, 뉴딜 시대를 거쳐 1980년 이전의 아메리카 사회의 안정된 중산층을 형성시키는 주된 법제도로 작용하였다는 것을 확인하게 된다. 부수하는 제도는 예금보험제도와 연방예금보험공사(the Federal Deposit Insurance Corporation)이다. 지역 공동체 중심의 저축대출조합(the Savings & Loans Association, S&L)이, 뉴딜시대에 정부 규제의 프레임워크에 의해 보호받게 되었다가, 1980년대 이후 뉴딜시대의 금융시스템이 붕괴되면서 아노미에 빠지는 경과를 주목한다. 글의 마지막 부분부터 1980~1982년에 시작된 탈규제 시대의 두 법, 즉 「예금수탁기관 탈규제와 통화법」(Depository Institutions Deregulation and Monetary Control Act of 1980)과 「가안–생 제르맹 예금기관법」(Garn – St. Germain Depository Institutions Act of 1982)이 등장한다. 금융 산업 규제 완화의 경과 중 S&L 위기(1986~1995)와 연방저축대출보험공사(Federal Savings & Loan Insurance Corporation)의 파산까지를 본 글의 주제로 삼는다.

– "최현대의 경제 공법: 금융 규제와 탈규제 – 글라스스티걸법부터 뉴딜 시대의 금융 시스템의 붕괴까지", 세계헌법학회 한국학회, 『세계헌법연구』 제16권 제1호 2010.2.에 게재된 것임. 또한 『법과 경제 질서: 21세기의 시대정신』(2010년, 한국학술정보(주))의 제7장 최현대의 경제 공법사에 수록된 것

0. 들어가는 말

2008년 이후의 세계 금융위기의 대처와 해법은 마침내 뉴딜시대의 글라스스티걸법(Glass－Steagall Act. 1933)의 재등장까지 진행되었다. 입법배경, 취지, 효과를 관련 법제도와 함께 고찰한다. 1982년 가안－생 제르맹 예금기관 법으로 규제해제가 된 시점(1995)까지의 탈규제의 효과를 중점적으로 다루나, 2003년 이후의 효과도 지면이 닿는 대로 동시에 약술한다.

1. 1931년 초까지 아메리카의 공황에 대한 월스트리트의 영향과 금융 체계

1931년 초까지 아메리카의 공황은, 경제적 측면에서 파악하면 그때까지 진행된 국내 경제문제의 결과로 보였다. 재즈 시대(1919~1929)[1]에 약 10년간 계속된 농업부문의 침체와 담보, 자동차 판매고의 감소, 주택 시장[2]의 침체; 그리고 이 모든 것에 더하여, 가장 긴급한 것은 월스트리트의 해적 같은[3] 악습과 폐해, 머리칼을 곤두서게 하는 자

---

[1] 재즈시대에 대해서는, 김철, "팍스 아메리카나와 재즈 시대", "재즈 시대의 아노미", 『경제 위기 때의 법학－뉴딜 법학의 회귀 가능성』(파주: 한국학술정보(주), 2009ㄱ) 을 볼 것.

[2] 주택 시장은 뉴딜 시대 이전부터 저축 대출 조합(Savings & Loans Association)에서 담당했고, S&L의 문제는 뉴딜 시대 때부터 금융업과 은행업의 중요 문제가 되었다 (본 논문 "루스벨트의 뉴딜시대와 주택금융"을 참조).

[3] 1933년 봄에는 후버 자신은 금융업자들이 다시 제자리로 돌아가는 것을 환영할 만한 준비가 된 듯해 보였다. 그러나 대중의 정서는 은행업자와 금융업자가 다시 아무 일도 없었다는 듯이 제자리에 복귀하는 것을 흡사 "성전에서 환전상을 하던 사람들이 다시 성전으로 되돌아오는 듯한 느낌을 받았다." 나라의 금융업계의 지도자들의 윤리성에 대해서 언론은 특히 상원 은행 및 통화위원회에서 개최되고 있는 공청회에 집중하였다(Schlesinger, 1958: 434).

산가치의 증발과 손실, 무정부적인 금융체계의 재난을 들 수 있다. 그러다가 국내문제를 넘어서, 유럽이 끔찍하고 등뼈를 휘게 할 만한 부담을 휘청거리는 후버(Hoover) 행정부에 준 것이다(David Kennedy, 1999: 69).[4]

1.1. 대공황 전기(1929~1933)의 은행과 금융 위기

대공황 전기의 은행[5]과 금융 위기를 주목한다.

역사학자 케네디에 의하면, 아메리카의 은행은 대공황 이전의 시절에도 곧잘 부패할 수 있는 소지가 있었고 1929년대를 통하여 연간 500개를 넘는 비율로 파산하였다(Kennedy, 1999: 65). 대공황이 시작된 1929년 10월까지 대략 같은 숫자가 파산했다. 10월 이후 1930년의 마지막 60일 동안 600개가 더 파산해서 연간 1,352건의 파산이 기록되었다.

1929년 당시 아메리카의 총 은행개수는 2,500개가 있었다. 52개의 다른 규제체계가 작동하고 있었다. 연방준비제도(Federal Reserve System, 1913년)의 아버지인 카터 글라스(Carter Glass)는, "어떤 은행은 말이 은

---

4) David Kennedy, *Freedom From Fear ―The American People in Depression and War, 1929 ― 1945*(Oxford Univ. Press, 1999).

5) 아메리카에서의 "은행(Bank)"은 넓은 의미의 은행을 의미하는 것으로, 한국과는 차이가 난다. 경제위기를 이해하기 위해서는 은행업이라는 것이 어떤 것인가를 적절히 이해하는 것이 중심이 된다고 본다[Richard Posner, "Why was Depression not Anticipated", *A Failure of Capitalism*(Harvard Univ. Press, 2009: 41―51)]. 재무(Finance) 또는 금전(Money)을 중계하는 역할을 가장 넓은 의미의 "은행(Bank)"이라고 할 수 있는데, 이 의미에서는 은행이란 큰 규모로 빌려주는 자임과 동시에 큰 규모로 빌리는 자이다. 왜냐하면 그들이 주로 빌려주는 것은 그들 자신의 자본이라기보다도 그들이 다른 곳에서 빌린 돈이기 때문이다. 빌려서 빌려주는 것이 은행인데 단지 대규모로 영위된다는 점이 특징이다. 가장 우리가 자주 이용하는 저축예금은 요구불예금(Demand deposit)으로 말하자면 은행에 돈을 빌려주는 자, 즉 예금자가 언제든지 즉시로 맡긴 예금의 지불을 요구할 수 있다. 예금은 은행의 채무이다. 이와 같이 빌린 돈으로 자금을 만들기 때문에 은행의 부채는 그들이 원래 소유하는 자산인 자산자본을 훨씬 능가하기 마련이다[김철, "최현대의 경제공법사상(2)", 『세계헌법연구』, 제15권 제3호(서울: 세계헌법학회 한국학회, 2009.12.)].

행이지 전당포 수준인 것이 있었고, 길모퉁이 식품점 주인이 은행가 역할을 했다"라고 회상했다.

1930년 켄터키의 루이스빌내셔널 은행에서 시작해서, 연계된 은행 그룹이 소재하는 인디아나 · 일리노이 · 미주리 · 아이오아 · 아칸사스 · 노스캐롤라이나로 번졌는데, 유동성 위기였다. 1930년 12월 11일에 뉴욕 시의 뱅크 오브 유나이티드 스테이츠(Bank of United States)가 문을 닫았다. 그 명칭 때문에 공적인 기관으로 오인될 수 있었으며, 따라서 그 여파는 더 컸다. 유대계의 상업은행으로 40만 명 이상의 유대계 이민의 예금을 취급하였으며, 이들은 주로 복식 산업에 고용되어 있어서 뉴욕 은행가에서는 "바지 다리미쟁이들의 은행"으로 통했다. 이런 맥락에서 어떤 관찰자는(Ron Chernov), 유나이티드 스테이츠 은행의 몰락을 월가에 오랫동안 군림해 온 가문들, 특히 전투적일 정도로 씨족적이고 이교적인 모간 가(House of Morgan)의 행동과 관계 지운다.[6]

즉, 연방준비제도(Federal Reserve)가 모간가에게 유나이티드 스테이츠 은행을 구제해 주라는 요청을 계획적으로 거절하였다고 한다. 역사가인 케네디는 연방 준비제도의 존재 자체가 모간가와 같은 대규모 상업 은행이 1907년 위기 때와 같이 유동성을 풀어주는 역할을 하지 못했다고 역설로 설명한다(Kennedy, 1999: 69).

1930년 12월 당시 연방 준비제도는 유나이티드 은행 구제를 행하지 못했다. 내부적으로 행정공백이 2년째 계속되고 있었다. 뉴욕 연방준비은행 총재(Governor)가 공황 이전에는 연방 준비제도에서 가장 큰 카리스마를 행사했는데, 1928년에 벤저민 스트롱이 사거한 이후, 공백 상태였다. 제도가 개인적 리더십에 너무 의존한 경위는 1987~2005년의 그린스펀에서도 되풀이해서 보인다.

---

6) Ron Chernov, *The House of Morgan*(New York: Atlantic Monthly Press, 1990), pp.323~324.

연방정부는 아무런 조취를 취하지 않았다. 공개시장조작을 하지 않았을 뿐만 아니라 금융시스템에 신용자금을 오히려 축소하였다. 1932년 1월 1860개 은행이 파산하였다.[7] 1932년 4월에 연방정부는 처음으로 대규모의 공개시장을 통한 유동성 위기대책을 시행하기 시작하였다. 1932년 말부터의 은행파산의 물결은 드디어 국가가 '은행 휴일'을 제정하기에 이르고 프랭클린 루스벨트가 취임한 이틀 뒤인 1933년 3월 6일 예금자들의 예금인출 사태에 대응하여 다시 휴일을 선포하기에 이른다. 이 은행 휴일 동안 2,500개 은행이 파산했다(Milton Friedman and Anna Schwarz, 1963)(Niall Ferguson, 2008).

2. 루스벨트의 긴급은행법(Emergency Banking Act. 1993) 과 글라스스티걸법(Glass-steagall Act. 1933)

루스벨트의 긴급은행법(Emergency Banking Act. 1933)과 글라스스티걸법(Glass-steagall Act. 1933)의 연원이 되는 제도의 취지는 공황이 3년째 진행되던 1932년에 나타났다. 새로운 제도에 대한 필요성은 루스벨트는 1932년의 콜롬버스에서의 연설에서, "우리의 상황은 대담하고 지속적인 실험정신을 요구한다. 하나의 방법을 택하고 일관되게 노력하는 것은 좋은 상식이다; 그러나 그것이 실패로 끝났다면 그 실패를 솔직히 받아드리고, 다른 방법을 시도해야 한다"라고 했다.

---

7) 은행파산에 대한 통계는 1920년대부터 1930년 연말까지는 역사학자 케네디(David Kennedy, 1999: 65)의 통계에 따른다. 그에 의하면, 1929년 당시 총 은행 개수가 2,500개라고 한다. 그러나 통화주의자 프리드먼(Milton Friedman and Anna Schwarz, 1963)과 이를 인용한 경제사학자 퍼거슨(Niall Ferguson, TIME, 2008.10.13.)에 의하면 1932년 1월까지 1,860개의 은행이 파산하고, 1933년 3월 6일 은행 휴일로 지정된 기간에 2,500개 은행이 파산했다고 기록하고 있다.

2.1. 은행법 입법의 경위

1933년 1월 운터마이어(Untermyer)는 우정성(Post Office Department)을 은행규제의 기관으로 하는 초안을 루스벨트에게 제출했다. 초안의 다른 규정에 대한 위헌의 우려와 함께 이 규제 담당 기구의 문제가 루스벨트로 하여금 커밍스(Cummings)와 로퍼(Roper)에게 다른 초안을 준비하도록 했다. 두 사람은 연방통상위원회(Federal Trade Commission)의 경험 있는 톰슨(Huston Thompson)에게 초안 기초를 넘겼다(Schlesinger: 1958, 440).

톰슨의 초안은 유가증권(Securities) 발행을 심사해 불허하는 권한을 연방통상위원회(Federal Trade Commission)에 주는 것으로, 주의 법(blue-sky Laws)[8]을 모델로 한 것이었다. 정부에 지나친 책임을 지우는 것같이 보였으며 법안 초안의 숙성도도 충분치 못했다. 루스벨트는 두 개의 불만족스러운 초안을 가지고 초안에 참여한 모든 기초자들이 원탁에 앉아 공개토론에 붙이도록 했으나 합의에 실패했다.

대통령은 과제를 분리해서 문제를 해결하려 했다. 톰슨은 신주(新株)와 사채(社債)와 공채(公債)를 포함한 증권을 규제하는 법안을 기초하게 했다. 운터마이어는 외환을 규제하는 법안을 기초하게 했다.

유가증권(Securities)의 입법이 우선이었다. 1933년 3월 29일 하원에 보내는 메시지에서 루스벨트는 어떤 오래된 진리에 근거한 법을 제정할 것을 촉구하였다.

---

8) blue-sky Laws에 대해서는, 본 논문 중 "1933년 긴급은행법과 글라스스티걸법의 배경"에서 "푸른 하늘"법으로 번역하고, 가짜증권 위조증권 및 신용할 수 없거나 거의 가치 없는 불량 투자 규제의 주법(州法)으로 소개되었다.

2.2. 루스벨트의 원칙: 오래된 진리

오래된 진실이란, 시민들의 돈을 취급하거나 사용하는 은행이나 회사 그리고 어떤 명칭의 조직을 경영하는 사람들은 다른 사람들을 위해서 행동하는 것이고 신뢰(Trust)를 받은 수탁자(受託者, Trustee)이다 (Schlesinger, 1958: 441).

캐비애트 엠프토르(Caveat emptor) 원칙은 "사는 사람이 알아야 한다"는 오래된 법언(法諺)이었다.[9] 대공황시대의 주식 폭락 이후의 경험은 "판매자가 먼저 알려야 한다"는 유가증권 판매 때의 원칙이 법에 보충되어야 했다. 법은 온전한 진실을 말해야 되는 부담을 판매자에게 지워야 한다고 루스벨트는 말했다. 이와 같이 만들어진 톰슨 법안이 하원에 제출되었으나 강한 반발을 불러일으켰는데 증권 판매를 규제해야 한다는 사상에 이미 친숙했던 의원들까지 그러했다. 에이브릴 해리먼(Averil Harriman)은 루스벨트에게 투표했으며, 브라운 브라더스(Brown Brothers)라는 투자은행을 소유한 자유주의적 기업인인데, 적절해 보이는 설득력을 가지고 초안의 조치가 실효성이 없을 것이라고 루스벨트의 측근인 몰리(Moley)에게 항의하였다.

2.3. 1933년의 긴급은행법과 글라스스티걸법의 배경

심문, 질문지를 사용한 조사, 인터뷰를 통한 조사를 사용해서 1933년 1월에 개시된 상원 위원회는 이전의 누군가 수집한 것보다 더 많은

---

9) 구매자(사는 사람)가 그 자신 스스로 조사하고 판단하며 테스트해야 된다는 원칙을 요약한 법언(maxim)이다. 이 법언은 경매절차 기타 법원이 행하는 세일즈에 특히 더 적용되고 소비자 물품의 세일즈와 같은 경우에는 엄격하자책임(strict liability), 품질보증의무(warranty)와 같이 소비자 보호법이 소비자인 구매자를 보호하는 영역에서는 덜하다(Black's Law Dictionary, 1979: 202).

정보를 증권거래에서 무엇이 잘못되었나에 대해서 수집하였다. 명백히 드러나는 난점은 과실이나 착오 또는 고의로 유가증권에 대해서 잘못 진술한 데 대해서, 유가증권의 판매자가 양심의 가책을 느끼지 않는다는 사실이었다; 여기에 대한 해답은 유가증권에 대한 전면적이고 완벽한 내용 노출을 강제하는 것이다(Schlesinger, 1958: 439). 다른 어려움은 상업은행(commercial banks)들이 증권을 중계해서 돈벌이하는 것이었다. 이 문제에 대한 해답은 상업은행들로 하여금 그들의 자회사인 증권회사들과 이혼하도록 강제하는 것이었다.

또 다른 난제는 모간 하우스(the House of Morgan) 같은 공적 기관이 아닌 사립 은행들이 사채(社債) 기타 유가증권을 발행하기도 하면서 동시에 예금을 받는 것이었다; 여기에 대한 대답은 사립은행들로 하여금 둘 중 하나의 업무에 집중·전념하도록 강제하는 것이었다. 이 두 가지 조치가 가장 기초적인 것으로 보였다. 그러나 적어도 이 두 가지 조치가 새로운 시대에서 다시 과잉과 탐욕, 아노미가 나타나는 데 대한 안전벽으로 작용할 것이었다.

여기에는 충분한 선례가 있었다. 대영제국은 1930년대 이전 약 1세기 동안 회사법(the Companies Act) 아래에서 유가증권의 문제들을 감독해 왔다. 아메리카의 여러 주는 1911년을 기점으로, 유가증권 판매 때의 흠(瑕疵) 있는 진술에 대해서 개별 투자자들을 보호하기 위하여 "푸른 하늘" 법(blue sky laws)을 통과시켜 가짜증권, 위조증권을 비롯하여 신용할 수 없거나 거의 가치 없는 불량 투자를 규제해 왔다. 1차 대전 이전의 Pujo 조사위원회[10]의 결론은 이런 규제는 실로 연방 정부

---

10) 1차 대전 이전의 푸조 조사위원회(Pujo Investigation)는 역시 의회의 청문회(the Pujo hearing)를 거쳤다. 이때 가장 중요한 증인은 Morgan 가의 형(the elder)이었으며 운터마이어(Samuel Untermyer)의 질문에 당당한 위엄으로 맞서면서 지팡이로 의회 마룻바닥을 쳤다고 한다. 1924년에 형 모건은 "아메리카의 대중을 위해서" 공립도서관을 건립했다. Diana E. Richardson(ed.) Vanity Fair,-Portraits of an Age 1914−1936(New York: Thames and Hudson, 1982) 1933년의 Pecola위원회의 주된 증인은 젊은 Morgan이었다. 20년의 세월의 경과에도 불구

가 해야 할 일이 아닌가 하는 일이었다. 1차 대전 중의 자본금 문제위원회(the Capital Issues Committee)에서의 경험은 유가증권 발행에 대한 기준을 정하기 위한 테일러 법안(Tailor bill)의 상정으로 연결되었다(A. M. Schlesinger jr., 1958: 439).

1932년 선거캠페인에서 루스벨트 자신이 콜럼버스에서의 연설에서 금융·재무의 규제를 위한 프로그램을 제시하였다. 이 금융규제는 두 그룹의 추종자의 열렬한 지지를 받았다. 펠릭스 프랭크퍼트[11]에 의해서 대표되는 브랜다이스 전통에서의 거대형(금융 비즈니스)에 대한 반대가 첫 번째 그룹의 특징이며, 두 번째 그룹은 월가의 금융회사들이 경제를 지배하는 데 대해서 오랫동안 두려워해 왔던 농촌 출신의 진취주의자들- 즉 텍사스의 샘 레이번(Sam Rayburn)과 몬태나의 버튼 K. 휠러(Burton K. Wheeler)가 이끄는 그룹- 이었다. 실로 역사를 소급해서 1차 대전 이전인 1914년에 이미 1933년 협력의 초판이 나온 셈인데 - 첫 번째 특징의 브랜다이스(Brandeis)와 두 번째 특징의 샘 레이번이, 철도회사의 유가증권의 새로운 발행에 대해서, 주간통상위원회(Interstate Commission)에 통제권한을 주는 법안에서 협조하였었다. 'Sen. Banking and Cur. Com., Stock Exchange Practices; 388, 1010, 2834'에서 보이는 대로 약 20년 뒤(1914~1933), 다시 같은 문제를 풀기 위해서 자유주의자(liberals)들은 미완의 숙제로 다시 돌아오고 있었다(Schlesinger Jr, 1958: 440).

브라운 브라더스(Brown Brothers) 투자은행의 해리만의 항의로 남부 농촌연합의 레이번은 톰슨의 초안을 희망 없는 것으로 간주하고 새로

하고 상원 위원회의 주된 조사와 심문대상은 같은 J. P. Morgan House라는 금융회사였다.

11) 펠릭스 프랑크퍼트(Felix Frankfurter)는, *The Public and It's Government*, 151-162(1930)에서 규제국가에 있어서의 정당성의 문제를 행정법과 헌법 사상에서 찾으려 했다. Thomas Green, *American Legal History: 1850-1950*(Ann Arbor: UM Law Sch., 1979).

운 초안이 상황을 구제할 것이라 했다. 루스벨트 캠페인의 수석 브레인 트러스트였으며, 선거후 국무성 장관보인 몰리(Raymond Moley)는 브랜다이스 전통12)의 하버드의 프랑크퍼트(Felix Frankfurter)에게 조난 신호를 보냈다. 이틀 뒤, 1933년 4월 7일 프랑크퍼트는 법안 기초 작업을 도울 두 사람의 청년13)과 함께 워싱턴에 나타났다. 법안 기초의 전례가 되는 원칙을 프랑크퍼트가 천명하였다. 주식회사는 일반 공중으로부터 자금을 공개모집하였을 때는 "언어의 참뜻에서 공적인 기구(public body)가 되고 경영진과 은행가는 공적인 기능을 행하는 사람들(public functionaries)이 된다. 따라서 프랑크퍼트의 그룹은 영국 입법례의 모델을 따른 초안을 좋아했다. 영국 모델은 (유가증권 발행에 따른) 모든 자료의 요소들을 모두 공개할 것을 요구한다. 그러나 톰슨(Thompson) 초안에서와 같이, 유가증권 발행을 인가하지 않을 수 있는 일반적 금지권한을 해당 관청에 주는 것은 아니다.14)

어떤 점에서 브랜다이스의 재판연구관(Law Clerk)을 지내고 입법학 교수인 랜디스(Landis)15)와 벤저민 코엔(Benjamin Cohen)은 영국 입법례를 넘어선 기초안을 작성하였다. 요구되는 자료 요건의 공개의 정도에서 그러했고, 완벽한 자료 요건 공개가 등록되지 않은 사례에 있어서는, 유가증권 발행이 보류될 수 있는 "정지 명령(Stop order)"을 특별히 덧붙인 점에서 그러하다. 금요일 아침부터 월요일 아침까지 만 사흘 낮밤을 열렬히 작업하여, 두 사람의 기초자는 이와 같은 맥락의 초안을 기

---

12) 여기에 대해서는, 김철, "대공황 시대의 경제사상과 법", 『경제 위기 때의 법학 - 뉴딜 법학의 회귀 가능성』(파주: 한국학술정보(주), 2009ㄱ), 67~71쪽.

13) 하버드 로스쿨의 입법학 교수인 제임스 랜디스(James M. Landis)와 벤저민 코헨(Benjamin V. Cohen)이었다.

14) 일반적 금지권한은 대륙법계 국가의 인가·허가권에서 두드러진다.

15) James M. Landis, *The Administrative Process* 22, pp.69~75, pp.95~99(1938)에서 규제국가에 있어서의 규제의 정당성의 문제를 행정법의 핵심으로 파악했다. Thomas Green, *American Legal History: 1850 - 1950*(Ann Arbor: UM Law Sch., 1979).

초하였을 뿐 아니라 하원상업위원회(The House Commerce Committee)의 레이번의 소위원회에서 그들의 초안을 성공적으로 방어하였다. 두 사람은 하원의 법제 관계 법률가인 미들톤 비만(Middleton Beaman), 부흥금융공사(Reconstruction Finance Corperation)의 코코란(Cocoran)과 함께 마지막 작업에 들어갔다.

월스트리트는 이해가 됨직한 신경과민성의 상태로 법안 기초의 전개를 기다렸으며, 기초된 초안이 하원 상업위원회의 전원 위원회에 상정되기 전에, 반박하여 뒤집을 기회를 가지려고 전력투구하고 있었다. 대선 캠페인의 수석참모였으며, 국무성 장관보인 몰리(Moley)가, 월가 패권에 비판적이어서 동석을 꺼리는 하원 소 위원회의 레이번을 설득해서 설리반 & 크롬웰(Sullivan & Cromwell) 로펌의 존 포스터 덜레스(John Foster Dulles)가 이끄는 일단의 월가 법률가들이 하는 소리를 들어보도록 했다. 초안 작성자인 두 사람은 훌륭하게 취지와 언어를 설명하였는데도, 덜레스는 문제점에 대해서 불완전하게 파악하고 있었다. 하원소위원회는 덜레스의 반박·비판의 주제발표에 감명받지 않았다. 다음 몇 주 동안 해당 상임위원회와 하원전체회의가 코엔-랜디스 초안을 받아들였다. 그동안 상원은 톰슨(Thomson)이 만든 초안을 통과시켰으나, 레이번은 하원의 법안으로 대체하는 것을 토론 끝에 성사시켰다. 1933년 5월 27일 대통령은 유가증권법(The Securities Act)에 서명하였다. 몇 개월 뒤에 법안의 기초자인 랜디스(Landis)는 새로운 유가증권법을 시행하기 위해서, 연방통상위원회(The Federal Trade Commission)에 임명되었다.

2.4. 피코라위원회(The Pecora Committee 1933~1934)의 입법 권고 사항과 금융가의 반대

피코라위원회[16]는 역시 금융관행에 대해서 권고사항이 있었다— 즉 상업은행(Commercial Banks)과 그것이 설립한 증권관계 자회사(affiliates) 또는 특수 이해관계의 증권회사를 분리해서 즉 이혼시킬 것이다. 또한 투자은행(Investment banks)을 예금취급사무(deposit business)로부터 분리할 것이다(Schlesinger, 1958: 442).

금융과 은행관계 커뮤니티는 유가 증권 입법과 마찬가지로 이 피코라 위원회의 권고를 좋아 하지 않았다. 아메리카은행(가)협회의 회장 시슨(Francis H. Sisson)은 1933년 1월에 말했다.

"미국의 은행과 금융업이 원하는 것은 제한과 제어를 위한 제정법이 아니라, 은행업과 금융업을 공적인 규제(public regulation)와 감독 (supervision) 아래 두는 특별법 자체를 없애라는 것이다."

1933년 3월에 체이스(Chase)은행의 알드리치(Aldrich)가 상업은행과 투자은행을 분리하라는 생각지도 못한 의외의 요구를 했다. 월가에서는 소수 견해였고, 알드리치의 행동은 록펠러(Rockefeller)가의 모건가 (House of Morgan)에 대한 공격으로 해석되었다. 한동안 알드리치는 그의 계급(class)에 대한 배신자의 위업을 이룩한 것 같았다. 개런티 트

---

16) 1933년 1월부터 1934년까지, 상원금융 및 통화위원회(the Senate Banking and the Currency Committee)의 법률고문(counsel)이며 조사관(investigator)이었던 페르디난드 피코라(Ferdinand Pecora)의 이름을 따서 당시 저널리즘이 피코라 위원회라고 약칭하였다. 여기에 대해서는 J. T. Flynn, "The Marines Land in Wall Street", *Harper's*, July 1934. 피코라의 스태프로 활약했던 경제 저널리스트 프린(J. T. Flynn)이 나중에 피코라의 특징을 기록하였다. "금융업, 기업끼리 연합하기, 시장 점유 흥정, 모든 종류의 궤변들이 얽히고설킨 미로와 미궁을 통과하면서 그리고 자신에게 생소한 영역에서 관계인의 이름을 혼동하지 않으며, 숫자 하나 착오를 일으키지 않았으며, 그의 기질을 잃지 않았다." 그는 상원금융 및 통화 의원회의 법률고문과 조사관에 임명되기 전에 경력 15년의 뉴욕 군 지방검사보로 근무하고 있었으며, 시실리 이민 출신이었다.

러스트(the Guarranty Trust) 금융회사의 포터(W. C. Potter)는 상업은
행과 투자은행의 분리요구를 참으로 재난을 가져오는 유해한 것으로
보았고, 모건(J. P. Morgan) 자신도 예금과 투자를 분리하는 금융업은
국가발전을 위해서 자본을 공급하는 그의 금융회사의 능력을 가장 저
해하는 효과를 가질 것이라 했다(Schlesinger JR, 1958: 442).

2.5. 피코라위원회의 청문회에서 밝혀진 금융가의 관행

당대의 저명한 금융가와 은행가들이 연봉 수십만 달러(1933년 1월
피코라가 수사를 개시했을 때의 기준)씩을 받는 월가의 법률가들을 대
동하고 월급 255달러를 받는(역시 1933년 1월 기준), 가난한 시실리
이민출신의 경력 15년의 뉴욕군 지방검사보인 페르디난도 피코라
(Ferdinando Pecora) 앞에 나타났다.

상원에 출두한 금융가와 은행가 중에 모건이 있었는데 그의 서명은
세계 도처에서 어떤 정부를 세우기도 하고 파괴하기도 할 수 있다고
알려지고 있었다.[17] 클럽과 요트와 사냥터에서 처음으로 얼굴을 나타
낸 그에게 피코라는 어느 오후 1933년에 소득세를 낸 적이 있느냐고
물었다. 기억할 수 없다고 모건이 답변했다.

피코라는 1930년에 모건이 - 실로 합법적으로 - 소득세를 내지 않았
음을 증명하고, 1931년과 1932년도 마찬가지라고 증명했다. 그는 그

---

17) 나중에 위원회에서 조사결과 알려진 바에 의하면 J. P. 모건은 1927년과 1928년에
   페루의 국채 발행과 관계된 모험적 투기를 할 때, 당시 가액 약 40만 달러 이상으
   로 페루 정부를 매수했으며, 이 국채를 미국 시민들에게 팔았다고 한다. 이때 금융
   가들은 이익을 챙겼으며 1931년 페루 정부가 지급 불능, 즉 파산에 이르는 길을
   피하라는 권고를 무시하고 강행하였다고 한다. 국채를 산 아메리카의 투자가들은
   결과적으로 무가치한 종이 문서를 손에 쥐고 방치되었다고 한다. Pecora, *Wall
   Street*, 96-103; Sen. Banking and Cur. Com., *Stock Exchange Practices*, 388, 1010,
   2834; *New York Times*, March 26, 1933.

동안 영국에서 소득세를 낸 것이었다. 또한 모든 모건은행의 파트너가 1930년에 낸 세금은 5만 달러 미만이었으며, 1931년에는 실제의 손실과 기술적인 손실을 이유로 소득에서 기술적으로 공제함으로써, 모건 금융회사의 누구도 소득세를 전혀 내지 않았음을 증명했다. 모건 자신이 작성한 '우선권 리스트'가 더욱 문제가 되었다. 모건 회사가 시장가격 이하로 때로 주식을 그가 선정한 '친구'들에게 팔았는데 그 리스트가 발견되었다. 의회에서 영향력 있는 보수적 민주당 의원 다수와 린드버그(Charles Lindbergh)와 같은 국민적 영웅과 나중에 대법관에 임명된 오웬 로버츠(Owen Roberts)와 나중에 루스벨트 정부의 재무성 장관이 된 윌리엄 우딘(Woodin)이 포함되어 있었다. 리스트에는 그때까지 청렴한 대통령으로 알려졌던 칼빈 쿨리지(Calvin Coolidge) 전 대통령도 포함되어 있었다(Schlesinger JR, 1958: 442).

위원회에서의 증언으로 다음과 같은 사실이 밝혀졌다. 1927년과 1928년에 아메리카 은행가들의 신디케이트가 페루의 공채를 발행하기로 제의했을 때 그들이 만든 콘소르티움의 자체 조사관은 자격요건의 문제로 페루는 5년 이내에 지불 불능에 빠질 것이라고 발행하지 말 것을 조언했다. 자체 조사관의 조언뿐 아니라 다른 외부 전문가의 경고에도 불구하고 은행가들은 당시 페루 현직 대통령의 아들에게 당시 가액으로 40만 달러의 뇌물을 주는 방법을 써서, 발행권을 얻어서 공채를 발행하고 나서 미국 시민들에게 그 유가증권을 사도록 유도했다. 이 과정에서 콘소르티움에 참여한 은행가들은 모두 이익을 보았으나 페루 정부 자체는 이미 예언된 5년보다 약간 더 일찍 3년 만인 1931년에 지불 불능 사태에 빠졌다. 그러자 이 페루 공채를 산 미국 시민인 투자자들은 아무 가치 없는 종잇조각을 쥐고 있다는 것을 알게 되었다. 다른 사례는 브라질의 미나스 게라리스(Minas Gerais) 주에 관계된다. 관계된 금융회사는 내셔널 시티 컴퍼니(the National City Company)로서,

브라질의 특정 주를 대리해서 공채를 발행할 것을 검토했다. 자체의 전 문가는 부정적으로 보고했다. 이유는 관계된 주 정부 당국의 단정치 못 한 방종함과 외국에서의 장기 대출에 관해서 전혀 무지하며 또한 부주 의하며 또한 나태함이었다. 그러나 내셔널 시티 금융회사는 그 주의 공채를 발행하였다. 내세운 이유는 미나스게라리스 주의 재정은 "건실 하고 주의 깊은 행정 역량"에 의해서 특징지어져 왔다. 마침내 브라질 의 미나스게라리스 주는 1932년에 지불 정지로 파산하였다.

2.6. 글라스 스티걸법의 제정: 금융업의 분리와 은행예금 보장제도 도입

금융가의 반대에도 불구하고 6월에 하원은 금융업상의 분리를 규정 하는 글라스스티걸법을 제정하였다. 금융가에 볼 때, 더욱 심해진 것 은, 새로운 법은 은행 예금을 연방 정부가 보장하는 것을 추가한 것이 었다. 연방 정부의 은행예금보장제도 입법에 대해서 미국금융업자협 회(the American Bankers Association)는 "불건전하고, 비과학적이며, 부 정당하며, 위험한 사상"으로 마지막까지 투쟁할 것을 선언하였다. 루 스벨트 자신은 썩 그리 열광적이지 않았다. 정부 각료들이 찬성했고, 의회의 어떤 의원은 연기하기로 결정하였다. 대통령이 마침내 분리 원 칙 입법을 받아들이기로 한 것은 은행 및 금융 시스템을 정비하여 통 일하는 방법으로 쓰일 것을 고려한 것이었다. 법은 1936년 이후 주의 은행들로 예금 보험(보장)에 자격을 가지기 위해서는 연방준비제도(the Federal Reserve System)에 가입 강제를 예비하고 있었다.

2.7. 예금보험 제도와 연방예금보험공사(the Federal Deposit Insurance Corporation)

예금보험제도는 루스벨트 대통령 취임 백 일 이내에 행한 가장 뛰어나고 성공적인 업적으로 밝혀졌다. 재난을 가져올 것이라는 교조적인 예언과 달리 연방예금보험공사는 잔잔하고 밝으며 효과적으로 모습을 갖춰 갔다.

마침내 20년대의 어느 해와 비교해도 이 제도 도입 후의 은행의 지불 정지, 즉 파산의 숫자는 적었고 1933년 한 해만 8% 감소했다. 1933년은 아메리카금융인연합이 새로운 제도가 효력을 발휘하는 것을 사력 투구해서 막은 해이다.

3. 루스벨트의 뉴딜시대와 주택 금융 대출(1933~1954): 저축대출조합(Savings & Loans Association)[18]과 연방예금보험제도

3.1. 저축대출조합(Savings & Loans Association)이란 무엇인가

경제사학자인 퍼거슨은 S&L의 특징을 선명하게 보여주는 방법으로 1946년의 영화를 사용한다(Niall Ferguson: 2008, 249).

---

18) 저축대출조합(S&L association)이라 함은 흔히 S&L로 약칭되고, 저축을 위한 예금을 받아서, 주택구입을 위한 대출이나 기타 대출을 하는 데 특수화된 금융조직이다. 미국에서는 "S&L" 또는 근검·저축을 뜻하는 "thrift"로 쓰인다. 영국, 아일랜드, 영연방의 나라들에서는 "building societies" 또는 신탁저축은행 "thrustee savings bank"로 비슷한 조직이 있다.

S&L은 상호저축은행(mutual savings bank)으로 자주 불리며 상호적으로 소유된다. 그 뜻은 예금자와 대출받는 자들은 상호보험회사(mutual insurance company)의 경영정책

1946년 프랭크 카플라의 아메리카 사회의 역사를 진지하게 다룬 사회적 영화 <훌륭한 생활(It's a Wonderful Life)[19]>에서 주인공 조지 베일리가 파산의 경계선상에서 파산하지 않고 계속 유지하려고 혼신의 힘을 기울인다. 문제는 베일리 일가가 소유한 베일리저축대출 조합(Savings & Loans)에서의 예금 탈출 소동이다. 만약 정부가 제도적으로 예금을 보장해준다면, 저축대출은행에서의 예금 탈출과 같은 소동은 여지가 없게 되는 것이다. 베일리 가옥 대출 은행의 소유주인 아버지가 아들인 주인공 조지에게 말한다.

"애, 너도 알겠지만, 우리들은 중요한 어떤 일을 하고 있다고 느낀다. 평균적인 시민들이 집을 가지려는 것은 1차적이고 근본적인 욕구이다. 이 기초적 욕구를 충족시키는 일이다. 사람이 그 자신의 지붕과 벽과 벽난로를 원하는 것은 인류에 깊이 내재하고 있는 욕구이다. 그래서 우리 베일리 부자는 사람이 지붕과 벽, 벽난로를 얻도록 우리의 초라하고 작은 사무실(저축대출조합)에서 도와주고 있는 것이란다."

아들 조지는 알아듣고, 아버지가 죽고 난 후에 슬럼가의 악당 같은 지주인 포트에게 열정적으로 설명한다.

"포터 씨, 선친께서는 한 번도 그 자신을 그렇게 생각하지 않았으나, 실지로 그는 몇 사람을 당신이 소유하는 땅의 빈민가에서 탈출하는 것을 도와주었습니다. 그래서 슬럼가에서의 탈출을 도와준 것이 잘못되었습니까? 그래서 그들이 좋은 시민이 되지 않았습니까? 당신은 말하기를, 빈민가의 사람들은 그들이 단정한 집을 꿈꾸기 전에, 기다려서 그들 돈을 저축해야 한다고 했습니다. 기다린다고! 무엇을 기다린다는

수립자들과 유사하게, 의결권과 조직의 경영상 재무상의 목표를 조정하는 권능을 가진다. S&L은 주식회사 형태를 띨 수 있으며, 주식을 공개모집 할 수도 있다. 그러나 이 경우 S&L은 더 이상 진정한 조합(association)이 아니며, 예금자와 대출받는 자는 더 이상 경영상의 지배권을 가지지 않는다[Henry Cambell, *Black's Law Dictionary*(St. Paul: West Publishing, 1979)].

19) 이 영화는 Philip Van Doren Stern의 원작을 대본으로 한 것이다.

말입니까? 자식들이 자라서 빈민가의 그들을 떠날 때까지? 그들이 너무 늙어서 고장 날 때까지? 근로자가 오천 달러를 저축하는데 얼마나 걸리는지 아십니까? 포터 씨 이것을 기억하십시오. 당신이 경멸하는 이 하층 영세민들이 이 지역에서 노동하고 집세를 물고 평생 살다가 죽는 모든 삶을 살고 있습니다. 자, 그들이 방 두 개짜리와 화장실이 딸린 집에서 기거하면서 일하고 돈을 쓰고 생사를 끝내게 하는 것이 너무 지나친 것입니까?"

이것은 지역 '저축조합' 또는 저축대출은행(Savings and Loans)이 행하는 아름다운 덕을 칭송하는 프랭크 카플라 감독의 1946년의 명화 <훌륭한 생애>의 주제이다. S&L로 알려진 저축대출조합 또는 은행은 아메리카 기층커뮤니티에서 자생적으로 발달하고, 이후에 연방예금보험제도에 의해서 안정된 것이다(Niall Ferguson: 2008, 249).

3.2. 저축대출조합(Savings & Loans Association)과 연방예금보험 제도

제도적으로 중요한 것은 루스벨트 행정부가 급속하게 가라앉고 있는 모기지 시장에 구명선을 준 것이다(Niall Ferguson: 2008, 247). 새로운 주택소유자 대출 공사(Home Owner's Loan Corporation)가 최장 15년까지의 장기 모기지를 다시 자금화시켜 주기 위해서 개입하였다. 연방주택대출은행위원회(Federal Home Loan Bank Board)가 1932년에, 지역별 모기지대출업자를 격려하고 감독하기 위하여 설립되었다. 저축대출조합(Savings and Loans)은 지역공동체를 기반으로 해서, 예금을 맡기는 상호출자자들이 소유하는 구조로서 일정한 지역 내에서 주택구입자들에게 대출을 해 주고 있었다. 대공황이 발발한 이후 3년 동안의 은행 파산 때문에 상처 입은 예금자들을 안심시키기 위해서, 루스벨트는 연방 예금보험제도를 도입하였다.[20) 모기지대출에 돈을 넣는 것은 집 자체보다 안전하다. 왜냐하면 만약 돈을 빌려간 대출자가 지불능력이 없어지고 파산하면, 정부가 예금자를 단순하게 보상할 것이기 때문이다.

3.3. 자생적인 지역 공동체 중심의 저축대출조합(S&L association)은 뉴딜시대에 정부 규제의 프레임 워크에 의해 보호받게 됨

미국의 저축대출조합(S&L)은 영국의 주택협회(building societies)의 미국판이라고 할 수 있다. S&L은 아메리카 사회의 "주택 소유 민주주의(property‑owning democracy)"가 정착하게 된 기회를 제공하였다. S&L에 예금하는 상호 출자자들이 소유하는 구조로 출발하여, 이윽고 정부 정책에 의한 정부 규제의 프레임 워크에 의해 보호되고 제한되었다(O'Hara, 1981).[21)

모린 오하라라는 옛 여배우가 있었다. 다산성의 즐거운 대가족의 주부로 1950년과 1960년대에 아메리카의 안정된 가족가치를 흑백영화에서 보여주는 정다운 모습이다. 같은 이름의 학자는 1981년에 『법과 경제』 저널에 주택재산권과 대출을 주는 금융회사의 주제로 1981년까지의 아메리카 중산층 사회를 그리고 있다.

---

20) 주의할 것은, 예금에 대한 연방보험제도는 일반저축은행(savings banks)과 주택대출조합(S&L)은 연방보험제도 안에 들어가기는 하나 담당기구가 다르다. 저축은행은 연방예금보험공사(Federal Deposit Insurance Corporation: FDIC)에 의해 보장되는 한편, S&L로 불리는 주택대출조합은 Federal Savings and Loans Insurance Corporation(FSLIC)에 의해서 보장된다. 이것은 아메리카와 영연방 지역의 은행 및 금융제도에서 주택대출조합(S&L)과 같은 성질의 building societies, 상업은행(commercial banks), 투자은행(investment banks)을 구별하는 전통 위에 서 있기 때문이다. 가장 쉬운 설명은 위키피디아(Wikipidia) 참조.
21) Maureen O'Hara, "재산권과 금융회사", 법과 경제 저널, Oct. 1981.

3.4. S&L, 예금보험 내용과 규제

4만 달러 이상의 예금은 정부에 의해서 지불·보장되는데, 총 예금액의 1%의 1/12이라는 수수료 또는 보험료를 내고, 그 예금액이 유사시에 정부에 의해 지불·보장된다. 다른 한편 제약이 있다. 이러한 예금자로서 구성된 S&L은, 본점이 소재한 50마일(80km) 이내의 주택 구입자에게만 대출할 수 있었다. 또한 1966년부터 Q규제(Regulation Q)에 의해서 그들 예금의 이자에는 5.5%라는 한도가 주어졌다. 이 이자율 한도는 당시 은행들이 지급하던 이자보다 1%의 1/4이 더 붙는 것이었다. 즉, S&L에 예금하는 것이 다른 은행보다 0.25% 더 유리했다.

3.5. 중산층의 형성과 크루그먼의 회상

아메리카 중산층 사회의 형성에 대해서는, 폴 크루그먼이 성장기의 개인사와 사회사를 회상한 종합적 묘사가 있다(Krugman, 2007).

"제2차 세계대전 이후 미국을 중산층 중심의 사회가 되었다. …… 수천만 미국인들이 도시 빈민가와 농촌의 가난에서 벗어나 자신의 집을 소유하고 전에 없이 안락한 삶을 누렸다."

크루그먼[22]은 1929년 10월 24일 기점의 세계 대공황의 치유자로서 나타난 루스벨트 대통령의 뉴딜 정책과 뉴딜 입법이 그 이전의 약 60년간 진행된 부의 불평등을 치유해서, 세계 대전 이후의 중산층 중심의 안정된 사회를 건설했다고 한다[23](Krugman, 2007)(김철, 2009.6.: 48). 프랭크 카플라 감독(1946)이 그린 마을 공동체의 S&L 대출은행

---

22) Paul Krugman, *The Conscience of a Liberal*(New York: W.W. Norton, 2009 & 2007).
23) 김철, "최현대의 경제공법사상", 『세계헌법연구』 제15권 제2호(서울: 국제헌법학회 한국학회, 2009.6.), 48쪽.

또는 조합은 자발적 자연적 노력을 연방정부의 정책기구가 격려하고 보장하여 서민들이 "자신의 집을 소유하고, 안락한 삶을 누리도록" 한 것이다.

빈곤층에서 탈출하고 중산층으로 진입했다는 증거로서, 자기 집을 소유한다는 것은, 한국의 산업화 이후 1970년대의 꿈의 하나였다. 아메리카 사회에서 이 꿈의 현실화에 실지로 관여한 것은 연방주택행정처(Federal Housing Administration)였다고 영국 태생의 경제사학자 나이얼 퍼거슨(Niall Ferguson)이 설명한다.

베일리가의 아버지와 아들 같은 자생적인 모기지 대출자에게 연방정부가 보장하는 보험을 제공함으로써 연방주택처(FHA)는 집 가격의 80%에 이르는 큰 규모와 20년의 장기, 저금리의 대출을 제공하려 하였다(Posner, 2009: 254).

4. 연방주택처(Federal Housing Administration: FHA)와 연방 전국모기지협회(Federal National Mortgage Association, 1938) – 화니 매(Fannie Mae)

4.1. 1938년의 화니 매

뉴딜 시대의 연방 정부의 노력은 모기지 시장을 단순히 부흥시킬 뿐 아니라 재발명한 것이다. 장기 모기지를 표준화하고 기관에 의한 감시와 평가의 전국적 체제를 창조함으로서 연방주택처(FHA)는 전국에 걸친 2차적 주택대출 금융시장의 기초를 놓았다. 이 2차 시장은 1938년에 태어났는데, 새로운 연방 전국모기지협회(Federal National Mortgage Association) – 화니 매(Fannie Mae)라고 별명이 지어졌다 – 가

공채를 발행할 권한을 부여받고, 또한 지역 저축대출 조합(S&L)로부터 S&L이 대출해준 모기지를 사들이는 데까지 그 공채발행 절차를 사용할 권한을 부여받았다. 왜냐하면 지역 단위의 저축대출조합(S&L)은 당시 지리적 조건에서나 예금자에게 지불하는 이자율에서나 규제에 의해서 제한을 받고 있었다. 즉, 지역 S&L은 그들 사무실 소재지로부터 50마일(80km) 밖의 사람들에게는 주택대출을 할 수 없었다. 예금자에 대한 이자율 통제는 소위 Q규제라고 했는데, 낮은 한도로 규제하였다. 화니 매(Fannie Mae)에 의한 변화는 모기지에 대한-주택담보부 장기 대출에 대한-매월 평균 상한액을 줄여주는 경향이 있었다. 그래서 연방주택처(Federal Housing Administration: FHA)는 이전보다 더 많은 아메리카 사람들이 주택 소유권을 가지는 것을 가능하게 하였다. 실로 현대 아메리카합중국이 매혹적인 교외주택지의 모습을 가지고 여기서 태어났다고 해도 과언이 아니다(Nial Ferguson, 2008: 249).

4.2. 모기지를 정부가 일괄 인수함: 주택 소유 비율이 60%로 상승(1960)

1930년대부터 시작해서 아메리카 정부는 주택 대출을 주는 자와 받는 자가 협조하도록 격려하면서 주택금융채권, 즉 모기지를 일괄하여 인수함으로써 재정적으로 뒷받침하였다. 이와 같이 모기지 시장을 2차적으로 일괄 인수함으로써 정부는 부동산 소유권과 그것을 위한 모기지 부채가 2차 대전 이후에 급격히 증가하도록 하였다. 주택 소유 비율을 40%부터 끌어올려 드디어 1960년의 60%로 올려놓았다(Nial Ferguson, 2008: 249).[24]

---

24) 대서양의 다른 쪽에서 주택 소유의 비율은 더 느리게 증가했다(NF). 2차 대전 이후 보수당뿐 아니라 노동당에서의 전통적인 지혜는 국가가 노동계층에게는 주택을 공급하든가 적어도 보조금을 지급해야 한다는 것이었다. 실로 보수당의 해롤드 맥밀란 수상은 연간 20만 호(나중에는 40만 호)의 목표로 노동당을 능가하려고 했다.

4.3. 뉴딜 시대는 브라운 판결(1954~1955)과 아이젠하워 시대 (1953~1961)까지 지속되었다

뉴딜 시대는 1930년대부터 2차 대전을 경유해서 1954년과 1955년의 브라운 판결 시대까지 계속되었다(김철, 2009ㄱ: 118-119). 1953~1961년까지의 아이젠하워 대통령 때의 아메리카의 법과 정책은 이전 뉴딜 시대와 다른 정당이 집권했으나, 뉴딜 정책의 성과를 역전시키려 하지 않았고 중산층 위주의 안정적 기조가 유지되었다(Krugman, 2009, 2007: 4)(김철, 2009. 6: 49).

1959년부터 1964년까지 영국의 신축 가옥의 1/3이 지방자치단체에 의해 건축되었고, 잇따른 6년간의 노동당 집권동안 신축가옥의 1/2로 증가하였다. 오늘날 대부분의 영국 도시를 시들하게 보이게 하여 보기 흉하고 사회적으로 역통합하는 고층 지역과 거주 '지역'들은 양당 모두에 책임이 있다. 보수당(우파)과 노동당(좌파)의 유일한 실질적 차이는 보수당이 개인지주들을 격려하려는 희망에서 개인 임대시장을 반규제 또는 탈규제 하려는 준비를 한 데 비해서, 노동당은 임대료 통제를 재개하고 지주들에 의한 과다한 형태의 '라하마니즘'을 없애려는 태도였다. 피터 래치먼(Peter Rachman)은 임대료가 통제 되어있는 현재의 세입자들을 내쫓고 시장의 임대료를 지불하지 않을 수 없는 서인도제도의 이민자들로 교체하려고 위협한 경우이다(NF. 252).

미국과 같이 주택소유의 공적인 성격이 중요하게 강조된 곳에서는, 주택대출의 이자는 항상 세금공제가 되어 왔다. 주택대출금의 이자에 대한 정부지원은 아메리카 드림의 일부라고 여겨 왔으나(Ronald Reagan), 영국에서는 1983년까지는 큰 역할을 못 했다. 마가렛 대처의 정부는 흔히 이념적으로는 더 보수적인 정부로 여겨져 왔으나, 3만 파운드 이상의 최초의 주택금융대출을 위해서 주택금융이자구조기구(Mortgage & Interest Relief At Source: MIRAS)를 도입했다. 이것뿐 아니라 시영주택(Council houses)을 150만 명의 노동계층 가정에 염가판매의 가격으로 팔게 해서, 마가렛 대처는 더 많은 영국 남녀가 그들 자신의 집을 갖게 보장하였다. 결과는 주택소유자 비율이 1981년의 54%에서 1991년의 67%로 비약하였다.

5. 1960년대 이후 1980년까지의 법과 경제의 흐름

5.1. 1963~1979년의 주택금융, 자산 가격 상승

1980년대까지 주택 대출과 구입에 대한 정부 인센티브(Incentive)는 평균적 가계에는 큰 역할을 하였다. 1960년대 후반과 1970년대에서 인플레이션 증가율이 이자율을 상회하였고 이 계속적 경향이 대출받아 집을 사는 사람들에게 유리하였다. 대출받은 채무액과 이자금액을 합친 실지 가치가, 인플레이션 때문에 하락하였기 때문에 1970년대의 아메리카 주택 구매자들은 적어도 112%의 인플레이션율을 예측하였고, 이것은 1980년까지 계속하였다. 한편 주택금융대출을 주는 자(은행 측)들은 30년 고정 이자율 대출을 이자율 9% 이하로 제공하고 있었다(Eichler, 1983). 얼마간은 주택금융 대출자들은 그들의 돈을 예금자들에게서 예치시키기 위하여 효과적으로 이자를 지급하고 있었다. 그동안 1963년부터 1979년까지 16년 사이에 자산 가격이 약 30배가 되었다. 그동안 소비자 가격은 2.5배로 뛰었다. 이때까지 연방정부의 적극적인 지원으로 주택을 구입한 시민들은 안정과 함께 번영의 기분을 느꼈을 것이다(Nial Ferguson, 2008: 253).

5.2. 낮은 인플레이션을 위해서 높은 이자율 필요

그러자 인플레이션의 문제가 나타났다. 그때까지 "재산을 소유하는 민주주의"라는 신앙고백을 한 똑같은 정부가 이제 물가안정 또는 적어도 낮은 인플레이션을 원하는 것으로 밝혀졌다. 물가안정과 낮은 인플레이션을 이룩하기 위하여 높은 이자율이 필요했다. 이런 정책의 의도하지 못한 경과는 부동산 시장의 역사에서 가장 극적인 붐과 거품이 나타난 것이다.

즉, 1970년대 후반에 이르러 이 무풍지대의 S&L 영역은 두 자리 숫자의 인플레이션이라는 폭풍이 불었다. 인플레이션은 1979년에 13.3%에 달했다. 그다음 불어온 폭풍은 급격히 상승하는 이자율이었다. 새로 임명된 연방준비위의 폴 볼커(Paul Volcker)는 (인플레이션으로 이전되는) 임금상승나선을, 통화증가를 둔화시켜서 깨기 위해서 이자율을 급격히 올린 것이다. 13.3%에 달하는 인플레이션과 이자율의 급격한 상승, 이 두 가지의 펀치는 S&L을 거의 빈사상태로 몰았다. 전국에 산재한 S&L은, 이미 계약된 장기(30년) 고정 이자율 주택금융 대출에서 손해를 보고 있었고, S&L에 예금된 저금들은(높은 이자를 좇아서) Money Market Funds(MMF)로 달아나서, S&L은 출혈되고 있었다(Nial Ferguson, 2008).

6. 탈규제시대(1980~1982)의 시작: "시장의 힘이 문제를 해결할 것이다"

6.1. 탈규제의 두 법안

6.1.1. 예금수탁기관 탈규제와 통화통제법(Depository Institutions Deregulation and Monetary Control Act of 1980)

1980년에 통과된 연방금융제정법(Financial Statute Law)이며 연방준비위(Federal Reserve)에 비회원 은행에 더 큰 통제를 부여하는 것이라고 설명한다. 그러나 그 내용은 탈규제에 더 큰 중점이 있다.

1) 모든 종류의 은행에게 연방법을 적용하는 것이다.
2) 은행의 합병을 허용한다.

3) 글라스스티걸(Glass – Steagall)법 아래에서의 연방준비위원회와 Q
규제에 의한 예금계좌의 이자율 결정 권한 폐지로 글라스스티걸
법의 중요사항을 폐지하는 것이다.
4) 예금 보장의 한도를 4만 달러에서 10만 달러로 상향 조정한다.
5) 이자율을 자유화함으로써 금융기관에게 탈규제를 행한 것이다.

6.1.2. 가안-생 제르맹 예금기관법(Garn-St. Germain Depository Institutions Act of 1982)(Pub.L. 97-320, H.R. 6267, 제정일 1982년 10월 15일)

이 법은 S&L 산업을 탈규제화하는 의회입법이고, 1980년대 말의
S&L 위기로 이끈 요인 중의 하나로 판명되었다(Leibold, 2004).

이 법의 정식명칭은 "주택대출을 주는 금융업의 재정안정을 강화하
는 주택모기지대출을 쉽게 보장함으로써 주택산업을 활성화하기 위한
법"으로 레이건 행정부에서 주도한 것이다. 이 법은 주택대출에 관계
된 부동산을 피상속자나 미성년자에게 넘기는 것이 쉬워졌으며, 부유
한 소유자나 위험성을 안고 있는 소유자의 주택대출에 관계된 부동산
을 보호하게 되었다(Strunk and Case, 1988).

6.2. 금융 규제 해제의 효과

6.2.1. 규제 해제의 특수한 효과: 저축주택조합(S&L)에 대한 효과

카터와 레이건 행정부에서의 정책적 반응은 역사적으로 아메리칸
드림을 이루는 통로였던 S&L을 구출하기 위해서 세금감면과 규제해제
(deregulation)[25]로 대응하였다. 이때 기본 태도는 "시장의 힘이 S&L의

---

25) 결정적인 입법은 예금수탁 기관 탈규제와 통화 통제법(1980)과 1982년의 가안-세인트
저메인 예금기관 법이다.

문제를 해결할 것이었다"였다. 시장의 문제해결력을 낙관하였으나, 스캔들과 화이트칼라 범죄가 시장에 수반하였다. 여기에 대해서는 폰텔(Pontell)과 칼라비타(Calavita)가 『미국 정치학과 사회과학 연보』(1993)에 "화이트칼라 범죄와 S&L스캔들"을 실었다. 이 문제는 경제학의 문제로 출발했으나, 끝내 범죄학의 문제로 전개되고 정치학과 사회과학 전반의 주목을 끈 것이다.[26)]

6.2.2. 규제 해제[27)]의 전반적 효과: 상업은행의 "안전제일"이 저하되었음 /2009년 시점에서 포스너의 평가

상호저축은행(S&L)의 나쁜 경험에도 불구하고 상업은행(commercial banks)의 "안전제일" 규제는 1970년대 말, 즉 1978년경부터 시작된 탈규제 운동[28)]의 부분으로서 계속해서 저하되었다. 메릴린치와 리먼브라

---

26) Henry N. Pontell and Kitty Calavita, "White-Collar Crime in the Political and Social Science", 525(January, 1993).

27) 탈규제의 사회학적 의미는 김철, "급격한 변동기에는 탈규제와 무규범이 진행된다", 99~100쪽, 『경제위기 때의 법학』(한국학술정보(주), 2009ㄱ). "생활수준의 상한(上限)과 하한(下限)은 어떤 사회의 어떤 범주의 직능인들과 각기 다른 계층에게 납득될 수 있는 수준으로 작동해 왔다. 그러나 급격한 사회변동기, 곧 경제의 표준과 도덕의 표준이 변화하는 시기에는 그렇지 않다. 경제위기의 시기나 정권 교체기 또는 권력과 부가 급격히 증가할 시기에는 이러한 생활의 표준은 갑자기 급격하게 변한다. 취향의 정처 없음은 더 이상 여론에 의해 규제되지 않으며, 일종의 규제 회피 또는 탈규제, 더 나아가서 무규범 상태가 진행되고 더 이상 확립된 기성 계층은 존재하지 않으며 이룰 수 없는 목표를 위한 경주가 시작된다. ……이런 상황에서 종교는 영향력을 잃고, 경제를 규제할 정부는 하인이 된다. 자살은 어떤 종합적 상태의 경과 중의 하나이고, 타인을 살해하는 것은 이러한 경과의 다른 것이다."(Mannheim, 1973: 501 중에서)

28) "또한 1978년부터 시작하여, 2008년 9월 세계 경제위기에 이르기까지 약 30년간 계속된 네오리버럴리즘 내지, 1980년 초에 시작되어 2008년 가을까지 영향을 끼친 레이건 경제학(Reaganomics)에 동반된 법 이론과 상응하는 법 이론이 과거에도 존재하였던가 하고 묻는다."(김철, 2009ㄱ: 이 책의 취지) 탈규제 운동은 1978년 기점이나 1981년 이후의 레이건 경제학과 신보수주의와 시종 동행하였다(김철, 2009ㄴ: 240). "1981년 이후 활발하게 전개된 아메리카에 있어서의 신보수주의의 기원은 우선 시카고학파의 경제학자인 밀턴 프리드먼(Milton Friedman)이 주축이 되어서 1930년대 이후 아메리카 사회의 인프라를 구축하는 데 도움이 되었던 케

더스 같은 투자은행(Investment bank)과 중계회사는, 금융 회사(finance company), 머니마켓 펀드, 헤지 펀드와 같은 비 은행 금융중계회사들과 나란히, 은행과 똑같이 규제되지 않았는데, 점점 더 은행과 비슷하거나 심지어 똑같은 금융상품을 제공하는 것이 허용되었다. 비은행 금융중계회사들의 빌려온 자본은 은행의 예금과 달리 연방정부가 보험으로 보장하지 않았는데, 따라서 이들 비은행권의 채권자들은 예금 탈출에 고도로 상처받기 쉬웠다. 이들 비은행권 금융회사들은 은행유사 금융상품 이외에 여러 개의 금융상품을 제공하였기 때문에 경쟁이 가속화되었고, 규제당국도 은행들이 같은 상품을 제공하도록 허용하여서, 은행이 성장하는 비은행 금융산업에 너무 많은 고객을 빼앗기지 않도록 했다. 비은행권 금융회사는 2008년까지는 거의 상업은행, 즉 보통 의미의 은행들만큼 숫자가 많아졌다. 그러나 요구불예금에 대한 연방정부의 보험은 지속되었고, "은행 탈출"의 위협을 감소시킴으로써, 은행들이 위험을 감수하는 모험을 더욱 부추겼다. 헤지 펀드들이 지불불능, 즉 파산의 문제를 상업은행의 경우와 같이 심각하게 봉착하지 않는 한 가지 이유로 헤지 펀드의 자본의 어떤 부분도 연방정부에 의해 보험으로 보장되지 않았으며, 그래서 그들은 만약 그들이 그들의 자본구조에서 너무 많은 부채를 지게 되면, 또는 지나친 위험을 지면, 그들은 지불청구, 즉 예금 탈출에 직면하게 될 것을 두려워하지 않을 수 없었기 때문이다(Posner, 2009: 41－51).

전체적으로 탈규제된 금융산업[29]이－왜냐하면 "은행업"은 실로 금

인스 이론에 맞섰다. 또 한 무리의 사회학자들은 빈곤과의 전쟁, 교육에 대한 연방지원 정책, 노인의료 지원정책 등을 포괄하는 국가계획에 반대하였다. 대공황과 뉴딜정책 그리고 뉴딜입법이 만든 아메리카 사회의 인프라는 1960년대까지 번영의 기초가 되었다. 1960년대의 청년문화, 반문화, 반전운동에 대한 아메리카 평균인들의 염증 이외에도, 아메리카 사회에 보수주의 경제학자들이 등장하게 된 것은 역사적으로는 이유가 있다."(김철, 2009ㄴ: 240)

29) 2008, 2009년의 금융위기의 핵심적 인과관계를 규제의 문제로 본 것은 스티글리

융 중계와 동일어가 되었기에- 2000년대 초에 낮아지는 이자율과 함께, 훨씬 나중에 밝혀진 대로 치명적으로 한 점에 수렴하게 되었고 비슷하게 되었다. 즉, 2003년까지 6개월까지 (정기)예금 증서의 평균 이자율은 1.17%로 떨어지고, 30년 만기의 보통 모기지 이자율은 5.83%로 떨어졌으며, 변동 모기지(이자율이 기간에 따라서 재조정되는 모기지 대출)인 변동 모기지의 평균 이자율은 3.76%로 떨어졌다. 낮은 이율은 신용에 대한 수요가 치솟아 오르게 했다. 모두가 알듯이 대출이 증가하면 경제적 활동을 증가시킨다. 증가된 활동의 한 형태는 주택건설과 구매의 증가이다. 집값이 상승했다. 부동산 투자는 전통적으로 빚에 많이 의존하게 되는데 왜냐하면 부동산은 담보(또는 근저당)대출의 빼어난 형태이며, 따라서 모기지 대출의 수요는 집값 상승과 함께 증가한다(김철, 2009.12.: 135 - 137).[30]

6.2.3. 규제 해제의 전반적 효과: 자기자본 대 부채비율(Leverage)의 증가 /2009년 시점에서의의 평가

작은 자기자본을 기반으로 큰 대출을 일으키는 것은 이자율이 낮고, 투자가치가 상승하고 있을 때는 두 배나 매력적이다. 예를 들어 보자. 100만 달러의 자산은 가지고 있으나 부채는 없는 (금융중계)회사가 **연 7%의 회수이자이익을 보장하는 대출**을 주는 경우를 생각해 보자.

일 년에 7만 달러를 벌 것이다. 이제 이 (금융중계)회사가 200만 달

츠(Joseph Stigliz)의 규제의 경제학과 크루그먼(Paul Krugman)의 경제사적 통찰이었다. 두 사람 모두 네오리버럴리즘 시대의 주조와는 달리 일관되게 정부의 규제기능과 이를 통한 네오리버럴리즘의 교정에 역점을 둔 점에 공통점이 있다. 두 사람 모두 자본주의의 역사 중에서 1929에 시작된 세계 대공황의 경험에서 태어난 공황의 경제학과 관계있다(Paul Krugman, The Return of Depression Economics & the Crisis of 2008). 두 사람 모두 케인스주의자로 알려져 있다(김철, 2009ㄴ: 249).
30) 김철, "최현대의 경제공법사상(2)", 135~137쪽, 세계헌법연구 제15권 3호(서울: 세계헌법학회 한국학회 2009)

러를 **연리 3%로 빌려서** (이자 연 6만 달러) 300만 달러의 총 자산으로 위와 비슷한 대출을 행하는 경우를 보라. 300만 달러의 7%는 21만 달러이다. 그리고 이자로 지급되는 6만 달러를 제외하면 이 회사의 연소득은 15만 달러인데— 이것은 빌리기 전의 소득의 2배는 넘는 것이다.[31] 낮은 이자율과 부동산 기타 다른 자산가치가 상승할 때, 은행산업은 자기 자산에 비해서 훨씬 더 큰 부채를 지게 된다. 낮은 이자율은 대출 수요를 증가시키고 동시에 대출을 주는 자가 자신의 자본을 증가시키지 않고도, 더 빌려서 증가된 대출 수요에 낮출 수 있게 된다. 그래서 자기 자본 대 부채 비율을 증가시킨다(Posner, 2009: 41~51) (김철, 2009.12.; 135—137).

6.2.4. 규제 해제의 전반적 효과: 위험한 부채 비율(Leverage) 30:1 (김철, 2009ㄱ: 53-54)

매력적이기는 하나 위와 같은 방식의 부채는 위험할 것이다. 만약 위에 든 예의 금융중계회사가 한 해 동안 잘못해서, 대출을 준 결과가—5%로 나타난다면 빚을 전혀 얻지 않은 경우에는 자기자본금 100만 달러의 5%인 5만 달러를 잃을 것이고, 만약 이 회사가 200만 달러를 빌렸던 경우에는 21만 달러의 손실을 입을 것이다. 즉,—5%가 그 회사가 만든 300만 달러 전체에 적용되면 15만 달러가 될 것이고, 자체 자본금 200만 달러의 이자인 6만 달러가 합쳐진 금액이다(빚 때문에 생긴 채무액

---

31) 만약 경제학의 목적을 부의 극대화라고 한다면 부채 비율(Leverage)의 증가로 부를 증가시키는 것은 경제학의 당연한 귀결이다. 포스너가 네오리버릴리즘 시대 때 경제학의 목적을 부의 극대화로 표현한 것은 그 시대에도 법학과 경제학 양면에서 비판을 받았다(김철, 2009ㄱ: 이 책의 취지). 네오리버릴리즘 시대의 포스너는 법의 경제분석의 개척자로서 존중을 받았으나, 그의 이런 점 때문에 아메리카 헌법사의 분류에 의하면 경제적 보수주의(Economic Conservatism)의 범주에 속하지 않는가 하는 한국 학자의 관점도 있었다. 그러나 포스너의 전반적 업적은 경제적 보수주의나 경제적 자유주의를 다 같이 포괄하고 있다.

은 고정되어 있다는 단순한 사실로부터 시작하여 생기는 빚으로 만든 총 자산액의 확대의 상승국면과 하강국면의 양면이다). 자기 자산에 비해 높은 정도의 채무 의존도를 가진 금융업자 – 분류해서 정확히 이 야기하면 비은행권 금융 중계업은 자기 자본 대 채무비율이 30:1 또는 그 이상의 비율이 가능했다. 월가의 투자은행(investment bank)이 더 많은 차입금으로 위험한 거래를 하게 된 제도적 요인 중 하나는 투자 은행이 자기 자본대 차입금 비율의 상한을 1:30으로까지 확장한 것과 관 계있다. 2004년 해당 규제위원회(U. S. Securities & Exchange Commission) 가 순자본 원칙(netcapital rule)을 완화한 것은 당시 골드만 삭스(Goldman Sacks)의 CEO였던 헨리 폴슨(Henry Paulson)이 2000년에 청원한 것이 주효한 것이었다. 이 골드만 삭스 맨이 이어서 부시 행정부의 재무부장 관이 되어서, 투자은행들의 손실을 연방정부의 공식자금으로 메워 주는 역할을 하게 된다(Time, Nov. 3: 32 – 33). 회전문 침투(revolvingdoor infiltration) 현상에 해당된다(Kenneth F. Warren, 1996: 49). 투자은행이 아닌 상업은행(commercial back)의 자기 자본 대 채무비율도 25:1에 이 르렀다. 높은 부채 비율을 가진, 즉 낮은 소득에 저축이 없으며, 고액 의 채무를 짊어진 생애 처음 집을 사는 사람에게 대출을 하는 경우에 는 재난으로 가는 길이 되었다(Posner, 2009: 41 – 51).

이 금융회사는 위험한 자본 구조를 가지고 있으며 그 자본은 극단 적으로 위험한 대출에 제공함으로써 더욱더 위험하게 만들고 있는 것 이다(김철, 2009.12.: 135 – 137).

6.3. 탈규제 시대의 S&L: 화이트 칼라 범죄의 온상이 되고 법사회학의 대상이 되었다

2001년 여름, 아메리카의 법과 사회학회(The Law and Society Association)

회장 취임 연설문에서 키티 칼라비타(Kitty Calavita)는 법과 사회를 다루는 학자들에게 연구가 공적인 담론에 미치는 영향에 대해서 숙고하기를 요청했다.[32] 그 연설에서 칼라비타는 우선 정책을 위한 연구(policy-driven research)와 사회정의를 위한 연구(social justice research)를 구별했다. 그에 의하면 현안의 어떤 정책과제를 받아서 수행하는 연구자와 사회정의를 위한 연구자의 차이는 후자가 보다 근본적인 질문을 던진다는 것이다. 예를 들면 법과 사회변화의 관계는 무엇인가라는 질문이다. 학자로서 심지어 현안의 어떤 정책과제에 대한 연구를 하고 있을 때라도 학자로서 정책과제를 맡긴 고객으로부터 독립된 입장을 지키며 사회과학의 보다 이론적인 질문에 몰입하고 있을 때에는 학자들은 사회정의와 보다 나은 사회변화에 공헌하는 기회를 가질 수 있다는 것이다[33](Carroll Seron, 2002).

탈규제시대의 금융 산업이 화이트칼라 범죄의 온상이 된 조사와 연구는 거의 칼라비타의 주도로 이루어진 것이다. 연구보고는 정치학과 사회과학학회 저널, 사회학회 연보, 법과 사회학회 그리고 범죄와 교정 학회지에 게재되었다(Calavita, 1993; 1994; 1997).

---

32) Carroll Seron, "The teacher-Scholar-Presidential Address and Commentaries", 36 *Law and Society Rev.* 21, 2002.

33) 이 문제는 보다 근본적인 성찰을 요구한다. 2008년 가을 세계 금융위기 이전의 이른바 네오리버럴리즘 시대(1981~1998) 때 아메리카와 기타 지역의 명망가 경제학자와 고수입의 경영학자들이 어떤 편향을 보였는가, 또한 특수이해관계의 문제를 벗어나지 못했는가라는 전문가 집단의 책임문제가 거론된다. 여기에 대해서는 Richard A. Posner, "4. Why a Depression Was Not Anticipated", "8. The Economics Profession Asleep at the Switch", *A Failure of Capitalism-The Crisis of '08 and the Descent into Depression* (Cambridge: Harvard Press., 2009). 그러나 2009년의 비로소 성찰적인 글을 쓴 포스너 자신도 네오리버럴리즘 시대 때 경제학의 목적을 부의 극대화(Wealth Maximization)를 공공연히 캐치프레이즈로 삼은 점에 있어서는 그가 비판한 명망가의 범주에서 완전히 벗어나기는 힘들다고 보인다. 한국에 있어서의 학문적인 편향에 대해서는 김철, "1. 편향: 잠자는 숲속의 미녀와 한 시대의 지식인"으로 시작되는 학회 발표문 "공법과 경제영역에서의 민주주의 재성찰-공법학에 있어서의 경제적 보수주의와 경제적 자유주의의 순환과 네오리버럴리즘의 영향을 중심으로", 한국사회이론학회 2009년 학술대회 자료집 『민주주의 패러다임의 재성찰』(2009.12.19.), 또한 김철, "법과 평화", 『본질과 현상』(파주: 본질과 현상사, 2010)을 볼 것.

1979년과 81년에 시작된 이 탈규제의 경위는 약 10년 이상 뒤 1993년 비로소 S&L금융 스캔들에서의 화이트 컬러 범죄에 대한 칼라비타의 보고로 나타난다.

10년이 훨씬 지난 1993년 범죄학(Crime&Justice)잡지에서 폰텔과 캘리포니아(어바인)의 사회학 및 범죄학 교수인 칼라비타가 '저축과 대출 산업'에서 기록한 바에 의하면[34] 1980~1982년 당시 새로운 탈규제 법이 통과되었을 때, (정치인이 되기 전에 배우 조합의 조합장을 지낸) 레이건 대통령은 '우리는 잭팟을 터뜨렸다'라고 했다고 한다.[35] 실로 이 법안 통과로 어떤 사람들은 잭팟을 터뜨렸다고 할 수 있겠다.

1980년 예금수탁기관 규제 해제법과 82년의 예금기관법 이후 S&L은 이제 장기 주택 대출만이 아니고 그들이 좋다하는 것에는 어디에든 투자할 수 있게 되었다. 즉, 상업용 부동산, 주식, 정크본드- 무엇이든 허용되었다. S&L은 심지어 신용카드까지 발행할 수 있게 되었다. 다른 한편 S&L은 예금을 맡기는 사람들에게 어떤 이자율로도 이자를 지급할 수 있게 되었다. 이자율 제한이 제거된 것이다. 그러나 예금자의 모든 예금들은 아직 유효하게 연방정부에 의하여 보장되고 있었다. 예금 중계인은 패키지를 만들어서, 10만 달러짜리의 예금증명서를 예금자에게 팔 수 있었다. 갑자기 S&L을 운영하는 사람들은 (모든 것이 쉽게 굴러가게 되고) 아무것도 잃을 걱정이 없게 되었다- 이것은 경제학자들이

---

34) Henry N. Pontell and Kitty Calavita, "The Savings and Loan Industry", *Crime and Justice 18*(1993), p.211.

35) 이 언어는 뜻밖의 횡재를 했다라고 받아들여질 수 있다. 그러나 말 한마디에 심각한 뜻을 부여하는 것은 이 탈규제법이 가져온 재난(Redburn, 1991)을 생각한다면, 이 탈규제로 과연 누가 횡재를 했으며 누가 재난의 고통을 맛보게 되었는지 묻지 아니할 수 없다. "우리는 잭팟을 터뜨렸다"라고 했을 때, 누가 "우리"인가를 역사적으로 반추하지 않을 수 없다. 언어분석에 의하면 이때 레이건은 탈규제로 이득을 받은 사람들 쪽에서 있었고, 보다 넓은 맥락에서 판단한다면, 탈규제를 배경으로 하는 레이거노믹스 자체가 폴 크루그먼의 증언대로 단순히 경제학적 고찰이 아니라 정치·경제학적 고찰을 통해서만 비로소 밝혀질 수 있다고 본다(Krugman, 2009&2007: 110-115).

도덕적 해이(Moral Hazard)라고 부르는 명백한 케이스가 되었다. 이 정도의 보장으로 벌써 도적적 해이가 오나라고 하겠으나, 레드번(Redburn)이 1991년에『정치학과 정치』학술지에 쓴 논문 제목은 "S&L재난의 심층구조"로 결코 정상적 방향으로 나가지 않고 재난으로 발전했다는 것을 알게 된다.36) 데이비스(L. J Davis)에 의하면(Davis, 1990: 50-51) 금융 산업에서 자주 쓰이는 속어(俗語) 중 전례 없는 범죄적 행위를 강조하기 위해서 다음과 같이 극언한다. '금융기관을 터는 최상의 방법은 금융기관을 소유하는 것이다.' Pontell과 Calavita에 의하면(1993) 예금과 대출기관은 화이트칼라 범죄의 온상이 된 것이다.37) 예를 들면 어떤 예금과 대출조합(S&L)은 예금주의 돈을 몹시 분명하지 않은 모호한 사업에 투자하였다. 많은 경우 단순히 말해서 예금주의 돈을 훔쳤다. 규제완화가 법을 더 이상 그들에게 적용하지 않는다는 것을 의미한다는 듯이.

6.4. 규제 완화의 실질적 효과: 텍사스의 사례 연구38)와 1986년까지 연방저축투자보험공사의 지불불능

아메리카 기초 공동사회의 근검·저축을 기초로 한 저축 조합(thrift)은 S&L의 다른 이름으로 원래 S&L은 지역 공동체의 thrift(근검 절약 저축)에서 출발했는데, 이 thrift와 비슷한 발음인 theft(도둑질)는 거리가 아득히 멀다. 근검·절약에서 나온 저축조합은 원래 도둑질하고는 백촌도 멀었다.

더욱이 S&L의 자산과 모든 S&L의 예금자에 대한 지급 책임의 잘못된 짝짓기는 그때까지 재난을 일으키게 되었다. 내부인(Insiders)에게

---

36) F. Stenes Redburn, "The Deeper Structure of the Savings and Loan Diasaster", *Political Science and Politics*, 24, 3(September, 1991).

37) K. Calavita, R. Tillman, and H. N. Pontell, "The Savings and Loan Debacle, Financial Crime and the State", *Annual Review of Sociology*, 23(1997), p.23.

더욱 많은 장기 대출이 행해지는데, 그 재원은 외부인으로부터의 단기

---

38) 휴머니스트 퍼거슨(Ferguson)이 2008년에 정리한 바에 의하면, S&L의 투기관행이 텍사스 주보다 더 전염병처럼 유행하는 곳도 없었다. Pussey(New York Times, 1989)가 '급전과 사기'에서 그린 바에 의하면, 텍사스 저축 및 대출조합(S&L) 사람들은 남부스타일의 복장에서 열을 올리지 않을 때면 댈러스의 부동산 카우보이들은 고급 그릴에서 거래하고 승부수를 던졌다(Allen Pusey, "Fast Money and Fraud", *New York Times*, 23 April, 1989). 일요일 브런치의 단골은 돈 딕슨이 으레 끼어 있었다. 돈 딕슨의 버논 S&L(저축대출은행)은, 1997년의 『사회학 연례평론』에 실린 칼라버타, 폰텔, 틸만의 "S&L논쟁: 금융범죄와 주정부"에서 지적한 바에 의하면 버논(Vernon) 저축대출은행이 아니라 버민(Vermin), 즉 해충 저축대출은행으로 주 정부에서는 별명을 부쳤다. 선벨트 S&L은 건벨트라고 별명 붙여졌는데 말할 필요도 없이 건벨트는 권총 벨트라는 농담이다. 이 선벨트 또는 '건벨트'의 에드 맥머니와 주 S&L의 소유자이자 CEO인 티론 바이커는 부동산 개발업자들에게 호언하기를 좋아했다. "진흙을 가져오라, 나는 돈을 가져오겠다." 진흙과 돈 모두를 가져온 사람은 마리오 렌다로서 미국 화물운송 트럭운전사 조합을 대리하는 뉴욕 브로커인데, 그는 마피아 자금을 세탁하기 위해서 저축대출조합을 이용한 것으로 추정되었다(Calvita & Pontell, "The S&L industry", *Crime & Justice*, 1993)(Feguson, 2008: 255). "부동산 제국을 건설하고 싶어? 원하면 왜 그렇게 얘기하지 않니?" 한 그룹의 댈러스 건축업자에게 기회를 준 것은 엠파이어 저축 및 대출회사였고, 엷은 공기로부터, 평평한 텍사스 땅으로부터 행운을 뽑아내는 완벽한 기회를 제공하였다. 텍사스의 초현실주의는 다음과 같이 시작하였다. 즉, 엠파이어 S&L 회장인 스펜서 블레인이 가란드 읍의 시장 제임스 테일러와 어울렸다. 그리고 고등학교 중퇴에서 부동산 개발업자로 변신한 대니 포크너라는 극채색의 현란한 인사가 있었는데 그의 특기는 다른 사람의 돈에 대한 터무니없는 관용과 아량이었다. 문제의 다른 사람의 돈은 중계된 예금의 형태로 왔다. 그 예금에 대해서 엠파이어 S&L은 매혹적인 고율의 이자를 지급했다. 포크너 포인트라고 불리는 곳은 댈러스의 동쪽 20마일 지점의 래이 허버드 호수로 알려진 황폐하고 쓸쓸한 인공호수 부근에 위치하고 있는데, 부동산 제국의 최초의 전진기지였다. 이 부동산 제국은 나중에 포크너 서클, 포크너 시내, 포크너 숲 — 그리고 심지어 포크너 분수까지도 포함할 예정이었다. 포크너가 좋아하는 속임수는 '가볍게 치기'였는데 땅콩 재배를 위한 한 필지의 땅을 취득한 다음 투자자에게 매우 튀겨진 값으로 되파는 것이었다. 이때 이 투자자는 엠파이어 저축 대출 회사에서 돈을 빌리는 것이다. 한 필지의 땅은 포크너가 300만 달러로 구입해서 바로 며칠 뒤에 4,700만 달러로 팔았다. 약 16배로 튀겨서 결코 가볍게 튀긴 것(flip)은 아니었다. 대니 포크너는 그 자신이 문맹이라고 주장했다. 실로 흔하지 않은 인물이다. 1984년까지 댈러스 지역의 개발은 통제 불능이었다. 인터스테이트 30에 연하여 수 마일에 걸쳐서 새로운 콘도의 행렬이 있었다. 댈러스의 스카이라인은 '훤히 들여다보이는' 오피스 빌딩이라고 지역 사람들이 부르는 것들로 변형되어 왔다. 훤히 들여다보인다는 것은 빌딩에 유리가 붙은 사무실들이 거의 비어 있었기 때문이다. 건축은 달리 계속되었는데, 자금은 연방정부가 보험으로 보장하는 S&L에서 예금으로 지불되고, 예금들은 유효하게 개발업자들의 주머니로 직행하였다. 적어도 서류상으로는 엠파이어의 자산은 불과 2년 동안에 1,200만 달러에서 2억 5천7백만 달러로 성장하였었다. 1984년 1월까지 3억 9백만 달러로 나타났다. 많은 투자자들은 심지어 그들의 부동산을 근접해서 관찰

성 자금이었기 때문이다. 1984년에 규제자들이 뒤늦게 행동하기 시작했을 때, 이 현실들은 더 이상 무시되지 못했다. 3월 14일 연방주택대출은행위원회(FHLBB)의 의장이었던 에드윈 그레이는 엠파이어 S&L의 폐쇄를 명령했다. S&L 예금액을 보험·보장했다고 추정되는 연방저축대출보험공사(Federal Savings and Loans Insurance Corporation: FSLIC)의 이 사건으로 인한 부담 비용은 3억 달러였다. 그러나 이것은 시작이었다. 다른 금융회사들이 감사를 받게 되자, 의원들의 주저했는데 특별히 S&L금융회사들로부터 후하게 선거 비용을 기탁받은 의원들이 그러했다. 가장 악명 높은 사례는 캘리포니아 주 어바인의 링컨 S&L 금융회사의 찰스 키팅이었다(이름부터 치팅과 비슷하다). 그는 그의 금융회사가 연방주택대출은행(FHLB)의 압력에 처했을 때 다섯 명의 상원의원의 지지를 받았는데, 그중 지난 대선 때 오바마와 대결한 공화당 후보 존 맥케인이 있었다. 맥케인은 그 이전에 키팅으로부터 정치헌금을 받은 적이 있으나, 상원윤리위원회에 의해서 부적절하게 행동한 점은 없다고 밝혀졌다(Nial Ferguson, 2008: 258). 그러나 더 오래 기다릴수록 더 많은 연방의 돈이 소진되었다. **1986년까지 연방저축대출보험공사**(Federal Savings and Loans Insurance Corporation: FSLIC) **자체가 지불불능, 즉 파산한 것이 드러났다.**

할 기회조차 결코 가지지 못했다. 포크너는 투자자들을 자가용 헬리콥터에 태워서 착륙하지 않고 날았을 뿐이었다. 모두가 돈을 벌고 있었다. 포크너는 400만 달러짜리 리어제트를 타고, 지역 시장인 틀러는 흰색 롤스로이스와 함께, 엠파이어 S&L의 회장은 4,000달러짜리 롤렉스를 차고―부동산 평가사들, 스포츠스타 투자자들, 그리고 해당 지역의 건축관계 행정가들. 1986년 1월의 댈러스 모닝 뉴스에 Pusey와 Harlan이 쓴 "1-30거리로부터의 이익을 금융가들이 나눠 가짐"이라는 기사에 의하면, 남자들은 금팔찌를 차고 부인들은 모피코트를 입었다. 관련자들 중 누군가가 증언했다. "마치 현금지급기 같았어요. 모든 것이 대니가 필요한 것에 맞춰졌어요. 만약 대니가 새로운 제트기를 원하면 우리는 땅 거래를 했어요. 만약 대니가 새 농장을 사기 원하면 우리는 또 다른 땅 거래를 했어요. 대니는 마지막 세밀한 부분까지 대니를 위해서 모든 일을 운영했어요."(Nial Ferguson, 2008: 255)

6.5. S&L 위기(1986~1995)의 결산: 뉴딜 시대 금융 시스템의 붕괴

댈러스 모닝스타지의 퓨지(Pusey)가 "급전과 사기"에 쓴 바에 의하면, 1991년 재판에서 포크너, 블레인과 토러는 사기와 1억 6천5백만 달러를 토지거래사기를 통해 엠파이어와 다른 S&L로부터 편취한 것으로 유죄판결을 받았다. 각각 20년 금고형과 수백만 달러를 배상하도록 명령되었다. 가장 부주의하고 사기성인 토지 투자 구조였다고 회상된다. 똑같은 말이 S&L 위기 전부(1986~1995)에 대해서 말할 수 있다. 에트원 그레이는 "이 나라의 금융사에서 가장 광범위하고, 부주의 하며 사기성이 높은 시대"였다고 회상한다. 모두 500개의 S&L금융회사가 붕괴되거나 폐쇄하도록 강제되었다. 거의 똑같은 500개 숫자가 하원에 설립한 (하원)결의신탁공사(Resolution trust Corporation)의 후원 아래 통합되어 사라졌다. 공식 통계에 의하면 파산한 기관의 약 반수에서 내부인(insiders)에 의한 사기와 범죄적 행동이 일어났다고 한다. 1991년 5월까지 764명이 기소되고 550명이 유죄, 326명이 금고형을 받았다. 800만 불의 벌금이 과해졌다(Pontell & Calavita, 'White - Collar Crime', *Law Society Review*, 1994). 1986~1995년까지의 S&L 위기의 최종비용은 1천5백3십억 원으로 GDP의 3%이며 이 중 1천2백4십억 원을 세금 납부자들이 부담하였다. 1990년에 심계원(General Accounting Office)은 5,000억 불의 비용으로 예상하였다. 이와 같이 뉴딜시대의 주택금융대출시스템은 붕괴되었다(Ferguson, 2008: 258).

6.6. 루스벨트의 긴급은행법과 글라스스티걸법과 가안-생 제르맹 예금 기관법과 S&L의 주택 모기지(소결론)

주택 모기지는 그 성질상 장기이며, 주로 저축 및 대출조합(S&L)에 의해서 주로 이루어졌는데, 이것들은 1982년의 가안-생 제르맹 예금 기관법(The Garn-St. Germain Depository Institutions Act of 1982)[39] 이전에는 뉴딜 시대의 루스벨트의 긴급은행법과 글라스스티걸법[40]의 엄격한 규제 아래에서 움직이는 특수한 타입의 은행이었다. 규제 해제 이후, 상호저축은행(S&L)은 위험한 모기지 대출을 영위하였는데, 부분적 이유는 연방 예금보험은 "경험법칙에 따라서 평가(experience rated)"되 지 않았기 때문에-보험 프리미엄은 은행의 대출의 위험성에 따라 변화 하는 것이 아니고 불변으로 고정되어 있었다는 것이다. 규제 완화 이후 의 주택 모기지를 주로 다룬 S&L이 1980년대에 부동산 거품붕괴를 포 함한 다양한 이유로 파산하는 경위를 6.5까지 상론하였다. 이것은 신 용시장의 불안정, 특히 부동산에 연결된 신용시장의 불안정성을 잘 보 여주는 예였고, 따라서 닥쳐올 재난을 경고하는 사인이었다. 결국 이 사인은 무시되는 결과를 가져왔다.

7. 나가는 말

이상과 같이 금융규제시대(1933~1961)와 S&L의 탈규제시대(제1차 1982~1995)의 법제도와 그 실질적·연속적(2003년 기준) 효과를 살펴 보았다. 증권화(securitization)와 함께 시작된 투자은행(Investment bank) 의 새로운 금융시대는 후속 연구를 예고한다.

---

39) 여기에 대해서는 본 논문 6.1.2 가안-생 제르맹 예금기관법(Garn-St. Germain Depository Institutions Act of 1982)(Pub.L. 97-320, H.R. 6267, 제정일 1982년 10월 15일)을 참조 할 것.
40) 여기에 대해서는 본 논문 2.0 루스벨트의 긴급은행법(Emergency Banking Act. 1993) 과 글라스스티걸법(Glass-steagall Act. 1933)을 참조할 것.

참고 문헌

김철,『경제 위기 때의 법학－뉴딜 법학의 회귀 가능성』(파주: 한국학술정보
　　(주), 2009ㄱ).
＿＿,『한국 법학의 반성』(파주: 한국학술정보(주), 2009ㄴ).
＿＿, "팍스 아메리카나와 재즈 시대",『경제 위기 때의 법학－뉴딜 법학의
　　회귀 가능성』(파주: 한국학술정보(주), 2009ㄱ).
＿＿, "대공황 시대의 경제사상과 법",『경제 위기 때의 법학－뉴딜 법학의
　　회귀 가능성』(파주: 한국학술정보(주), 2009ㄱ).
＿＿, "법과 평화",『본질과 현상』(파주: 본질과 현상사, 2010).
＿＿, "위기 때의 법학: 뉴딜 법학의 회귀 가능성－현대 법학에 있어서의 공
　　공성의 문제와 세계 대공황 전기의 법사상",『세계헌법 연구』제14권
　　제3호(국제헌법학회, 2008.12.).
＿＿, "재즈 시대의 아노미",『경제 위기 때의 법학－뉴딜 법학의 회귀 가능성』
　　(파주: 한국학술정보(주), 2009ㄱ).
＿＿, "최현대의 경제공법사상",『세계헌법연구』제15권 제2호(서울: 국제헌
　　법학회 한국학회, 2009.6.).
＿＿, "최현대의 경제공법사상(2)",『세계헌법연구』제15권 제3호(서울: 국제
　　헌법학회 한국학회, 2009.12.).
＿＿, 학회 발표문 "공법과 경제영역에서의 민주주의의 재성찰－공법학에 있어
　　서의 경제적 보수주의와 경제적 자유주의의 순환과 신자유주의의 영향
　　을 중심으로",『민주주의 패러다임의 재성찰』, 한국사회이론학회・인류
　　사회재건연구원 공동 학술대회, 2009.12.19., 경희대학교 본관 대회의실.
＿＿, 학회 발표문 "빈곤과 부에 대한 차별문제: 헌법과 파산법의 눈에서",『빈
　　곤과 우리 사회』, 한국 사회이론학회 2005년 후기 학술대회, 2005.12.
　　성신여자대학교.
＿＿, 학회 발표문 "자연법론으로의 회귀를 위한 시론－세계경제 위기 이후의
　　경제와 규범의 관계",『'도덕'으로의 전환』, 한국인문사회과학회 2009
　　년 가을 학술대회, 2009.11.28., 배재학술지원센터.
＿＿, 학회 발표문 "현대 법학의 공공성의 문제: 위기 때의 법학－세계 대공황
　　전기의 법학과 뉴딜 법학의 귀환 가능성", 한국인문사회과학회 2008년

도 후기 학술대회, 2008.11., 한동대학교.

Cambell, Henry, *Black's Law Dictionary*(St. Paul: West Publishing, 1979).

Chernov, Ron, *The House of Morgan*(New York: Atlantic Monthly Press, 1990).

Calavita, K., R. Tillman and H. N. Pontell, "The Savings and Loan Debacle, Financial Crime and the State", *Annual Review of Sociology*, 23(1997).

Eichler, Ned, "Homebuilding in the 1980s: Crisis or Transition?", *Annals of the American Academy of Political and Social Science*, 465(January 1983).

Ferguson, Niall, *The Ascent of Money: A Financial History of the World*(New York: The Penguin Press, 2008).

Frankfurter, Felix, *The Public and It's Government*(1930) in Thomas Green(ed.), *American Legal History: 1850 − 1950*(Ann Arbor: UM Law Sch., 1979).

Friedman, Milton and Anna Schwarz, *A Monetary History of the United States: 1986 − 1960*(Chicago: Chicago University Press, 1963).

Green, Thomas(ed.), *American Legal History: 1850 − 1950*(Ann Arbor: UM Law Sch., 1979).

Kennedy, David, *Freedom From Fear − The American People in Depression and War, 1929 − 1945*(Oxford Univ. Press, 1999).

Krugman, Paul, *The Conscience of a Liberal*(New York: W. W. Norton, 2009&2007).

Landis, James M., *The Administrative Process*(1938) in Thomas Green(ed.), *American Legal History: 1850 − 1950*(Ann Arbor: UM Law Sch., 1979).

Mannheim, Hermann, *Comparative Criminology − a Text Book*(London: Routledge & Kegan Paul, 1965 1973).

O'Hara, Maureen, "Property Rights and Financial Firm", *Journal of Law and Economisc*, 24(Oct. 1981).

Pontell, Henry N. and Kitty Calavita, "The Savings and Loan Industry", *Crime and Justice 18*(1993).

_____, "The State and White − Collar Crime: Saving the Savings and Loans", *Law Society Review*, 28, 2(1994).

_____, "White − Collar Crime in the Political and Social Science", *Annals of the American Academy of Political and Social Science*, 525(January, 1993).

Pecora, Ferdinand, *Wall Street under Oath*(New York, 1939).

Posner, Richard, *A Failure of Capitalism —The Crisis of '08 and the Descent into Depression*(Harvard Univ. Press, 2009).

_____, "Why was Depression not Anticipated", *A Failure of Capitalism* (Harvard Univ. Press, 2009).

_____, "The Economics Profession Asleep at the Switch", *A Failure of Capitalism —The Crisis of '08 and the Descent into Depression*(Cambridge: Harvard Press., 2009).

Redburn, F. Stevens, "The Deeper Structure of the Savings and Loan Diasaster", *Political Science and Politics*, 24, 3(September, 1991).

Schlesinger jr, Arthur M., *The Coming of the New Deal —The Age of Roosevelt* (Boston: Houghton Mifflin company, 1958).

Seron, Carroll, "The Teacher—Scholar—Presidential Address and Commentaries", 36 *Law and Society Rev.* 21(2002).

Warren, Kenneth F., *Administrative Law and The Political System*, 3rd Ed.(Upper Saddle River: Prentice Hall, 1996).

Ferguson, Niall "The End of Prosperity?", *TIME*(2008.10.13.).

Flynn, J. T., "The Marines Land in Wall Street", *Harper's*(July 1934).

Pusey, Allen, "Fast Money and Fraud", *New York Times*(23 April, 1989).

Senate Banking and Currently Committee, *Stock Exchange Practices: Hearings*, 73 Cong., 1 Sess(1933).

Frank Capra's direction, *It's Wonderful Life*, based on a story by Philip Van Doren Stern, Liberty Films, 1946.

세계 대공황 전후의 자유주의의 진행

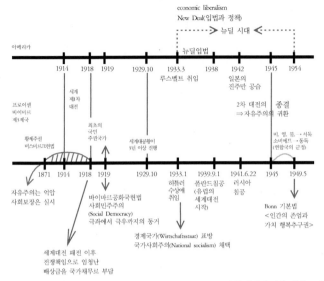

(출처: 『법과 경제 질서』 p.92의 도표)

자유지상주의와 신자유주의의 역사

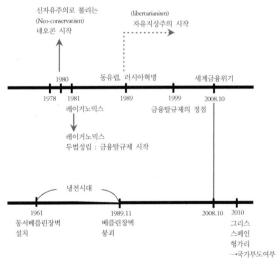

(출처: 『법과 경제 질서』 p.91의 도표)

법과 경제의 상호 교호 관계:

장기 대침체 시대의 경제와 법

왼쪽부터 순서대로

폴 크루그먼(Paul Robin Krugman, 1953~)
2010년 6월에, "앞으로의 선진국의 경제상황은 이제 1930년대의 대공황은 모면했으나 1873~1897년의 장기 대침체의 유형에 들어가고 있다"고 했다.

로버트 맥클로스키의 「아메리카 대법원의 역사」(*The American Supreme Court*)
물질적 풍요와 부패가 함께 진행한 도금 시대(鍍金時代, The Gilded Age)의 경제공법 질서에 대해서는 표준적인 법제사가 맥클로스키가 고전으로 평가된다.

클로드 모네(Claude Monet, 1840~1926)
1873~1897년까지의 세계적인 장기 대침체는 프랑스 인상주의 창설자 모네에게도 큰 영향을 미쳤다.

필자는 오로지 실정 법학 자체만을 연구 대상으로 하지 않고, 법제사(사법사와 공법사)와 경제사 및 사회사를 동시에 볼 수 있어야 충분한 성과를 거둘 수 있다고 생각해 왔다. 2008년 10월 24일 세계금융위기가 왔을 때, 소수의 예언자들 중 경제사와 법제사와의 관계, 더 나아가서 정치경제사와 같은 역사적 근거를 가장 충분히 입증한 사람은 폴 크루그먼이었다. 필자는 폴 크루그먼이 학제적 연구 중, 사회 경제사와 법 제도사와의 상관관계를 역설한 데 주목하여, 2008년 세계 금융위기의 역사적 원형을 1929년 9월에 시작된 세계 대공황에서 찾았으며, 대공황의 경제사에 대비하는 법 제도사 연구를 시작하였다. 뉴딜 시대의 법제사가 2008년 세계금융위기의 치유에 여전히 유효하다는 것을 입증하려고 해 왔다. 다시 크루그먼은, 2010년 6월 27일에, 앞으로의 선진국의 경제상황은 이제 1930년대의 대공황은 모면했으나, 오히려 24년이 걸린 1873~1897년의 장기 대침체의 유형에 들어가고 있다고 예언했다. 필자는 이전까지의 대공황기의 경제사와 법 제도사의 상관관계의 연구에서, 이제는 장기 대공황 때의 경제사와 법 제도사와의 상관관계에 주목하게 되었다. 19세기 세계사에서의 장기 대공황은 당시 선진 공업 국가 모두에게 닥친 것으로 보편적 성격을 가지는데, 이 점에서 1930년대의 세계 대공황과 유사하다고 볼 수 있다. 이런 보편적 성격 때문에 당시의 선진국 경제 상황과 이에 동반하는 법 제도와 에토스의 상관관계를 찾게 되는 계기가 된다. 이 연구는 2010년 이후의 세계 경제 상황에 시사점을 줄 것이다.

- "장기 공황(1873~1897) 시대의 법사와 경제사", 한국사회이론학회, 『사회이론』 2010년 가을/겨울호에 게재된 것임. 또한 『법과 경제 질서: 21세기의 시대정신』(2010년, 한국학술정보(주))의 제13장 법사와 경제사의 상호교호관계 - 장기 대침체 시대(the Long Depression, 1873~1897)의 역사에 수록

0. 연구의 동기와 필자의 이전의 연구

경제학자들은 일반적으로 제도를 어떤 사회와 국가에서 경제학적으로 의의가 있는 것으로 취급한다. 1990년에 더글러스 노스(Douglass C. North)는 『제도, 제도변화와 경제적 성취』로 노벨 경제학상을 수상하였다. 그에 의하면 제도는 경제이론의 표준적인 강제와 함께, 어느 사회의 기회를 결정한다(Douglass C. North, 1990)(김철, 2009ㄱ: 134 - 135). 필자는 더글러스 노스의 제도에 대한 경제사적 접근에서 간접적으로 영향을 받았다. 왜냐하면 노스가 제도라고 부르는 것은 법학자의 입장에서 볼 때, 가장 넓은 의미의 법 제도를 의미하는 것이기 때문이다. 법 제도와 법 제도의 변화가 경제적 성취에 관계한다는 명제는 법과 경제가 긴밀하게 연계되어 있다는 중요한 증거이기 때문이다.

필자는 근대 이후의 서양 공법사가 사회경제사와 서로 상호 긴밀하게 작용해 왔다는 구체적인 역사적 사례 연구를 해 왔다(김철, 2007ㄴ: 107 - 142). 최근의 연구성과는 "경제사와 법은 서로 어떤 영향을 미치는가— 세계경제사, 보편주의적으로 바라본 시점"으로 공법사와 경제사와의 관계를 경제학자인 프리먼(Freeman)이 작성한 장기변동곡선에 의한 거시적 연표(1987)를 이용해서 경제사의 변화에 대응하는 법제사의 변화를 살펴보았다(김철, 2009ㄱ: 133 - 167). 또한 더 넓은 시점에서 근대 이후의 경제공법질서의 전개과정을 이전의 순수사상사적인 기술방법에서 탈피하여 경제사의 연표를 기준으로 해서 근대 이후의 경제적 자유주의의 변용으로 거시적으로 파악하였다(김철, 2010.6.; 김철, 2010.8.).

2008년 10월 세계금융위기를 계기로 필자는 금융위기 이전의 기간 중에 금융위기를 촉발한 요인을 제공했다고 생각되는 기간을 조사하였다. 이때 도움이 된 것은 2008년의 금융위기의 역사적 모델인 1929년 9월의 세계 대공황이었다. 1929년에서 10년을 소급해서 1919년은

아메리카 역사에서 재즈 시대가 시작된 해이고, 이 재즈 시대가 1929
년까지 계속된 것으로 역사가에 의해서 인정되고 있다(김철, 2009ㄱ:
63 - 66). 이 재즈 시대의 특징 중 머튼과 같은 사회학자들이 주목한
것은 외형적 번영과 물질적 성장과 함께 나타난 탈규범 현상, 즉 아노
미의 진행이었다(김철, 2009ㄱ: 64 - 66). 사회학자들[1]의 도움을 받아
서 필자는 1929년 세계 대공황의 원인 제공은 적어도 1919년에서
1929년까지의 재즈시대에서 시작되었다고 추측할 수 있었다. 물론 더
이전까지 소급할 수도 있었다. 마찬가지로 2008년 10월의 세계금융위
기는 우선 약 10년을 소급해서 약 1998년부터 주목할 필요가 있었다.
1999년은 금융탈규제의 정점으로 여겨지는 해이며(김철, 2010.2.; 2010.8.),
1933년 이후 유지되던 글라스스티걸법이 폐지된 해이다. 일단 이 10
년은 1929년 세계 대공황 이전의 10년과 비교 가능하다.

　　2008년 10월의 금융위기, 1929년 9월의 세계 대공황을 다루다가(김
철, 2008.12.) 필자는 1873년 비엔나의 금융파산과 함께 1882년 파리
의 증권거래소에서의 파산에 주목하게 되었다(김철, 2009ㄱ; 2008.11).
이 시기의 특징은 뒤르켐(Durkheim, 1952)이 그의 자살론에서 사용한
통계 중 자살의 연평균 증가율과 관계있었다. 즉, 파리 증권거래소 파산
의 해인 1882년에는 자살률이 이전의 2%에서 7%로 급증했다. 특히 이
증가율은 파산 사건이 일어났던 첫 3개월 동안에 증가했다[Durkheim,
1952: (번역본, 1993) 255 - 256]. 1873년 5월 9일의 비엔나의 금융파
산은 유럽 전역으로 퍼지고 1873년 12월에는 아메리카의 은행업이 파
산하기 시작했다. 이것이 유럽과 아메리카에서 거의 같은 시기에 일어
난 급격하고 맹렬한 대침체로 아메리카에서는 1873 ~ 1897년까지 계속
되고(Rendings Fels, 1949: 69 - 73), 영국에서는 1873 ~ 1896년까지 계

---

1) 뒤르켐과 머튼이 사용한 아노미의 개념에 의한 사회 분석을 사용하였다(김철, 2009
　ㄱ: 97 - 108). 한국의 사회학자로는 김광기(2007; 2009)의 아노미 분석이다.

속되었다(A. E. Musson: 199 - 228).

필자는 세계 대공황기와 2008년의 세계금융위기와 관련된 경제사와 법제도사, 그리고 사회사의 연관관계에 대한 기초적 연구에 이어서 이제 19세기의 장기 대침체기 또는 장기 공황으로 불리는 24년간의 경제사와 법제도와의 관계에 주목하게 되었다.

0.1. 들어가는 말

이 연구의 흐름은 경제사학도 이외에는 잘 알려지지 아니했으나, 1873~1897년에 선진 산업 국가를 엄습한 장기 대공황의 경제사적 특징을 개략적으로 보고 같은 기간의 법제도사 내지 공법제도사의 특징을 대비해서 상관관계를 찾아보는 것이다.[2] 필자는 2008년 9월 세계 경제위기를 계기로 1929년 10월에 시작된 세계 대공황 시대 전후

---

2) 경제사와 법제도사의 통섭 내지 종합적 시각은 한국뿐만 아니라 외국에서도 예가 드물다. 이와 같은 작업을 하게 된 계기는 폴 크루그먼이 공황의 경제학을 발전시키는 데 경제사, 사회사와 정치사를 종합적으로 고찰한 것(Paul Krugman, 2007)이 유효했음이 2008년 10월 세계경제위기 이후 알려지게 되면서이다. 크루그먼은 2010년 6월 27일 뉴욕타임스에의 특별 기고에서, 인류는 세 번째 대침체 또는 공황(depression)의 초기단계에 있다고 하고, 이 역사상 세 번째의 공황으로 부르는(한국의 경제신문 – 매일경제에서는 "우리는 세 번째의 공황의 초기에 있다"라고 공황으로 번역했다) 경기 침체(depression)는 가장 혹독했던 1929~1940년의 세계 대공황보다는 1873~1897년의 공황으로 번역되는 장기 대침체(Long Depression)에 더 흡사하다고 했다. 그러나 세계경제와 무엇보다도 직업이 없이 지내게 될 수백만 인에게 희생과 대가는 엄청난 것일 것이라고 한다. 2010년 7월 9일 현재 미국의 노동통계국 자료에 의하면 18세부터 29세까지의 청년 실업률이 14%로 대공황(1929~1940) 때의 실업률에 접근하고 있다고 한다. Louis Uchitelle, "American Dream is Elusive for New Generation", *New York Times*, July 9, 2010. 더 상세하게 본다면, 직업이 없어서 찾고 있는 청년(young adult) 14% 이외에도, 23%는 구직을 하지도 않는다(Bureau of Labor Statistics). 합쳐서 37%의 청년 실업은 1980년 이후 약 30년 이상의 기록에서 최고치를 보이고, 이 비율은 세계 대공황기였던 1930년대를 회상시키는 비율이다. 대졸자의 17%가 직업이 없거나 아예 일을 찾지 않고 있었다. (대학원 재학생이 포함) 2014. 6. 6 Labor Dept에 의하면, 2008년 금융위기 때 일자리 숫자를 회복했다는 통계도 있다. 그러나 총인구 대비 고용비율은 62.8%이다.(NYtimes)

의 경제사와 법제도사의 관계를 대비해서 상관관계를 발견하려고 해왔다[3](김철, 2009ㄱ). 이 논문에서는 인류가 경험했던 또 하나의 세계적인 경기 침체기였던 1873~1897년 동안의 경제 상황과 법제도와의 상관관계를 찾아보고자 한다. 마침내 장기 공황 시대를 특징지은 경제규범의 배경이 된 사회사상과 법사상에 주목하는 것이다.

필자는 경제학도가 아니고 경제사학도도 아니다. 따라서 19세기의 선진국을 강타했던 약 24년간의 장기 대공황의 경제사적 특징은 극히 개략적인 지식을 쓸 수밖에 없다. 그러나 지금까지의 법 제도사나 공법제도사, 또는 헌법제도사의 연구가, 거의 배경이 되는 시대의 경제적 사회적 특징을 제외하고 진행된 것을 생각한다면 이러한 시도 자체가 새로운 것이라고 할 수 있다.

경기 후퇴(recession)는 흔하나, 대침체(depression) 또는 "공황(depression)"은 드물다. 역사상 "공황"이라고 그 시대에 널리 통용된 시기는 경제사에서 단지 두 번의 경우이다. 1873년의 급격한 패닉(panic)에 잇따라서 디플레이

---

3) 2008년 10월 세계금융위기 이후에 쓰인 경제사와 법제도사와의 상관관계에 관한 논문을 열거하면 다음과 같다. (1) 김철, "위기 때의 법학: 뉴딜 법학의 회귀가능성 - 현대법학에 있어서의 공공성의 문제와 세계 대공황 전기의 법 사상", 『세계헌법연구』 제14권 제3호 2008.12., (2) 김철, 『경제위기 때의 법학 - 뉴딜 법학의 회귀가능성』(파주: 한국학술정보(주), 2009.3.), (3) 김철, "최현대의 경제공법 사상", 『세계헌법연구』 제15권 제2호, 2009.6., (4) 김철, 『한국 법학의 반성 - 사법개혁시대의 법학을 위하여』 (파주: 한국학술정보(주), 2009.9.), (5) 김철, "최현대의 경제공법 사상(2)", 『세계헌법연구』 제15권 제3호 2009.12., (6) 김철, "최현대의 경제 공법: 금융 규제와 탈규제 - 글라스스티걸법부터 뉴딜시대의 금융 시스템의 붕괴까지", 『세계헌법연구』 제16권 제1호(2010.2.), (7) 김철, "법과 평화", 『본질과 현상』 통권 19호 봄호(2010.3.1.), (8) 김철, "공법에 있어서의 경제적 보수주의와 경제적 자유주의의 순환: 경제공법에 있어서의 패러다임의 재성찰", 한국사회이론학회, 『사회이론』 통권 제37호 2010년 봄/여름호(2010.5.31.), (9) 김철, "세계금융위기 이후의 경제, 규범, 도덕의 관계: 금융위기 이후의 경제, 규범, 도덕의 관계: 금융위기와 관련된 제도의 도덕성 논의를 위한 시론", 한국인문사회과학회 『현상과 인식』 2010 봄/여름호(2010.5.31.), (10) 김철, "근대 이후의 자유주의의 변용(1) - 경제공법질서의 전개과정 -", 『세계헌법연구』(2010.6.30.), (11) 김철, "근대 이후의 자유주의의 변용과 경제공법질서의 전개과정(2)", 『세계헌법연구』 제16권 제3호(2010.8.).

선과 불안정이 1897년까지 계속된 시기와 1929~1931년의 혹독한 금융위기에 후속한 대량실업의 시기이다(Paul Krugman, 2010.6.27.).

19세기의 장기 "공황(Long Depression)" – 또는 장기 대침체(Long Depression)나 20세기의 대공황(Great Depression) 모두 계속 하강만 하는 시기는 아니었다. 그 반대로 두 시기 모두 경제가 성장하는 기간을 포함하고 있었다. 그러나 이 시기의 경제회복의 에피소드는 이전에 이미 진행된 슬럼프가 가한 상처를 보상하는 데 결코 충분하지 않았으며, 이후의 재 하강에 의한 상처를 미리 보상할 만큼 결코 충분하지 않았다(Krugman, 2010.6.27.).

1. 용어의 정리

용어를 정리하는 목적은 대공황과 장기공황(또는 장기 대침체)의 구별을 위해서이다. 요약하면 공황이라 하나 늘 패닉은 아니고 특히 아메리카와 유럽의 장기공황은 장기침체기로 24년간 오름세와 내림세의 작은 사이클로 이루어진 것이다.

recession은 일시적인 경기 후퇴 현상을 말한다. depression의 사전적인 뜻은 지리학에서 지면이 움푹 패인 곳; 심리학에서 의기소침이나 우울한 상태; 기상학에서는 저기압을 의미하며, 의학에서는 기능저하를 의미한다. 또한 경제학에서 소문자로 쓰일 때에는 침체기를 뜻한다. 그러나 고유명사로서 the (Great) Depression이라고 할 때에는 1929년에 시작되어서 1930년대를 특징짓는 세계적인 경기 대침체기를 이르는 것으로 한국에서는 세계대공황 또는 미국의 대공황이라고 번역된다. 그러나 한국어 및 한자로 표현된 공황(恐慌)의 원래 뜻은 "어떤 사물을 두려워하는 급격한 심리적인 불안 상태"를 의미하는 것이다(신기철 등, 1974: 308).

  문제는 the Great Depression을 (세계)대공황으로 한국어로 번역한다
면, 급격한 심리적인 불안상태를 강조하는 것이다. 이런 의미의 대공황
을 역으로 영어로 번역하면 the Great Panic이 된다. Panic과 Depression
은 부분적으로 같게 쓰일 수도 있다. 역사적 예는 1873년에 있었던 유럽
과 아메리카에 있어서의 급격한 경기 변동을 the Panic of 1873이라고
하기도 하고, Depression of 1873이라고 하기도 한다(Wikipedia, Panic
of 1873). 그러나 인류사에서 가장 잘 알려진, 1929년에서 1932년 또
한 1933년에서 1938년 이후까지의 기간은 the Great Depression이라고
한다. 명칭을 떠나서 내용을 잘 살피면, 이 긴 기간 모두가 하강만 하
는 시기가 아니었다. 더 자세히 살피면, 1929년부터 1938년까지의 기
간에 Panic이라고 할 만한 기간은 있었는가? 은행 파산이 파국적으로
계속된 1929년에서 1932년[4]까지를 심리적 불안[5]이 경제를 주도했다
는 의미에서 Panic이라고 부를 수 있고, 실지로 공포(panic)가 만연하던
시대였다. 다시 장기 공황(Long-Depression)으로 지칭되는 1873년부터
1897년까지 24년간에 걸친, 장기변동곡선 상의 하강국면을 나누어보
면 그 시작인 1873년에 있었던 월가와 비엔나의 증권거래소에서의 급
격한 추락은 패닉(공포 상태)이라고 부를 수 있으나, 장기변동곡선 안
에서의 여러 번에 걸친 4년 내지 5년, 6년에 이르는 작은 사이클을 가
지고 있는 긴 기간 전부를 패닉 또는 심리적 공포 상태라고 부를 수는

---

4) 은행파산에 대한 통계는 1920년대부터 1930년 연말까지는 역사학자 케네디(David Kennedy:
   1999, 65)의 통계에 따르면, 1929년 당시 총 은행 개수가 2,500개라고 한다. 그러나 통화주
   의자 프리드먼(Milton Friedman and Anna Schwarz, 1963)과 이를 인용한 경제사학자 퍼거슨
   (Niall Ferguson, TIME, 2008.10.13.)에 의하면 1932년 1월까지 1,860개의 은행이 파산하고,
   1933년 3월 6일 은행 휴일로 지정된 기간에 2,500개 은행이 파산했다고 기록하고 있다(김
   철, 2010.2.: 152).
5) 심리적 불안은 bank-run으로 나타나는데, 예금자의 인출사태 또는 넓은 의미의 은
   행 탈출을 의미한다.

없을 것이다.

다음 그림은 1873~1897년간의 아메리카의 장기 공황(Long － Wave Depression)을 기간별로 다시 작은 변동기의 정점(Peak)과 바닥(Trough)의 사이클로 구분한 것이다. 괄호 안의 NBER(National Bureau of Economic Research, News Bulletin No. 43, September 19, 1932)은 국립경제연구처 통계이고, 중간의 Major Cycles(Hansen)는 한센(Hansen) 교수가 만든 것으로 주된 사이클을 의미한다(Hansen, 1941).[6] 표 가장 오른편의 쥬글러의 경기순환(Juglar Cycles)이라는 것은 프랑스 경제학자 조셉 쥬글러(Joseph C. Juglar)가 1862년에 제창한 경기순환설로 약 9년을 주기로 한다. 이 쥬글러 순환의 연도는 슘페터 교수가 만든 것이고, NBER이나 한센 교수의 것과는 약간의 차이가 있다(Fels, 1949).

TABLE I

Business Cycles (NBER)	Dates (NBER)		Major Cycles (Hansen)	Juglar Cycles (Schumpeter)	
Peak	Oct.	1873	Peak	Peak	Mid-1872
Trough	Mar.	1879	Trough	Trough	End 1876
Peak	Mar.	1882	Peak	Peak	Mid-1881
Trough	May	1885	Trough	Trough	Fall 1885
Peak	Mar.	1887			
Trough	Apr.	1888			
Peak	Jul.	1890			
Trough	May	1891		Peak	Mid-1891
Peak	Jan.	1893	Peak		
Trough	Jun.	1894			
Peak	Dec.	1895		Trough	Mid-1895
Trough	Jun.	1897	Trough		

---

6) Hansen 교수의 사이클은 NBER의 사이클의 날짜와 정확히 일치하지 않는다고 한다. 또한 (Fels, 1949: 69－73).

도표7)에서 보는 대로 1873~1897까지의 24년의 긴 기간을 장기 대공황이라고 지칭하는 것은 그 기간의 성질을 모두 살피면 무리가 될 것이다. 왜냐하면 Thorp(Willard Thorp, 1926: 31－45)는 24년 중의 14년을 부분적이나 혹은 전면적인 침체의 해로 라벨을 붙이고, 24년 중 2개년은 분류할 수 없으며, 9개년을 부분적이거나 전적인 번영의 해로 분류하고 있다(Fels, 1949: 69－73). 장기 대침체 기간에도 적어도 11년은 침체가 아니라는 뜻이다. 그렇다면 급격한 심리적인 불안과 그에 따른 충동적 경제행동을 뜻하는 공황이라는 한자어는 번역어로는 적합하지 않다고 본다. 그러나 24개년의 장기 대침체가 시작된 1873년의 월가와 비엔나의 증권거래소에서의 급격한 함몰과 그에 따른 심각한 정서적 불안정과 행동은 한자어에서의 공황에 적합하다고 볼 수 있다. 이 시점은 Panic으로 지칭할 수 있고, 따라서 1873년의 대사건은 Panic of 1873으로 불리기도 한다.

　다시 한국어와 한자어에 있어서의 1929년 이후부터 1930년대까지 계속된 the Great Depression의 번역어를 보도록 하자. 이 기간에도 연도별로 상승하는 해가 있었다고 한다면, 1929년부터 1932년까지 또는 1933년까지는 흔히 알려진 대로 대공황(大恐慌)이라고 번역할 수 있으나, 루스벨트가 취임하여 뉴딜 정책을 펼치기 시작한 1933년 3월 이후를 대공황기라고 똑같이 부르기는 힘들다고 할 수 있다. depression의 보통 명사로서의 경제학적 뜻은 경기 침체이다. 또한 영어는 전문어라 할지라도 일반인이 쓰는 일상어를 전문어로 바꿔 쓰는 경우에도 그 어원의 의미요소를 그대로 유지하고 있는 경우가 많다. Depression 자체에 급격한 심리적인 공포심에 의한 충동적 행동이라는, 즉 한자어 공황(恐慌)에 해당하는 의미 내포는 없다. 아마도 the Great Depression

---

7) 도표의 출처는 Rendigs, Fels, "The Long-Wave Depression, 1873－97", *The Review of Economics and Statistics*. Vol. 31, No. 1(Feb., 1949), pp.69~73.

을 일본인 학자나 중국인들이 개항기에 한자어로 번역할 때 보통의 경기 후퇴(recession)와 구별하기 위해서, 그리고 초기의 panic을 연상해서 세계대공황이라고 번역한 것 같다. 그러나 1873~1897년의 Depression 은 동아시아에는 잘 알려지지 않아 왔다. 일단 장기·공황이라고 번역하는 것도 세계 대공황과 비교한다는 점에서 의미는 있을 것 같으나, 24년에 걸친 장기간의 특징을 나타내는 데는 역시 일반인이나 초학자들에게 세계 대공황과 같은 성질일 것이라는 착각을 주기 쉽다.

2. 1873년의 공황(Panic) 또는 1873년의 대침체(depression) 의 성격과 개요

2.1. 유럽과 아메리카에서 거의 같은 시기에 일어남

유럽과 아메리카에서 거의 같은 시기인 1873년부터 1879년까지 급격하고 맹렬한 대침체가 엄습하고 나라에 따라서 더 지체되었다(Wikipedia, the free encyclopedia). 아메리카에서는 1873~1897년까지 계속되고 따라서 장기 파장 침체(long wave depression)라고 부른다(Rendigs Fels, 1949: 69-73). 영국에서는 1873~1896년을 장기 공황(The Great Depression)이라고 부른다(A. E. Musson, 1959: 199-228).

2.2. 비엔나의 금융 파산

1873년 5월 9일, 서유럽 문명의 중심지의 하나였던 오스트리아-헝가리제국의 수도였던 비엔나에서 일어난 금융파산(crush)이 유럽전역으로 퍼지고[8], 그해 말에는 아메리카의 은행업이 파산하기 시작했다.

2.3. 영국의 장기 공황("Long Depression")(1873~1896)

영국에서 1873년 공황(panic)의 결과는 장기 공황(Long Depression)으로 불리고 23년간 계속되었기에, 그때까지 지속된 세계 경제의 독점적 지위가 흔들리게 되었다(Musson, 1959: 199－228)(Wikipedia, Panic of 1873). 아메리카에서는 "1873년의 공황(panic) 또는 침체(depression)"이라고 불리는 반면, 유럽에서는 "장기침체(Long Depression)" 또는 대침체(Great Depression)9)라고 불린다(Musson, 1959: 199－228).

3. 아메리카의 장기 파장 침체 또는 공황(1873~1897) 때의 경제와 법

24년간을 아메리카에서의 침체의 장기 파장(long－wave depression)이라고 보는 요인은 첫째, 도매물가의 추세가 이 기간 하향을 계속했고, 1897년 이후에야 반전했다는 데 있다(Redigs Fels, 1949: 69). 더 자세히 보면, 아메리카에서의 도매물가의 내림세는 1873년이 아니고, 더 소급해서 남북전쟁이 끝난 1865년 초부터 시작한 점에서, 세계적으로 공통되었던 1873～1897년의 장기 침체에 걸려들었던 다른 선진 공업 국가(영국, 프러시아, 오스트리아 그리고 오토만 제국)와는 다소 다르다.

둘째, 1873～1897을 아메리카에서의 장기 침체로 해석하는 이유는

---

8) 김철, 1.1. "1870년/비엔나, 1882년/파리, 1929년/월가 진원의 경제 위기에는 공통점이 있다", "경제위기와 아노미의 법학", 『경제위기 때의 법학』(파주: 한국학술정보(주), 2009ㄱ).

9) 이 경우에도 the Great Depression(1929～1938)을 지금까지의 동아시아의 관행대로 대공황이라고 번역해서 이 번역이 통용력이 있다고 주장하는 경우에는 역시 Great Depression을 대공황이라고 번역해야 된다고 할 것이다. 그러나 문제는 명칭보다 그 내용이다. 내용이 확연히 다를 때 명칭도 같이 붙일 수 없다.

이전과 이후와 비교해서, 이 기간의 24년 중 침체로 기록된 횟수가 많다는 것이다. Thorp(1926: 131－145)에 의하면 24년 중 14년을 부분적 또는 전적인 침체의 해로 포함시키고, 24년 중 9년을 부분적 또는 전적인 번영의 해로 포함시킨다. 이 기간에 비교해서 장기 침체 파장이 끝난 후 1898년부터, 20세기의 세계대공황이 시작된 1929년까지의 약 30년의 기간은 24개년을 번영의 해로, 8개년을 침체의 해로 본다 (Willard L. Thorp, 1926: 131－145).

3.1. 장기 공황(1873~1897)과 대공황(1929~1930's)의 차이

이 대공황의 24년간을 세계 대공황의 1930년대와 똑같은 그라운드에서 비교하려는 경향이 있어 왔으나, 이런 동일평면의 비교 자체가 잘못된 인상을 줄 수 있다고 한다(Redigs Fels, 1949). 그러나 Hansen 교수는 1870년대와 1890년대를 1930년대와 비교하고, Schumpeter 교수는 다른 시기를 세계 대공황기와 비교하고 있다(Fels, 1949).

3.2. 아메리카에서의 남북전쟁(1861~1865) 이후의 철도 건설 붐

남북전쟁(1861～1865) 이후의 철도건설 붐은 과잉 투자를 가져왔다. 그란트 대통령 정부는 철도산업에 대한 열광적 투자를 주도했는데, 국유지를 대여하거나 보조금을 지급하는 방법이었다. 농업을 제외하면 철도산업은 고용인원이 가장 많았다. 투기 자금이 유입되어 비정상적인 성장이 되었고, 철도산업뿐 아니라 관련 산업과 부두와 기선산업까지 과잉 설비가 행해졌다(Oberholtzer, 1926, 3: 79－122)(Fels, 1951: 325－349). 한센 교수가 여기에 대해서 언급하고 있다.

3.3. 아메리카에서의 금융 회사의 파산(1873)과 기업 파산(1875~1876), 철도 근로자 대 파업(1877)과 목재 산업의 파산(1877.6.)

1873년 9월 당시 미국의 주된 금융 회사였던 재이 쿡(Jay Cooke& Company)은 전미 2위의 대륙 횡단 철도 회사인 북태평양 철도회사 채권(Northern Pacific Railway bonds)에 지나치게 투자를 했다. 금융 회사는 더 많은 자금이 필요해져서 정부로부터 3억 달러의 재원을 받으려 했으나, 실패하고 파산하였다(Skeel, 2001: 51).[10] 연쇄적인 은행 파산이 잇따랐고 뉴욕 증권거래소를 임시 폐쇄하기에 이른다.[11] 미국 경제가 침체 국면에 접어들자, 공장들은 근로자들을 해고하기 시작했다. 364개의 철도 회사 중 89개가 파산했고, 18,000개의 기업이 2년간 파산했다. 1876년에 실업률이 14%에 달했다(Wikipedia).

철도노조가 계획한 대파업에서 연방군대가 출동하여 100명 이상이 사망하였다. 당시 중서부 목재산업의 중심지였던 미시간 주에서 목재 회사들이 연속 파산하였다. 기업의 침체는 1878년에는 대륙을 횡단하여 캘리포니아에 도달하였다. 금융 산업과 제조업에서 노사갈등이 1879년 봄 장기 공황이 끝난 이후까지 계속되고, 이윽고 대규모 이민의 행렬의 유입과 함께 끝났다(Wikipedia).

3.4. 아메리카에서의 도금 시대(1865~1900)의 "경제와 법" 질서의 특징

경제사에서 장기공황의 요인을 제공했다고 생각되는 남북전쟁 직후

---

10) 이 책은 아메리카 역사에 있어서 파산법의 입법에 대한 표준적인 기록이다. David A. Skeel, JR, *Debt's Dominion-A History of Bankruptcy Law in America*(Princeton: Princeton Univ. Press, 2001).

11) 이 시대의 파산법의 변동은 1867년 파산법이 1874년 개정되고, 1878년 파산법이 폐지되고, 1898년 다시 재제정되는 변화를 겪었다. 여기에 대해서 임치용, 『파산법연구』(서울: 박영사, 2004), 210~214쪽.

과잉투자 기간(1865～1873)과 장기파장공황(1873～1897)을 합치면, 법제사가 맥클로스키의 도금시대(1865～1900)와 거의 일치한다(McClosky, 1956).[12] 따라서 도금시대의 "경제와 법" 질서의 특징을 찾아내어, 장기공황시대의 경제사와 상관관계를 찾아보는 것이 목적이다.

3.4.1. 아메리카 법제도사에서의 시대구분

아메리카 제도와 법의 역사에서 1885～1895년까지를 구질서의 시대로 본다(Arnold Paul). 1890～1900년까지는 시장의 내림세와 규제국가의 오름세로 본다(Harold U. Faulkner, 1980: 74－79, 91－93). 시어도어 루스벨트의 시대인 1900～1912년에 현대 아메리카가 탄생한 것으로 본다(George E. Mowry, 1980: 6－10, 14－15). 우드로 윌슨과 1차 대전 기간인 1910～1917년을 진취의 시대로 간주한다(Arthur S. Link, 1980: 18－21, 66－80).

1900년부터 아메리카가 1차 세계대전에 참전할 때까지를 실지로 거의 모든 사가들이 '진취적인' 또는 '진보적인' 시대로 레벨을 붙여 왔으니, 그 실상의 전개는 보수주의의 승리라고 할 수도 있다(Gabriel Kolko, 1963). 왜냐하면 이른바 '진보시대(Progressive era)'의 특징은 경제에 대한 정치적 규제라기보다는, 주요한 경제적 이익으로서의 비즈니스가 정치를 통제한 것이다(Kolko, 1963: 2－3).

3.4.2. 도금 시대(the Gilded Age)

아메리카 법제사에 있어서는, 1870년부터 1890년까지를 물질적 풍요와 부패가 함께 일어난 도금 시대로 본다[13](김철, 2009ㄴ: 234). 아

---

12) 아메리카 법사에 대해서는 여러 종류의 책이 있으나, McClosky의 것은 아메리카의 대법원의 역사 중에서 가장 표준적인 것으로 알려지고, 인용 빈도가 가장 높은 고전이다. McClosky, *The American Supreme Court*(Chicago: Chicago Univ. Press, 1956).

메리카 대법원의 역사에 대한 표준적인 저자인 맥클로스키(McClosky)는 1865년에서 1900년까지를 도금시대로 본다(McClosky, 1960: 101 - 135). 그러나 이 학설은 1970년대까지 표준적으로 여겨졌다. 폴 크루그먼은 "역사가들의 심기를 불편하게 만들 수도 있는 위험을 감수하면서" 그러니까 아메리카 역사의 시대 구분의 다수설[14]을 충분히 의식하면서, 1870년대부터 뉴딜정책이 등장한 1930년대까지의 60년간을 길게 하나로 묶어서 "길었던 도금시대"로 본다[15](김철, 2009.6.: 47; 2009ㄴ: 235). 표의 출처는 '김철, 2009.12.' 논문이다.

---

13) 도금 시대에 대해서는 한국에서는 잘 알려지지 않았다. 특히 아메리카 경제사의 종전의 시대 구분은 도금 시대를 1870~1890년으로 한정하고 있는 데 대해서, 폴 크루그먼은 종전의 1. 도금 시대(1870~1890), 2. 보수주의 시대(1885~1895), 3. 규제성향이 시작된 시대(1891~1900), 4. 현대 아메리카의 탄생(1900~1910), 5. 진취 시대(1910~1917)의 구분을 거부하고, 1870~1930년까지를 길었던 도금 시대로 합쳐서 본다. 그 근거는 진취 시대(1910~1917)에조차도 경제에 대한 정치적 법적 규제라기보다도 주요한 경제적 이익으로서의 비즈니스가 정치가 법을 통제한 것이라는 Kolko의 학설을 받아들일 것으로 보인다. 여기에 대해서는, 김철, "최현대의 경제공법 사상" -5.4 폴 크루그먼의 "길었던 도금시대"에 대한 성찰, 『세계헌법연구』 제15권 제2호, 세계헌법학회 한국학회, 2009.6., 46~48쪽을 참조.
14) 아메리카 경제사의 통상적인 시대구분에 대해서는 김철, "최현대의 경제공법 사상 (2)", 『세계헌법연구』 제15권 제3호 2009.12.를 참조.
15) 이와 비슷한 견해는 Peter Beinart, "The New Liberal Order", TIME, 22 - 24(New York, November 24. 2008). Robert Wiebe를 인용하여 현대 미국 자유주의는 진취적 시대 (Progressive Era)에 탄생했다고 한다. 진취적 시대는 1910년에서 1917의 우드로 윌슨과 1차 대전 기간을 의미한다(김철, 2009: 이 책의 취지). 그때까지 아메리카의 거대한 기업독점이 자본주의를 강자와 야만자만이 살아남을 수 있는 정글로 바꾸고 있다는 것이 진취주의의 내용이었다. 대공황의 와중에서 루스벨트가 취임할 때 까지는 아메리카 자본주의라는 에코 시스템이 나선형으로 죽음의 행진을 하고 있었고, 아메리카인 들은 루스벨트가 했던 것처럼 정부가 제어해 주기를 소리 높여 외치고 있었다. F.D.R.은 전례 없는 규모의 정부자금을 풀었고 실업자와 연로자들을 위해 새로운 보호망을 만들었으며, 산업계가 어떻게 행동해야 되는가에 대한 규칙을 부과했다.

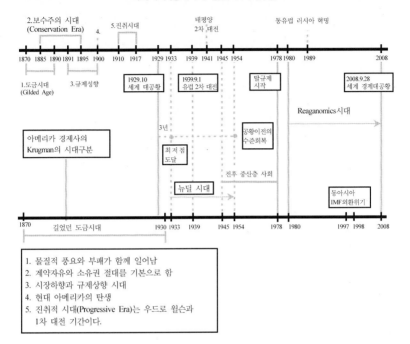

아메리카 경제사의 종전의 시대구분

3.4.3. 도금시대의 경제공법질서

아메리카의 표준적인 법제사가 맥클로스키가 이 시대의 특징을 요
약한 것이 고전으로 평가된다(McClosky, 1956; 1960).

남북전쟁이 끝나고 나서, 1866년에 대법원 판사들은 전혀 새로운
사법적 환경에 직면하게 되었다. 자본주의가 팽창하면서 이전에는 결
코 없었던 일이 생겨났다: 자본주의가 개인들의 생활을 침해하기 시작
한 것이다; 차츰 아메리카인의 생활에 가장 중요한 사실이 되고, 가장
성가신 사실이 되었다. 처음에는 분산된 모퉁이에서, 다음에는 점차로
숫자가 늘어가는 코러스로, 정부의 권력은 이 거인을 통제하는 데 쓰
여야 한다고 말하기 시작했다; 견제되지 않을 경우 개인이나 집단적인

복지에 끼치는 해악을 완화시키는 데 정부의 권력이 쓰여야 한다고 말하기 시작했다(McClosky, 1956; 1960: 102 - 103).

거꾸로 과거보다 훨씬 더한 격렬함과 큰 목소리로, 다른 사람들이 말하기 시작했다; 거인은 스스로 가는 길을 가도록 허락할 때 공동체에 가장 잘 봉사할 것이며, 정부가 경제를 서툴게 만지는 것은 헛일이거나 유해한 결과를 가져올 것이며, 자유방임(laissez faire)은 시대의 표어가 되어야 한다고 한다. 정부가 자본주의를 통제해야 할 것이냐, 얼마나 통제해야 할 것이냐는 아메리카라는 정치 투기장의 중심부로 옮겨지고, 다음 70년 동안 결코 중심부에서 떠나지 않았다(McClosky, 1956; 1960).

사법 심사 제도를 시작한 마샬 이래의 대법원 전통은 왜 사법부가 경제 통제 문제에 집중 하게 되는가를 설명하는 데 도움이 되었다면, 통제의 찬성자와 자유방임의 찬성자 사이에서 전개되는 갈등 속에서 판사들의 기호가 어디쯤 있는가를 예언하는 일에, 그 전통은 역시 도움이 되었다고 한다. 건국 이후 대법원의 경제 통제 문제에 대한 성향은 다음 표를 참조할 것(김철, 2010. 8: 690 - 691).

〈표〉 연방대법원의 대법관들의 성향 분석
(Russell Galloway, 1982; 1991)(김철, 2010. 8: 690-691)

시기	자유주의(liberal)	중도(moderate)	보수주의(conservative)
1790	0	1	5
1807~1812	0	2	5
1812~1823	0	2	5
1826	0	3	4
1837	2	2	3
1841	4	2	3
1860	4	3	2
1870	4	3	2
1874~1877	5	2	2
1896	1	4	4

1903~1906	3	3	3
1906~1909	4	2	3
1911~1914	3	4	2
1916~1920	4	3	2
1923~1925	2	1	6
Mid~1930	3	1	5
1943	8	1	0
1943~1945	4	4	1
1946~1949	4	0	5
1949~1953	2	0	7
1956~1957	4	1	4
1967~1969	6	2	1
1972~1975	3	2	4
1975	2	3	4
1982	2	3	4
1982~1986	2	2	5
1990	2	2	5

어쨌든 초대 마셜 대법원장의 애인은 국가와 자산가였고, 1789년부터 1860년까지의 대부분의 대법원 판사들은 정도 차는 있으나 이들 쌍둥이 애인을 가진 점에서 공통이었다. 남북전쟁이 끝나고 이제 국가는 전쟁에 의한 시련에서 그 생존을 유효하게 입증하였고, 국가의 건강도 보장되었으니, 국가는 더 이상 법원의 걱정스러운 보호를 필요하지 않게 되었다. 그러나 자산가, 즉 사업가들은 1870년대에 이르러 정부에 의해서 괴롭힘을 당하기 시작하였다. 윌리엄 그레이엄 섬너(William Graham Sumner, 1840~1910)16)의 표현에 의하면, 의회는 아우성을

---

16) 윌리엄 그레이엄 섬너는 허버트 스펜서와 함께 자유방임(laissez faire)을 기조로 하는 근대 산업사회 혜택뿐 아니라 사회악조차도 정당화하는데, 사회적 진화론(social darwinism)에서 나온 "생존을 위한 투쟁(struggle for existence)"의 아이디어를 채택하였다. Richard Hofstadter, *Social Darwinism in American Thought*(Boston, Beacon Press, 1955) 같은 시대에 윌리엄 제임스와 존 듀이는 사회 개발을 방향지우고, 자연적 질서를 향상시키기 위해서 인간의 계획이 필요하다고 주장하였다. 도금 시대(gilded age)와 뒤 이은

치면서, 그 자신의 방식으로 행해서 공동체를 도우려는 것을 방해하고, 그를 처벌하겠다고 위협하며, 행동의 자유를 방해하고 있다고, 섬너의 예찬자들은 관찰한다고 한다. 전통적으로 재산권의 대의명분에 헌신하여 왔으며, 불가피하게 주로 '가진 자'들의 계층에서 뽑힌 판사들로 구성되었으며, 그들은 또한 그때까지 아메리카의 법조계를 특징지은 현상유지우선의 보수적 편향으로 채색된 법률가들이었으므로, 이런 대법원은 그때의 규제적 움직임에 반대하고, 사업가들의 공동체에 힘을 실어주는 것은 거의 확실하였다(McClosky, 1960: 104).

3.4.4. 남북전쟁 이후의 사회적 진화론과 경제 질서

진화론은 말할 필요도 없이 찰스 다윈에 의해서 발견되고 주장된 생물학상의 이론이다. 지구상의 고생물시대로부터 모든 생물의 종은 현재의 상태로 진화해왔다는 가설이었다. 순수한 과학적 가설 내지 이론으로서의 진화론은 특히 인류의 진화의 단계나 원형과 관계되어서 처음에는 센세이션을 일으켰으나 그 과학주의적 방식 때문에 차츰 새 시대의 새로운 패러다임으로 서서히 받아들여지게 되었다. 그러나 순수한 고생물학 또는 자연사적인 이론에서 차츰 진화론이 동식물 일반의 생태계에 대한 과학에서부터 인간과 인간의 사회에 대한 사회적 삶에 대한 설명의 프레임으로 옮아감에 따라서 전혀 최초의 과학주의와는 의미·내용과 사회적 함의가 달라지게 되었다. 즉, 과학적·생물학적 진화론이 사회적 진화론으로 모습을 달리함에 따라 그 효과는 예상하지 못한 방향으로 전개되었다. 이 시대의 사회적 에토스에 영향을 미친 사고방식에 대해서 철학자 호프슈테트가 요약한다(Richard Hofstadter, 1955, 5-7).

진취적 시대(Progressive era)의 지식인의 움직임을 고무한 사회 철학은 위 두 가지 입장-즉, 허버트 스펜서와 윌리엄 그레이엄 섬너의 사회적 진화론과 윌리엄 제임스 및 존 듀이의 사회철학을 들 수 있다.

필자는 흔히 한국의 인문학자, 철학자, 또는 법철학자들이 그러해 왔듯이 "어떤 사상의 내용이 중요하다"라는 측면보다 그 사상의 사회적 영향에 더 주목하는 방식을 택하려 한다.17) 필자가 남북전쟁(1861~1865)이 끝난 직후의 장기 대공황(1873~1897)의 예비기(1850~1873)에 사회적 진화론이 영향을 가지기 시작했다는 데 주의하는 까닭은 이 시대의 대표적 사회적 진화론자들이, 진화론의 여러 가능한 해석 중에서 개인주의적 사회관과 경쟁주의적 사회관을 선택적으로 강조했기 때문이다.

남북전쟁이 끝나자 곧, 책을 읽는 계몽된 아메리카의 대중들은 전후에 개시된 진화론적인 생각과 담론에 매료되어서 부분적으로 진화론에 속하거나 진화론에 관계된 철학과 정치이론에 대해서 흥미를 가지게 되었다. 허버트 스펜서18)는 그들 중에서 가장 야심적으로 생물학 자체보다도 다른 영역에서의 진화론의 적용을 체계화하려고 시도했고, 그는 그의 본국인 영국보다도 아메리카에서 훨씬 더 인기가 있었다. 급격하고 눈부신 경제변화에 시기에 다윈의 사상과 스펜서의 사상은 아메리카에서 대중화되었으며 이 시기는 역시 지배적인 정치적 경향이 현상유지우선의 보수적인 시기였다. 이 시기의 지배적인 보수주의

---

17) 사상의 내용자체에 중점을 두느냐, 사상의 사회적 영향에 중점을 두느냐는 한국에 있어서도 전통적인 인문학자의 태도는 사상의 내용 자체를 밝히는 데 전력을 쏟아 왔고 법학을 위시한 사회과학의 입장에서는 오히려 어떤 사상의 내용보다 그 사상의 시대에 그것이 사회에 어떤 영향을 미쳤는가에 더 중점을 두지 않을 수 없다. 한국에서도 법철학을 순수인문학, 즉 순수철학적 측면을 강조하는 입장이 오래 계속되어서 그 법철학이 한 시대의 구체적인 사회적 결정, 즉 판례의 어떤 영향을 미쳤는가에 대해서는 거의 주의하지 않았다. 법철학이 법학과 법판결에 미치는 영향을 더 중시했다면 현재와 같은 법철학과 법제도학이 따로 유리되는 결과를 초래하지는 않았을 것이다. 법철학이 인문학적 전통보다 법제도와의 연계를 중요시하는 전통은 법리학(jurisprudence)으로 발전하였다. 법리학에 대해서는 이 교재(김철, 『법제도의 보편성과 특수성』, 1997 ㄴ)를 참조할 것.
18) 허버트 스펜서는 법Ⅰ사상사에서 도금시대에 실질적으로 판례에 영향을 미친 사회적 진화론자이다. 도금 시대의 경제와 법질서에 대한 그의 영향은 이 논문, 3.4.6 도금 시대의 경제와 법질서에 대한 사회적 진화론의 영향을 참조할 것.

에 대한 도전은 결코 존재하지 않았으나 특징적인 느낌은 남북전쟁 이전의 시기에 여러 정치적 문제들에 대해서 충분할 만큼 선동과 격동이 있어 왔다는 것이다. 따라서 전쟁이 끝나고 난 뒤의 특징적인 무드는 이제 전쟁에 의해서 통합된 아메리카 대륙은 충분히 사람 살 만하게 되었으며 그것을 향유하며 거대한 새로운 산업체들이 솟아나고 있다는 그런 시대였다. 당연히 이 전후의 시대는 토지나 산업의 획득이나 합병의 시대가 되었다. 이러한 시대에 진화론은 모든 사고 유형 중에서 가장 강력하게 보수적이며 견고한 사람들이 의지할 수 있는 아이디어가 되어 갔다. 왜냐하면 깐깐하고 보수적인 사람들은 그들의 동료 시민들과 삶의 어떤 어려운 문제들에 있어서 화해하기를 원하며 동시에 황급하게 진행되고, 잘못 고려된 개혁들을 지지하지 않도록 자기의 동료 시민들을 압도할 필요가 있었기 때문이다. 진화론은 아메리카의 보수 사상의 역사에서 이 긴 기간에 가장 영향을 끼친 통찰 중의 하나였다(Richard Hofstadter, 1955: 5 - 7). 이 사상을 원용하려는 사람들은 정치적인 기존 상태를 옹호하기를 원하는 사람들이었고 경제와 법사상에서 가장 중요한 것은 무엇보다도 자유방임을 옹호하는 보수주의자였다. 그들은 진화론으로부터 그들이 주장하는 사회적 주장의 도구들을 끄집어내었다. 나중에 '사회적 진화론'이라고 불릴 수 있는 사회사상의 스타일이 분명하고 알아볼 수 있는 형태를 띠게 되었다. 사회적 진화론이 알아볼 수 있는 형태를 띠게 되자 이러한 관점에 대한 분명한 반대자들이 논의의 경연장으로 나타나게 되었다. 사회적 진화론에 대한 가장 뛰어난 반대자는 레스터 워드(Lester Ward)와 실용주의자(pragmatist)들(윌리엄 제임스와 존 듀이를 대표로 했다)이었는데 이들은 사회적 진화론이 제기하는 철학적 문제들에 대해서 즉각적으로 비판의 포문을 열었다. 그들은 그러나 그 사회에 있어서 새로운 사상이었던 진화론이 인간과 사회의 이론에 대해서 심각하고 근본적인 중요성을 가지고 있다는 근본적 가정에는 도전하지 아니하였다. 실용주의자들이 시도한 것은 사회적 진화론자들로부터 진화론을 탈취하려는 것이었는데 그들이 보여주려고 노력한 것은 진화론의 심리학적이고 사회적인 경위는 그 분야에 있어서 그들보다도 앞섰던 더 보수적인 사상가에 의해서 생각되었던 것과는 전혀 다른 용어로 읽힐 수 있다는 것이다. 사회적 진화론의 반대자들은 처음에는 거의 성공하지 못했다. 즉 처음에는, 진화론이 담고 있는 개인주의적이고 경쟁적인 내용은, 남북전쟁 이후의 새로운 산업사회에서 일어나고 있던 이전 시대와는 전혀 다른 새로운 문제들에 대해서 해답을 주지 못한다는 것을 보여주지 못했다. 그러나 진화론이 가지고 있는 인종주의적이고 제국주의적인 함의가 어떤 정당성을 가질 수 있느냐에 대해서는 회의와 토론이 일어났다. 진화론의 가장 유명한 표어는 '생존을 위한 투쟁(struggle for existence)', 그리고 '적자생존(survival of the fittiest)'인데 이 표어들이 사회 안의 인간에 적용될 때는 다음과 같은 것을 암시하게 된다. 즉, 자연은 경쟁적인 환경에서 최고의 경쟁자가 승리하는 것을 보장하며 이 과정이 계속되는 개선과 향상으로 이어진다는 것이다. 이것 자체는 경제학자들이 지적할 수 있듯이 전혀 새로운 생각은 아니었다. 그러나 이 '생존을 위한 투쟁과 적자생존'이라 하는 진화론의 표어는 자연의 법칙(a natural law)의 힘을 오로지 "경쟁적인 투쟁(competitive struggle)"의 생각에다가 투영한 것이었다. 두 번째로 장구한 시간에 걸쳐 종이 발전한다는 생각은 현상유지위주의 보수 정치이론에 또 다른 친숙한 아이디어를 주었다. 즉, 모든 건전한 발전은 천천히 그리고 황급하지 않게 이루어져야 한다는 것이다. 그러나 점진주의 자체는 보수주의만 결합할 수 있는 것은 아니었다. 영국에서 점진주의는 페이비언 협회(Fabian Society)에서 보는 바대로 보수주의 아닌 것의 중요 방법론이 되었다. 그러나 당시의 사회적 진화론자는 다음과 같이 얘기한다.

"사회는 하나의 유기체로 보일 수 있다. 그리고 그 유기체는 새로운 종이 자연에서 창출되는 그 속도와 보조로 단지 변화할 뿐이다." 그래서 윌리엄 그레이엄 썸너(William Graham Sumner, 1840~1910)가 다음과 같이 결론지었다. 진화론은 생의 전쟁에 내재하는 어려움에 회피하지 않고, 인간이 얼굴을 맞대고 직면하도록 이끄는 데 공헌할 수 있다. 또 다른 사상가인 허버트 스펜서(Herbert Spencer, 1820~1903)는 인류의 대부분에게 주어진 즉각적인 난관이 무엇이든 간에 진화는 진보를 의미하고 따라서 생의 모든 과정은 다소 거리는 있으나 그러나 통틀어서 영광스러운 완성으로 향해서 전진하고 있다고 한다. 이 점까지는 아무런 논쟁점이 있을 수 없다. 어떤 사상의 사회적 영향이라는 것은 그 사상의 내용보다도, 어떤 시대에 어떤 방향으로 어떤 사람들이 그 사상을 사용했느냐라고 할 수 있다. 이러한 관점에서 볼 때, 도금시대라는 특정한 역사적 기간에 두 사람에게 있어서 진화론의 결론은 결국 현상유지적인 귀결이었다. 그들에 의하면 사회적 과정을 개선하거나 개혁하려는 모든 시도는 고쳐질 수 없는 것을 고치려고 하는 노력에 불과하고 이러한 사회개선과 개혁의 노력은 대자연의 지혜에 관여하지 않아야 할 것에 관여한 것이어서 마침내 모든 사회개혁의 노력이라는 것은 단지 질적인 퇴화에 이르게 된다는 것이다(Richard Hofstadter, 1944, 1955). 이것의 해석은 사회현상에 대한 자유방임으로 귀결하게 되었다. 왜냐하면 사회적 진화론의 결말은 자연의 자기 조정을 인간의 의식적 노력보다 압도적으로 우위에 두어서, 경제 현상에 대한 법적 통제를 무위한 것으로 간주하는 초기 자유주의시대의 경제사상과 상통 하는 것이다.

3.4.5. 사회적 진화론 대 프래그마티즘: 도금시대의 경제 질서

윌리엄 그레이엄 섬너는 허버트 스펜서와 함께 자유방임(laissez faire)

을 기조로 하는 근대 산업 사회에서의 혜택뿐 아니라 사회악조차도 정당화하는데, 사회적 진화론(social darwinism)에서 나온 "생존을 위한 투쟁(struggle for existence)"의 아이디어를 채택하였다(Hofstadter, 1955). 같은 시대에 윌리엄 제임스와 존 듀이는 사회 개발을 방향지우고, 자연적 질서를 향상시키기 위해서 인간의 계획이 필요하다고 주장하였다. 도금 시대와 뒤 이은 진취적 시대(Progressive era)에, 지식인의 움직임을 고무한 사회 철학은 앞의 두 가지 입장ㅡ 즉, 허버트 스펜서와 윌리엄 그레이엄 섬너의 사회적 진화론과 윌리엄 제임스 및 존 듀이의 사회철학ㅡ을 들 수 있다.

3.4.6. 도금 시대의 경제 질서에 대한 사회적 진화론의 영향: 기념비적인 판례

Allgeyer v. Louisiana[165 U.S. 578(1897)]에서 대법원은 계약의 자유를 부당하게 침해한다고 믿는 어떤 사회적·경제적 입법도 무효화시키기 위해서 실체적 적법절차 개념을 사용할 의도를 분명히 했다. 시장경제의 자유와 계약자유는 적법절차조항에 의해 보호되는 여러 자유로 보였다. 그리하여 대법원 판사들은 그들이 생각하기에 "의회가 만든 법률이 비합법적인 목적을 위해서 관여하는 방식으로 경제적 자유를 제약한다"고 생각할 때는 그 법률을 무효화시킬 수 있다고 했다. 따라서 대법원 판사들이 노동규제, 가격통제 또는 그 밖의 경제규제를 합법적인 목적이라고 보지 않는 한 극히 제한된 숫자의 기업에 대한 규제만이 이러한 테스트에 통과하게 된다. 대법원은 규제입법이 공중보건(public health), 안전(safety), 그 밖의 중요한 공공이익(public health)을 증진시킨다고 확신할 때만 그러한 규제의 법률을 지지하였다.

연대는 약간 넘어가지만 판례의 연대에도 불구하고 도금시대의 경제 질서나 경제법 질서를 그대로 답습한 후일의 판례로서 Lochner v. Newyork case[198 U.S. 45(1905)]를 들 수 있다. 대법원의 다수 의견은 뉴욕 주법이

고용주와 피고용인과의 계약에 자의적으로 불필요한 간여를 했다 해서 위헌을 선언했고 계약의 자유는 수정 제14조에 의해 보호받는다 하였다. 다수 의견의 이유는 근로조건을 정하는 것은 공공복리와 관계없고 따라서 입법목적은 합법적이라 할 수 없다고 하였다. 이 다수 의견은 말하자면 1970년대부터의 아메리카의 지배적인 경제철학 중 허버트 스펜서의 사회적 진화설(Social Darwinism)을 적용한 것이라고 할 수 있다. 여기에 대한 반대의견에서 홈스(Holmes) 판사와 하란(Harlan) 판사의 언급이 이를 나타내주고 있다(김철, 1982: 10 - 11).

4. 통일 프러시아 제국과 남북전쟁 후의 아메리카: 경제 상황 및 통화 관계법의 유사점

아메리카에서 남북전쟁 후 1866~1872년 사이의 과잉투자 및 주식투기의 영역 - 철도, 기선 연관 산업 - 은 프러시아에서 전쟁 이후(1871) 제국 성립 이후의 과잉 투자 및 주식 투자의 영역이 같다는 것이다(Loomis, 1968). 1870~1871년에 이루어진 남도이치 연맹의 프러시아가 주도한 북 도이치연맹과의 통일19)(김철, 2009ㄴ: 168 - 169)이 기점이 된다. 이 시대는 프러시아 제국의 건국 시기였다. 이 창설 기초의 시기(Gründejahre)에 회사 설립의 법이 자유화되어서 도이체방크(Deutsche Bank)와 같은 21세기까

---

19) 비스마르크(Bismark) 법체계 성립 때까지의 주요 사항은 다음과 같다. 1861. 빌헬름 1세 군대개혁을 시작, 의회는 이를 반대 투표함. 1862. 의회 반대를 분쇄하고, 통일을 수행하기 위해 비스마르크를 수상에 임명함. 비스마르크의 중요 임무는 어떤 대가를 치르고도, 군대 개편을 유지하는 것이었음. 1871. 프로이센－프랑스(普佛) 전쟁에서 파리 함락, 프랑스 3공화국 분쇄됨. 1871. 남도이치연맹 프러시아와 북도이치연맹과 조약 체결, 도이치제국 성립, 프러시아 왕이 도이치의 황제가 됨. 도이치 통일이 완성된 사실이 베르사유의 루이 14세 궁에서 세계에 선포되다. 인용은 Ferdinand Schwill, *A Political History of Morden Europe*, pp.468－479, Charles Scriber's Sons, 1911. 인용은 김철, "공법의 역사", 『한국 법학의 반성』(파주: 한국학술정보(주), 2009ㄴ), 168~169쪽.

지 융성한 금융회사가 설립되었다. 프랑스와의 전쟁[20](김철, 2009ㄴ: 169 각주)에서의 승리는 전쟁 배상금으로 인한 자본 유입으로 철도산업, 관련 산업, 기선 및 부두 시설에 대한 주식 시장의 투기로 이어졌다 (Wikipedia). 1873년을 기준점으로, 아메리카와 프러시아의 상사점은 은 본위제를 포기하고, 금 본위제로 옮아가는 과정에서 공황(panic)이 발생했다는 것이다. 아메리카의 경우, 남북전쟁(1861～1865)에 승리한 그란트 정부가 1873년 경화주조법(Coinage Act of 1873)에 의해서 이전의 금·은 본위제에서 은을 제외하고 사실상(de facto) 금 본위제로 옮아갔다. 은을 화폐 표준으로 쓰기를 금지한 새로운 경화주조법의 경제적 영향은 서부의 은 광업을 해쳤으며, 농민과 높은 부채를 지고 있었던 정상적인 채무자들에게 화폐 공급을 감소시키고, 이자율을 높여서 비탄에 빠지게 했다. 새로운 법에 의한 통화 정책이 불안정하다는 것을 인지한 투자자들은 장기 채권과 같이 오래 돈이 묶이는 것을 기피하게 되었다. 프러시아의 경우, 보불전쟁에서 승리하고, 남북 도이치 연맹을 통일제국으로 묶는데 성공한 비스마르크 정부가 은화 화폐를 버리고, 1873년 7월 9일부터 새로운 통일라이히(제국)의 새 화폐로 금 본위제를 시작하였다(Wikipedia). 경제위기가 시작된 1873년은 대서양 양쪽의 아메리카와 프러시아에서 은 본위제를 포기한 것은 공통된 사항이다.

4.1. 비엔나 증권거래소의 폐쇄(1873.5.9.)와 서유럽 대륙에서의 파급 효과

1873년 5월, 비엔나 증권거래소는 허위 확장, 지불 불능, 부정직한 조작을 더 이상 감당할 수 없어서 기능이 정지되었다.[21] 이 영향은 서

---

20) 1871. 프로이센－프랑스(普佛) 전쟁에서 파리 함락, 프랑스 3공화국 분쇄됨(김철, 2009 ㄴ: 171 각주).

유럽의 주요 산업 국가에 파급되고, 1882년 파리 증권거래소에서의 파산 사건으로 이어진다. 이 시기에 생존한 프랑스의 사회학자 뒤르켐이 무규범상태라고 이름 붙인 사회적·문화적 혼란 상태인 아노미(anomie)가 경제적 아노미로 탈바꿈하였다고 보인다.[22]

---

21) 1882년에 파리 증권거래소가 폐쇄되었다(김철, "경제위기와 아노미의 법학", 94, 『경제위기 때의 법학』(서울, 한국학술정보(주), 2009ㄱ).

22) 김철, "뒤르켐의 아노미 이론과 평등권에서의 기회 균등: 기초법적 연구", 사회이론 2008년 가을/겨울 통권 34호. 뒤르켐은 1858년에서 1917년 사이에 생존하였고 초기의 중요 저작을 출판하기 시작한 시기는 1893년과 1897년이었다. 그의 생애에 영향을 미친 서유럽 대륙과 프랑스의 중요한 역사적 사건을 개략적으로 검토하면 다음과 같다. 우선, 그가 태어나기 10년 전에 서유럽의 대부분 지역에서 발생했던 1848년의 혁명에서부터 시작하자. 이 거대한 혁명의 흐름에 맞서 유럽 여러 나라의 지배 엘리트들은 공화정부를 요구하는 도시 노동자와 토지의 재분배를 요구하는 농민의 연합 운동을 예방할 수 있었다. 프랑스의 혁명은 파리에서 패퇴하였고, 오스트리아·헝가리 제국의 농민들은 2급 조차지에 매수당했다. 남은 것은 구체제에 반대하는 지식인이 이끈 중간 계급의 운동과 이데올로기가 있었을 뿐이다.·그들 이데올로기의 꼭대기에는 국민 정부에의 참여에 대한 요구가 있었다(존슨, 1977: 116-117). 한편, 1871년에 빌헬름 프리드리히 황제의 프러시아 군대는 파리를 함락시켰다(김철, 2007ㄴ: 57). 프랑스는 프러시아와 조약을 맺고 의회가 평화를 선포했으나 파리의 급진 공화파는 의회에 불만을 품고 중산층과 의회에 반대하는 저항을 계속하기로 결정하여(곧, 파리코뮌) 프랑스는 내란 상태에 빠진다. 결국 파리코뮌 참가자 수천 명이 처형 또는 유배당했고, 국민의회가 정통 정부를 성립시킨다(김철, 2007ㄴ: 59). 1877년 이후 서서히 공화주의자의 공화국이 행운의 징조를 가지고 시작되었다. 국가는 번영했고 1878년에는 전보다도 진보하고 미화된 프랑스를 전시하는 세계 박람회가 개최되어 전 세계에 '프랑스 공화국은 제2의 아테네가 될 것'이라는 믿음을 심어주었다(모로아, 1980: 498-499). 1878년에 개최된 베를린회의에서 비스마르크가 튀니지를 프랑스에 위양했다. 프랑스는 식민지 제국을 정비 강화할 수가 있었다. 공화국은 이전보다 부강하게 발전했고 1878년 총선거는 보수파의 최후의 거점인 상원의 과반수를 깨고 말았다. 1850년부터 1900년까지 프랑스의 철도망은 3,000km에서 13,000km로 늘어났다. 1882년 파리의 증권거래소에서 일어났던 유명한 파산의 영향은 파리에서뿐만 아니라 프랑스 전체에 곧 나타났다. 자살의 연평균 증가율은 1874년에서 1886년까지 2%에 불과하였다. 그러나 1882년에는 7%의 증가율을 보였다. 이 증가율은 파산사건이 일어났던 첫 3개월 동안에 주로 증가했다(뒤르켐, 1993: 255-256). 1889년의 박람회는 여러 가지 점에서 주목할 만하다. 프랑스대혁명 100주년 기념일과 일치하는 시점에 열린 이 박람회의 성공은 조국에 대한 정당한 자부심을 심었고, 과격파 좌익이 사회주의화를 지향하는 데 대한 불안 등과 맞물려, 구체제의 가장 대표적인 인물들을 현체제에 흡수하게끔 만들었다(모로아, 1983: 507). 1893년에서 1898년 동안 프랑스는 온건한 장관들의 통치를 받았고 제3공화국은 기조와 루이 필립의 시민적인 전통을 계승하고 있는 것처럼 보였다. 당시의 정치 지도자들은 폴리테크닉, 고등교

비엔나 증권거래소의 기능 정지에 따라 일련의 비엔나은행들이 그 결과로 파산하였다. 결과는 기업 자금의 경색이었다. 이미 투기의 거품이 끼어 있었던 프러시아의 철도회사의 제국을 이루고 있었던 베텔 헨리 스트라스버그(Bethel Henry Strousberg)가 베를린에서 파산하였다. 프러시아 경제의 수축은, 그때까지 전후 붐을 이루었던 재원이 되고 있었던 프랑스 쪽에서의 전쟁 배상금 지불이, 1873년 9월에 종결됨으로써 더 악화되었다. 1871년 프러시아제국의 창설 2년 뒤 1873년에 닥친 경제위기는 이제 "제국 창설자들의 파산(Gründerkerach)"으로 불렸다(Manchester, 1968)(Marek, 1974)(Masur, 1970), (Wikipedia).

Marek(1974)과 Masur(1970)에 의하면 1873년의 경제위기에서의 회복은 아메리카보다 프러시아를 비롯한 서유럽이 빨랐다고 한다. 프러시아에서의 특이한 것은 경제위기 때에 미국의 노사 관계가 경험했던 비극적 사건 — 철도 대 파업 때의 100명 이상의 사망 — 이나 임금 대삭감을 피할 수 있었다고 한다. 이유는 기업설립의 자유의 역사가 제국 통일 이후인 1871～1873년에 비로소 시작된 것처럼 짧았던 것을 들 수 있을 것이다. 프러시아에서의 사 기업의 역사가 영국이나 프랑스에 비교해서 짧았다고 해석할 수 있다.[23](김철, 2009ㄴ: 168, 169). 또 다

원대학 등 명문교의 졸업생이거나 변호사 출신이었다. 이미 공화주의당의 대가족이 형성되어 모든 정부 기관에 뿌리를 내리고 있었다. 1893년에 재정 관계의 스캔들이 신뢰를 뒤흔들었다. 파나마사건은 로우 파산사건이 왕정에 끼친 정도만큼은 공화국에 피해를 끼치지는 않았으나 적어도 국정에 대하여 지속적인 불신감을 심어주기에는 충분했다. 파나마 회사는 비난을 방지하기 위하여 신문사에 돈을 뿌리고 15억 프랑의 채권을 발행할 인가를 받기 위해 하원을 매수했다. 이 사건은 1888년에 발생되었던 것이며 그 후 오랫동안 파나마 회사가 도산 상태에 있었음에도 불구하고 역대 내각은 회사가 감행한 조작을 은폐하는 데 성공했다. 채권 소유자들은 아직도 정부가 손해를 보상해줄 것이라고 기대하고 있었고 레셉스의 명성이 신용을 유지하고 있었으므로 아무도 감히 회사를 조사하자고 나서지 않았다(모로아, 1983: 509).

23) 비스마르크(Bismark) 법체계 아래에서의 국가법의 성격은 주권의 강력함을 특징으로 하는 통일국가 형태에서 결정되었다. 그리고 군대(陸軍)와 관료 집단을 등뼈로 하는 중앙집권 국가였다. 그래서 이 국가는 제도, 즉 행정제도 및 행정법이 우선적이었다. 그 이유는 영국과 프랑스에서처럼 제3계급, 즉 상공업자들이 큰 힘을 가질 수

른 중요한 사회적 환경은 비스마르크가 채택한 사회복지제도와 사회 정책이 노사의 격돌이나 임금 대 삭감을 피할 수 있었던 조건일 수가 있다.

4.2. 비스마르크 헌법과 프러시아 제국에서의 부르주아지의 위치, 사회보험 제도

대륙의 주된 세력이었던 프로이센의 헌정 질서는 영국과 비교할 때, 우선 근대 입헌주의의 기초인 삼권분립의 원칙 자체가 확립되지 않았다.[24] 또한 근대적 국민 주권주의가 아니었다. 1871년의 비스마르크 헌법은 원칙적으로 황제 주권에서 출발한다.[25] 의회의 역할은 간헐적이었다. 자유주의의 영향은 제한적이었다고 해석할 수 있다. 경제사적으로 볼 때, 산업혁명의 진도는 유럽의 선진국이었던 영국에 비해서 후진적이었고 국가의 힘에 의해서 산업화를 추진해 갔다. 프랑스 혁명의 추진세력이었던 제3세력, 즉 상공업자의 부르주아지는 프로이센에 있어서는 영국만큼 독자성을 누릴 수가 없었다. 프로이센의 지배세력은 여전히 토지를 기반으로 한 대토지 소유자(Junker)에게 있었고 대토지

가 없었다(김철, 2009 ㄴ: 168, 169). "경제사에서 볼 때 산업혁명의 진도는 영국에 비해서 후진적이었고, 국가의 힘에 의해서 산업화를 추진해 갔다. ……제3세력, 즉 상공업의 부르주아지는…… 독자성을 누릴 수 없었다." 김철, "근대 이후의 자유주의의 변용(1)-경제공법질서의 전개과정", 『세계헌법연구』, 2010.6.

24) 입헌주의를 채택함으로써 원칙 자체는 선언되었다고 하나 명목적이고 실질적인 삼권분립은 강력한 황제주권 아래서는 이른바 "근대적 입헌군주제도"라는 것이 상당한 정도 국민주권 아래에서의 "근대적 입헌주의"의 이념형과는 실질적인 거리가 엄청나게 있다. 그럼에도 불구하고, 일본을 비롯한 동아시아에서 프러시아의 헌법이나 헌정 질서를 선언된 헌법의 명목적 조문만을 형식적으로 검토해서 흡사 국민주권 아래에서의 입헌주의와 별 큰 차이가 없는 것으로 질적인 차이를 무시하고 넘어가는 형식주의적 태도를 오래 견지했기 때문에 많은 경우 비교법학도들이 실족하는 결과를 가져왔다. 예를 들면, 프러시아 헌법과 메이지 헌법에 대한 연구를 한 일본 학자들의 태도는 방금 지적한 두 차이를 그리 의식하지 않고 있는 듯하다. 여기에 대한 예외적인 태도는 예를 들면 美濃部達吉가 있다. 小森義峯, "明治憲法とプロシアの憲法の比較憲法的考察", 『憲法論叢』 第5号(1998年 12月), 関西憲法研究会, pp.27~47.

소유계급은 유럽 전체로 볼 때는 앙시앵 레짐을 지탱했던 토지 귀족과 다르지 않았다. 따라서 앙시앵 레짐 출신의 대토지 소유자는 프로이센의 경우 새로운 부르주아지들을 압도하고 있었다(김철, 1993: 24).[26]

---

25) 참조, 김철 "한국 근대법사에서 본 역사의 부담" - 개화기와 갑오개혁, 경술국치가 한국법치주의의 전개에 미친 영향에 대한 소고, 한국사회이론학회 2010년 전기학술대회, 『1910~2010: 한국사회의 변화를 말하다』.

메이지헌법의 모델로서의 비스마르크 헌법에 대해서는, 다음의 기록을 참조할 것. Takii Kazuhiro, translated by David Noble, *The Meiji Constitution - The Japanese Experience of The West and The Shaping of The Modern State*(Tokyo: International House of Japan, 2007).

1889년(메이지 22년) 2월 11일 메이지 헌법이 공포되었다. 1차 대전 이후 국제 연맹의 사무차장으로 나중에 활약한 일본의 외교관 이토베 이나조는 당시 프로이센 대학에서 유학하고 있었다. 이토베는 어떤 프로이센인 지인의 집에 만찬 초대를 받아서 다음과 같은 대화를 나누었다.

"듣기로 당신의 나라는 곧 헌법을 가진다면서요?"

"예, 그렇습니다."

"그러나 일본의 헌법이 도이치의 헌법과 똑같아야 된다는 것은 이상하지 않습니까?"

"아니오. 나는 일본 헌법이 정확히 똑같지는 않다고 생각합니다. 확신하건대, 다른 점이 있겠지요."

"아니오, 똑같습니다."

파티가 계속되면서 그 도이치인 지인은 좀 더 이야기를 진행시켰다.

"일본은 프로이센과는 지리도 다르고, 국민도 다르고, 역사도 다른 줄로 알고 있습니다. 그래서 일본의 새 헌법이 프로이센 제국의 것과 똑같아야 한다는 것은 이상합니다. 모방이라도 한도가 있어야 할 것이 아닙니까?"

"아니오, 내 생각에는 당신 말이 정확하지 않은 것 같습니다."

"아니, 나는 내 말이 정확하다는 것을 확신합니다."

여기서 이토베는 반박하기 시작했다.

"본체에 있어서는 그렇게 다르지 않다고 당신이 이야기 할 수 있을지는 모르겠습니다. 그러나 만약 당신 말처럼 다른 역사와 국민 그리고 지리를 가진 나라들이 전혀 다른 어떤 것으로 끝난다면 우리는 아마도 그것을 헌법이라고 부를 수 없을지도 모르겠습니다. 우리가 헌법이라고 부르는 것은 기본적으로 통치자와 통치를 받는 피치자의 권리와 의무를 열거한 문서라면, 어떤 한 나라의 헌법이 대부분의 경우 다른 나라의 헌법을 닮아가는 것은 그래서 전혀 다르다거나 완전히 다른 괴물이 되는 것은 오히려 이상하지 않습니까?"

그러나 그 프로이센 인도 설득당하지 않았다.

"그렇지만 비슷한 것도 한계가 있어야 되지 않겠습니까? 내가 충격을 받은 것은 일본 헌법이 프로이센 헌법으로부터 거의 단어 하나하나 그대로 베끼고 있다는 사실 때문입니다."

이 시점에서 이토베는 이성을 잃고 정서적으로 반응하기 시작했다.

이러한 헌법 상황과 사회 구조에도 불구하고, 비스마르크(Otto Von Bismarck)는, 점증하는 자유주의의 영향을 도이치에서 제거하기 위해서, 사회 보험제도(의료보험제도와 노령보험제도)를 채택하고 실시하여, 이후의 프로이센 국가의 특징을 이루는 사회 안전망을 구축하는

"그렇습니까? 만약 그것이 당신 주장이라면 내게 있어서 프로이센 헌법이라는 것은 아메리카 헌법의 모방에 지나지 않는 것처럼 보입니다. 프로이센 제국 헌법은 단지 대통령을 카이저로 바꾸고 공화국을 라이히로 말을 바꾸었으며, 의회를 제국의회로 말을 바꾸었을 뿐 다른 면에 있어서는, 미국 헌법을 그대로 베낀 것입니다. 만약 일본의 새로운 메이지 헌법이 프로이센 제국 헌법을 닮았다면, 그것은 두 헌법 모두 아메리카 모델로부터 배웠기 때문이라고 생각합니다. 따라서 일본 헌법과 프로이센 헌법이 닮은 사실은 조금도 이상하지 않습니다."

"중요한 사실이 틀렸습니다. 프로이센은 황제가 주권자인 제국이고, 아메리카는 국민주권의 공화국이며, 두 헌법 사이에는 엄청난 차이가 있습니다."

"그것은 단지 전문용어의 차이일 뿐입니다. 헌법이 권리와 의무를 규정하는 이상, 프로이센과 아메리카 헌법 사이에 대단한 차이는 있을 수 없습니다. 당신은 아메리카 헌법을 읽어보았습니까?"

오늘날에도 메이지 헌법의 평가는 프로이센 모델에 따라서 피상적이고 명목상의 입헌주의에 의하여 지탱되는 강력하고 집중적인 황제의 권력을 명시한 권위주의적인 문서로 알려지는 점에서 공통점이 있다. 전후 일본 역사학계의 정평이 있는 이에나가 사부로는 메이지 헌법을 유교 보수주의와 프로이센 보수주의를 혼합해서 대중을 통제하려는 시도로 보고 있다(Ienaga, 1967: 78－79). 이에나가는 메이지 헌법을 메이지 시대의 중요한 시기에 시작되고 있었던 근대 헌법 사상의 계수와 동화라는 팽배하는 새로운 조류에 대한 하나의 반작용의 산물로써 특징짓고 있다.

메이지 시대의 자유주의와 헌법 사상에 대해서는 김철, "한국 근대법사에서 본 역사의 부담"－개화기와 갑오개혁, 경술국치가 한국법치주의의 전개에 미친 영향에 대한 소고, 한국사회이론학회 2010년 전기학술대회, 『1910～2010: 한국사회의 변화를 말하다』를 볼 것.

메이지 14년에 해당하는 1881년의 정치적 위기는 당시 정부로부터 영국 스타일의 정당 정치의 찬성자들을 축출하였는데, 메이지 제국 헌법 기초의 배후 실력자였던 이노우에 코와시(Inoue Kowashi, Biograpy)는 "앞으로 단지 프러시아 이론만을 장려해야 될 것이고, 영국 모델을 침묵시켜야 할 것이다"라고 했다. 잘 알려진 사실은 메이지 제국 헌법제정 이후에 일본의 법학자들은 거의 전적으로 프러시아의 헌법을 수입하는 데 몰입하게 되었다는 것이다. 따라서 메이지 헌법이 프러시아의 영향이 각인된 것이었다는 것은 부인할 수 없는 현실이고, 당시 프러시아에서도 이 사실은 이미 메이지 헌법이 공포되기 이전에도 널리 알려지고 있었다.

26) 이 책은 공간되지 않은 사간본이기 때문에 주의를 요하고 따라서 여기서 밝힌다. 김철, "공법학의 역사", 24쪽, 사간본 『법제도의 보편성과 특수성』(Myko International Ltd. Seoul, 1993).

데 성공하였다. 사회보험 제도는 어떤 기록에 의하면, 당시 자유주의 자들의 주장이었는데, 비스마르크가 자유주의자들로 부터 사회보험 제도를 빼앗아서, 실시해 버림으로써 기선을 제압하고, 결과적으로 도이 치의 자유주의자들을 침묵하게 했다는 것이다. 퍼거슨에 의하면, 비스마 르크는 사회보험제도를 실시하면서, "그래, 이것이 바로 국가에 의한 사 회주의(Staat – Sozialismus)이다"라고 했다고 한다(Niall Ferguson, 2008).

대륙의 또 다른 지배세력이었던 오스트리아 – 헝가리 제국의 사정도 중세 이후의 앙시앵 레짐의 계승자라는 점에 있어서는 기본적으로 프 로이센과 같았다. 따라서 대토지 소유자로 구성된 대귀족과 영주를 국 가체제의 기반으로 하고 있었으며, 근대 이후의 근대적 시민사회의 기 반인 삼권분립, 법치주의의 원칙 등은 명목적이었다(김철, 2009ㄱ: 146 – 148).

4.3. 프러시아와 영국의 비교

박영구(1997)에 의하면 1873 ~ 1896년의 경제위기에서 대부분의 서 유럽국가들은 급격한 물품 가격 하락을 경험했다고 한다(Young Goo Park, 1997: 511 – 34). 그럼에도 산업생산은 영국에서 40%, 프러시아 에서 100% 이상 증가한 것은 기업들이 생산원가를 절감해서 생산 효 율을 높였기 때문이라고 한다. 이 침체의 기간 동안 영국의 순 국가자 본형성 대 순 국가 생산의 비율은 11.5%에서 6.0%로 떨어졌으며 프 러시아는 10.6%에서 15.9%로 상승하였다. 영국은 정지상태의 공급 조정의 코스를 택한 데 비해서 프러시아는 유효수요를 촉진시키고 자 본형성을 증가 · 조정함으로써 산업의 공급 능력을 확장한 것이다. 예 를 들면 프러시아는 전력, 도로, 철도와 같은 사회간접자본에 대한 투 자를 극적으로 증가시킨 반면, 영국에서는 사회간접투자가 지체되거나 감소했다. 프러시아의 사회간접투자는 산업수요를 촉진시키는 것을 도왔다.

장기공황(1873~1896)은 영국에서 파산, 증가하는 실업, 공공사업의 중지 그리고 1897년까지 계속된 교역의 침체로 나타났다(Wikipedia).

5. 영국의 장기 공황 시대(1873~1896)의 특징

논문 시작에서 용어로서 설명한 바대로, "대공황(Great Depression)"이라는 용어는 이 23년의 기간을 위해서는 여러 면에서 부적합하고, 오해를 불러일으킬 수 있는 라벨이다. 왜냐하면, 절대적 하강의 증거는 없었다. 생산과 교역은 계속 팽창했고, 국민소득과 총 부도 성장했으며 실질 임금과 생활수준도 향상되었다. 그러나 확실히 가격이 떨어졌다. 가격이 떨어짐에도 불구하고, 경제활동의 모든 다른 지수는 상향하는 경향을 보여주었다. 다른 지수라고 함은, 석탄과 선철의 산출량, 건조되는 선박의 톤 수, 양모와 면화의 소비, 수입과 수출 수치, 철도 화물과 승객의 운행, 선박에 의한 외국 화물의 수입과 화물 물류의 순환, 은행 예금액과 청산, 합자 회사의 형성, 교역에서 오는 이익, 밀, 육류, 차, 맥주, 그리고 담배의 일인당 소비량을 얘기한다. 마셜과 같은 그 시대의 관찰자에게는 이러한 경제활동의 인덱스들이 눈에 보였고, 따라서 이러한 장기 공황 기간에 가격과 이윤이 떨어지는 것에 대한 불평 그리고 과생산과 실업에 대한 개탄이 들려오는 것에도 불구하고, 영국은 언어의 참뜻에서 침체되어 있었다든가, 공황이라고 할 수 없다고 하였다.

"가격의 침체, 이익의 침체, 그리고 이윤의 침체, 이런 것들은 의심할 나위 없다. 그러나 나 스스로는 어떤 다른 국면에 있어서도, 상당한

침체나 공황이 있다고 믿을 만한 이유를 알지 못한다."(Musson, 1959: 199 - 200)(Marshall, 1926: 99)

다른 한편, 상황이 좋지 않다는 압도적으로 방대한 의견이 있었는데, 의회 위원회의 보고서와 왕립 위원회의 보고서, 그리고 의회의 토론, 일간신문, 서적과 팸플릿, 공식적 스피치 같은 것이 있었다. 그러나 상황이 좋지 않다는 불평들은 이 기간 늘 계속된 것은 아니고, 구름이 어떤 때에는 제거되기도 하고, 대기가 밝아지기도 하면서 23년을 끌었다. 23년의 기간은 주기적인 등락을 거듭해서 작은 사이클을 만들었는데, 이 기간의 작은 사이클의 정점 곧 붐에 해당하는 해는 1882년과 1890년이며 슬럼프가 골짜기 밑에까지 도달한 해는 1879년과 1886년, 그리고 1893년이다. 붐의 정점은 8년의 간격으로 산봉우리를 만들었으며, 계곡의 바닥은 7년의 간격으로 함몰을 보여주었다. 붐은 오래 계속되지 못했고, 슬럼프가 지연되었으며 따라서 기업 경기는 불확실성과 침체의 분위기로부터 빠져나오지 못한 것이 확실했다. 슘페터에 의하면, 이들 23년간은 전체적으로 볼 때 콘드라티에프(Kondratieff)의 "장기 변동 파장(Long - Wave)"의 하향 곡선에 해당했다(Musson, 1959: 200)(A. Schumpeter, 1939).

일반적으로 이 23년 동안 가격이 계속 떨어지고 "사람들은 대침체 또는 대공황이 있다고 말하였다" 그러나 세밀하게 보면 한탄의 연속은 대중들에게서 나온 것이 아니었는데, 이들은 대체로 잘 지내고 있었기 때문이다. 오히려 탄식은 주로 산업주의자들, 상인들, 그리고 은행과 금융업자들로부터 나왔는데, 이들은 가격과 이윤과 이자율이 떨어지는 데서 핀치를 느꼈고, 또한 그들의 불평과 한탄을 가장 잘 표현하고 잘 들리게 할 만한 위치에 있었다고 한다(Giffen, 1904). 로스토우는 전체적으로 볼 때 이 23년의 기간 동안 근로 계층의 상태는 향상했다고 한다(Rostow, 1948: 58 - 59). 왜냐하면 실질 임금이 상당히 상승했으며, 근로 소득자에게 유리한 방향으로 국민소득의 재분배가 일어났으며, 걸인의 숫자가 감소했으며, 저축은행의 예금이 꾸준히 증가했으며, 식품, 맥주, 담배, 그리고 비슷한 생필품의 일인당 소비는 증가하였다고 한다. 그러나 여기에는 반론이 붙는다. 근로계층의 "현재 느낌"으로 잘 지내고 있다고 체감했는지는 의문이 있다. 왜냐하면 경제상태가 힘들다는 불평은 자본가들이 모여 있는 의회나, 언론에서뿐만 아니라 노동조합의 보고서에서나 그 당시 흔하던 사회주의자들의 간행물에서도 나타났기 때문이다. 그 이유는 다음과 같다. 생활의 표준은 실질적으로 상승하고 있었지만, 구체적인 생활 상황은 향상하고 있는 것 같지 않았다. 왜냐하면 대침체 혹은 대공황이 시작되는 초기 무렵에서 많은 산업에서 임금이 이미 삭감되었기 때문이다(Smith, 1880: 26 - 32). 가장 뚜렷한 이유는 장기 침체는 더 많은 실업을 결과했기 때문이다. 실업률에 대해서도, 다른 견해가 있고, 장기 대공황 기간의 실업률이 선행된 18년이나 후행하는 12년보다 크게 높지는 않다는 통계도 있으나, 이 통계에 대해서는 강력한 의문이 있다(Beveridge, 1909)(Bowley, 1911 ~ 12: 791 - 822). 이 기간 직업적 안정성에 대해서는 다음의 표현이 있다. "약 25년간 직업의 안정성은 이전이나 이후보다 덜 안전했다."(Robertson, 1948: 296-297)(Musson, 1959: 201 - 202) 산업별로 관찰한다면, 이런 사실은 더욱 명료해진다. 대침체기에 여러 해 중 1873년, 1886년 그리고 1893년의 통계에 의하면 실업 중인 노동조합원들의 비율은 금속공업, 조선업, 기계공업에 있어서 측정된 3년의 비율이 각각 15.3%, 13.5%, 11.4%였다. 금형제조업의 비율은 23.3%, 34.2%, 그리고 20.8%였다. 보일러 제작, 제철, 철강선박제조업의 실업률은 9.5%, 21.6% 그리고 17.0%였다. 따라서 이와 같은 기간에 실업으로 인한 폭동이 일어난 것이 놀라울 만한 일이 아니며, 구제자금이 잇따른 것은 당연하다. 지금 논하고 있는 대공황기 또는 대침체기의 선행하는 기간, 즉 1851년에서 1871년까지의 22년에서 최악의 해는 1858년과 1862년 및 1868년이었는데, 이 최악의 3년 동안 기계공업, 조선공업과 금속공업의 실업률은 각 해에 걸쳐서 12.2%, 9.0%, 10.0%였다. 따라서 어떤 다른 지표보다도 구체적인 산업별 실업률이 가장 확실하게 대침체기 또는 대공황기와 선행하는 장기 또는 후행하는 장기와 구별되는 지표가 된다고 할 수 있다. 여기에 더해서 자본재 거래에 대해서 더 중점이 주어져야 된다고 할 수 있다.

5.1. 1867년 이후의 영국의 법과 경제

5.1.1. 영국 산업의 국제 독점이 파괴되면서 자유방임의 장점이 감소됨[27]

1867년까지 잉글랜드와 스코틀랜드를 도시화되고 제조업 중심의 나라별로 변형시킨 산업과 상업상의 발달은 가속화된 진도로 진행되었다. 제한하지 않은 자유무역이 허용한 외국과의 경쟁에서 보호하지 않고 내버려둔 농업 부문은 1870년대를 통하여 주된 침체기로 돌입했으며, 이윽고 오로지 부분적일 뿐이며, 급속도로 팽창하는 산업사회에서 힘들게 유지할 수밖에 없는 회복기로 이어진다. 아일랜드를 제외하면 인구는 규칙적으로 증가했다. 즉, 1871년의 2,600만 명에서 1891년의 3,300만 명으로, 그리고 1911년에는 4,100만 명까지 이르렀다. 이 인구증가는 도시 인구와 농촌 인구 사이의 점점 증가하는 격차를 강조하고 있다. 주로 도시화한 이러한 사회가 국내에서만 생산된 농산물만으로 자급자족하는 것은 점점 그 정도가 감소하는 추세를 보였다. 도시화한 사회의 생활은 공업제조품의 수출을 계속 확대하는 능력에 매

---

27) 이 항목에 대해서는 다음의 문헌이 가장 표준적이다. 필자는 영국 근대 공법사의 구체적인 사항에 대해서 다음의 문헌에 크게 의존하였다. David Lindsay Keir, *The Constitutional History of Modern Britain Since 1845*(New York: W. W. Norton & Company, 1966).

이게 되었다. 영국의 산업상 우위는 점차로 강력하고 효율적인 적수의 도전을 받게 되었다. 프랑스와 프러시아와 같은 대륙 국가의 도시 산업화와 함께 신대륙인 아메리카의 산업화는 이윽고 훨씬 뒤에 영연방과 인도와 일본의 산업화와 함께 영국이 이전에 향수했던 실질적인 독점을 파괴함으로써 국제 독점 회복의 희망을 옅게 하였다. 영국의 산업생산은 증가하는 반면, 수출 액수와 함께 국제 거래의 총량에 대한 영국의 비율은 떨어져 갔다. 또한 자국의 내수 시장 자체도 산업 제품의 수입에 의해서 도전받게 되었다. 영국의 산업이 국내와 국외 시장에서 선도적인 위치를 유지하고 있던 시절에는 정부가 국가의 이익에 유효하게 관여해달라는 어떤 요구도 일어나지 않았다(David Lindsay Keir, 1966: 456-457). 정부의 과제라는 것은 자유무역의 세계적인 수용을 방해하는 장애가 있을 때 이러한 장애를 상업적 중재에 의해서 돌파하거나 분쇄하는 것에 한정되어 있었다. 다른 나라들이 그들 나라 자신의 산업 시스템을 만들고 조직하며 과세 장벽에 의해서 자국 이익을 보호하려고 혈안이 되어갔다. 이와 같이 보다 덜 호의적인 국제환경에 직면해서, 자유방임의 장점은 점점 덜 명백하게 되었다. 자유무역을 수호한다는 것은 영국의 상품이 외국 시장에서 교묘하게 제외되는 것을 막기 위한 노력을 의미하는 것이었다. 이와 같은 국제 환경 상의 불리한 점과 또한 사적인 통제의 혜택이 줄어듦으로 해서 영국의 산업은 각국 정부들에 의해서 지도되고 지탱되는 외국의 경쟁자에 대한 투쟁을 수행하기 위해서 드디어 국가가 산업을 지원해 주기를 이끌어 내는 데에까지 나아갔다. 처음에는 조언과 자문적인 역할에서 그다음에는 이윽고 규제적 통제가 필요하다는 경향으로 나아가고 정부는 사회의 경제적 활동의 여러 행위들에 관여하는 의무를 지게 되었다(David Lindsay Keir, 1966: 456-457)(K. B. Smellie, 86-91). 국내 상황도 똑같은 결과를 가져오는 쪽으로 나아갔다. 산업에 있어서의 자유방임은-심지어

의문의 여지가 없이 자유방임을 교조적으로 수용하던 시대에도- 국가로 하여금 때때로 관여하게끔 했던 사회악을 일으키거나 가중화시켰던 경험이 있었다. 1867년 이후 국가의 관여의 필요성은 심지어 더 절실해졌다, 국가 관여의 성취는 불가피하게 유해하다든가 처음에는 괜찮다가도 결과적으로는 헛일이 된다든가, 또는 부적절한 것으로 간주되지 않게 되었다.

5.1.2. 실업과 빈곤: 국가의 역할

점점 노동이 분업화되기 시작하고, 실업에 의해서 빈곤이 첨예화되었다. 즉, 적어도 낮은 가격의 외국 생산자들이 참여하는 어떤 산업에서의 경쟁에 의해서 영국 국내 근로자의 빈곤이 증가하고 이 모든 것이 합쳐져 사회 및 경제적 불평등을 가져오게 되었다. 이 불평등은 인구의 많은 계층들의 삶을 저하시켰다. 즉, 그들로 하여금 기본적인 건강이나 생활의 능률을 유지할 수 없게 하고, 드디어 인간 생존의 쾌적함을 누리지 못하는 사회적 지위에까지 몰고 갔다. 새로운 근로자 계층이 투표권을 갖게 되고 이들 중에서 1867년 이후에 노동조합주의라는 새로운 기미가 강력히 작용했으며 이들은 빈곤에 대해서 교정을 행할 국가의 행위를 기대하게 되었다(Keir, 1966: 456-457). 이 당시의 판례로서 the Queen's Bench in Hornby v. Close(1867)는 이와 같은 정치적 환경에서 1871년과 1874년의 입법에 의해서 전복되었다. 구체적인 상황은 노동조합총회(the Trade Union Congress)가 1871년부터는 매년 회기를 열게 되었다는 점에서 찾을 수 있다(Keir, 1966: 458). 근로시장을 규제하는 것과 근로조건과 근로보상을 취급하는 것과 마침내 실업 자체의 문제를 취급하는 것이 국가의 기능이 되었다. 공중의 보건을 보호하는 것에 점점 관심을 기울이고, 그 역할을 국가가 맡게 되었다. 예외 없는 강제적인 초등교육제도를 도입하였으며 중등교육을 제공하며, 고등교육을 부분적으로 제정, 지원하거나 규제하는 것이 국가의 역할이 되었다. 이들 목적을 위해서 책임이 많은 정도로 지방의 관청에 위임되었는데, 이러한 지방 관청은 역시 사기업이 공급하는 것들을 보충하는 공역무(public services)의 공급을 위해서 필요한 권한을 획득하게 되었다(Smellie, 100－107).

5.1.3. 국가 기능의 확대

중앙에서 행사되든 또는 지방에서 행사되든 국가의 기능은 통제되지 않은 사적인 권력이 견제되지 않고 움직여 갔던 지난 시절의 규칙의 프레임워크를 더 이상 유지할 수 없게 되고 그 이상으로 진행되었다(Keir, 1966: 456－457). 변화하는 정치적 관행과 함께 정치이론도 혁명적으로 달라졌다. 물론 법 이론이 달라진 것은 말할 필요도 없고, 초기 자유주의 시대의 허버트 스펜서가 시민과 국가를 대비시켰을 때 쓴 낡은 개인주의의 표현은 이미 이 논문 전편에서 보여준 바대로 존 스튜어트 밀의 제2기의 자유주의 이론으로 발전하였으나 1867년 이후의 산업계와 경제상황은 더 새로운 방향으로 진행된다. 이 시기에 자유방임의 가정은 파괴적으로 비판받았다. 이 논문 전편에서 제1기의 자유주의의 특징으로서 보여주었던 정부와 시민의 관계에서의 자유방임시대의 사고방식으로 개인의 자유와 개인의 인간성의 성취를 위해서 국가나 정부는 대척적인 위치에 서거나 침해하는 위치에 선다는 이론이 이 시기에 결정적으로 부인된다.[28] 이후부터는 국가의 기능은 다

---

28) 한국의 공법학의 이론 중에서 자유권을 소극적 자유(negative freedom)로 파악하고, 국가나 정부에 대해서 소극적인 입장(negative position)에서만 가능하다는 이론은 게오르크 옐리네크의 이론으로서 비판의 여지가 없는 고전적인 교조로 받아들여져 왔다. 그러나 이미 이 논문 직전(김철, 2010.6.: 114－115)의 연구에서 나타난 바대로 권리의 보장이 정부나 국가를 시민과 이분법적인 위치에 두고 국가의 침해를 배제함으로써만 이 보장된다는 생각은 자유주의나 산업주의의 제1기인 1780~1820년대의 근대 1기에 가능했던 것이다. 나라에 따라 다르나, 대략 1770년대부터 1820년대 또는 1830년

음과 같이 설명되었다. 개인기업이 시민과 사회의 웰빙을 촉진하는 경우에는 사기업의 창조적인 맥박은 제 갈 길을 가도록 허용되나 그렇지 못한 경우에 개인 기업은 제한되거나 또는 정부의 행위 자체에 의해서 보완되지 않으면 안 된다(Keir, 1966: 458). 더욱 급진적으로 1884년에 창립된 페이비언 소사이어티는 사회를 입법행위에 의해서 집단주의적 범주로서 변화시키는 방안을 연구하였다. 그러나 집단주의에 기초한 이와 같은 사회주의는 유권자에게나 의회에 별 큰 영향을 미치지 못했다고 한다. 국가 생활 전반에 걸쳐서 점차로 확대되는 영역에 대한 공적인 통제를 이론적으로 받아들이고 실천적 문제로서 부과하는 것은 1870년대를 거쳐서 거의 1차 대전 전야에까지 진행되었다고 한다. 영국 정부가 1867년 이후에 수행해 왔던 기본조건이 더 이상 유지되지 못하게 되고 지금까지 관행의 단점이 노출되자 변화를 서두르게 되었으며 따라서 인간 자체가 아니라 대홍수에 비유할 만한 격심한 사회변화를 가져오게 하였다.

5.1.4. 영제국의 팽창: 국가 체제와 법 체제

돌이켜 생각하면, 디즈레일리와 글래드스톤 시기에 제국의 팽창은 지속되었다. 1869년에 개통된 수에즈 운하는 영국을 아시아의 속령지와 더 가깝게 연결하였다; 1871년에 디즈레일리는 이집트의 카디브의 소유였던 운하의 지분을 사들였다. 1880년대 동안 북 미얀마, 남 보르네오, 뉴기니아가 영국의 통치에 들어왔다. 그러나 영국의 탐험가들,

---

대까지의 산업혁명의 초기에 개인 기업 중심으로 생산 및 유통업이 활발하게 일어났으며 상인의 자본이 경제활동의 원동력이었던 시대를 배경으로 한 것이다. 정부의 활동은 이 시기의 테크놀로지나 기술 혁신에 큰 역할을 하지 못했으며 최소한의 역할을 하고 있었다. 근대 1기의 이른바 고전적 정부모델이 중상주의 시대의 절대 권력이나 현대 이후의 정부 모델과 비교해서 크게 제한적인 까닭이 여기에 있다고 생각된다. 정부의 개인에 대한 자유방임이 최대의 번영을 약속한다고 믿어져 왔다(김철, 1994: 17-18)(김철, 2010.6.: 114-115).

사업가들, 행정가들, 그리고 군인들이 가장 신속하고 광범위하게 침투해 들어간 것은 아프리카 대륙이었다. 대륙 최남단의 케이프 혼에서부터 카이로에까지 이르는 홍색 루트는 세실로즈와 그가 감동시킨 사람들에게 빛나는 비전으로 나타났다. 그리하여 앵글로색슨 통제와 평화의 세계라는 더 밝은 꿈으로 녹아들어가고 있었다. 후기 빅토리아의 세계를 열어젖힌 팍스 브리타니카는 이러한 희망들을 정당화시키는 것으로 보였다(David Lindsay Keir, 1966: 456-457). 제국 군대의 호위를 받고 영국의 상선들은 합법적으로 지구상의 일곱 개의 대양을 횡단하였다. 1884년부터의 제국 연합 동맹은 더욱 큰 가능성을 가진 지속적인 조직으로서 제국의 전망을 보여주고 있었다. 영국 우위의 세계는 영국이 정부의 조직과 기능을 정비함으로써 그리고 영국 정부의 방식이 보편적으로 적용가능하다는 것에 의해서 정당화되었다. 그러나 남아프리카 전쟁에서 영국 제국이 보여준 비우호성에 의해서 촉발된 외국의 질시는 그때까지 마지못해 받아들여 왔던 제국의 팽창을 질시하게 하였다. 1867년부터 1900년까지 가능하였던 영국 외교의 "영광스러운 고립"은 이윽고 유럽 외교에서 영제국이 동맹국을 찾는 방식으로 대치되었다. 당시 세계 제1의 규모였던 영국의 상선군단과 상선군단에 의해서 정당화되었던 왕립 해군은 그때까지는 전혀 그런 일이 없다가 드디어 프러시아의 해군에 의해서 라이벌이 되기 시작했다. 해외에서보다도 영 본국 내국에서 이러난 회의는 제국주의와 민주주의가 갈등을 일으키고 과연 공존할 수 있느냐의 문제에서 생겨났다. 즉, 식민지의 이주민들은 곧 자치권을 가진 독립을 요구하게 되고 마침내는 속령지에서 우리는 유럽인이 아니라고 주장하게 되었다. 이러한 상황에서 극단적으로 다른 요소들을 같이 묶고 공통된 주장을 할 수 있도록 하는 제국의 국가 체제 또는 법체계가 어떻게 만들어질 수 있겠느냐의 문제가 생겨난다. 영국의 통일성 자체는 아일랜드에 있어서의 내란의 위협에 의해서 크게 손상되었다. 폭력에 대한 호소는 부인참정권 운동을 격하시키거나 지연시켰다. 경제적 선동은 의회민주주의와 양립할 수 없는 집단주의 또는 조합주의(syndicalism)의 면모를 띠게 했다. 유럽의 다른 곳과 마찬가지로, 영국에 있어서 혁명으로 나아가는 힘들은 전쟁으로 나아가는 힘들과 병행해서 점점 증가했다. 그러나 이 논문이 취급하고 있는 1896년을 넘어서서 이후의 사태까지 감안한다면, 결국 1914년 세계 제1차 대전이 발발할 때까지 혁명의 세력보다 전쟁의 세력이 더 압도했다고 볼 수가 있다; 그러나 그 차이는 작았다고 한다. 마침내 전쟁에 의해서 영국의 제도와 법을 전쟁의 시련에 것을 통해서 그때까지 국내 상황들이 이미 요구하고 있었던 그러나 미루어졌던 변화를 강력히 가속시키는 것을 가능하게 했다(Keir, 1966: 456 - 457).

1차 대전과 그것의 법과 제도에 미친 영향은 이 논문의 원래 범위에는 벗어나기는 하나 다음과 같이 요약할 수 있다. 1914년부터 1918년까지 계속된 전쟁은 모든 조직 가능한 행동을 규제함으로써 승리의 수단으로 강제하는 효과가 있었다.

1867년의 선거법 개혁은 이후에도 영국 사회에 문제가 된 민주주의와 부패 간의 관계 단절을 위한 노력의 시도였다. 1868~1874년의 글래드스톤의 정부는 법안을 발의했다가 1871년에 상원에 의해서 부결되고 마침내 82년에 의회를 통과했다. 이 법안에 의해서 비로소 비밀투표가 보장되게 되었다. 이 투표법(Ballot Act)이 선거제도의 모든 악을 해소하지는 못했다. 무기명으로 비밀투표를 함으로써 그 이전에 성행되었던 투표권을 사고파는 데서 나타났던 시장가격을 감소시켰다. 또한 협박에 의한 투표도 감소되었다. 따라서 협박에 의해서 투표했다는 청원은 1872년 이후에는 기각되었다. 1867년부터 1885년 사이에 여섯 명의 대표를 선출하는 네 개의 군(borough)이 부패한 관행 때문에 선거구에서 폐지되었다. 이 중에 샌드위치군은 1885년에 선거구가 폐지되었다. 1883년에 글래드스톤의 두 번째 정부는 부패를 제거하는 유효한 제정법을 통과시켰다. 선거비용은 유권자의 규모에 따라 책정되고 돈을 쓸 수 있는 목적물은 특정화되고, 부패한 관행은 더 정확히 규정되면, 위반의 리스트는 명료하게 만들었다. 법을 위반한 것으로 드러난 후보자는 범칙행위가 발생한 선거구에서는 영원히 자격이 박탈되는 것으로 하였다. 후보자의 대리인에 의한 위반도 후보자로 하여금 7년간 자격정지를 받게 하였다(Keir, 1966: 456-457).

5.2. 나가는 말

이상과 같이 아메리카, 통일 프러시아를 중심으로 한 서유럽 대륙과 영국에서의 공통적인 현상이었던 1873~1896년 또는 1873~1897년 동안의 장기 대공황 또는 장기 대침체를 경제 현상과 함께 법사를 대조해서 특징을 파악하려고 해보았다. 이 시대의 공통적 경제현상에 대비해서 각국의 정치경제적 특징 또는 법제도적 특징은 다른 점도 많았으나 상사점이 있다는 것이 드러나고 있었다. 가장 큰 공통점은 장기 대공황을 촉발한 통일 프러시아와 남북전쟁 이후의 아메리카는 다 같이 전후의 국가의 영역이 획기적으로 넓어진 시기에 과다한 기간산업 투자를 한 것이다. 법제도적인 특징은 아메리카의 1865년 내지 1873년은 이후의 판례가 보여주듯 사회적 진화론이 방향을 결정하던 때였다. 통일 프러시아에서는 이 기간 동안 처음으로 기업 설립의 자유가 허용되었다. 장기 공황 이전의 기간, 즉 1867년 이후의 영국의 사정은 점차로 국제독점이 파괴되면서 이전의 근대 초기의 영국의 번영을 촉발하였던 자유방임주의의 장점이 감소될 때였다. 실업과 빈곤이 확대되어서 국가 기능의 확대가 불가피해지고, 명예혁명 이후 영국민의 자랑거리였던 민주주의가 제국주의와 갈등을 일으키던 시기다. 1868년에서 1874년, 즉 영국의 장기 대침체의 예비기간 동안 영국의 민주주의는 투표에 있어서의 부패한 관행 때문에 부패 단절을 위한 노력이 돋보이는 시기였다.

1874년부터 1897년의 23년간의 영국과 서유럽 대륙 그리고 아메리카를 공통적으로 괴롭혔던 장기 대침체에 동반한 각국의 법제도사는 본문에서 요약한 바와 같다. 그러나 경제적 발전 단계, 헌법과 공법 발달 상태의 단계, 사회 발전 단계가 구체적으로는 서로 다름에도 불구하고 놀랍게도 장기 대침체 기간의 영국과 통일 프러시아 및 서유럽 주요 국가 그리고 아메리카의 법사에는 공황 이전과 이후와 구별되는 하나의 시대로서의 특징이 있다고 보인다. 이 특징을 정리하자면 다른 한편의 논문이 필요할 것이다. 그러나 그중에서도 아메리카의 법제도사의 도금 시대가 장기 대침체기의 특징을 가장 잘 설명하고 있다. 이 도금 시대의 경제사적·법제도사적 특징이 2010년 현재 인류가 직면하고 있는 대침체기의 이해와 대비해 시사하는 바가 크리라고 생각한다.

참고문헌

김광기, 『사회는 무엇으로 사는가? 뒤르켐 & 베버』(서울: 김영사, 2007).
_____, "칼뱅, 베버, 파슨스 그리고 미국 자본주의의 위기", 『현상과 인식』 2009 가을호(서울: 한국인문사회과학회, 2009).
김철, "공법 이론 발달사와 경제사, 과학기술사와의 대화", 『법 제도의 보편성과 특수성』(서울: 훈민사, 2007ㄴ). *이 책은 교육용 비매품으로 제작되었으며, 현재 절판됨.
_____, 『경제위기 때의 법학―뉴딜 법학의 회귀 가능성』(파주: 한국학술정보

(주), 2009ㄱ).

____, "근대 이후의 자유주의의 변용(1) - 경제공법질서의 전개과정", 『세계 헌법연구』 제16권 제2호(2010.6.).

____, "근대 이후의 자유주의의 변용과 경제공법질서의 전개과정(2)", 『세계 헌법연구』 제16권 제3호(2010.8.).

____, "최현대의 경제 공법: 금융 규제와 탈규제 - 글라스스티걸법부터 뉴딜 시대의 금융 시스템의 붕괴까지", 『세계헌법연구』 제16권 제1호(세계헌법학회 한국학회, 2010.2.).

____, "위기 때의 법학: 뉴딜 법학의 회귀가능성 - 현대법학에 있어서의 공공성의 문제와 세계대공황 전기의 법 사상", 『세계헌법연구』 제14권 제3호(2008.12.).

____, "뒤르켐의 아노미 이론과 평등권에서의 기회 균등: 기초법적 연구", 사회이론 2008년 가을/겨울 통권 34호.

____, "세계금융위기 이후의 경제, 규범, 도덕의 관계: 금융위기 이후의 경제, 규범, 도덕의 관계: 금융위기와 관련된 제도의 도덕성 논의를 위한 시론", 『현상과 인식』 2010 봄/여름호(한국인문사회과학회, 2010.5.31.).

____, "공법에 있어서의 경제적 보수주의와 경제적 자유주의의 순환: 경제공법에 있어서의 패러다임의 재성찰", 『사회이론』 통권 제37호 2010년 봄/여름호(한국사회이론학회, 2010.5.31.).

____, "한국 근대법사에서 본 역사의 부담" - 개화기와 갑오개혁, 경술국치가 한국법치주의의 전개에 미친 영향에 대한 소고, 한국사회이론학회 2010년 전기학술대회, 『1910~2010: 한국사회의 변화를 말하다』.

____, "법과 평화", 『본질과 현상』 통권 19호 2010.1. 봄호(2010.3.1.).

____, 제2장 공법의 역사, 『한국 법학의 반성』(파주: 한국학술정보(주), 2009ㄴ).

____, "최현대의 경제공법 사상(2)", 『세계헌법연구』 제15권 제3호(2009.12.).

____, "최현대의 경제공법 사상", 『세계헌법연구』 제15권 제2호(세계헌법학회 한국학회, 2009.6.).

____, 교재/비매품 『법 제도의 보편성과 특수성』(서울: 훈민사, 2007ㄴ).

____, "공법학의 역사", 사간본 『법제도의 보편성과 특수성』(Myko International Ltd. Seoul, 1993).

____, "미국헌법상의 적법절차개념의 변천 - 특히 규제입법의 발달과 관련하여 - ", 숙명여자대학교 한국정치경제연구소 논문집 제11집(1982.12.).

뒤르켐, 에밀, 『자살론』(임희섭 옮김)(서울: (주)삼성, 1993).

모로아, 앙드레, 『프랑스사』(신용석 옮김)(서울: 홍성사, 1983).

신기철 등, 『새 우리말 큰 사전』(서울: 서울신문사, 1974).

임치용, 『파산법연구』(서울: 박영사, 2004).

존슨, 찰머스, 『혁명의 미래』(한완상 옮김)(서울: 현대사상사, 1977).

Bowley, A. L., "The Measurement of Unemployment: An Experiment", *Journ. Roy. Stat. Soc.*, LXXV(1911 – 12).

Durkheim, Emile, *Suicide*(John A. Spaulding and George Simpson 옮김) (London, 1952).

Faulkner, Harold U., "Politics Reform and Expansion 1890 – 1900", *American Legal History 1890* – present(ed. by Thomas A. Green)(Ann Arbor: Univ. of Michigan Law Sch., 1980 – 1981).

Fels, Rendigs, "The Long – Wave Depression, 1873 – 97", *The Review of Economics and Statistics.* Vol. 31, No. 1(Feb., 1949).

_____, "American Business Cycles, 1865 – 79", *The American Economic Review*, Vol. 41, No. 3(Jun., 1951).

Ferguson, Niall, *The Ascent of Money: A Financial History of the World*(Cambridge: Harvard University Press, 2008).

_____, *The Ascent of Money: A Financial History of the World*(Cambridge: Harvard University Press, 2008).

Galloway, Russell W., *Justice For All? – The Rich and Poor in Supreme Court History 1790 – 1990*(Durham: Carolina Academic Press, 1991).

Giffen, R., *Economic Inquires and Studies*(2 vols.,; London: G. Bell & Sons, 1904).

Hansen, Alvin H., *Fiscal Policy and Business Cycles*(New York, 1941).

Hofstadter, Richard, *Social Darwinism in American Thought*(Boston, Beacon Press, 1955).

Ienaga Saburo, *Nihon kindai iempo shisoshi kenkyu*[A historicdal study of modern Japanese constitutional thought](Tokyo: Iwanami Shoten, 1967).

Keir, David Lindsay, *The Constitutional History of Modern Britain Since 1845*(New York: W. W. Norton&Company, 1966).

Kolko, Gabriel, *The Triumph of Conservatism, 1963, – American Legal History 1890 – present*(ed. by Thomas A. Green)(Ann Arbor: UM Law Sch., 1980 – 1981).

Krugman, Paul, *The Conscience Of A Liberal*(New York: W. W. Norton, 2007; 2009).

_____, *The Return of Depression Economics*(New York: W. W. Norton, 2000).

Link, Arthur S., "Woodrow Wilson and the Progressive Era 1910−1917", *American Legal History 1890 −present*(ed. by Thomas A. Green)(Ann Arbor: UM Law Sch., 1980−1981).

Marshall, A., *Official Papers*(London: Macmillan, 1926).

McClosky, *The American Supreme Court*(Chicago: Chicago Univ. Press, 1956).

Mowry, George E., "The Era of Theodore Roosevelt and the Birth of Modern America 1900−1912", *American Legal History 1890 −present*(ed. by Thomas A. Green)(Ann Arbor: UM Law Sch., 1980-1981).

Musson, A. E., "The Great Depression in Britain, 1873−1896: A Reappraisal", *The Journal of Economic History*, Vol.19, No.2(Jun., 1959).

North, Douglass C., *Institutions, Institutional Change and Economic Performance* (Cambridge: Cambridge Univ. Press, 1990).

Oberholtzer, *A History of the United States Since the Civil War*(1926).

Park, Young Goo, "Depression and capital formation: The United Kingdom and Germany, 1873-96", *Journal of European Economic History*, Winter 1997, Vol. 26 Issue 3, 511−34.

Schumpeter, A., *Business Cycles*(2 vols.(Ⅰ); New York: McGraw-Hill Book Co., 1939).

Skeel, David A. JR, *Debt's Dominion −A History of Bankruptcy Law in America*(Princeton: Princeton Univ. Press, 2001).

Smellie, K. B., *A Hundred Years of English Government*(2nd ed.).

Takii Kazuhiro, translated by David Noble, *The Meiji Constitution −The Japanese Experience of The West and The Shaping of The Modern State*(Tokyo: International House of Japan, 2007).

Thorp, Willard, *Business Annals*(New York, 1926).

Beinart, Peter, "The New Liberal Order", *TIME,* 22−24(New York, November 24. 2008).

Krugman, Paul, "The Third Depression", *New York Times* (June 27, 2010).

Uchitelle, Louis, "American Dream is Elusive for New Generation", *New York Times*(July 9, 2010).

小森義峯, "明治憲法とプロシアの憲法の比較憲法的考察", 『憲法論叢』第5号 (1998年 12月), 関西憲法研究会.

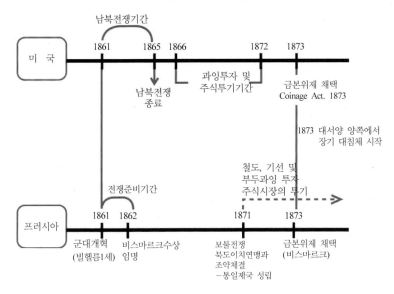

대서양 양쪽에서의 장기 대침체
(The Long Depression) (13장)

미 국

남북전쟁기간

1861   1865   1866   1872   1873

남북전쟁
종료

과잉투자 및
주식투기기간

금본위제 채택
Coinage Act. 1873

1873 대서양 양쪽에서
장기 대침체 시작

철도, 기선 및
부두과잉 투자-
주식시장의 투기

프러시아

전쟁준비기간

1861   1862   1871   1873

군대개혁
(빌헬름1세)

비스마르크수상
임명

보불전쟁
북도이치연맹과
조약체결
-통일제국 성립

금본위제 채택
(비스마르크)

장기 대공황(1873~1897)과 미국 법제사(13장)

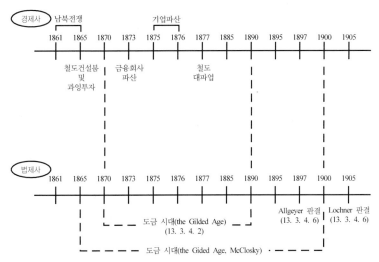

경제사   남북전쟁   기업파산

1861   1865   1870   1873   1875   1876   1877   1885   1890   1895   1897   1900   1905

철도건설붐
및
과잉투자

금융회사
파산

철도
대파업

법제사

1861   1865   1870   1873   1875   1876   1877   1885   1890   1895   1897   1900   1905

도금 시대(the Gilded Age)
(13. 3. 4. 2)

Allgeyer 판결
(13. 3. 4. 6)

Lochner 판결
(13. 3. 4. 6)

도금 시대(the Gided Age, McClosky) · — — — —

(출처: 『법과 경제 질서: 21세기의 시대정신』(서울: 한국학술정보, 2010. 12.), p. 553)

루스벨트의
"경제 헌법 질서
(economic constitutional order)"

세계 대공황 전후의 자유주의의 진행

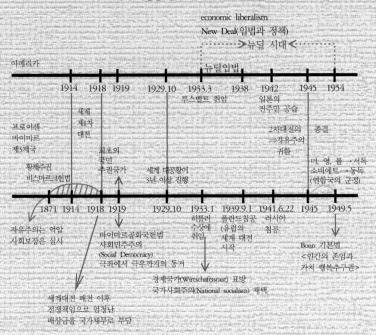

연극, "1776년의 정신"(Spirit of 1776)의 1장 3막 "평등하게 창조되었으나"(Created Equal): 보스턴 연방 극장 프로젝트, 1935

루스벨트의 긴급은행법(Emergency Banking Act. 1933)과 글라스스티걸법(Glass－Steagall Act. 1933)의 연원이 되는 제도의 취지는 공황이 3년째 진행되던 1932년에 나타났다. 새로운 제도에 대한 필요성은 루스벨트는 1932년의 콜럼버스에서의 연설에서, "우리의 상황은 대담하고 지속적인 실험정신을 요구한다. 하나의 방법을 택하고 일관되게 노력하는 것은 좋은 상식이다: 그러나 그것이 실패로 끝났다면 그 실패를 솔직히 받아들이고, 다른 방법을 시도해야 한다"라고 했다(김철, 2010.2.: 153).

"지난 반세기의 역사는 크게 보아 금융 산업에서의 거인 집단의 역사였다. 우리가 계속 변경을 넓혀가고, 인구가 계속 증가하며, 산업체들이 우리의 수요를 아직 채우기 충분하지 못했을 때는, 사람들이 욕구하는 경제적 산출을 계속 하는 동안은, 사회는 거인 집단에게 경제활동의 자유를 주는 방식을 채택하여 왔다. 그러나 생산고의 확대나 변경의 확장은 한계에 이른 상황이 되었고, 이제 산업과 기업에 대한 재평가가 이루어져야 할 때이다. 금융계의 거인들이, 그들이 하고자 하고 개발하려는 의욕만 있으면, 우리가 모든 것을 부여하였던 시대는 지나갔다. 이제 우리의 과제는 천연자원을 발견하고 쥐어짜서 더 많은 물건을 생산하는 것이 아니다. 오늘의 과제는 더 냉정하고 덜 극적인 일로서, 이미 가진 자원과 생산시설을 잘 관리하거나, 잉여 생산물을 위해서 외국 시장을 다시 세우려 노력하거나, 저소비의 문제에 대처하거나, 부와 생산품을 더 형평성 있게 분배하거나, 기존 경제기구들로 하여금 사람들에게 더 도움이 되도록 적응케 하는 계몽주의적 정부의 시대가 왔다. 이와 같이 기업과 관련하여, 정부의 과제는 헌법적 경제 질서를 발전시키도록 돕는 것이다."(Kennedy, 1999: 373)

－ "근대 이후의 자유주의의 변용과 경제공법질서의 전개과정(2)", 세계헌법학회 한국학회, 『세계헌법연구』 제16권 제3호(2010.8.31.)에 게재된 것 중 제2장 제1절, 2절, 3절, 4절, 5절, 6절, 7절까지를 옮긴 것. 또한, 『법과 경제 질서: 21세기의 시대정신』(2010년 한국학술정보(주)) 제12장 제2절 1부터 7까지를 옮긴 것

1. 뉴딜 입법의 시작

1933년 1월 운터마이어(Untermyer)는 우정성(Post Office Department) 을 은행규제의 기관으로 하는 초안을 루스벨트에게 제출했다. 초안의 다 른 규정에 대한 위헌의 우려와 함께 이 규제 담당 기구의 문제가 루스벨 트로 하여금 커밍스(Cummings)와 로퍼(Roper)에게 다른 초안을 준비하도 록 했다. 두 사람은 연방 통상위원회(Federal Trade Commission)의 경험 이 있는 톰슨(Huston Thompson)에게 초안 기초를 넘겼다(Schlesinger, 1958: 440)(김철, 2010.2.: 153).

톰슨의 초안은 유가증권(Securities) 발행을 심사해서 불허하는 권한 을 연방통상위원회(Federal Trade Commission)에 주는 것으로, 주의 법 (Blue Sky Laws)[1]을 모델로 한 것이었다. 정부에 지나친 책임을 지우 는 것같이 보였으며 법안 초안의 숙성도도 충분치 못했다. 루스벨트는 두 개의 불만족스러운 초안을 가지고 초안에 참여한 모든 기초자들이 원탁에 앉아 공개토론에 붙이도록 했으나 합의에 실패했다.

대통령은 과제를 분리해서 문제를 해결하려 했다. 톰슨은 신주(新 株)와 사채(社債)와 공채(公債)를 포함한 증권을 규제하는 법안을 기초 하게 했다. 운터마이어는 외환을 규제하는 법안을 기초하게 했다.

유가증권(Securities)의 입법이 우선이었다. 1933년 3월 29일 하원에 보내는 메시지에서 루스벨트는 어떤 오래된 진리에 근거한 법을 제정 할 것을 촉구하였다(김철, 2010.2.: 153).

---

1) Blue Sky Laws에 대해서는, 본 논문 중 "1933년 긴급은행법과 글라스스티걸법의 배경" 에서 "푸른 하늘"법으로 번역하고, 가짜 증권, 위조증권 및 신용할 수 없거나 거의 가 치 없는 불량 투자 규제의 주법(州法)으로 소개되었다.

2. 루스벨트의 원칙: 오래된 진리의 쇄신(1933)

오래된 진실이란 시민들의 돈을 취급하거나 사용하는 은행이나 회사 그리고 어떤 명칭의 조직을 경영하는 사람들은 다른 사람들을 위해서 행동하는 것이고 신뢰(Trust)를 받은 수탁자(受託者, Trustee)이다(Schlesinger, 1958: 441).

Caveat emptor 원칙은 "사는 사람이 알아야 한다"는 오래된 법언(法諺)이었다.[2] 대공황시대의 주식 폭락 이후의 경험은 "판매자가 먼저 알려야 한다"는 유가증권 판매 때의 원칙이 법에 보충되어야 했다. 법은 온전한 진실을 말해야 되는 부담을 판매자에게 지워야 한다고 루스벨트는 말했다. 이와 같이 만들어진 톰슨 법안이 하원에 제출되었으나 강한 반발을 불러일으켰는데 증권 판매를 규제해야 한다는 사상에 이미 친숙했던 의원들까지 그러했다. 에이브릴 해리먼(Averil Harriman)은 루스벨트에게 투표했으며, 브라운 브라더스(Brown Brothers)라는 투자은행을 소유한 자유주의적 기업인인데, 적절해 보이는 설득력을 가지고 초안의 조치가 실효성이 없을 것이라고 루스벨트의 측근인 몰리(Moley)에게 항의하였다(김철, 2010.2.: 154).

---

2) 구매자(사는 사람)가 그 자신 스스로 조사하고 판단하며 테스트해야 된다는 원칙을 요약한 법언(maxim)이다. 이 법언은 경매절차 기타 법원이 행하는 세일즈에 특히 더 적용되고 소비자 물품의 세일즈와 같은 경우에는 엄격하자책임(strict liability), 품질보증의무(warranty)와 같이 소비자 보호법이 소비자인 구매자를 보호하는 영역에서는 덜하다(Black's Law Dictionary, 1979: 202).

3. "오래된 진리의 쇄신"에 대한 역사의 교훈: 1933년 루스벨트와 2010년 4월 오바마

2010년 4월 19일 오바마 정부의 증권거래위원회(SEC, Security Exchange Committee)가 Goldman Sax를 사기(Fraud)로 민사손해배상소송을 제기하였다. 그간의 경위는 다음과 같다.

2008년 9월 세계금융위기 이후 상황(김철, 2009.12.: 115)은 연방정부의 구제금융과 국제공조로 대공황의 반복은 피했다.

이후 시민의 분노는 월가의 금융 및 은행가에게 행해졌다. 책임을 물어야 할 텐데, 무능력(incompetence)이나 오만(arrogance)은 형사법의 처벌대상이 아니다(김철, 2010.5.: 05) 무능과 오만으로 회사뿐 아니라 나라를 넘어서, 국제금융시스템을 망가뜨린 원인제공자를 어떻게 할 것인가?

서브프라임 모기지를 근거로 CDOs(Collaterized debt obligations)를 만든 월가의 금융인들을 어떻게 할 것인가?(김철, 2010.5: 05) CDOs 자체를 최초부터 의심쩍게 본 시각과 금융경제의 대형화를 위해서 필요하다는 시각으로 분리되고 있었다.

즉, "일확천금을 노리고 금융공학이라는 미명하에 순전히 사기인 파생금융상품을 만들어 내었고"(김광기, 2009) "그러나 71년 만의 위기 이후에도 월가와 한국 증권가에서 파생상품은 필요했다는 견해가 공존하고 있었다"(김철, 2009.12.: 138)

2009년 11월 월가의 반응은 서브 프라임 모기지 대출 때 "부주의(recklessness)"했다. 또 신용평가기관의 잘못도 "부주의(recklessness)했다"라고 하여 "부주의"로 방어하였다.[3]

---

3) recklessness란 부주의 또는 경솔로 번역되지만, 그냥 어느 개인이 충분한 주의를 기울이지 않았다는 의미 이외에, 위험을 개의치 않고 행동했다는 내포도 있다. 후자

2010년 4월 16일 SEC가 골드만 삭스(Goldman Sacks)를 제소했을 때 월가의 금융회사와 관계있는 법률가[4]들은 다시 "부주의와 탐욕에서 나온 행동은 인정하나 불법(illegal)은 아니었다"라고 방어한다(Mark Trumbull, New York Times, April, 16, 2010). SEC는 "사기(fraudulent)이며 따라서 불법(illegal)이다"라는 데 초점을 두고 있다.

3.1. 2010년 4월의 오바마 정부: 사기-불법이냐 아니냐의 판단

SEC 기소의 내용은 다음과 같다. 2007년에 미국주택시장의 거품이 보이고 주택시장이 내려앉을 징조가 나타날 때에, Paulson & Co. 헤지 펀드가 골드만 삭스와 거래와 지불을 했다. 거래 내용은 Paulson & Co가 선택한 모기지 증권이 내려가면 Paulson & Co가 이득을 얻는 "Short-seller"[5] 계약이다. 실제로 이 헤지 펀드는 이 거래의 결과 20억 달러를 벌었다.

한편 이 사실을 모르는 일반 투자가들은 골드만 삭스가 만든 CDOs를, "주택 값이 계속 오르고, 따라서 주택 저당을 근거로 한 서브프라인 모기지(Subprime mortgage)도 권리금이 계속 들어오며, 따라서 이것을 근거로 한 CDO도 계속 값이 오를 것이란 예상으로" 사들이고 있었다. 실제로 이 투자가들은 20억 달러를 잃었다. 왜냐하면 주택시장이 하강했기 때문이다.

SEC는 골드만이 다른 투자가들에게 Paulson & Co.라는 헤지펀드가 이 CDO 거래에 역할을 이미 하고 있다는 것을 알리지 않았다고 한다

의 경우 투자회사가 어떤 목적을 위하여 있을 수도 있는 위험을 세심하게 카운트하지 않았다는 뜻도 되어서, (더 확장해석하면) 용감하게 과감하게 행동했다는 투로도 쓰일 수도 있다. 구체적으로 해석하면 "in spite of high risks……"

4) N. Y. T 2010.4.16.에서 Trumbull은 다수의 금융전문가들(many financial experts)의 견해로 쓰고 있다.

5) 월가에서 통용되는 전문용어. Someone betting against its(securities) success. 어떤 유가증권(security)이 올라가는 것이 아니라 내려가는 것에 돈을 거는 사람을 가리킨다.

[한국 법률 용어로는 고지(告知)하지 않았다가 되고, 쟁점은 고지의무 (告知義務)가 있는가가 된다].

골드만 삭스가 CDO라는 유가증권을 "앞으로도 계속 집값, 부동산 시장이 상승한다는 기대를 가지고, 그래서 CDO도 계속 오르거나 유지될 것이라고 믿고 있는" 일반 투자가들에게 CDO를 팔 때, "여보세요, Paulson & Co. 헤지 펀드가 이 CDO 제작에 참가해서, 여러분은 기분 좋았겠지만, 그 내용을 알면 모두 큰일 날 것이오. Paulson은 또 다른 거래에서 여러분이 사려는 CDO 값이 내려가는 쪽에 거액을 걸었단 말이오[6]"라고 말할 수는 없었겠지만 최소한 "여러분이 사려는 CDO 파생상품은 Paulson & Co.가 관계되어 있습니다"라고 알렸어야 되지 않겠는가?

3.2. 2010년 4월의 오바마 정부: "잘못된 역사가 되풀이되는 것을 방관할 수 없다"

오바마 대통령이 2010년 4월에 단언하였다. "우리는 잘못된 역사가 되풀이되는 것을 방관할 수 없다(We can't allow history to repeat itself)."

역사에서 되풀이되는 잘못된 금융관행이 이미 있었다. 금융위기의 전후 또는 최초부터 경제학자들(Krugman, Stiglitz, Roubini)이 세계 대공황(1929~1930's) 때의 역사에 주목한 것이 이유이다.[7] 역사적 접근은 금융위기의 모든 단계에서 불가결한 것이 되었다(김철, 2008. 12.;

---

6) Goldman Sacks와 Paulson이 같이 만든 CDO의 성격의 이중성.
   1. 일반 투자가는 사게 한다(상승의 기대를 갖게 한다). → 유인
   2. Paulson은 일반 투자가가 거는 CDO가 안 된다는 쪽에 걸어서 돈을 번다.
   3. Goldman Sacks는 거액의 수수료(1500만 달러)를 챙긴다.
7) 특히 역사적 접근을 강조한 것은 김철, "최현대의 경제공법사상(2)"(2009.12.)과 같은 사람, "세계 금융위기 이후의 경제와 규범, 도덕의 관계 - 금융위기와 관련된 법 제도의 도덕성 논의를 위한 시론 -", 2010.5.

2009. 6.; 2009. 12.; 2010.5.). 이후의 연방정부의 법적 대응은 후술.

다시 세계대공황 시대의 금융법으로 돌아가자. 대공황이 진행되던 3년째 1932년에 루스벨트의 연설에서, 선거에서 승리한 직후 1933년 3월 27일 하원에의 메시지에서 긴급히 금융관계법을 제정할 것을 촉구했다. 이 점은 2010년 3월 오바마가 글라스스티걸법(Glass – Steagall Act), 볼커법(Volker rule) 제정을 촉구한 것과 유사하다.[8]

4. 1933년의 긴급은행법과 글라스스티걸법의 배경

심문, 질문지를 사용한 조사, 인터뷰를 통한 조사를 사용해서 1933년 1월에 개시된 상원 위원회는 이전의 누군가 수집한 것보다 더 많은 정보를 증권거래에서 무엇이 잘못되었나에 대해서 수집하였다. 명백히 드러나는 난점은 과실이나 착오 또는 고의로 유가증권에 대해서 잘못 진술한 데 대해서, 유가증권의 판매자가 양심의 가책을 느끼지 않는다는 사실이었다; 여기에 대한 해답은 유가증권에 대한 전면적이고 완벽한 내용 노출을 강제하는 것이다(Schlesinger, 1958: 439). 다른 어려움은 상업은행(commercial banks)들이 증권을 중계해서 돈벌이하는 것이었다. 이 문제에 대한 해답은 상업은행들로 하여금 그들의 자회사인 증권회사들과 이혼하도록 강제하는 것이었다(김철, 2010.2.: 154).

또 다른 난제는 모간 하우스(the House of Morgan) 같은 공적 기관이 아닌 사립 은행들이 사채(社債) 기타 유가증권을 발행하기도 하면

---

8) 77년의 시간적 격차가 있으나 세계 대공황 전기(1929~1933)에 Roosevelt의 입법 역할과 세계금융위기(2008.9.~2010.3.) 이후에 Obama가 목표로 하는 입법 역할은 월가의 관행을 교정하기 위한 노력에서는 같다. 2008년 12월에 "뉴딜 법학의 회귀가능성"을 김철은 논문 주제로 삼았다. Return of New Deal Era Jurisprudence, Goldman Case로 뉴딜 법학은 본격적으로 국제금융에서 문제해결에 해결 엔진이 되고 있다. 영국과 독일정부가 가세하였다. 예로서 도이체방크와 UIB의 문제가 있다.

서 동시에 예금을 받는 것이었다; 여기에 대한 대답은 사립은행들로 하여금 둘 중 하나의 업무에 집중·전념하도록 강제하는 것이었다. 이 두 가지 조치가 가장 기초적인 것으로 보였다. 그러나 적어도 이 두 가지 조치가 새로운 시대에서 다시 과잉과 탐욕, 아노미가 나타나는 데 대한 안전벽으로 작용할 것이었다.

여기에는 충분한 선례가 있었다. 대영제국은 1930년대 이전 약 1세기 동안 회사법(the Companies Act) 아래에서 유가증권의 문제들을 감독해 왔다. 아메리카의 여러 주는 1911년을 기점으로, 유가증권 판매 때의 흠(瑕疵) 있는 진술에 대해서 개별 투자자들을 보호하기 위하여 "푸른 하늘" 법(blue-sky laws)을 통과시켜 가짜 증권, 위조증권을 비롯하여 신용할 수 없거나 거의 가치 없는 불량 투자를 규제해 왔다. 1차 대전 이전의 푸조(Pujo) 조사위원회9)의 결론은 이런 규제는 실로 연방 정부가 해야 할 일이 아닌가 하는 일이었다. 1차 대전 중의 자본금문제위원회(the Capital Issues Committee)에서의 경험은 유가증권 발행에 대한 기준을 정하기 위한 테일러 법안(Tailor bill)의 상정으로 연결되었다(A. M. Schlesinger jr., 1958: 439).

4.1. 미완의 숙제(1914)와 자유주의자들의 귀환(1933)

1932년 선거캠페인에서 루스벨트 자신이 콜럼버스에서의 연설에서 금융·재무의 규제를 위한 프로그램을 제시하였다. 이 금융규제는 두

---

9) 1차 대전 이전의 푸조 조사위원회(Pujo Investigation)는 역시 의회의 청문회(the Pujo hearing)를 거쳤다. 이때 가장 중요한 증인은 Morgan가의 형(the elder)이었으며 운터마이어(Samuel Untermyer)의 질문에 당당한 위엄으로 맞서면서 지팡이로 의회 마룻바닥을 쳤다고 한다. 1924년에 형 모건은 "아메리카의 대중을 위해서" 공립도서관을 건립했다. Diana E. Richardson(ed.) *Vanity Fair, -Portraits of an Age 1914-1936*(New York: Thames and Hudson, 1982). 1933년의 Pecola 위원회의 주된 증인은 젊은 Morgan이었다. 20년의 세월의 경과에도 불구하고 상원 위원회의 주된 조사와 심문대상은 같은 J. P. Morgan House라는 금융회사였다.

그룹의 추종자의 열렬한 지지를 받았다. 펠릭스 프랭크퍼트[10]에 의해서 대표되는 브랜다이스 전통에서의 거대형(금융 비즈니스)에 대한 반대가 첫 번째 그룹의 특징이며, 두 번째 그룹은 월가의 금융회사들이 경제를 지배하는 데 대해서 오랫동안 두려워해 왔던 농촌 출신의 진취주의자들- 즉, 텍사스의 샘 레이번(Sam Rayburn)과 몬태나의 버튼 K. 휠러(Burton K. Wheeler)가 이끄는 그룹- 이었다. 실로 역사를 소급해서 1차 대전 이전인 1914년에 이미 1933년 협력의 초판이 나온 셈인데- 첫 번째 특징의 브랜다이스(Brandeis)와 두 번째 특징의 샘 레이번이, 철도회사의 유가증권의 새로운 발행에 대해서, 주간통상위원회(Interstate Commission)에 통제권한을 주는 법안에서 협조하였었다. Sen. Banking and Cur. Com., Stock Exchange Practices; 388, 1010, 2834에서 보이는 대로 약 20년 뒤에(1914~1933), 다시 같은 문제를 풀기 위해서 자유주의자(liberals)들은 미완의 숙제로 다시 돌아오고 있었다(Schlesinger Jr., 1958: 440).

브라운 브라더스(Brown Brothers) 투자은행의 해리만의 항의로 남부 농촌연합의 레이번은 톰슨의 초안을 희망 없는 것으로 간주하고 새로운 초안이 상황을 구제할 것이라 했다. 루스벨트 캠페인의 수석 브레인 트러스트였으며, 선거 후 국무성 장관보인 몰리(Raymond Moley)는 브랜다이스 전통[11]의 하버드의 프랭크퍼트(Felix Frankfurter)에게 조난신호를 보냈다. 이틀 뒤, 1933년 4월 7일 프랭크퍼트는 법안 기초 작업을 도울 두 사람의 청년[12]과 함께 워싱턴에 나타났다(김철, 2010.2.: 154-156).

---

10) 펠릭스 프랭크퍼트(Felix Frankfurter)는, *The Public and It's Government*, 151-162(1930)에서 규제국가에 있어서의 정당성의 문제를 행정법과 헌법 사상에서 찾으려 했다. Thomas Green, *American Legal History: 1850-1950*(Ann Arbor: UM Law Sch., 1979).
11) 여기에 대해서는, 김철, "대공황 시대의 경제사상과 법", 『경제 위기 때의 법학- 뉴딜 법학의 회귀 가능성』(파주: 한국학술정보(주), 2009ㄱ), 67~71쪽.
12) 하버드 로스쿨의 입법학 교수인 제임스 랜디스(James M. Landis)와 벤저민 코헨(Benjamin V. Cohen)이었다.

4.2. 규제 국가에 있어서의 정당성의 문제

법안기초의 전례가 되는 원칙을 프랑크퍼트가 천명하였다. 주식회사는 일반 공중으로부터 자금을 공개모집하였을 때는 "언어의 참뜻에서 공적인 기구(public body)가 되고 경영진과 은행가는 공적인 기능을 행하는 사람들(public functionaries)이 된다. 따라서 프랑크퍼트의 그룹은 영국 입법례의 모델을 따른 초안을 좋아했다. 영국 모델은 (유가증권 발행에 따른) 모든 자료의 요소들을 모두 공개할 것을 요구한다. 그러나 톰슨(Thompsom) 초안에서와 같이, 유가증권 발행을 인가하지 않을 수 있는 일반적 금지권한을 해당관청에 주는 것은 아니다[13](김철, 2010.2.: 156).

어떤 점에서 브랜다이스의 재판연구관(Law Clerk)을 지내고 입법학 교수인 랜디스(Landis)[14]와 벤저민 코엔(Benjamin Cohen)은 영국 입법례를 넘어선 기초안을 작성하였다. 요구되는 자료 요건의 공개의 정도에서 그러했고, 완벽한 자료 요건 공개가 등록되지 않은 사례에 있어서는, 유가증권 발행이 보류될 수 있는 "정지 명령(Stop order)"을 특별히 덧붙인 점에서 그러하다. 금요일 아침부터 월요일 아침까지 만 사흘 낮밤을 열렬히 작업하여, 두 사람의 기초자는 이와 같은 맥락의 초안을 기초하였을 뿐 아니라 하원상업위원회(The House Commerce Committee)의 레이번의 소위원회에서 그들의 초안을 성공적으로 방어하였다. 두 사람은 하원의 법제 관계 법률가인 미들톤 비만(Middleton Beaman), 부흥금융공사(Reconstruction Finance Corperation)의 코코란(Cocoran)과 함께 마지막 작업에 들어갔다.

---

13) 일반적 금지권한은 대륙업계 국가의 인가·허가권에서 두드러진다.

14) James M. Landis, *The Administrative Process* 22, 69 – 75, 95 – 99(1938)에서 규제국가에 있어서의 규제의 정당성의 문제를 행정법의 핵심으로 파악했다. Thomas Green, *American Legal History: 1850 – 1950*(Ann Arbor: UM Law Sch., 1979).

4.3. 월스트리트의 반응(1933.4.~5.)

월스트리트는 이해가 됨직한 신경과민성의 상태로 법안 기초의 전개를 기다렸으며, 기초된 초안이 하원 상업위원회의 전원 위원회에 상정되기 전에, 반박하여 뒤집을 기회를 가지려고 전력투구하고 있었다. 대선 캠페인의 수석참모였으며, 국무성 장관보인 몰리(Moley)가, 월가 패권에 비판적이어서 동석을 꺼리는 하원 소위원회의 레이번을 설득해서 설리반 & 크롬웰(Sullivan & Cromwell) 로펌의 존 포스터 덜레스(John Foster Dulles)가 이끄는 일단의 월가 법률가들이 하는 소리를 들어보도록 했다. 초안 작성자인 두 사람은 훌륭하게 취지와 언어를 설명하였는데도, 덜레스는 문제점에 대해서 불완전하게 파악하고 있었다. 하원소위원회는 덜레스의 반박·비판의 주제발표에 감명 받지 않았다. 다음 몇 주 동안 해당 상임위원회와 하원전체회의가 코엔-랜디스 초안을 받아들였다. 그동안 상원은 톰슨(Thomson)이 만든 초안을 통과시켰으나, 레이번은 하원의 법안으로 대체하는 것을 토론 끝에 성사시켰다. 1933년 5월 27일 대통령은 유가증권법(The Securities Act)에 서명하였다. 몇 개월 뒤에 법안의 기초자인 랜디스(Landis)는 새로운 유가증권법을 시행하기 위해서, 연방통상위원회(The Federal Trade Commission)에 임명되었다(김철, 2010.2.: 154-157).

5. 1933년 글라스스티걸법의 제정: 금융업의 분리와 은행 예금 보장 제도 도입

금융가의 반대에도 불구하고 6월에 하원은 금융업상의 분리를 규정하는 글라스스티걸법을 제정하였다. 금융가에 볼 때, 더욱 심해진 것은, 새로운 법은 은행 예금을 연방 정부가 보장하는 것을 추가한 것이었다. 연방 정부의 은행예금보장제도 입법에 대해서 미국금융업자협회(the American Bankers Association)는 "불건전하고, 비과학적이며, 부정당하며, 위험한 사상"으로 마지막까지 투쟁할 것을 선언하였다. 루스벨트 자신은 썩 그리 열광적이지 않았다. 정부 각료들이 찬성했고, 의회의 어떤 의원 은 연기하기로 결정하였다. 대통령이 마침내 분리 원칙 입법을 받아들 이기로 한 것은 은행 및 금융 시스템을 정비하여 통일하는 방법으로 쓰일 것을 고려한 것이었다. 법은 1936년 이후 주의 은행들로 예금 보 험(보장)에 자격을 가지기 위해서는 연방준비제도(the Federal Reserve System)에 가입 강제를 예비하고 있었다(김철, 2010.2.: 159).

6. 글라스스티걸법(1933~1999)의 운명과 네오리버럴리즘 시대

뉴딜 시대의 이 법에 대해서는 네오리버럴리즘의 패권시대인 1990 년대 초반부터 치열한 폐지 운동이 있어왔다. 예를 들면(Lindner, 1992)[15] 폐지 운동의 가장 큰 대의명분은 이 법이 아메리카 금융 산업 의 경쟁력을 다른 외국 금융 산업과 비교해서 떨어지게 만든다는 것이 다. 즉, 금융 산업의 대형화가 국가적 경쟁력을 키운다는 얘기이다. 그 러나 1999년 그린스펀의 입장강화와 함께 폐지된 이 법에 대한 강력 한 지지는 예를 들면(Anawalt, 1996)[16] 지지의 이유로 드는 두 가지 이유는 은행 고객의 안전과 이른바 이익충돌(Conflicts of Interest)이다.

---

15) Laura A. Lindner, "'Repealing' The Glass−Steagall Act: A Japanese Lesson in Economic Strategy", *Wisconsin International Law Journal*, Vol. 11, No. 2, 1992.
16) Paul Anawalt, "Russia's Sberbank and a Fresh Look at the Glass−Steagall Act", Berkeley Journal of International Law, Vol. 14, 1996.

또한 대중의 신뢰를 유지하고 은행파산을 예방하는 것이다. 이 중에서 경제위기를 경험한 2010년의 위치에서 볼 때 2008년 내지 2009년의 세계 경제위기의 진원지인 아메리카 금융산업을 생각한다면 이익충돌 이론이 가장 역사에 접근하고 있다. 즉, 금융산업이 너무 커져서 도저히 퇴출시킬 수 없는 이른바 대마불사가 되게 된 제도적 원인은 글라스스티글법의 제어장치가 없어진 것이다. 2009년의 노벨 경제학상 수상자 올리버 윌리엄슨(Oliver Williamson)은 "금융사들에 적용되는 '대마불사'는 절대 받아들일 수 없다", "이런 문제를 해결하기 위해서는 금융사들에 그에 합당한 보험료를 내도록 해 손실 발생 가능성이 높은 투자를 미리 막아야 한다"고 주장했다(매일경제, A6면, 2010.1.20.). 그러나 이 신 제도경제학자는 제도경제학이 나타난 1930년대의 뉴딜법학의 하나인 글라스스티글법이 다시 귀환하리라는 예언은 할 수 없었다. 왜냐하면 경제학자의 한계라고 보인다(김철, 2010.3.).

7. 역사의 선한 교훈: 뉴딜 입법의 귀환과 오바마의 도드 프랭크법(2010.7.)

2010년 8월의 시점에서 1933년의 금융입법과 2010년의 금융입법의 배경을 비교해 보자.

1980년대 이래 30년간의 네오리버럴리즘 시대에 대중의 감각과 즉물적 판단에 의한 소비생활과 투자를 자극하고, 투기와 과소비에 의해서 산업 사회를 무리하게 확장하려 하기도 했던 세계적 사회 풍조는 이전 시대에 비해서 역사적 사고나 역사적 맥락에 의한 판단과 인문학적 평가를 사회생활에서 축출해 왔다. 신자유시대의 문명사회는 약 30년 동안 일하고 벌고 쓰는 데 바빠서 인류가 이미 비슷한 문제로 고통을 겪은 적이 있고, 그 고통의 대가로 축적한 지혜가 있다는 것을 망각하고 살아왔다. 후기 산업시대를 물질적으로 지배하려는 사람들은 역사를 축출하고 싶을 것이다. 또한 약 30년 동안 성장과 풍요의 사회 분위기에서 풍요에 취해서 불로소득과 사치의 감각을 훈련시킨 문명 사회의 사람들은 너무나 개인의 특수한 감각에 충실해져서 규제나 규범 또는 마침내는 어떤 제도가 필요하다는 것을 망각하고 살아왔다. 대공황기인 1933년의 글라스스티걸법은 1999년 레이거노믹스의 절정기에 폐지된 이후 "1930년대라는 과거의 법"으로 은퇴 또는 사라진 노인처럼 취급해 왔다. 마침내 77년 만에 대공황 때의 프랭클린 루스벨트의 뉴딜 입법의 계승자로 2010년의 오바마 대통령이 새로운 글라스스티걸법으로 도드 프랭크 법을 발의하기에 이르렀다. 역사는 그냥 일회적으로 소진되는 것도 아니요 한 시대를 열어 주고 지탱하였던 뉴딜 입법이 그냥 사라지는 것도 아니라는 교훈을 알게 된다. 네오리버럴리즘 시대는 그 쾌락의 절정에서 모든 문명사회에서 파열음을 내며 긴 꼬리를 보이면서 사라지기 시작했다. 새로운 시대는 아직 전모가 드러나지 않았다. 그러나 개인적인 고통과 힘든 시간을 넘어서서 이윽고 더 긴 시대를 단위로 만물은 새로운 모습을 보일 것이다. 개인의 평화는 더 큰 흐름을 믿으며 노력하는 데서부터 올 수밖에 없다고 생각된다.[17]

8. 뉴딜과 독점의 문제

1900년 이전에는 대중주의자(populist)들과 다른 개혁지지 단체들의 상당한 선동이 있었음에도 불구하고, 중요성을 가지는 연방 정부의 대

---

17) 김철, "법과 평화", 『본질과 현상』 19권 2010년 봄(서울: 본질과 현상사, 2010.3.).

응은 주제 통상위원회(Interstate Commerce)와 셔먼 독점금지(Sherman Antitrust)이었으며, 어느 것도 실행과 효력에 있어서 매우 유효하지는 않았다. 즉, 주제 통상위원회는 연방법원에서 단 한 건의 사례를 승소하는 것도 사실상 불가능했다. 또한 셔먼 법은 모든 독점과 독점하려는 모든 시도들을 금지하고 있었으나, 미지근하고 미온적으로 집행되었으며 좁게 해석되었으며, 지주회사(holding company)나 흡수합병과 같은 견고한 기업결합에 대해서는 무력했고 단지 느슨한 결합에 대해서만 유효했다. 따라서 1897년부터 1904년까지의 기업합병의 큰 시기는, 아이러니가 아닐 수 없지만 셔먼 법과 같은 독점금지법이 나온 이후에 전개되었고 결코 그 이전은 아니었다.[18]

20세기 초에 법제사가들이 "진취적 시대"라고 부르는 시대구분이 시작되기 전에는 결코 전반적인 풍조─ 그것이 정치적인 것이든 사고방식에서 오는 것이든─ 의 변화가 오지 않았다. 20세기 초에야 다음과 같은 사실이 발견되었다. 즉, 자꾸 더 큰 기업합병이 일어나고 경제적 독점은 강화되었으며, 점점 더 많은 중산층 미국인들의 느낌은 새롭게 형성되고 있는 제조업과 금융업의 기업 대제국이, 이전에 가능했던 아메리칸 드림을 총체적으로 오용하거나 전도하고 있다고 느꼈다. 중산층 시민들은 자유방임주의(laisse faire)나 사회적 진화론(Social Darwinism) 같은, 그때까지 경제의 흐름에 주도적인 영향을 미친 생각과 사조에 점점 더 회의를 갖게 되었다. 이러한 사회적 맥락과 시대정신에서 태어난 새로운 세대의 지식인들은, 시민들에게 인류는 그 자신의 운명을 형성하고 결정할 수 있다고 설파했다. 인류는 그의 사회제도와 경제제도를 개선하거나 향상시킬 수 있으며, 이런 개선과 향상의 노력을 시작할 장소를, 사회악에 책임이 있다고 생각되는 기업 합동("trust")부터라고 생각했다. 그러나 실지로 어떤 개선의 프로그램을 만들려고 시도했을

18) Ellis W. Hawley, *The New Deal and the Problem of Monopoly*(1966) 6─9, 12─14.

때는, 거의 합의가 이루어지지 않았다. 어떤 개혁가는 새롭게 작용하는 법인 제도의 생산성에 감명받아서, 기업 법인 제도의 생산성을 유지하면서, 동시에 더 형평성이 있고 더 인간적이며 더 민주적인 체제를 유지하기 위해서는 강력한 중앙정부에 의존하는 방식을 택했다. 다른 사람들은 정부의 개입을 계속 싫어하면서 기업은 그 자신을 개혁하거나 기업이 아닌 다른 단체들이 시장에서의 힘을 키워가기를 희망하였다. 그러나 또 다른 사람들은 집중화되지 않은, 자율적인 경제로 돌아가기를 의도하면서, 규모를 제한하고 거대함을 제재하면서, 기업합동을 깨뜨려서, 거대기업의 불공정한 혜택을 제거하며 경쟁적 행위를 강제하려고 하였다(Hawley, 1966).

경제철학에서의 이런 차이는 1912년에 우드로 윌슨의 뉴 프리덤(New Freedom)과 시어도어 루스벨트의 신국가주의(New Nationalism)의 격돌로 나타났다. 루이스 브랜다이스와 다른 뉴 프리덤의 주창자들은, 기업합동이 효율성이나 생산성 때문이 아니라 경쟁자들을 분쇄하기 위해서 불공정 관행을 사용하고 있어서, 특별한 지위를 누리고 있기 때문에 강력해졌다고 관찰하였다. 해결책은 '독점'의 이런 원인을 제고하고 특별한 혜택은 없애며, 월가로부터 신용과 금융제도를 해방시켜서 불공정 관행을 없애며, 자유경쟁을 복원할 새로운 입법을 통과시키는 것이었다.

이와 반대는 신국가주의(New Nationalism)의 관점인데, 경제력의 집중은 대량 생산과 새로운 기술력의 발전의 불가피한 결과라는 것이다. 여러 영역에서 경쟁은 자연자원과 인력과 인간 에너지의 낭비이다. 따라서 진짜 해결책은 경쟁에 대해서는 좀 덮어 놓고, 국가적 통제를 발전시키는 것에 집중하여 비특권그룹을 보호하며, 목적적 경제 계획을 시행하며, 거대 기업을 감독할 수 있는 정부를 수립하는 것이다. 신국가주의자는, 거대 기업을 민주화시키는 데 정부의 힘이 사용될 수 있다고 주장하였다. 즉, 아메리카 독립 당시의 전통에 의하면 해밀턴의 방식을 통하여, 제퍼슨의 목표가 달성될 수 있다는 것이다.

1929년부터 시작된 세계대공황은, 대량실업과 그에 따른 대규모 소득 감소 때문에 독점 문제에 대해서 새롭고 날카로운 인식을 가져오게 되었다. 즉, 이상과 현실 사이의 갭에 대해서 새로운 의식이 생긴 것이다. 한쪽으로의 집중화, 부정의 그리고 그에 따른 시민 개인의 자유권의 상실에 대해서 관심을 가지게 되고, 기업의 힘, 기업 권력을 남용한 것이, 경제에 있어서의 재난과 계속되는 침체에 책임이 있다는 것을 서서히 알게 되고 믿게 되었다. 따라서 많은 미국인들이 느끼는 것은 기업 시스템의 재조직과 개선과 개혁이 이제 꼭 필요하고, 지상 명령적인 긴요성을 가지게 되었다는 것이다. 문제에 대한 접근 방법은 이미 이전에 확립된 몇 가지의 패턴을 따르는 경향이 있었다. 즉, 다시 한번, 뉴 프리덤; 신국가주의, 그리고 "새로운 경쟁(new competition)" 이라는 노선의 그룹이 형성되었다. 예를 들어서 뉴 프리덤의 옹호자는 독점금지론자(anti－truster)나 또는 브랜다이스 신파(neo－Brandeisian) 들로서, 기업을 집중화하는 것을 피하는 정책과 기업 원래의 경쟁적인 행동을 강제하는 정책을 좋아했다. 이들은 민주주의나 개인주의적인 이상을 보충하려는 생각을 갖고 있었고, 원래적 의미에 있어서의 시장에서의 경쟁을 강제하는 것이, 그때까지 아메리카 사회에 축적된 번영을 성취하는 가장 좋은 방식이라는 확신을 갖고 있었다. 독점금지론자나 브랜다이스 신파들이 보기에는, **공황이나 경기침체는 독점적 체제의 경직성이 가져온 산물이었다.** 기업인들은 그들이 가지고 있는 시장에서의 힘과 권력 때문에 생산 코스트는 계속 떨어지고 있음에도, 상품가격을 유지할 수 있어 왔다. 이것의 결과는 과다한 이윤, 지나친 저축, 그리고 소비자의 전반적 구매력이 감소하는 것이다. 독점금지론자와 브랜다이스 학파 사람들이 느끼기에 만약 이와 같은 경제위기를 미래에 피하려고 한다면, 유일한 실제적인 해결은 변동 가능한 가격 체계를 복원하고 경제를 균형 있게 유지할 수 있는 경쟁적 힘을 허락하는 프로그램을 실행하는 것이다. 이들은 이러한 목표는 달성 가능한 것이라고 믿었다. 경제 위기의 회피, 변동 가능한 시장가격, 경쟁하는 힘에 의해서 경제를 균형 있게 유지하는 일은, 독점금지법을 엄격하고 단호하게 실행함으로써 얻어질 수 있다고 보았다. 즉, 규모에 대한 제한을 두며, 거대한 것에 대해서는 세금을 부과하고, 기업 재무와 경쟁적 관행에 대해서 정부가 통제를 하며, 그리고 이 모든 것들은, 원래대로의 독점 이전의 자유 시장에 보다 더 의지하게 할 수 있는 정부의 조치에 의해서 가능하다고 하였다.

이에 반해서 경제계획론자들은 이전의 신국가주의자들과 마찬가지로 독점금지법은 희망이 없는 시대착오주의로 느꼈다. 그들에 의하면 현대경제에서 경제력의 집중현상은 불가피한 것이다. 경제력의 집중현상은 유효한 대량생산과 기술진보와 그리고 상당한 정도의 안전을 위해서 필요한 것이었다. 기업의 권력의 남용은 대체로 볼 때, 침체에 책임이 있다고 보였으나, 기업의 권력이 분산되어야 한다는 생각은 실행 가능하지도 않고 위험한 것으로서 보였다. 유일한 현실적인 대답은 체계적으로 기업을 조직하는 것이다. 또한 정부에 의한 계획에 있다고 했다. 즉, 공황이 아닌 시대의 경제적 균형을 복원하고, 미래에 가능한 고장을 방지하기 위해서는 경제 과정을 정부가 의식적이고 합리적으로 통제하는 것이 진짜 대답이라고 했다(Hawley, 1966).

다시 의문이 발생했다: 누가 경제계획을 하며 필요한 정도와 유형이 어떠한 것인가를 누가 정하느냐라는 데 대한 의견의 불합치가 강하게 일어난 것이다. 여기에 대해서 정치적 스펙트럼의 왼편에는 국가가 경제계획을 해야 된다는 사람들이 진을 쳤는데 경제계획을 통해서 기업가들로부터 그들의 권력을 빼앗아서 그중 많은 것들을 국가에게 옮겨

주거나 또는 국가가 아니라면 기업이 아닌 조직된 단체들에 권력을 이양해야 한다는 입장이었다. 스펙트럼의 중간에는 기업과 정부의 협조의 체제가 효력이 있을 것이라고 느낀 사람들이 있었다. 오른쪽에는 산업주의자들과 기업을 옹호하는 사람들이 있는데 이들은 1920년대의 집단적 행동의 경험으로부터 그들의 아이디어를 이끌어 내었다. 이들이 느끼기는 계몽된 기업 리더십은 자율적인 기업연합을 통해서 모든 결정을 할 수 있다는 것이다. 이들에게 속하는 기업 중심의 이론가들이 주장하기를, 공황이나 침체라는 것은 대부분 "지나친 경쟁 또는 무책임한 속임수"에 원인이 있고, 정부가 경제 회복을 가져오려면 "속이는 자들"을 밀어내어야 하고 "계몽되어 있으며 책임감이 강한 기업가들"을 도와야 된다는 것이다. 경기 침체의 상황에서, 이상에서 설명한 가치의 충돌과 이에 따른 정책의 불일치는 특별히 심각했다. 한편에 있어서 공황과 경기침체는 경제 계획과 합리화, 그리고 시장규제를 확립할 것을 끊임없이 요구하게 되었다. 시장 규제라는 것은 디플레이션의 힘을 막고 경제적 재난을 방지하기 위해서 필요한 것이라는 요구이다. 반면에, 공황과 경기침체는 독점에 반대하는 정서를 강화하였고 기업의 리더십에 대한 신뢰를 파괴하였으며, 마지막에는 책임 있는 거대 기업들은 처벌되어야 하며, 그래야만 비로소 원래의 경쟁이라는 이상이 회복된다는 끊임없는 요구들이 나타났다. 따라서 뉴딜 시대의 개혁 운동의 딜레마는 이와 같이 다른 방향의 요구들을 서로 만나게 해야 하는 하는 정치적인 요구에 있었다. 진행되고 있는 디플레이션이라는 힘을 견제할 수 있는 조직과 통제를 만들어 내야 하는 필요성과 함께 민주주의적 가치를 유지하는 동시에 공황이라는 엄청난 재난 앞에서 질서감과 안정감을 확보하는 조치를 취해야 되는 모순적인 요구에 서게 되었다. 정치적인 입장에서 볼 때 이러한 요구들에 직면한 루스벨트 행정부는 상반하는 의견과 다른 입장에서 출발하는 압력의 이러한 갈등적인 흐름의 어느 것도 완전히 무시할 수 없었다. 그리고 이러한 상황에서 지적으로 응집력이 있으며 논리적으로 일관성이 있는 기업 정책을 추구한다는 것은 참으로 어렵게 보였다(Hawley, 1966).

참고문헌

강만길 외, 『정다산과 그의 시대』(민음사, 1985).

김여수, 『법률사상사』(서울: 박영사, 1976).

김철, "공법에 있어서의 경제적 보수주의와 경제적 자유주의의 순환 - 경제공법에서의 파라다임의 재성찰", 한국사회이론학회 『사회이론』 2010년 봄/여름호 통권 제37호.

_____, "세계금융위기 이후의 경제, 규범, 도덕의 관계: 금융위기에 관련된 제도의 도덕성 논의를 위한 시론", 『현상과 인식』 2010 봄/여름호 제34권 1.2호 통권 110호.

_____, "최현대의 경제공법사상", 『세계헌법연구』 제15권 제2호(서울: 국제헌법학회 한국학회, 2009.6.).

_____, "대공황 시대의 경제사상과 법", 『경제 위기 때의 법학 - 뉴딜 법학의 회귀 가능성』(파주: 한국학술정보(주), 2009ㄱ).

_____, "최현대의 경제공법사상(2)", 『세계헌법연구』 제15권 제3호(서울: 세계헌법학회 한국학회, 2009.12.).

_____, "칼뱅주의와 법에 대한 사상사 - 윌리암스의 정교분리 원칙", 『현상과 인식』 제33권 3호 통권 108호(2009.9.).

_____, "위기 때의 법학: 뉴딜 법학의 회귀 가능성 - 현대 법학에 있어서의 공공성의 문제와 세계대공황 전기의 법사상", 국제헌법학회 한국지부 『세계헌법연구』 제14권 제3호(2008.12.).

_____, "팍스 아메리카나와 재즈 시대", "재즈 시대의 아노미", 『경제 위기 때의 법학 - 뉴딜 법학의 회귀 가능성』(파주: 한국학술정보(주), 2009ㄱ).

____, 교재『법 제도의 특수성과 보편성』(파주: 한국학술정보(주), 2007ㄴ).

____, "한국에 있어서의 자유주의와 자유지상주의에 대한 반성",『사회이론』 2006년 가을/겨울호 통권 제30호.

____, 「빈곤과 부에 대한 차별문제: 헌법과 파산법의 눈에서」, 한국사회이론 학회 2005년 후기학술대회『빈곤과 우리 사회』, 2005년 12월 17일 성신여자대학교 수정관 313호(2005).

____, 사간본『현대의 법이론 - 시민과 정부의 법』(서울: Myko International Ltd., 1994).

____, 사간본『법제도의 보편성과 특수성』(서울: Myko International Ltd., 1993).

____,『러시아 - 소비에트법 - 비교법 문화적 연구』(서울: 민음사, 1989).

____, "진보(progress)" 제12장 결론,『러시아 - 소비에트 법 - 비교법 문화적 연구』(서울: 민음사, 1989)

신동룡, "법담론에 있어서 자유주의와 공동체주의", 한국법철학회 2010년 춘 계학술대회.

안준홍, "이사야 벌린의 소극적 자유론과 한국헌법 제10조", 한국법철학회 2010년 춘계학술대회.

오병선, "한국법체계와 자유주의" 한국법철학회 2010년 춘계학술대회.

윤세창,『미국 행정법론』(서울: 고려대학교 출판부, 1981).

이명웅,『한국헌법의 '자유주의' 이념』, 서울대학교 대학원 법학박사 학위논 문(1996.2.).

최송화. 미국행정법의 역사적 전개. 640,『현대공법의 이론』, 牧村 金道昶 博士 華甲 기념(1982 學姸社).

해롤드 버만과 김철, "기독교가 서구제도, 서구 법에 미친 영향",『종교와 제 도 - 문명과 역사적 법 이론』(서울: 민영사, 1992).

Ames, James B., "Law and Morals", *22 Harv. L. Rev.*(1909).

Anawalt, Paul, "Russia's Sberbank and a Fresh Look at the Glass-Steagall Act", *Berkeley Journal of International Law*, Vol. 14(1996).

Berle, A. A. Jr., "Expansion of American Administrative Law", *30 Harv. L. Rev. 430*(1917).

Berman, Harold, "Toward an Integrative Jurispridence: Politics, Morality, History", 76 *CAL.L.REV.*(July, 1998).

_____, *Law and Revolution II: The Impact of The Protestant Reformations on the Western Legal Tradition*(Cambridge: Harvard Univ. Press, 2003).

_____, "Individualistic and Communitarian Theories of Justice And Historical Approach", *Univ. of Califormia Davis Law Review Spring 1998 Vol. 21 No. 3*, 550.

_____, *The Interaction of Law and Religion*(Nashville: Abingdon Press, 1974).

Cambell, Henry, *Black's Law Dictionary*(St. Paul: West Publishing, 1979).

Chernov, Ron, *The House of Morgan*(New York: Atlantic Monthly Press, 1990).

Coke, Sir Edward, *The Selected Writings and Speeches of Sir Edward Coke*, ed. Steve Sheppard(Indianapolis: Liberty Fund, 2003).

Dorsen, Rosenfield, Sajo, Baer, *Comparative Constitutionalism: cases and materials*(St. Paul: Thomson/West, 2003).

Ely, Richard T., *Property and Contract in Their Relations to the Distribution of Wealth*(New York: [s. n.], 1922).

Faulkner, Harold U., "Politics Reform and Expansion 1890 – 1900", *American Legal History 1890 –present*(ed. by Thomas A. Green)(Ann Arbor: Univ. of Michigan Law Sch., 1980 – 1981).

Finnis, John, *Natural Law and Natural Rights*(Clarendon Press. Oxford. 1980).

Frankfurter, Felix, *The Public and It's Government*(Boston: Beacon Press, 1964).

Richardson, Diana E.(ed.), *Vanity Fair –Portraits of an Age 1914 –1936*(New York: Thames and Hudson, 1982).

Freeman, Mark, *Technology and Stages of Economic Development*(Glasgow: Glasgow University, 1987).

_____, *A Tentative Sketch of Some of the Main Characteristics of Successive Long Waves*(Modes of Growth) – Table 3.1(1987).

Friedmen, Lawrence M., *A History of American Law*(New York: Simon & Schuster, 2001)(안경환 옮김, 『미국법의 역사』, 청림출판, 2006년).

Friedman, Milton and Anna Schwarz, *The Great Contraction, 1929 – 1933*(Princeton; Oxford: Princeton University Press, 2008).

Galloway, Russell W., *Justice For All? –The Rich and Poor in Supreme Court History 1790 –1990*(Durham: Carolina Academic Press, 1991).

Green, Thomas, *American Legal History: 1850 –1950*(Ann Arbor: UM Law Sch., 1979).

Hale, Robert L., "Coercion and Distribution in a Supposedly Non – Coercive

State", *38 POL. SCI. Q*(1923).

Hawley, Ellis W., *The New Deal and the Problem of Monopoly*(1966).

Holmes, "Privilege, Malice, and Intent", *S Harv. L. Rev. 1*(1894).

_____, "The Path of the Law", *10 Harv. L. Rev. 457*(1897).

Kennedy, David, *Freedom From Fear —The American People in Depression and War, 1929 —1945*(Oxford Univ. Press, 1999).

Kolko, Gabriel, *The Triumph of Conservatism, 1963, —American Legal History 1890 —present*(ed. by Thomas A. Green)(Ann Arbor: UM Law Sch., 1980 — 1981).

Krugman, Paul, *The Conscience of a Liberal*(New York: W. W. Norton, 2009 & 2007).

Landis, James M., *The Administrative Process 22*(1938).

Lindner, Laura A., "'Repealing' The Glass — Steagall Act: A Japanese Lesson in Economic Strategy", *Wisconsin International Law Journal*, Vol. 11, No. 2(1992).

Link, Arthur S., "Woodrow Wilson and the Progressive Era 1910 — 1917", *American Legal History 1890 — present*(ed. by Thomas A. Green)(Ann Arbor: UM Law Sch., 1980 — 1981).

Manheim, Hermann, *Comparative Criminology a Text Book*(London: Routledge & Kegan Paul, 1965, 1973).

McCourt, Frank, *Angella's Ashes*(New York, 2003), *'Tis*(New York, 2004), *Teacher Man*(New York, 2005).

Merton, Robert, K., *Social Theory and Social Structure —Revised and Enlarged Edition*(Glencoe: Free Press, 1957).

Mowry, George E., "The Era of Theodore Roosevelt and the Birth of Modern America 1900 — 1912", *American Legal History 1890 —present*(ed. by Thomas A. Green)(Ann Arbor: UM Law Sch., 1980 — 1981).

O'Hara, Maureen, "Property Rights and Financial Firm", *Journal of Law and Economics, 24*(Oct. 1981).

Orwell, George, *Down and out in Paris and London*(New York : Avon, 1933).

Posner, Richard, "Why was Depression not Anticipated", *A Failure of Capitalism* (Harvard Univ. Press, 2009).

Pound, Roscoe, "Liberty of Contract", *18 Yale L. J.*(1907).

Schwartz, Bernard, 한국어 역 尹世昌, 『미국 행정법론(*American Administratine Law*)』.

Skeel, David A. J.R., *Debt's Dominion-A History of Bankrupcy Law in America* (Princeton: Princeton University Press, 2001).

Stewart, Richard, "The Reformation of American Administrative Law", *88 Harv. L. Rev*(1975).

Strauss, *Leo, Natural Right and History*(The University of Chicago press, 1953).

Thorne, "Dr. Bonham's Case", *54 L.Q.R. 543*(1938).

Thoreau, Henry, *Walden, and other writings*(New York: Bantam Books, 1962) (강승영 옮김)(서울: 이레, 2005).

Russell, Bertrand, *A History of Western Philosophy*(George Allen & Unwin Ltd. 1979).

Ferguson, Niall, TIME(2008.10.13.).

올리버 윌리엄슨(Oliver Williamson), "금융사들에 적용되는 '대마불사'는 절대 받아들일 수 없다"(매일경제, A6면, 2010.1.20.).

Wikipedia, "Dodd–Frank Wall Street Reform and Consumer Protection Act", http://www.wikipedia.org/

부록 1. 지금까지의 연구

1. 연구의 경위(김 철, 2009. 9.)

　법학 전공의 교수로서 경제학적 방법을 1987년 스탠포드에서의 포스너 특강이후 본격적으로 다시 연구하기 시작한 것은 1993년경이었다. 저자는 처음에 코어스(Coase)의 논문집을 개인적으로 번역하면서 검토하기 시작했다.[1] 다음에 포스너(Posner)를 대학원 과정에서 강독·교수하면서 이해하기 시작했다.[2] 1990년대의 노벨상 수상자인 알프레드 노스(Alfred North)의 「제도변화와 경제적 성취」를 법제도 연구의 새로운 등불로 삼기 시작했다.[3] 점차로 법개념과 법제도의 형성과 진화가 경제사와 관계있다는 생각으로 1994년 『현대의 법이론-시민과 정부의 법』이라는 사간본 논문집에서 1770년대부터 1990년대까지의 경제사적 단계와 법제도적 시스템의 상호관계를 논문형식으로 정리해보았다. 1990년대는 거의 매년마다 노벨 경제학상의 수상자들이 법제도나 법과 관계있는 경제적 연구로 수상한 기억을 가지고 있다. 스티글리츠가 경제학상을 받았을 때, 그는 한국의 공법 및 규제법에 좋은 이론을 제공할 것이라는 생각을 가졌다. 법제도에 대한 경제적 분석은 종전의 법학적 방법에 비해서 더 명료하고 합리적인 측면이 있었다. 포스너의 공법학 방법론은 처음에는 작은 연구회에서 발표했는데 그때 코멘트

---

1) R. H. Coase, "The Problem of Social Cost", *The Firm. the Market and the Law*(Chicago, Univ. o. Chicago Press, 1988).

2) Richard A Posner, *The Economics of Justice*(Cambridge, Harvard Univ. Press, 1981 & 1983). 상세한 것은 참조, 김철, "1980년대부터 2000년대까지 아메리카 법학의 주류를 이루었던 입헌주의 경제학의 한국에 있어서의 의미는 무엇인가", 『경제위기 때의 법학-뉴딜 법학의 회귀 가능성』(파주: 한국학술정보(주), 2009), 261~289쪽.

3) Douglas C. North, *Institutions, Institutional Change and Economic Performance*, (Cambridge, Harvard Univ. Press, 1990), 상세는 위의 사람, 위의 글 5.1 더글러스 노스의 제도 이론.

한 소장학자는 외국에서 돌아온 얼마 안 되는 사람이었다. 그가 비공
식적으로 코멘트하기를 "포스너는 원래 아메리카 학계에서는 보수로
분류되나, 이번 발표에서 밝혀지게 된 것은, 누가 포스너를 다루느냐
에 따라서 양상이 달라질 수도 있다"라고 했다. 필자는 단지, 포스너의
한국적 적용에 있어서 필자의 경험을 반영해서 아주 온건하게 비판했
을 따름이다. 포스너의 비판자 중에서, 이념적 문제가 아니고, 법의 경
제분석에 원래 내재하는 문제를 지적한 사람이 있었다. 예일대학의 에
릭슨(Robert C. Ellickson)[4]은 고전 경제학에 입각한 법과 경제분석 자
체를 비판하면서 고전경제학이 기반으로 하고 있는 인간에 대한 가정,
즉 "사람은 합리적으로 행동한다"라는 합리성의 전제를 문제로 삼았
다. 어떻게 해결할 것인가. 문화(culture)와 심리학(psychology)을 경제
학에 가져오는 수밖에 없다. 에릭슨의 이 얘기를 듣기 전에 이미 필자
는 사회학자와 심리학자들과 함께 수년째 발표 및 토론회를 가지고 있
었다. 그런 경험으로 살피건대 1980년대부터 2000년대까지 내리 20여
년간을 아메리카 법학의 새로운 주류로 평가되던 포스너의 경제학적 법
학은 우선 표준적인 경제학이론, 특히 미시이론으로 불리는 고전경제학
(classical economics)을 기본으로 해서 법학적 살을 붙여나가는 것을 알았다.
또한 포스너는 1930년대의 제도경제학자들을 "표준적 이론에 대한 적개
심이 있는 사람들"로 파악하고 있는 것을 알았다. 예를 들어, 위스콘신 법
과대학의 윌라드 허스트(Willard Hurst)를 수량적 이론화를 못 했기 때문에
끝없이 길고 긴 서술적인 논의(descriptive discussion)를 한다고 지적했다
(Posner, 1995). 그렇다면 어쩔 것인가. 역사적 연구는 거의 길고긴 서술이 아
닌가? 이때 도움이 된 것이 미시경제학자들이 아니라 경제사학자였다

---

4) Erickson, "Bringing Culture and Human Fraility to Rational Actors: A Critical Classical
Law and Economics", 65 *Chi-kent L. Rev*23(1989), 상세는 이 글(김철, 2009: 263)을
볼 것.

(North, 1990). 또한 고전경제학을 보충할 수 있는 문화는 인류학적 연구에서 왔다(Barton, Gibbs, Li & Merryman, 1983)(Posner, 1983: 146, 174, 207). 심리학은 현대의 모든 인문사회과학을 특징짓고 있는 두 개 축 중 하나인데 (Keynes, 1890)(Shira B. Lewin, 1996), 법학에서 볼 때 나머지 축은 경제학이었다. 경제학이 지나치게 미시적인 고전경제학에 집착하고 있다면 이 또한 이미 말한 바대로의 인류학과 심리학의 방식에 의해서 극복하지 않으면 안 됐다.[5]

대체로 1997년 가을, IMF외환위기가 올 때까지 필자는 그 정도의 기초적 연구를 하고 있었다. 1998년 외환위기의 첫해에 필자는 「Law in Economic Crisis」라는 영문 텍스트를 편집 · 복사하여 대학원 과정에서 사용하였다. 또한 1999년 "경제위기는 또한 문화적 위기였다"라는 주제의 발표를 어떤 학회에서 했다.[6] 외환위기의 첫해, 경제법학회에 나갔는데 그때의 느낌은 대단히 조심스럽게 표현해야 되겠지만 한국의 법학이 지나치게 해석론에 집착해서 외환위기와 같은 전례 없는 사태 앞에서는 전혀 전후좌우를 알지 못한다는 느낌을 받았다. 경제학자가 전후좌우의 설명을 해 주어야 비로소 무엇이 잘못되었는가 알 수 있다면 법학으로 아무리 훌륭하더라도 경제 관련법에서 어떻게 미래를 얘기할 수 있을 것인가. 법의 경제 분석의 연구는 물론 필자에게 지적 경계를 넓히는 보기 드문 경험이 되었다. 그러나 1990년대와 2000년대의 법의 경제 분석은 지금에 와서 정당하게 평가하건대, 그 당시의 사회학자들이 나에게 귀띔하던 것처럼(당시 나는 새로운 경계를 넓히는 데 열중해서 경청하지 않았다) 신자유주의적 편향을 가지고 있었다.

---

5) 1890년에 케인스는 그 시대의 다른 사회과학자들과 같이 기계적 행동과 인간 행동의 차이를 강조하였다. 경제학이 기초하고 있는 "인간성의 사실들"은 인간 행동의 직접적 관찰에서 유래하는 것이 아니고, 사람들이 그들의 경제 활동에서 영향받는 동기 (motives)의 작용을 내성(reflection)함으로써 이루어진다는 것이다(Keynes, 1890). 이 점은 막스 베버가 Verstehen이라고 부른 것과 가깝다고 할 수 있다(Shira B. Lewin, 1996).
6) 김철, 『동서양의 법 문화 – 경제위기의 반성』(한국가톨릭교수회 발표문, 1999).

학문은 객관적이지만, 그리고 막스 베버 이후 객관적이고 중립적인 학문을 추구하는 것이 우리나라에서도 사명감으로 여겨졌으나, 필자는 헤롤드 버만의 법과 종교를 연구하고 나서[7] 막스 베버의 이른바 객관적 사회과학조차도 그가 생존하던 시절의 불안정한 시대를 보상하고 싶은 객관성이었지 영원불변한 객관성은 아니었다는 것을 서서히 알게 되었다.

무엇인가 학문 자체, 지식 자체, 객관적이고 중립적이라고 믿어져 왔던 지식의 기반 자체가 흔들리고 있다는 것을 조금씩 느껴갔다. 차라리 어떤 시대성 같은 것 - 정확하게는 시대정신(Zeitgeist)이라는 것이 지식조차도 규정한다는 것을 알게 되었다. 이렇게 생각하게 된 직접적 원인은 우선 사회과학 중에서 가장 과학적으로 발달하고, 현실적 용성이 높으며 따라서 예언적 역할을 할 수 있다고 믿었던 경제학에 대한 기대 때문이었다. 그러나 1930년대에 아메리카 기준의 주류경제학자들이 세계 대공황에 대해서 예측하거나 처방을 가지거나 유효한 정책을 내놓을 수 있었던가? 아니었다. 1997년과 1998년에 일본에 비해서 단순 비교 2배, 인구 비례 5배의 경제학자를 가지고 있는 한국은 외환위기를 예측하지 못했다. 다시 세계적으로 10년의 호황이 왔다. 굉장한 호황이었다. 지금은 위기 발생의 원인제공자의 하나로 격하되고 있는 그린스펀은 과다한 통화 공급으로 2006년에서 2007년까지만 하더라도 세계적인 추앙을 받고 있었다. 또한 2007년 영국의 고든 브라운 수상은 "우리에게 다시는 불황은 없다. 자본주의의 자연적 주기로서의 장기 순환곡선조차도 더 이상 해당되지 않는다"라고 큰소리를 쳤다. 대부분의 경제학자들은 말하자면 가격중심, 시장중심의 미시분석에 열중하고 있어서 이미 경제사 분야에서 수십 년을 단위(interval)로 축적되고 있었던 장기적, 역사적 지표는 거들떠보지 않았다. 2008

7) 해롤드 버만과 김철, 『종교와 제도-문명과 역사적 법이론』(서울: 민영사, 1992). 또한 같은 사람들, 『종교와 사회제도-문화적 위기의 법사회학-』(서울: 민영사, 1992).

년 10월 24일 월가 진원의 경제위기는 처음에는 1929년 9월 이후 최대의 것이었고, 주류경제학자들이 예상하거나 준비하지 못했다는 점에 있어서도 마찬가지였다. 그러나 많은 사람들은 무의식중에 벌써 수년 전부터 무엇인가 불길한 것이 닥쳐오고 있다는 것을 알고 있었다. 법학자들 중에서 한국에서도 1995년경부터 국제파산을 비롯해서 한국에서 익숙하지 못한 파산법을 개척한 사람들이 있었다. 아메리카의 법학자 중에서도 엘리자베스 워렌(Elizabeth Warren)은 「The Two－Income Trap」에서, 이전의 표준적인 법학이론이나 경제학이론에 의존하기보다는 90년대 중반부터 아메리카 사회의 심장부에 닥쳐오고 있는 미증유의 사태를 직시하고 있었다.[8] 경제학자들이 어떤 낙관론, 어떤 비관론을 펼치든 간에 월가의 지수가 어떻게 나타나든 신용평가기관들이 뭐라고 얘기하든 이미 1990년대 중반부터 제2차 세계대전 이후 약 50년간 그 사회의 중추가 되었던 중산층이 붕괴되고 있는 조짐이 개인파산, 기업파산과 그 언저리에서 나타나고 있었다.

필자는 수년 전부터 공법학자로서 드물게 파산법연구의 연구회에서 이 현상을 주목하게 되었다(김철, 2009.8.).[9]

2. 『경제 위기 때의 법학－뉴딜 법학의 회귀 가능성』(2009.3.)의 중요 부분

1장 경제 위기 때의 법학: 뉴딜 법학의 회귀 가능성의 의도와 취지는 다음과 같다.

2008년 가을, 현재 진행되고 있는 세계적인 금융자본주의의 위기의 현황을 이해 사회학의 방식, 또는 이해 법학적으로 파악하기 위해서

---

8) Elizabeth Warren & Amelia Warren Tyagi, *The Two－Income Trap－Why Middle－class Mothers & Fathers Are Going Broke*(New York, Basic Books, 2003).
9) 김철, "최현대의 경제공법사상", 『세계헌법연구』(서울: 세계헌법학회 한국학회, 2009, 에필로그).

(Max Weber, 1922: 18 - 19) 비교역사학적 방법을 썼다. 또한 2008년의 세계적인 사회경제상황을 1929년부터 1930년에 이르는 세계 대공황기의 사회 경제 상황과 대비시켜 같은 점과 다른 점을 찾으려 하였다.

"또한 1978년부터 시작하여, 2008년 9월 세계 경제 위기에 이르기까지 약 30년간 계속된 신자유주의 내지, 1980년 초에 시작되어서, 2008년 가을까지 영향을 끼친 레이건 경제학(Reaganomics)에 동반된 법 이론과 상응하는 법 이론이 과거에도 존재하였던가?" 라고 묻는다. 만약 있었다면, 이런 법 이론과 실행이 1929년 10월의 세계 대공황의 발발과 관계있을 것이라고 가정한다. 이런 가정 아래, 역사적으로 소급해서, 1929년 10월 24일 세계 대공황 이전의 시대를 추적하였다. 1929년 세계 대공황 이전의 시대는 한국에서 일반 추상적으로 밖에 알려지지 아니하였다. 1919년 세계 1차 대전 전후 처리 이후, 1929년의 대공황에 이르는 약 10년간의 기간이다. 일차적으로 이 10년간에 초점을 두었다. 그러나 모든 역사적 흐름의 파악이 그러하듯이, 대 공황의 진원지인 아메리카의 법 제도사에서, 1929년 10월 24일의 대공황을 야기한 이전 10년에 중점을 두면서도, 더 소급하지 않을 수밖에 없었다. 19세기 말의 이른바 도금 시대(Gilded Age, 1870~1890)에서 보수주의 시대(Conservative Era, 1885~1895), 시장의 하향과 규제 국가의 상향 시대(1891~1900), 드디어 20세기에 시작된 시어도어 루스벨트의 현대 아메리카의 탄생 시대(1900~1912)와 우드로 윌슨과 1차 대전 기간인 소위 "진취적 시대(Progressive Era, 1910~1917)"에 이르는 전 과정의 법의 추세를 시대별로 추적하였다.

정부의 경제 개입에 반대하고 최소국가를 지향하는 경제적 보수주의와 경제적 자유주의의 상반되는 태도는 아메리카 법 제도사의 모든 시대를 통해서 관류하는 문제였다(1장 19). 약 200년 이상의 역사를 통해 경제적 보수주의와 경제적 자유주의라는 양 둑을 따라서, 법 제도와 경제의 긴 강물이 흘러왔다. 강물에 실리는 문제는 국민의 과다한 부채, 나라의 부의 집중, 부유층의 행태와 빈곤층의 행동이었다(1장 19).

채무자의 지불 불능에 대한 법 제도의 태도는, 고대 로마법 이래 기존의 전통 대륙 민법에서 논의되는 범위가 한국 법학의 일반적 태도였다. 그러나 한국에서도 상당한 정도, 채무 면책에 대해서는 아메리카 파산법의 새로운 태도를 수용하였다고 본다. 미국 파산법의 가장 급격한 경제적 자유주의는 대공황 때의 파산 입법(1938)에 나타났다(1장 20). 미국 파산법의 채무자의 지불불능에 대한 태도와 그 역사적 형성도 살펴보았다.

1930년대의 세계 대공황기는 세계 법학사에서 볼 때는 법 현실주의와 제도주의가 나타난 시대이다(김철, 2008ㄱ). 1장의 숨은 취지는 세계 경제사의 위기에 대해서 기존의 경제학과 법학이 어떠한 식으로 반응했는가를 살펴보는 것이다. 저자는 한국 법학도가 익숙한 전통 유럽 원산지인 신칸트학파의 방법이원론이 1929년 기점의 세계 대공황 전기에 아메리카에서 극적인 변용을 하게 된 긴 과정을 이 책의 끝 무렵, 제8장의 법철학사에서 긴 도입부와 함께 다시 철저히 설명한다(8장).

2장 "경제위기와 아노미의 법학"의 의도와 취지는 다음과 같다. 대공황의 시발점인 1929년 10월 24일 이전 10년간의 사회경제적 특징에 대해서 법 제도사의 연구가 1장의 초점이라면 경제 사회학적 내지 법사회학적 연구가 2장의 초점이다.

일단 1929년 10월 24일 세계 대공황 발발 이전 10년에 주목한 것은 1장과 같다. 그러나 이 장의 분석 및 종합은 사회학적 개념을 중심으로 경제 위기를 야기한 요인을 부각시킨다.

현대 이전의 경제 위기, 즉 1873~1874년 비엔나에서 시작한 서유럽의 경제 위기와 1882년 파리 증권거래소에서 발생한 파산 사건을 유럽 사회학의 아버지 뒤르켐은 아노미(anomie)라는 거시 사회학적 개념과 관계시켰다. 저자는 19세기의 고전적 사회학을 연구하다가, 뒤르켐이 명료하게 표현하지 못했던 두 종류의 아노미의 관계에 대해서 가설을 세우게 되었다. 즉, 이미 19세기 서유럽 대륙의 역사에서 나타난 대로, 그리고 뒤이어 신대륙의 역사에서도 다른 법 사회학자에 의해서 암시된 대로, 사회적 문화적 아노미는 분명히 경제적 아노미의 원인이 될 정도로 연결되어 있었다.

따라서 2장은 사회적·문화적 아노미(무규범 상태)가 어떻게 경제적 아노미(무규범 상태)와 연결되어 있는가를 증명하기 위한, 비교 사회와 비교 역사의 연구이다. 우선 16세기에 쓰였던 아노미란 용어를 뒤르켐이 자신의 시대(1858～1894)의 사회 현상에 적용시켰다. 이 '에밀 뒤르켐의 시대'를 거시 역사적으로 파악한다(1848～1894). 눈에 띄는 단락은 1870년대의 서유럽의 주요한 나라에 영향을 준 경제 위기와 1882년 파리 증권거래소에서 발생한 파산사건이다. 뒤르켐 이후 약 40년 뒤, 신대륙의 법 사회학자 머튼이 다시 아노미를 사회 현상 분석의 주된 용어로 등장시켰다. 신대륙에서 아노미가 발생하고 진행되다가 폭발한 가장 큰 단락을 1929년 10월 24일 월가에서 시작된 세계 대공황으로 파악한다. 그 이전 1919년부터 약 10년간의 번영기에 아노미가 진행된 것으로 추정된다. 1929년 대공황 이후의 약 10년 동안의 뉴딜 시대를 아노미와의 전쟁 또는 아노미에서의 치유 기간으로 추정한다. 신대륙에서의 아노미의 파급은 제도로 보장된 규범과 실제 주어지는 기회와의 분리에서 오는 것으로 관찰되었다[세계 대공황에서 폭발한 아노미를 치유하기 위한 뉴딜 시대의 정신은 뉴딜 입법(1933～1937)과 훨씬 나중의 적극주의 법원(1954, 1955, 1957)의 헌법 혁명으로 나타나는 것과 맥락을 같이한다]. 저자는 1929년의 세계 대공황의 발생과 진행에서 얻은 통찰- 즉, 문화적·사회적 아노미가 경제적 아노미와 연결돼 있다- 을 2008년 9월 현재 지구촌의 초점이 된 월가에서 출발한 금융위기에 적용할 수 있는가를 조심스럽게 묻는다. 즉, 1998년부터 약 10년간 미국 경제는 호황이었고 그 호황은 아노미를 동반하는 것이 아니었는가. 그렇다면 2008년 9월 이후 약 10년간 세계경제의 중심인 미국은 1933년부터 시작한 뉴딜 시대와 얼마나 많은 공통점을 갖게 될 것인가. 또한 한국인으로서 이미 겪은 1998년의 외환위기를 뒤르켐-머튼의 분석 용어로 반추할 때 1998년 이전의 약 10년, 즉 1989년부터 시작된 한국의 자유화가 아노미를 동반하지 않았는가라고 묻는다.

그러나 2009년 2월 현재 가장 큰 문제는 2008년 9월부터 시작된 세계경제 위기가 그 이전 약 10년간의 선진 산업국가 군의 호황에 동반된 아노미와 관계된다면, 2009년 1월 극적인 반전이 성공한 이 "아노미와의 전쟁"이, 혹시 1933년 3월 가까스로 반전이 시작된 아노미와의 전쟁을 참조할 수 있겠느냐, 얼마나 참조할 수 있겠느냐의 실천적 의문이다.[10]

3. 『법과 경제 질서: 21세기의 시대정신』(2010.12.)에서 새롭게 논의된 주제들

『법과 경제 질서: 21세기의 시대정신』(2010.12.)에서 새롭게 논의된 주제들은 다음과 같다.

제5장 최현대(最現代, contemporary)의 경제공법 사상(1)
제6장 최현대의 경제공법 사상(2)
제7장 최현대의 경제 공법 사

---

10) 김철, 『경제 위기 때의 법학』(파주: 한국학술정보(주), 2009.3.), 이 책의 취지.

제9장 지성사에 있어서의 경제적 보수주의와 경제적 자유주의의 순환
제10장 세계금융위기 이후의 경제와 규범, 도덕의 관계
제11장 근대 이후의 자유주의의 변용과 경제공법질서의 전개과정(1)
제12장 근대 이후의 자유주의의 변용과 경제공법질서의 전개과정(2)
제13장 법사와 경제사의 상호교호관계

4. 2011년 이후의 필자의 연구 주제

"정의란 무엇인가: 자유주의와 공동체주의의 가치, 자유와 평등, 형평"(2011)[11]

"법과 경제 질서"(2011)[12]

"신자유주의 시대 경쟁과 과시"(2012)[13]

"폭력의 사회경제적 배경과 판례: 자유지상주의·신자유주의에서의 아노미에 대한 판례의 태도"(2012)[14]

"해롤드 버만의 통합 법학"(2012)[15]

『법과 혁명 1 - 서양 법 전통의 형성 1』(2013)[16]

"김철의 법철학", 『한국의 법철학자』(2013)[17]

"법과 혁명 - 프랑스 혁명이 법제도에 미친 영향, 법과 종교의 관계를 겸하여"(2013)[18]

"회고: 학제적 학회에서 촉발된 나의 지적 모험"(2013)[19]

---

11) 한국사회이론학회, 『사회이론』 통권 제39호 2011년 봄/여름호(2011.5.31.)

12) 『세계헌법연구』 제17권 제3호(서울: 세계헌법학회 한국학회, 2011.12).

13) 한국사회이론학회, 『사회이론』 통권 41호 2012년 봄/여름호(2012.5.31).

14) 한국사회이론학회, 『사회이론』, 통권 42호 2012년 가을/겨울호(2012.11.30).

15) 『금랑 김철수 교수 팔순 논문집』(서울: 경인문화사, 2012).

16) 해롤드 버만 지음, 김철 옮기고 정리함, 한국학술정보(주)(2013.2.28.).

17) 한국법철학회 편(서울: 세창출판사, 2013). 이 책의 영문판은, *Legal Philosophers in Korea*, Korean Association of Legal Philosophy(Seoul: Sechang Publishing, 2014)

18) 『세계헌법연구』 제19권 제2호(서울: 세계헌법학회 한국학회, 2013.8.).

"법과 경제 질서: 역사적 접근"(2011)[20]

"경제법사상의 최근 동향: 통합적 방법론"(2011)[21]

"인종문제와 세계화, 자유화, 시장화"(2011)[22]

"법과 정치"(2012)[23]

"권력과 법학 교육 - 경제적 아노미와 아노미의 법학"(2013)[24]

"미국에서의 교회와 국가 - 미국 헌법 수정 제1조의 "서양 법 전통"의 기원과 판례를 중심으로 - "(2014)[25]

"'막스 베버의 프로테스탄트 윤리와 자본주의 정신'에 대한 해롤드 버만의 연구"(2014)[26]

"아노미(anomy, anomie)시대의 평등권과 교육의 기회 - 비교법적 소고"(2014)[27]

19) 『사회이론』 통권 44호 2013년 가을/겨울호(2013.11.30.).
20) 2011.6.17. 한국법사학회 제97회 정례학술발표회, 서울대학교 법과대학 6층 서암홀.
21) 2011.6.25. 한국법철학회 6월 정기독회, 대우재단 빌딩.
22) 2011.6.25. 2011년 한국사회이론학회 전기 학술대회, 숙명여자대학교 진리관.
23) 2012.12.8. 2012년 한국사회이론학회 후기 학술대회, 숙명여자대학교 백주년기념관.
24) 2013. 12.7 한국사회이론학회 후기 학술대회 ,주제 "권력" 경희대학교 평화복지연구소 공동 주최.
25) 2014. 3. 17. 한국교회법학회 제 6회 학술대회, 주제 "교회와 국가" 한국기독교연합회관 3층 중강당.
26) 2014. 4.19 한국사회이론학회 전기 학술대회, 한국사회이론학회 및 인문 사회과학회 공동 주최 베버 탄생 150주년 기념 학술대회.
27) 2014.6.13. 공법이론과 판례 연구회 월례 발표회.

부록 2. 각 장에서 인용된 주요 인물 및 사항

■ 서장

▶ 마사 누스바움(Martha Nussbaum)
사진 출처: 위키피디아

마사 누스바움(Martha Craven Nussbaum, 1947.5.6.생)은 법철학자이며, 현재
시카고대학 로스쿨의 Ernst Freund Distinguished Service Professor of Law and
Ethics이다. 그의 대표작은 *Hiding From Humanity: Disgust, Shame, and the
Law(2004)*이다. 2014년 1월 초의 사회과학자와 전미경제학자대회(AEA)에서
사회과학과 경제학이 종합적 시점을 가져야 함을 역설하였다.

1장 법과 경제 질서

▶ 에이미 추아(Amy L. Chua)
사진 출처: 위키피디아

에이미 추아(Amy L. Chua)는 중국계 미국인 2세(traditional Chinese: 蔡
美兒; simplified Chinese: 蔡美儿; 1962.10.26.생)이며, 예일 로스쿨의 John M.
Duff, Jr. Professor of Law이다. 전공은 international business transactions, law
and development, ethnic conflict, and globalization and the law이다. 비서구지
역에서 진행된 민주화와 시장화가 시장 지배 소수집단에게 부를 집중시키고,
동시에 같은 사회에서 진행되고 있던 민주화는 다수 빈곤 국민의 정치권력을
증가시켰다고 분석한다.

2장 네오리버럴리즘의 시대의 경쟁과 과시

▶ 로렌스 레식(Lawrence Larry Lessig)
사진 출처: 위키피디아

시장만능주의 또는 시장근본주의는 1989년 가을의 동유럽·러시아 혁명과 1990년 도이치 통일에 잇따른 구 공산주의 지역의 진공 상태에 침투하였다. 개혁과 개방을 지향했던 온건한 서구 전통의 고르바초프가 지향한 구 사회주의 체제의 교정은, 그의 로드맵에 의하면 우선 약 72년간 계속된 인류 역사상 최초의 사회주의 경제 및 법 제도를, 스칸디나비아 체제 정도의 온건한 사회민주주의 법 체제로 이행하는 것이었다(김철, 2007 & 2009.9.). 그러나 소비에트 해체 전후의 구 공산주의의 광대한 영역의 중심이었던 러시아 공화국에서는 온건한 전진주의보다 더 급격한 정치노선이 승리하였다. 옐친의 급진주의는 1917년 이후 72년 이상 사 소유권을 원칙적으로 부정해 온 사회주의 법 제도가 와해한 진공상태에, 아메리카의 "자유주의"를 끌어들였는데 이때의 속칭 "자유주의"는 밀 전통의 자유주의(liberalism)가 아니라 스펜서 전통의 시장만능주의에 더 가까운 것으로 판명되었다. 1989년 동유럽 러시아 혁명 이후에 이와 같은 경위를 법학계에서 최초로 증언한 사람은 스탠퍼드의 레식(Lawrence Lessig, 1997)으로 그는 구 소비에트를 덮친 시장 만능주의를 "자유지상주의(libertarianism)"라고 불렀다. 레식은 동유럽 러시아 연구소를 거쳐서 스탠퍼드와 하버드의 헌법 및 정보 통신법 교수이다. 법학자로 동유럽 러시아 법에 대한 "해체기의 법과 사회"를 다룬 점에서, 역시 스탠퍼드와 하버드의 법학 교수였던 헤롤드 버만의 연장선상에 서 있다고 보인다.

▶ 돌스타인 베블런(Thorstein Bunde Veblen)
사진 출처: 위키피디아

돌스타인 베블런(Thorstein Bunde Veblen, 1857.7.30.~1929.8.3.)은 스칸디나비아계 이민 출신으로 경제학자 및 사회학자이며, 제도 경제학(the institutional economics) 운동의 선구자였다. 베블런의 저서 『유한계급론』(The Theory of the Leisure Class, 1899)이 출판된 것은 1899년이었다. 이 해는 문명사에서 최초의 장기 대침체(the Long Depression, 1873~1897)가 끝난 직후이다. 따라서 유한계급론은 장기 대침체 시대를 배경으로 하고 있다. 인류 문명사에서 과시적 소비 및 경제 활동이 처음으로 나타난 것은 이와 같이 19세기 말 약 24년이 걸린 세계적인 대침체 시대였다고 관찰된다.

▶ 스콧 피츠제럴드(Francis Scott Key Fitzgerald)
사진 출처: 위키피디아

스콧 피츠제럴드(Francis Scott Key Fitzgerald, 1896.9.24. ~ 1940.12.21.)는 1919
년부터 1929년 사이의 대공황으로 가는 시대의 아메리카 사회를 그린 사회적
작가이다. 그는 과시적 번영과 위험한 거품이 공존하는 시대를 "재즈 시대"라
고 명명하여 문학뿐 아니라, 법의 역사와 경제의 역사의 시대 구분에 공통점
을 부여하였다. 사후에 재평가되었고, 헤밍웨이 등과 같이 인류의 문명사를
증언한 위대한 작가로 평가된다. 위대한 개츠비 커브(Great Gatsby Curve)라는
경제학 용어는 그의 대표작에서 나왔다.

3장 1997년 외환위기에 대한 문화적 접근

▶ 한나 아렌트(Johanna Hannah Arendt)
사진 출처: 위키피디아

한나 아렌트(Johanna "Hannah" Arendt, 1906.10.14.~1975.12.4.)는 유대계 독일인이고, 2차 대전 때, 나치의 박해를 피해 뉴욕으로 이주하여 주로 망명 학자들이 모인 New School for Social Research에서 유럽 전통의 철학과 정치철학을 가르쳤다. 마지막 저작인 *The Life of Mind*에서 그리스 자연철학자 고르기아스의 명제에서 출발한 사회 철학을 시도하였다. 문화에 있어서 "눈에 보이는 것"과 "눈에 보이지 않는 것"의 이분법적 원형에서 출발하여서 이를 극복하려고 하였다. 아렌트의 이런 철학이 한국 문화에 있어서의 외관과 실상, 현상과 본질의 식별에 어떤 도움을 줄 것인가? 아렌트가 인용한 고르기아스의 명제가 출발점이 된다. (악의) 존재는 사람에게 보이지 않기 때문에, 그리고 보이지 않는 한, 명백하지 않다. (악이) 존재하더라도 외관이 나타나기 전까지는, 그 존재의 확신은 약한 것이다(본문 3장 2절).

4장 한국에 있어서의 경제와 법의 진행 과정: 금융 위기 이후

▶ 엘리자베스 워렌(Elizabeth Ann Warren)
사진 출처: 위키피디아

대부분의 중요한 법학자들은 금융위기 이전의 호황 중에 비슷한 양상을 보였다. 단지, 파산법 분야에서 워렌(Warren, 2003)은 아메리카 중산층의 상황이 1970년대와 같은 안정감이 없으며, 전통적으로 사회에 안정감을 주어 왔던 중산층이 붕괴하고 있다고 보고하였다. 사진은 엘리자베스 워렌의 것이다. 2008년 10월 24일 월가 진원인 금융위기는 처음에는 1929년 9월 이후 최대의 것이었고 주류경제학자들이 예상하거나 준비하지 못했다는 점에 있어서도 마찬가지였다. 그러나 많은 사람들은 무의식중에 벌써 수년 전부터 무엇인가 불길한 것이 닥쳐오고 있다는 것을 알고 있었다(김철, 2009ㄴ: 255)(김철, 2010.12., 373, 423). 경제학자들은 학파에 따라서 극심하게 분열하였다. 그러나 **학부 교육과 법학 교육에서 아메리카의 최상류 주류사회에 속하지 못했던 워렌은 아메리카의 평균적인 중류가정의 실상을 알게 되었고, 그 실상을 그의 연구의 소재로 하였다.** 번영하고 있는 듯한 아메리카 사회의 허리 부분이라고 할 수 있는 중산층 맞벌이 부부의 실상을 소재로 한 그의 연구는 법현실주의의 1930년대 이후의 전통을 이어서 주류 법학자나 사회과학자들이 무시하고 지나간 현대 경제사회의 가계의 문제를 노출시켰다. Warren and Tyagi, *The Two −Income Trap: Why Middle −Class Mothers and Fathers Are Going Broke*(New York: Basic Books, 2003).

또한 실증적 연구를 통해서, (30년간의 경제성장에도 불구하고) 오늘날의 아메리카의 근로자가, (인플레이션을 감안하면) 30년 전의 아메리카의 근로자보다 덜 벌고 있다는 것을 증명하였다. 주거를 위한 대출, 의료비, 교통비, 양육비가 엄청나게 늘어나서 맞벌이 부부의 중산층도 파산 직전의 상황에 내몰린다는 것을 보여주었다.

워렌은 새로운 금융소비자보호국(the Consumer Financial Protection Bureau) 설립의 주창자였다. 이 기관은 2010년 7월, 미 오바마 대통령에 의해 법률로 서명된 도드프랭크 금융개혁법에 의해 설립되었다. 보호국의 공식적인 출발에 앞서서, 워렌은 대통령의 특별보좌관으로서 중요한 역할을 하였다. 리버럴(자유주의자) 그룹과 소비자보호 단체들은 워렌이 소비자보호국의 책임자로 지명될 것을 지지하였으나, 당시 금융기관과 당시 의회의 공화당원들은 워렌이 규제를 강화할 것을 두려워해서 반대하여 무산되었다. 2012년 워렌은 아메리카에서 가장 교육수준이 높은 메사추세츠 주의 최초의 여성 상원의원으로 진출하였다.

▶ 조셉 스티글리츠(Joseph Eugene Stiglitz)
사진 출처: 위키피디아

조셉 스티글리츠(Joseph Eugene Stiglitz, 1943.2.9.생)는 컬럼비아대
학의 교수로 미국의 경제학자이다. 2001 노벨 경제학상 수상자이다. 그는 세
계화된 경영, 자유 시장의 경제학자들(free market economists) 중, "근본주의자
들(free market fundamentalists)", 그리고 IMF, 월드뱅크와 같은 국제기구의 어
떤 시기의 정책에 대한 비판적인 관점으로 알려져 있다. IMF외환위기 때의
국제기구가 네오리버럴리즘에 동행하고 있었다고 했다. 최근작 『불평등의 대
가(the Price of Inequality)』가 한국에도 알려져 있다.

▶ 폴 크루그먼(Paul Robin Krugman)
사진 출처: 위키피디아

"그러나 1980년대가 되자 중산층 중심과 중도노선의 정치가 미국사회 진화의
끝이 아니라는 사실이 분명해졌다. 경제학자들은 소득격차가 급격히 확대되었
다는 근거자료를 내놓기 시작했다. 즉, 대다수의 미국인들은 경제적으로 거의
또는 전혀 발전하지 않았지만, 소수의 집단들이 훨씬 앞질러 나아가기 시작했
다. 정치학자들도 정치적 양극화 증상을 증명하는 자료를 내놓기 시작했다.
정치인들은 좌나 우의 극단으로 치달았고, 이러한 경향은 2007년까지 계속되
었다. 계층 간의 수입의 불평등은 1920년대만큼이나 크며, 정치적 양극화도
전례 없이 심해졌다."(Paul Krugman, 2007: 019)(김철, 2010.12.: 207)

▶ 로버트 실러(Robert James Bob Shiller)
사진 출처: 위키피디아

로버트 실러(1946~)는 2013년 10월 14일, Eugene Fama, Lars Peter Hansen과 함께 자산 가격에 대한 경제학 "for their empirical analysis of asset prices"으로 노벨 경제학상을 수상했다.

부동산 경제에 대해서는 보편적인 과학이 있어 왔고, 드디어 2013년에 노벨 경제학상을 받게 되었다. 로버트 실러는 1920년대부터의 유가 증권 등락을 추적해서, 주식 시장이 흔히 주장하듯이 "합리적 기대 가능성"에 의해서 움직인다기보다도, "정서(emotion)"에 의해서 결정된다고 해서, 행동주의 경제학(behavioral economics)을 주창했다. 레이거노믹스 정책 이후 약 30년간 계속된 무책임한 금융과 규제-탈규제의 정부가 마련해 준 "더 많은 부동산 투기 파티"를 즐기던 청교도의 후예들이, 드디어 거품이 터지자 1930년대 이후 최대 위기를 맞게 된다는 것을 정확히 예언하였다.

5장 아노미의 법학과 평등권, 교육의 기회

▶ 위대한 개츠비 초판
사진 출처: 위키피디아

위대한 개츠비는 스콧 피츠제럴드(Scott Fitzgerald)에 의해 1925년 출간되었으
며, 아메리카의 재즈 시대(1919~1929)의 번영과 사회적·문화적 아노미를
풍자하고 있다.

'위대한 개츠비 곡선(The Great Gatsby curve)'은 지난해 5월까지 백악관 경제
자문위원회 위원장을 맡았던 알렌 크루거 프린스턴대 교수가 경제적 불평등
을 설명하기 위해 소설 인물 이름인 개츠비를 따서 제시한 이론이다. 개츠비
가 살던 미국 대공황 직전은 소득 상위 1% 가계소득이 미국 전체의 21%에
달할 정도로 빈부 격차가 극심한 시기였다. 경제적 불평등 정도가 심하면 심
할수록 부모의 부가 자식에게 그대로 이어질 가능성이 높다는 것이 개츠비 곡
선의 골자다(매일경제, 2014.1.4.).[28]

---

28) 2014 전미경제학회 기획취재팀, "헤크먼 '불평등 해소가 생산성 높여 국가경쟁력
키운다'", 매일경제, 2014년 1월 4일.

▶ 제임스 헤크먼(James Heckman)
사진 출처: 위키피디아

제임스 헤크먼(1944~)은 법학주제를 다루는 경제학자이다. 그러나 2014년 1월 초의 전미경제학회(AEA)에서의 기조연설에서 "경제적 불평등과 교육에 있어서의 기회 부여"는 필자가 기왕에 2008년 "경제 위기와 아노미의 법학"(2009년, 2010년의 저서에서 반복 게재)의 취지와 거의 같기 때문에 소개하기로 한다. 2000년 노벨경제학상, 교육·직업훈련·차별금지·민권법, 고용과 법이 연구주제이다. 『법의 지배의 세계적 전망』(N.Y, Rouleledge, 2010)

▶ 토마스 피케티(Thomas Piketty)
사진 출처: 위키피디아

토마스 피케티(Thomas Piketty, 1971~)는 Saez(Berkeley)와 함께 소득 불평등에 대한 가장 포괄적인 경제사를 완성하였다. 「미국에서의 소득불평등, 1913~1998」 (NBER) 폴 크루그먼에게 큰 영향을 끼쳤다.
대표작: 21세기의 자본(Capital in the Twenty-First Century, 2014)

6장 폭력의 사회 경제적 배경과 판례-자유지상주의, 네오리버럴리즘에서의 아노미에 대한 판례의 태도-

▶ 제롬 샐린저(Jerome David Salinger)
사진 출처: 위키피디아

제롬 샐린저(1919~2010)의 소설 『호밀밭의 파수꾼(*The Catcher in the Rye*)』
은 아메리카 중상류 사회의 청소년들의 소외를 다루고 있다. 그의 체험적 주
인공인 홀든 콜필드(Holden Caulfield)를 통해, 청소년 폭력, 청소년 자살, 가출
에 이르는 심리학적 체험을 섬세하게 그리고 있다. 외면적으로 번영하는 사회
의 한가운데서 일어나고 있는 소외와 파편화, 그리고 마침내 비인간화가 이루
어지는 일상적 과정을 그리고 있어서 공식적 사회과학이나 법학이 손닿지 않
는 중요한 부분을 노출시켰다. 경제적 번영의 와중에서, 가정과 학교에서 소
외된 홀든 콜필드라는 10대를 통해서, 소속감이 없는 무규범 상태인 아노미
중의 행동 양식을 보여주고 있다.

▶ 에밀 뒤르켐(David Emile Durkheim)
사진 출처: 위키피디아

뒤르켐(1858~1917)은 프랑스의 사회학자이자 사회심리학자이며 철학자로 불리나 법학에도 넓은 영향을 미친다. 뒤르켐의 『자살론』 *Suicide*(1897)은 자살률의 증가와 다른 사회적 요인의 연관을 밝힌 것으로 필자의 연구에 주된 프레임을 제공하였다.

뒤르켐의 명제는 '파산과 자살의 증가는 상관관계가 있다'였다.

뒤르켐이 중요 저작을 출판하기 시작한 시기는 1893년과 1897년이었다. 이 시점의 역사적 의미는 어떠한가? 장기 대공황(the Long Depression)은 서유럽의 전역에 영향을 미쳤고, 끝난 것이 1897년이었다(김철, 2008; 2009ㄱ; 2010.12.: 144). 따라서 뒤르켐의 중요한 저작의 배태 기간은 24년이 걸린 장기 대공황 시대라고 추정할 수 있다. 뒤르켐의 장소였던 장기 대공황의 내습은 1882년 파리의 증권거래소의 파산으로서, 그 영향은 프랑스 전체에서 곧 나타났다. 이 파산 사건들이 자살에 미친 영향은 어떠한가? 뒤르켐의 계산으로는, 1874년에서 1886년까지의 자살의 연평균 증가율은 2%에 불과하였다. 그러나 파리 증권거래소 파산 사건이 이후, 즉 1882년 이후에는 7%의 증가율을 보였다. 이 증가율은 파산 사건이 일어났던 첫 3개월 동안에 주로 증가했다(뒤르켐, 1993: 255-256)(김철, 2008; 2009ㄱ, 2010.12.: 145).

뒤르켐의 더 중요한 발견은 다음과 같다. **자신에 대한 폭력인 자살과 타인에 대한 폭력인 살인은 아노미라는 동전의 양면에 해당하는 것이다.** 필자는 청소년 폭력의 문제를 아노미에 연결시킨다. 아노미(anomie)는 뒤르켐이 '사회분업론'과 '자살론'에서 사용한 개념이다(Durkheim, 1952; Merton, 1957). 아노미의 사전적인 뜻은 '규범이 없음'으로서, 규제와 억압이 존재하지 않는 상황에서 발생한다. 이때 규제와 억압을 담당하는 규범은 법규범, 도덕규범 그리고 사회규범과 행동규범을 의미한다. 아노미의 두 번째 뜻은 '자신이 어디에 소속되었는지를 모르는 상태'이고 '무규범 상태'와 뚜렷하게 구분되는 것은 아니지만 약간은 다른 의미를 내포하고 있다(김광기, 2007: 54)(김철, 2008; 2009ㄱ, 2010.12.: 147).

▶ 리처드 포스너(Richard Allen Posner)
사진 출처: 위키피디아

리처드 포스너(1939~)는 시카고 로스쿨의 교수였다가, 현재 연방 항소법원(the United States Court of Appeals for the Seventh Circuit in Chicago)의 판사이며 또한 시카고 로스쿨의 원로강사(Senior Lecturer at the University of Chicago Law School)이다. 그는 법학자로서 경제학을 독학으로 연구하여 '법과 경제'라는 1980년대 이후의 가장 영향력 있는 분야의 개척자가 되었다.

이 장에서 포스너의 견해가 문제가 되는 것은 청소년용 비디오 게임에 있어서의 폭력적 내용이다. 인류 문화사에서의 폭력적 표현에 대해서, 미국 연방대법원의 다수의견은 백설공주, 빨간 구두, 신데렐라, 헨젤과 그레텔, 오디세우스, 신곡의 폭력 장면을 인용해서 인류 문화사에서 폭력적 표현은 으레 있어 왔다고 하고, 다수의견에 영향을 준 연방항소법원의 포스너 판사는 별도로 판결의 이유를 설명한다.

그러나 연방대법원의 다수의견이나 연방항소법원의 포스너 판사 모두 목전에 문제가 된 폭력적 비디오 게임에 있어서의 폭력과 그들이 매우 고상하게 인용한 인류 문화의 고전이 된 그림 형제의 동화, 안데르센의 동화, 유럽의 민속 동화, 그리고 심지어 제임스 조이스의 율리시스나 혹은 그것의 연원인 호메로스의 오디세우스에서의 폭력이 **방향도 다르고, 질적으로도 다르고, 컨텍스트도 다르고, 통틀어서 전혀 다르다는 것을 눈감고 있다. 왜냐하면 고전이 된 그림 형제나 안데르센 동화, 그리고 그리스 고전에 있어서의 폭력은 일시적으로 어떤 부정의한 상태가 주인공의 생존을 거의 부인할 정도까지 진행되고, 명백히 부정의하며 야만적인 폭력을 극복하기 위해서 오로지 그 목적을 위해서 말하자면 정당방위나 자력구제를 위해서 폭력을 행사한 그런 이야기이다.** 한 나라의 최고 법원의 대법관들이 그리고 오랫동안 법과 문학의 영역에 있어서 권위를 자랑했던 포스너 판사가 인류 문화의 고전이 된 문학 작품과 1999년 이후 네오리버럴리즘과 극단적인 자유방임주의, 그리고 무정부주의적인 네오리버럴리즘에 감염된 폭력적 게임을 구별하지 않는다는 것은 놀랄 만한 일이다.

7장 법과 혁명: 프랑스 혁명이 법 제도에 미친 영향 – 법과 종교의 관계를 겸하여

▶ 빅토르 위고(Victor Marie Hugo) 가(街) 도로 표지
사진 출처: 위키피디아

2012년 말경부터 2013년 초까지, 길고 혹독한 겨울 동안, 한국의 대중 저널리즘이 취급한 외국 문화 중 지식인과 청년학생들의 인구에 회자한 것은, 1862년에 출간된 프랑스의 빅토르 위고의 5부작을, 배경이 되는 큰 역사를 빼고, 인물 중심의 사건만으로 발췌해서 만든 영화 <레미제라블>이 아닐까 한다. 이 영화에서는 1814~1815년 앙시앵 레짐(혁명 이전의 구체제)으로의 왕정복고기에서, 1830년의 7월 혁명 기간과 그 이후의 불안정한 시기 동안의, 이른바 프랑스의 하층민 생활상 – 실업 이후의 판틴(Fantine)의 영락(零落, fall down)의 묘사, 몽트뢰유 쉬르 메르시로 들어가는 입구에 등장하는 이름 없는 "비참한 사람들"의 생활 – 이 인상적으로 표현되고 있다. 또한 앙시앵 레짐 왕정복고기(1815~1830)로 대표되는 대혁명의 반동기 동안 1789년 대혁명을 계승하려는 공화파 청년들의 폭동 장면도 상당한 시간 동안 묘사하고 있는 것이 특징이다. 이 영화의 대중심리적 영향은 이미 오래전부터 잘 알려져 온 단순화된 공식으

로 요약된다. 즉, 자베르에 의해서 표상되는, 억압 법의 무자비함과 불관용, 법을 집행하는 관료 체계의 경직성과 자동 기계의 성격, 전과자에 대한 일반인들의 낙인찍기, 누범에 대한 무자비한 응보형 등이 인상적이다. 판틴의 생활에 나타나는 공식 법제에서의 소외, 인간다운 생활을 보장받지 못함, 코제트의 초기 생활에서 나타나는 아동에 대한 정부나 국가의 보호 없음, 아동 노동과 학대에 대한 방임 등이 두드러진다. 또한 가석방된 장발장에 대한 사회적 격리 조치도 드러난다. 사회적 약자에 대한 배려가 전혀 없는 법제도의 시대를 그리고 있다고 하겠다. 다른 한편 미리엘과 회심 이후의 장발장에 의해서 대표되는 "지고의 존재(dê・tre superier)의 뜻"에 따른 관용과 용서의 세계가 그려지고 있다.

이 장에서는 픽션『레미제라블』의 사회경제적 배경이 되는 대혁명 이후의 제도의 변화를 다루고 있다.

8장 정의란 무엇인가－자유주의와 공동체주의의 가치, 자유와 평등, 형평(equity)

▶ 로널드 드워킨(Ronald Myles Dworkin)
사진 출처: 위키피디아

로널드 드워킨(1931～2013)은 20세기와 21세기의 가장 영향력 있는 법철학자로 그의 법학의 소재는 다양하나 헌법적 소재가 알려져 있다. 그는 뉴욕대학의 Frank Henry Sommer Professor of Law and Philosophy였으며, 동시에 University College London과 the University of Oxford에서 가르쳤다. 법철학 및 정치철학에서 동시에 인용되며, 20세기의 법학계에서 인용 빈도수가 두 번째라는 보고가 있다(*The Journal of Legal Studies*).

법철학자 로널드 드워킨은 2008년 10월 방한 때 첫 번째 전문가 세미나에서, 법제도의 윤리성의 회복(Dworkin, 2008: 12－14)과 법 개념의 출발을 도덕과의 관계에서 다시 설정하였다(김철, 2009ㄱ: 48)(김철, 2010.12.: 426).

드워킨은 1995년경부터 자유주의자(Liberals)의 본령을 강조하고 2008년 세계 경제 위기의 가을에 다음과 같이 선언한다. "우리는 쉽사리 나무의 구조에다 법은 놓을 수 있다. 즉, 법은 도덕성의 한 가지이고 하위 분야이다."(김철, 2010.12.: 413, 2010.5.31.)

▶ 헤롤드 버만(Harold Joseph Berman)

해롤드 버만(1918~2007)은 37년간 Harvard Law School의 가장 중요한 업적을
내는 교수에게 주어지는 스토리 교수직(Story Professor of Law)과 에임스 교수직

(Ames Professor of Law)에 있었다. 이후 남부의 하버드로 불리는, Emory Law School의 가장 최고의 교수에게 주어지는 우드러프 교수직(Woodruff Professor of Law)을 역임하여 89세에 영면할 때까지 60년 동안 현역 교수로 활약하였다. 버만의 업적 분류는 Harvard Law Library에서는 법학교육, 법철학, 법사학, 비교법, 국제거래법으로 분류해서 보관하고 있다(Harvard Law Library 홈페이지). 그가 78세 되던 1996년에 그의 영향권에 있던 법학자(런던대학의 윌리엄 버틀러 등 5인)들이 그의 전공을 다섯 분야로 나누어서 1. 비교법과 비교법제사, 2. 법사(Legal History), 3. 국제거래와 통상, 4. 법철학 또는 법리학(Jurisprudence), 5. 법과 종교의 다섯 챕터로 이루어진 책을 발간했다. Hunter, Howard O.(ED.), *The Integrative Jurisprudence of Harold J. Berman*(Boulder: Westview Press, 1996).

7장의 논의는 자유주의와 공동체주의를 대비시키는 한국에서의 흔한 오류를 지적하는 데 초점을 두고 있다. 즉, 자유주의를 개인주의와 같은 것으로 보고 있는 통념의 오류를 지적하는 것이다. 이것은 마이클 샌델의 공동체주의에 대한 한국에서의 관심이 높아짐에 따라 자유주의를 공동체주의와 대척되는 입장으로 파악하는 잘못되고 위험한 논지를 극복하려는 것이다. 헤롤드 버만은 자유주의 대 공동체주의의 대비가 아니라 기본적으로 개인주의 대 공동체주의(Individual and Communitarian Theories of Justice)의 대비가 서양 법철학사와 서양 법 전통에 병행하는 서양 법제도의 바른 대비라고 지적한다(Harold Berman, 1998; 김철: 2007ㄱ)(김철, 2010.6.; 김철, 2010.12.: 459). 헤롤드 버만이 1998년 논문에서 본격적으로 토론한 이 문제를 이 장에서 다시 다룬다. "즉, 한국에 있어서의 저널리즘과 아카데미즘의 어떤 방식은 어떤 경우에는 자유라는 것은 평등과 모순되는 것으로"(김철, 2007a: 135) 개념적으로 파악하고 따라서 자유는 평등 또는 진보와 대립되는 것으로 무의식중에 파악한다(김철, 2011.5.). 이런 잘못된 선입견이 최근까지 한국에서 정치적 양극화를 합리화시키는 지적인 풍토를 가져왔다. 즉, 정치 세력들이 만들어 낸 이분법은 무의식중으로 자유와 평등이 모순·대립되고, 자유주의와 공동체주의가 대립·모순된다는, 한국에서의 오래된 편견에 뿌리를 두고 있는 것이다.

9장 의학적 법학 또는 치유적 법학

▶ 막스 호르크하이머(Max Horkheimer, 앞줄 왼쪽), 테오도르 아도르노(Theodor Adorno, 앞줄 오른쪽),
그리고 위르겐 하버마스(Jurgen Habermas, 뒷줄 오른쪽), 하이델베르크대학에서 1964년
사진 출처: 위키피디아

한국에서는 2차 대전 종전 이후에 권위주의 문화를 극복하고 새로운 문명사회
를 건설하기 위한 노력으로 행한 다국적적인 업적이 잘 알려지지 않아 왔다.
막스 호르크하이머가 편집한 "편견에 대한 연구(study of prejudice)" 시리즈가
그 업적 중의 하나인데, 그 첫 번째 연구가 아도르노 등에 의해서 수행된 『권
위주의적 인간형』(*The Authoritarian Personality*)이었다(T. W. Adorno et. el,
1950, Harper&Brothers).
"중심적인 발견은 권위주의적 유형(權威主義的 類型)의 인간이라는 새로운 인
류학적 종(種)이 나타났다는 것이다. 어떤 종류의 사람인가? 생각과 기술에 있
어서의 고도 산업사회의 특징과, 비합리적이고 반이성적인 믿음과 신조를 함께
공유하는 인간이다. 다음과 같은 전혀 상반되는 특징을 동시에 가지고 있다는
점에서 전례 없는 인간형이다. 즉, 근대 이후의 지식에 의해서 계몽되었으면서
동시에 미신적이다. 개인주의자임을 자랑스러워하면서도 동시에 항상 모든 다
른 사람들과 같지 않음을 두려워하고 있다. 독립 못 해서 안달하면서도 동시에

권력과 권위에 맹목적으로 복종한다. 우리의 연구는 사회심리학적 방법으로 이 문제에 접근하고자 한다."(Max Horkheimer, 1950)(김철, 2009.9.: 49)
9～10장은 연결된 성질을 가지고 있다.

10장 치유적 법학과 심층 심리학적 법학

▶ 1909년의 단체 사진
  앞줄 왼쪽부터 프로이트(Sigmund Freud), 스탠리 홀(G. Stanley Hall), 칼 융(Carl Jung)
사진 출처: 위키피디아

지그문트 프로이트(원래 이름은 Sigismund Schlomo Freud, 1856~1939)는 오스트리아 태생의 정신의학자이다. 그의 "무의식의 발견"은 정신의학을 넘어서서, 인간의 합리성에 기반을 둔 19세기의 합리적 인간관과 세계관을 극복해서 20세기의 새로운 인간관과 사회관을 축조하는 데 결정적인 영향을 미쳤다. 프로이트의 이론을 정치적 행태의 연구에 적용한 선구자는 해롤드 라스웰(Harold Lasswell)이다. 그는『정신병리학과 정치』(*Psychopathology and Politics*, 1930)에서 정신치료로 끝난 열 두 사람 이상의 정치가들의 병력 연구를 출간하였다. 해롤드 라스웰은 원래 예일 로스쿨의 교수였는데, 학제적 연구의 아메리카에 있어서의 선각자로 알려지고 있다. 해롤드 라스웰의 연구는 아마도 2차 대전 이후의 호르크하이머(Horkheimer)나 아도르노(Adorno) 같은 사람들에게 영향을 주었을 수가 있다. 라스웰의 연구뿐만 아니라, 시대는 훨씬 나중이나(1964) 앞서 얘기한 에릭 에릭슨(Erik Erikson)의 히틀러의 정신분석학적 연구가 크게 보면 역시 1950년에 발표된 아도르노들의 "권위주의적 인간형"의 실증적 조사 연구와 같은 맥락일 수가 있다.

▶ 에릭 에릭슨(Erik Homburger Erikson)
사진 출처: 위키피디아

▶ 유기천(Paul K. Ryu)
사진 출처: 위키피디아

에릭 에릭슨(1902~1994)은 오스트리아에서 김나지움을 나온 후, 미국으로 가서 아동치료센터 현장에서 연구를 계속 하다가 하버드에서 가르쳤다.

현대의 사회심리학자들은 임상 경험을 중요시하는 네오 프로이디안들이다. 에릭 에릭슨은 그의 수련기에, 즉 2차 대전 이전에 비엔나에서 아동 치료를 위한 임상 훈련을 받은 적이 있다. 공식 학력으로는 도이치어 문화권에서 김나지움을 졸업한 것이 거의 전부이다. 대전의 격류 속에서 아메리카로 옮아간 그는 피츠버그의 아동치료 연구소에서 임상에 열중하였다. 그의 특징은 초기 프로이트의 중심 개념이었던 리비도의 현실 세계에 있어서의 투사에서 벗어나서 차츰 사회가 아동의 발달에 미치는 상호관계에 주목하였다. 『어린 시절과 사회(*Childhood and Society*, 1950)』에서 그는 인간의 아동기의 발달심리학이 사회와 어떤 연관을 가지는지 주목하였다. 고교(오스트리아의 김나지움) 졸업생으로서 58세에 그는 하버드의 발달심리학 정교수직을 받았다. 이후 그의 관심은, 세계사에 있어서의 특이한 인격이 그 인격의 성장기의 사회사와 어떤 상호 주고받음을 통해 성장하였는지에 던져졌고, 개별 인격의 전기에 그친 것이 아니라, 정신분석학적 전기의 연작이 연이어 나타났다. 『아돌프 히틀러의 정신분석학적 전기』(Erikson, 1964)를 비롯해서 잘 알려진 것으로는, 말틴 루터의 정신분석학적 연구로서 『청년 루터』(*Youngman Luther*, 1962) 그리고 인도 건국의 아버지인 마하트마 간디의 정신분석학적 전기로서 『간디의 진실』(*The Truth of Ghandi*, 1969), 그리고 1차 대전 이후의 베르사유 조약과 약소 민족 해방 조항과 관계있는 우드로 윌슨의 정신분석학적 전기가 연이어 나타났다. 청년심리의 일반이론으로서 그는 『청년; 동일성의 위기(*Youth; Identity Crisis*)』를 내놓아 이후의 인문사회과학 일반에 동일성 위기 또는 정체성 위기(Identity Crisis)라는 정신분석학적 용어를 통용시켰다.

이 장에서 에릭슨이 인용되는 것은 법문화와 정치문화를 비교문화적으로 분석하는 것은 종전의 해석 법학으로는 불충분하고, 이후에 올리버 웬델 홈즈의 심리학적 법학이나 로스코 파운드의 사회학적 법학으로 비로소 가능하다는 취지이다.

심층심리학의 한국 법학에의 적용은 1960년대에 형법학자 유기천에 의해서 도입되었으나, 1972년 이후 한국에서는 거의 절멸되다시피 했다.

11장 최현대의 경제 공법: 금융 규제와 탈규제 – 글라스스티걸법부터 뉴딜 시대의 금융 시스템의 붕괴까지

▶ 페르디난도 피코라(Ferdinand Pecora)
사진 출처: 위키피디아

1933년 1월부터 1934년까지, 상원 금융 및 통화위원회(the Senate Banking and the Currency Committee)의 법정대리인(counsel)이며 조사관(investigator)이었던 페르디난도 피코라의 이름을 따서 당시 저널리즘이 피코라 위원회라고 약칭하였다. 여기에 대해서는 J. T. Flynn, "The Marines Land in Wall Street", *Harper's*, July 1934. 피코라의 스태프로 활약했던 경제 저널리스트 프린(J. T. Flynn)이 나중에 피코라의 특징을 기록하였다.

"금융업, 기업끼리 연합하기, 시장 점유 흥정, 모든 종류의 궤변들이 얽히고설킨 미로와 미궁을 통과하면서, 그리고 자신에게 생소한 영역에서 관계인의 이름을 혼동하지 않으며, 숫자 하나 착오 일으키지 않았으며, 그의 기질을 잃지 않았다." 그는 상원금융 및 통화위원회의 법률고문과 조사관에 임명되기 전에 경력 15년의 뉴욕 군 지방검사보로 근무하고 있었으며, 시실리 이민 출신이었다. 1933년 1월 피코라가 수사를 개시했을 때, 당대의 저명한 금융가와 은행가들이 연봉 수십만 달러(1933년 기준)씩을 받는 월가의 법률가들을 대동하고 월급 255달러를 받는(역시 1933년 1월 기준), 가난한 시실리 이민 출신의 경력 15년의 뉴욕군 지방검사보인 페르디난도 피코라 앞에 나타났다.

▶ 러셀 카프라(Frank Russell Capra)
사진 출처: 위키피디아

러셀 카프라(1897～1991)는 이탈리아 출신의 미국 영화감독이며, 빈민가에서
출발하여 1930년대와 40년대의 가장 중요한 영화예술가가 되었다. 그의 작품
중 아메리카 법제사와 경제사의 소재가 되는 것은 It's a Wonderful Life(1946)
이다. 1946년 프랭크 카플라의 아메리카 사회의 역사를 진지하게 다룬 사회적
영화 "훌륭한 생활(It's a Wonderful Life)"에서 주인공 조지 베일리가 파산의
경계선상에서 파산하지 않고 계속 유지하려고 혼신의 힘을 기울인다. 문제는
베일리 일가가 소유한 베일리 저축 대출 조합(Savings & Loans)에서의 예금 탈
출 소동이다. 만약 정부가 제도적으로 예금을 보장해 준다면, 저축대출은행에
서의 예금탈출과 같은 소동은 여지가 없게 되는 것이다. 이 감독은 아메리카
경제사에 있어서의 평범한 소시민의 행복을 다룬 것으로 법제도의 역사를 다
룰 때도 중요한 이정표가 된다(10장 참조).

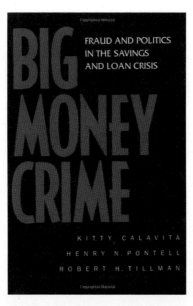

▶ Kitty Calavita, Big Money Crime[25]
사진 출처: 위키피디아

2001년 여름, 아메리카의 법과 사회학회(The Law and Society Association) 회장 취임 연설문에서 키티 칼라비타(Kitty Calavita)는 법과 사회를 다루는 학자들에게 연구가 공적인 담론에 미치는 영향에 대해서 숙고하기를 요청했다. 그 연설에서 칼라비타는 우선 **정책을 위한 연구(policy – driven research)와 사회정의를 위한 연구(social justice research)를 구별했다.** 그에 의하면 현안의 어떤 정책과제를 받아서 수행하는 연구자와 사회정의를 위한 연구자의 차이는 후자가 보다 근본적인 질문을 던진다는 것이다. 탈규제 시대의 금융 산업이 화이트칼라 범죄의 온상이 된 조사와 연구는 거의 칼라비타(Kitty Calavita)의 주도로 이루어진 것이다. 연구보고는 정치학과 사회과학학회 저널, 사회학회 연보, 법과 사회학회 그리고 범죄와 교정 학회지에 게재되었다 (Calavita, 1993; 1994; 1997).

---

29) 출처: www.amazon.com

12장 법과 경제의 상호교호관계: 장기 대침체 시대 (the Long Depression, 1873~1897)의 경제와 법

▶ 폴 크루그먼(Paul Krugman)
사진 출처: 위키피디아

2008년 10월 24일 세계금융위기가 왔을 때 소수의 예언자들 중 경제사와 법제사와의 관계, 더 나아가서 정치경제사와 같은 역사적 근거를 가장 충분히 입증한 사람은 폴 크루그먼이었다. 필자는 폴 크루그먼의 학제적 연구 중 사회경제사와 법제도사와의 상관관계를 역설한 데 주목하여 **2008년 세계 금융위기의 역사적 원형을 1929년 9월에 시작된 세계 대공황에서 찾았으며 대공황의 경제사에 대비하는 법제도사 연구를 시작하였다.** 뉴딜 시대의 법제사가 2008년 세계 금융위기의 치유에 여전히 유효하다는 것을 입증하려고 해 왔다.

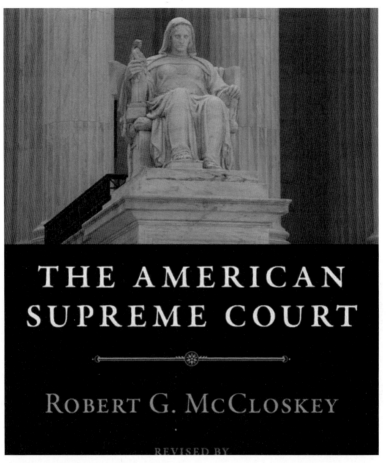

▶ 로버트 맥클로스키 The American Supreme Court[26]
사진 출처: 위키피디아

도금 시대의 경제공법질서에 대한 역사적 연구는 아메리카의 표준적인 법제사
가 맥클로스키가 이 시대의 특징을 요약한 것이 고전으로 평가된다(McClosky,
1956; 1960).
남북전쟁이 끝나고 나서, 1866년에 대법원 판사들은 전혀 새로운 사법적 환경

---

30) 출처: www.amazon.com

에 직면하게 되었다. 자본주의가 팽창하면서 이전에는 결코 없었던 일이 생겨났다. 자본주의가 개인들의 생활을 침해하기 시작한 것이다. 차츰 아메리카인의 생활에 가장 중요한 사실이 되고, 가장 성가신 사실이 되었다. 처음에는 분산된 모퉁이에서, 다음에는 점차로 숫자가 늘어가는 코러스로, 정부의 권력은 이 거인을 통제하는 데 쓰여야 한다고 말하기 시작했다. 견제되지 않을 경우 개인이나 집단적인 복지에 끼치는 해악을 완화시키는 데 정부의 권력이 쓰여야 한다고 말하기 시작했다(McClosky, 1956; 1960: 102-103).

거꾸로 과거보다 훨씬 더한 격렬함과 큰 목소리로, 다른 사람들이 말하기 시작했다. 거인은 스스로 가는 길을 가도록 허락할 때 공동체에 가장 잘 봉사할 것이며, 정부가 경제를 서투르게 만지는 것은 헛일이거나 유해한 결과를 가져올 것이며, 자유방임(laissez faire)은 시대의 표어가 되어야 된다고 한다. 정부가 자본주의를 통제해야 할 것이냐, 얼마나 통제해야 할 것이냐는 아메리카라는 정치 투기장의 중심부로 옮겨지고, 다음 70년 동안 결코 중심부에서 떠나지 않았다(McClosky, 1956; 1960).

사법 심사 제도를 시작한 마셜 이래의 대법원 전통은 왜 사법부가 경제 통제 문제에 집중하게 되는가를 설명하는 데 도움이 되었다면, 통제의 찬성자와 자유방임의 찬성자 사이에서 전개되는 갈등 속에서 판사들의 기호가 어디쯤 있는가를 예언하는 일에, 그 전통은 역시 도움이 되었다고 한다. 건국 이후 대법원의 경제 통제 문제에 대한 성향은 다음 논문을 참조할 것(김철, 2010.8.: 690-691).

▶ 클로드 모네(Oscar-Claude Monet)
　르누아르(Pierre-Auguste Renoir)의 모네의 초상, 1875, Musée d'Orsay
사진 출처: 위키피디아

클로드 모네(1840~1926)는 프랑스 인상주의의 창설자 중 한 사람이다. 1873
년부터 1897년까지 계속된 세계적인 장기 대침체는 모네에게도 큰 영향을 미
쳤다. 즉, 그의 후원자였던 Ernest Hoschedé가 파산한 것이다. 즉, 1882년 파리
증권거래소에서 발생한 파산사건은 사회과학자 뒤르켐에게는 아노미 이론을
발견케 하는 계기가 되었고, 같은 시대는 클로드 모네로 하여금 결핍과 빈곤
속에서도 자연이 주는 위안을 발견케 하는 시대가 되었다.

13장 루스벨트의 "경제 헌법 질서(economic constitutional order)"

▶ 연극, "1776년의 정신"(Spirit of 1776)의 1장 3막 "평등하게 창조되었으나(Created
Equal)": 보스턴 연방 극장 프로젝트, 1935
사진 출처: 위키피디아

1932년, 대공황이 3년째 진행되던 해에 루스벨트는 다음과 같이 긴급은행법
과 글라스스티걸법의 취지를 설명하였다.

"지난 반세기의 역사는 크게 보아 금융 산업에서의 거인 집단의 역사였다. 우리
가 계속 변경을 넓혀가고, 인구가 계속 증가하며, 산업체들이 우리의 수요를 아
직 채우기 충분하지 못 했을 때는 사람들이 욕구하는 경제적 산출을 계속하는
동안은 사회는 거인 집단에게 경제활동의 자유를 주는 방식을 채택하여 왔다.
그러나 생산고의 확대나 변경의 확장은 한계에 이른 상황이 되었고, 이제 산업
과 기업에 대한 재평가가 이루어져야 할 때이다. 금융계의 거인들이, 그들이 하
고자 하고 개발하려고 의욕을 가지기만 하면, 우리가 모든 것을 부여하였던 시
대는 지나갔다. 이제 우리의 과제는 천연자원을 발견하고 쥐어짜서 더 많은 물
건을 생산하는 것이 아니다. 오늘의 과제는 더 냉정하고 덜 극적인 일로써, 이
미 가진 자원과 생산시설을 잘 관리하거나, 잉여 생산물을 위해서 외국 시장을
다시 세우려 노력하거나 저소비의 문제에 대처하거나, 부와 생산품을 더 형평성

있게 분배하거나, 기존 경제기구들로 하여금 사람들에게 더 도움이 되도록 적응케 하는 계몽주의적 정부의 시대가 왔다. 이와 같이 기업과 관련하여, 정부의 과제는 헌법적 경제질서를 발전시키도록 돕는 것이다."(Kennedy, 1999: 373)

■ 이 책의 경위와 감사의 말씀

이 책은 다음의 13가지 작은 주제로 구성되어 있다. 각 장은 작은 소제목 아래 1.1., 1.2. 순으로 내용이 진행된다. 각 장의 문단 내용의 편차가 심한 것은 아직 이루어지지 않은 적은 양의 연구내용을 반영한 것으로 최대한 불필요한 내용과 부정확한 내용은 게재하지 않았음을 알린다. 읽는 이들의 양해를 바란다. 관련 발표와 관련 논문은 다음과 같다.

1장 법과 경제질서
- "법과 경제 질서", 세계헌법학회 한국학회, 『세계헌법연구』 2011년 12월 제17권 제3호에 게재

2장 네오리버럴리즘 시대의 경쟁과 과시
- "신자유주의 시대의 경쟁과 과시", 한국사회이론학회, 『사회이론』 2012년 봄/여름 통권 제41호에 게재된 것을 수정

3장 1997년 외환위기에 대한 문화적 접근-현대 한국문화에 대한 법철학적 접근-
- "현대 한국문화에 대한 법철학적 접근: 바람직한 시민사회 윤리의 정립을 위하여", 한국인문사회과학회, 『현상과 인식』 제24권 통권

80호(2000. 6. 30.)에 게재된 것을 일부 수정

4장 한국에 있어서의 경제와 법의 진행 과정 - 금융위기이후 -

- 이 글의 시작 부분은 "신자유주의 시대의 경쟁과 과시"(2012) 중 2절과 3절을 2011년까지의 진행과정으로 옮겼고, 그 이후의 과정 은 2014년 1월까지를 새로 쓴 것

5장 아노미의 법학과 평등권, 교육의 기회

- "경제위기와 아노미의 법학", 한국사회이론학회, 『사회이론』 2008 년 가을/겨울 통권 제34호, 『경제 위기 때의 법학』(서울: 한국학술 정보(주), 2009ㄱ), 『법과 경제 질서: 21세기의 시대정신』(서울: 한 국학술정보(주), 2010)의 글을 일부 수정

6장 폭력의 사회경제적 배경과 판례-네오리버럴리즘, 자유지상주 의에서의 아노미에 대한 판례의 태도-

- "폭력의 사회경제적 배경과 판례: 자유지상주의, 신자유주의에서 의 아노미에 대한 판례의 태도", 『한국사회이론학회』2012년 가을/ 겨울 통권 제42호에 게재

7장 법과 혁명: 프랑스 혁명이 법제도에 미친 영향-법과 종교의 관 계를 겸하여-

- "법과 혁명: 프랑스 혁명이 법제도에 미친 영향 -법과 종교의 관계 를 겸하여-", 세계헌법학회 한국학회, 『세계헌법연구』 제19권 제2 호 2013년 8월에 게재

8장 정의란 무엇인가-자유주의와 공동체주의의 가치, 자유와 평등, 형평(equity)-

- "정의란 무엇인가: 자유주의와 공동체주의의 가치. 자유와 평등, 형평", 한국사회이론학회, 『사회이론』 2011년 봄/여름 통권 제39호에 게재

9장 의학적 법학 또는 치유적 법학

- "사회적 차별의 심층심리학적 접근 - 법 앞의 평등의 내실을 위하여", 한국사회이론학회, 『사회이론』 통권 제20호(2002년)의 1절, 2절, 3절, 4절과『한국 법학의 철학적 기초-역사적, 경제적, 사회·문화적 접근』(2007년, 한국학술정보(주))의 제3부 2장 1절에 게재된 것을 따로 독립시킨 것

10장 치유적 법학과 심층 심리학적 법학

- "사회적 차별의 심층심리학적 접근 - 법 앞의 평등의 내실을 위하여", 한국사회이론학회, 『사회이론』 통권 제20호(2002년)의 2장, 3장, 4장, 5장, 6장, 7장, 8장과『한국 법학의 철학적 기초-역사적, 경제적, 사회·문화적 접근』(2007년, 한국학술정보(주))의 제3부 2장 2절, 3절, 4절, 5절, 6절, 7절, 8절에 게재된 것을 따로 독립시킨 것

11장 최현대의 경제 공법의 역사: 금융 규제와 탈규제-글라스 스티걸법부터 뉴딜 시대의 금융 시스템의 붕괴까지-

- "최현대의 경제 공법: 금융 규제와 탈규제 - 글라스스티걸법부터 뉴딜 시대의 금융 시스템의 붕괴까지", 세계헌법학회 한국학회, 『세계헌법연구』 제16권 제1호 2010. 02.에 게재. 또한『법과 경

제 질서 - 21세기의 시대정신』(2010년, 한국학술정보(주))의 제7장
최현대의 경제 공법사에 수록

12장 법과 경제의 상호 교호 관계-장기 대 침체 시대(the Long Depression, 1873-1897)의 경제와 법-

- "장기 공황(1873~1897) 시대의 법사와 경제사", 한국사회이론학회,
『사회이론』 2010년 가을/겨울호에 게재. 또한『법과 경제 질서 - 21
세기의 시대정신』(2010년, 한국학술정보(주))의 제13장 법사와 경제사
의 상호교호관계 -장기대침체시대(the Long Depression, 1873~1897)의
역사)에 수록

13장 루스벨트의 "경제 헌법 질서(economic constitutional order)"

- "근대 이후의 자유주의의 변용과 경제공법질서의 전개과정(2)", 세계
헌법학회 한국학회,『세계헌법연구』제16권 제3호(2010. 08. 31.)에
게재된 것 중 제2장 제1절, 2절, 3절, 4절, 5절, 6절, 7절 까지를 옮긴
것. 또한, "법과 경제 질서 -21세기의 시대정신"(2010년, 한국학술정
보(주)) 제12장 제2절 1부터 7까지를 옮긴 것

각 장에서 이미 인용된 역사적 사실을 다른 장에서 되풀이한 것은
흔히 잊기 쉬운 기초적 사실을 강조하기 위함이다.

책 제목,『경제 위기와 치유의 법학』(Law in Economic Crisis & "Integrare"
Jurisprudence)의 연유는 다음과 같다.
2009년 3월에 필자는 세계금융위기 직후『경제위기 때의 법학-뉴딜
법학의 회귀 가능성』을 출간하였다. 이후『한국 법학의 반성』과『법
과 경제질서: 21세기의 시대정신』을 삼부작(三部作)으로 2010년 12월

까지 출간하였다. 또한 IMF외환위기 직후인 1998년 3월에, 세계 학계의 논문을 대학원 과정에서 쓰기 위해서 편집해서 *Law in Economic Crisis*라는 사간본 교재를 출간한 적이 있다. 책 제목 중 경제위기의 법학은 이미 발행된 2009년의 제목에서 따온 것이고, 영문 제목 *Law in Economic Crisis*는 사간본 교재에서 따온 것이다. 치유 법학의 Integrare Jurisprudence라는 키워드는 2013년 3월에 발간된『법과 혁명1-서양법 전통의 형성1』의 마지막 논문에 기초를 두고 있다. Integrare는 라틴어로, 그 뜻은 '치유하는', '병을 고치는'(to heal)이라는 뜻이고, 이 라틴어는 영어의 integrative의 어원이 되고 있다.

필자가 소속한 학회들에 감사한다. 논문 발표와 게재의 편의를 준 학회뿐 아니라, 토론의 기회를 준 학회에도 감사한다. 가까이서 사랑과 도움을 준 분들에게 일일이 이름을 밝히지 않는 것은 필자의 아직 미숙한 연구가 스승, 선후배, 동료들에게 부담을 느끼게 만들지도 모른다는 강박감 때문이다.

한국학술정보(주)의 조현수 팀장, 이효은 선생, 박능원 팀장, 한지은 선생에게 감사한다. 숙명여자대학교 법과대학의 학부학생들, 대학원 학생들에게 고맙다고 인사한다. 네 권의 연속된 출간에 수고한 여러분들에게 감사한다. 특별히 김애경, 김지윤, 박우경, 이상직, 정세종, 황지혜에게 감사한다. 하빈·예빈과 시우·찬우도 이 책의 사진들을 좋아하기를 바란다.

사항 색인

인명 색인

김철

서울대학교 법과대학을 졸업, 사회과학대학 대학원 졸업, 법학과 대학원 박사과정을 수료했다.

Fulbright fellowship으로 Georgetown University National Law Center를 거쳐, University of Michigan Law School Graduate Study를 졸업했다.

New York University Law School의 Research Scholar 및 University of Santa Clara Law School의 Visiting Scholar, Harvard Law School, Columbia Law School, Stanford Law School에서 단기 연구를 계속하였다.

한국공법학회 부회장, 한국헌법학회 부회장, 한국사회이론학회 회장, 한국인문사회과학회(현상과 인식) 회장을 역임했고, 공법판례 및 이론연구회·한국법철학회·한국법사학회·한국경제법학회·도산법연구회·한국재정법학회·한국행정법학회 회원, 한국심리학회 종신회원, 서울대학교 법과대학·사회과학대학·행정대학원, 고려대학교 국제대학원, 서울시립대학교 대학원, 서강대학교, 경희대학교, 홍익대학교에서 강사를 역임했으며, 숭실대학교 법경대학 조교수를 역임했다. 숙명여자대학교 법학과를 창설하고(1982), 교수로 재임하다가 현재 법과대학 명예교수로 있다.

『법과 경제질서: 21세기의 시대정신』(2010, 문화체육관광부 우수학술도서)

『한국 법학의 반성: 사법개혁시대의 법학을 위하여』(2009, 대한민국학술원 우수학술도서)

『경제 위기 때의 법학: 뉴딜 법학의 회귀 가능성』(2009, 문화체육관광부 우수학술도서)

『한국법학의 철학적 기초: 역사적, 경제적, 사회문화적 접근』(2007)

『러시아 소비에트 법: 비교문화적 연구』(1989)

『뒤르켐을 다시 생각한다』(공저, 2008), 대한민국학술원 우수학술도서, 2009년도.

『칼뱅주의 논쟁: 인문사회과학에서』(공저, 2010)

『종교와 제도: 문명과 역사적 법이론』(공저, 1992)

『종교와 제도: 문화적 위기의 법사회학』(공저, 1992)

『미소 비교론』(공저, 1992)

경제위기와 치유의 법학

초판인쇄 2014년 7월 15일
초판발행 2014년 7월 15일

지은이 김철
펴낸이 채종준
펴낸곳 한국학술정보㈜
주소 경기도 파주시 회동길 230(문발동)
전화 031) 908-3181(대표)
팩스 031) 908-3189
홈페이지 http://ebook.kstudy.com
전자우편 출판사업부 publish@kstudy.com
등록 제일산-115호(2000. 6. 19)

ISBN 978-89-268-6157-8 93360